Haug

Autorenvorstellung

 **Margarete Stöcker** ist Heilpraktikerin für Psychotherapie, Mimikresonanz-Trainerin, M. A. Gesundheits- und Sozialeinrichtungen, M. Sc. Prävention und Gesundheitspsychologie, Diplom-Pflegewirtin (FH), Traumazentrierte Fachberaterin (DeGPT und ESTSS), NLP-Practitioner (DVNLP), Hypnosetherapeutin, Entspannungspädagogin und Lehrbeauftragte an der Hamburger Fern-Hochschule im Studienzentrum Bielefeld. Zu ihren Tätigkeitsschwerpunkten zählen Inhouseschulungen im Gesundheitswesen sowie Aus- und Weiterbildungen im eigenen Bildungsinstitut „Fortbildungvorort", darunter Ausbildungsangebote zur Mimikresonanz.

Praxislehrbuch Heilpraktiker für Psychotherapie

Margarete Stöcker

2., korrigierte Auflage

70 Abbildungen

Karl F. Haug Verlag · Stuttgart

Anschrift der Autorin

Margarete Stöcker
Fortbildungvorort
Bildungsinstitut für Sozial- und Gesundheitsberufe
Fichtenstraße 59
58239 Schwerte
Deutschland
m-stoecker@schwerte.de

1. Auflage 2016

Bibliografische Information der Deutschen Nationalbibliothek
Die Deutsche Nationalbibliothek verzeichnet diese Publikation
in der Deutschen Nationalbibliografie; detaillierte bibliografische Daten sind im Internet über http://dnb.d-nb.de abrufbar.

Ihre Meinung ist uns wichtig! Bitte schreiben Sie uns unter:
www.thieme.de/service/feedback.html

Karl F. Haug Verlag in Georg Thieme Verlag KG
Rüdigerstraße 14, 70469 Stuttgart, Germany
www.haug-verlag.de

Printed in Germany

Covergestaltung: © Thieme
Zeichnungen: Heike Hübner, Berlin
Bildnachweis Cover: © Thieme/Martina Berge
unter Verwendung von © vittmann/stock.adobe.com
Satz: L42 AG, Berlin
Druck: Westermann Druck Zwickau GmbH, Zwickau

DOI 10.1055/b-000-000474

ISBN 978-3-13-243900-9   1 2 3 4 5 6

Auch erhältlich als E-Book:
eISBN (PDF) 978-3-13-243901-6
eISBN (epub) 978-3-13-243902-3

Wichtiger Hinweis: Wie jede Wissenschaft ist die Medizin
ständigen Entwicklungen unterworfen. Forschung und klinische Erfahrung erweitern unsere Erkenntnisse, insbesondere
was Behandlung und medikamentöse Therapie anbelangt. Soweit in diesem Werk eine Dosierung oder eine Applikation erwähnt wird, darf der Leser zwar darauf vertrauen, dass Autoren, Herausgeber und Verlag große Sorgfalt darauf verwandt
haben, dass diese Angabe dem Wissensstand bei Fertigstellung des Werkes entspricht.
Für Angaben über Dosierungsanweisungen und Applikations-
formen kann vom Verlag jedoch keine Gewähr übernommen
werden. Jeder Benutzer ist angehalten, durch sorgfältige Prüfung der Beipackzettel der verwendeten Präparate und gegebenenfalls nach Konsultation eines Spezialisten festzustellen, ob die dort gegebene Empfehlung für Dosierungen oder
die Beachtung von Kontraindikationen gegenüber der Angabe
in diesem Buch abweicht. Eine solche Prüfung ist besonders
wichtig bei selten verwendeten Präparaten oder solchen, die
neu auf den Markt gebracht worden sind. Jede Dosierung oder
Applikation erfolgt auf eigene Gefahr des Benutzers. Autoren
und Verlag appellieren an jeden Benutzer, ihm etwa auffallen-
de Ungenauigkeiten dem Verlag mitzuteilen.

Geschützte Warennamen (Warenzeichen ®) werden nicht immer besonders kenntlich gemacht. Aus dem Fehlen eines solchen Hinweises kann also nicht geschlossen werden, dass es
sich um einen freien Warennamen handelt.

Thieme nennt Autorinnen und Autoren konkrete Beispiele, wie
sich die Gleichstellung von Frauen und Männern sprachlich
darstellen lässt. Wo im Text (z. B. aus Gründen der Lesbarkeit)
nur das generische Maskulinum verwendet wird, sind alle Ge-
schlechter gleichermaßen gemeint.

Die Personen und Fälle in diesem Buch sind frei erfunden.
Etwaige Ähnlichkeiten mit tatsächlichen Begebenheiten oder
lebenden oder verstorbenen Personen wären rein zufällig.
Wo datenschutzrechtlich erforderlich, wurden die Namen und
weitere Daten von Personen redaktionell verändert (Tarn-
namen). Dies ist grundsätzlich der Fall bei Patienten, ihren Angehörigen und Freunden, z. T. auch bei weiteren Personen, die
z. B. in die Behandlung von Patienten eingebunden sind.

Vorwort

Sie haben sich dazu entschieden, Heilpraktiker für Psychotherapie zu werden? Oder Sie möchten einfach nur Ihr Wissen aktualisieren? Vielleicht möchten Sie auch die psychiatrischen Krankheitsbilder kennenlernen, ohne in die Überprüfung zu gehen? Mein Ziel ist es, Ihnen die Grundlagen dafür zur Verfügung zu stellen, und zwar mit Freude am Lernen und Erfolg durch Wissen.

Dieses Buch richtet sich an angehende Heilpraktiker für Psychotherapie, an praktizierende Kollegen, an psychologische Berater und Coaches sowie an alle anderen Interessierten, die dazu bereit sind, eine etwas andere Lernmethode auszuprobieren. Ich möchte Sie dazu einladen, Ihre Fantasie einzusetzen, Ihre eigene persönliche Lernmethode zu entwickeln und sich zwischendurch zu entspannen und/oder zu bewegen. Das Buch kann ebenfalls als Übersicht über die grundlegenden psychiatrischen Krankheitsbilder gesehen werden – dann überspringen Sie einfach die Lern- und Pausenangebote.

Jedoch erhebt es keinen Anspruch der Vollständigkeit und ersetzt keine praktischen Erfahrungen. Möchten Sie als Therapeut nach dem Heilpraktikergesetz tätig werden, empfehle ich Ihnen – sofern keine Erfahrungen mit Menschen mit psychiatrischen Krankheitsbildern vorhanden sind – ein Praktikum in einem psychiatrischen Krankenhaus, einer Tagesstätte oder einer vergleichbaren Einrichtung. Die meisten psychiatrischen Fachkliniken sind offen für Praktikanten.

Für mich steht stets der betroffene Mensch im Mittelpunkt der Betrachtung. Deshalb gibt es in meinem Erleben auch nicht „den Dementen" oder „den Schizophrenen", sondern immer den Menschen mit einem Krankheitsbild. Gerade im sprachlichen Bereich besteht die Gefahr, dass durch eine Vereinfachung ein Mensch allzu rasch auf den Begriff des Krankheitsbildes reduziert wird. Dabei ist es im Gegenteil wichtig, den Menschen individuell zu betrachten und ebenso sein Krankheitsbild.

Sie werden in diesem Buch lernen, welche Diagnoseschlüssel den psychiatrischen Krankheitsbildern nach der ICD-10 zugeordnet sind. Dies kommt unserer Neigung, zu sortieren und zu klassifizieren, zu benennen und Lösungen parat zu haben, sehr entgegen. Ihnen mag es zunächst leichter erscheinen, dieses Raster aufzugreifen und auf Ihren Klienten zu übertragen. Ich möchte Sie dennoch darum bitten, immer zuerst den Menschen mit seiner Biografie, mit seinem Erleben der Welt in den Mittelpunkt zu stellen, bevor Sie Ihre Überlegungen zu möglichen Störungen vertiefen. Als Therapeut ist es entscheidend, eine sog. „tragfähige Beziehung" mit den Klienten zu erreichen, und ich bin davon überzeugt, das diese Grundgedanken dazu beitragen.

Sigmund Freud sagte einmal sinngemäß: „Lernen Sie alles, was Sie über Psychologie lernen können, und wenn Sie vor Ihrem Klienten sitzen, vergessen Sie es wieder." In diesem Sinne wünsche ich Ihnen viel Spaß beim Lernen!

Ich möchte mich gerne bei den Menschen bedanken, ohne deren Unterstützung dieses Buch nicht möglich gewesen wäre. Dazu gehört an erster Stelle mein Mann, der mich immer wieder ermutigte und viele Stunden auf mich verzichten musste. Mein Dank gilt außerdem meinem Sohn, der mir viel Arbeit abgenommen hat, sowie meinen Freunden für ihr Verständnis. Und besonders wichtig – Danke, dass Sie das Buch in der Hand halten!

Schwerte, im Dezember 2020   **Margarete Stöcker**

Inhalt

Vorwort 5

Teil 1 Einführung

1 Lernen leicht gemacht 14
1.1 Einleitung 14
1.2 Praktische Tipps 15
1.3 Zur Arbeit mit dem Buch 16
1.4 Lernmethoden 17
1.5 Gehirnanatomie und Lernen 19
1.5.1 Anatomie des Nervensystems und
        des Gehirns 19
1.5.2 Lernvorgang – Ihre Bibliothek des
        Wissens 22

2 Wie alles begann 23
**2.1 Selbstfürsorge – ein Begriff der modernen
        Zeit** 23
2.2 Geschichtliche Entwicklung 24
2.2.1 Geschichte der Psychiatrie 25
2.2.2 Geschichte der Psychotherapie 27
2.2.3 Persönlichkeiten der Geschichte von
        A–Z 28
**2.3 Heilpraktiker und Heilpraktiker für
        Psychotherapie** 30
2.3.1 Entstehung des Heilpraktikergesetzes 30
2.3.2 Überprüfung durch das
        Gesundheitsamt 30

3 Diagnostische Verfahren 32
3.1 Diagnosestellung 32
3.2 Anamnese 33
3.2.1 Gesprächsführung 33
3.2.2 Anamnestische Erhebung 33
3.2.3 Testpsychologische Untersuchungen 34
3.3 Psychopathologischer Befund 34
3.3.1 Psychopathologische Erhebung 35
3.3.2 Formulieren des Befundes 46

3.3.3 Mindmap – psychopathologischer
        Befund 48
3.4 Triadisches System – ICD-10 49
**3.5 Diagnostische Hauptgruppen nach
        ICD-10** 50
        Prüfungsfragen 54

Teil 2 Krankheitsbilder

**4 Organische, einschließlich
        symptomatischer psychischer
        Störungen (F00–F09)** 58
4.1 Akute Psychosyndrome 58
4.1.1 Häufigkeit/Epidemiologie 58
4.1.2 Ätiologie/Pathogenese 58
4.1.3 Symptome 59
4.1.4 Diagnostik 59
4.1.5 Formen 59
4.1.6 Verlauf 60
4.1.7 Therapieansätze 60
4.2 Demenzielle Syndrome 60
4.2.1 Allgemeines 60
4.2.2 Demenz bei Alzheimer-Krankheit (F00) 65
4.2.3 Vaskuläre Demenz (F01) 67
4.2.4 Demenz bei anderenorts klassifizierten
        Krankheiten (F02) 68
**4.3 Weitere organische psychische
        Störungen** 70
**4.4 Mindmap – organische und
        symptomatische psychische Störungen
        (F00–F09)** 70
        Prüfungsfragen 72

5   **Psychische und Verhaltensstörungen durch psychotrope Substanzen (F10–F19)** 74

5.1   **Allgemeines** 74
5.1.1   Definition 74
5.1.2   Häufigkeit/Epidemiologie 74
5.1.3   Ätiologie/Pathogenese 75
5.1.4   Symptome 76
5.1.5   Diagnostik 76
5.1.6   Formen 80
5.1.7   Verlauf 80
5.1.8   Therapieansätze 80
5.1.9   Mindmap – Substanzmissbrauch (F10–F19) und weitere Abhängigkeiten 81
5.2   **Psychische und Verhaltensstörungen durch Alkohol (F10)** 82
5.2.1   Häufigkeit/Epidemiologie 82
5.2.2   Ätiologie/Pathogenese 83
5.2.3   Symptome 84
5.2.4   Diagnostik 85
5.2.5   Formen 87
5.2.6   Verlauf 90
5.2.7   Therapieansätze 90
5.2.8   Mindmap – Alkoholismus (F10) 91
5.3   **Psychische und Verhaltensstörungen durch Drogen, Medikamente und Tabak (F11–F19)** 92
5.3.1   Häufigkeit/Epidemiologie 92
5.3.2   Ätiologie/Pathogenese 92
5.3.3   Symptome 93
5.3.4   Diagnostik 93
5.3.5   Formen 94
5.3.6   Verlauf 100
5.3.7   Therapieansätze 100
5.3.8   Mindmap – Drogen- und Medikamenten-abhängigkeit (F11–F19) 101
        Prüfungsfragen 102

6   **Schizophrenie, schizotype und wahnhafte Störungen (F20–F29)** 104
6.1   **Schizophrenie (F20)** 104
6.1.1   Definition 105
6.1.2   Häufigkeit/Epidemiologie 105
6.1.3   Ätiologie/Pathogenese 105
6.1.4   Symptome 107
6.1.5   Diagnostik 110
6.1.6   Formen 111

6.1.7   Verlauf 117
6.1.8   Therapieansätze 117
6.1.9   Mindmap – Schizophrenie (F20) 118
6.2   **Schizotype Störung (F21)** 119
6.3   **Anhaltende wahnhafte Störungen (F22)** 119
6.4   **Akute vorübergehende psychotische Störungen (F23)** 120
6.4.1   Akute polymorphe psychotische Störung ohne Symptome einer Schizophrenie (F23.0) 120
6.4.2   Akute polymorphe psychotische Störung mit Symptomen einer Schizophrenie (F23.1) 120
6.4.3   Akute schizophreniforme psychotische Störung (F23.2) 121
6.4.4   Sonstige akute vorwiegend wahnhafte psychotische Störungen (F23.3) 121
6.4.5   Sonstige akute vorübergehende psychotische Störungen (F23.8) 121
6.4.6   Akute vorübergehende psychotische Störung, nicht näher bezeichnet (F23.9) 121
6.5   **Induzierte wahnhafte Störungen (F24)** 121
6.6   **Schizoaffektive Störungen (F25)** 122
6.6.1   Schizoaffektive Störung, gegenwärtig manisch (F25.0) 122
6.6.2   Schizoaffektive Störung, gegenwärtig depressiv (F25.1) 122
6.6.3   Gemischte schizoaffektive Störung (F25.2) 123
6.7   **Sonstige nichtorganische psychotische Störung (F28)** 123
        Prüfungsfragen 124

7   **Affektive Störungen (F30–F39)** 126
7.1   **Allgemeines** 126
7.1.1   Definition 126
7.1.2   Häufigkeit/Epidemiologie 127
7.1.3   Ätiologie/Pathogenese 127
7.1.4   Diagnostik 130
7.1.5   Formen 130
7.1.6   Verlauf 130
7.1.7   Therapieansätze 132
7.1.8   Mindmap – affektive Störungen (F30–F39) 134

7.2	**Manie (F30)** 135	
7.2.1	Symptome 135	
7.2.2	Formen 135	
7.3	**Bipolare affektive Störung (F31)** 137	
7.4	**Depression (F32)** 138	
7.4.1	Symptome 138	
7.4.2	Formen 139	
7.5	**Anhaltende affektive Störungen (F34)** 143	
7.5.1	Zyklothymia (F34.0) 143	
7.5.2	Dysthymia (F34.1) 144	
	Prüfungsfragen 145	

8 Neurotische, Belastungs- und somatoforme Störungen (F40–F48) 147

8.1	**Allgemeines** 147
8.1.1	Neurosenlehre 147
8.1.2	Mindmap – Neurosenlehre 151
8.2	**Phobische Störungen (F40) und andere Angststörungen (F41)** 152
8.2.1	Definition 152
8.2.2	Häufigkeit/Epidemiologie 153
8.2.3	Ätiologie/Pathogenese 154
8.2.4	Symptome 155
8.2.5	Diagnostik 155
8.2.6	Formen 156
8.2.7	Verlauf 160
8.2.8	Therapieansätze 160
8.2.9	Mindmap – Angst- und Panikstörungen (F40–F41) 162
8.3	**Zwangsstörungen (F42)** 163
8.3.1	Definition 163
8.3.2	Häufigkeit/Epidemiologie 163
8.3.3	Ätiologie/Pathogenese 163
8.3.4	Symptome 164
8.3.5	Diagnostik 164
8.3.6	Verlauf 165
8.3.7	Therapieansätze 165
8.3.8	Mindmap – Zwangsstörungen (F42) 166
8.4	**Reaktionen auf schwere Belastungen und Anpassungsstörungen (F43)** 167
8.4.1	Definition 167
8.4.2	Häufigkeit/Epidemiologie 167
8.4.3	Ätiologie/Pathogenese 167
8.4.4	Symptome 168
8.4.5	Diagnostik 168
8.4.6	Formen 168
8.4.7	Verlauf 170

8.4.8	Therapieansätze 170
8.4.9	Mindmap – Belastungs- und Anpassungsstörungen (F43) 171
8.5	**Dissoziative Störungen (F44)** 172
8.5.1	Definition 172
8.5.2	Häufigkeit/Epidemiologie 172
8.5.3	Ätiologie/Pathogenese 173
8.5.4	Diagnostik 173
8.5.5	Symptome 173
8.5.6	Formen 173
8.5.7	Verlauf 175
8.5.8	Therapieansätze 175
8.5.9	Mindmap – dissoziative Störungen (F44) 176
8.6	**Somatoforme Störungen (F45)** 177
8.6.1	Definition 177
8.6.2	Häufigkeit/Epidemiologie 177
8.6.3	Ätiologie/Pathogenese 177
8.6.4	Symptome 177
8.6.5	Diagnostik 177
8.6.6	Formen 178
8.6.7	Verlauf 180
8.6.8	Therapieansätze 180
8.6.9	Mindmap – somatoforme Störungen (F45) 181
8.7	**Andere neurotische Störungen (F48)** 182
8.7.1	Neurasthenie (F48.0) 182
8.7.2	Depersonalisations- und Derealisationssyndrom (F48.1) 182
	Prüfungsfragen 183

9 Verhaltensauffälligkeiten mit körperlichen Störungen und Faktoren (F50–F59) 190

9.1	**Essstörungen (F50)** 190
9.1.1	Definition 190
9.1.2	Häufigkeit/Epidemiologie 191
9.1.3	Ätiologie/Pathogenese 191
9.1.4	Symptome 191
9.1.5	Diagnostik 191
9.1.6	Formen 192
9.1.7	Verlauf 194
9.1.8	Therapieansätze 194
9.1.9	Mindmap – Essstörungen (F50) 195
9.2	**Nichtorganische Schlafstörungen (F51)** 196
9.2.1	Definition 196
9.2.2	Häufigkeit/Epidemiologie 197

9.2.3 Ätiologie/Pathogenese 197
9.2.4 Symptome 197
9.2.5 Diagnostik 197
9.2.6 Formen 197
9.2.7 Verlauf 200
9.2.8 Therapieansätze 200
9.2.9 Mindmap – Schlafstörungen (F51) 201
9.3 **Sexuelle Funktionsstörungen (F52)** 202
9.3.1 Definition 202
9.3.2 Häufigkeit/Epidemiologie 202
9.3.3 Ätiologie/Pathogenese 203
9.3.4 Symptome 203
9.3.5 Diagnostik 203
9.3.6 Formen 203
9.3.7 Verlauf 204
9.3.8 Therapieansätze 204
9.3.9 Mindmap – sexuelle Funktionsstörungen (F52) 205
9.4 **Schädlicher Gebrauch von nichtabhängigkeitserzeugenden Substanzen (F55)** 206
9.4.1 Definition 206
9.4.2 Häufigkeit/Epidemiologie 206
9.4.3 Ätiologie/Pathogenese 206
9.4.4 Symptome 206
9.4.5 Diagnostik 206
9.4.6 Verlauf 206
9.4.7 Therapieansätze 206
Prüfungsfragen 207

10 **Persönlichkeits- und Verhaltensstörungen (F60–F69)** 210
10.1 **Allgemeines** 210
10.2 **Spezifische Persönlichkeitsstörungen (F60)** 211
10.2.1 Definition 211
10.2.2 Häufigkeit/Epidemiologie 212
10.2.3 Ätiologie/Pathogenese 212
10.2.4 Symptome 212
10.2.5 Diagnostik 212
10.2.6 Formen 212
10.2.7 Verlauf 220
10.2.8 Therapieansätze 220
10.2.9 Mindmap – spezifische Persönlichkeitsstörungen (F60) 221

10.3 **Abnorme Gewohnheiten und Störungen der Impulskontrolle (F63)** 222
10.3.1 Definition 222
10.3.2 Häufigkeit/Epidemiologie 222
10.3.3 Ätiologie/Pathogenese 222
10.3.4 Symptome 222
10.3.5 Diagnostik 222
10.3.6 Formen 222
10.3.7 Verlauf 224
10.3.8 Therapieansätze 224
10.3.9 Mindmap – abnorme Gewohnheiten und Störungen der Impulskontrolle (F63) 224
10.4 **Störungen der Geschlechtsidentität (F64)** 225
10.4.1 Definition 225
10.4.2 Häufigkeit/Epidemiologie 225
10.4.3 Ätiologie/Pathogenese 225
10.4.4 Symptome 225
10.4.5 Diagnostik 225
10.4.6 Formen 225
10.4.7 Therapieansätze 226
10.5 **Störungen der Sexualpräferenz (F65)** 228
10.5.1 Definition 228
10.5.2 Häufigkeit/Epidemiologie 228
10.5.3 Ätiologie/Pathogenese 228
10.5.4 Symptome 228
10.5.5 Diagnostik 228
10.5.6 Formen 228
10.5.7 Verlauf 231
10.5.8 Therapieansätze 231
10.5.9 Mindmap – Störungen der Sexualpräferenz (F65) 231
Prüfungsfragen 232

11 **Intelligenzstörung (F70–F79)** 234
11.1 **Definition** 234
11.2 **Häufigkeit/Epidemiologie** 234
11.3 **Ätiologie/Pathogenese** 234
11.4 **Symptome** 235
11.5 **Diagnostik** 235
11.6 **Formen – Grad der Intelligenzminderung** 235
11.6.1 Leichte Intelligenzminderung – IQ 50–69 (F70) 235
11.6.2 Mittelgradige Intelligenzminderung – IQ 35–49 (F71) 236

11.6.3 Schwere Intelligenzminderung – IQ 20–34 (F72) 236

11.6.4 Schwerste Intelligenzminderung – IQ unter 20 (F73) 236

11.7 Verlauf 237

11.8 Therapieansätze 237

11.9 Mindmap – Intelligenzstörung (F70–F79) 237

Prüfungsfragen 238

12 Entwicklungsstörungen (F80–F89) 239

12.1 Definition 239

12.2 Häufigkeit/Epidemiologie 239

12.3 Ätiologie/Pathogenese 240

12.4 Symptome 240

12.5 Diagnostik 240

12.6 Formen 240

12.6.1 Umschriebene Entwicklungsstörungen des Sprechens und der Sprache (F80) 240

12.6.2 Umschriebene Entwicklungsstörungen schulischer Fertigkeiten (F81) 242

12.6.3 Umschriebene Entwicklungsstörung der motorischen Funktionen (F82) 244

12.6.4 Tief greifende Entwicklungsstörungen (F84) 244

12.7 Verlauf 246

12.8 Therapieansätze 246

12.9 Mindmap – Entwicklungsstörungen (F80–F89) 248

Prüfungsfragen 249

13 Verhaltens- und emotionale Störungen mit Beginn in der Kindheit und Jugend (F90–F99) 250

13.1 Definition 250

13.2 Häufigkeit/Epidemiologie 250

13.3 Ätiologie/Pathogenese 250

13.4 Symptome 251

13.5 Diagnostik 251

13.6 Formen 251

13.6.1 Hyperkinetische Störungen (F90) 251

13.6.2 Störungen des Sozialverhaltens (F91) 253

13.6.3 Kombinierte Störung des Sozialverhaltens und der Emotionen (F92) 253

13.6.4 Emotionale Störungen des Kindesalters (F93) 254

13.6.5 Störungen sozialer Funktionen mit Beginn in der Kindheit und Jugend (F94) 255

13.6.6 Ticstörungen (F95) 256

13.6.7 Andere Verhaltens- und emotionale Störungen mit Beginn in der Kindheit und Jugend (F98) 258

13.7 Verlauf 259

13.8 Therapieansätze 259

13.9 Mindmap – Verhaltens- und emotionale Störungen bei Kindern und Jugendlichen (F90–F99) 260

Prüfungsfragen 261

14 Psychosomatische Krankheitsbilder 262

14.1 Definition 262

14.2 Häufigkeit/Epidemiologie 262

14.3 Ätiologie/Pathogenese 262

14.4 Symptome 263

14.5 Diagnostik 263

14.6 Formen 263

14.6.1 Neurodermitis 263

14.6.2 Ulcus ventriculi und Ulcus duodeni 264

14.6.3 Asthma bronchiale 264

14.6.4 Rheumatoide Arthritis 264

14.6.5 Essenzielle Hypertonie 265

14.6.6 Hyperthyreose 265

14.6.7 Colitis ulcerosa, Morbus Crohn 265

14.7 Therapieansätze 266

14.8 Mindmap – psychosomatische Krankheitsbilder 266

15 Neurologische Krankheitsbilder 267

15.1 Amyotrophe Lateralsklerose 267

15.1.1 Häufigkeit/Epidemiologie 267

15.1.2 Ätiologie/Pathogenese 267

15.1.3 Symptome 267

15.1.4 Therapieansätze 267

15.2 Apoplex 268

15.2.1 Häufigkeit/Epidemiologie 268

15.2.2 Ätiologie/Pathogenese 269

15.2.3 Symptome 269

15.2.4 Therapieansätze 269

15.3 Chorea Huntington 270

15.3.1 Häufigkeit/Epidemiologie 270

15.3.2 Ätiologie/Pathogenese 270

15.3.3 Symptome 270

15.3.4 Therapieansätze 270

15.4 Epilepsie 270

15.4.1 Häufigkeit/Epidemiologie 270

15.4.2 Ätiologie/Pathogenese 270

15.4.3 Symptome 271

15.4.4 Therapieansätze 271

15.5 Hirntumoren 272

15.5.1 Häufigkeiten/Epidemiologie 272

15.5.2 Ätiologie/Pathogenese 272

15.5.3 Symptome 272

15.5.4 Therapieansätze 272

15.6 Multiple Sklerose 273

15.6.1 Häufigkeit/Epidemiologie 273

15.6.2 Ätiologie/Pathogenese 273

15.6.3 Symptome 273

15.6.4 Therapieansätze 273

15.7 Parkinson-Syndrom (Morbus Parkinson) 274

15.7.1 Häufigkeit/Epidemiologie 274

15.7.2 Symptome 274

15.7.3 Formen 275

15.7.4 Verlauf 275

15.7.5 Therapieansätze 276

15.8 Schädel-Hirn-Trauma (SHT) 276

15.8.1 Häufigkeit/Epidemiologie 276

15.8.2 Ätiologie/Pathogenese 276

15.8.3 Symptome 276

15.8.4 Formen 276

15.8.5 Therapieansätze 276

15.9 Mindmap – neurologische Krankheitsbilder 277

Prüfungsfragen 278

16 Suizidalität 279

16.1 Definition 279

16.2 Häufigkeit/Epidemiologie 279

16.3 Ätiologie/Pathogenese 279

16.4 Symptome 280

16.5 Verlauf 281

16.6 Therapieansätze 281

Prüfungsfragen 282

Teil 3 Behandlungen, Notfälle und Gesetzeskunde

17 Behandlungs- und Unterstützungsmöglichkeiten 286

17.1 Medikamentöse Maßnahmen – Psychopharmaka 286

17.1.1 Applikationswege und Wirkzeiten 286

17.1.2 Präparate 286

17.1.3 Mindmap – medikamentöse Maßnahmen 291

17.2 Klassische Verfahren der Psychotherapie 292

17.2.1 Grundsätzliches zum Gespräch mit dem Klienten 292

17.2.2 Psychoanalyse: Der Klient liegt auf der Couch 292

17.2.3 Verhaltenstherapie 293

17.2.4 Klientenzentrierte Gesprächspsychotherapie nach Carl Rogers 297

17.2.5 Mindmap – Psychotherapie 297

17.3 Hypnosetherapie 298

17.3.1 Was ist Hypnose? 298

17.3.2 Milton Erickson – der Meister der Hypnose 299

17.4 Therapeutische Verfahren von A–Z 299

17.4.1 Gestalttherapie nach Fritz Perls 299

17.4.2 Logotherapie nach Frankl 300

17.4.3 Paartherapie 300

17.4.4 Psychodrama nach Jacob Moreno 301

17.4.5 Transaktionsanalyse nach Berne 301

17.4.6 Traumatherapie – Krisenintervention 302

17.4.7 Mindmap – Therapieverfahren 302

17.5 Entspannungsverfahren 303

17.5.1 Autogenes Training nach Schultz 303

17.5.2 Progressive Muskelrelaxation nach Jacobson 304

17.5.3 Mandala 306

17.5.4 Imagination 307

17.6 Weitere Behandlungsmöglichkeiten von A–Z 307

17.6.1 Biofeedback 307

17.6.2 Cognitive Behavioral Analysis System of Psychotherapy (CBASP) 307

17.6.3 Elektrokonvulsionstherapie 307

Inhalt

17.6.4 Eye Movement Desensitization and Reprocessing (EMDR) 308

17.6.5 Lichttherapie 308

17.6.6 Mimikresonanz 309

17.6.7 Neurolinguistisches Programmieren (NLP) 311

17.6.8 Schlafentzugsbehandlung 311

17.6.9 Wingwave-Coaching 312

17.6.10 Mindmap – weitere Behandlungsmöglichkeiten 312
        Prüfungsfragen 313

18 Psychiatrische Notfälle 316
18.1 Akute Suizidalität 316
18.2 Angst- und Panikattacke 316
18.3 Erregungszustände 316
18.4 Intoxikation 316

19 Gesetze/Recht 317
19.1 Gesetz über die berufsmäßige Ausübung der Heilkunde ohne Bestallung (Heilpraktikergesetz) 317
19.2 Berufsordnung für Heilpraktiker (BOH) 318
19.3 Betreuungsgesetz 323
19.4 Unterbringungsgesetz (UBG und PsychKG) 325
19.5 Schuldunfähigkeit 326
19.6 Weitere gesetzliche Definitionen 327
19.6.1 Geschäftsunfähigkeit 327
19.6.2 Testierunfähigkeit 327
19.6.3 Erwerbsminderung/Berufsunfähigkeit 327
19.7 Mindmap – Gesetze 328
       Prüfungsfragen 329

20 Auf einen Blick – ICD-10 331
20.1 Tabellarische Übersicht 331

21 Prüfung zum Heilpraktiker für Psychotherapie 339
21.1 Schriftliche und mündliche Überprüfung 339
21.2 Nach bestandener Prüfung – Praxisgründung 340

Teil 4 Anhang

22 Glossar 344
23 Lösungen der Prüfungsfragen 350
24 Literaturverzeichnis 353
25 Recherche- und Lernmaterialien 356
25.1 Hörbücher 356
25.2 Apps 356
25.3 Filme und Fernsehserien 357
25.4 YouTube 358
25.5 Internetadressen 359
       Sachverzeichnis 361

Teil 1
Einführung

1 Lernen leicht gemacht

Sie werden in diesem Lehrbuch viele Einladungen erhalten, sich Inhalte vorzustellen, also zu visualisieren, sie zu fühlen, zu hören, mit allen Sinnen aufzunehmen, mit allen Sinnen zu lernen. Denn Lernen soll Spaß machen, spielend einfach und entspannend sein. Das nehmen Sie bitte wörtlich! Erlauben Sie es sich, wieder spielerisch mit viel Fantasie und Interesse Inhalte zu erforschen, zu ergründen und somit das Wissen abzurufen, wenn Sie es brauchen. Davor kommt jedoch noch das Lernen.

1.1 Einleitung

Herzlichen Glückwunsch zur bestandenen Prüfung! Wie fühlt es sich an, die Überprüfung bei Ihrem zuständigen Gesundheitsamt erfolgreich bestanden zu haben und sich nun „Heilpraktiker für Psychotherapie" nennen zu dürfen? Lehnen Sie sich für einen Moment entspannt zurück und stellen sich vor, wie Sie vom Prüfungskomitee die Worte hören: „Herzlichen Glückwunsch, Sie haben bestanden." Fühlen Sie den Erfolg? Falls Ihre Antwort „nein" lauten sollte, intensivieren Sie bitte die Vorstellung. Gehen Sie gedanklich durch Ihren Körper und spüren Sie den Erfolg in jeder Zelle des Körpers. Den Erfolg vorwegzunehmen, bietet die beste Voraussetzung für eine erfolgreiche

Umsetzung. Diese Vorstellungstechnik nutzen auch Leistungssportler, um ihre sportlichen Erfolge zu realisieren.

Lernen mit Fantasie? Ja! Je reicher, lustiger, skurriler Ihre Vorstellungen sind, desto besser können Sie sie abrufen. Als Kind konnten wir dies sehr gut. Wir waren Helden, Prinzessinnen, Peter Pan und vieles mehr. Werden Sie zum Peter Pan Ihres eigenen Wissens! Wie dies gelingt? Sie probieren die Angebote aus, die Ihnen dieses Buch bietet, und ernten den Erfolg des Lernens.

Dazu biete ich Ihnen Möglichkeiten, Verknüpfungen herzustellen, um Wissen „hirngerecht" zu speichern. Bedienen Sie sich bitte des Potpourris der angebotenen Bereiche. Dazu gehören auch regelmäßige Erinnerungen, Pausen einzulegen. Unser Gehirn und somit wir Menschen brauchen Erholungsphasen, um frisch und entspannt das Lernen fortzusetzen.

Positive Suggestionen sowie Fantasiereisen unterstützen einen entspannten Lernprozess. Nutzen Sie daneben alle weiteren Medien, z. B. Filmmaterial, Hörbücher, Apps, und ergänzen Sie diese mit eigenen Ideen. Eine Ideensammlung hierzu finden Sie im Anhang.

1.2 Praktische Tipps

Stellen Sie Fragen! Fragen Sie sich selber immer wieder – nicht nur unter der Prämisse: „Habe ich das verstanden?", sondern auch: „Kenne ich das Gelesene bereits aus anderen Bereichen?" Ist Ihnen die eine oder andere Störung z. B. aus einem Film oder Buch bekannt? Hierzu finden Sie im Text Anregungen zu Charakteren aus Filmen und Fernsehserien, die als Beispiele für eine Diagnose oder für ausgeprägte Symptome sicherlich besser geeignet sind als Ihre Freunde, Nachbarn oder Kollegen.

Taktile Reize Halten Sie beim Lernen einen Stift quer mit den Zähnen, ohne dass die Lippen den Stift berühren. Dadurch wird der Muskel betätigt, der für das Lächeln zuständig ist. Sie können mit einem freundlichen Gefühl entspannter lernen. Selbstverständlich können Sie auch ohne Hilfsmittel lächeln.

Einstimmung Bevor Sie mit dem Lernen beginnen, stimmen Sie sich darauf ein. Blättern Sie vorab durch das Buch. So nimmt Ihr Gehirn bereits Schlüsselbegriffe auf, die es als „bekannt" und weniger Stress auslösend interpretiert. Eine Vorstufe, um später das Erlernte abzurufen, wird damit gesetzt.

Gehirntraining Trainieren Sie auch außerhalb des Lernens wieder mehr Ihr Gehirn. Geben Sie z.B. die Telefonnummern in Ihr Telefon ein, statt die Speicherung zu nutzen. Schalten Sie beim Autofahren Ihr Navigationsgerät aus. Sitzen Sie gerade am Schreibtisch? Stellen Sie sich jetzt bitte Ihre Küche vor: Wie viele Küchengeräte stehen dort und wie sehen die Stecker der Geräte aus? Welche Form, welche Farbe haben sie? Gelingt es Ihnen, diese Informationen auf Anhieb abzurufen?

Wiederholen Sie! Beim Wiederholen und vertiefenden Lernen entsteht eine größere Anzahl an synaptischen Verbindungen der Nervenzellen, wodurch die Speicherung der Lerninhalte ins Langzeitgedächtnis fortschreitet. Zur Physiologie und Anatomie des Gehirns erfahren Sie in Kap. 1.5 mehr, wobei der Fokus auf den Teilbereichen dieses faszinierenden und spannenden Organs liegt, die einem sicheren und effektiven Lernen dienen.

Kennen Sie Ihren Lerntyp? Lernen Sie lieber alleine oder in Gesellschaft? Ziehen Sie Stille vor oder haben Sie lieber im Hintergrund Geräusche wie Musik oder einen eingeschalteten Fernseher? Lernen Sie besser am Abend oder am Morgen? Falls Sie es noch nicht wissen, testen Sie es einfach. Wahrscheinlich wird es jedoch so sein, dass sich „Ihr Lerntyp" den Möglichkeiten anpassen muss. Falls Sie tagsüber arbeiten, bleibt nur der Abend. Im Schichtdienst ergeben sich sehr unterschiedliche Zeiten. Sind Sie zu Hause, gibt es auch dort zeitliche Vorgaben. Unabhängig von den individuellen Rahmenbedingungen ist das Wissen darüber vorteilhaft, in welchem Sinneskanal Ihre Präferenz liegt: **v**isuell – **a**uditiv – **k**inästhetisch – **o**lfaktorisch – **g**ustatorisch (**Abb. 1.1**). Welcher Kanal spricht Sie zuerst an? Lernen Sie besser, wenn Sie etwas sehen, fühlen, hören usw.? Unabhängig von Ihrer eigenen Vorliebe, nutzen Sie bitte alle Kanäle. Dazu später mehr.

Wie sind Sie motiviert? Intrinsisch? Lernen Sie, weil es Ihnen Spaß macht? Das sind sehr gute Voraussetzungen. Von einer extrinsischen Motivation wird gesprochen, wenn die Motivatoren mehr im Außen liegen. Dazu gehört es auch, Erfolg zu haben. Beides ist die optimale Kombination.

© fredredhat - stock.adobe.com

Abb. 1.1 Die 5 Sinne – Sehen, Hören, Fühlen, Riechen, Schmecken. © fredredhat - stock.adobe.com

Erstellen Sie für sich eine persönliche Strategie:

- Besorgen Sie vor dem Beginn des Lernens alles, was Sie brauchen: das Buch, einen Marker, Bleistift, Buntstifte, Schreibblock, etwas zu Trinken.
- Setzen Sie sich dann an einen ruhigen Platz zum Lernen. Schalten Sie Ihr Telefon aus und – falls dort ein Rechner steht – auch alle akustischen Signale für eingehende Nachrichten. Sie werden ansonsten immer wieder abgelenkt.
- Bestimmen Sie den zu erlernenden Inhalt für die nächsten 30 min.
- Blättern Sie einfach über den Text.
- Im Buch finden Sie Hinweise, wie Sie in einzelne Abschnitte einsteigen und Ihre Pausen gestalten können.
- Bevor Sie mit dem Lernen aufhören, fassen Sie alles noch einmal mit Ihren eigenen Worten zusammen und sprechen Sie es laut aus. Eine auditive Unterstützung besteht darin, diese Zusammenfassung auf ein Gerät zu sprechen, z. B. Ihr Smartphone.
- Erzählen Sie anderen Menschen, was Sie gelernt haben. Erklären Sie anderen die Krankheitsbilder.

> **⚡ Pause**
>
> Stehen Sie jetzt bitte von Ihrem Platz auf. Recken und strecken Sie sich kurz und atmen Sie dabei tief ein. Stellen Sie sich bitte vor, wie Sie mit jedem Einatmen neue Kraft und Energie aufnehmen, beim Ausatmen alles abgeben, was Sie jetzt abgeben möchten. Jede Spannung im Körper kann losgelassen werden. Erlauben Sie es sich, den Moment zu genießen, und zwar genau diesen.
> Was möchten Sie gerade jetzt Positives über sich denken? Ich kann das! Ich werde es schaffen! Ich besitze alle Fähigkeiten! Ich bin mir meiner Fähigkeiten bewusst! Spüren Sie genau **das** und stellen Sie es sich mit allen Ihren Sinnen vor. Halten Sie die Augen dabei geschlossen.

1.3 Zur Arbeit mit dem Buch

Die Krankheitsbilder werden Ihnen auf der Grundlage der Internationalen Klassifikation psychischer Störungen in der 10. Version (ICD-10), Kapitel V (F), vorgestellt.

Vermittelt wird Ihnen hierzu nicht nur das theoretische Wissen, um Ihre Überprüfung zu bestehen, sondern Sie finden viele wertvolle Tipps, um erfolgreich zu lernen. Diese Lerntipps umfassen kurze Wiederholungen sowie eine spielerische Wissensvertiefung, auch einmal einen kleinen Witz oder weiterführende Informationen. Daneben sind am Ende von Lerneinheiten Pausen, also Vorschläge zur Entspannung, die der Selbstfürsorge dienen, eingebunden. Fühlen Sie sich eingeladen, diese Angebote positiv für sich zu nutzen! Vielleicht finden Sie unter diesen auch Ideen, die für Ihre Klienten passend sind. Selbstverständlich können Sie das Buch ebenso als reines Nachschlagewerk verwenden oder gezielt von der ersten bis zur letzten Seite durcharbeiten. Dann überspringen Sie die Hinweise einfach. Dies gilt bitte nicht für Merksätze und Warnhinweise, mit denen wichtige Aspekte hervorgehoben sind.

Daneben sind Wiederholungen wichtig: Auch an diese werden Sie immer wieder erinnert – in anderer Wortwahl oder ähnlich klingend. Blättern Sie daher immer wieder zurück und lesen Sie vertiefend einen anderen Abschnitt. Vergleichen Sie Krankheitsbilder: Was haben diese gemeinsam und was grenzt sie voneinander ab?

Zwischenzeitlich kann es passieren, dass Sie das Gefühl haben, nichts mehr zu wissen. Das ist völlig in Ordnung. Wahrscheinlich stehen Sie dann vor der Stufe der unbewussten Kompetenz! Was bedeutet das? Lernphysiologisch werden die folgenden Phasen beschrieben:

Phase 1 ist die sog. **unbewusste Inkompetenz**. Das bedeutet, Sie wussten nicht, dass Sie es nicht wissen. Es gab einmal eine Zeit, in der Sie sich weder mit psychiatrischen Krankheitsbildern noch mit Therapien oder mit dem Beruf Heilpraktiker für Psychotherapie beschäftigt haben.

Phase 2 Irgendwann richteten Sie aus einem bestimmten Grund Ihre Aufmerksamkeit auf dieses Gebiet, diesen Beruf. Ihr Interesse war geweckt. Sie stellten fest, dass es Ihnen an Wissen und Kenntnissen fehlt. Das ist die 2. Phase – die **bewusste Inkompetenz**.

Phase 3 Jetzt geht es los. Sie haben sich mit den Themen beschäftigt, Entscheidungen getroffen – z. B. dieses Buch zu kaufen – und sind oder kommen gerade in die 3. Phase – die Phase der **bewussten Kompetenz**. Sie lernen. Der Übergang zur nächsten Phase kann sich als „Verharren" oder manchmal als ein „Schritt zurück" zeigen.

Phase 4 zeichnet sich durch automatisch abrufbares Wissen aus. Sie können das Gelernte dann einfach – und genau dorthin begleitet Sie dieses Buch. Es führt Sie in die **unbewusste Kompetenz**!

Beispiel: Haben Sie einen Führerschein? Als Sie noch jung waren, war es Ihnen noch nicht bewusst, dass Sie nicht Autofahren konnten. Dann hatten Sie den Wunsch, es zu lernen, und Sie gingen in die Fahrschule. Mehr oder weniger mühsam lernten Sie, bei der richtigen Umdrehungszahl des Motors zu kuppeln und zu schalten, die Spiegel einzusetzen, den Blinker zu betätigen, Verkehrsregeln zu beachten, andere Verkehrsteilnehmer zu respektieren und vieles mehr. Jetzt fragen Sie sich zwischendurch schon einmal: „War die Ampel eben rot oder grün?" Ihre Fähigkeiten und Fertigkeiten des Autofahrens sind aber einfach da, es handelt sich also um eine unbewusste Kompetenz.

1.4 Lernmethoden

Viele verschiedene Lernmethoden stehen Ihnen zur Verfügung – es folgt eine Auswahl:

Lernen im Schlaf oder nebenbei Benutzen Sie alle auditiven Angebote – dazu gehört auch Ihre eigene Stimme. Lesen Sie laut und nehmen Sie das Gesprochene auf. Erstellen Sie Zusammenfassungen mit Ihren eigenen Worten. Hören Sie sich die Aufzeichnungen z. B. beim Einschlafen oder auch bei der Autofahrt, im Bus, beim Spaziergang, beim Bügeln an. Sie müssen nicht immer direkt hinhören oder aufpassen. Sie werden auch nebenbei wichtige Informationen aufnehmen.

Lernkarten Erstellen Sie sich Karten. Bitte wenige Informationen darauf schreiben und mit Ihren eigenen Worten verfassen. Sonst ist es nur ein Abschreiben. Nehmen Sie auch Karten, auf denen nur ein Krankheitsbild steht. Legen Sie die Karten so auf einen Tisch, dass Sie die Beschriftung nicht sehen können. Mischen Sie die Karten und ziehen Sie eine. Erzählen Sie dann alles frei, was Sie vom Krankheitsbild wissen. Erstellen Sie für sich einen roten Faden: Definition – Ursachen – Symptome – Therapiemöglichkeiten. Gerne können Sie auch versuchen, das Krankheitsbild zu malen.

Speed-Reading Lesen Sie schnell – Speed-Reading gehört zu einer der Techniken, die als Schnelllesetechniken bezeichnet werden. Vielleicht ist Ihnen Folgendes vertraut: Sie lesen ein Fachbuch und nach ein paar Sätzen sind Sie mit Ihren Gedanken ganz woanders. Sie fangen wieder an, und Ihr Gehirn unternimmt erneut eigene Streifzüge. Woran liegt das? Das Gehirn ist **unterfordert**! Ja, Sie haben richtig gelesen: unterfordert. Es fehlen Bilder/Vorstellungen. Können geschriebene Wörter, also ein Buch, keine Bilder liefern, erzeugt das Gehirn selber welche. Haben Sie schon einmal einen Roman gelesen? Was passiert da? Sie „sehen" vor Ihrem inneren Auge, was gerade geschieht. Wie z. B. der Held die Heldin erobert usw. Das Gehirn bleibt im Text. Warum? Es bekommt Bilder. Daraus folgt: Fordern Sie Ihr Gehirn! Nutzen Sie Bilder und geben Sie Ihrem Gehirn eine Aufgabe, indem es durch Bewegung und Geschwindigkeit im Text bleiben muss. Dieses Wissen wird beim Speed-Reading erfolgreich eingesetzt.

Zunächst jedoch noch eine weitere Überlegung. Befindet sich in der Nähe gerade ein anderer Mensch? Bitten Sie diesen, mit den Augen – ohne Hilfsmittel – einem imaginären Kreis in der Luft zu folgen. Was beobachten Sie? Richtig, der Kreis wird nicht rund, es ist eher ein „Stoppschild", etwas Zackiges. Jetzt geben Sie bitte mit Ihrem

Finger den Kreis für den anderen vor, und es funktioniert! Das Auge braucht eine Führung – hinzu kommt, dass das Auge wacher bleibt. Auch dieses Wissen können Sie nutzen. Der Finger führt das Auge. Das bedeutet, wenn Sie einen Text lesen und den Finger mit einer bestimmten Geschwindigkeit über das Blatt führen, folgen Ihre Augen dem Finger. Damit können Sie wesentlich schneller den Text erfassen. Dieses Vorgehen Bedarf ein wenig Training. Probieren Sie es bitte aus.

Mindmaps Eine weitere sehr gute Möglichkeit, Wissen zu verankern und wieder abzurufen, sind Mindmaps (engl. mind = Gedanken; map = Karte). Sie finden zu den Störungen ebenfalls Mindmaps als Angebot. Ein Mindmap ist so aufgebaut, dass in der Mitte das zentrale Thema steht. Davon ausgehend verzweigen sich Arme, die jeweils einen Punkt des Themas darstellen. Auch hier gilt, dass keine vollständigen Sätze zu erstellen sind, sondern Überschriften. Sie können dies noch verfeinern, indem Sie dazu ein passendes Bild ergänzen. Auf einer Seite – rechts oder links – empfiehlt es sich, einen senkrechten Strich zu ziehen. Sie können dort für sich Fragen oder Ergänzungen eintragen.

Beispiel: Sie sehen in **Abb. 1.2** das zentrale Thema Gehirn. Ein Zweig ist der Aufbau mit folgenden 3 Teilen:

1. Stamm- oder Reptiliengehirn
2. limbisches System
3. Großhirn

Für mich stellt sich das Stammhirn als Baum dar. Vielleicht haben Sie aber eine andere Assoziation, z. B. ein Krokodil aufgrund des Begriffs Reptiliengehirn. Da Sie sich über Ihre eigenen Vorstellungen sehr viel besser erinnern können, finden Sie in den weiteren Mindmaps in diesem Buch keine Bildvorgaben.

Abb. 1.2 Mindmap – Gehirn.

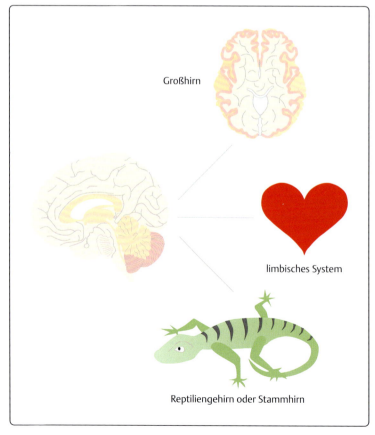

Großhirn

limbisches System

Reptiliengehirn oder Stammhirn

1.5 Gehirnanatomie und Lernen

„Das Gehirn ist nicht alles, aber ohne das Gehirn ist alles nichts."

Arthur Schopenhauer (1788–1860)

Wie funktioniert unser Gehirn? Zunächst ein wenig Anatomie.

> **⊘ Lerntipp**
>
> Stopp! Bevor Sie jetzt weiterlesen, stellen Sie sich bitte einmal ein Gehirn vor. Sie haben gerade die **Abb. 1.2** gesehen. Oder Sie gehen kurz ins Internet und schauen Sie ein anderes Bild an. Auf YouTube finden Sie gute, kurze Zusammenfassungen. Limitieren Sie die eingesetzte Zeit auf maximal 20 min, sonst besteht die Gefahr, sich im Internet zu verlieren.

1.5.1 Anatomie des Nervensystems und des Gehirns

Sie lesen jetzt gerade diese Zeilen. Ihre Augen erfassen die Buchstaben, und sie werden für Sie sinnhaft und bildlich übersetzt. Gleichzeitig geschieht noch vieles mehr, die Heizung rauscht, ein Hund bellt oder ein Luftzug streicht durch das geöffnete Fenster. Das ist für Sie jedoch nicht relevant, Sie lesen weiter, weil die Aufmerksamkeit auf den Text gerichtet wird – allerdings nur, solange der Inhalt für Sie interessant ist. All das geschieht über viele sensible und motorische Nervenfasern.

Unser Nervensystem dient der Wahrnehmung von Sinnesreizen, einer sinnvollen Integration dieser Informationen und einer passenden Reaktion darauf.

1.5.1.1 Nervensystem

Man unterscheidet nach der Lokalisation das zentrale und das periphere Nervensystem und nach seiner Funktion das somatische und das vegetative Nervensystem:

- Das zentrale Nervensystem (ZNS) besteht aus Gehirn und Rückenmark, das periphere Nervensystem verbindet das ZNS mit den Muskeln und (Sinnes-)Organen.
- Das somatische Nervensystem (griech. soma = Körper) dient der bewussten sensiblen Wahrnehmung und motorischen Steuerung, das vegetative Nervensystem steuert u. a. die Funktion der inneren Organe.

Zum vegetativen Nervensystem gehören der Sympathikus und der Parasympathikus. Diese Bereiche werden bei den psychosomatischen Erkrankungen wieder aufgegriffen.

1.5.1.2 Gehirn

Das Gehirn mit einem Gewicht von ca. 1 200–1 400 g und ca. 90 Mrd. Nervenzellen ist eines der stoffwechselaktivsten und auch das am besten geschützte Organ des Körpers. Nur das Gehirn ist komplett von knöchernen Strukturen umschlossen: Nach unten wird es geschützt durch die Schädelbasis, nach oben und zur Seite durch das Stirn-, Scheitel-, Hinterhaupts- und Schläfenbein. Einen weiteren Schutz bietet das Hirnwasser (Liquor), in das das Gehirn eingebettet ist. Der Liquor verhindert übermäßige Bewegungen des Gehirns und stabilisiert es vor Ort. Daneben gibt es die sog. Blut-Hirn-Schranke, die eine physiologische Barriere darstellt und u. a. als Schutz vor Toxinen und Erregern dient.

Die Hirnhäute ummanteln das Gehirn und das Rückenmark:

- Die harte Hirnhaut (Dura mater; lat. dura = hart) umhüllt den Subduralraum (lat. sub = unter).
- Die Spinngewebshaut (Arachnoidea) kleidet den Liquorraum aus (Subarachnoidalraum).
- Die innere Haut (Pia mater; lat. pia = zart) umgibt die Hirnwindungen.

Auf makroskopischer Ebene teilt sich das Gehirn auf in folgende Strukturen (**Abb. 1.3**):

- Großhirn (Telencephalon, Cerebrum)
- Zwischenhirn (Diencephalon)
- Hirnstamm mit:
  - Mittelhirn (Mesencephalon)
  - verlängertem Mark (Medulla oblongata)
  - Brücke (Pons)
- Kleinhirn (Cerebellum)

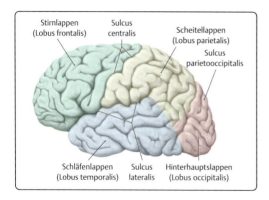

Abb. 1.3 Aufbau des Großhirns (Abb. aus: Schünke M, Schulte E, Schumacher U.: Prometheus LernAtlas der Anatomie. Illustrationen von Voll M und Wesker K. 5. Aufl. Stuttgart: Thieme; 2018)

Großhirn

Das Großhirn dient unter anderem der Sinneswahrnehmung, der Verknüpfung aller der über die Sinne wahrgenommenen Informationen sowie der bewussten Steuerung der Muskulatur. Es unterteilt sich in eine rechte und eine linke Hirnhälfte, Hemisphären genannt. Der linken Hirnhälfte wird traditionell das logische Denken zugeschrieben (Eselsbrücke: **L** wie links und logisch), der rechten Hirnhälfte eher die Kreativität. Beide Hemisphären verbindet der sog. Balken.

> **Lerntipp**
> Mittlerweile ist bekannt, dass jede der beiden Hälften die Funktion der anderen unter Umständen weitgehend ersetzen kann. Prof. Dr. Dr. Spitzer zeigte beeindruckende Aufnahmen von einem Mädchen, dem im Alter von 3 Jahren eine komplette Hirnhälfte entfernt worden war und das nun ein fast normales Leben ohne nennenswerte Ausfälle führt.

Die Hirnrinde (Neokortex) besteht aus 4 Lappen (Lobi, Einzahl: Lobus), zu denen jeweils die Hauptfunktionen aufgeführt sind:

* Stirnlappen (Frontallappen): Steuerung von bewussten Bewegungen; Übersetzung der zu verarbeitenden Informationen in Sprache; Sitz der Intelligenz, Einsichtsfähigkeit und der Persönlichkeit

(Eselsbrücke: Ich fasse mir an die Stirn und weiß wieder, was ich weiß! Machen Sie die Bewegung nach und verankern Sie jetzt das Wissen.)
* Scheitellappen (Parietallappen): Informationsverarbeitung im Bereich des Fühlens; Positionssinn; Verstehen von Sprache (Wernicke-Areal); komplexe Funktionen für die Orientierung, vorwiegend in Raum und Zeit
(Eselsbrücke: Jetzt sind Sie dran: …)
* Schläfenlappen (Temporallappen): Hören; Verarbeitungsprozesse von Emotionen; Lern- und Erinnerungsprozesse
(Eselsbrücke: Im Bereich der Schläfen liegen die Ohren, mit denen man hören kann!)
* Hinterhauptslappen (Okzipitallappen): Verarbeitung visueller Informationen – das Sehen
(Eselsbrücke: Ein Schlag auf den Hinterkopf erhöht das Sehvermögen.)

> **Lerntipp**
> Und laut Eckart von Hirschhausen gibt es noch den Jammerlappen: Das ist der Teil des Gehirns, der uns mit negativen Gedanken versorgt. Er hat, Herrn Hirschhausen zufolge, keine Verbindung zum Sehnerv, aber er hat alles kommen sehen. Er hat auch keine Verbindung zu Erinnerungen, weiß aber, dass es früher besser war. Anmerkung: Sein Buch ist sehr empfehlenswert!

Zwischenhirn und limbisches System

Das Zwischenhirn (Diencephalon) besteht unter anderem aus dem Thalamus und Hypothalamus. Der Thalamus ist die Schaltstelle für alle eintreffenden Informationen. Der Hypothalamus ist eine zentrale Schaltstelle zur Steuerung des Hormonsystems und ist auch in das limbische System eingebunden. Zum limbischen System gehören die Amygdala (Mandelkern) und der Hippocampus (Seepferdchen), die jeweils paarig in den Schläfenlappen des Großhirns angeordnet sind.

Die **Amygdala** dient der Bewertung, Verarbeitung und Konservierung emotionalen Informationen und der Speicherung unbewusster Erfahrungen. Sie wird auch als Emotionszentrum bezeichnet.

Der **Hippocampus** spielt eine entscheidende Rolle für das Lernen und das Gedächtnis. Er überführt Informationen vom Kurz- ins Langzeitgedächtnis. Diesen Teil des Gehirns müssen Sie jetzt beim Lesen und Lernen gezielt aktivieren. Dies gelingt, indem Sie dem Gehirn das geben, was es zum Lernen braucht: Bilder, Vorstellungen, ein Ansprechen aller Sinneskanäle, Verknüpfungen und Wiederholungen.

Hirnstamm

Im Hirnstamm liegen das Mittelhirn (Mesencephalon), das verlängerte Mark (Medulla oblongata) sowie die Brücke (Pons):
- Die Medulla oblongata reguliert lebenserhaltende Funktionen, z. B. die Atmung.
- Die Brücke verbindet Bereiche des Mittelhirns mit dem Kleinhirn und dem verlängerten Mark.

Kleinhirn

Das Kleinhirn ist u. a. verantwortlich für die Koordination und Feinabstimmung von Bewegungen und reguliert den Muskeltonus.

> ✴ **Merke**
>
> Unser Gehirn besteht – grob betrachtet – aus dem Stamm- oder Reptiliengehirn (das Stammhirn umfasst den Hirnstamm und das Kleinhirn), dem limbischen System (Zwischenhirn) sowie dem Großhirn (**Abb. 1.2**).

1.5.1.3 **Hirnnerven**

Zur Ergänzung folgt hier eine kurze Übersicht zu den 12 Hirnnerven. Diese spielen eine Rolle bei neurologischen Erkrankungen (Kap. 15). Die beiden ersten Hirnnerven entspringen oberhalb, alle übrigen innerhalb des Hirnstamms:

1. N. olfactorius: Der Riechnerv leitet Geruchsreize über die Nasenschleimhaut direkt zum limbischen System.
2. N. opticus: Der Sehnerv leitet die Seheindrücke von der Retina (Netzhaut) zum Hinterhauptslappen (Lobus occipitalis).
3. N. oculomotorius: Dieser Augenmuskelnerv ist zuständig für die Hauptbewegungsrichtung der Augäpfel, zusätzlich für die Verengung der Pupillen sowie die Hebung und das Offenhalten der Lider.
4. N. trochlearis: Der Augenrollnerv ist ebenfalls für Augenbewegungen zuständig. Er kann den Augapfel senken und nach innen rotieren.
5. N. trigeminus: Der Drillingsnerv ist ein sensibler Nerv für das Gesicht, die Nasen- und die Mundhöhle. Ein kleiner Anteil innerviert die Kaumuskulatur.
6. N. abducens: Dieser Augenmuskelnerv bewirkt eine Bewegung des Augapfels nach außen.
7. N. facialis: Der Gesichtsnerv ist überwiegend ein motorischer Nerv und zuständig für die Gesichtsmuskulatur. Zusätzlich laufen in ihm Fasern für die Funktion der Nasen- und Tränendrüsen sowie für die Speichelsekretion. Die vorderen zwei Drittel der Zunge (Geschmacksempfindungen) und kleine Bereiche der Ohren werden ebenfalls von ihm versorgt.
8. N. vestibulocochlearis: Über den Hör- und Gleichgewichtsnerv verlaufen sowohl Impulse des Gehör- als auch des Gleichgewichtsorgans zum Hirnstamm, wo sie weiter verschaltet werden.
9. N. glossopharyngeus: Der Zungen- und Rachennerv ist ein überwiegend sensibler Nerv, der für die Rachenhinterwand und das hintere Drittel der Zunge zuständig ist.
10. N. vagus: Der Eingeweidenerv ist ein Teil des parasympathischen Nervensystems und reguliert in diesem Sinne die Organfunktionen des Brust- und Bauchraums. Motorisch innerviert er das Gaumensegel und die Stimmbänder.
11. N. accessorius: Dieser Halsnerv bewirkt eine Kopfdrehung und Schulterhebung.
12. N. hypoglossus: Der Zungennerv ist ein rein motorischer Nerv, der für die Zungenbewegungen zuständig ist.

> ◈ **Lerntipp**
>
> Bilden Sie aus den ersten Buchstaben der Nerven einen oder mehrere Sätze:
> **O**nkel **O**tto **o**rganisiert eine **T**ee**t**afel **a**m **F**reitag.
> **V**iele **g**roße **V**ögel **a**ngeln **H**aie.
> Sie finden das schräg? Super, dann können Sie sich die Sätze merken bzw. sich selber eine passende Merkhilfe erstellen (auch als Geschichte).

1.5.2 Lernvorgang – Ihre Bibliothek des Wissens

Über unsere Sinne nehmen wir ununterbrochen Informationen auf. Erlauben Sie mir die Metapher einer großen Bibliothek: Ständig bekommen wir Bücherlieferungen (Reize), die uns durch unsere Eingangstür zur Bibliothek (Thalamus) erreichen, und unser Bibliothekar (Hippocampus) entscheidet, welche Seiten/Kapitel direkt zur Verfügung gestellt werden müssen. Er sortiert entsprechend vor, versieht einige Nachrichten mit Haftnotizen, um diese später (nachts) zu sortieren. Dies geschieht in den sog. REM-Phasen, während denen schnelle Augenbewegungen (engl. Rapid Eye Movement) hinter den geschlossenen Lidern erfolgen (Kap. 9.2). Ziel ist es nun, Informationen so abzuspeichern, dass sie unverzüglich bei Bedarf zur Verfügung stehen.

Ich möchte Sie dazu einladen, sich Ihre eigene Bibliothek des Wissens anzulegen: Schließen Sie dafür, nachdem Sie den folgenden Text verinnerlicht haben, Ihre Augen und atmen Sie 2-mal tief ein und aus.

Stellen Sie sich in Ihrer Fantasie vor, wie Ihre eigene Bibliothek des Wissens für den Heilpraktiker für Psychotherapie aussieht: Wie viele Regale stehen dort? Wie ist sie beleuchtet? Hell, freundlich? Wirkt sie einladend? Werden Sie von Ihrem inneren Bibliothekar begrüßt? Wie sieht er aus? Welche Farben, welches Material haben Ihre Regale? Wie viele Bücher stehen schon dort? Wie fühlen sich die Bücher, die Regale an? Gibt es einen typischen Geruch?

Sie können sich jetzt z. B. zu jedem Kapitel eine Farbe vorstellen. Wenn nun die entsprechenden Informationen zu diesem Kapitel bearbeitet werden, stellen Sie sich bitte vor, dass „Ihr" Buch in Ihrer Bibliothek genau diese Farbe bekommt. Gehen Sie noch einen Schritt weiter: Wie sieht dieses Buch aus? Aus welchem Material besteht es, Leder oder Kunststoff? Wie groß, wie dick oder wie schwer ist es? Hat es einen Geruch? Und nun überlegen Sie sich, wo Sie das Buch hinstellen, sodass Sie es jederzeit bei Bedarf in Ihrer Bibliothek finden können.

Kommen Sie nach dieser Vorstellung wieder mit Ihrer ganzen Aufmerksamkeit zurück in den Raum bzw. zu diesem Buch.

> **Pause**
>
> Wieder etwas geschafft! Sie haben sich die nächste Pause verdient. Möchten Sie sich ein wenig bewegen? Stellen Sie sich mit dem Rücken an eine Wand und rutschen Sie langsam nach unten, der Wandkontakt bleibt dabei bestehen. Imaginieren Sie einen Hocker unter sich und bleiben Sie so lange wie möglich an der Wand „sitzen". Atmen nicht vergessen. Danach ausschütteln, recken und strecken. Selbstverständlich machen Sie die Übung nur, wenn die körperlichen Voraussetzungen dazu gegeben sind.

2 Wie alles begann

Mehr als ein Drittel der Bevölkerung leiden während ihres Lebens mindestens einmal an einer psychischen Erkrankung. Somit stellen psychische Störungen mit Abstand die häufigsten Krankheiten dar. Die Studie des Robert Koch-Instituts zur Gesundheit Erwachsener in Deutschland ergab, dass jeder 4. Mann und jede 3. Frau zeitweilig unter psychischen Störungen leidet [61]. Viele Diskussionen befassen sich mit diesem Thema. Woher kommt diese Zunahme? Stress und Burn-out sind Begriffe der heutigen Zeit. Ist dies so? Oder handelt es sich um mögliche Erklärungsversuche, weil andere Ideen fehlen?

2.1 Selbstfürsorge – ein Begriff der modernen Zeit

> **Lerntipp**
>
> Mögen Sie Ihr Auto? Ist es Ihnen wichtig? Was tun Sie, wenn eine Kontrollleuchte angeht? Sie werden wahrscheinlich in die Werkstatt fahren. Was ist, wenn bei einem Menschen eine Kontrollleuchte aufleuchtet? Viele Menschen ignorieren dies und machen weiter!

Selbstfürsorge ist ein wichtiger Begriff der heutigen Zeit, ebenso der Gedanke der Resilienz. Der amerikanisch-israelische Medizinsoziologie Aaron Antonovsky (1923–1994) definierte bereits in den 1980er-Jahren ein Konzept zur Gesunderhaltung: Er entwickelte das sog. salutogenetische Konzept und prägte den Begriff der **Salutogenese** (lat. salus = Wohl, Heil, Glück; griech. genesis = Entstehung) [1].

Im Mittelpunkt steht die Frage, unter welchen Bedingungen Gesundheit erhalten bzw. wiederhergestellt wird. Antonovsky zufolge wird der Zustand eines Menschen entscheidend durch seine eigene Grundhaltung gegenüber der Welt und sich selbst bestimmt. Diese innere Haltung nennt er **Kohärenzgefühl**. Salutogenetische Fragestellungen lauten:

1. Was erhält den Menschen trotz vieler potenziell belastender/gefährdender Einflüsse gesund?
2. Wie schaffen sie es, sich von Belastungen/Erkrankungen wieder zu erholen?
3. Was ist das Besondere an Menschen, die trotz extremster Belastungen nicht krank werden/stabil bleiben?

> **Merke**
>
> Nach dem Modell der Salutogenese ist Gesundheit nicht als Zustand, sondern als Prozess zu verstehen.

Dämmerschlafbehandlung

Jakob Klaesi führte 1921 zur Behandlung von Erregungszuständen die Dämmerschlafbehandlung durch Luminal ein. Luminal ist ein Sedativum (Beruhigungsmittel) und wird als Antikonvulsivum, also zur Behandlung von Krampfleiden, eingesetzt.

Elektroschockbehandlung

Wird jetzt Elektrokrampftherapie genannt. Wie bei der Cardiazol-Behandlung löste man bei der Elektroschockbehandlung einen generalisierten Krampfanfall aus. 1937 hatten Cerletti und Bini eine Methode entwickelt, bei der mittels Elektroden bitemporal ein Wechselstrom von 60–139 Volt und 200–800 mA für 0,1–0,5 s appliziert wurde. Behandelt wurden resistente Formen der Depression sowie katatone Zustände bei Schizophrenie.

Insulinschockbehandlung

Manfred Sakel (1900–1957) erzeugte durch Gabe von Insulin einen hypoglykämischen Schock, um Menschen mit einer Schizophrenie zu behandeln. Bei der Anwendung konnte es zum diabetischen Koma oder auch Krampfanfall kommen. Bis zu 40 Tage setzte man regelmäßig Insulinschocks ein, die zwischen 5 und 30 min lang waren.

Malariakur

Julius Wagner-Jauregg (1857–1940) beobachtete, dass sich psychisch erkrankte Menschen während fieberhafter Erkrankungen vorübergehend beruhigten. Aufgrund dieser Erkenntnis injizierte er Betroffenen das Blut von Malariakranken und führte so künstliche Fieberschübe herbei.

Packungen

Bei besonders ausgeprägter Unruhe wurden Betroffene in nasse Decken eingewickelt. In den festen Laken verblieben sie für mindestens 2 h und länger.

Prolongierte Bäder

Durch Dauerbäder versuchte man, erregte Kranke zu beruhigen. Die Wassertemperatur betrug 35–37 °C, die Badedauer mindestens 2 h. Während des Bades kamen die Betroffenen zur Ruhe, was in Notfällen jedoch auch Tag und Nacht dauern konnte.

Im 19. Jhd. teilte sich die deutsche Psychiatrie in 2 Lager, in die „Psychiker", die die Erkrankung als körperlose Seele bzw. Folge der Sünde betrachteten, und die „Somatiker", die nach naturwissenschaftlichen Erklärungen suchten. Wilhelm Griesinger (1810–1865) erklärte psychische Erkrankungen zu Erkrankungen des Gehirns.

Die dunkle Geschichte der Psychiatrie wurde zur Zeit des Nationalsozialismus in Deutschland geschrieben. Durch die ideologische Verblendung kam es zu ungeheuren Gräueltaten, die das zuvor in aller Welt sehr hohe Ansehen der deutschen Psychiatrie extrem erschütterten. Es starben ca. 200 000 psychisch Kranke an systematisch organisiertem Hunger, tödlichen Medikamentengaben und den Folgen von sog. Experimenten. Eine Sterilisation war selbstverständlich.

Hintergrundwissen

Gesetz zur Verhütung erbkranken Nachwuchses vom 01.01.1934

Sterilisiert werden sollten nach diesem Gesetz „erbkranke Personen" mit den folgenden Diagnosen:

- angeborener Schwachsinn
- Schizophrenie
- zirkuläres Irrsein, erbliche Fallsucht
- erblicher Veitstanz
- erbliche Blindheit oder Taubheit
- schwere ererbte körperliche Missbildung
- schwere Zuwiderhandlung

Filmtipp: „Sichten und Vernichten"

Psychiatrie-Enquete Das Wort Enquete (franz. enquête) bedeutet Untersuchung. Die Untersuchung über die Lage der Psychiatrie in der Bundesrepublik Deutschland wurde im September 1975 in einem 430 Seiten langen Bericht veröffentlicht. Die Kommission erfasste folgende Empfehlungen:

- Förderung von Beratungsdiensten und Selbsthilfegruppen
- gemeindenahe Versorgung
- Umstrukturierung der großen psychiatrischen Krankenhäuser

- getrennte Versorgung für psychisch Kranke und geistig behinderte Menschen
- Gleichstellung somatisch und psychisch Kranker
- Förderung der Aus-, Fort- und Weiterbildung des Personals
- Versorgung psychisch Kranker und Menschen mit einer Behinderung als Teil der allgemeinen Gesundheitsversorgung

Diese Forderungen wurden nach und nach erfüllt.

Eckdaten der Psychiatrie in der Entwicklung der Psychopharmaka
- 1949 Entdeckung des antimanischen Effekts von Lithium durch Cade
- 1952 Entdeckung von Chlorpromazin als erstes Neuroleptikum durch Delay und Deniker
- 1954 Entdeckung von Meprobamat als Anxiolytikum durch Berger
- 1957 Entdeckung von Imipramin als Antidepressivum durch Kuhn
- 1957 Entdeckung von Haloperidol als hochpotentes Neuroleptikum durch Janssen
- 1960 Entdeckung von Clozapin als erstes atypisches Neuroleptikum durch die Fa. Wander
- 1961 Entwicklung der ersten Benzodiazepine aufgrund der Forschungsarbeiten von Sternbach
- 1971 Einführung der sog. atypischen Neuroleptika
- 1973 Entdeckung des ersten Antidementivums durch die Fa. Merck

Seit der Psychiatrie-Enquete bis zum heutigen Tag nahm das Versorgungssystem für Menschen mit psychischen Störungen zu. Es entwickelte sich eine vernetzte, multiprofessionelle Versorgungsstruktur. Die entscheidenden 3 Säulen der Therapie,
- die Pharmakologie,
- die Psychotherapie und
- die Soziotherapie,

greifen wie ein Zahnradsystem ineinander – oder: sie sollten es tun. Leider finden sich immer wieder Stolpersteine in der Versorgung. Dazu gehört u. a. die Herausforderung für Betroffene, einen geeigneten Therapeuten zu finden.

Abb. 2.1 Sigmund Freud. © vkilikov - stock.adobe.com

2.2.2 Geschichte der Psychotherapie

Wie Sie anhand der kurzen Beschreibung der Psychiatriegeschichte nachvollziehen können, konzentrierte man sich früher in erster Linie auf die körperlichen Ursachen. Erst im Laufe der Zeit trat die Psyche und somit ihre Therapie in den Mittelpunkt der Betrachtung.

Unauslöschbar ist damit der Name Sigmund Freud verbunden (**Abb. 2.1**). Er, der Vater der **Psychoanalyse**, entwickelte die Lehre vom Unbewussten. Der schon vor seiner Zeit benutzte Begriff der Neurose wurde entscheidend durch seine Therapieform geprägt. Eine Neurose (griech. neuron = Nerv; -ose = Krankheit) bezeichnet die Erkrankung der Nerven. Davon abgeleitet sind Begriffe wie Nervenkrankheiten oder Nervenheilanstalten.

Eine weitere Säule der Psychotherapie entwickelte sich – die **Verhaltenstherapie**. Die wichtigen Namen dieser Entwicklung sind Pawlow und Skinner. Pawlow beschrieb den – eher durch Zufall entdeckten – bedingten Reflex. In der Verhaltenstherapie geht man davon aus, dass Verhalten konditioniert ist.

Menschen lernen durch Erfahrung, durch ausgelöste Reaktionen und/oder am Modell. So entwickelte sich die **lerntheoretische Psychologie**.

Ein weiterer Baustein ist die **klientenzentrierte (humanistische) Gesprächspsychotherapie** nach Rogers. Carl Rogers ging davon aus, dass der Mensch alle Fähigkeiten, um sich zu entwickeln bzw. Veränderungen herbeizuführen, in sich trägt.

2.2.3 Persönlichkeiten der Geschichte von A–Z

Alzheimer, Alois (1864–1915), ein deutscher Psychiater und Neuropathologe, ist Namensgeber der Alzheimer-Erkrankung, die er 1906 erstmals beschrieb in der Abhandlung „Über eine eigenartige Erkrankung der Hirnrinde".

Asperger, Hans (1906–1980), ein österreichischer Kinderarzt, veröffentlichte 1944 im Anschluss an seine Habilitation den Artikel „Die autistischen Psychopathen im Kindesalter" im *Archiv für Psychiatrie und Nervenkrankheiten*. Nach ihm ist der Asperger-Autismus benannt.

Bleuler, Eugen (1857–1939), ein schweizer Psychiater, prägte 1911 den Begriff der Schizophrenie. Er erkannte, dass dieses Krankheitsbild nichts mit einer Demenz zu tun hat.

Bleuler, Manfred (1903–1994), führte das Werk seines Vaters E. Bleuler fort. Er fand 10 unterschiedliche Verlaufstypen der Schizophrenie.

Bini, Lucino (1908–1964), entwickelte gemeinsam mit H. Cerletti die Elektroschocktherapie. Mit Elektroschocks am Kopf wurden generalisierte Krampfanfälle ausgelöst. Diese Behandlungsmethode wird unter der Bezeichnung Elektrokrampftherapie eingesetzt bei schweren Depressionen und katatonen Zuständen der Schizophrenie.

Cerletti, Hugo (1877–1963), war gemeinsam mit L. Bini Entwickler der Elektroschocktherapie.

Charcot, Jean-Martin (1825–1893), französischer Psychiater und ehemaliger Chefarzt des bekannten Krankenhauses Hôpital de la Salpêtrière in Paris. Er wurde als Napoleon der Hysterikerinnen bezeichnet. Sigmund Freud lernte bei ihm Hypnose.

Conolly, John (1794–1866), ein britischer Arzt für Psychiatrie, setzte sich ein für eine Betreuung psychisch Kranker, bei der kein körperlicher Zwang ausgeübt wird. Sein zunächst umstrittenes Werk *Treatment of the Insane without Mechanical Restraints* erschien 1856.

Esquirol, Jean Étienne (1772–1840), ein französischer Psychiater, schaffte mit seiner Veröffentlichung *Des Maladies Mentales* (1838) die Basis zur Klassifikation und psychopathologischen Beschreibung von Halluzinationen. Er war Schüler von P. Pinel.

Freud, Sigmund (1856–1939), entwickelte um die Jahrhundertwende mit seiner Lehre von unbewussten und neurotischen Verarbeitungsprozessen die Grundlage der Psychoanalyse als Erklärungsansatz für neurotische Störungen.

Hüther, Gerald (1951), ist deutscher Neurobiologie und befasst sich in seiner Forschung u. a. mit der Gehirnentwicklung und dem Lernen. Ihm ist es ein Anliegen, die wissenschaftlichen Erkenntnisse einem breiten Publikum zugänglich zu machen und weiterzutragen (z. B. durch Initiativen an Schulen). Einer seiner Forschungsschwerpunkte lag im Bereich der Aufmerksamkeitsstörungen (ADS/ADHS). Sein aktuelles populärwissenschaftliches Werk *Etwas mehr Hirn, bitte* ist 2015 erschienen.

Kanner, Leo (1896–1981), ein gebürtiger Ungar, studierte in Berlin Medizin. Er wanderte 1923 nach Amerika aus und arbeitete dort als Kinder- und Jugendpsychiater. Nach ihm ist der frühkindliche Autismus (Kanner-Autismus) benannt.

Klaesi, Jacob (1883–1980), ein Schweizer Psychiater, war für die Einführung der Schlafkur verantwortlich.

Korsakow, Sergei Sergejewitsch (1854–1900), war ein russischer Nervenarzt, der die Auswirkungen des Alkoholismus eingehend untersuchte. Nach ihm benannt sind das anamnestische Syndrom (Wernicke-Korsakow-Syndrom, mit Carl Wernicke) sowie das Korsakow-Syndrom bei Alkoholkranken.

Kraepelin, Emil (1856–1926), gilt als einer der Begründer der wissenschaftlichen Psychiatrie. Er bezeichnete die Schizophrenie als Dementia praecox (vorzeitige Verblödung) und unterschied exogene und endogene Psychosen. Die Krankheitssystematik, wie sie von Kraepelin und Bleuler entwickelt wurde, hatte maßgeblichen Einfluss auf die weitere Entwicklung der psychiatrischen Krankheitslehre, die seit den 1970er-Jahren mit dem psychiatrischen Teil der „International Classification of Diseases – ICD" international vereinheitlicht wurde.

Meduna, Joseph (1896–1964), der ungarische Psychiater war Begründer der Cardiazol-Krampfbehandlung, die bei katatonem Stupor und schweren Depressionen eingesetzt wurde.

Parkinson, James (1755–1824), der britische Arzt und Apotheker veröffentlichte 1817 das Werk *An Essay on the Shaking Palsy*, in dem er erstmals die Symptome einer von ihm als Schüttellähmung bezeichneten Erkrankung beschrieb. Diese ist heute bekannt unter dem Namen Parkinson-Krankheit – auch Parkinson-Syndrom oder Morbus (Krankheit) Parkinson.

Pawlow, Iwan Petrowitsch (1849–1936), ein russischer Mediziner und Psychologe, erhielt 1904 den Nobelpreis für Physiologie. Er entdeckte das Prinzip der klassischen Konditionierung in Versuchen an Hunden (Pawlow'sche Hunde).

Pinel, Philippe (1745–1826), auf den französischen Psychiater, der am Hôpital Salpêtrière in Paris tätig war, lässt sich die wissenschaftliche Psychiatrie zurückführen. Er entwickelte das Konzept der „Manie sans Delire" (Manie ohne Delir) und ermöglichte eine differenziertere Erfassung psychischer Störungen, als dies damals üblich war. Aus dieser Entwicklung leiten sich die Persönlichkeitsstörungen oder Neurosen/neurotischen Störungen ab. Er entwickelte mit seinem Schüler J. E. Esquirol eine neue Form des Umgangs mit den Kranken, bei der Zwangsmaßnahmen abgelehnt wurden.

Rogers, Carl (1902–1987), war amerikanischer Psychologe und Psychotherapeut. Sein bekanntestes Werk zur Entwicklung der Persönlichkeit mit dem Titel *On Becoming a Person* erschien 1961. Er entwickelte die klientenzentrierte Gesprächspsychotherapie.

Roth, Erwin (1926–1998), der deutsch-österreichische Psychologe widmete sich der Intelligenzforschung, Lernfähigkeit und Persönlichkeitspsychologie.

Schmidt, Gunther (1945), ist einer der Pioniere in der Verbindung der Hypnotherapie mit der Systemtherapie.

Skinner, Burrhus Frederic (B. F.) (1904–1990), dieser bedeutende amerikanische Psychologe war Behaviorist und prägte die Bezeichnung operante Konditionierung. In seinen Experimenten verwendete er eine heutzutage als Skinner-Box bezeichnete Apparatur, in der (z. B. durch Belohnung) nach Hebeldruck Versuchstiere konditioniert wurden.

Spitzer, Manfred (1958), deutscher Psychiater und Psychologe, beschäftigt sich u. a. mit der Hirnforschung und dem Lernen. In den 1980er-Jahren lag einer seiner Schwerpunkte in der Erforschung von Halluzinationen und Wahn. Kontrovers diskutiert werden insbesondere seine Publikationen zur Nutzung digitaler Medien an Schulen.

Wagner-Jauregg, Julius (1857–1940), war ein österreichischer Psychiater und Entdecker der therapeutischen Bedeutung der Malariatherapie zur Behandlung der progressiven Paralyse. Er erhielt 1927 den Nobelpreis für Medizin.

2.3 Heilpraktiker und Heilpraktiker für Psychotherapie

2.3.1 Entstehung des Heilpraktikergesetzes

Bis zum Jahre 1939 durfte im Deutschen Reich jeder, der Menschen heilen wollte und meinte, es zu können, diesen Dienst anbieten. Eine qualifizierte medizinische Ausbildung war nicht gefordert. Dies sollte dahingehend geändert werden, dass nur noch staatlich ausgebildete Ärzte medizinische Tätigkeiten ausführen durften – wodurch in der Folge alle anderen Behandler ausgeschlossen worden wären. So entstand – eigentlich mehr als „Notlösung" – das **Heilpraktikergesetz** (17.02.1939; Kap. 19.1). Es hatte zunächst zum Ziel, bereits praktizierende Heiler zu überprüfen und neuen nicht ohne Weiteres eine Zulassung zu erteilen.

1957 kehrte sich diese Idee jedoch um: Nun musste nicht mehr begründet werden, warum jemand als Heilpraktiker zugelassen werden sollte, sondern es musste jeder zugelassen werden, der nicht abgelehnt werden konnte. Das Ergebnis ist, dass heute in Deutschland wieder schätzungsweise 15 000 Heilpraktiker tätig sind. Der Beruf des Heilpraktikers ist ein typischer Zweitberuf. Etwa die Hälfte aller Heilpraktiker kommt aus Gesundheitsberufen, der Rest aus einer medizinfremden Tätigkeit.

Erst seit 1993 gibt es auch die Erlaubnis zur berufsmäßigen Ausübung der Heilkunde ohne Bestallung als Heilpraktiker, die sich auf das Gebiet der Psychotherapie beschränkt. **Heilpraktiker für Psychotherapie** dürfen eine Diagnose stellen und eine Therapie durchführen. Dies ist in Deutschland ansonsten nur Ärzten, psychologischen Psychotherapeuten und Heilpraktikern vorbehalten.

Die Ausbildung von Heilpraktikern ist gesetzlich nicht geregelt und das Angebot vielfältig.

2.3.2 Überprüfung durch das Gesundheitsamt

Einzige Voraussetzung für die Tätigkeit als Heilpraktiker ist das Bestehen einer Überprüfung durch das Gesundheitsamt. Dabei soll festgestellt werden, ob der Betreffende genügend Kenntnisse und Fähigkeiten besitzt, dass von ihm „keine Gefahr für die Volksgesundheit" ausgeht. Es heißt Überprüfung (nicht Prüfung), weil diese bei Nichtgelingen mehrmals wiederholt werden kann.

> **⚡ Lerntipp**
>
> Im Einzelnen wurde von bis zu 8–9 Wiederholungen berichtet. Keine Angst, dazu gehören Sie nicht! Sie wissen, dass Sie alle Fähigkeiten besitzen, um die Überprüfung zu bestehen. Lassen Sie sich bitte ebenso wenig von Berichten über hohe Durchfallquoten verunsichern.

Die Inhalte der Überprüfung durch den Amtsarzt sind nicht festgelegt. Es hat sich inzwischen ein relativ hoher Prüfungsstandard etabliert. Bitte erkundigen Sie sich direkt bei Ihrem zuständigen Gesundheitsamt, Sie können die Unterlagen zur Antragstellung auch von der Onlineplattform beziehen. Ein Antrag auf Überprüfung umfasst in der Regel folgende Unterlagen:

- tabellarischer Lebenslauf
- Geburtsurkunde, ggf. Heiratsurkunde
- Nachweis der Staatsbürgerschaft
- Nachweis eines Schulabschlusses (mindestens Hauptschule) oder Gleichwertiges
- Ausbildung im psychiatrischen Bereich
- amtliches Führungszeugnis
- ärztliches Eignungszeugnis

> **✴ Merke**
>
> Bitte beachten Sie, dass es für das Führungs- und das Eignungszeugnis ein Gültigkeitsdatum gibt.

Einige Gesundheitsämter fragen ergänzend nach Mitgliedschaften in einem Heilpraktikerverband. Des Weiteren wird nach der erfolgten Heilpraktikerausbildung und nach den Namen der Dozenten gefragt.

In der Regel findet am 3. Mittwoch im März bzw. am 2. Mittwoch im Oktober die **schriftliche Überprüfung** statt. Diese besteht aus 28 Multiple-choice-Fragen, von denen 21 richtig beantwortet werden müssen. Sie bekommen die Fragen ausgehändigt und haben dann 55 min Zeit. Bevor Sie starten, atmen Sie erst einmal in Ruhe durch und lesen sich alle Fragen durch. Dann beantworten Sie diese. Wenn Sie damit fertig sind, übertragen Sie Ihre Antworten auf ein zusätzlich ausgehändigtes Prüfungsblatt. Achtung, hier können Übertragungsfehler auftreten, deshalb bitte noch einmal alles kontrollieren!

Nach bestandener schriftlichen Prüfung erhalten Sie die Einladung zur **mündlichen Überprüfung**. In dieser Prüfungssituation sitzen Sie 3 Prüfern gegenüber, dem Amtsarzt und 2 Heilpraktikern. Sie bekommen einen Fall geschildert, und es wird von Ihnen erwartet, dass Sie einen psychopathologischen Befund erstellen und eine Diagnose/Verdachtsdiagnose ableiten können. In der Regel startet die mündliche Prüfung mit der Frage, warum Sie Heilpraktiker für Psychotherapie werden möchten und wie Sie therapeutisch tätig sein werden. Im letzten Teil der Prüfung bekommen Sie zusätzliche Fragen gestellt. Ein immer wiederkehrendes Fragegebiet ist die Suizidalität (Kap. 16).

Unter welchen Bedingungen wird die Erlaubnis verweigert? Die Erlaubnis wird nicht erteilt, wenn der Antragsteller

- das 25. Lebensjahr noch nicht vollendet hat;
- nicht mindestens eine abgeschlossene Hauptschulbildung nachweisen kann oder ihm die sittliche Zuverlässigkeit fehlt (Führungszeugnis);
- infolge eines körperlichen Leidens, wegen der Schwäche seiner geistigen und körperlichen Kräfte oder durch Sucht die Eignung fehlt;

- die Überprüfung zeigt, dass die Ausübung seiner Tätigkeit eine Gefahr für die Volksgesundheit darstellt.

Eine weitere Möglichkeit, die Erlaubnis zur Ausübung der Heilkunde zu erlangen, ist die sog. Aktenlagenentscheidung. Das bedeutet, dass Sie folgende Nachweise erbringen müssen:

- Nachweis einer langjährigen psychotherapeutischen Arbeit
- Nachweis einer umfangreichen und erfolgreichen Aus-, Fort- und Weiterbildung

Sie finden die dazu benötigten Formulare ebenfalls auf der Internetseite des zuständigen Gesundheitsamtes.

In Kap. 21 wird das Thema schriftliche und mündliche Prüfung für Heilpraktiker der Psychotherapie im Detail aufgegriffen.

Immer wieder gibt es Diskussionen über die genaue Berufsbezeichnung „Heilpraktiker für Psychotherapie". Sie erhalten nach bestandener Überprüfung eine Urkunde mit der genauen Bezeichnung. Am besten halten Sie sich an diese Angaben.

> **◀ Pause**
>
> Sie haben sich eine Pause verdient. Atmen Sie tief ein und aus. Beim Einatmen zählen Sie in Gedanken von 1–5, beim Ausatmen ebenfalls. Bitte 3-mal wiederholen. Lassen Sie dabei das Gelesene Revue passieren.
> Stehen Sie jetzt auf und stellen Sie sich vor eine Wand. Legen Sie beide Hände auf Brusthöhe gegen die Wand und machen Sie 3-mal 10 Liegestütze im Stehen. Trinken Sie dann bitte ein großes Glas Wasser.
> Wenn Sie wieder vor dem Buch sitzen, atmen Sie erneut ein und aus; dieses Mal zählen Sie bitte jeweils von 1–6.

3 Diagnostische Verfahren

Als Heilpraktiker für Psychotherapie ist es Ihre Aufgabe, eine Diagnose zu stellen. Diese dient zum einen dazu, Ihre Grenzen zu erkennen und den Klienten gezielt an andere Fachrichtungen weiterleiten zu können. Zum anderen können Sie anhand der Diagnose die richtige Wahl einer Therapie treffen, sofern Sie den Klienten übernehmen.

3.1 Diagnosestellung

> **⟨⟩ Lerntipp**
>
> Sitzen Sie bequem? Haben Sie ausreichend zu Trinken, eventuell Leckereien wie Nüsse? Sie unterstützen das Denken.
> Erlauben Sie mir zum Einstieg eine Metapher. Stellen Sie sich vor, Sie besuchen einen exotischen Kochkurs. Um diese wunderbaren Gerichte zu zaubern, müssen Sie erst eine Vielzahl von Zutaten kennenlernen, die Bestandteile der Gerichte sind. Einige benötigen Sie nur bei bestimmten Gerichten, andere nutzen Sie immer wieder – und trotzdem ist das Ergebnis verschieden.
> Falls Sie nicht gerne kochen – hier ein weiteres Bild: Der Klient nennt Ihnen seine Symptome, die Sie in einen Trichter füllen, und unten resultiert daraus ein bestimmtes Krankheitsbild.

Ähnlich ist es jetzt: Sie lernen Symptome kennen – und je nachdem, welche Symptome der Klient beschreibt, ergibt sich ein definiertes Krankheitsbild gemäß ICD-10.

> **✱ Merke**
>
> Ein Symptom macht noch kein Krankheitsbild! Es ist sorgfältig abzuwägen, bevor eine Diagnose gestellt wird. Dazu ist eine Anamnese erforderlich. Seien Sie nicht zu voreilig mit dem Erstellen der Diagnose, sondern erfassen Sie zuerst präzise alle Symptome.

„Wenn jemand einen Hammer hat, wird die ganze Welt zu einem Nagel."

Gunnar Schmidt

Zur Diagnosestellung gehören die Erhebung des psychopathologischen Befundes (Kap. 3.3), der zeitliche Verlauf der Erkrankung, das Vorliegen ähnlicher Symptome in der Vergangenheit oder in der Familie, das Erfassen anderer psychischer und/oder somatischer Erkrankungen, die Beschreibung der Person sowie ihrer Familiengeschichte.

Die Grundlage zur Diagnostik bildet in Deutschland wie beschrieben die ICD-10. Wenn die dort beschriebenen diagnostischen Leitlinien erfüllt sind, kann die Diagnose gestellt werden. Sind die Voraussetzungen nur teilweise erfüllt, sollte die Diagnose erst einmal nur auf Verdacht gestellt werden (Abkürzung: V.a.). Unterschieden wird noch in eine Haupt- und/oder Nebendiagnose.

Die ICD-10 beschreibt ausschließlich Symptome, Ursachen werden nicht betrachtet. In der Regel werden heute psychiatrische Erkrankungen als ein multifaktorielles Geschehen angesehen.

Eine körperliche Untersuchung ist ausschließlich den Ärzten, Psychiatern bzw. allgemeinen Heilpraktikern vorbehalten. Bitte merken Sie sich bereits hier: „Das Berühren der Figuren mit den Pfoten ist verboten." (Dies bezieht sich ausschließlich auf die Diagnostik, beim Notfall darf natürlich angefasst werden, und natürlich dürfen Sie Ihrem Klienten auch die Hand geben.)

Ziel ist es, trotzdem zwischen körperlich bzw. psychisch begründeten Symptomen zu unterscheiden. Um keine körperliche Ursache zu übersehen, ist es erst einmal entscheidend, dass der Klient von einem Arzt untersucht wird. Viele Symptome können sich aufgrund körperlicher Erkrankungen, z.B. Schilddrüsenerkrankungen, Hirntumoren, zeigen. Zur medizinischen Diagnostik gehören die Krankheitsanamnese, die allgemeine körperliche und neurologische Untersuchung, das Labor-Screening-Programm sowie die apparative Diagnostik.

3.2 Anamnese

Menschen mit psychischen Beeinträchtigungen haben oft Probleme, Hilfe zu suchen oder anzunehmen. Bevor sie darüber nachdenken, erleben sie zumeist ein Unverständnis anderer Menschen, aber auch sich selbst gegenüber. Suchen sie endlich Hilfe, führt ihr Weg häufig über die hausärztliche Versorgung, vor allem wenn körperliche Symptome im Vordergrund stehen. Sie möchten nicht als „verrückt" gelten oder keine Schwäche zeigen. Bekommen sie keine Überweisung bzw. finden sie keine professionelle Hilfe, die von den Krankenkassen bezahlt wird, müssen sie die Therapie selber bezahlen. Das ist für viele eine kaum zu bewältigende finanzielle Belastung. Bevor also das erste Gespräch überhaupt stattfindet, haben die Betroffenen oft schon einige Hürden hinter sich gebracht.

3.2.1 Gesprächsführung

Die erste Kontaktaufnahme beginnt meistens am Telefon. Die Art und Weise, wie der ggf. zukünftige Klient begrüßt und aufgeklärt wird, ist schon der erste wichtige Schritt zu einer vertrauensvollen Beziehung. In meiner Praxis handhabe ich es so, dass ich mit den Klienten ein Vorgespräch führe. Dieses Gespräch ist kostenfrei. So haben beide – Klient und Therapeut – die „Chance", sich kennenzulernen und die Entscheidung zu treffen, ob Sie miteinander arbeiten können. Dass eine angenehme Atmosphäre und ein souveränes Auftreten grundlegende Voraussetzungen sind, versteht sich von selbst.

> ✱ **Merke**
> Zum Beginn der Therapie sind – über die Anamnese hinaus – eine Zielerarbeitung sowie die Aufklärung über die therapeutischen Mittel wichtige Inhalte.

Lassen Sie den Klienten mit seinen eigenen Worten beschreiben, wie sein jetziges Erleben ist, seit wann er die Probleme/Symptome hat, was sich verändert hat und wie es vorher war. Dazu gehören die Gefühle, die Antriebe, das Denken und sein Verhalten, d.h. die Elementarfunktionen. Hören Sie aufmerksam zu, achten Sie auf seine Mimik. Stellen Sie Fragen, ohne zu beeinflussen.

3.2.2 Anamnestische Erhebung

Zur Anamnese gehören:
- Geschlecht, Geburtsdatum
- Wohnsituation, Zusammenleben
- Schulbildung, Erwerbstätigkeit
- Krankheitsanamnese:
  - Eigenanamnese, frühere Erkrankungen:
    a) körperlich: Art, Beginn, Behandlung, Krankheitsverlauf
    b) psychisch: Art, Beginn, Behandlung, Krankheitsverlauf
  - Fremdanamnese, Sicht von Dritten (Einverständniserklärung des Klienten!), falls erforderlich

– Status quo – aktuelles Beschwerdebild:
  a) Symptome
  b) Krankheitsbeginn
  c) Auslöser/körperliche Begleiterkrankungen
  d) bisherige Behandlung

Es werden erfasst:
- Veränderungen der Stimmungs- und Antriebs- lage: gesteigert oder reduziert
- Veränderungen der Intelligenz und des Den- kens: Interesse jetzt und früher, erscheinen die Äußerungen sinnvoll und situationsangepasst
- Veränderungen im körperlichen/vegetativen Befinden: Schlafstörungen, Appetitstörungen, Gewichtsveränderungen, körperliche Missemp- findungen, Schmerzen
- Veränderungen der sozialen Beziehungen
- Veränderungen der Selbsteinschätzung des Klienten: gesteigertes oder vermindertes Selbstvertrauen, Krankheitsgefühl/-einsicht
- bisherige Behandlung
- Biografie und Lebenssituation: Familienanam- nese, Biografie des Klienten, seine äußere und innere Lebensgeschichte (persönliche Entwick- lung)

Am Ende des Gesprächs wird der psychopatholo- gische Befund erstellt.

3.2.3 Testpsychologische Untersuchungen

Mit Testverfahren kann der psychopathologische Befund gestärkt, jedoch nicht ersetzt werden. Sie sind als Ergänzung zu verstehen und können nach ihrer Methode unterteilt werden in standardisier- te Verfahren, systematische Verhaltensbeobach- tungen und objektive Tests.

Die Arbeitsgemeinschaft für Methodik und Do- kumentation in der Psychiatrie (AMDP) zeigt die häufig verwendeten Fremdbeurteilungsverfahren in der deutschsprachigen Psychiatrie [2]. Wichtige Kriterien für die Entscheidung, ob Sie mit Testver- fahren Ihre Diagnose stärken möchten, sind die Praktikabilität und die Wirtschaftlichkeit.

3.3 Psychopathologischer Befund

> **⚙ Lerntipp**
> Noch einmal zurück zu unserem Kochkurs: Die Zutaten kommen jetzt auf den Tisch. Je nach- dem, welche Zutaten zusammengefügt werden, bekommen Sie dadurch das eine oder andere Gericht. Menschen möchten klassifizieren, einer Anleitung folgen und sortieren. Die ICD-10 dient diesem Sortieren, es stellt Ihr „Kochbuch" dar.

Die Psychopathologie beschäftigt sich mit der Be- schreibung von Abweichungen der Norm. Was „normal" ist, definiert die Gesellschaft. Je nach- dem, aus welchem Blickwinkel wir etwas be- trachten, findet eine Bewertung statt.

Erfasst werden das Erleben des Klienten, das Befinden und sein Verhalten. Wie geht man dabei vor? Im Vordergrund stehen das Gespräch sowie die Beobachtung des Verhaltens. Schwieriger ist das Erfassen des Erlebens: Gestik, Mimik und die Bewegungsabläufe können Hinweise dafür geben. Möchte der Klient Emotionen verbergen, sind Mi- kroexpressionen sichtbar – nicht immer kann al- les auf den „ersten Blick" erfasst werden (Kap. 17.6.6).

Der psychopathologische Befund ist ausschlag- gebend für das weitere Vorgehen. Der Weg zur Diagnose führt über die Symptome, die der Klient schildert, und Ihre eigenen Fragen und Beobach- tungen.

Sie werden feststellen, dass die Ausprägung eine große Rolle spielt. Ein Erleben kann ein Symptom sein oder ein eigenständiges Krank- heitsbild, z. B. Angst. Bei vielen Krankheitsbildern spielt Angst eine Rolle, stellt sich also als ein Symptom dar. Es gibt jedoch auch Angststörun- gen, bei denen Angst das Hauptmerkmal der Stö- rung ist.

Bevor Sie weiterlesen, überlegen Sie bitte erst, was einen Menschen ausmacht. Was sind die be- reits erwähnten Elementarfunktionen? Was kann sich wie verändern? Erfasst werden das Merkmal, die Qualität, die Quantität (leicht, mittel, schwer) und der Zeitpunkt des Auftretens. Bitte überlegen Sie sich zu jedem Bereich, welche Fragen Sie den Klienten stellen könnten.

Bitte bedenken Sie, dass jeder Mensch auf die ihm eigene Weise fühlt, denkt und ein spezifisches Verhalten zeigt. Erst wenn Abweichungen von diesem vertrauten Erleben auftreten, erfährt der betroffene Mensch einen Leidensdruck und benötigt Unterstützung.

> ✳ **Merke**
>
> Verzichten Sie bitte darauf, sich selbst und andere zu diagnostizieren! Entscheidend ist eine Abweichung der Elementarfunktionen vom „normalen" Erleben, also über oder unter eine bestimmten Grenze, und/oder das Erleben von Leid.

Die ICD-10 benutzt in der gesamten Klassifikation den Begriff Störung (engl. disorder). Damit soll der problematische und stigmatisierte Begriff der Krankheit vermieden werden.

3.3.1 Psychopathologische Erhebung

Es folgen die psychopathologischen Symptome bzw. ihre Ausprägung in alphabetischer Reihenfolge.

> ✳ **Merke**
>
> Sie können zur Erfassung der Ausprägung mit Skalierungen arbeiten, z. B. einer Skala von 0–10 (0 = keine, 10 = stärkste Ausprägung).

3.3.1.1 Affektivität

Was sind Affekte? Überlegen Sie kurz, welche Affekte Sie heute schon hatten. Wie ist gerade Ihre Stimmung? Was kann in dem Bereich gestört sein?

Der Bereich der Affektivität umfasst meist nur kurz dauernde Affekte („Gefühlswallungen" – im Affekt gehandelt!). In der **Tab. 3.1** finden Sie die Definitionen zu den Begriffen, die eine Störung der Affektivität betreffen.

Hilfreiche Fragen an Ihren Klienten

- Hat sich in Ihrem Gefühlserlebnis etwas verändert?
- Sind Sie trauriger als sonst?
- Fühlen Sie sich weniger wert als andere?
- Wie fühlt sich Ihre Freude im Vergleich zu früher an?
- Haben Sie das Gefühl, schnell gereizt zu reagieren?

3.3.1.2 Antrieb und Psychomotorik

Bevor Sie weiterlesen, beschreiben Sie kurz Ihren jetzigen Antrieb: Ist er gehemmt oder gesteigert?

Unter diesem Begriff werden alle Veränderungen zusammengefasst, die die Energie, Initiative und Aktivität eines Menschen (Antrieb) sowie die durch psychische Vorgänge geprägte Gesamtheit des Bewegungsablaufs (Psychomotorik) betreffen (**Tab. 3.2**).

Hilfreiche Fragen an Ihren Klienten

- Wie erleben Sie Ihre jetzige Energie im Vergleich zu früher?
- Beteiligen Sie sich weniger oder mehr an Gesprächen?
- Können Sie ruhig sitzen bleiben?
- Haben Sie ab und an das Gefühl, eine Handlung durchzuführen, die Ihnen oder anderen sinnlos erscheint?
- Wiederholen Sie oft Wörter, Sätze oder Bewegungen?

3.3.1.3 Auffassung

Die Auffassung kann falsch bzw. verlangsamt sein oder ganz fehlen.

Hilfreiche Fragen an Ihren Klienten

- Konnten Sie sich Inhalte früher besser merken?
- Was haben Sie mir eben berichtet? Worüber haben wir gerade besprochen? (Gesprächsinhalte/Geschichten nochmals erzählen lassen)

3.3.1.4 Aufmerksamkeit und Konzentration

Bei diesen Störungen ist die Fähigkeit beeinträchtigt, die über die Sinne vermittelten Eindrücke im vollen Umfang aufzunehmen bzw. sich auf entsprechende Inhalte zu konzentrieren:

Tab. 3.1 Störungen der Affektivität.

Begriff	Definition
Affektlabilität	labil = instabil; rascher Wechsel der Affekt- oder Stimmungslage
Affektinkontinenz	Inkontinenz = etwas nicht halten können; fehlende Beherrschung der Affekt-äußerungen
Affektarmut	Armut = wenig vorhanden; Zustand geringer Affekt- und Gefühlsansprech-barkeit Beispiel: Der Klient wirkt gleichgültig, emotional flach, lust- und interesselos.
Gefühl der Gefühllosigkeit	nichts ist mehr da, noch nicht einmal Trauer
Affektstarrheit	Starrheit = Unbeweglichkeit; Verminderung der affektiven Modulationsfähig-keit Beispiel: Der Klient verharrt in bestimmten Affekten, unabhängig von der äußeren Situation. Er wirkt wie eingefroren.
innere Unruhe	innere Anspannung, Aufregung, Rastlosigkeit Beispiel: Der Klient klagt, dass er aufgeregt ist, sich wie getrieben fühlt.
Dysphorie	griech. dys- = abweichend; missmutige Stimmungslage Beispiel: Der Klient ist unzufrieden, schlecht gelaunt und mürrisch.
Gereiztheit	Bereitschaft zu aggressiv getönten, affektiven Ausbrüchen
Ambivalenz	gegensätzliche Gefühle in Bezug auf eine bestimmte Person, Vorstellung oder Handlung, die nebeneinander bestehen und zu einem angespannten Zustand führen
Euphorie	Zustand des übersteigerten Wohlbefindens, des Behagens, der Heiterkeit, der Zuversicht, des gesteigerten Vitalgefühls Beispiel: Sie werden es spätestens nach bestandener Prüfung spüren.
läppischer Affekt	alberne, leere Heiterkeit
Deprimiertheit	herabgestimmte Befindlichkeit im Sinne von Niedergeschlagenheit, Freudlo-sigkeit, Lustlosigkeit, Hoffnungslosigkeit
Störung der Vitalgefühle	Veränderung der Kraft und Lebendigkeit, der körperlichen und seelischen Ungestörtheit
Insuffizienzgefühle	Gefühl eigener Wertlosigkeit Beispiel: Der Klient beschreibt das Gefühl, nichts wert zu sein. Er empfindet sich als unfähig und untüchtig.
gesteigertes Selbstwert-gefühl	Gefühl, besonders viel wert zu sein
Parathymie	inadäquater Affekt; Gefühlsausdruck und Erlebnisinhalt stimmen nicht überein Beispiel: Der Betroffene erlebt eine traurige Situation und lacht.

- **Aufmerksamkeitsstörung:** Umfang und Intensität der Aufnahme von Wahrnehmung, Vorstellungen oder Gedanken sind beeinträchtigt.
- **Konzentrationsstörung:** Hierbei ist die Fähigkeit gestört, die Aufmerksamkeit ausdauernd einer bestimmten Tätigkeit, einem bestimmten Gegenstand oder Sachverhalt zuzuwenden.

Hilfreiche Fragen an Ihre Klienten
- Fällt es Ihnen schwer, Gesprächen zu folgen?
- Wie ist Ihre Konzentration im Vergleich zu früher?

Tab. 3.2 Störungen des Antriebs und der Psychomotorik.

Begriff	Definition
Antriebsarmut	Mangel an Energie/Kraft und Initiative im Vergleich zur sonstigen Energie
Antriebshem-mung	gehemmte Initiative und Energie Beispiel: Im Gegensatz zur Antriebsarmut wird die Energie vom Klienten nicht als an sich vermindert, sondern als gebremst erlebt.
Stupor	motorische Bewegungslosigkeit Beispiel: Der Betroffene ist wie erstarrt.
Mutismus	Wortkargheit und Nichtsprechen bei intaktem Sprechorgan und vorhandener Sprachfähigkeit
Logorrhö	übermäßiger/unstillbarer Rededrang; keine sinnvolle Kommunikation mit dem Betroffenen möglich; Versuche, ihn zu unterbrechen, nimmt der Klient kaum wahr Beispiel: Kennen Sie noch Gisela Schlüter und Dieter Thomas Heck? Stellen Sie sich bitte einmal kurz beide mit ihren Sprachgeschwindigkeiten gleichzeitig vor. Jetzt haben Sie eine Idee davon, was unter Logorrhö zu verstehen ist.
Antriebsstei-gerung	Zunahme der Aktivität im Rahmen einer ausgeführten Tätigkeit Beispiel: Der Betroffene hat zahlreiche Pläne, die er jedoch nur teilweise in die Tat umsetzen kann. Er ist ständig tätig.
motorische Unruhe	ziellose und angerichtete motorische Aktivität, die sich bis zur Tobsucht steigern kann Beispiel: Der Klient ist in ständiger Bewegung und kommt nicht zur Ruhe, teilweise bis zur körperlichen Erschöpfung.
Automatis-mus	Ausführung automatischer Handlungen, gegen die sich der Betroffene nicht wehren kann Beispiel: Dazu gehören z. B. der Negativismus (auf eine Aufforderung hin wird das Gegenteil des Verlangten oder nichts getan), Befehlsautomatismus (automatenhaftes Befolgen gegebener Befehle) und Echolalie/Echopraxie (alles Gehörte oder Gesehene wird nach-gesprochen oder nachgemacht).
Ambitendenz	gleichzeitig nebeneinander vorkommende, entgegengesetzte Willensimpulse, die die Ausführung einer Tat unmöglich machen
Stereotypie	sprachliche oder motorische Äußerungen, die in immer gleicher Form wiederholt werden und sinnlos erscheinen
Tic	gleichförmig wiederkehrende, rasche und unwillkürliche Muskelzuckungen, ggf. mit Ausdrucksgehalt
Paramimie	mangelnde Übereinstimmung von mimischem Verhalten und Gefühlsinhalt
Manierismus	sonderbare, unnatürliche, gekünstelte, posenhafte Züge des Verhaltens Beispiel: Schauen Sie sich den Film „Zeit des Erwachens" an. Dort sehen Sie Menschen mit Morbus Parkinson, die in ihren sonderbaren Bewegungen posenhaft verharren.
theatralisches Verhalten	übertriebener Gefühlsausdruck Beispiel: Der Klient erweckt den Eindruck, dass er sich darstellt und die Situation bzw. seine Beschwerden dramatisiert. Er wirkt wie auf einer Bühne. Möchten Sie einen Mensch mit einem enormen theatralischen Darstellungsvermögen sehen? Der Schauspieler Bill Murray versteht es in dem Film „Was ist mit Bob?" brillant, einen multiphobischen Neurotiker zu spielen.
Aggressivität	Neigung zu verbalen und körperlichen Angriffen Beispiel: Der Betroffene besitzt eine niedrige Konfliktschwelle.
sozialer Rück-zug	Verminderung der Sozialkontakte Beispiel: Der Klient erlebt sich im Vergleich zu früher als introvertiert.
soziale Um-triebigkeit	Erweiterung der Sozialkontakte Beispiel: Der Klient wendet sich an viele Menschen, ist dabei häufig kritiklos-anklammernd, distanzlos, umtriebig und querulatorisch.

Tab. 3.3 Bewusstseinsstörungen.

Begriff	Definition
quantitative Bewusstseinsstörung	
Benommenheit	verlangsamte Reaktionen bei Klarheit des Bewusstseins Beispiel: Der Klient ist verlangsamt, Informationen kann er nur eingeschränkt aufnehmen und langsam verarbeiten.
Somnolenz	abnorme Schläfrigkeit Beispiel: Der Klient ist trotz erhöhter Schläfrigkeit leicht weckbar.
Sopor	tiefer Schlaf Beispiel: Der Klient schläft, er ist nur durch starke Reize erweckbar.
Koma	anhaltende tiefe Bewusstlosigkeit Beispiel: Der Klient ist bewusstlos, nicht weckbar. Im tiefen Koma fehlen die Pupillen-, Korneal- und Muskeleigenreflexe.
Hypervigilanz	überhöhte Wachheit
qualitative Bewusstseinsstörung	
Bewusstseinstrübung	mangelnde Klarheit; der Zusammenhang des Erlebens geht verloren, das Bewusstsein ist wie zerstückelt; Denken und Handeln sind verworren Beispiel: Haben Sie schon einmal von Menschen gehört, die eine Nacht durch „gezaubert" haben? Vielleicht spielt auch Alkohol eine Rolle? So ähnlich muss es sich am nächsten Morgen anfühlen.
Bewusstseinseinengung	Fokussierung auf ein bestimmtes Erleben, meist verbunden mit verminderter Reaktion auf Außenreize Beispiel: Der Klient wirkt wie eingefroren. Sein Erleben ist insgesamt traumhaft verändert.
Bewusstseinsverschiebung	Bewusstseinsveränderung gegenüber dem üblichen Tagesbewusstsein Beispiel: Es kommt zum Gefühl der Intensitäts- und Helligkeitssteigerung (Bewusstseinserweiterung).

❷ Lerntipp

Zur Erinnerung: Sie haben beim Abschweifen Ihrer Gedanken, während Sie ein Fachbuch lesen, keine Konzentrationsstörungen! Ihr Gehirn ist „unterfordert", da im Gegensatz zur Lektüre eines Romans innere Bilder zu den Inhalten fehlen (Kap. 1).

3.3.1.5 Bewusstsein

Wie definieren Sie Bewusstsein? Wann ist Ihnen etwas bewusst? Bewusstsein hat mehrere Bedeutungsinhalte: Es bezieht sich zum einen auf die Zeit, in der Sie wach sind (**Wachheit = Vigilanz**); zum anderen darauf, sich seiner selbst bewusst zu sein. Aussprüche wie „Ich bin mir dessen bewusst", bringen dies zum Ausdruck.

Eine Bewusstseinsstörung ist der Oberbegriff für alle Veränderungen der Bewusstseinslage. Unterschieden wird zwischen quantitativen und qualitativen Bewusstseinsveränderungen (**Tab. 3.3**). Eine quantitative Bewusstseinsstörung (Vigilanzveränderung) wird dann angenommen, wenn der betroffene Mensch benommen oder schläfrig und eine reduzierte Wahrnehmung der äußeren Reize feststellbar ist.

Hilfreiche Fragen für Ihre Klienten

- Beschreiben Sie doch bitte Ihre jetzige Wahrnehmung. Wie erleben Sie die Situation?
- Kennen Sie das Gefühl, dass sich vieles wie in „Watte gepackt" anfühlt?
- Kennen Sie das Erleben, Farben intensiver zu sehen oder Musik lauter zu hören?

Tab. 3.4 Formale Denkstörungen.

Begriff	Definition
Denkverlangsamung	schleppender, verzögerter Gedankengang, oft als mühsam beschrieben Beispiel: Der Klient beschreibt sein Denken als gehemmt.
umständliches Denken	Weitschweifigkeit Beispiel: Das Denken wird als weitschweifig beschrieben. Nebensächliches kann nicht vom Wesentlichen unterschieden werden.
eingeengtes Denken	Einschränkungen des inhaltlichen Denkumfangs Beispiel: Die Gedanken bleiben an einem Thema haften.
Perseveration	andauernde Wiederholung gleicher Denkinhalte Beispiel: Haftenbleiben an vorherigen Worten oder Angaben, die verwendet wurden, aber nun nicht mehr sinnvoll sind.
ständiges Grübeln	unablässiges Beschäftigtsein mit bestimmten, meist unangenehmen Gedanken, die vom Klienten nicht als fremd erlebt werden und meist mit der aktuellen Lebenssituation in Zusammenhang stehen Beispiel: Sie gehen abends ins Bett. Kurz vor dem Einschlafen fällt Ihnen ein, dass Sie am nächsten Tag noch eine „schwierige" Aufgabe zu meistern haben. Jetzt kommen die Gedanken: Wird es gelingen? Was ist, wenn nicht? Was werden die Kollegen sagen, der Kunde, der Partner? Jetzt haben Sie ungefähr eine Idee davon, was es bedeutet, an einem Gedanken zu haften.
Gedankendrängen	Aufdrängen von Gedanken Beispiel: Der Klient fühlt sich unter dem übermäßigen Druck vieler Einfälle oder auch ständig wiederkehrender Gedanken.
Ideenflucht	plötzliche Gedankensprünge Beispiel: „Vom Hölzchen aufs Stöckchen" – der Klient ist übermäßig einfallsreich mit seinen Gedanken. Das Denken wird nicht mehr von einer Zielvorstellung geführt, sondern wechselt oder verliert das Ziel aufgrund weiterer Assoziationen. Es ist kein „roter Faden" mehr zu erkennen.
Vorbeireden	kein adäquates Beantworten von Fragen Beispiel: Der Klient geht nicht auf die Fragen ein, bringt inhaltlich etwas anderes vor, obwohl ersichtlich ist, dass er die Frage verstanden hat.
Gedankensperrung/ Gedankenabreißen	plötzlicher Abbruch eines sonst flüssigen Gedankengangs ohne erkennbaren Grund Beispiel: „Was habe ich gerade gesagt?" – Kennen Sie das?
Zerfahrenheit	sprunghafter, dissoziierter Gedankengang, bei dem die logischen und assoziativen Verknüpfungen fehlen
Neologismen	griech. neo = neu, logos = Wort; Wortneubildungen, die der sprachlichen Konvention nicht entsprechen und oft nicht unmittelbar verständlich sind Beispiel: Teilweise lassen sich die ursprünglichen Begriffe erahnen, z. B. äußert der Klient „Scabbel" (statt Scrabble) oder „Verbandsdreieck" (statt Warndreieck). Ebenso möglich ist es, dass die Äußerungen vollkommen unverständlich sind.

3.3.1.6 Denken
Formale Denkstörungen

Formale Denkstörungen sind Störungen des Denkablaufs, die „Form" des Denkens verändert sich (**Tab. 3.4**). Sie werden vom Klienten subjektiv empfunden oder zeigen sich in den sprachlichen Äußerungen. Gerade bei den formalen Denkstörungen ist eine genaue Abgrenzung schwierig und die Übergänge sind fließend.

⏣ **Lerntipp**

Im Bereich der Denkstörungen erkennen wir uns oft wieder. Wer hat nicht schon einmal die aufgeführten Merkmale empfunden? Wie bei den anderen Merkmalen gilt auch hier, dass die Intensität und die Dauer entscheidend sind.

Hilfreiche Fragen an Ihren Klienten

- Haben Sie das Gefühl, dass sich Ihr Denken verändert hat?
- Denken Sie in dem vertrauten Tempo?
- Haben Sie den Eindruck, dass das Denken starr ist, wie eingefroren?
- Springen Ihre Gedanken hin und her?
- Hat Ihnen schon einmal jemand gesagt, dass Sie neue, nicht bekannte Wörter benutzen?

Inhaltliche Denkstörungen – der Wahn

Als Wahn bezeichnet man eine unkorrigierbare falsche Beurteilung der Realität, an der mit subjektiver Gewissheit festgehalten wird. Die Überzeugung steht also im Widerspruch zur Wirklichkeit und zur Überzeugung der Mitmenschen.

Wahnphänomene können in unterschiedlicher Form und mit unterschiedlichem Inhalt auftreten und werden je nach Art der Wahnentstehung bzw. nach Inhalt des Wahns unterschieden (**Tab. 3.5**).

Hilfreiche Fragen an Ihren Klienten

- Können Sie anderen Menschen vertrauen?
- Kommt Ihnen etwas merkwürdig vor?
- Haben Sie etwas erlebt, was anderen unmöglich zu sein scheint?
- Hatten Sie schon einmal das Gefühl, jemand anderes zu sein?
- Fühlten Sie sich schon einmal verfolgt?

Tab. 3.5 Inhaltliche Denkstörungen.

Begriff	Definition
Wahnentstehung	
Wahneinfall	plötzliches Aufkommen von wahnhaften Überzeugungen
Wahnwahrnehmung	abnorme Bedeutung von Sinneswahrnehmungen Beispiel: Ein Klient berichtet: „Als ich heute Morgen den Legostein am Boden sah, wusste ich, dass dieser eigens für mich hingelegt wurde. Es war das Zeichen für mich, dass ich nicht mit dem Auto fahren sollte."
Wahnstimmung	unbestimmtes Gefühl, etwas liege in der Luft; Vorgänge erscheinen seltsam und merkwürdig Beispiel: Ein Klient berichtet: „Als ich heute Morgen aufwachte, hatte ich ein merkwürdiges Gefühl. Es fiel mir schwer, das Bett zu verlassen, meine Beine waren schwer wie Blei. Auch beim Duschen fühlte sich das Wasser anders an – mal wärmer, mal kälter. Ob jemand an den Leitungen etwas verändert hat? Als ich das Haus verließ, bemerkte ich meine Nachbarn vor ihrem Haus. Sie unterhielten sich und schauten dabei zu mir. Ob sie über mich reden? Letzte Woche schauten sie mich bereits sehr merkwürdig an. Im Büro angekommen, wollte ich mir erst einmal einen Kaffee zubereiten, die Kaffeemaschine stand nicht auf ihrem Platz, die Kaffeedose war leer. Meine Kollegin sagte, sie wolle die Maschine entkalken und schaute dabei unseren Chef wissend an. Ob die beiden etwas gegen mich haben? Ja, jetzt wird mir vieles klar."
Erklärungswahn	wahnhafte Überzeugung zur Erklärung psychotischer Symptome Beispiel: Der Klient hat Ich-Störungen und erklärt sich den Gedankenentzug damit, das Außerirdische seine Gedanken entziehen.
systematischer Wahn	Ausgestaltung von Wahnideen durch logische Verknüpfungen zu einem Wahngebäude

▶ **Tab. 3.5** Fortsetzung.

Begriff	Definition
Wahninhalte	
Beziehungswahn	wahnhafte Überzeugung, Menschen und Dinge der Umwelt beziehen sich ausschließlich auf die eigene Person
Bedeutungswahn	wahnhafte Überzeugung, Ergebnissen, die an sich zufällig sind, kommt eine besondere Bedeutung zu
Verfolgungswahn/Paranoia	wahnhaftes Erleben, Ziel von Verfolgung zu sein Beispiel: Ein Klient berichtet: „Ich stehe in Köln auf der Domplatte und werde ständig fotografiert. Menschen bleiben stehen und fotografieren mich immer wieder." Dass nicht der Klient, sondern der Kölner Dom fotografiert werden, dringt nicht in sein Denken. Je nach „Übersetzung" kann dies als Verfolgung gedeutet werden oder als Größenwahn, mit der Überzeugung der Mittelpunkt zu sein.
Eifersuchtswahn	wahnhafte Überzeugung, vom Partner betrogen oder hintergangen zu werden
Liebeswahn	wahnhafte Überzeugung, von einem anderen geliebt zu werden
Schuldwahn	wahnhafte Überzeugung, z. B. gegen Gott, die Gebote, eine andere sittliche Instanz verstoßen zu haben
Verarmungswahn	wahnhafte Überzeugung, dass die finanzielle Lebensbasis bedroht oder verloren gegangen ist
hypochondrischer Wahn	wahnhafte Überzeugung, dass die Gesundheit bedroht oder verloren gegangen ist
nihilistischer Wahn	wahnhafte Überzeugung, alles sei verloren, alles sei aussichtslos, alles sei hoffnungslos usw., einhergehend mit dem Verlust aller Werte Beispiel: Der Mensch fühlt sich selbst als wertlos.
Größenwahn	wahnhafte Selbstüberschätzung bis hin zu Identifizierung mit berühmten Persönlichkeiten der Vergangenheit oder Gegenwart Beispiel: Ein klassisches Beispiel ist Napoleon.
Doppelgängerwahn	wahnhafte Vorstellung, dass ein Doppelgänger existiert

3.3.1.7 Halluzinationen – Sinnesstörungen

Unsere 5 Sinne – VAKOG (**v**isuell – **a**uditiv – **k**inästhetisch – **o**lfaktorisch – **g**ustatorisch) – umfassen das Sehen, Hören, Fühlen, Riechen und Schmecken.

Halluzinationen sind Wahrnehmungserlebnisse ohne entsprechenden Außenreiz, die aber trotzdem für wirkliche Sinneseindrücke gehalten werden. Sie werden auch als Sinnestäuschungen bezeichnet und können auf allen Sinneskanälen auftreten (**Tab. 3.6**).

Sie sind von **Illusionen** zu unterschieden, bei denen etwas wirklich Existierendes/Gegenständliches für etwas anderes gehalten wird, als es tatsächlich ist.

> 🔖 **Lerntipp**
> Sie liegen auf einer Wiese und schauen in den Himmel: Könnten Sie nicht schwören, dass die Wolke gerade aussieht wie ein Elefant? Oder Sie gehen im Dunkeln durch einen Park: Stand da nicht gerade noch jemand hinter dem Busch?

Tab. 3.6 Halluzinationen – Sinnensstörungen.

Begriff	Definition
visuelle Halluzination	Sehen von Dingen/Menschen, die nicht vorhanden sind Beispiel: Eine Klient berichtet: „Ich sehe ständig meine verstorbene Nachbarin. Sie steht oft neben mir."
akustische Halluzination	Hören von Stimmen, die nicht vorhanden sind; unterschieden werden imperative, kommentierende und dialogische Stimmen Einige Menschen können Stimmen hören und beschreiben keinerlei weitere Symptome. In Deutschland gibt es das Netzwerk Stimmenhören e.V. (http://stimmenhoeren.de/). Meistens gehen die verschiedenen Formen des Stimmenhörens ineinander über.
• Akoasmen	griech. akon = Gehör; Hören von Geräuschen, die nicht vorhanden sind Beispiel: Die Klienten hören Knallgeräusche, Musik, Rauschen.
• Imperativ = Befehlsform	Klienten, die diese Form der Stimmen hören, erhalten „Befehle", z.B., dass sie sich ausziehen müssen, von der Brücke springen, nichts erzählen dürfen usw. Beispiel: Im oben genannten Beispiel der Nachbarin erzählte der Klient weiter, dass seine verstorbene Nachbarin ihm verboten habe, darüber zu sprechen.
• kommentierende Stimmen	Ein Geschehen, Tätigkeiten oder das Aussehen des Klienten wird von Stimmen kommentiert.
• dialogische Stimmen	Hierbei sind mehrere Stimmen zu hören. Beispiel: Sie sitzen gerade an Ihrem Schreibtisch und lesen dieses Buch. Sie sind konzentriert. Hinter Ihnen stehen 2 oder 3 Personen und kommentieren Ihr Tun: „Da sitzt er wieder." – „Schau mal, wie er sich bemüht." – „Das wird doch nichts." – „Die Schultern lässt er auch schon wieder hängen."
olfaktorische Halluzination	Bei Geruchshalluzinationen nimmt der betroffene Mensch Gerüche wahr, die nicht da sind. Meist handelt es sich um sehr unangenehme Gerüche, z.B. Benzin, Verbranntes oder Fäkalien. Beispiel: Der Klient äußerte weiterhin, er rieche auch den Verwesungsgeruch der toten Nachbarin. Der N. olfactorius = Riechnerv (lat. olfacere = das Riechen) ist der 1. der 12 Hirnnerven und direkt mit dem limbischen System des Gehirns verbunden (S. 21). Kennen Sie noch Ihren Merksatz für die 12 Hirnnerven? Wie lautet die korrekte Reihenfolge?
gustatorische Halluzination	lat. gustus = Geschmack; Geschmackshalluzinationen zeigen sich bei betroffenen Menschen ebenfalls mit negativen Wahrnehmungen, dazu gehören der Geschmack nach Verfaultem, Fäkalien oder Ähnlichem.
Zönästhesie	abnorme Sinnestäuschungen im Bereich der Körperwahrnehmung Beispiel: Hierzu gehört das Gefühl eines Kribbelns im ganzen Körper oder nur in Körperteilen; ebenso z.B. die Wahrnehmung, der Körper würde schrumpfen, innere Organe lösten sich auf oder befänden sich nicht mehr an den richtigen Stellen.
hypnagoge Halluzination	griech. hypnos = Schlaf; optische und akustische Sinnestäuschungen im Halbschlaf, beim Aufwachen oder Einschlafen
weitere Wahrnehmungsstörungen	Mikro-/Makropsie: Gegenstände werden verkleinert bzw. entfernter oder näher wahrgenommen. Metamorphopsie (Dysmorphopsie): Gegenstände werden in Farbe oder Form verändert oder verzerrt wahrgenommen.

Hilfreiche Fragen an Ihren Klienten
- Gibt es etwas, was Sie wahrnehmen und andere Menschen nicht?
- Hören Sie Geräusche, die Sie früher nicht gehört haben?
- Fühlt sich Ihr Körper anders an, z. B. als würde er kribbeln?
- Haben Sie das Gefühl, jemand gibt Ihnen Befehle?
- Sehen vertraute Gegenstände größer oder kleiner aus?

3.3.1.8 Ich-Störungen

Sind Sie sich Ihrer Ich-Haftigkeit bewusst? Sind es Ihre Gedanken, die Sie denken?

Bei den Ich-Störungen ist die Ich-Haftigkeit des Erlebens verändert. Dies umfasst sowohl die Realität wie auch das Erleben der eigenen Person (**Tab. 3.7**). Die Grenze zwischen dem Ich und der Umwelt ist durchlässig.

Hilfreiche Fragen an Ihren Klienten
- Hat sich Ihre Umgebung verändert?
- Erscheint Ihnen Ihre Umgebung als fremd?
- Haben Sie das Gefühl, andere entziehen Ihnen Ihre Gedanken?
- Haben Sie das Gefühl, dass Ihre Gedanken nicht Ihre eigenen sind?

- Haben Sie das Gefühl, dass sich Ihre Gedanken ausbreiten?

3.3.1.9 Intelligenz

Kognitive Intelligenz ist eine komplexe Fähigkeit des Menschen, um sich in ungewohnten Situationen zurechtzufinden, Sinn- und Beziehungszusammenhänge zu erfassen und neuen Anforderungen durch Denkleistungen zu entsprechen.

Intelligenzstörungen können angeboren oder im späteren Leben erworben sein. Unterschieden werden verschiedene Formen der Intelligenzminderung in Abhängigkeit vom Intelligenzquotienten (**Tab. 3.8**).

Tab. 3.8 Intelligenzminderung.

Intelligenz-quotient (IQ)	Definition
70–85	Grenzbereich
50–69	leichte Intelligenzminderung
35–49	mittelgradige Intelligenz-minderung
20–34	schwere Intelligenzminderung
< 20	schwerste Intelligenzminderung

Tab. 3.7 Ich-Störungen.

Begriff	Definition
Depersonalisation	Erleben, dass das eigene Ich oder Teile des Körpers fremd, unwirklich oder verändert sind Beispiel: „Ist das noch mein Arm?" Das akute Erleben kann dazu führen, dass sich Betroffene Körperteile amputieren.
Derealisation	Die Umgebung erscheint dem Kranken unwirklich, fremdartig oder auch räumlich verändert.
Gedankenausbreitung	Gefühl, andere haben Anteil an den eigenen Gedanken Beispiel: Der Klient klagt darüber, dass seine Gedanken nicht mehr ihm allein gehören, andere daran Anteil haben und wissen, was er denkt.
Gedankenentzug	Gefühl, dass eigene Gedanken abhanden kommen; Fehlen von Gedanken Beispiel: Der Klient hat das Gefühl, es würden ihm die Gedanken weggenommen, abgezogen.
Gedankeneingebung	Empfindung, eigene Gedanken und Vorstellungen sind von außen eingegeben, beeinflusst, gelenkt, gesteuert
Fremdbeeinflussungs-erlebnisse	Empfindung, das eigene Fühlen, Streben, Wollen und Handeln wird von außen gelenkt, gesteuert und durchgeführt Beispiel: Betroffene beschreiben sich wie ein ferngesteuerter Roboter.

> ### ❇ Merke
> In der heutigen Zeit tritt das Thema der emotionalen Intelligenz immer mehr in den Vordergrund. Die Fähigkeit der Empathie ist eine Grundvoraussetzung in der Begegnung mit Menschen. Zu spüren, wie es meinem Gesprächspartner geht, ist entscheidend für den Erfolg einer Therapie.

3.3.1.10 Merkfähigkeit und Gedächtnis
Liegt in diesem Bereich eine Störung vor, ist die Fähigkeit, frische bzw. alte Erfahrungen wiederzugeben, vermindert (**Tab. 3.9**).

Hilfreiche Fragen an den Klienten
- Vermissen Sie in letzter Zeit Dinge bzw. finden Sie diese nicht wieder?
- Hatten Sie zwischendurch schon einmal das Gefühl, eine Situation bereits erlebt zu haben?
- Finden Sie in letzter Zeit Gegenstände an ungewöhnlichen Orten wieder?
- Haben Sie den Eindruck, mehr als früher zu vergessen?
- Oder behaupten das andere Menschen?

3.3.1.11 Orientierung
Bei Orientierungsstörungen steht eine mangelnde Kenntnis über zeitliche, räumliche, situative und/oder persönliche Gegebenheiten im Vordergrund (**Tab. 3.10**). Je nach Intensität der Störung kann man die eingeschränkte und die aufgehobene Orientierung unterscheiden.

Tab. 3.9 Störungen der Merkfähigkeit und des Gedächtnisses.

Begriff	Definition
Störung der Merkfähigkeit	beziehen sich auf einen Erinnerungszeitraum von bis zu 10 min
Störung des Gedächtnisses	beziehen sich auf einen Erinnerungszeitraum von länger als 10 min; Frisch- (bis zu 60 min) oder Altgedächtnisstörung
Amnesie	inhaltlich oder zeitlich begrenzte Erinnerungslücke; retrograde (vor dem Ereignis) bzw. anterograde (nach dem Ereignis) Form
Konfabulation	Auffüllen von Erinnerungslücken mit Einfällen, die vom Klienten selbst für Erinnerungen gehalten werden
Paramnesie	griech. para = neben, abweichend; meint in diesem Fall „neben einer Erinnerung"; Gedächtnisstörungen mit gefälschter Erinnerung Beispiel: Hierzu gehören das „Déjà-vu" (neue Situation, die als bereits Dagewesenes erlebt wird) und „Jamais-vu" (Bekanntes wird als neu erlebt).

Tab. 3.10 Formen der Desorientierung.

Desorientierung	Definition
zeitliche Desorientierung	Unwissenheit zu Datum, Tag, Jahr, Jahreszeit
örtliche Desorientierung	Unkenntnis zum eigenen Aufenthaltsort Beispiel: Der Klient weiß nicht, wo er sich befindet.
situative Desorientierung	Verkennen der augenblicklichen Lage, äußerer Umstände Beispiel: Der Klient erfasst die Situation nicht, in der er sich gerade befindet.
Desorientierung zur eigenen Person	mangelndes Wissen um den eigenen Namen, das eigene Geburtsdatum und sonstige wichtige persönliche lebensgeschichtliche Gegebenheiten

🔘 Lerntipp

Menschen brauchen Orientierung: Überlegen Sie kurz, was passiert, wenn Sie in den Urlaub fahren. Was machen Sie, wenn Sie angekommen sind? Die meisten gehen nach dem Einchecken in ihr Zimmer, setzen sich aufs Bett, um die Matratze zu testen, inspizieren das Badezimmer, packen ihre Koffer aus und gehen einmal „um den Block". So, jetzt sind Sie angekommen, jetzt kann der Urlaub beginnen.

Hilfreiche Fragen an den Klienten
- Welches Datum haben wir? Welche Jahreszeit?
- Wo befinden Sie sich? In welcher Stadt sind Sie gerade?
- Wie alt sind Sie? Sind Sie verheiratetet? Welchen Beruf haben Sie?

3.3.1.12 Phobien, hypochondrische Befürchtungen, Zwänge

Teilweise werden Angst- und Zwangsgedanken auch unter den inhaltlichen Denkstörungen subsumiert (S. 40), hier sind sie separat zusammengefasst (**Tab. 3.11**).

3.3.1.13 Weitere Inhalte

Berücksichtigt werden weiterhin das Vorliegen von Suizidalität, somatische Aspekte, Libido, Schlafstörungen oder zirkadiane Einflüsse. Dazu gehören saisonale Veränderungen, z.B. der Einfluss der Dunkelheit im Herbst/Winter.

🔘 Lerntipp

Wie lernen Sie am besten den psychopathologischen Befund? Wie die Symptome?
Anhand der Überschriften in alphabetischer Folge: AAAA BDHI IMO(P) können Sie sich die Buchstabenkombination einprägen und diese nachfolgend leichter mit dem zugehörigen Thema verbinden. Alternativ bringen Sie die Buchstaben in eine eigene, für Sie logische Abfolge oder bilden einen Satz daraus.
Vielleicht haben Sie Lust, die elementaren Funktionen nachzuspüren? Ahmen Sie die Veränderungen nach wie in einem Improvisationstheater – nur stehen Sie gerade alleine auf der Bühne.

Tab. 3.11 Zwänge, Phobien und hypochondrische Befürchtungen.

Begriff	Definitionen
Angst	Gefühlszustand der Bedrohung und Gefahr; tritt nur auf, wenn ein Mensch seine Sicherheit verliert, und ist in der Regel von vegetativen Erscheinungen begleitet Beispiel: Erinnern Sie sich kurz an das Gefühl des Verliebtseins. Was geschieht auf körperlicher Ebene? Das Herz schlägt schneller, die Hände werden feucht, der Magen zieht sich zusammen, die Wangen werden rot. Was geschieht bei Angst? Der Körper zeigt ähnliche Symptome.
Phobie	Bezug der Angst auf konkrete Objekte bzw. Situationen
Misstrauen	Befürchtung, dass jemand etwas gegen einen im Schilde führt
hypochondrische Befürchtung	sachlich nicht begründbare, beharrlich festgehaltene Sorge um die eigene Gesundheit
Zwangsidee	Aufdrängen von nicht unterdrückbaren Denkinhalten, die entweder selbst sinnlos oder in ihrer Persistenz und Penetranz als unsinnig und meist als quälend empfunden werden Beispiel: Eine Mutter, die immer wieder Angst hat, ihrem Kind etwas anzutun.
Zwangshandlung	in der Art und Intensität als sinnlos erkannte und meist als quälend empfundene, nicht unterdrückbare Handlungen; überwiegend aufgrund von Zwangsimpulsen oder Zwangsbefürchtungen Beispiel: Hierzu gehören der Kontroll- und Waschzwang.

3.3.2 Formulieren des Befundes

Am Ende der Exploration steht der psychopathologische Befund. Nachdem Sie die schriftliche Prüfung erfolgreich hinter sich gebracht haben, geht es nun weiter zur mündlichen Überprüfung. Je nach zuständigem Gesundheitsamt wird es so sein, dass Sie einen Fall vorgestellt bekommen und den Auftrag erhalten, einen psychopathologischen Befund und daraus abgeleitet eine Diagnose zu erstellen (oder – der Metapher des Kochkurses folgend – bekommen Sie die Zutaten und sollen das Gericht erstellen).

> ✹ **Merke**
> Bei dem Abfassen des psychopathologischen Befundes sollten nicht nur die Defizite des Klienten aufgezählt, sondern auch die erhaltenen Fähigkeiten betont werden, wobei jeweils das Wichtigste hervorgehoben wird.

Erschaffen Sie für sich einen roten Faden. Beginnen Sie mit dem äußeren Erscheinungsbild und gehen Sie gedanklich die aufgeführten Merkmale durch. Welche Symptome zeigen sich in welcher Intensität?

Hilfreich ist die **Tab. 3.12**, in der Sie eine Zusammenstellung der wichtigen Aspekte finden, die zu berücksichtigen sind. Ebenso bietet sich eine Mindmap als Gedankenstütze an (**Abb. 3.1**).

> ◪ **Pause**
> Wie wäre es mit einer Fantasiereise? Setzen Sie sich entspannt zurück und schließen Sie Ihre Augen. Sie atmen tief ein und aus und stellen sich vor, wie Sie beim Einatmen Energie aufnehmen und beim Ausatmen alle Belastungen loslassen. Während Sie sich weiter und tiefer entspannen, fühlen Sie sich immer wohler und wohler. Je wohler Sie sich fühlen, desto tiefer können Sie sich entspannen und gleichzeitig öffnen Sie sich Ihren inneren Bildern.
> So gehen Sie jetzt auf eine innere Reise. Sie stellen sich beispielsweise vor, wie Sie an einem wunderschönen Hafen stehen und auf das Meer schauen, auf das blaue seichte Wasser. Sie riechen die frische Meeresluft und spüren einen lauen sanften Sommerwind auf Ihrer Haut. Warme wohlige Sonnenstrahlen streicheln sanft Ihr Gesicht. Welcher Geruch gehört dorthin? Der Geruch vom Meer. Vielleicht auch ein typischer Geschmack? Jetzt betreten Sie ein wunderschönes Boot und lassen sich einfach treiben. Mit jeder leichten Bewegung sinken Sie tiefer und tiefer in die Ruhe. ...
> Malen Sie sich alle Ihre Beobachtungen, Eindrücke und Begebenheiten bitte besonders plastisch und fantasievoll aus. Vielleicht treiben Sie auf einen Strand zu – wer begegnet Ihnen dort? Oder sind es andere Bilder, die Sie zu einer Reise einladen? Probieren Sie es aus!
> Nach jeder Entspannungsübung atmen Sie bitte tief ein und aus und kommen mit Ihrer ganzen Aufmerksamkeit zurück. Am besten stehen Sie auf, recken, strecken sich oder klopfen sich ab.

Tab. 3.12 Psychopathologischer Befund zur Erfassung der Symptome.

Kategorien	Beschreibung	Symptome
Auftreten	äußeres Erscheinungsbild	
	Sprache	
psychische Veränderungen	Affektivität	
	Antrieb und Psychomotorik	
	Aufmerksamkeit/Konzentration	
	Auffassung	
	Bewusstsein	
	Denken	
	Halluzinationen	
	Ich-Störungen	
	Intelligenz	
	Merkfähigkeit und Gedächtnis	
	Orientierung	
	zirkadiane Rhythmik	
Selbstbild	Selbstwertgefühl/Selbstvertrauen	
somatische Aspekte	Schlafstörungen	
	Veränderungen des Appetits	
	Veränderungen der Libido	
	Weiteres	
soziale Aspekte	soziales Verhalten	
	Freizeitverhalten	
Gefährdung/Compliance	Suizidalität	

3.3.3 Mindmap – psychopathologischer Befund

Wichtige Aspekte zum psychopathologischen Befund zeigt die Mindmap in **Abb. 3.1** auf.

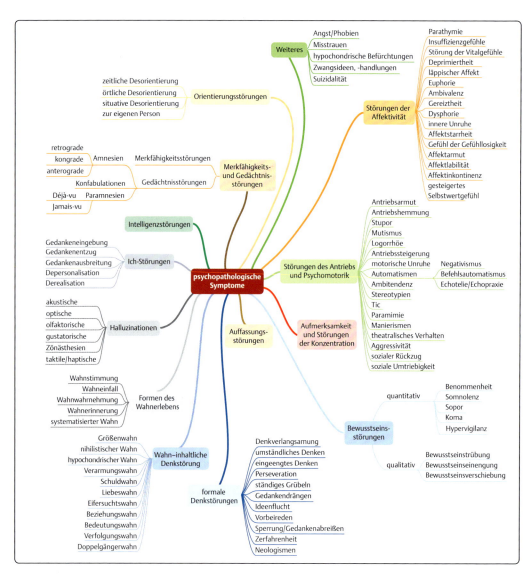

Abb. 3.1 Mindmap – psychopathologischer Befund.

3.4 Triadisches System – ICD-10

Zu bedenken ist, dass jede Diagnose zu einer Veränderung des Erlebens und des Verhaltens dem Menschen gegenüber führt. Für den Betroffenen kann es eine Erleichterung sein – endlich haben die Veränderungen einen Namen, endlich kann Hilfe einsetzen. Ebenso kann daraus eine weitere Belastung erwachsen, die von Sorgen begleitet ist: „Wie wird man mir zukünftig begegnen? Trage ich das Stigma meiner Erkrankung?" Dem Klienten dabei zu helfen, sich als Mensch mit einem Krankheitsbild zu verstehen, ist ebenfalls wichtig.

ICD-10 Für die Abrechnungen mit einer Krankenkasse ist der ICD-10-Schlüssel entscheidend, wobei Sie als Heilpraktiker für Psychotherapie in der Regel wenig mit diesen Abrechnungsverfahren zu tun haben werden. Die Weltgesundheitsorganisation (WHO) führte 1991 die internationale Klassifizierung ICD ein, die seit 2000 auch in Deutschland verbindlich ist. Sie knüpft an das Diagnostic and Statistical Manual of Mental Disorders (DSM) an, das mittlerweile in 5. Revision vorliegt. Die ICD-10 beschreibt die Symptome, deren Verlauf und die zeitliche Anwesenheit. Woher die Symptome kommen, wird nicht genannt, d. h., die Ursachen stehen für die Beschreibung der Störungen nicht im Vordergrund.

Triadisches System Im Gegensatz dazu werden im triadischen System Ursachen benannt. Begriffe wie psychogen, exogen, endogen und psychosomatisch finden hier ihre Erklärung (**Tab. 3.13**). Es gilt aufgrund des jetzigen Erklärungsmodells, der multifaktoriellen Entstehung psychischer Erkrankungen, als überholt, wird jedoch immer wieder benutzt.

Die angepasste Zuordnung der Begriffe nach ICD-10 ist in **Tab. 3.14** aufgeführt.

Tab. 3.13 Begriffserklärungen nach dem triadischen System.

Begriff	Definition
psychogen	Wird von psychogen (griech. psyche = Psyche/Seele; genesis = Ursprung) gesprochen, ist damit gemeint, dass die Symptome eine psychische Ursache haben. Dieser Begriff wird als diagnostisches Kriterium nicht verwendet, da er in den verschiedenen psychiatrischen Schulen unterschiedliche Bedeutungen hat.
psychosomatisch	Der Begriff „psychosomatisch" (griech. soma = Körper) wird aus ähnlichen Gründen nicht gebraucht. Außerdem könnte die Verwendung dieses Begriffs zum Ausdruck bringen, dass psychologische Faktoren beim Auftreten, im Verlauf und für die Prognose anderer Krankheiten, die nicht als psychosomatisch bezeichnet werden, keine Rolle spielen würden.
endogen	Von einer endogenen Störung geht man aus, wenn biologische Anlagefaktoren als Hauptursache angesehen werden und weitere Faktoren eine Rolle spielen, eine feste Ursache allerdings nicht bekannt ist.
exogen	Exogene Störungen liegen vor, wenn eine Erkrankung des Gehirns bzw. eine sonstige körperliche Erkrankung die psychische Störung verursacht (fest umschriebene Ursache).
Neurose	Der Begriff Neurose ist eine allgemeine Bezeichnung für psychische Störungen, die nicht auf einer nachweisbaren organischen Erkrankung beruhen. Klassischerweise wird der Begriff Neurose in einen engen Zusammenhang mit dem psychoanalytischen Modell von Sigmund Freud gebracht. Dabei geht es um die Konflikthaftigkeit und die ungelösten frühkindlichen Konflikte eines Menschen. Der neurotische Mensch hat ähnliche Konflikte wie gesunde Menschen erfahren, nur verarbeitet er sie anders. Die Prägung ist eher unsicher bis ängstlich. Durch die direkte Kausalität des Neurosekonzepts wurde dieser Begriff von der ICD-10 als Kriterium aufgegeben.

Tab. 3.14 Neue Terminologie nach ICD-10.

alte Bezeichnung	neue Bezeichnung
Charakterneurose	Persönlichkeitsstörung
Angstneurose	generalisierte Angststörung
Herzphobie	Panikstörung
Zwangsneurose	Zwangsstörung

3.5 Diagnostische Hauptgruppen nach ICD-10

Die diagnostischen Hauptgruppen nach ICD-10 sind in der **Tab. 3.15** in einer Übersicht zusammengestellt. Sie können mithilfe dieser Zusammenstellung Ihren Lernerfolg verfolgen, indem Sie die Krankheitsbilder/Kategorien, die Sie erarbeitet haben, z. B. mit Farben oder Symbolen markieren. Weitere Markierungen könnten für bereits abrufbares Wissen bzw. für Wiederholungen stehen.

Tab. 3.15 Diagnostische Hauptgruppen nach ICD-10 zu psychischen und Verhaltensstörungen (F00–F99).

ICD-10	Beschreibung
F00–F09	**Organische, einschließlich symptomatischer psychischer Störungen**
F00	Demenz bei Alzheimer-Krankheit
F01	Vaskuläre Demenz
F02	Demenz bei anderenorts klassifizierten Krankheiten
F03	Nicht näher bezeichnete Demenz
F04	Organisches amnestisches Syndrom, nicht durch Alkohol oder andere psychotrope Substanzen bedingt
F05	Delir, nicht durch Alkohol oder andere psychotrope Substanzen bedingt
F06	Andere psychische Störungen aufgrund einer Schädigung oder Funktionsstörung des Gehirns oder einer körperlichen Krankheit
F07	Persönlichkeits- und Verhaltensstörungen aufgrund einer Krankheit, Schädigung oder Funktionsstörung des Gehirns
F09	Nicht näher bezeichnete organische oder symptomatische psychische Störung
F10–F19	**Psychische und Verhaltensstörungen durch psychotrope Substanzen**
F10	Psychische und Verhaltensstörungen durch Alkohol
F11	Psychische und Verhaltensstörungen durch Opioide
F12	Psychische und Verhaltensstörungen durch Cannabinoide
F13	Psychische und Verhaltensstörungen durch Sedativa und Hypnotika

▶ **Tab. 3.15** Fortsetzung.

ICD-10	Beschreibung
F14	Psychische und Verhaltensstörungen durch Kokain
F15	Psychische und Verhaltensstörungen durch andere Stimulanzien, einschließlich Kokain
F16	Psychische und Verhaltensstörungen durch Halluzinogene
F17	Psychische und Verhaltensstörungen durch Tabak
F18	Psychische und Verhaltensstörungen durch flüchtige Lösungsmittel
F19	Psychische und Verhaltensstörungen durch multiplen Substanzgebrauch und Konsum anderer psychotroper Substanzen
F1x.0	Akute Intoxikation
F1x.1	Schädlicher Gebrauch
F1x.2	Abhängigkeitssyndrom
F1x.3	Entzugssyndrom
F1x.4	Entzugssyndrom mit Delir
F1x.5	Psychotische Störung
F1x.6	Amnestisches Syndrom
F20–F29	**Schizophrenie, schizotype und wahnhafte Störungen**
F20	Schizophrenie
F21	Schizotype Störung
F22	Anhaltende wahnhafte Störung
F23	Akute vorübergehende psychotische Störungen
F24	Induzierte wahnhafte Störung
F25	Schizoaffektive Störungen
F28	Sonstige nichtorganische psychotische Störungen
F29	Nicht näher bezeichnete nichtorganische Psychose
F30–F39	**Affektive Störungen**
F30	Manische Episode
F31	Bipolare affektive Störung
F32	Depressive Episode
F33	Rezidivierende depressive Störung
F34	Anhaltende affektive Störungen
F38	Andere affektive Störungen
F39	Nicht näher bezeichnete affektive Störung

▶ **Tab. 3.15** Fortsetzung.

ICD-10	Beschreibung
F40–F48	**Neurotische-, Belastungs- und somatoforme Störungen**
F40	Phobische Störungen
F41	Andere Angststörungen
F42	Zwangsstörungen
F43	Reaktionen auf schwere Belastungen und Anpassungsstörungen
F44	Dissoziative Störungen (Konversionsstörungen)
F45	Somatoforme Störungen
F48	Andere neurotische Störungen
F50–F59	**Verhaltensauffälligkeiten in Verbindung mit körperlichen Störungen oder Faktoren**
F50	Essstörungen
F51	Nichtorganische Schlafstörungen
F52	Sexuelle Funktionsstörungen, nicht verursacht durch eine organische Störung oder Krankheit
F53	Psychische und Verhaltensstörungen im Wochenbett, anderenorts nicht klassifiziert
F54	Psychologische Faktoren und Verhaltensfaktoren bei anderenorts klassifizierten Krankheiten
F55	Schädlicher Gebrauch von nichtabhängigkeitserzeugenden Substanzen
F59	Nicht näher bezeichnete Verhaltensauffälligkeiten bei körperlichen Störungen und Faktoren
F60–F69	**Persönlichkeits- und Verhaltensstörungen**
F60	Spezifische Persönlichkeitsstörungen
F61	Kombinierte und andere Persönlichkeitsstörungen
F62	Andauernde Persönlichkeitsänderungen, nicht Folge einer Schädigung oder Krankheit des Gehirns
F63	Abnorme Gewohnheiten und Störungen der Impulskontrolle
F64	Störungen der Geschlechtsidentität
F65	Störungen der Sexualpräferenz
F66	Psychische und Verhaltensprobleme in Verbindung mit der sexuellen Entwicklung und Orientierung
F68	Andere Persönlichkeits- und Verhaltensstörungen
F69	Nicht näher bezeichnete Persönlichkeits- und Verhaltensstörungen

▶ **Tab. 3.15** Fortsetzung.

ICD-10	Beschreibung
F70–F79	**Intelligenzstörung**
F70	Leichte Intelligenzminderung
F71	Mittelgradige Intelligenzminderung
F72	Schwere Intelligenzminderung
F73	Schwerste Intelligenzminderung
F74	Dissoziative Intelligenz
F78	Andere Intelligenzminderung
F79	Nicht näher bezeichnete Intelligenzminderung
F80–F89	**Entwicklungsstörungen**
F80	Umschriebene Entwicklungsstörungen des Sprechens und der Sprache
F81	Umschriebene Entwicklungsstörungen schulischer Fertigkeiten
F82	Umschriebene Entwicklungsstörung der motorischen Funktionen
F83	Kombinierte umschriebene Entwicklungsstörungen
F84	Tief greifende Entwicklungsstörungen
F88	Andere Entwicklungsstörungen
F89	Nicht näher bezeichnete Entwicklungsstörungen
F90–F98	**Verhaltens- und emotionale Störungen mit Beginn in der Kindheit und Jugend**
F90	Hyperkinetische Störungen
F91	Störungen des Sozialverhaltens
F92	Kombinierte Störung des Sozialverhaltens und der Emotionen
F93	Emotionale Störungen des Kindesalters
F94	Störungen sozialer Funktionen mit Beginn in der Kindheit und Jugend
F95	Ticstörungen
F98	Andere Verhaltens- und emotionale Störungen mit Beginn in der Kindheit und Jugend
F99	**Nicht näher bezeichnete psychische Störungen**

Prüfungsfragen

1. Welche der folgenden Störungen gehören zu den formalen Denkstörungen? (2 Antworten)

a) Denkverlangsamung
b) überwertige Ideen
c) Verarmungswahn
d) Ideenflucht
e) hypochondrischer Wahn

2. Welche Denkstörung ist typisch für eine manische Episode ohne psychotische Symptome?

a) Gedankenentzug
b) Grübeln
c) Perseveration
d) Ideenflucht
e) Denkhemmung

3. Welche der folgenden Aussagen treffen zu? Als formale Denkstörung gelten:

1. Gedankenausbreitung
2. Gedankenabreißen
3. Neologismen (Wortneubildungen)
4. Gedankenentzug
5. Ideenflucht
a) Nur die Aussagen 1 und 2 sind richtig.
b) Nur die Aussagen 1, 3 und 4 sind richtig.
c) Nur die Aussagen 2, 3 und 4 sind richtig.
d) Nur die Aussagen 2, 3 und 5 sind richtig.
e) Alle Aussagen sind richtig.

4. Welche der folgenden Symptome werden zu den Ich-Störungen gezählt?

1. Gedankenentzug
2. Depersonalisation
3. kommentierende Stimmen
4. Derealisation
5. optische Halluzinationen
a) Nur die Aussagen 1, 2 und 3 sind richtig.
b) Nur die Aussagen 1, 2 und 4 sind richtig.
c) Nur die Aussagen 3, 4 und 5 sind richtig.
d) Nur die Aussagen 1, 2, 3 und 4 sind richtig.
e) Alle Aussagen sind richtig.

5. Welche der folgenden Aussagen gehören zu den quantitativen Bewusstseinsstörungen?

1. Bewusstseinseinengung
2. Somnolenz
3. Sopor
4. Koma
5. Bewusstseinsverschiebung
a) Nur die Aussagen 1 und 2 sind richtig.
b) Nur die Aussagen 1 und 5 sind richtig.
c) Nur die Aussagen 1, 2 und 3 sind richtig.
d) Nur die Aussagen 2, 3 und 4 sind richtig.
e) Alle Aussagen sind richtig.

6. Zu den inhaltlichen Denkstörungen gehören:

1. Hemmung des Denkens
2. Vorbeireden
3. Inkohärenz (sprunghaftes Denken)
4. Wahnideen
5. Ideenflüchtigkeit
a) Nur die Aussage 4 ist richtig.
b) Nur die Aussagen 1 und 2 sind richtig.
c) Nur die Aussagen 4 und 5 sind richtig.
d) Nur die Aussagen 2, 3 und 5 sind richtig.
e) Alle Aussagen sind richtig.

7. Welche der folgenden Aussagen beschreibt (beschreiben) ein Element (Elemente) des psychopathologischen Befundes?

1. Bewusstseinslage
2. Ich-Erleben
3. Blutdruckmessung
4. formaler Gedankengang
5. Stimmung
a) Nur die Aussage 5 ist richtig.
b) Nur die Aussagen 2 und 3 sind richtig.
c) Nur die Aussagen 1, 2 und 4 sind richtig.
d) Nur die Aussagen 1, 2, 4 und 5 sind richtig.
e) Alle Aussagen sind richtig.

8. Was sind inhaltliche Denkstörungen?

a) Denkzerfahrenheit
b) primärer Wahn
c) dialogische Stimmen
d) illusionäre Verkennungen
e) Gedankenabbrechen

9. Welche der folgenden Begriffe gehören zu den formalen Denkstörungen? (2 Antworten)

a) Projektion
b) Gedankenabreißen
c) Residualwahn
d) Zerfahrenheit
e) Mutismus

10. Welche der folgenden Aussagen zu Halluzinationen treffen zu?

1. Von der Illusion unterscheidet sich die Halluzination durch das Fehlen eines entsprechenden Sinnesreizes.
2. Es handelt sich um eine Sinnestäuschung, bei welcher die Wahrnehmung kein reales Wahrnehmungsobjekt hat.
3. Bei Psychosen aus dem schizophrenen Formenkreis kommen etwa gleich häufig akustische wie optische Halluzinationen vor.
4. Die Feststellung einer Halluzination ist stets erforderlich, um eine Schizophrenie zu diagnostizieren.
5. Die Feststellung einer Halluzination lässt noch keinen sicheren Schluss auf das Vorhandensein eines psychotischen Prozesses zu.

a) Nur die Aussagen 2 und 3 sind richtig.
b) Nur die Aussagen 1, 2 und 5 sind richtig.
c) Nur die Aussagen 1, 3 und 5 sind richtig.
d) Nur die Aussagen 2, 3, 4 und 5 sind richtig.
e) Alle Aussagen sind richtig.

Teil 2
Krankheitsbilder

4 Organische, einschließlich symptomatischer psychischer Störungen (F00–F09)

Hierunter fallen alle Störungen, die eine nachweisbare organische Ursache, d. h. eine Erkrankung des Gehirns, aufweisen. Allen gemeinsam ist, dass trotz unterschiedlicher körperlicher Ursachen gleichartige Symptome sowie Auffälligkeiten im Erleben und Verhalten auftreten.

4.1 Akute Psychosyndrome

> **◆ Lerntipp**
>
> Stopp! Haben Sie alles, was Sie brauchen? Getränke, etwas Nettes zu essen? Ist der Rechner aus, das Telefon weg?
> Die „alte" Bezeichnung lautet exogene Psychose. Warum exogen? Beantworten Sie die Frage bitte erst mit eigenen Worten, bevor Sie weiterlesen.
> Im Gegensatz zur endogenen ist bei einer exogenen Psychose eine fest umschriebene Ursache bekannt (Kap. 3.4).

Unterschieden werden akute organische Psychosyndrome mit Bewusstseinsveränderungen und ohne Bewusstseinsstörungen. Der Begriff des Syndroms findet Anwendung, wenn (mindestens 3) typische Symptome das klinische Bild kennzeichnen (Kap. 4.1.3).

4.1.1 Häufigkeit/Epidemiologie

Die Angaben zur Häufigkeit unterscheiden sich je nach Altersgruppe. Bis zum 65. Lebensjahr liegt die Erkrankungsrate unter 1 %, nach dem 65. Lebensjahr steigt die Prävalenz auf bis zu 20 % an.

4.1.2 Ätiologie/Pathogenese

Die Entstehung kann auf unterschiedliche Gründe zurückzuführen sein, allen gemeinsam ist allerdings die Betroffenheit des Gehirns, entweder durch eine primäre Schädigung oder durch sekundäre Erkrankungen. Menschen mit einer Alkohol- und/oder Drogenabhängigkeit sind besonders häufig betroffen. Ebenso spielen Verletzungen und/oder Erkrankungen des Gehirns eine entscheidende Rolle. Weitere Ursachen können Medikamente und auch eine Dehydratation (zu wenig Flüssigkeit) sein. Einflüsse von Operationen sind die diskutierten Ursachen für das postoperative (lat. post = nach) akute Psychosyndrom. Dazu gehören Ängste, Schmerzen und weitere Faktoren.

Ein Umgebungswechsel ist gerade für ältere Menschen oft sehr belastend. Häufig wird dies bei einem Einzug in eine stationäre Pflegeeinrichtung deutlich. Gerade Menschen mit einer demenziellen Erkrankung sind besonders gefährdet. Es besteht die Gefahr, dass dies übersehen bzw. als Symptom einer Demenz interpretiert wird.

4.1.3 Symptome

Wie die Bezeichnung akut anzeigt, treten die Symptome plötzlich auf. Dennoch kann der Klient eine „Vorahnung" haben. Prodromal (vor dem Auftreten) erlebt er ggf. Unruhe, Angst, Furchtsamkeit, eine besondere Empfindsamkeit für Lärm oder helles Licht und Aufmerksamkeitsdefizite. Schreitet das Delir weiter voran, wird der Betroffene zunehmend unruhiger, verwirrter und desorientierter. Die zeitliche und örtliche Orientierung ist gestört.

> ✳ **Merke**
> Im Gegensatz zur chronischen Verwirrtheit (Demenz) bleibt die Orientierung zur Person erhalten.

Weitere Symptome des akuten Psychosyndroms sind Sinnestäuschungen, die sich auf alle Kanäle beziehen können, oft jedoch in Form von visuellen Halluzinationen auftreten. Veränderungen der Psychomotorik zeigen sich entweder in einem hyperaktiven oder lethargischen Verhalten. Die Zustände können raptusartig wechseln. Angst und Furcht sind die führenden Symptome. Meistens bestehen Schlafstörungen in Form einer Umkehrung des Schlaf-Wach-Rhythmus.

Auf der körperlichen Ebene zeigen sich Blässe, Erröten, Schwitzen, Herzrhythmusstörungen, Übelkeit, Erbrechen und Hyperthermie (griech. hyper = übermäßig stark ausgeprägt; thermie = Wärme). Nachts und zu Beginn des Tages ist die Symptomatik oft ausgeprägter als im Laufe des Tages.

Ein akutes Geschehen ist charakterisiert dadurch, dass die Symptome in einem Zeitraum von **weniger als** 6 Monaten auftreten.

> **Diagnostische Leitlinien nach ICD-10**
> 1. Störung des Bewusstseins und der Aufmerksamkeit
> 2. Störung der Kognition, Wahrnehmungsstörungen
> 3. Beeinträchtigung des abstrakten Denkens und der Auffassung
> 4. Beeinträchtigungen des Kurzzeitgedächtnisses
> 5. desorientiert zu Zeit, Ort und Situation
> 6. psychomotorische Störungen
> 7. Störungen des Schlaf-Wach-Rhythmus
> 8. affektive Störungen: Angst, Reizbarkeit, Euphorie, Apathie, Ratlosigkeit

4.1.4 Diagnostik

Im Vordergrund stehen die Klinik und die Abklärung durch einen Arzt. Wichtig ist die Abgrenzung zu den weiteren Störungsbildern.

4.1.5 Formen

Im F0-Bereich werden Symptome und Störungen beschrieben, die auf einer organischen Ursache beruhen.

> ◗ **Lerntipp**
> Denken Sie bitte noch einmal an den Kochkurs – ähnliche Zutaten (Gerichte) sind erhältlich über verschiedene Lieferanten. Beispielsweise hat der Klient bei der organischen Halluzinose (F06.0) Halluzinationen, die auf eine organische Ursache zurückzuführen sind. Halluzinationen können jedoch auch bei anderen Krankheitsbildern, z. B. Schizophrenie, auftreten oder ein eigenes Krankheitsbild darstellen wie bei der Alkoholhalluzinose.

4.1.5.1 Akute organische Psychosyndrome mit Bewusstseinsstörung

Alle organischen Psychosyndrome, die mit dem Leitsymptom einer Bewusstseinstrübung einhergehen und bei akuten körperlichen Krankheiten auftreten, werden als **Delir** bezeichnet.

Zu den oben genannten Symptomen kommt das Leitsymptom, die Bewusstseinstrübung.

> **Lerntipp**
>
> Überlegen Sie kurz: Was sind qualitative bzw. quantitative Merkmale?
> - quantitativ: Benommenheit, Somnolenz, Sopor und Koma
> - qualitativ: Bewusstseinstrübung, -einengung, -verschiebung

Es lassen sich folgende Subsyndrome herausarbeiten, die nahtlos ineinander übergehen können:
- Verwirrtheitszustand: ohne Halluzinationen und Wahn, häufig mit einem Unruhezustand
- Delir: Verwirrtheit, Erregung, Halluzinationen, Unruhe, körperliche Symptome (wie beschrieben)
- Dämmerzustand: keine Bewusstseinsklarheit, der Klient befindet sich in einem traumähnlichen Zustand, bleibt jedoch noch handlungsfähig.

Differenzialdiagnose: Das Delir und demenzielle Erkrankungen zeigen ähnliche Symptome. Das Krankheitsbild der Demenz hat einen schleichenden Beginn und die Symptome dauern **länger als** 6 Monate. Ebenso haben Menschen mit einer Demenz keine Bewusstseinsstörung. Ebenso abzugrenzen ist das Krankheitsbild der Schizophrenie – jedoch zeigen sich die Halluzinationen „klarer" und die Bewusstseinslage wechselt nicht.

4.1.5.2 Akute organische Psychosyndrome ohne Bewusstseinsstörung

In dieser Gruppe fehlt die Bewusstseinsstörung. Die Unterteilung ist hier wie folgt:
- organische Halluzination: vor allem visuelle Halluzinationen
- akutes amnestisches Syndrom: extreme Gedächtnisstörungen

> **Merke**
>
> Sie werden in der Regel keinen Klienten in Ihrer Praxis haben, dem Sie diese Diagnose stellen würden. Betroffene sind in der Aufnahme oder stationär in einem Krankenhaus zu finden. Dort erfolgt die körperliche und neurologische Untersuchung.

4.1.6 Verlauf

Je nach Ursache ist die Dauer des akuten Psychosyndroms unterschiedlich.

4.1.7 Therapieansätze

Im Vordergrund steht die pharmakologische Behandlung, z.B. mit Haloperidol (z.B. Haldol) oder Clomethiazol (z.B. Distraneurin). In vielen Kliniken wird Clomethiazol nach Schema eingesetzt. Die Vitalwerte (= Blutdruck, Puls, Atmung) des Patienten werden zeitlich engmaschig kontrolliert.

> **Cave**
>
> Wichtig ist die kontinuierliche Überwachung der Vitalwerte, da Clomethiazol eine Atemdepression auslösen kann.

4.2 Demenzielle Syndrome

Die folgenden aufgeführten Krankheitsbilder haben die Gemeinsamkeit, dass eine chronische Erkrankung des Gehirns zugrunde liegt.

4.2.1 Allgemeines

4.2.1.1 Definition

Eine **Demenz** ist eine in der Regel im Alter erworbene Erkrankung, die mit einer Intelligenzminderung einhergeht. Das Voranschreiten der Erkrankung führt dazu, dass eine selbstständige Lebensführung nicht mehr möglich ist.

Lerntipp

Zum „Phänomen" Demenz – stellen Sie sich bitte Folgendes vor: Sie überlegen sich, einen Sprachkurs zu belegen, z. B. Japanisch. Irgendwie funktioniert das Lernen nicht. Jetzt holen Sie sich dafür Erklärungen: „Wozu soll ich überhaupt Japanisch lernen?" Vielleicht haben Sie einen Hund und können sowieso nicht in das Land fliegen. Es also nicht weiter schlimm, dass es nicht geklappt hat.

Weiter stellen Sie sich vor, Sie machen gerade etwas, was Sie seit Jahren automatisch durchführen wie Autofahren. Sie sitzen jetzt im Auto, halten den Schlüssel in der Hand und fragen sich: Was muss ich tun? Genau das ist das „Brutale" dieser Krankheit. Selbstverständliche Routinen sind nicht mehr möglich. Der Mensch verliert im Laufe der Zeit sein „Person-Sein".

Stellen Sie sich wieder das Bild des Gehirns als Bibliothek vor. Viele Regale, viele Bücher. Bei nicht erkrankten Menschen verblassen alte Erinnerungen, sie verändern ein wenig die Farbe. Sind sie jedoch emotional begleitet, können sie wieder erinnert und abgerufen werden. Bei Menschen mit einer Demenz verblassen nicht nur die Informationen, sondern sie gehen verloren. Die Bücher fallen aus den Regalen und die Regale krachen ineinander.

Was bei der Demenz nicht verloren geht, sind die Emotionen, sie bleiben erhalten. Der betroffene Mensch hat allerdings keinen Zusammenhang mehr zu den kognitiven Verknüpfungen.

4.2.1.2 Häufigkeit/Epidemiologie

Am häufigsten kommen demenzielle Erkrankungen in einem Alter ab dem 65. Lebensjahr vor. Im Alter zwischen dem 65. und 69. Lebensjahr ist jeder 50., zwischen dem 80. und 90. Lebensjahr bereits jeder 3. betroffen. Jedoch erkranken auch jüngere Menschen an einer Demenz.

Merke

Auch wenn die Häufigkeit im hohen Alter steigt, ist nicht jeder ältere Mensch demenziell erkrankt!

Derzeit leiden ca. 1,7 Mio. Menschen in Deutschland an einer demenziellen Erkrankung, mit steigender Tendenz. Wissenschaftler sprechen davon, dass im Jahr 2050 mehr als 3 Mio. Menschen erkrankt sein werden.

Angesichts der sich verändernden Altersstruktur der Bevölkerung sind mögliche Präventionsstrategien nicht nur für alle älteren Menschen, sondern aufgrund der zu erwartenden Probleme ebenfalls für die Gesundheitspolitik von großem Interesse. Die Pharmaindustrie forscht seit Jahren nach einem Impfstoff gegen die Alzheimer-Form. Naheliegender ist allerdings eine Prophylaxe im Hinblick auf die Risikofaktoren und ihre Beeinflussung, d. h. die eigene Selbstfürsorge.

Hintergrundwissen

Tipps für die eigene Selbstfürsorge

- Bewegen Sie sich kontinuierlich, z. B. 30 min 3-mal pro Woche.
- Ernähren Sie sich ausgewogen, z. B. Obst, Gemüse, Fisch, Nüsse, Hülsenfrüchte.
- Sorgen Sie für eine ausreichende Flüssigkeitszufuhr durch Wasser und z. B. Kaffee/Tee – 3–5 Tassen täglich.
- Achten Sie auf Ihre Balance, erreichen Sie Ihre Ziele.
- Schlafen Sie im Mittel 6–7 h.
- Betreiben Sie Gehirnjogging.

4.2.1.3 Symptome

Die „Demenz" wird oft gleichgesetzt mit dem Begriff „Alzheimer". Sie stellt jedoch einen Oberbegriff dar, dem die Alzheimer-Krankheit, vaskuläre Form oder anderenorts klassifizierte Formen zu- bzw. untergeordnet sind (**Tab. 4.1**).

In der Literatur finden Sie unterschiedliche Klassifikationsmodelle. Traditionell werden 3 Subtypen unterschieden. Diese Einteilung bezieht sich nicht auf die Lokalisation der Hirnveränderung, sondern beschreibt die im Vordergrund stehende Symptomatik:

1. Bei der **kortikalen Demenz** stehen Störungen des Gedächtnisses, des Denkens, der Sprache, der Ausführung von Bewegungen im Vorder-

grund. Eine Veränderung der Persönlichkeit ist nur gering ausgeprägt.

2. Die **frontale Demenz** zeichnet sich besonders aus durch Störungen der Persönlichkeit und des sozialen Verhaltens, Denkstörungen des Planens und Organisierens, Störungen der räumlichen Leistung und der Orientierung.

3. Die **subkortikale Demenz** umfasst eine Verlangsamung des psychischen Tempos, Störungen der Aufmerksamkeit, der Affekte und der Konfliktfähigkeit.

Weiterhin kann man die primäre und sekundäre Form unterscheiden:
- Bei primärer Demenz liegt die Ursache der Symptome direkt im Gehirn.
- Die sekundäre Demenz tritt als Folge einer körperlichen Erkrankung auf.

4.2.1.4 Diagnostik

Es gibt eine Reihe von Erkrankungen, die die Symptome einer demenziellen Erkrankung „zeigen". Wird von einer Demenz gesprochen, ist meistens die Alzheimer-Krankheit oder vaskuläre Form gemeint.

> **✪ Merke**
> Wichtig ist eine ausgiebige Diagnose, da es für Betroffene fatal wäre, wenn eine bestehende Grunderkrankung übersehen wird.

Für die Diagnose stellt die „Deutsche Gesellschaft für Allgemeinmedizin" (DEGAM) einen Leitfaden [13] zur Verfügung, zu dem folgende anamnestische Befunde und Untersuchungen gehören:
- Anamnese, Fremdanamnese:
  - Verhaltens- und Persönlichkeitsveränderungen
  - Medikamenteneinnahme und Alkoholkonsum
  - Depression und Begleiterkrankungen
  - bestehende Risikofaktoren
- internistische-neurologische Untersuchung:
  - neurologische Defizite
  - Schwerhörigkeit
  - Hypothyreose (Unterfunktion der Schilddrüse)
  - Unter-/Fehlernährung

- psychiatrische Befunderhebung:
  - Mini-Mental-Statustest
  - Uhrentest
  - DemTect
- körperliche Untersuchung
- Labor:
  - Blutbild, Glukose, thyreotropes Hormon (TSH), Vitamin B_{12}, Elektrolyte
  - bei Bedarf: Kreatinin, Folsäure, Leberwerte
  - Urinteststreifen
- Ausschluss kardiovaskulärer Risikofaktoren:
  - Pulskontrolle
  - Blutdruck
  - Elektrokardiogramm (EKG)
- bildgebende Verfahren:
  - bei allen unklaren, untypischen oder rasch progredienten Verläufen
  - zur Diagnosesicherung
  - unter 65 Jahren

Diagnostisch ist die Alzheimer-Krankheit von der vaskulären Form abzugrenzen. Hier kann der Verlauf einen Hinweis geben, da die vaskuläre Form „stufenweise", der Morbus Alzheimer schleichend verläuft. Abgegrenzt werden müssen auch die weiteren demenziellen Formen sowie körperlich begründete Symptome.

> **Testverfahren**
>
> **Mini-Mental-Status-Test**
> Der Mini-Mental-Status-Test zeichnet sich durch folgende Aspekte aus:
> - globale Beurteilung der kognitiven Leistungen
> - Information über Gedächtnis, Sprache, Handlungsabläufe, räumliche Leistungen
> - Beeinflussung durch Intelligenzgrad und Bildungsniveau
> - im Verlauf aussagekräftiger, auch gibt es mittlerweile verschiedene Versionen, ein Vergleich kann nur bei identischen Versionen stattfinden
> - Achtung: „Schutzstrategien" werden zerstört, eine vertrauensvolle Beziehung kann negativ beeinträchtigt werden.
> - geringer Zeitaufwand – ca. 10 min

Es folgt der Inhalt der längeren Version (nach Möller et al. [55], S. 210):

Orientierung
- In welchem Jahr leben wir?
- Welche Jahreszeit ist jetzt?
- Welches Datum haben wir heute?
- Welchen Monat haben wir?
- In welchem Bundesland sind wir hier?
- In welchem Land?
- In welcher Ortschaft?
- Wo sind wir (in welcher Praxis/Altenheim)?
- In welchem Stockwerk?

(Punkte 0–9)

Merkfähigkeit
Nennen Sie 3 verschiedenartige Dinge klar und langsam: „Auto, Zitrone, Ball". Nachdem Sie alle 3 Worte ausgesprochen haben, soll der Betroffene sie wiederholen. Die 1. Wiederholung bestimmt die Wertung (vergeben Sie für jedes wiederholte Wort 1 Punkt), doch wiederholen Sie den Versuch, bis der Patient alle 3 Wörter nachsprechen kann. Maximal gibt es 5 Versuche. Wenn der Betroffene nicht alle 3 Wörter lernt, kann das Erinnern nicht sinnvoll geprüft werden. (Punkte 0–3)

Aufmerksamkeit und Rechnen
Bitten Sie den Betroffenen, bei 100 beginnend in 7er-Schritten rückwärts zu zählen. Halten Sie nach 5 Substraktionen (93, 86, 79, 72, 65) an und zählen Sie die in der richtigen Reihenfolge gegebenen Antworten. Bitten Sie ihn dann, das Wort „Preis" rückwärts zu buchstabieren. Die Wertung entspricht der Anzahl von Buchstaben in der richtigen Reihenfolge (z. B. SIERP = 5, SIREP = 3). Die höhere der beiden Wertungen wird gezählt. (Punkte 0–5)

Erinnern
Fragen Sie den Betroffenen, ob er die Wörter noch weiß, die er vorhin auswendig lernen sollte. Geben Sie 1 Punkt für jedes richtige Wort. (Punkte 0–3)

Benennen
Zeigen Sie dem Betroffenen eine Armbanduhr und fragen Sie ihn, was das ist. Wiederholen Sie die Aufgabe mit einem Bleistift. Geben Sie 1 Punkt für jeden erfüllten Aufgabenteil. (Punkte 0–3)

Wiederholen
Bitten Sie den Betroffenen, den Ausdruck „kein Wenn und Aber" nachzusprechen. Nur 1 Versuch ist erlaubt. (Punkte 0–1)

Dreiteiliger Befehl
Lassen Sie den Betroffenen den folgenden Befehl ausführen: „Nehmen Sie ein Blatt in die Hand, falten Sie es in der Mitte und legen Sie es auf den Boden." Geben Sie 1 Punkt für jeden richtig ausgeführten Befehl. (Punkte 0–3)

Reagieren
Schreiben Sie auf ein weißes Blatt in großen Buchstaben: „Schließen Sie die Augen!" Der Betroffene soll den Text lesen und ausführen. Geben Sie 1 Punkt, wenn der Patient die Augen schließt. (Punkte 0–1)

Schreiben
Geben Sie dem Betroffenen ein weißes Blatt, auf dem er für Sie einen Satz schreiben soll. Diktieren Sie den Satz nicht, er soll spontan geschrieben werden. Der Satz muss ein Subjekt und ein Verb enthalten und einen Sinn ergeben. Konkrete Grammatik und Interpunktion werden nicht verlangt. (Punkte 0–1).

Abzeichnen
Zeichnen Sie auf ein weißes Blatt 2 sich überschneidende Fünfecke und bitten Sie den Patienten, die Figur genau abzuzeichnen. Alle 10 Ecken müssen vorhanden sein und 2 müssen sich überschneiden, um als 1 Punkt zu zählen. Zittern und Verdrehen der Figur sind nicht wesentlich. (Punkte 0–1)

Auswertung
- 30–27 Punkte: keine Demenz
- 26–18 Punkte: leichte Demenz
- 17–10 Punkte: mittelschwere Demenz
- ≤ 9 Punkte: schwere Demenz

Dieser Test wird von vielen betroffenen Menschen als sehr peinlich erlebt. Überlegen Sie kurz, was Sie empfinden würden, wenn andere Menschen Sie etwas fragen, was Sie auf jeden Fall wissen sollten und keine Antwort geben können? Das allein führt zu Stress, und unter Stress sachlich zu denken, ist eine Herausforderung, die kaum erfolgreich zu leisten ist. Allein die Art und Weise, wie der Test angeboten wird, spielt also eine entscheidende Rolle in der Beziehung mit den erkrankten Menschen.

Sie werden zudem sehr „plausible" Reaktionen und Antworten erhalten. Es folgen einige Beispiele:

- Wenn der Betroffene z. B. das Datum nicht kennt: „Warum soll ich es Ihnen sagen?"
- Bei der Aufforderung, 3 Worte wiederzugeben, lautet die Antwort: „Wir haben mehr Worte miteinander gesprochen als 3."
- Ebenfalls beeindruckend sind Darstellungen des Ziffernblatts. Hierzu finden Sie eine Videodarstellung auf der beigefügten DVD zu Möller et al. [55]: Dort zeichnet ein Betroffener die Darstellung der Uhrzeit wie folgt: „11:10"

Na – wer ist denn jetzt pfiffig?

4.2.1.5 Formen
In **Tab. 4.1** sind die demenziellen Störungen (F00–F03) nach ICD-10 klassifiziert.

4.2.1.6 Verlauf
Eine Demenz schreitet zumeist voran und kann nicht geheilt werden, zu dem zeitlichen Verlauf wird im Allgemeinen keine Prognose gestellt. Sind organische Erkrankungen ursächlich, die behandelt werden können, können sich in der Folge auch die Anzeichen der Demenz bessern.

Eine Ausnahme stellt die Creutzfeldt-Jakob-Krankheit dar, bei der nur von einer geringen Lebenserwartung nach der Diagnosestellung auszugehen ist.

4.2.1.7 Therapieansätze
Die Therapie bei den demenziellen Erkrankungen setzt sich aus dem medikamentösen Bereich, kognitiver Stimulation sowie der Aufklärung und Beratung der Bezugspersonen zusammen.

Medikation Die Medikation richtet sich nach der Form der Demenz. Wichtige Elemente sind Antidementiva (Ginkgo-biloba-Extrakte, Cholinesterasehemmer, Memantin, **Tab. 17.5**), durchblutungsfördernde Medikamente sowie die medikamentöse Einstellung der entsprechenden Grunderkrankung. Die Substanzen werden meistens dauerhaft eingenommen. Bei der vaskulären Form spielt die Behandlung der zugrunde liegenden Krankheit eine große Rolle. Medikamentös sollen v. a. Gefäßverschlüsse verhindert werden. Weitere Medikamentengruppen können symptomatisch eine Rolle spielen: Bei depressiven Symptomen werden Antidepressiva verabreicht; Analgetika (Schmerzmittel) können ebenfalls indiziert sein, da sehr viele ältere Menschen Schmerzen beklagen. Menschen mit Demenz sind allerdings u. U. nicht mehr dazu in der Lage, dies direkt zu äußern.

> **Lerntipp**
> Überlegen Sie kurz, was Ihre Aufgabe/Ihr Therapieziel als Heilpraktiker für Psychotherapie sein könnte? Wie zeigt ein Mensch z. B. Schmerzen, wenn er dies nicht aussprechen kann? Der Betroffene zeigt dies mit Jammern, Stöhnen und/oder Unruhe. Hier besteht die Gefahr einer Verwechslung: Sind dies Symptome der Demenz, oder hat der Betroffene Schmerzen?

Psychotherapie Für die „besondere" wertschätzende Kommunikation mit Menschen, die unter einer Demenz leiden, gibt es Kommunikationsmodelle. Den folgenden 3 Verfahren gemeinsam ist das wertschätzende Anerkennen der betroffenen Menschen in ihrem Erleben:

- **Validation** nach Naomi Feil: In diesem Kommunikationsmodell geht es darum, die Betroffenen darin zu unterstützen, unerledigte Lebensaufgaben zu bewältigen.
- **Integrative Validation (IVA)** nach Nicole Richard: Die integrative Validation bestätigt Gefühle und Antriebe, um sie „fließen" zu lassen.
- **Mimikresonanz für Menschen mit Demenz (MRMD)** nach Margarete Stöcker, der Autorin dieses Buches: Bei der MRMD liegt der Fokus auf der Kommunikation zwischen Therapeut

Tab. 4.1 Klassifizierung demenzieller Störungen (F00–F03) nach ICD-10.

Demenzielle Störung	Subgruppe
F00 Demenz bei Alzheimer-Krankheit	F00.0 Demenz bei Alzheimer-Krankheit, mit frühem Beginn (Typ 2) vor dem 65. Lebensjahr – früher als präsenile Demenz bezeichnet
	F00.1 Demenz bei Alzheimer-Krankheit, mit spätem Beginn (Typ 1) ab dem 65. Lebensjahr – früher als senile Demenz bezeichnet
	F00.2 Demenz bei Alzheimer-Krankheit, atypische oder gemischte Form
	F00.9 Demenz bei Alzheimer-Krankheit, nicht näher bezeichnet
F01 Vaskuläre Demenz	F01.0 Vaskuläre Demenz mit akutem Beginn
	F01.1 Multiinfarkt-Demenz
	F01.2 Subkortikale vaskuläre Demenz
	F01.3 Gemischte kortikale und subkortikale vaskuläre Demenz
	F01.8 Sonstige vaskuläre Demenz
	F01.9 Vaskuläre Demenz, nicht näher bezeichnet
F02 Demenz bei anderenorts klassifizierten Krankheiten	F02.0 Demenz bei Pick-Krankheit
	F02.1 Demenz bei Creutzfeldt-Jakob-Krankheit
	F02.2 Demenz bei Chorea Huntington
	F02.3 Demenz bei primärem Parkinson-Syndrom
	F02.4 Demenz bei HIV-Krankheit (humane Immundefizienz-Viruskrankheit)
	F02.8 Demenz bei anderenorts klassifizierten Krankheitsbildern
F03 Nicht näher bezeichnete Demenz	inklusive präseniler und seniler Demenz, primärer degenerativer Demenz, präseniler und seniler Psychose; exklusive seniler Demenz mit Delir oder akutem Verwirrtheitszustand, Senilität

und Klient: Anhand von Mikroexpressionen versucht der Therapeut zu erkennen, welche Intention der Erkrankte hat, um eine wertschätzende Begegnung herzustellen und zu unterstützen (Kap. 17.6.6).

4.2.2 Demenz bei Alzheimer-Krankheit (F00)

Morbus Alzheimer ist eine degenerative Erkrankung des Gehirns, d. h., sie geht mit einem Abbau an Hirnmasse und Funktionsverlust einher. Die typische Trias umfasst eine Hirnatrophie, pathologische Fibrillenveränderungen (Eiweißbündel in Nervenzellen) und amyloide Plaques (Eiweißablagerungen).

Die Fibrillenveränderungen und Plaques führen zu einer Störung der Informationsweitergabe und somit zum Untergang von Neuronen, sodass als Folge eine Hirnatrophie (Hirnschrumpfung) eintritt, die bis zu 500 g betragen kann. Unser Gehirn wiegt im Schnitt 1 200–1 400 g. Das bedeutet, mehr als ein Drittel des Gehirns geht verloren!

Die Veränderungen im Gehirn beschrieb Alois Alzheimer (1864–1915) erstmals 1906 in seiner Veröffentlichung „Über eine eigenartige Erkrankung der Hirnrinde". Nachdem eine ehemalige Patientin von ihm, Auguste Deter, die bereits mit 51 Jahren Symptome einer voranschreitenden Demenz zeigte, verstarb, ließ er sich Untersuchungsmaterial schicken und stellte fest, dass im Gehirn amyloide Plaques sowie intrazelluläre Bündel sichtbar waren. Emil Kraepelin (1856–

1926) sorgte nach der Veröffentlichung dafür, dass dieses Krankheitsbild nach Alzheimer benannt wurde.

4.2.2.1 Ätiologie/Pathogenese

Die genaue Ursache der Alzheimer-Krankheit ist nicht bekannt. Es handelt sich auch hier vorwiegend um ein multifaktorielles Geschehen, bei dem verschiedene Ursachen zur Diskussion stehen. Dazu gehören:

- Alter
- genetische Disposition (z.B. Störung der Chromosomen 1 [Presenilin 1], 2 [Presenilin 2], 14, 19 und 21 [Amyloid-Precursor-Protein, APP])
- Kopfverletzungen in der Vorgeschichte
- Entzündungen
- hoher Alkoholkonsum oder weitere Intoxikationen
- Vitaminmangelzustände (Vitamin B_1, B_6, B_{12})
- Neurotransmitterdefizite (im Anfangsstadium z.B. ein Mangel an Acetylcholin im ZNS)

Die in Amerika in einem Kloster ab 1986 durchgeführte „Nonnen-Studie" von David Snowdon hat bewiesen, dass Plaques einen deutlich geringeren Einfluss auf die Entstehung von Alzheimer haben dürften als zuvor angenommen, da diese auch in erheblichem Ausmaß bei körperlich und geistig bis ins höchste Alter gesunden Nonnen auftraten, bei an Alzheimer erkrankten teilweise nicht.

Die Forschung zu den Ursachen der Alzheimer-Demenz steht derzeit auf dem Prüfstand, wie Beate Grübler [25] in ihrem Artikel darstellt.

4.2.2.2 Symptome

Die Symptome werden bei der Alzheimer-Krankheit in die Stadien 1–3 eingeteilt:

Stadium 1
Veränderungen im Gedächtnis führen zu Beginn der Erkrankung dazu, dass Neues nicht mehr gelernt werden kann. Gerade Wahrgenommenes, Gehörtes, Gesehenes ist nicht mehr abrufbar. Das kann dazu führen, dass es zu Streitigkeiten mit den Menschen in der Umgebung kommt. Der Betroffene leugnet, zu vergessen. Er wird sich verteidigen oder zurückziehen.

> **Lerntipp**
>
> Alltagsgegenstände wie der Hausschlüssel befinden sich zumeist an einer dafür vorgesehenen Stelle. Sollte der Schlüssel nicht dort sein, weil man z. B. nach dem Öffnen der Tür abgelenkt wurde, geht man üblichweise in Gedanken den letzten Weg oder die durchgeführten Handlungen durch, um den Schlüssel wiederzufinden. Menschen mit einer demenziellen Erkrankungen können genau dies nicht mehr, sie können nicht mehr rekonstruieren. Jedoch ist in ihrem Erleben der Schlüssel weg, er liegt nicht mehr dort. Welche einzige „logische" Erklärung findet der Betroffene für sich? Richtig, er fühlt sich bestohlen.

Orientierungsstörungen zeigen sich zuerst in fremder Umgebung. Dies führt zu Vermeidungsstrategien, der Erkrankte geht nur noch gleiche Wege, in gleiche Geschäfte. Es kann dazu führen, dass immer die gleichen Lebensmittel eingekauft werden.

Die Ausdrucksfähigkeit verändert sich, der aktive Wortschatz geht verloren. Weiter zeigen sich Gefühle der Gleichgültigkeit, depressive Verstimmungen oder Unruhe.

Stadium 2
Die Symptome schreiten weiter voran. Es kommt zu tief greifenden Störungen des Gedächtnisses, Ereignisse gehen zunehmend verloren. Die räumliche Orientierung ist auch in vertrauter Umgebung nicht vorhanden. Angehörige oder andere Personen werden unter Umständen nicht mehr erkannt oder verkannt.

Das Sprachverständnis und der sprachliche Ausdruck bauen sich weiter ab. Störungen des Urteilsvermögens bilden sich aus. Beschrieben wird oft eine gereizte Grundstimmung. Die Betroffenen sind oft unruhig und wandern orientierungslos umher.

> **⚙ Lerntipp**
>
> Angehörige berichten oft, dass sie als „Eltern"
> des Betroffenen verkannt werden. Die Tochter,
> die ihre Mutter besucht, wird selbst als „Mutter"
> begrüßt. Warum das so ist, lässt sich für sie aus
> der gegebenen Situation kaum nachvollziehen.
> Ich gebe dafür gerne folgendes Erklärungs-
> modell: Wir sind mit unseren Kindern und Eltern
> immer verbunden – ähnlich einer „unsichtbaren
> Nabelschnur". Egal, wie das Verhältnis ist oder
> war, diese Verbindung bleibt bestehen, wir blei-
> ben Eltern bzw. Kinder. Menschen mit einer De-
> menz verlieren den Bezug zur jetzigen Zeit. Die
> Vergangenheit wird zur Gegenwart. Konkret auf
> das Beispiel bezogen heißt das: Die Betroffene
> ist z. B. 80 Jahre alt, im inneren Erleben fühlt sie
> sich aber als 40-Jährige. Mit diesem inneren Er-
> leben steht eine für sie emotional vertraute Per-
> son vor ihr, ihre Tochter. Das passt allerdings
> nicht in zu ihrer Wahrnehmung des Alters, sie
> spürt jedoch die emotionale Verbindung – also
> kann es ihrer „Logik" zufolge nur die Mutter
> sein!

Stadium 3

Im fortgeschrittenen Stadium bestehen schwerste
Störungen des Gedächtnisses und aller kognitiven
Funktionen. Die Sprache zeichnet sich durch weiteren Abbau aus. Der Betroffene wiederholt Wörter oder Sätze (= Echolalie) oder stellt das Sprechen ein. Die eigene Körperpflege oder das Ver-
sorgen sind nicht möglich. Harn- und Stuhlinkon-
tinenz können auftreten.

Die Motorik verändert sich ebenfalls weiter: Die
Körperhaltung ist gebeugt, Stehen und Gehen unsicher. Menschen mit einer demenziellen Erkrankungen haben eine 50 % höhere Sturzgefahr im
Vergleich zu gesunden gleichaltrigen Menschen.

Zerebrale Krampfanfälle können auftreten. Hinzu kommen weitere neuropsychologische Symptome:

- Alexie: Verlust des Lesevermögens
- Akalkulie: Unfähigkeit, mit Zahlen umzugehen
- Apraxie: Unfähigkeit der Ausführung zielge-
  richteter und geordneter Bewegungen
- Agnosie: Unfähigkeit, Dinge oder ihre Funktion
  zu erkennen

Der Betroffene merkt oft seine Veränderung, leidet darunter, versteht die Welt nicht mehr. Er
grübelt viel, schläft schlecht, wird zunehmend
unkonzentrierter.

> **Diagnostische Leitlinien nach ICD-10 F00**
>
> Für eine endgültige Diagnose sind folgende
> Merkmale notwendig:
> 1. Vorliegen einer Demenz
> 2. Der Beginn setzt schleichend ein mit lang-
>   samer Verschlechterung: Während der Be-
>   ginn gewöhnlich nur schwer genau fest-
>   zustellen ist, kann die Erkenntnis, dass Defi-
>   zite vorlegen, bei Dritten plötzlich auftre-
>   ten. Im weiteren Verlauf kann ein Plateau
>   erreicht werden.
> 3. Fehlen klinischer Hinweise oder spezieller
>   Untersuchungsbefunde, die auf eine Sys-
>   tem- oder Hirnerkrankung hinweisen, wel-
>   che eine Demenz verursachen kann (z. B.
>   Hypothyreose, Hyperkalzämie, Vitamin-B_{12}-
>   Mangel, Niacinmangel [Vitamin B_3], Neuro-
>   syphilis, Normaldruck-Hydrozephalus, sub-
>   durales Hämatom)
> 4. Fehlen eines plötzlichen apoplektischen Be-
>   ginns oder neurologischer Herdzeichen wie
>   Hemiparese, Sensibilitätsverlust, Gesichts-
>   feldausfälle und Koordinationsstörungen in
>   der Frühphase
>
> Die ICD-10 unterscheidet die Alzheimer-Form
> mit frühem (F00.0) und spätem Beginn nach
> dem 65. Lebensjahr (F00.1).

4.2.3 Vaskuläre Demenz (F01)

Hierzu zählen alle Formen der Demenz, die auf
eine gefäßbedingte Hirnläsion zurückzuführen
sind. Im Gegensatz zur Alzheimer-Form erfolgt
der Verlauf unstetig, stufenweise – je nach weiteren Veränderungen des Gefäßsystems.

Unterschieden werden die vaskuläre Demenz
mit akutem Beginn (F01.0), die Multiinfarkt-Demenz (F01.1) sowie die subkortikale vaskuläre
Demenz (F01.2; **Tab. 4.1**):

- mit akutem Beginn: plötzliche Entwicklung nach einer Reihe von Schlaganfällen
- Multiinfarkt-Demenz: beginnt allmählich nach mehreren transitorischen ischämischen Attacken (TIA)
- subkortikale vaskuläre Demenz: geht häufig mit einer Hypertonie (Bluthochdruck) einher

4.2.3.1 Ätiologie/Pathogenese

Gefäßverschlüsse stehen in Vordergrund dieser Form, dabei sind Verschlüsse kleiner Arterien (Mikroangiopathien) häufiger als Verschlüsse großer Arterien (Makroangiopathien). Bei der vaskulären Form stehen folgende Ursachen zur Disposition, die ursächlich für die Verengung bzw. den Verschluss der Arterien sind:

- kardiovaskuläre Erkrankungen (Herz-Kreislauf-Erkrankungen), insbesondere Hypertonie (erhöhter Blutdruck)
- Diabetes mellitus
- Hyperlipidämie (erhöhte Blutfettwerte)
- Adipositas (Übergewicht)
- Bewegungsmangel
- Rauchen

4.2.3.2 Symptome

Zu Beginn stehen Verhaltensauffälligkeiten im Vordergrund wie Antriebsstörungen, sozialer Rückzug, Interesselosigkeit, Apathie und Verlangsamung. Eine Abnahme der Leistungsfähigkeit und Konzentrationsstörungen sind weitere Symptome. Veränderungen der Persönlichkeit treten ebenfalls auf, der Betroffene ist gereizt und emotional labil.

Im späteren Verlauf kommen Gedächtnisstörungen sowie Apraxie, Agnosie, Sprach- und Orientierungsstörungen hinzu.

Diagnostische Leitlinien nach ICD-10 F01

1. Die Diagnose setzt eine Demenz voraus.
2. Die kognitive Beeinträchtigung ist gewöhnlich ungleichmäßig, sodass Gedächtnisverlust, intellektuelle Beeinträchtigung und neurologische Herdzeichen auftreten können. Einsicht und Urteilsfähigkeit können relativ gut erhalten sein.
3. Ein plötzlicher Beginn, eine schrittweise Verschlechterung und auch neurologische Herdzeichen und Symptome erhöhen die Wahrscheinlichkeit einer Diagnose. Bestätigt werden kann sie in manchen Fällen nur durch Computertomografie oder letztendlich durch die neuropathologische Untersuchung.
4. Als zusätzliche Merkmale kommen hinzu: Hypertonie, Karotisgeräusche, Affektlabilität mit vorübergehender depressiver Stimmung, Weinen oder unbeherrschtem Lachen und vorübergehende Episoden von Bewusstseinstrübung oder Delir, oft durch weitere Infarkte hervorgerufen.
5. Die Persönlichkeit bleibt meist relativ gut erhalten, in einigen Fällen können sich Persönlichkeitsveränderungen mit Apathie oder Enthemmung oder eine Zuspitzung früherer Persönlichkeitszüge wie Ichbezogenheit, paranoide Haltungen oder Reizbarkeit entwickeln.

4.2.4 Demenz bei anderenorts klassifizierten Krankheiten (F02)

Dazu zählen Fälle von Demenzen, bei denen eine andere Ursache als bei den beiden eben beschriebenen Formen diskutiert wird.

4.2.4.1 Demenz bei Pick-Krankheit (F02.0)

Bei den betroffenen Menschen ist eine frühzeitig beginnende Veränderung der Persönlichkeit zu beobachten. Es kommt zur Atrophie im Frontal-/Temporallappen (Stirn-/Schläfenbereich) des Gehirns. Vermutet wird, dass in diesem Bereich der „Sitz der Persönlichkeit" ist. Das Haupterkrankungsalter liegt zwischen dem 50. und 60. Lebensjahr.

> **Diagnostische Leitlinien nach ICD-10 F02.0**
>
> 1. fortschreitende Demenz
> 2. überwiegend Frontalhirnsymptome mit Euphorie, emotionaler Verflachung und Vergrößerung im sozialen Verhalten, Enthemmung sowie entweder Apathie oder Ruhelosigkeit
> 3. Verhaltensstörungen, die im Allgemeinen vor offensichtlichen Gedächtnisstörungen auftreten

4.2.4.2 Demenz bei Creutzfeldt-Jakob-Krankheit (F02.1)

Diese Form der Demenz stellt insofern eine Besonderheit dar, da die Veränderungen im Gehirn durch pathologische Eiweiße bedingt sind, die entweder vererbt oder infektiös übertragen werden (sog. Prionen). Der Tod tritt innerhalb von 1–2 Jahren ein.

> **Diagnostische Leitlinien nach ICD-10 F02.1**
>
> Die Creutzfeldt-Jakob-Krankheit muss in allen Fällen einer rasch fortschreitenden Demenz vermutet werden, bei der gleichzeitig oder in der Folge vielfältige neurologische Symptome auftreten. In manchen Fällen wie bei der sog. amyotrophen Form können die neurologischen Symptome vor dem Beginn der Demenz auftreten. Es kommt gewöhnlich zu einer fortschreitenden spastischen Lähmung der Extremitäten, begleitet von extrapyramidalen Zeichen wie Tremor, Rigor und choreatisch-athetotischen Bewegungen. Andere Varianten können einhergehen mit Ataxie, Visusstörungen oder Muskelfibrillationen und einer Atrophie des 1. motorischen Neurons.
>
> Folgende Trias legt die Diagnose nahe:
> 1. rasch fortschreitende ausgeprägte Demenz
> 2. Erkrankung des pyramidalen und extrapyramidalen Systems mit Myoklonus
> 3. Ein charakteristisches Elektroenzephalogramm (EEG) gilt als sehr verdächtig für die Krankheit.

4.2.4.3 Demenz bei Chorea Huntington (F02.2)

Chorea Huntington, auch Veitstanz genannt, ist eine Erbkrankheit. Die Symptome treten meistens zwischen dem 30. und 40. Lebensjahr auf.

> **Diagnostische Leitlinien nach ICD-10 F02.2**
>
> Die Diagnose ist bei Zusammentreffen von choreiformen Bewegungsstörungen, Demenz und Chorea Huntington in der Familienanamnese sehr naheliegend. Zweifellos kommen jedoch auch sporadische Fälle vor.
> 1. In der Frühmanifestation treten unwillkürliche choreiforme Bewegungen auf, typischerweise erkennbar im Gesicht, an den Händen und Schultern sowie dem Gangbild. Sie gehen gewöhnlich der Demenz voraus und fehlen nur selten, wenn die Demenz weit fortgeschritten ist.
> 2. Andere motorische Phänomene können bei einem ungewöhnlich frühen Beginn oder im höheren Alter vorherrschen.
> 3. Die Demenz ist charakterisiert durch eine vorwiegende Beteiligung der Frontalhirnfunktionen im frühen Stadium bei noch länger relativ gut erhaltenem Gedächtnis.

4.2.4.4 Demenz bei primärem Parkinson-Syndrom (F02.3)

Diese Demenz tritt im Verlauf einer bestehenden Parkinson-Krankheit auf.

> **Diagnostische Leitlinien nach ICD-10 F02.3**
>
> Demenz, die sich bei einem Parkinson mit fortgeschrittener, gewöhnlich schwerer Parkinson-Krankheit entwickelt

4.2.4.5 Demenz bei HIV-Krankheit (F02.4)

HIV steht für humane Immundefizienz-Viruskrankheit. Diese Kategorie findet Anwendung, wenn die Symptome einer Demenz bei gleichzeitiger HIV-Infektion vorliegen.

4.2.4.6 Demenz bei anderenorts klassifizierten Krankheitsbildern (F02.8)

Eine Demenz kann sich als Folge einer Reihe von Krankheiten manifestieren. Ohne Anspruch auf Vollständigkeit finden Sie eine Aufzählung der Krankheiten, bei denen eine Demenz auftreten kann:

- Epilepsie (Krampfleiden)
- Guam-Parkinson-Demenz-Komplex (gleichzeitiges Vorliegen von amyotropher Lateralsklerose, Demenz und Morbus Parkinson)
- hepatolentikuläre Degeneration (Morbus Wilson = Kupferspeicherkrankheit)
- Hyperkalzämie (infolge maligner Tumoren)
- Hypothyreose (Unterfunktion der Schilddrüse)
- Intoxikationen (Vergiftungen)
- Kohlenmonoxidvergiftung
- Multiple Sklerose (chronisch-entzündliche Erkrankung)
- Neurosyphilis (Neurolues)
- Niacinmangel (Vitamin-B$_3$-Mangel)
- Polyarteriitis nodosa (Kußmaul-Maier-Krankheit)
- systemischer Lupus erythematodes (Schmetterlingsflechte)

4.3 Weitere organische psychische Störungen

Die ICD-10 beschreibt im F06-Bereich Störungen, die im Zusammenhang mit einer Funktionsstörung stehen:

- F06 Andere psychische Störungen aufgrund einer Schädigung oder Funktionsstörung des Gehirns oder einer körperlichen Krankheit
- F06.0 Organische Halluzinose
- F06.1 Organische katatone Störung
- F06.2 Organische wahnhafte (schizophrenieforme) Störung
- F06.3 Organische affektive Störung
- F06.4 Organische Angststörung
- F06.5 Organische dissoziative Störung
- F06.5 Organische emotionale labile (asthenische) Störung
- F06.7 Leichte kognitive Störung

- F06.8 Sonstige näher bezeichnete psychische Störungen aufgrund einer Schädigung oder Funktionsstörung des Gehirns oder einer körperlichen Krankheit

> ✱ **Merke**
> Die eingehende Beschreibung der Symptomatik erfolgt bei den spezifischen Störungen (Schizophrenie, Angststörungen etc.), bei denen keine organische Funktionsstörung vorliegt.

Veränderungen der Persönlichkeit oder des Verhaltens können ebenfalls eine Folge oder eine Begleiterscheinung einer Störung, Schädigung oder Funktionsstörung des Gehirns sein. Diese Formen sind unter F07 Persönlichkeits- und Verhaltensstörung aufgrund einer Krankheit, Schädigung oder Funktionsstörung aufgeführt. Dazu gehören:

- F07.0 Organische Persönlichkeitsstörung
- F07.1 Postenzephalitisches Syndrom
- F07.2 Organisches Psychosyndrom nach Schädel-Hirn-Trauma

4.4 Mindmap – organische und symptomatische psychische Störungen (F00–F09)

Eine Übersicht der organischen und symptomatischen psychischen Störungen zeigt die Mindmap in **Abb. 4.1**.

> ◀ **Pause**
> Sie haben sich jetzt eine längere Pause verdient. Lehnen Sie sich entspannt zurück und schließen Sie für einen Moment Ihre Augen.
> Spüren Sie Ihren Atem und nehmen Sie dabei bewusst Ihre Gehirntätigkeit wahr. Stellen Sie sich vor, wie das gerade Gelesene „sortiert" und entsprechend „abgeheftet" wird. Stehen Sie dann auf und klopfen Sie Ihren Körper ab, von den Beinen nach oben über den Oberkörper und die Arme bis zu den Händen und wieder zurück.

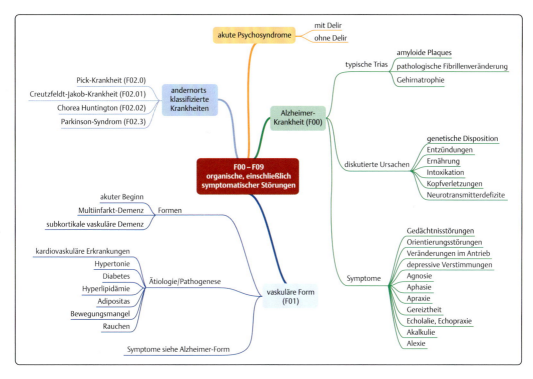

Abb. 4.1 Mindmap – organische und symptomatische psychische Störungen (F00–F09).

Prüfungsfragen

1. Welche der folgenden Aussagen zur Demenz treffen zu?

1. Das Demenzsyndrom ist durch das Fehlen einer Bewusstseinstrübung gekennzeichnet.
2. Bei dementen Patienten (z. B. Morbus Alzheimer) kommt es häufig im Vorfeld der Erkrankung zu einer Verschlechterung der emotionalen Kontrolle.
3. Beim Morbus Alzheimer liegen häufig Sprachstörungen vor bis hin zum Sprachverfall.
4. Im Gegensatz zum Morbus Alzheimer verläuft die vaskuläre Demenz vermehrt in Schüben.
5. Orientierungsstörungen werden bei Patienten mit Morbus Alzheimer selten beobachtet.
a) Nur die Aussagen 1, 2 und 5 sind richtig.
b) Nur die Aussagen 1, 3 und 4 sind richtig.
c) Nur die Aussagen 1, 2, 3 und 4 sind richtig.
d) Nur die Aussagen 2, 3, 4 und 5 sind richtig.
e) Alle Aussagen sind richtig.

2. Wodurch zeichnet sich Chorea Huntington aus?

1. Erste Symptome der Krankheit zeigen sich meist zwischen dem 20. und 50. Lebensjahr.
2. Bei frühzeitiger Therapie kann die Erkrankung geheilt werden.
3. Psychische Beschwerden gehen den Bewegungsstörungen oft mehrere Jahre voraus.
4. Die Bewegungsstörungen beginnen meist mit Hyperkinesen bei verringertem Muskeltonus.
5. Die geistige Leistungsfähigkeit ist nicht beeinträchtigt.
a) Nur die Aussagen 1 und 2 sind richtig.
b) Nur die Aussagen 3 und 5 sind richtig.
c) Nur die Aussagen 1, 3 und 4 sind richtig.
d) Nur die Aussagen 1, 3, 4 und 5 sind richtig.
e) Alle Aussagen sind richtig.

3. Welche der folgenden Aussagen treffen zu? Risikofaktoren für eine vaskuläre Demenz sind:

1. Alzheimer Demenz in der Familie
2. Bluthochdruck
3. Rauchen
4. Diabetes mellitus
5. Fettstoffwechselstörung
a) Nur die Aussagen 2 und 4 sind richtig.
b) Nur die Aussagen 3 und 4 sind richtig.
c) Nur die Aussagen 2, 3 und 4 sind richtig.
d) Nur die Aussagen 1, 2, 3 und 5 sind richtig.
e) Nur die Aussagen 2, 3, 4 und 5 sind richtig.

4. Eine 50-jährige Klientin berichtet Ihnen von ihrer 75-jährigen Mutter, bei der sie eine Alzheimer-Demenz vermutet. Welche der folgenden Angaben sprechen eher für eine kognitive Störung bei depressiver Krankheit? (2 Antworten)

a) langsame Verschlechterung der Leistungsfähigkeit
b) deutliche Merkfähigkeitsstörung
c) rascher Beginn der Auffälligkeiten nach Tod des Ehepartners
d) ungestörtes Orientierungsvermögen
e) Überspielen der kognitiven Defizite

5. Ein 70-jähriger Patient wird zunehmend vergesslicher, verläuft sich und ist zeitlich nicht voll orientiert.

a) Aufnahme einer Psychotherapie, um herauszufinden, was hinter den Symptomen stecken könnte
b) Gabe von Methylphenidat (z. B. Ritalin) zur Steigerung der Konzentration
c) sofortige Einweisung in eine geschlossene psychiatrische Abteilung gegen den Willen des Patienten
d) Beantragung einer Betreuung nach dem Betreuungsgesetz
e) Veranlassung einer ärztlichen Abklärung bei Verdacht auf Demenz

6. Sie vermuten bei einem 80-jährigen Patienten, der Ihnen wegen Gedächtnisstörungen vorgestellt wird, eine Demenz vom Alzheimer-Typ. Welche der folgenden Symptome stützen Ihren Verdacht bei der Differenzialdiagnose? (2 Antworten)

a) seit einem Jahr bestehende Störungen der Merkfähigkeit
b) rechtsseitige Gesichtslähmung nach mehreren Schlaganfällen
c) rasche Verschlechterung innerhalb weniger Tage
d) keine qualitative Bewusstseinsstörung
e) anamnestisch bekannter langjähriger übermäßiger Alkoholkonsum

7. Welche der folgenden Kriterien (nach ICD-10) werden für die Diagnose einer Demenz vorausgesetzt? (2 Antworten)

a) Die Symptome müssen beim Stellen der endgültigen Diagnose mindestens 6 Monate vorhanden sein.
b) Es muss ein Intelligenzquotient (IQ) von 70 oder niedriger vorliegen.
c) Der Patient muss mindestens 60 Jahre alt sein.
d) In einer bildgebenden Diagnostik müssen organische Veränderungen nachgewiesen sein.
e) Es besteht eine Abnahme des Gedächtnisses und des Denkvermögens.

8. Für welche Demenzform sind frühe, langsam fortschreitende Charakterveränderungen mit Verlust sozialer Fähigkeiten typisch?

a) Demenz bei Alzheimer-Krankheit
b) Demenz bei Pick-Krankheit (Frontallappendemenz)
c) vaskuläre Demenz
d) Demenz bei Creutzfeldt-Jakob-Krankheit
e) Demenz bei Morbus Parkinson

9. Welche der folgenden Aussagen treffen zu? Ursachen für eine Demenz können sein:

1. HIV-Infektion
2. Fehlernährung (Nikotinsäuremangel)
3. Schilddrüsenunterfunktion
4. wiederholte Schlaganfälle
5. kurzfristiger Alkoholgenuss unter 15 g Alkohol/Tag bei einem gesunden Erwachsenen
a) Nur die Aussagen 1, 2 und 3 sind richtig.
b) Nur die Aussagen 1, 3 und 5 sind richtig.
c) Nur die Aussagen 1, 2, 3 und 4 sind richtig.
d) Nur die Aussagen 1, 2, 4 und 5 sind richtig.
e) Nur die Aussagen 2, 3, 4 und 5 sind richtig.

10. Was trifft für die Demenz zu? (2 Antworten)

a) Bei der Demenz vom Alzheimer-Typ fällt ein akuter Beginn eines amnestischen Syndroms auf.
b) Die vaskuläre Demenz ist häufig mit einem erhöhten Blutdruck verbunden.
c) Im Rahmen einer AIDS-Erkrankung kann im späteren Verlauf eine Demenz beobachtet werden.
d) Die Alzheimer-Krankheit ist mit Medikamenten heilbar.
e) Bei der Diagnose von Demenzerkrankungen spielen bildgebende Verfahren (z. B. kraniale Computertomografie) keine Rolle.

5 Psychische und Verhaltensstörungen durch psychotrope Substanzen (F10–F19)

Dieses Kapitel beinhaltet alle Bereiche des Missbrauchs und der Abhängigkeit von psychotropen Substanzen sowie die dadurch vorliegenden Folgeerkrankungen. Ich stelle gerne die Frage: „Was ist der Unterschied zwischen Abhängigkeit und Sucht?", und bekomme fantasiereiche Erklärungen. Im Grunde gibt es keinen Unterschied. Die WHO bemüht sich schon seit vielen Jahren darum, den Begriff Sucht (mittelhochdtsch. siechen = krank sein) gegen den der Abhängigkeit auszutauschen.

5.1 Allgemeines

> ⚡ **Lerntipp**
> Bevor Sie jetzt mit dem nächsten Thema starten, stimmen Sie sich wieder darauf ein. Atmen Sie tief ein und aus und besuchen Sie wieder Ihre Bibliothek: Wo sollen die Informationen zum Thema Abhängigkeiten abgelegt werden?

5.1.1 Definition

Die WHO bezeichnet die Abhängigkeit als einen Zustand periodischer oder chronischer Intoxikation durch eine Substanz natürlicher oder synthetischer Herkunft (**Tab. 5.1**). Im Allgemeinen wird abhängiges Verhalten als selbstzerstörerisch beschrieben.

Die Mehrfachabhängigkeit ist die Herausforderung der heutigen Zeit: Die Mentalität der sog. User (Konsumenten illegaler Drogen) hat sich verändert. In der Vergangenheit bevorzugten die Konsumenten oft nur eine Substanz. Die heutige Kultur ist vorrangig polytoxisch, d.h., der Verbraucher benutzt mehrere Substanzen.

Zu beobachten ist, dass in den letzten Jahren auch die nichtstoffgebundenen Abhängigkeiten vermehrt in den Fokus geraten. Dazu gehören die Internetabhängigkeit, Glückspiele usw. Diese Abhängigkeiten sind in der ICD-10 unter dem Punkt Störungen der Impulskontrolle (F63) zu finden (Kap. 10.3).

5.1.2 Häufigkeit/Epidemiologie

Laut der Deutschen Hauptstelle für Suchtfragen (DHS) waren im Jahr 2018 in Deutschland mehr als 19 Mio. Menschen abhängig [15]:
- Tabakabhängigkeit: 15 Mio.
- Alkoholabhängigkeit: 1,6 Mio.
- Medikamentenabhängigkeit: 1,5–1,9 Mio.
- Abhängigkeit von illegalen Drogen: ca. 500 000

Tab. 5.1 Abhängigkeit.

Begriff	Definition
psychische Abhängigkeit	übermächtiges, unwiderstehliches Verlangen nach einer bestimmten Substanz = **Craving**
physische Abhängigkeit	charakterisiert durch Toleranzentwicklung, also Dosissteigerung, sowie das Auftreten von Entzugserscheinungen
Abusus	Missbrauch oder schädlicher Gebrauch einer Substanz, d. h., der Konsum führt zu einer körperlichen und/oder psychischen Gesundheitsschädigung
Polytoxikomanie	Mehrfachabhängigkeit, gleichzeitige Abhängigkeit von verschiedenen Substanzen

In den Allgemeinpraxen haben Schätzungen zufolge ca. 10 % der Patienten in Wirklichkeit Alkoholprobleme. Die Mortalität ist entsprechend der Gefährdung und Verbreitung der Substanzen hoch – jährlich sterben ca. 75 000 Menschen an den Folgen des Alkohols, ca. 1 400 Menschen wegen Drogenabhängigkeit und 120 000 Menschen durch Rauchen. Die volkswirtschaftlichen Folgekosten sind enorm und liegen zwischen 28 und 50 Mrd. Euro jährlich.

5.1.3 Ätiologie/Pathogenese

> **Lerntipp**
>
> Kennen Sie den Wunsch, sich einer belastenden Situation entziehen zu wollen? Selbst wenn es nur für ein paar Stunden wäre – einmal Ruhe, einmal entspannt sein können. Oder suchen Sie den Kick, die Aufregung? Jetzt kommt die Gelegenheit, gezielt oder durch Zufall: Wow, das fühlt sich gut an und muss wiederholt werden! Leider ändert es rein gar nichts an der Ausgangssituation.

Im Zusammenhang mit der Entstehung und Aufrechterhaltung der Abhängigkeit steht der sog. „Circulus vitiosus" (Teufelskreis). Das bedeutet: Durch die Substanz wird vorübergehend eine belastende Situation scheinbar gebessert, die anschließende „Ernüchterung" durch die Realität führt dazu, dass die Substanz wieder und wieder konsumiert wird.

5.1.3.1 Substanzkonsum

Es sind 3 grundlegende Faktoren für den Substanzkonsum entscheidend:

1. **Eigenschaften der Droge**: Wie wirkt diese? Ist sie euphorisierend oder beruhigend? Wird sie geraucht oder gespritzt? Was kostet sie?
2. **Erreichbarkeit der Substanz:** Alkohol ist fast überall zu kaufen; um Heroin zu bekommen, muss man sich in entsprechenden Kreisen auskennen.
3. **Individuum/soziales Umfeld**: Beides nimmt Einfluss auf den Konsum und Verlauf. Ist es selbstverständlich, schon beim Mittagessen ein Bier zu trinken? Wenn ein Menschen in seiner Entwicklung das oder Ähnliches erlebt, kann er kaum noch erkennen, dass es keine normale Tischsitte ist.

5.1.3.2 Auslösende Faktoren

Weitere Theorien beziehen sich auf biopsychosoziale Einflussfaktoren:

- Neurotransmitter: Dopamin, Glutamat, Serotonin, γ-Aminobuttersäure (GABA)
- genetische Disposition
- Belohnungszentrum im Gehirn
- psychologische Faktoren
- „Broken-Home" (Umfeld in der Entwicklungszeit des Betroffenen, in dem er Traumatisierungen ausgesetzt war; negative Identifikation mit Vorbildern)
- Konditionierungsprozesse
- lernpsychologische Theorien

> ✱ **Merke**
>
> Das Ableiten von Kausalitäten wie „bei jedem Abhängigen liegt eine Broken-Home-Situation vor" wäre unangemessen! Es handelt sich um mögliche Faktoren für eine Abhängigkeit, die in jeder sozialen Schicht auftreten kann.

Im Rahmen von psychischen Erkrankungen tritt eine Abhängigkeitserkrankung oft als Komorbidität (Begleiterkrankung) auf, wahrscheinlich im Sinne einer „Selbstheilungsmöglichkeit": Menschen, die beim Vorliegen einer schizophrenen Erkrankung Stimmen hören, die sie beschimpfen, betäuben sich mit Alkohol und/oder Cannabis. So werden die Stimmen leiser oder erträglicher.

5.1.4 Symptome

Einige Symptome unterscheiden sich je nach der verwendeten Substanz. Allerdings gibt es gemeinsame psychische und körperliche Symptome mit daraus resultierenden sozialen Auswirkungen. Hierzu gehören Interessenverlust, Stimmungsschwankungen, Gleichgültigkeit und Störungen des Kritikvermögens. Vegetative Störungen, Schlafstörungen, Gewichtsverlust und neurologische Ausfälle runden das Bild auf der körperlichen Ebene ab. Um die Substanz zu beziehen oder unter Einfluss der Substanz, kommt es zu beruflichem Abstieg, Kriminalität, Dissozialität mit der Gefahr der Suizidalität (Kap. 16).

> ◀ **Lerntipp**
>
> Bei Menschen mit einer Abhängigkeitsproblematik ist immer wieder eine „Hierarchie" innerhalb der Betroffenen und deren Substanzgebrauch zu beobachten. So fühlen sich Menschen mit einer Kokain- „höherwertig" als Menschen mit einer Alkoholabhängigkeit. Ähnliches gilt für Heroinabhängige.
>
> Ein User berichtet: „Wir müssen für die Beschaffung richtig was tun, wir verkaufen unseren Körper, unsere Seele. Der Alkoholiker braucht nur zur Tanke gehen, und das Zeug kostet doch nichts."

5.1.5 Diagnostik

Wenn der betroffene Mensch die Abhängigkeit verneint, ist die Diagnose gerade zu Beginn der Erkrankung schwierig. Zu den körperlichen Untersuchungen gehören Urin- und Blutproben. Eine große Bedeutung kommt der Fremdanamnese zu, da der Betroffene dazu neigt, seine Abhängigkeit zu verleugnen, Symptome zu beschönigen und die Beschaffung zu verneinen.

Die Identifizierung der verwendeten psychotropen Stoffe kann aufgrund eigener Angaben des Klienten, objektiver Analysen von Urinproben, Blutproben usw. oder durch andere Nachweise erfolgen, so z. B. durch den Besitz von Substanzen, aufgrund klinischer Symptome oder durch fremdanamnestische Angaben. Es ist stets zu empfehlen, Bestätigung aus mehreren Quellen zu suchen, um Gewissheit über die betreffenden Substanzen zu erlangen.

> **Diagnostische Leitlinien nach ICD-10 F1**
>
> 1. Objektive Analysen stellen den besten Beweis für eine aktuelle oder gerade zurückliegende Substanzaufnahme dar; ihre Aussagekraft über einen Substanzkonsum in der Vergangenheit und zum Ausmaß des aktuellen Gebrauchs ist jedoch begrenzt.
> 2. Viele Konsumenten nehmen mehrere Substanzen zu sich. Dennoch sollte die Diagnose möglichst nach dem wichtigsten Stoff oder der wichtigsten Stoffgruppe gestellt werden, üblicherweise nach der Substanz oder Substanzklasse, welche die gegenwärtige Störung hervorruft. Im Zweifelsfällen soll der Stoff oder die Stoffgruppe kodiert werden, die am häufigsten missbraucht wird, besonders in Fällen von ständigem oder täglichem Gebrauch.
> 3. Nur wenn die Substanzaufnahme chaotisch und wahllos verläuft oder Bestandteile verschiedener Substanzen untrennbar vermischt sind, ist die Kodierung F19 (Störungen durch multiplen Substanzgebrauch) zu wählen. Diese Kodierung ist auch zu verwenden bei unbekannten sowie nicht sicher identifizierten Stoffen.

4. Der Missbrauch von nichtpsychotropen Substanzen wie Laxativa oder Acetylsalicylsäure (z. B. Aspirin) soll mit F55 (schädlicher Gebrauch von nichtabhängigkeitserzeugenden Substanzen) kodiert werden. Dort wird mit der 4. Stelle die betreffende Substanz kodiert.

5. Störungen durch psychotrope Substanzen (insbesondere ein Delir bei älteren Menschen) sollen dann bei F00–F09 eingeordnet werden, wenn keines der in diesem Abschnitt beschrieben klinischen Erscheinungsbilder, z. B. schädlicher Gebrauch oder Abhängigkeitssyndrom, vorliegt. Wenn ein klinisches Erscheinungsbild dieses Kapitels (F1x) von einem Delir überlagert wird, erfolgt die Einordnung unter F1x.3 oder F1x.4.

Die ICD-10 unterteilt die klinischen Erscheinungsbilder wie folgt: x steht für die Substanz.

5.1.5.1 Akute Intoxikation – Vergiftung, Rausch (F1x.0)

Zwischen der Schwere der Intoxikation und der aufgenommenen Dosis besteht normalerweise ein enger Zusammenhang. Ausnahmen können jedoch bei Personen mit bestimmten organischen Erkrankungen wie etwa Nieren- oder Leberinsuffizienz vorkommen, bei denen schon kleine Dosen unverhältnismäßig schwere Vergiftungserscheinungen hervorrufen können.

Die Möglichkeit einer Enthemmung in gewissen sozialen Situationen, z. B. auf Partys oder beim Karneval, sollte ebenfalls bedacht werden.

Diagnostische Leitlinien nach ICD-10 F1x.0

1. Die akute Intoxikation ist ein vorübergehender Zustand. Das Ausmaß der Vergiftung wird nach und nach geringer und die Symptome verschwinden ohne erneute Substanzzufuhr nach einiger Zeit vollständig. In der Regel erfolgt eine vollständige Erholung, falls es nicht zur Gewebeschädigung oder zu anderen Komplikationen gekommen ist.

2. Die Vergiftungssymptome müssen nicht immer in der typischen Substanzwirkung bestehen: Beispielsweise können dämpfende Substanzen Agitiertheit und Überaktivität hervorrufen und Stimulanzien zu sozialem Rückzug und introvertiertem Verhalten führen.

3. Bei Cannabis und Halluzinogenen können die Wirkungen besonders unvorhersehbar sein.

4. Bei vielen Substanzen hängt die unterschiedliche Wirkung auch von der eingenommen Dosis ab: So entfaltet z. B. Alkohol bei niedriger Dosierung eine anregende Wirkung, bei höherer Dosierung kommt es zu Erregung und Aggressivität und bei sehr hohen Blutspiegeln zur Sedierung.

5.1.5.2 Schädlicher Gebrauch – Missbrauch, Abusus (F1x.1)

Die Diagnose erfordert eine tatsächliche Schädigung der psychischen oder physischen Gesundheit des Konsumenten.

Diagnostische Leitlinien nach ICD-10 F1x.1

1. Es liegt eine Schädigung der psychischen oder physischen Gesundheit des Konsumenten vor.

2. Schädliches Konsumverhalten wird häufig von anderen kritisiert und zieht oft unterschiedliche negative soziale Folgen nach sich, z. B. Inhaftierung oder Eheprobleme.

3. Eine akute Intoxikation (siehe F1x.0) oder ein „Kater" (Hangover) beweisen noch nicht den „Gesundheitsschaden", der für die Diagnose des schädlichen Gebrauchs erforderlich ist.

4. Schädlicher Gebrauch ist bei einem Abhängigkeitssyndrom (F1x.2), einer psychotischen Störung (F1x.5) oder bei anderen spezifischen alkohol- oder substanzbedingten Störungen nicht zu diagnostizieren.

> ### 🔄 Lerntipp
> In der Filmkomödie „The Hangover" werden sehr unterhaltsam und reichlich absurd die Folgen des übermäßigen Alkoholkonsums veranschaulicht.

5.1.5.3 Abhängigkeitssyndrom (F1x.2)

Die sichere Diagnose einer Abhängigkeit sollte nur gestellt werden, wenn irgendwann während des letzten Jahres 3 oder mehr der folgenden Kriterien gleichzeitig vorhanden waren.

> **Diagnostische Leitlinien nach IDC-10 F1x.2**
>
> Es liegen mindestens 3 der folgenden Kriterien in einem Zeitraum von 1 Jahr gleichzeitig vor:
>
> 1. starker Wunsch oder eine Art Zwang, psychotrope Substanzen zu konsumieren
> 2. verminderte Kontrollfähigkeit bezüglich des Beginns, der Beendigung und der Menge des Konsums
> 3. körperliches Entzugssyndrom bei Beendigung oder Reduktion des Konsums, nachgewiesen durch die substanzspezifischen Entzugssymptome oder durch die Aufnahme der gleichen oder einer nahe verwandten Substanz, um Entzugssymptome zu mildern oder zu vermeiden
> 4. Nachweis einer Toleranz: Um die ursprünglich durch niedrige Dosen erreichten Wirkungen der psychotropen Substanz hervorzurufen, sind zunehmend höhere Dosen erforderlich. Eindeutige Beispiele hierfür sind die Tagesdosen für Alkoholiker oder Opiatabhängige, die bei Konsumenten ohne Toleranzentwicklung zu einer schweren Beeinträchtigung oder sogar zum Tode führen würden.
> 5. fortschreitende Vernachlässigung anderer Vergnügen oder Interessen zugunsten des Substanzkonsums, erhöhter Zeitaufwand, um die Substanz zu beschaffen, zu konsumieren oder sich von den Folgen zu erholen
> 6. Anhaltender Substanzkonsum trotz Nachweises eindeutiger schädlicher Folgen wie Leberschädigungen durch exzessives Trinken, depressive Verstimmungen infolge

starken Substanzkonsums oder drogenbedingte Verschlechterung kognitiver Funktionen: Es sollte dabei festgestellt werden, dass der Konsument sich tatsächlich über Art und Ausmaß der schädlichen Folgen im Klaren war oder dass zumindest davon auszugehen ist.

5.1.5.4 Entzugssyndrom (F1x.3)

Das Entzugssyndrom ist einer der Indikatoren des Abhängigkeitssyndroms.

> **Diagnostische Leitlinien nach ICD-10 F1x.3**
>
> 1. Ein Entzugssyndrom soll als Hauptdiagnose dann diagnostiziert werden, wenn es Grund für die gegenwärtige Konsultation ist und das Erscheinungsbild so schwer ausfällt, dass eine besondere medizinische Behandlung erforderlich ist.
> 2. Die körperlichen Symptome sind je nach verwendeter Substanz unterschiedlich. Häufige Merkmale sind zudem psychische Störungen (z. B. Angst, Depression und Schlafstörungen). Typischerweise berichten die Betroffenen, dass sich die Entzugssymptome durch die erneute Zufuhr der Substanz bessern.
> 3. Es ist auch daran zu denken, dass Entzugssyndrome durch konditionierte Reize ohne unmittelbar vorhergehende Substanzzufuhr ausgelöst werden können. In solchen Fällen ist ein Entzugssyndrom nur dann zu diagnostizieren, wenn der Schweregrad dies rechtfertigt.

5.1.5.5 Entzugssyndrom mit Delir (F1x.4)

> **Diagnostische Leitlinien nach ICD-10 F1x.4**
>
> 1. Die allgemeinen Kriterien für ein Entzugssyndrom (F1x.3) sind erfüllt.
> 2. Die allgemeinen Kriterien für ein Delir (F05) sind erfüllt.

Die Diagnose Entzugssymdrom mit Delir kann mit der folgenden 5. Stelle weiter differenziert werden:

- F1x.40 ohne Krampfanfälle
- F1x.41 mit Krampfanfällen

5.1.5.6 Psychotische Störung (F1x.5)

Von einer psychotischen Störung spricht man, wenn diese innerhalb von 48 h und in einem Zeitraum von weniger als 6 Monaten nach Substanzeinnahme auftritt. Es kann sich um eine überwiegend wahnhafte, halluzinatorische oder depressive psychotische Störung handeln.

Diagnostische Leitlinien nach ICD-10 F1x.5

1. Ein psychotischer Zustand, der während oder unmittelbar nach der Einnahme einer Substanz (gewöhnlich innerhalb von 48 h) auftritt, sollte hier eingeordnet werden, falls er nicht Ausdruck eines Entzugssyndroms mit Delir oder einer verzögert auftretenden psychotischen Störung ist. Diese kann mehr als 2 Wochen nach dem letzten Substanzkonsum beginnen, ist jedoch bei F1x.5 einzuordnen.
2. Durch psychotrope Substanzen induzierte psychotische Störungen können unterschiedliche Symptommuster zeigen. Die Unterschiede sind durch die Art der verwendeten Substanz und durch die Persönlichkeit des Konsumenten bedingt.
3. Beim Gebrauch von Stimulanzien wie Kokain und Amphetaminen sind substanzinduzierte psychotische Zustände im Allgemeinen auf die hohe Dosierung oder den längeren Gebrauch des Mittels zurückzuführen.

Die Diagnose eines psychotischen Zustands sollte nicht allein aufgrund von Wahrnehmungsverzerrungen und Halluzinationen gestellt werden, wenn Substanzen mit primär halluzinogenen Effekten wie LSD, Mescalin oder Cannabis in hoher Dosierung konsumiert wurden. In diesen Fällen – ebenso wie bei Verwirrtheitszuständen – muss die Diagnose einer akuten Intoxikation erwogen werden.

Mit besonderer Sorgfalt ist zu vermeiden, irrtümlich eine schwere Störung wie eine Schizophrenie zu diagnostizieren, wenn die diagnostischen Voraussetzungen für eine substanzinduzierte Psychose vorliegen. Viele substanzinduzierte psychotische Störungen dauern nur kurze Zeit, wenn die Substanz nicht erneut eingenommen wird, z. B. bei Amphetamin- und Kokainpsychosen. In solchen Fällen können Fehldiagnosen unangenehme und teure Folgen für den Betroffenen und für das Gesundheitswesen haben.

5.1.5.7 Amnestisches Syndrom (F1x.6)

Hierunter fällt z. B. das Korsakow-Syndrom.

Diagnostische Leitlinien nach ICD-10 F1x.6

Das durch Alkohol oder sonstige psychotrope Substanzen bedingte amnestische Syndrom soll die allgemeinen Kriterien für ein organisches amnestisches Syndrom erfüllen. Die wichtigsten für diese Diagnose erforderlichen Kriterien sind:

1. Störungen des Kurzzeitgedächtnisses (Aufnahme von neuem Lernstoff); Störungen des Zeitgefühls (Zeitgitterstörungen, Zusammenziehen verschiedener Ereignisse zu einem usw.)
2. fehlende Störung des Immediatgedächtnisses (Ultrakurzzeitgedächtnisses), des Wachbewusstseins und fehlende allgemeine Beeinträchtigungen kognitiver Funktionen
3. anamnestische oder objektive Beweise für einen chronischen und besonders hoch dosierten Missbrauch von Alkohol oder psychotropen Substanzen

---

⟳ Lerntipp

Sie haben nun die diagnostischen Leitlinien zur Abhängigkeit und akuten Intoxikation sowie die Folgen, wenn die Substanz fehlt, kennengelernt. Was ist wichtig?
Schlagworte: Craving – Kontrollverlust – Dosissteigerung – Entzugserscheinungen

5.1.6 Formen

Die Klassifikation nach ICD-10 orientiert sich an den Substanzgruppen:

- **stoffgebundende Abhängigkeit:**
  - Alkohol (F10)
  - Opioide (F11)
  - Cannabinoide (F12)
  - Sedativa oder Hypnotika (F13)
  - Kokain (F14)
  - sonstige Stimulanzien, einschließlich Koffein (F15)
  - Halluzinogene (F16)
  - Tabak (F17)
  - flüchtige Lösungsmittel (F18)
  - multipler Substanzgebrauch und Konsum anderer psychotroper Substanzen (F19)
- **nichtstoffgebundene Abhängigkeit:**
  - abnorme Gewohnheiten und Störungen der Impulskontrolle (F63)

Daneben gibt es eine Unterteilung in legale bzw. illegale Substanzen.

5.1.7 Verlauf

Der Verlauf ist – je nach Substanz – sehr unterschiedlich. Von spontanen Abstinenzen wird berichtet. Im Durchschnitt liegt die Dauerabstinenz zwischen 20 und 40 %.

5.1.8 Therapieansätze

Entscheidendes Ziel ist eine dauerhafte Abstinenz. Um diese zu erreichen, bedarf es einiger Phasen. Die 1. Phase ist die Kontakt- und Motivationsphase, der sich die körperliche Entgiftung (2. Phase) anschließt. Auf diese folgt die 3. Phase, die Entwöhnungsbehandlung. Die Therapie endet mit der Nachsorge- und Rehabilitationsphase/ Rückfallprophylaxe (4. Phase).

In Deutschland gibt es 1 400 Beratungsstellen, in Fachkliniken stehen ca. 11 000 Therapieplätze zur Verfügung.

Kontakt- und Motivationsphase In dieser Phase ist der Abstinenzwunsch noch nicht ausreichend vorhanden und das Verlangen, die Substanz zu bekommen, zeigt sich immer wieder. Oft entsteht Druck von außen, der die Betroffenen dazu bewegen soll, sich einer Therapie zu stellen. Das sind z. B. der Partner, der sich sonst trennt, der Arbeitgeber, der reagieren muss, oder/und Konflikte mit dem Gesetz. Wichtig ist, dass der Abhängige eine eigene Motivation entwickelt.

Entgiftungsphase Die eigene Motivation wächst, vielleicht zeigen sich schon entsprechende körperliche Reaktionen und die Sorge um die eigene Gesundheit und/oder soziale Konflikte nehmen zu. Die Entgiftungsphase dient der „Reinigung" des Körpers. In dieser Phase beginnt auch die psychische Stabilisierung, der Betroffene wird über die Wirkung der Substanz und über weitere Möglichkeiten aufgeklärt. Die Entgiftung findet in einer Fachklinik oder einem Krankenhaus statt und dauert im Mittel 5–10 Tage.

> ✴ **Merke**
> Viele Menschen durchlaufen diese Phase immer wieder. Die Rückfälligkeit ist ein Symptom der Krankheit. Viele Menschen lassen sich für „die Straße" im Krankenhaus wieder „fit" machen. Sie nutzen die Möglichkeit, sich für eine kurze Zeit regenerieren zu können.

Entwöhnungsbehandlung Nach der körperlichen Entgiftung ist eine direkte therapeutische Behandlung sinnvoll. Der Betroffene braucht eine psychische Stabilisierung. Sein Selbstwertgefühl muss aufgebaut werden. Gegebenenfalls müssen soziale Belange geregelt werden.

Nachsorge- und Rehabilitationsphase Im Grunde bleibt der abhängige Mensch sein ganzes Leben lang abhängig. Konsumiert er die Substanz erneut, wird im Gehirn das Belohnungszentrum (Suchtgedächtnis) aktiviert.

🔵 Pause

Sie haben sich wieder eine Pause verdient. Wozu haben Sie Lust, vielleicht eine kurze Entspannung? Ich lade Sie zu einem Body-Check ein. Den können Sie, wann immer Sie kurz entspannen möchten, schnell durchführen:

- Atmen Sie wieder tief ein und aus.
- Spüren Sie Ihr Gesicht. Ist die Stirn entspannt, ist Ihr Unterkiefer entspannt?
- Was machen Ihre Schultern? Lassen Sie sie einfach los.
- Was machen Ihre Hände? Lockern Sie auch diese.
- Was macht Ihr Gesäß? Bitte entspannen.

- Und zum Schluss lockern Sie Ihre Füße.
- Gehen Sie dann noch einmal durch den ganzen Körper – lösen Sie alle Verspannungen.

Stellen Sie sich nun vor, wie Sie nach Ihrer Pause konzentriert weiterlesen können.

5.1.9 Mindmap – Substanzmissbrauch (F10–F19) und weitere Abhängigkeiten

Eine Übersicht zum Substanzmissbrauch (F10–F19) und zu weiteren Abhängigkeiten zeigt die Mindmap in **Abb. 5.1**.

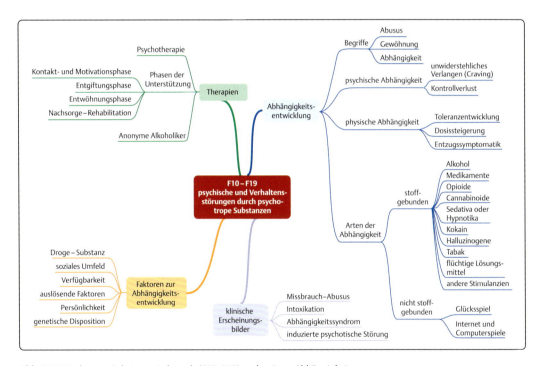

Abb. 5.1 Mindmap – Substanzmissbrauch (F10–F19) und weitere Abhängigkeiten.

5.2 Psychische und Verhaltensstörungen durch Alkohol (F10)

> **◆ Lerntipp**
>
> „Möchtest du etwas trinken? Wein, Sekt, Bier? Nein?! – Ach, sei doch keine Spaßbremse..." Kennen Sie so etwas? Wer nicht trinkt, kennt keinen Spaß, kann nicht locker sein usw.

Alkohol ist gesellschaftlich akzeptiert, kommt es jedoch zum „Absturz", wendet sich die Gesellschaft genauso brüsk wieder ab (**Abb. 5.2**). Unter einem Alkoholabusus wird der Konsum verstanden, der über den soziokulturell anerkannten Grenzen liegt.

Bei einer Alkoholabhängigkeit liegt eine physische und psychische Abhängigkeit vor. Die psychische Abhängigkeit zeigt sich in einem unwiderstehlichen Verlangen nach Alkohol (Craving) und – je nach Abhängigkeitstyp – in einem Kontrollverlust. Auf der körperlichen Ebene entwickelt sich eine Toleranzsteigerung. Das bedeutet, der Betroffene benötigt immer größere Mengen bzw. höhere Konzentrationen. So werden aus ein paar Flaschen Bier eine Kiste, aus Bier wird

Schnaps oder Ähnliches. Es werden Promillegrenzen überschritten, die im normalen Fall tödlich wären. Ab einem Blutalkoholspiegel von etwa 3 Promille besteht die Gefahr, dass der Tod eintritt.

Ein Klient berichtet: „Ich bin sehr erfolgreich in meinem Beruf. Ich habe mich ‚hochgearbeitet' und mein Chef schätzt mich. Zu Hause läuft es nicht immer so gut. Meine Frau ist krank, die Ärzte finden keine Ursachen, doch sie tut zu Hause nichts mehr. Ein Zusammenleben findet nur noch nebenher statt. Also muss ich auch zu Hause funktionieren. Und dann geschieht es immer wieder. Alle 10–12 Wochen stürze ich ab, ohne Netz und doppelten Boden. Ich trinke und trinke, kann nicht aufhören, esse nichts, pflege mich nicht. Ich kann nicht zur Arbeit und muss lügen, irgendwie muss ich dann erklären, warum ich nicht arbeiten konnte. Nach diesen 3–4 Tagen ist es wieder vorbei. Ich rapple mich auf, und das Spiel beginnt von vorne. So kann es nicht weitergehen."

5.2.1 Häufigkeit/Epidemiologie

Hier einige Zahlen: Der Pro-Kopf-Konsum von reinem Alkohol beträgt in Deutschland ca. 11,8 l pro Jahr! 50 % des Alkohols werden nur von 7 % der Bevölkerung getrunken. Etwa 3 % der erwach-

Abb. 5.2 Alkohol als gängiges „Genussmittel". © minastefanovic - stock.adobe.com

senen Bevölkerung sind abhängig. Die Dunkelziffer wird höher sein. Weitere Zahlen und Informationen erhalten Sie bei der DHS [15]. Geschlechterverteilt sind ca. 4,5 % der Männer und 1,7 % der Frauen abhängig. 11,3 l reinen Alkohol – das entspricht 226 Litern Bier – konsumieren EU-Bürger im Durchschnitt pro Jahr. Etwa 30 % der Bürger betrinken sich regelmäßig heftig, Männer deutlich häufiger als Frauen (WHO [83]).

Erschreckend ist die Zunahme der Alkoholabhängigkeit bei Kindern und Jugendlichen. Auf dem Markt erhältlich sind mittlerweile Mischgetränke, bei denen der Geschmack angenehm süß ist, Saft/Limonade überdecken den bitteren Alkohol. In Mode gekommen ist zudem das sog. „Komasaufen", bei dem möglichst große Mengen Alkohol konsumiert werden, oder „Vorglühen" vor Veranstaltungen.

Probleme am Arbeitsplatz oder in der Partnerschaft bewirken, dass betroffene Menschen wieder zur Flasche greifen, was wiederum die Probleme verstärkt. Zusätzlich kommt es zu Verkehrsdelikten, Unfällen im Allgemeinen sowie körperlichen und psychischen Übergriffen.

Nicht der erkrankte Mensch allein ist betroffen, sondern auch sein Umfeld. Kollegen verschweigen Beobachtungen, haben ein schlechtes Gewissen, wissen nicht, wie sie das Problem ansprechen sollen, Freunde/Angehörige lügen für den geliebten Menschen. Der Partner, auch als „Co-Alkoholiker" bezeichnet, ruft z. B. beim Arbeitgeber an, um diesen zu entschuldigen, besorgt selbst den Alkohol usw.

5.2.2 Ätiologie/Pathogenese

Auch bei der Alkoholerkrankung findet sich eine multifaktorielle Genese.

> ### Lerntipp
> Bevor Sie weiterlesen, überlegen Sie bitte, was dies bedeutet.

5.2.2.1 Auslösende Faktoren

Faktoren, die den Alkoholismus begünstigen können, sind folgende:

- genetische Disposition
- Lernen am Modell (Vorbildfunktionen des Umfelds)
- neurobiologische Faktoren: Belohnungssystem im Gehirn (vor allem über die Neurotransmitter Dopamin, Glutamat, Serotonin, GABA und auch endogene Opiate)
- psychologische Faktoren: „Broken-Home-Situationen"
- „Suchtpersönlichkeit"

Die sog. **Suchtpersönlichkeit** steht immer wieder zur Diskussion. Beschrieben werden labile Persönlichkeitsstrukturen, eine sog. Ich-Schwäche, die zum Ausdruck bringen soll, dass der betroffene Mensch instabil ist, schwierig Entscheidungen treffen kann.

5.2.2.2 Stufenmodell der Entwicklung des Alkoholismus

Die Entwicklung des Alkoholismus verläuft in der Regel nach Phasen. Die Phasen verlaufen schleichend und überlappen sich. Es gibt keine zeitliche Angabe zur Dauer einer Phase.

1. Stufe: präalkoholische Phase Zu Beginn (lat. prä = vor) ist es meist ein Erleichterungstrinken, der Betroffene trinkt 1 oder 2 Gläser Alkohol und wird dadurch lockerer. Er kann sich vielleicht besser unterhalten, erzählt Witze und erhält dadurch positive Aufmerksamkeit. Er fühlt sich von seinen Problemen entlastet und verträgt den Alkohol zunehmend besser. Es wird weiter getrunken, noch in Gesellschaft und/oder bei einem Anlass.

> ### Merke
> Bitte keine Kausalität herstellen, dass jetzt jeder schüchterne Mensch zum Alkoholiker wird!

2. Stufe: Prodromalphase In der Vorläuferphase wird der Alkohol immer mehr zum täglichen Thema, die Gedanken kreisen um den Alkohol. Es wird auch ohne Anlass getrunken, ein erstes Glas eventuell schon am Morgen. Der Betroffene beginnt jetzt, heimlich zu trinken, er sucht für sich und andere Erklärungen. Es können sich Gedächtnislücken einstellen.

3. Stufe: kritische Phase Nach dem ersten Glas verliert der Betroffene die Kontrolle über das Trinken und trinkt weiter. Noch schafft er es, Trinkpausen einzuhalten – bis zum nächsten Mal. Sein Verhalten ändert sich, er zieht sich zurück, vermeidet Kontakte. Immer mehr Ausreden sind nötig. Die Anzeichen einer Abhängigkeit werden sichtbar, und erste Schäden treten auf.

4. Stufe: chronische Phase Ein regelmäßiges Trinken ist notwendig. Es kann vorkommen, dass der Betroffene tagelang berauscht ist. Jetzt nimmt die Verträglichkeit für Alkohol wieder ab. Der körperliche und seelische Abbau nimmt zu. Merkfähigkeits- und Konzentrationsstörungen stellen sich ein, bis zu demenziellen Symptomen. Trinkt der Betroffene nicht, kann es zu lebensbedrohlichen Entzugssymptomen kommen. Es kommt zu körperlichen und seelischen Zusammenbrüchen. Organschäden können zum Tod führen.

5.2.2.3 Alkoholikertypen nach Jellinek

Professor Dr. E. M. Jellinek hat 1960 [33] eine Typologie zu Alkoholikern erstellt (**Tab. 5.2**).

5.2.3 Symptome

Die Symptome lassen sich in folgende 3 Gruppen zusammenfassen:
1. psychische Symptome
2. internistische Symptome
3. neurologische Symptome

Zu den psychischen Symptomen gehören depressive Verstimmungen, Stimmungslabilität und Reizbarkeit. Schuld- und Minderwertigkeitsgefühle treten auf. Nicht selten führt dieser Kreislauf zur Suizidalität. Nach langjährigen Intoxikationen kann es zur Veränderung der Persönlichkeit kommen.

Internistische und neurologische Symptome führen den betroffenen Menschen zum Hausarzt (**Abb. 5.3**). Immer wieder treten Magenbeschwerden auf, oder es werden Krankmeldungen benötigt. Besteht eine Partnerschaft, kann es schnell zu einer **Co-Abhängigkeit** kommen. Der Partner besorgt dann nicht nur den Alkohol, sondern auch die Krankmeldungen und/oder übernimmt weitere Schutzstrategien.

Typische Erkrankungen bzw. Folgeerkrankungen sind in **Tab. 5.3** aufgeführt.

Tab. 5.2 Alkoholikertypen nach Jellinek [33].

Art des Alkoholismus	Versuch der Typisierung	Kennzeichen	Abhängigkeit	Häufigkeit
Alpha	Konflikttrinker	kein Kontrollverlust, Fähigkeit zur Abstinenz	nur psychisch	ca. 5 %
Beta	Gelegenheitstrinker	kein Kontrollverlust, Fähigkeit zur Abstinenz	keine	ca. 5 %
Gamma	süchtiger Trinker	Kontrollverlust, jedoch zeitweilige Fähigkeit zur Abstinenz, Toleranzerhöhung	zuerst psychisch, später physisch	ca. 65 %
Delta	Gewohnheitstrinker („Spiegeltrinker")	Unfähigkeit zur Abstinenz, rauscharmer, kontinuierlicher Alkoholkonsum	physisch	ca. 20 %
Epsilon	episodischer Trinker („Quartalssäufer")	mehrtägige Exzesse mit Kontrollverlust	psychisch	ca. 5 %

💡 Lerntipp

Alkoholismus wird gerade zu Beginn nicht erkannt. Welche Symptome geben Hinweise? Symptome der Intoxikation sind z. B. Ataxie (Bewegungsstörungen), Nystagmus (schnelle Bewegungen der Augen), Dysarthrie (Sprachstörungen) und Foetor alcoholicus (Alkoholfahne).

5.2.4 Diagnostik

Die Diagnose begründet sich auf das Trinkverhalten und auf bereits vorhandene Schäden. Zur Diagnose von Alkoholerkrankungen stehen verschiedene Testverfahren zur Verfügung, die sich auf das Erfassen des Konsums, der Entzugserscheinungen sowie auf mögliche Rückfälle, sollte der Abhängige zwischenzeitlich abstinent gewesen sein, beziehen.

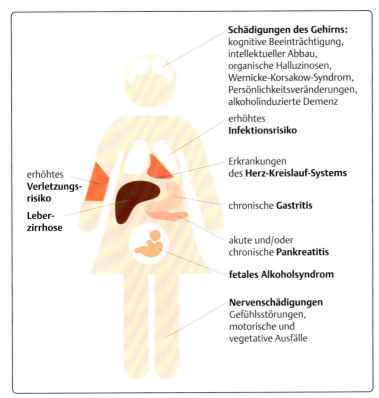

Schädigungen des Gehirns:
kognitive Beeinträchtigung,
intellektueller Abbau,
organische Halluzinosen,
Wernicke-Korsakow-Syndrom,
Persönlichkeitsveränderungen,
alkoholinduzierte Demenz

erhöhtes
Infektionsrisiko

Erkrankungen
des **Herz-Kreislauf-Systems**

chronische **Gastritis**

akute und/oder
chronische **Pankreatitis**

fetales Alkoholsyndrom

Nervenschädigungen
Gefühlsstörungen,
motorische und
vegetative Ausfälle

erhöhtes
Verletzungsrisiko

Leberzirrhose

Abb. 5.3 Körperliche Folgen des Alkoholkonsums.

Tab. 5.3 Erkrankungen und Folgeerkrankungen des Alkoholkonsums (von oben nach unten).

Begriff	Definition/Ursache
Hirnatrophie (Gehirnschwund)	ein durch wiederkehrende Intoxikation auftretender Hirnschwund mit kognitiven Defiziten
Wernicke-Korsakow-Syndrom	Eine Wernicke-Enzephalopathie tritt auf durch einen Mangel an Vitamin B_1 (Thiamin) und zeigt sich in Bewusstseinsstörungen, allgemeiner Bewegungsstörung und Augenmuskellähmungen. Ursache des Vitaminmangels ist die häufig defizitäre Ernährung schwer Alkoholkranker, die, statt zu essen, ausschließlich Alkohol konsumieren und parallel unter Durchfallerkrankungen leiden. Dadurch verschlechtert sich die Aufnahme von Thiamin im Darm. Im weiteren Verlauf kann durch Einblutungen ins Mittelhirn und Veränderungen der Hirnstruktur ein Korsakow-Syndrom auftreten. Symptome sind Konfabulationen, Merkfähigkeitsstörungen und Desorientierung.
zentrale pontine Myelinolyse	Bewusstseinsstörungen bis hin zum Koma, Lähmungen der Muskulatur, Störungen der Hirnstammfunktionen mit Augenmuskellähmungen, Schluckstörungen und Atemlähmung
Teleangiektasien	griech. tele = weit, angeion = Gefäß; sichtbare Erweiterungen oberflächlich gelegener kleiner Gefäße an Gesicht, Kopf oder Händen; sie treten auf, da durch den Alkohol die Gefäße weitgestellt werden und hier die Haut dünner als an anderen Stellen des Körpers ist Rötungen im Gesicht, vor allem im Nasen- und Wangenbereich, werden oft als „Indiz" für eine Alkoholkrankheit gesehen, können aber u. a. auch begleitend zu einer Hypertonie (Bluthochdruck) auftreten.
Glossitis	griech. glossa = Zunge, -itis = Entzündung; Entzündung der Zunge; u. a. durch Vitaminmangel
Ösophagitis	lat./griech. oesophagus = Speiseröhre; Entzündung der Schleimhaut der Speiseröhre; entsteht durch die ständigen Reize des Alkohols und ggf. einen Reflux (Rücklauf)
Ösophagusvarizen	Varizen = Krampfadern; Krampfadern der Speiseröhre, Aussackungen der Gefäße (Venen) Bei Blutungen aus den Varizen liegt ein lebensbedrohlicher Zustand vor.
Kardiomyopathie	griech. kardia = Herz, mys = Muskel, pathos = Erkrankung; Erkrankung des Herzmuskels
Gynäkomastie	gyne = Frau, mastos = (Mutter-)Brust; Vergrößerung der Brust bei Männern möglich
Pankreatitis	Pankreas = Bauchspeicheldrüse; Entzündung der Bauchspeicheldrüse
Hepatitis	Hepar = Leber; Entzündung der Leber
Steatohepatitis	Fettleberentzündung
Leberzirrhose	krankhafte Bindegewebsvermehrung der Leber und somit Verlust der Funktion des Organs
Ulkus	Geschwür; im kompletten Magen-Darm-Trakt möglich
Zieve-Syndrom	Symptomtrias: Hyperlipidämie (erhöhte Fette im Blut), hämolytische Anämie (Blutarmut) und alkoholtoxischer Leberschaden mit Ikterus (Gelbsucht)
Gastritis	Gaster = Magen; Magenschleimhautentzündung
Palmarerythem	Erythem = Rötung; sog. Leberhautzeichen mit Rötung der Handinnenfläche, vorwiegend im Daumenballenbereich
Tremor	lat. tremere = zittern; Zittern der Hände

Die folgenden Auszüge sind dem Arbeitsmaterial der AMDP entnommen (Schneider [65]).

> ### Testverfahren
>
> **Audit-C-Screening-Test (Wetterling u. Veltrup 1997)**
> *Fragen (Textauszug)*
> - Wie oft trinken Sie Alkohol?
> - Wenn Sie Alkohol trinken, wie viele Gläser trinken Sie dann üblicherweise an einem Tag?
> - Wie oft trinken Sie 6 oder mehr Gläser Alkohol bei einer Gelegenheit?
>
> **Alkohol-Entzugs-Skala (Stuppäck et al. 1995)**
> *Welche Symptome treten durch den Entzug auf? (Textauszug)*
> 1. Übelkeit und Erbrechen
> 2. Tremor
> 3. Schweißausbrüche
> 4. Ängstlichkeit
> 5. Antriebsniveau
> 6. taktile Störungen
> 7. akustischen Störungen
> 8. visuelle Störungen
> 9. Kopfschmerzen, Druckgefühl im Kopf
> 10. Orientierung und Trübung des Bewusstseins
>
> **Mögliche Rückfalle (Brück u. Mann 2006)**
> *Verstehen eines Ausrutschers (Textauszug)*
> 1. Wo war ich?
> 2. Was geschah in der Situation genau, bevor ich trank, was möglicherweise meinen Wunsch nach Alkohol erhöht hat?
> 3. Wer war bei mir?
> 4. Was fühlte ich, bevor ich trank?
> 5. Was habe ich gedacht, bevor ich trank? Habe ich über Alkohol nachgedacht?
> 6. Was habe ich vom Trinken erwartet? Wie dachte ich über die möglichen Vorteile des Trinkens in dieser Situation?
> 7. Was geschah tatsächlich während und nachdem ich trank? Passte das zu dem, was ich erwartete?
> 8. Was genau war es an der Situation (falls etwas), die sie besonders riskant machte?
>
> 9. Wie hätte ich anders mit der Situation umgehen können, ohne zu trinken? Welche Dinge habe ich versucht (falls etwas), um das Trinken in dieser Situation zu vermeiden?
> 10. Gab es zu diesem größere Probleme oder Sorgen in meinem Leben, die möglicherweise meine Entscheidung, wieder zu trinken, beeinflusst haben?
>
> *Ausrutscher verarbeiten (Textauszug)*
> 1. Finden Sie Ihren Weg wieder!
> 2. Schaffen Sie sich mehr Freiraum!
> 3. Jeder Tag ist ein neuer Tag!
> 4. Bitten Sie telefonisch um Hilfe!
> 5. Machen Sie eine Pause!
> 6. Überdenken Sie das Geschehene!
> 7. Machen Sie sich nicht schlecht!
> 8. Lernen Sie aus der Erfahrung!

5.2.5 Formen

5.2.5.1 Akute Alkoholintoxikation (F10.0)

> **⚙ Praxistipp**
> Haben Sie schon einmal Alkohol getrunken? Wie haben Sie sich gefühlt? Berauscht?

Alkohol ist und bleibt ein Toxin (Gift) und verursacht einen Rausch. Dieser reicht von akuten, leichten bis zu schweren Vergiftungen (**Tab. 5.4**).

Eine Sonderform stellt der sehr selten auftretende pathologische Rausch dar. Bei vorhandener Disposition (Veranlagung) reichen schon geringe Mengen Alkohol zum Auslösen der Symptome aus: Der betroffene Mensch erlebt einen akuten Dämmerzustand mit Erregungszuständen, die mit Gewalttaten einhergehen können. Es besteht hinterher eine Amnesie.

5.2.5.2 Alkoholentzugssyndrom (F10.3)

Der ältere Begriff für diese häufigste Störung bei Alkoholerkrankungen ist „Prädelir". Der Übergang zum Delir ist fließend. Ein sofortiges Handeln ist daher erforderlich.

Tab. 5.4 Symptome einer akuten Alkoholintoxikation.

	Promillewerte	Beschreibung
erste Anzeichen	ab 0,3 Promille	gesteigertes Leistungsgefühl bei verringertem Leistungsvermögen, Enthemmung, Rededrang, Verminderung der Selbstkritik, Reaktionsverlangsamung, Beeinträchtigung von Aufmerksamkeit und Konzentration
Angetrunkenheit	0,8–1,2 Promille	Verstärkung obiger Symptome – zusätzlich: Alteration des Lagegefühls und der Muskelfeinbewegung, Störungen des stereoskopischen Sehens und des Gleichgewichtssinns
leichter Rausch	1,2–1,6 Promille	wie oben – zusätzlich: ausgeprägte Enthemmung mit Situationsverkennung und Fehleinschätzung von Gefahrensituationen, erhebliche Einschränkung von Aufmerksamkeit und Reaktionsvermögen, eingeschränktes peripheres Sehen, Schädigung des Gleichgewichtssinns, Gangunsicherheit, lallende Sprache
mittelschwerer Rausch	1,5–2 Promille	sukzessive Zunahme aller beschriebenen Symptome
schwerer Rausch	>2 Promille	mögliches Umschlagen von Euphorie in depressive Verstimmung; zunehmende Auffassungsstörungen, Übergang in Bewusstlosigkeit

Symptome sind Tremor, Hyperhidrosis (vermehrtes Schwitzen), Schlafstörungen, depressive Verstimmung und Unruhe.

5.2.5.3 Alkoholdelir, Delirium tremens (F10.4)

Das Delir ist eine lebensgefährliche Komplikation und tritt meist als Entzugsdelir auf. Es führt in 10–20 % der Fälle aufgrund von Herz-Kreislauf-Versagen zum Tod.

Leitsymptome sind Desorientiertheit, motorische Unruhe, optische Halluzinationen, hohe Suggestibilität und vegetative Entgleisung wie Tremor, Schwitzen und Tachykardie (beschleunigter Herzschlag).

Die motorische Unruhe zeigt sich durch ein Nesteln, optische Halluzinationen umfassen „weiße Mäuse" oder anderes Kleingetier. Betroffene versuchen, diese von ihrer Kleidung zu wischen oder aus der Umgebung zu entfernen.

Wie im therapeutischen Teil beschrieben (Kap. 5.2.7), werden hier beruhigende Substanzen gegeben, z. B. Clomethiazol (z. B. Distraneurin).

5.2.5.4 Alkoholhalluzinose (F10.5)

Typisches Symptom sind akustische Halluzinationen in Form von Akoasmen (Knall- und Zischgeräusche) und/oder beschimpfenden Stimmen. Bei konsequenter Abstinenz ist die Prognose zur Heilung sehr gut.

Abzugrenzen ist die Alkoholhalluzinose vom Alkoholdelir (**Tab. 5.5**).

5.2.5.5 Alkoholischer Eifersuchtswahn (F10.51)

Menschen mit einer Alkoholkrankheit sind häufig sehr eifersüchtig. Zum einen leiden sie unter Libidoverlust, zum anderen erleben sie oft Ablehnung des Partners. Sie erklären dies mit der Überzeugung, dass der Partner andere Kontakte bevorzugt.

5.2.5.6 Hirnorganische Veränderungen

Diese Veränderung zeigt sich im Vollbild als **Alkoholdemenz**. Symptome sind Stimmungslabilität, reizbares Verhalten mit Verlust der Kritikfähigkeit, Interessenverlust und Abbau des Hirns.

Tab. 5.5 Differenzialdiagnose Alkoholdelir und Alkoholhalluzinose.

	Alkoholdelir	Alkoholhalluzinose
Häufigkeit	häufig	selten
Dauer	3–7 Tage	wenige Wochen bis Monate, chronischer Verlauf möglich
Bewusstseinsstörung	vorhanden	fehlt
Desorientiertheit	zeitlich, örtlich, situativ	fehlt
Sinnestäuschungen	optische Halluzinationen, illusionäre Verkennungen	akustische Halluzinationen
Suggestibilität	gesteigert	unauffällig
Affekt	schwankend zwischen Angst und Euphorie	depressiv, ängstlich, Panik
Psychomotorik	Unruhe, Nestelbewegungen, Agitiertheit	bestimmt nicht das klinische Bild
vegetative Störungen	Tachykardie, Fieber, Schlafstörungen, Erbrechen, Durchfälle, Blutdruckkrisen, sehr starkes Schwitzen	keine vitale Gefährdung
neurologische Störungen	Tremor, zerebrale Krampfanfälle	fehlen

Tab. 5.6 Störungen des Bewusstseins und des Gedächtnisses durch Alkoholkonsum.

Begriff	Definition/Ursache
Wernicke-Enzephalopathie	Wie schon beschrieben beruht die Entstehung auf einem Mangel an Thiamin (**Tab. 5.3**). Die klassische Symptomtrias besteht in Bewusstseinstrübung, Ataxie und Augenmuskelstörungen (Zittern = Nystagmus).
Korsakow-Syndrom	Leitsymptome sind Gedächtnisstörungen, Konfabulationen, Orientierungs- und Anpassungsstörungen, die auf Schädigungen des Gehirns zurückzuführen sind (**Tab. 5.3**), sowie Polyneuropathien.
hepatische Enzephalopathie	Akut tritt ein hepatisches Koma mit Bewusstseinsstörungen auf.

5.2.5.7 Amnestische Störungen

Es können schwere Störungen des Bewusstseins und des Gedächtnisses auftreten (**Tab. 5.6**).

5.2.5.8 Alkoholembryopathie

Frauen, die während der Schwangerschaft regelmäßig Alkohol trinken, gefährden die Gesundheit des ungeborenen Kindes. Bei starker Ausprägung finden sich bei den Kindern Minderwuchs, ein kleiner Kopf, geistige Behinderung und eine charakteristische Veränderung der Gesichtsform. Häufig haben die Kinder einen angeborenen Herzfehler.

Wer sich intensiver mit dem Thema auseinandersetzen möchte, findet die diagnostischen Leitlinien unter dem ICD-10-Schlüssel Q 86.0.

5.2.6 Verlauf

Der Verlauf ist je nach betroffenem Menschen, seinem Umfeld mit den sozialen Netzwerken und dem entsprechenden Alkoholikertyp verschieden. Ebenfalls spielt es ein entscheidende Rolle, inwieweit bzw. welche Organschäden bereits vorliegen.

Ehemalige Alkoholiker gibt es nicht, wer einmal abhängig war, bleibt es. So haben sich Betroffene in der Regel für den Rest ihres Lebens vom Alkoholkonsum fernzuhalten.

> ⊛ **Merke**
> Der Rückfall ist ein Symptom der Abhängigkeit – etwa 70–90 % aller Alkoholiker werden rückfällig, am häufigsten im ersten Jahr der Abstinenz (Kap. 5.2.4).

5.2.7 Therapieansätze

Ziel ist eine dauerhafte Abstinenz. Ehemals Abhängige bleiben gefährdet, rückfällig zu werden.

> ◈ **Lerntipp**
> Überlegen Sie kurz: Welche 4 Phasen zur Behandlung von abhängigen Menschen gibt es? Beschreiben Sie die Phasen und überlegen Sie, was in jeder einzelnen Phase wichtig ist.

Die Lebenserwartung von alkoholkranken Menschen ist um ca. 12 Jahre im Vergleich zur Allgemeinbevölkerung reduziert. Über 70 000 Menschen sterben in Deutschland jährlich an den Folgen der regelmäßigen Intoxikation. Eine Verlagerung auf andere Substanzen ist möglich.

Entgiftungsphase Die Entgiftungsphase erfolgt stationär, sodass die Gabe von Entwöhnungsmitteln wie Clomethiazol (z. B. Distraneurin) gesichert stattfinden kann. Die Gabe von Clomethiazol muss aufgrund des hohen Mortalitätsrisikos engmaschig überprüft werden. Die Vitalwerte werden in der Regel alle 2 h geprüft. Der Betroffene wird außerdem mit Flüssigkeit, Elektrolyten, Vitamin B_1 und ggf. mit Benzodiazepinen behandelt. Kommen psychotische Symptome wie Halluzinationen hinzu, wird z. B. Haloperidol (z. B. Haldol) eingesetzt.

> ❗ **Cave**
> Clomethiazol darf nicht während einer Intoxikation gegeben werden! Es hat selbst einen hohen Suchtcharakter und kann zu einer Atemdepression führen.

Psychotherapie Für Sie als Heilpraktiker für Psychotherapie ist es in erster Linie wichtig, das Selbstwertgefühl der Klienten aufzubauen, die sozialen Kompetenzen zu stärken und die Neuorientierung in den Alltag zu begleiten.

Eine wichtige Anlaufstelle sind die **Anonymen Alkoholiker** (AA). Erkundigen Sie sich bitte, welche Gruppen in der Nähe Ihres Praxisortes stattfinden. Beim Gesundheitsamt erhalten Sie eine Liste aller Selbsthilfegruppen.

> ◈ **Pause**
> Atmen Sie wieder durch, stellen Sie sich gerade hin! Strecken Sie den rechten Arm aus, knicken Sie ihn ab und führen Sie ihn bis kurz über die Schulter – jetzt klopfen Sie diese kräftig! Das haben Sie sich verdient. Jetzt trinken Sie einen Kaffee oder Tee und beschäftigen Sie sich mit etwas anderem.
> Apropos gerade Stehen: Eine Heringsmutter zu ihrem Nachwuchs: „Schwimm gerade – oder möchtest du ein Rollmops werden?"

5.2.8 Mindmap – Alkoholismus (F10)

Eine Übersicht zum Alkoholismus zeigt die Mindmap in **Abb. 5.4**.

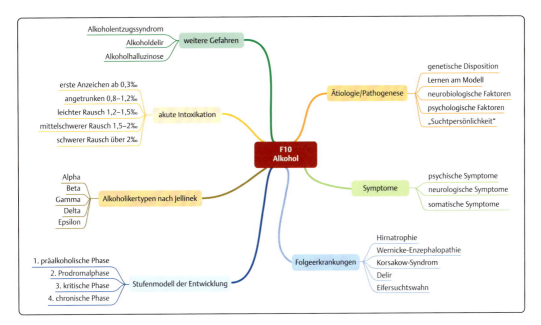

Abb. 5.4 Mindmap – Alkoholismus (F10).

5.3 Psychische und Verhaltensstörungen durch Drogen, Medikamente und Tabak (F11–F19)

Neben der psychischen bestehen in der Regel auch eine physische Abhängigkeit sowie Toleranzentwicklung mit Dosissteigerung und ein zunehmender Kontrollverlust. Die entsprechende Substanz wird zum Mittelpunkt des Denkens.

5.3.1 Häufigkeit/Epidemiologie

Die Häufigkeit und Epidemiologie sind in Kap. 5.1.2 ausgeführt.

5.3.2 Ätiologie/Pathogenese

Die Entstehung der Abhängigkeit verläuft im Grundverständnis ähnlich wie bereits beschrieben (Kap. 5.1.3).

5.3.2.1 Drogen- und Nikotinkonsum

Drogen- und Nikotinkonsum beginnt oft im jugendlichen Alter. Die Entstehungsmuster greifen sehr stark in dieser Altersgruppe. Diese Entwicklungsphase bringt es mit sich, dazugehören oder andere Menschen beeindrucken zu wollen, eine gewisse Labilität spielt ebenfalls eine Rolle. Sich beweisen zu müssen, um nicht ausgelacht oder bloßgestellt zu werden, sowie eine in diesem Alter ausgeprägte Neugier können dazu führen, die Substanzen zu probieren. Je nach Substanz kann dies schnell in eine Abhängigkeit führen.

„Verführungskünsten" von Dealern zu widerstehen, gerade in einer schwierigen Phase im Leben, ist für Menschen mit einem reduzierten Selbstwertgefühl eine enorme Herausforderung. Junge Menschen bekommen eine Substanz geschenkt, umgangssprachlich werden sie „angefixt". War das erfolgreich, zahlen sie einen hohen Preis. Die dann nötige, teilweise im illegalen Bereich stattfindende Beschaffung zieht den nächsten Konsum nach sich. Probleme in Schule, Ausbildung oder Beruf potenzieren sich mit den Problemen in der Familie. Der Teufelskreis hat eingesetzt.

5.3.2.2 Medikamentenabhängigkeit

Mick Jagger schrieb Ende 1965 das Lied „Mother's little Helper". Es bringt die Abhängigkeit von Medikamenten (**Abb. 5.5**), insbesondere von Tranquilizern/Benzodiazepinen, auf den Punkt.

Die Medikamentenabhängigkeit ist „leiser". Sie stellt sich schleichend ein und kann lange verdeckt werden. Zu Beginn ist es ggf. der Zeitdruck, Termine müssen eingehalten werden, nachts wird hoch konzentriert gearbeitet. Da liegt der Griff zu etwas Euphorisierendem nahe, vor allem wenn Medikamente durch die berufliche Tätigkeit leicht zugänglich sind. Emotionale Belastungen führen ebenfalls zu einem enormen Druckgefühl, und die Betroffenen können nicht mehr entspannen. Hierfür gibt es Beruhigungsmittel (z. B. Tavor, ein Benzodiazepin), die ärztlich verschrieben oder auf anderem Weg beschafft werden. Da die Verfügbarkeit ein entscheidender Faktor ist, sind besonders Menschen in medizinischen Berufen gefährdet.

Abb. 5.5 Drogen- und Medikamentenmissbrauch.
© Hanasaki - stock.adobe.com

Nicht selten kommt es zum abwechselnden Gebrauch von aufputschenden und beruhigenden Mitteln, da der Schlaf-Wach-Rhythmus durch die Medikamente gestört wird. So schaffen es die Betroffenen, weiterhin zu funktionieren und ihrem Anspruch gerecht zu werden, energiegeladen und erfolgreich aufzutreten. Pausen werden nicht mehr eingelegt, ebenso wenig andere Möglichkeiten zur Regeneration genutzt wie Sport oder gesellige Treffen im Freundeskreis und der Familie. Der Verlust sozialer Kontakte führt zu zunehmender Einsamkeit und Isolation. Der Betroffene ist mit seiner Medikamentenabhängigkeit auf sich allein gestellt.

Den wenigsten Betroffenen bewusst und nicht zu unterschätzen sind die Einflussfaktoren auf der körperlichen Ebene, besonders bei der Einnahme von Schmerzmitteln (Analgetika), die ebenfalls zur Abhängigkeit führen können.

> **Diagnostische Leitlinien nach ICD-10 F1x.2**
> Die ICD-10 fordert für die Diagnose des Abhängigkeitssyndroms mindestens 3 oder mehr der folgenden Kriterien:
> 1. starker Wunsch oder eine Art Zwang, eine Substanz zu konsumieren
> 2. verminderte Kontrollfähigkeit bezüglich des Beginns, der Beendigung und der Menge des Substanzkonsums
> 3. körperliche Entzugssymptome; Substanzgebrauch mit dem Ziel, Entzugssymptome zu mildern, und der entsprechenden positiven Erwartung
> 4. Nachweis einer Toleranz
> 5. fortschreitende Vernachlässigung anderer Interessen; eingeengtes Verhaltensmuster
> 6. anhaltender Konsum trotz des Nachweises eindeutiger schädlicher Folgen

5.3.3 Symptome

Die Symptome sind vielfältig und abhängig von den jeweiligen Substanzen. Sie werden zu den einzelnen psychischen und Verhaltensstörungen durch die Substanzen detailliert vorgestellt.

5.3.4 Diagnostik

Zu den körperlichen Untersuchungen gibt es bei Drogen-, Medikamenten- und Tabakabhängigkeit ergänzende Testverfahren wie der Urinstatus, diverse Blutlaborparameter oder Haarwurzeluntersuchungen.

Die Symptome auf der psychischen und körperlichen Ebene sind jeweils zu der Substanzgruppe beschrieben (Kap. 5.3.5). Diese sind teilweise beobachtbar und werden ggf. von Dritten wie Angehörigen oder Betreuern berichtet.

Gerade die körperlichen Folgeerkrankungen führen den betroffenen Menschen zum Arzt oder als Notfall in ein Krankenhaus. Stellt er sich seiner Abhängigkeit, können dann weitere suchtspezifische Behandlungsschritte eingeleitet werden. Das Hauptziel sollte die Früherkennung sein.

> **Lerntipp**
> Um sich die diagnostischen Leitlinien der ICD-10 für das Abhängigkeitssyndrom einzuprägen, stellen Sie eine Verknüpfung her, z. B. mit einer Geschichte wie der folgenden:
> Mein Onkel Hugo kann an einer Eisdiele nicht vorbeigehen. Sobald er sich in der Nähe einer Eisdiele befindet, schaltet er um auf Automatik. Stellen Sie sich vor, wie er magisch in die Eisdiele gezogen wird, und dann ist es passiert. Er springt in die Mitte der Eistheke und sitzt auf den Eissorten wie eine Buddha-Figur. Es führt kein Weg mehr zurück. Will er sich von der Theke entfernen, kommt eine Saugglocke hoch, die ihn festhält. Der ganze Körper ist betroffen, überall Eis. Das Eis läuft ihm aus dem Mund, obwohl er noch versucht, zu sagen, er esse überhaupt kein Eis. Nichts anderes ist mehr wichtig. Und obwohl er immer dicker und dicker wird, kann er nicht mit dem Essen aufhören.

5.3.5 Formen

5.3.5.1 Psychische und Verhaltensstörungen durch Opioide (F11)

Zur Gruppe der Opioide gehören Substanzen wie Morphin, Heroin, Codein, Methadon sowie die Analgetika Pethidin (das älteste vollsynthetische Opioid, z. B. Dolantin), Pentazocin (z. B. Fortal), Tilidin (z. B. ValoronN) und Buprenorphin (z. B. Temgesic). Opioide haben im Vergleich zu den anderen Substanzgruppen (F12–F18) ein extrem hohes Abhängigkeitspotenzial.

> **✱ Merke**
>
> Opiate sind hervorragende Analgetika. Aufgrund ihres hohen Abhängigkeitspotenzials wird aber selbst bei hochbetagten Menschen mit Erkrankungen, die von starken Schmerzen begleitet sind, immer wieder darüber diskutiert, ob und wie mit Morphinen behandelt werden soll oder kann. Durch den zunehmenden Fokus auf die Palliativpflege öffnet sich diese Sichtweise allmählich: Speziell ausgebildete Schmerztherapeuten berücksichtigen die besondere Lebensphase von schwer kranken und/oder sterbenden Menschen, sodass mithilfe etablierter Behandlungsschemata die medikamentöse Behandlung gestützt und Nebenwirkungen aufgefangen werden.

Unter den illegalen Drogen führt Heroin bereits nach der 1. (maximal 3.) intravenösen Verabreichung zur Abhängigkeit; der Rausch setzt nach Sekunden ein und hält bis zu 30 min an. Die Drogen werden zudem verändert: Ein Beispiel ist die Modedroge „Krokodil" (Desomorphin), das die 10-fache Wirkung von Morphin hat und wesentlich weniger kostet. Es wird daher von vielen Usern verwendet, obwohl es hoch toxisch ist und zu massiven Gewebeschäden führt.

Viele Einstichstellen gehören zu den unsicheren Hinweisen einer Drogenabhängigkeit. Abhängige spritzen auch zwischen den Fingern oder Zehen, um zu verhindern, dass die Stellen gesehen werden. Im Laufe der Zeit vernarben die Venen immer mehr, und eine Injektion wird zunehmend schwieriger. Eine Alternative ist die Injektion unter der Zunge.

> **Hintergrundwissen**
>
> **Heroin**
> Die Droge gibt es als weißes bis braunes Pulver, das aus Rohopium (Saft aus der Schlafmohnkapsel) gewonnen wird. Meist wird es in Venen gespritzt (**Abb. 5.5**), selten geraucht, geschnupft oder inhaliert. Für eine intravenöse Gabe werden in der Regel 10 mg benötigt, für das Rauchen 25 mg. Der Preis ist seit Beginn der 1990er-Jahre um mehr als die Hälfte gesunken und liegt bei ca. 50 Euro pro 1 g (Straßenpreis; Statista 2016 [74]).
> Der sog. **goldene Schuss** benennt die letzte Injektion im Leben des oft jungen Menschen, der ggf. den Wunsch hatte, sich das Leben zu nehmen, oder sich diesen „aus Versehen" verabreicht hat. Was ist damit gemeint? Der Verkauf von illegalen Drogen ist, so grausam es sich gerade liest, ein wirtschaftliches Unternehmen. Plakativ ausgedrückt will das obere Management nur verkaufen, und die Menschen auf dieser Ebene sind selbst nicht abhängig. Im mittleren Management beginnt eine „doppelte Buchführung", d. h., es wird konsumiert und verkauft. Meistens wird der eigene Konsum über den Verkauf finanziert. Derjenige kauft also z. B. 200 mg und teilt diese Portion auf: 100 mg behält er für sich, 100 mg werden wieder auf das Doppelte gestreckt, z. B. durch Zusetzen von Backpulver, Milchpulver oder Paracetamol. Der Endabnehmer, der eine Injektion mit 10 mg in einem Sauberkeitsverhältnis von 5:5 gewohnt ist, setzt sich dann „aus Versehen" einen goldenen Schuss, wenn die Injektion z. B. ein Verhältnis von 8:2 enthält, also vom gewohnten Mischverhältnis abweicht. Er kann an den Folgen sterben, ohne dass es der gewollte „letzte Schuss" ist.

Psychische Symptome Auf der psychischen Ebene ist die Wirkung extrem euphorisierend, das Glücksgefühl kaum zu überbieten, eine wohlige Wärme erreicht den ganzen Organismus, die Welt ist entrückt, und es gibt nur noch dieses eine Gefühl. Wenn diese Wirkung nachlässt, wird der nächste Konsum herbeigesehnt, es gibt nichts anderes mehr im Leben. Auf Dauer entwickelt sich eine Wesensveränderung: Der Mensch lebt nur noch zwischen dem Konsum und dem Beschaffen der Substanz.

Körperliche Symptome Auf der körperlichen Ebene treten bei Abhängigen eine Bradykardie (verlangsamter Herzschlag), Gewichtsverlust, Obstipation (Verstopfung), Miktionsstörungen und Tremor auf. Oft entwickeln sich Abszesse an den Einstichstellen. Spritzbestecke sind zumeist unsteril und werden oft von Person zu Person weitergereicht, daher sind Übertragungen von Hepatitiserregern und HIV keine Seltenheit. Symptome der akuten Intoxikation bestehen in Atemdepression, Bewusstseinsstörungen bis zum Koma und Miosis, d. h. Pupillenverengung („Pupillen wie Stecknadelköpfe" – so der Wortlaut in einer Prüfungsfrage).

Entzugssymptome Die Entzugssymptome treten nach ca. 6–12 h auf und erreichen ihren Höhepunkt nach 24–48 h. Sie sind extrem, bedenken Sie, dass Menschen für den nächsten „Schuss" alles tun, sie verraten und verkaufen sich selbst, wie in dem Film „Wir Kinder vom Bahnhof Zoo" gezeigt. Zu den Entzugssymptomen gehören:

- Unruhe
- Rhinorrhö (starke Absonderung von Nasenflüssigkeit), Tränenfluss, Gähnen
- Muskel- und Knochenschmerzen (zuvor durch den Wirkstoff „zugesetzte" Schmerzrezeptoren öffnen sich schlagartig)
- Parästhesien (Taubheitsgefühl)
- Temperatur- und Blutdruckanstieg (lebensgefährliche Werte), starkes Schwitzen
- Diarrhö (Durchfall) und Erbrechen; Schockgefahr durch Flüssigkeits- und Elektrolytverluste

Die körperliche Entgiftung dauert im Mittel ca. 10 Tage.

5.3.5.2 Psychische und Verhaltensstörungen durch Cannabinoide (F12)

> **Lerntipp**
>
> Schon bei dem Begriff „Flower-Power" sehen wir vor unserem geistigen Auge junge Menschen mit Blumenkränzen langsam über eine Wiese schreiten. Es war die Zeit der Leichtigkeit, Freiheit und Sexualität.

Der wichtigste Wirkstoff ist das Tetrahydrocannabinol (THC). Es gibt 2 Formen: das Marihuana als getrocknete und zerkleinerte, harzhaltige Pflanzenteile des indischen Hanfs (Cannabis sativa) und Haschisch, das von der Hanfpflanze abgesonderte Harz (meist gepresste Platten). Das Haschischöl ist eine dunkelgrüne oder dunkelbraune bis schwärzliche, ölige, klebrige Flüssigkeit.

THC wird oft als Einstiegsdroge bezeichnet. Eine Legalisierung wird immer wieder diskutiert. Fest steht, dass der Wirkstoff im medizinischen Bereich immer mehr an Bedeutung gewinnt. Der Rausch beginnt beim Rauchen nach Minuten, bei oraler Aufnahme, z. B. als Kekse, nach ca. 30 min.

Psychische Symptome Auf der psychischen Ebene fühlt sich der Konsument euphorisiert, entspannt, psychomotorisch verlangsamt. Er hat ein verändertes Zeiterleben, ist ideenflüchtig und hat Konzentrationsstörungen. Dieser Zustand ist nach 3–5 h beendet. Oft erleben die Betroffenen nach dem Abklingen der Symptome einen Heißhunger nach Süßem.

Nach hohem Konsum kann eine Psychose ausgelöst werden, bei der der Betroffene eine Schizophreniesymptomatik entwickelt. Der Konsum von Cannabis ist im Bereich der an Schizophrenie erkrankten Menschen relativ hoch. Hier stellt sich die Frage, was zuerst da war: Die Symptome einer beginnenden Schizophrenie, die mit dem Wirkstoff reduziert werden sollten, oder der Konsum, der u. a. dazu führte, dass die Symptome auftreten.

Körperliche Symptome Körperliche Symptome umfassen eine Rötung der Augen, daneben treten akut Herzrasen, Übelkeit und Schwindel auf. Bei regelmäßigem Konsum bleiben die Hände oft schweißig. THC lagert sich im subkutanen Gewebe (Unterhautfettgewebe) ab. So kann es geschehen, dass infolge von körperlichen Tätigkeiten THC freigesetzt wird. Der betroffene Mensch zeigt dann die Symptome der Intoxikation, ohne aktuell konsumiert zu haben.

Entzugssymptome Die Entzugssymptome zeigen sich in einem starken Verlangen nach der Droge (Craving), gereizter Stimmung, Schlafstörungen, Unruhe und Nervosität sowie Hyperalgesie (gesteigertes Schmerzempfinden).

> ### ⚡ Lerntipp
> Die ältere Dame wird an der Kasse gefragt: „Möchten Sie eine Tüte?" Antwort: "Nein danke, es ist noch zu früh zum Kiffen!"
> Woher kommt der Ausdruck „Tüte"? Ein Joint (engl. für Verbindung, Gemeinschaft) ist eine mit Tabak und/oder Haschisch bzw. Marihuana gefüllte Zigarette. Die typisch Form des gedrehten Joints gleicht einer „Tüte".

5.3.5.3 Psychische und Verhaltensstörungen durch Sedativa oder Hypnotika (F13)

Das Abhängigkeitspotenzial dieser Gruppe wird oft unterschätzt. Zu ihnen gehören Benzodiazepine (z. B. Tavor, Adumbran), Barbiturate (z. B. Veronal), Meprobamat (z. B. Talocan), Clomethiazol (z. B. Distraneurin) und Diphenhydramin (z. B. Betadorm). Ebenfalls in diese Gruppe fällt Gammahydroxybuttersäure (GHB), das in flüssiger Form konsumiert („Liquid Ecstasy") oder als k. o.-Tropfen verabreicht wird.

> ### ✱ Merke
> Barbiturate werden heute medizinisch praktisch nur noch als Narkosemittel und bei Epilepsien eingesetzt.

Psychische Symptome Die Betroffenen beschreiben ihr Erleben als euphorisch und gleichzeitig angenehm „ruhig". Die Begrifflichkeit, „sich wie in Watte gepackt" zu fühlen, kommt aus dem Erleben dieser Wirkstoffgruppen. Beim Missbrauch kommt es zu Affektlabilität, Dysphorie, Gedächtnislücken und teilweise zur paradoxen Wirkung. Die Menschen sind dann wie „aufgezogen".

Körperliche Symptome Auf der körperlichen Ebene sind die Betroffenen vor allem durch Unfälle gefährdet: Die Substanzen reduzieren das Konzentrationsvermögen und die Reaktionsgeschwindigkeit.

Entzugssymptome
- vegetative Entgleisung bis hin zum Delir
- Schlafstörungen, Angst, Reizbarkeit
- Tremor, erhöhtes Krampfrisiko
- Tachykardien
- Krampfanfälle

Ein abruptes Absetzen kann zu dem sog. **Rebound-Phänomen** führen, d. h., es kommt zu einer überschießenden Gegenreaktion mit Angst und Schlafstörungen.

5.3.5.4 Psychische und Verhaltensstörungen durch Kokain (F14)

> ### Hintergrundwissen
>
> **Kokain**
> Kokain wird aus den Blättern der Kokapflanze hergestellt. Die Blätter werden gekaut bzw. Kokain gespritzt, geraucht oder geschnupft. Das klassische Bild ist das „Ziehen einer Line": der eingerollte Geldschein über einer Linie weißen Pulvers, das über die Nase hochgezogen wird. Angeblich befindet sich an jedem 2. Geldschein in Deutschland Kokain. Kokain war früher legal. Sigmund Freund war kokainabhängig, sein Buch *Die Traumdeutung* ist unter Kokaineinfluss entstanden.
> Gab es Kokain in der Cola? Laut einer Apothekerzeitung in Österreich enthielt 1 l Coca-Cola bis zum Jahr 1 903 250 mg Kokain [23]. Zum Vergleich: Beim Schnupfen einer „Koks-Line" werden ca. 20 mg konsumiert. Coca-Cola selber dementiert, dass jemals Kokain im Getränk enthalten war.

Psychische Symptome Ein Betroffener beschreibt: „Es gibt nichts Besseres als dieses Gefühl, alles erreichen zu können, dieses Glücksgefühl, alle Hemmungen sind weg." Die Leistungsfähigkeit und die Kreativität ist im sog. **Rush** subjektiv gesteigert, Schlaf wird nicht mehr benötigt, das Hunger- und Durstgefühl ist reduziert. Kokain wurde daher lange Zeit als Managerdroge bezeichnet. Die Libido ist gesteigert. Der Rededrang ist kaum zu stoppen.

Körperliche Symptome Körperliche Symptome sind Ataxien (Bewegungsstörungen), Tachykardien, Hypertonie, Mydriasis (Weitstellung der Pupillen) und ggf. epileptische Anfälle.

Der Preis ist hoch (pro Gramm zwischen 60 und 100 Euro), und zwar nicht nur aus monetärer Sicht. Es kommt zu einem raschen körperlichen und geistigen Abbau bei den Abhängigen. Bei regelmäßigem Konsum treten Halluzinationen, besonders optische, akustische und taktile, sowie ein Wahnerleben auf. Depressive Symptome stellen sich ein, es ist ein tiefer Sturz ins Nichts.

Hintergrundwissen

Crack

Crack gilt weltweit als die Droge mit dem größten Abhängigkeitspotenzial. Es besteht aus einer Mischung aus Kokainsalz und Natron, wird aber – im Gegensatz zu Kokain – in einer Pfeife geraucht, was auch eine höhere Aufnahmebereitschaft durch den Körper zur Folge hat (ca. 10 s nach Inhalation).

Ein Betroffener berichtet: „Ich fühlte mich wie ein Stier, kraftvoll in jeglicher Hinsicht."

Entzugssymptome
- Erschöpfung, Müdigkeit
- depressive Verstimmung
- Reizbarkeit, Unruhe
- ausgeprägtes Schlafbedürfnis (sog. **Crash**)

Das Rückfallrisiko ist aufgrund des ausgeprägten Verlangens nach Kokain (Craving) groß, ebenso ist die Suizidalität höher als bei anderem Substanzmissbrauch.

5.3.5.5 Psychische und Verhaltensstörungen durch andere Stimulanzien, einschließlich Koffein (F15)

Vorwiegend subsumiert die ICD-10 unter dieser Gruppe synthetisch hergestellte Substanzen. Es sind meist in sog. „Waschküchenlaboren" hergestellte Stoffe wie Amphetamine (auch Weckamine). Vollsynthetische Drogen werden auch als Designerdrogen bezeichnet. Dazu gehören:
- Amphetamine
- Methylendioxymethamphetamin (MDMA, Ecstasy)
- Metamphetamin (Speed)
- N-Methyl-Amphetamin (Crystal Meth)

Es werden immer mehr psychoaktive Substanzen entwickelt, die unter der Bezeichnung „Badesalz" oder „Kräutermischungen" legal vertrieben werden (der Aufdruck „nicht zum Verzehr geeignet" genügt). Gerade die leistungssteigernden Präparate finden in einer von Leistung geprägten Gesellschaft viele Abnehmer.

Zur Kategorie „andere Substanzen" gehört ebenfalls die Designerdroge Ecstasy, ein Sammelbegriff für u. a. Methylendioxymethamphetamin (MDMA).

Wie bereits in Kap. 5.1.1 beschrieben, gibt es heute mehr und mehr Abhängige, die mehrere Drogen konsumieren. So nehmen MDMA-User zusätzlich „eine Nase" Speed oder Kokain sowie bei Gelegenheit LSD.

Psychische Symptome Auf der psychischen Ebene entstehen Unruhe, Nervosität, Enthemmung, Kritiklosigkeit, Euphorie, Ideenflucht, optische und akustische Halluzinationen sowie Verfolgungswahn. MDMA wirkt anregend und ebenfalls halluzinogen. Nach längerer Einnahme zeigen sich Persönlichkeitsveränderungen und paranoid-halluzinatorische Psychosen.

Körperliche Symptome Körperlich ist der Appetit verringert (oft ein Grund für die Einnahme), es kommt zum Blutdruckanstieg und zur Gefahr des Herz-Kreislauf-Versagens. Beim Konsum von Ecstasy kann es zum extremen Anstieg der Herzfrequenz und des Blutdrucks kommen, Krampfanfälle sind nicht selten.

Hintergrundwissen

Ecstasy

Ecstasy ist ein synthetisch hergestelltes Massenprodukt der Industrie: Es steht in flüssiger oder gepresster Form als Tabletten zur Verfügung. Niedliche Namen oder Symbole wie „Boxhandschuhe", „Popeye", „Love", „Krone", „Palme" täuschen über die gefährliche Wirkung hinweg. Bei Ecstasy ist die Abhängigkeit extrem hoch, und es kommt schnell zu einer Toleranzentwicklung.

Das klassische Bild aus der Techno-Szene ist der Raver, der stundenlang tanzt, keine Erschöpfung spürt, weder Pausen macht noch trinkt und dann auf der Tanzfläche tot zusammenbricht. Alle anderen Anwesenden schwören sich in dem Moment, nie wieder zu konsumieren – bis zum nächsten Event.

Entzugssymptome Die psychische Aufhellung, Euphorisierung und Kontaktbereitschaft fällt nach Nachlassen der Wirkung in die andere Richtung. Eine von vielen psychischen Komplikationen ist die Entwicklung einer Depression. Weitere Krankheitsbilder können entstehen wie Panikstörungen, Derealisationsstörungen und Psychosen.

5.3.5.6 Psychische und Verhaltensstörungen durch Halluzinogene (F16)

Wie der Name sagt, rufen diese Substanzen Sinnestäuschungen der unterschiedlichsten Qualität hervor. Zu dieser Gruppe gehören:

- LSD (Lysergsäurediethylamid)
- Mescalin aus bestimmten Kakteen
- Psilocybin aus bestimmten Pilzen
- Dimethoxymethamphetamin (DOM)
- Phencyclidin (Angel Dust)
- Ketamin

Weitere halluzinogene Stoffe stammen z. B. aus Tollkirsche, Stechapfel oder Engelstrompete.

Hintergrundwissen

LSD

LSD ist eine der bedeutsamsten Drogen in der Reihe der Halluzinogene. Entdeckt wurde es 1938 und wird aus Lysergsäure hergestellt, welche im Mutterkornpilz vorkommt. LSD gibt es flüssig, als Tablette, Kapsel oder Pulver. Es hat einen leicht bitteren Geschmack, ist ansonsten jedoch geruchs- und farblos. Oft wird es in der flüssigen Form auf saugfähiges Papier wie Löschpapier aufgebracht. Wenn es trocken ist, ist es nicht mehr zu sehen! Es kann dann wieder verflüssigt werden.

Im Zusammenhang mit den Halluzinogenen, besonders mit LSD, ist der sog. **Horrortrip** bekannt. Der Rausch verläuft völlig „atypisch" mit panischer Angst, der Mensch fühlt sich verfolgt, wähnt sich in Todesangst.

Ebenfalls im Zusammenhang dieser Substanz fällt immer wieder der Begriff **Flashbacks** (engl. flash = Blitz; back = zurück). Das bedeutet, dass – ohne erneute Einnahme – früher durch die Substanz erlebte Symptome plötzlich erneut auftreten.

Psychische Symptome Haben Sie schon einmal Farben geschmeckt und Töne gefühlt? Menschen, die Kontakt zu diesen Substanzen hatten oder haben, würden Ihnen beschreiben können, wie das ist. Das Bewusstsein erweitert sich, der Mensch erlebt eine Allmacht, fühlt seinen Körper nicht mehr als den eigenen. Wie eine Wachsfigur in der Sonne wird das fließende Gefühl des Körpers beschrieben. Stellen Sie sich kurz einige Bilder von Salvador Dalí vor, allen voran die „fließende Uhr", so ähnlich kann es sich anfühlen.

Körperliche Symptome Körperlich finden sich Tachykardie, Blutdruckanstieg, Übelkeit, Hyperreflexie (gesteigerte Reflexbereitschaft) und Mydriasis (vergrößerte Pupillen).

Entzugssymptome Diese sind nicht besonders ausgeprägt, ebenso wenig wie ein Craving.

Lerntipp

Schauen Sie sich den Film „Das weiße Rauschen" an. Daniel Brühl versteht es perfekt, den an einer Schizophrenie erkrankten Lukas zu spielen. Lukas ist mit seiner Schwester Kati und deren Freund unterwegs. Er lernt zum ersten Mal in seinem Leben Drogen kennen. Als sie nach Konsum von halluzinogenen Pilzen unterwegs sind, hört Lukas das erste Mal Stimmen. Als er dies erzählt, erwidert der Freund: „Das passiert schon mal bei Pilzen." Die Schwester antwortet sinngemäß und völlig überrascht, dass er dies auch mal hätte sagen können. Diese Szene stellt kurz, aber sehr gut dar, mit welcher Naivität mit vielen Substanzen umgegangen wird.

5.3.5.7 Psychische und Verhaltensstörungen durch Tabak (F17)

Für die Nikotinabhängigkeit gibt es ebenfalls einen eigenen ICD-10-Schlüssel.

Psychische Symptome Rauchen wirkt subjektiv stressmindernd, dient als ein Mittel zur Geselligkeit und wird häufig ritualisiert eingesetzt als klassische Zigarette „danach", also nach dem Essen, nach dem Sex, nach der Zigarette gehen wir usw. Nikotin ist die abhängigkeitserzeugende Substanz.

Körperliche Symptome Eine Zigarette hat 3 800 Inhaltsstoffe (!), die nach und nach zu Schädigungen praktisch aller Organe führen können. So zeigen sich entsprechende Symptome z. B. im Lungen- und Bronchialbereich sowie im Gefäßsystem.

Entzugssymptome
- Dysphorie
- Reizbarkeit
- Unruhe
- Schlafstörungen
- Appetitsteigerung

Viele Menschen, die über das Aufhören nachdenken, sehen als Erstes die Gefahr der Gewichtszunahme.

5.3.5.8 Psychische und Verhaltensstörungen durch flüchtige Lösungsmittel (F18)

Bei dieser Substanzgruppe handelt es sich vorwiegend um sog. **Schnüffelstoffe**. Über das Inhalieren erzeugen besonders Kinder und Jugendliche einen Rauschzustand. Dazu werden Klebstoffe, Verdünner, Azeton, Ether, Lacke und/oder Ähnliches benutzt.

Einfach daran riechen, reicht nicht aus. Betroffene sind sehr fantasiereich: Sie bestreichen Plastikbeutel von innen mit der entsprechenden Substanz und inhalieren über diese Tüte. Richtig gefährlich wird es, wenn sie zur Intensivierung die Tüten über den Kopf ziehen.

Psychische Symptome Die Wirkung kommt in etwa einer Inhalationsnarkose gleich. Nach einer kurzen Erregungsphase folgt ein traumähnlicher Zustand, der in eine Bewusstseinsstörung übergehen kann. Es stellen sich euphorische wie auch entspannende Gefühle ein.

Körperliche Symptome Körperliche Symptome sind Dysarthrie (Sprachstörungen), Ataxie (Bewegungsstörungen), Nystagmus (schnelle Bewegungen der Augen), Mydriasis (Pupillenvergrößerung) und Übelkeit. Lebensgefährliche Komplikationen sind gravierende Nieren-, Leberschädigungen, Herzrhythmusstörungen, Polyneuropathien und Pneumonien.

Entzugssymptome Erfolgt der Konsum über eine längere Zeit, können folgende Entzugssymptome auftreten (in Abhängigkeit von der verwendeten Substanz):
- Übelkeit
- Schweißausbrüche
- Zittern
- Unruhe
- Muskelkrämpfe
- Kopfschmerzen
- Halluzinationen
- ggf. Krampfanfälle

5.3.5.9 Psychische und Verhaltensstörungen durch multiplen Substanzgebrauch und Konsum sonstiger psychotroper Substanzen (F19)

Wie erwähnt konsumiert ein sehr hoher Prozentsatz der Abhängigen mehrere verschiedene Substanzen. Ist eine Hauptgruppe zu erkennen, wird diese kodiert.

> **⚡ Pause**
>
> So, jetzt ist es Zeit, Ihre Wirbelsäule zu entspannen. Stellen Sie sich aufrecht hin, die Füße schulterbreit auseinander und die Knie leicht gebeugt. Heben Sie die Arme mit ausgestreckten Fingern hoch und stellen sich vor, wie Sie nach „oben" gezogen werden. Beugen Sie sich dann langsam nach vorne, bis die Finger den Boden berühren. Gelingt das nicht auf Anhieb? Übung macht den Meister! Lassen Sie sich einfach locker hängen und kommen Sie dann langsam wieder hoch, Wirbel für Wirbel. Wiederholen Sie die Übung 5-mal.

5.3.6 Verlauf

Der Rückfall ist ein Symptom der Abhängigkeit. Die Abstinenz liegt im Mittel zwischen 20 und 40 %.

5.3.7 Therapieansätze

Das Behandlungskonzept setzt sich aus mehreren Bausteinen zusammen. Dazu gehören:
- medikamentöse Therapie, zum einen symptomatisch, zum anderen als Substitution (Ersatz) wie Methadon
- Psychotherapie, in Form von Verhaltenstherapie als Einzel- und/oder Gruppenangebot
- Soziotherapie – Wiedereingliederung in ein „normales Leben"
- Teilnahme an Selbsthilfegruppen

Die körperliche Entgiftung findet – wie bereits dargestellt – in entsprechenden Fachkliniken statt. Die wichtige Phase der psychischen Entgiftung sollte sich nach Möglichkeit nahtlos anschließen. Doch wie geht es danach weiter?

Psychotherapie Die Stärkung des Selbstwertgefühls ist eine wichtige Zielbestimmung. Mit welchen therapeutischen Mitteln Sie dies umsetzen, ist abhängig von dem von Ihnen erlernten und praktizierten Therapieverfahren.

> **⚡ Lerntipp**
>
> Was machen Sie, wenn ein Klient zu Ihnen zur Behandlung kommt, der die Symptome eines akuten Konsums zeigt? Was machen Sie, wenn Ihnen ein Klient erzählt, er möchte jetzt aufhören zu kiffen, und legt Ihnen 5 g Marihuana auf den Tisch?

5.3.8 Mindmap – Drogen- und Medikamentenabhängigkeit (F11–F19)

Eine Übersicht zur Drogen- und Medikamenten-abhängigkeit zeigt die Mindmap in **Abb. 5.6**.

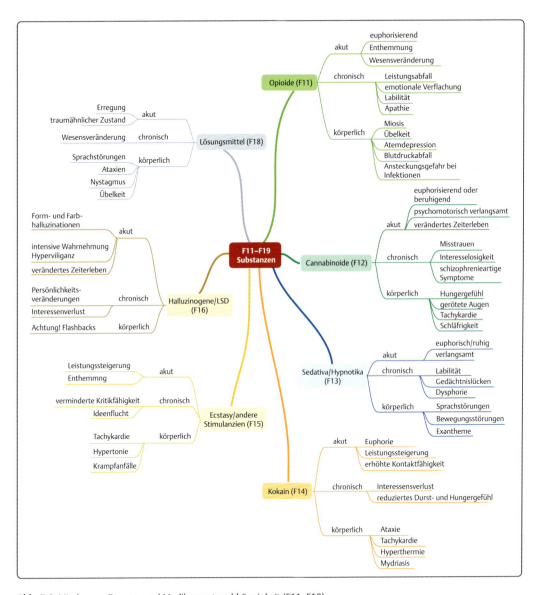

Abb. 5.6 Mindmap – Drogen- und Medikamentenabhängigkeit (F11–F19).

Prüfungsfragen

1. Bei einer drogeninduzierten Psychose können folgende Symptome auftreten:

1. starke Angst
2. Leibmissempfindungen
3. Verfolgungserleben
4. Ekstase
5. dranghafte Geschäftigkeit
a) Nur die Aussagen 1 und 2 sind richtig.
b) Nur die Aussagen 1 und 4 sind richtig.
c) Nur die Aussagen 1, 2 und 3 sind richtig.
d) Nur die Aussagen 3, 4 und 5 sind richtig.
e) Alle Aussagen sind richtig.

2. Welche der folgenden Aussagen für das delirante Syndrom treffen zu? (2 Antworten)

a) Es beginnt schleichend (Wochen).
b) Typisch ist eine Orientierungsstörung bei klarem Bewusstsein.
c) Es ist auch an eine Stoffwechselstörung zu denken.
d) Beim Alkoholentzugsdelir können Halluzinationen jeglicher Wahrnehmungsqualität auftreten.
e) Es handelt sich um eine irreversible Psychose.

3. Welche der folgenden Aussagen sind im Kontext einer Abhängigkeit von Benzodiazepinen richtig? (2 Antworten)

a) Beim Absetzen von Benzodiazepinen kann es zu körperlichen und psychischen Entzugssymptomen kommen.
b) Beim Absetzen von Benzodiazepinen kommt es ausschließlich zu psychischen Entzugssymptomen.
c) Beim Absetzen von Benzodiazepinen kommt es ausschließlich zu körperlichen Entzugssymptomen.
d) Das Entzugsdelir und epileptische Anfälle sind potenziell lebensbedrohliche Entzugssymptome beim Benzodiazepinentzug.
e) Eine ambulante Entzugsbehandlung ist bei Benzodiazepinen nicht möglich.

4. Welche der folgenden Aussagen zu Rauschdrogen und psychotropen Substanz treffen zu? (2 Antworten)

a) Cannabis kann psychotische Symptome einschließlich Horrortrip auslösen.
b) Cannabis führt zu einer Steigerung der Aktivität und kurzfristigen Leistungsverbesserung.
c) Keine bekannte Droge wirkt direkt oder indirekt auf das vegetative Nervensystem.
d) Alkohol kann beruhigend, spannungslösend und angstabbauend wirken.
e) Zur Diagnose eines schädlichen Gebrauchs muss nach ICD-10 eine Toleranzentwicklung vorliegen.

5. Ein alkoholkranker Klient schildert das Hören von Stimmen. Sie stellen eine ängstliche, angespannte Grundstimmung mit Fluchttendenz fest. Welche Diagnose trifft am ehesten zu?

a) Korsakow-Syndrom
b) Hebephrenie
c) Delirium tremens
d) Alkoholhalluzinose
e) Wernicke-Enzephalopathie

6. Die Einnahme welcher Substanz könnte für folgende Symptome am ehesten ursächlich sein?

Ein Patient mit bekannter Suchterkrankung befindet sich in Ihrer regelmäßigen psychotherapeutischen Behandlung. Beim aktuellen Gesprächstermin zeigt er ein verändertes Verhalten. Zusätzlich fallen Ihnen sehr enge Pupillen (Miosis) auf.

a) Cannabis
b) Opiat
c) Kokain
d) Methamphetamin (Crystal Meth)
e) Lysergsäurediethylamid (LSD)

7. Welche der folgenden Aussagen treffen zu? (2 Antworten)

Bei der Entwicklung eines Delirium tremens im Rahmen eines Alkoholentzugssyndroms

a) kann es zu epileptischen Anfällen kommen.
b) besteht unbehandelt ein hohes Mortalitätsrisiko von bis zu ca. 25 %.
c) sind ambulante Behandlungen einer sofortigen Klinikeinweisung vorzuziehen.
d) kommt es zu typischen Wahninhalten.
e) kommt es zu Orientierungsstörungen, jedoch nicht zu Bewusstseinstrübungen.

8. Mit welchen Symptomen ist nach abruptem Absetzen der Benzodiazepinmedikation bei langjähriger Benzodiazepinabhängigkeit zu rechnen?

1. Hypersomnie
2. Wahrnehmungsstörungen
3. Krampfanfälle
4. Tremor
5. Dysphorie
a) Nur die Aussagen 1 und 5 sind richtig.
b) Nur die Aussagen 1, 4 und 5 sind richtig.
c) Nur die Aussagen 2, 3 und 4 sind richtig.
d) Nur die Aussagen 2, 3, 4 und 5 sind richtig.
e) Alle Aussagen sind richtig.

9. Welche der folgenden Symptome gehören typischerweise zum Korsakow- Syndrom (organisches amnestisches Syndrom)?

1. Ataxie
2. Desorientierung
3. Konfabulation
4. Bewusstseinsstörungen
5. Gedächtnisstörungen
a) Nur die Aussagen 2 und 3 sind richtig.
b) Nur die Aussagen 2 und 5 sind richtig.
c) Nur die Aussagen 1, 2 und 5 sind richtig.
d) Nur die Aussagen 1, 3 und 5 sind richtig.
e) Nur die Aussagen 2, 3 und 5 sind richtig.

6 Schizophrenie, schizotype und wahnhafte Störungen (F20–F29)

In diesem Kapitel geht es weiter mit der Schizophrenie oder – genauer gesagt – den Psychosen aus dem schizophrenen Formenkreis (kurz: schizophrene Psychosen) (**Abb. 6.1**). Neben der Einteilung der Krankheitsbilder erhalten Sie einen Überblick zu den Symptomen nach Bleuler, nach Schneider sowie zur Plus-/Minus-Symptomatik.

6.1 Schizophrenie (F20)

> ### ❮ Lerntipp
> Erinnern Sie sich bitte an die Metapher der Bibliothek. Bevor Sie sich inhaltlich mit der Störung der Schizophrenie auseinandersetzen, betreten Sie gedanklich Ihre Bibliothek. Schließen Sie Ihre Augen. Stellen Sie sich vor, wie Sie immer ruhiger und ruhiger werden und jetzt gedanklich Ihre Bibliothek des Wissens betreten, in der Sie jetzt schon einige Bücher vorfinden. Schaffen Sie jetzt das Buch zum Thema Schizophrenie: Wie sieht das Buch aus? Welche Form, welche Farbe hat es? Falls Sie schon einmal mit dem Thema Kontakt hatten, schauen Sie in Ihr Buch, was dort bereits steht. Stellen Sie sich nun vor, wie das Folgende in Ihr Buch geschrieben wird.

Was ist an der Schizophrenie besonders? Die Störung ist besonders vielfältig, faszinierend und beeindruckend. Diese Einführung bringt zum Ausdruck, dass das Krankheitsbild des „gespaltenen Geistes", so die Übersetzung aus dem Griechischen, immer noch eine Sonderstellung einnimmt.

Es ist eine Erkrankung, die bei der Nennung der Diagnose den Betroffenen selbst und sein Umfeld erstarren lassen. Zahlreiche Vorstellungen sind in der Allgemeinbevölkerung verbreitet. Bitte tragen Sie mit Ihrem Wissen zu einer korrekten Aufklärung und Entstigmatisierung bei.

Es handelt sich bei der Schizophrenie keinesfalls um eine Persönlichkeitsspaltung, also um eine „multiple Persönlichkeitstörung" (diese Störung wird kontrovers diskutiert; Kap. 8.5.6), sondern um eine Erkrankung der Gesamtpersönlichkeit mit Verlust der Einheit und Ordnung der Elementarfunktionen der Wahrnehmung, des Denkens, der Affekte und der Identität.

> ### ❮ Lerntipp
> Sollten Sie meiner Generation angehören, kennen Sie wahrscheinlich die Filme mit Jack Nicholson „Einer flog über das Kuckucksnest" (1975) und „The Shining" (1980). Auch bekannt und sehr empfehlenswert sind die Filme „Das weiße Rauschen" (2001) und „A Beautiful Mind" (2002) sowie unzählige mehr. Der Film „A Beautiful Mind" beruht auf einer wahren Begebenheit und beschreibt das Leben des Mathematikers und Nobelpreisträgers John Forbes Nash Jr.

6.1.1 Definition

Der Begriff Schizophrenie (griech. schizein = spalten; phren = Zwerchfell) leitet sich vom Zwerchfell ab, da man dort in der Antike Geist und Seele beheimatet sah. Er wurde 1911 von Eugen Bleuler (1857–1939) geprägt, der damit zum Ausdruck bringen wollte, dass für die Betroffenen die Grenzen nach außen durchlässig sind und ihnen eine Abgrenzung von der Umwelt schwerfällt. Der Begriff löste die Bezeichnung „Dementia praecox" ab, die von Emil Kraepelin (1856–1926) eingeführt wurde und übersetzt so etwas wie „vorzeitige Verblödung" bedeutet. Dies nimmt Bezug darauf, dass betroffene Menschen mit der chronischen Form negative Symptome behielten und zunehmend ihre kognitiven Fähigkeiten verloren.

Was passiert, wenn wir unsere Konzentration intensiv auf eine bestimmte Tätigkeit lenken, z. B. auf dieses Buch? Andere Eindrücke treten dann in den Hintergrund, z. B. Geräusche in der Umgebung wie Wind, Regen, Vogelgezwitscher, fahrende Autos. Auch das leise Brummen einer Lampe oder andere Geräusche nehmen wir nicht wahr. Wenn Sie dies lesen, dürfte Ihre Wahrnehmung gerade in diese Richtung gegangen sein, und es treten Geräusche in den Vordergrund, die sonst nicht bewusst wahrgenommen werden.

Menschen mit einer Schizophrenie erleben alle diese Eindrücke in gleicher Stärke, je nach Form und Intensität werden die Grenzen so fließend, das eine Ich-Haftigkeit verloren geht. Das kann so weit führen, dass auch die eigenen Gedanken infrage gestellt werden: Sind es noch die eigenen Gedanken? Oder werden sie gerade von höheren Mächten eingegeben? Welche Bedeutung hat das Brummen der Lampe, oder zischt sie etwas?

> ✴ **Merke**
> Die Schizophrenie ist eine psychische Störung, bei der es zum Auftreten von Affekt-, Denk-, Ich- und Wahrnehmungsstörungen kommt, welche die komplette Persönlichkeit des Menschen tief greifend verändern. Die Betroffenen weisen einen gestörten Bezug zur Realität auf, ohne eine Beeinträchtigung der intellektuellen Fähigkeiten.

Die Schizophrenie gehört zur Gruppe der endogenen Psychosen. Auch wenn es ein veralteter Begriff ist, findet er – wie vorgestellt – immer noch Anwendung (**Tab. 3.13**). Er bringt ein multifaktorielles Geschehen mit im Vordergrund stehender genetischer Disposition zum Ausdruck.

In der ICD-10 werden die schizophrenen Psychosen unter F20 im F2-Bereich beschrieben, zu dem ebenfalls die schizotypen und wahnhaften Störungen gehören.

6.1.2 Häufigkeit/Epidemiologie

Je nach Literatur variieren die Angaben zur Häufigkeit zwischen 0,5 und 1 % der Weltbevölkerung. Die Lebenszeitprävalenz liegt bei ca. 1 %, d. h., jeder Hundertste erkrankt im Laufe seines Lebens an einer Schizophrenie. In Deutschland leiden aktuell ca. 800 000 Menschen an einer Schizophrenie. Jedes Jahr erkranken rund 8 000 Menschen neu.

Männer und Frauen sind gleich häufig betroffen, jedoch erkranken Männer im Schnitt 5 Jahre früher als Frauen. Das Haupterkrankungsalter liegt zwischen der Pubertät und dem 30. Lebensjahr, allerdings gibt es hierzu je nach Form Abweichungen.

6.1.3 Ätiologie/Pathogenese

Kennen Sie den Begriff der „schizogenen Mutter"? So wurde früher versucht, eine Erklärung für die Ursache der Schizophrenie zu finden: Diese Mutter habe zu viel Liebe gegeben und dadurch die Krankheit ausgelöst. Danach waren es die Väter, da durch ihre Abwesenheit die väterliche Bindung fehlte. Auch Eckart von Hirschhausen sagte schon: „Meine Eltern sind Schuld an meiner Brokkoli-Abhängigkeit." Keiner dieser Erklärungsversuche ist haltbar.

6.1.3.1 Auslösende Faktoren

Die Ursachen sind auch hier multifaktoriell, da viele Faktoren bei der Entstehung zusammenwirken – allen voran steht die **genetische Disposition**. Eine familiäre Häufung ist wie folgt beschrieben:

- Bei Angehörigen 1. Grades liegt das Risiko bei 10 %.
- Bei Angehörigen 2. Grades liegt das Risiko bei 5 %.
- Bei Erkrankung beider Eltern steigt das Risiko auf 40 %.

Neurochemisch wird eine Störung der Dopaminwirkung bzw. eine Erhöhung des Dopamins im Bereich des limbischen Systems vermutet. Gleichzeitig weisen viele an Schizophrenie erkrankte Menschen anatomische Veränderungen im Gehirn auf (z. B. Erweiterung der Ventrikel, Atrophie des Temporallappens). Mögliche schädigende Einflüsse bei der Gehirnentwicklung können während der Schwangerschaft auftreten bzw. kurz vor oder während der Geburt.

Eine weitere Rolle spielen psychosoziale Faktoren, die sich zudem maßgeblich auf den Krankheitsverlauf auswirken. Ein ebenfalls entscheidender Faktor sind belastende Lebensereignisse (sog. Life Events).

6.1.3.2 Vulnerabilitäts-Stress-Modell

Aus all diesen Faktoren wurde ein Modell zum Zusammenhang von Vulnerabilität und Stress (Anfälligkeitskonzept) entwickelt. Unter akuter Stressbelastung kann eine Psychose oder eine nächste akute Phase ausbrechen (**Tab. 6.1**).

> **Lerntipp**
>
> Haben Sie schon einmal einen Fahrradschlauch geflickt? Der Schlauch wird aufgeblasen und Stück für Stück ins Wasser gehalten, bis die defekte Stelle gefunden ist. Manchmal können Sie dann an einigen Stellen dünne Bereiche erkennen. Der Schlauch ist zwar an dieser Stelle noch dicht, doch würde er unter extremer Belastung wahrscheinlich genau dort Luft verlieren. So ähnlich kann man sich die Vulnerabilität vorstellen – als eine besondere Dünnhäutigkeit.
> Mit diesem Wissen, dass ein Reifen des Fahrrads „dünnhäutig" ist, würden Sie wahrscheinlich vorsichtig fahren, auf der Straße bleiben und Unebenheiten vermeiden. Fahren Sie damit über „Stock und Stein", würde der Reifen genau dort platzen!

Ähnlich ist es mit der Vulnerabilität: Kommt es zum, für den Betroffenen, erhöhten Stress, kann eine Psychose ausbrechen. Das spielt bei der Psychoedukation eine große Rolle.

Eine günstige psychosoziale Entwicklung kann dazu beitragen, dass ungünstige biologische Voraussetzungen kompensiert werden. Umgekehrt können ungünstige psychosoziale Bedingungen bei gleichzeitig bestehenden ungünstigen biologischen Voraussetzungen zu einer besonders ausgeprägten Verletzlichkeit führen.

Tab. 6.1 3-Phasen-Modell der Entwicklung von Psychosen aus dem schizophrenen Formenkreis.

Phase	Einflussfaktoren, Ausprägung und Verlauf
1. Entwicklung der Erkrankung	<ul><li>angeborene und erworbene biologische Einflüsse</li><li>psychosoziale Einflüsse</li><li>Verletzlichkeit</li></ul>
2. akute Erkrankung	<ul><li>Stress</li><li>akute Psychose</li></ul>
3. Langzeitentwicklung	<ul><li>völlige Heilung</li><li>Rückfälle</li><li>chronische Erkrankung</li></ul>

6.1.4 Symptome

In diesem Kapitel finden Sie die Symptome nach Eugen Bleuler, nach Kurt Schneider und nach der derzeitigen Einteilung in Positiv- oder Plus-Symptome bzw. Negativ- oder Minus-Symptome.

6.1.4.1 Symptome nach Bleuler

Bleuler prägte nicht nur 1911 den Begriff der Schizophrenie, sondern versuchte, die Symptome zu unterteilen. Ihm zufolge gibt es Grundsymptome und akzessorische (hinzutretende) Symptome.

Die **Grundsymptome** waren für Bleuler charakteristisch für das Krankheitsbild und stellen den „Mangel an Einheitlichkeit und Ordnung aller psychischen Vorgänge" dar:

- **As**soziationslockerung: zerfahrenes Denken (formale Denkstörung)
- **Au**tismus: Rückzug in die innere Gedankenwelt
- **An**triebsstörung: Antriebshemmung, Ambitendenz
- **Af**fektstörung: Parathymie, Ambivalenz oder gehobene Stimmung, depressive Verstimmung und Angst

> ### Lerntipp
> Die Grundsymptome beginnen alle mit dem Buchstaben „A". Wenn Sie sich zusätzlich den Begriff „**Sunf**" einprägen, der sich aus dem 2. Buchstaben in der obigen Reihenfolge zusammensetzt, erhalten Sie eine weitere Merkhilfe für die Symptome. Wie können Sie sich Sunf merken? Indem Sie sich daran erinnern, wie man Sumpf falsch schreiben kann.

Die **akzessorischen Symptome** sind:

- Wahn: inhaltliche Denkstörung, vorwiegend paranoide Wahninhalte wie Beziehungs-, Beeinflussungs-, Beeinträchtigungs- und Verfolgungswahn
- Halluzinationen: akustische Halluzinationen wie Phoneme (Worte, Stimmen, Sätze) und Akoasmen (Knallgeräusche), Leibhalluzinationen, Geruchs- und Geschmackshalluzination
- katatone Störungen: entstehen als psychomotorischer Ausdruck der Antriebsstörung

- zerfahrenes Denken: Paralogik (griech. para = neben), Begriffsverschiebung in Form von Konkretismus oder Symbolismus, Begriffszerfall, Neologismen, Manierismus (Manieriertheit) im sprachlichen Ausdruck, Agrammatismus

6.1.4.2 Symptome nach Schneider

Kurt Schneider (1887–1967) schrieb das Werk *Klinische Psychopathologie* und war einer der bedeutendsten Forscher auf seinem Gebiet. Er unterteilt die Symptome der schizophrenen Störung nach Erst- und Zweitrangsymptomen:

- Symptome 1. Ranges:
  - Gedankenbeeinflussungserlebnisse wie Gedankenausbreitung, Gedankenentzug, Gedankeneingabe, Willensbeeinflussung
  - Leibhalluzinationen als leibliche Beeinflussungserlebnisse
  - Wahn als Wahnwahrnehmung
  - akustische Halluzinationen (Phoneme, Gedankenlautwerden)
- Symptome 2. Ranges:
  - andere akustische Halluzinationen, Halluzinationen auf anderen Sinnesgebieten
  - Wahn als Wahneinfall, Wahnideen
  - Zönästhesien
  - Affektveränderungen wie depressive oder manische Verstimmung, Ratlosigkeit, erlebte Affektverarmung

> ### Lerntipp
> Warum sind die Einteilungen von Bleuler und Schneider noch relevant? Weil immer wieder mal eine Frage dazu bei den Überprüfungen gestellt wird. Also bitte einfach lernen.

6.1.4.3 Positiv- und Negativsymptome

Derzeit werden die Symptome der Schizophrenie in Positiv- und Negativsymptome unterteilt. Positiv bedeutet in diesem Zusammen nicht „gut" und negativ nicht „schlecht". Positiv oder Plus soll zum Ausdruck bringen, dass etwas hinzugekommen ist, dass im „normalen" Erleben nicht vorhanden ist. Negativ oder Minus soll hingegen aufzeigen, dass Vorhandenes reduziert bzw. verändert ist.

Positiv-/Plus-Symptomatik

Zu den Plus-Symptomen gehören:

• Wahn
• Halluzinationen
• Ich-Störungen

Je nach Literatur finden Sie teilweise weitere Bereiche aufgeführt.

> **Lerntipp**
> Ist der Wahn eine formale oder eine inhaltliche Denkstörung?
> Der Wahn gehört zu den inhaltlichen Denkstörungen.

Wahn Beim Wahn sind die Inhalte des Denkens verändert, und zwar in fast jedem Lebensbereich. Wahn und Halluzinationen treten oft gemeinsam auf. Der Betroffene „erklärt" über die inhaltliche Denkstörung die Halluzinationen. Stimmen, die gehört werden, werden dadurch erklärt, dass z. B. ein Geheimdienst wie die CIA diese mit speziellen Strahlen sendet, wahrscheinlich über Telefone oder über einen Computer. Häufige Wahnthemen sind:

• Beeinträchtigungswahn: übersteigerte Vorstellung, alles, was um den Erkrankten herum vor sich geht, sei gegen ihn gerichtet
• Verfolgungswahn: Gefühl der Verfolgung
• Vergiftungswahn: Überzeugung, vergiftet zu werden
• Eifersuchtswahn: Überzeugung, vom Partner betrogen und hintergangen zu werden
• hypochondrischer Wahn: unverrückbare Überzeugung, schwer erkrankt zu sein
• Liebeswahn: Überzeugung, von einer anderen Person geliebt zu werden (in der Regel ohne, dass diese davon weiß)

> **Lerntipp**
> Sie erinnern sich: Halluzinationen sind Sinnestäuschungen!

Halluzinationen Im Vordergrund stehen akustische Halluzinationen, dazu gehören kommentierende Stimmen, imperative Stimmen und Stim-

men, die einen Dialog führen. Zu den akustischen Halluzinationen gehört auch das Gedankenlautwerden, also das Hören eigener Gedanken (Achtung: nicht zu verwechseln mit dem Gedankenausbreiten der Ich-Störungen). Akoasmen können ebenfalls bei dem Krankheitsbild auftreten. Weitere Halluzinationen in anderen Sinneskanälen werden beschrieben, sind jedoch nicht so typisch.

> **Lerntipp**
> Überlegen Sie wieder kurz: Was gehört zu den Ich-Störungen? Fühlen Sie sich als eine „eigene" Person? Sind Sie sich der Realität und der realen Situation bewusst? Sind Ihre Gedanken Ihre eigenen?

Ich-Störungen Zu den Positivsymptomen gehören weiterhin Ich-Störungen: Betroffene haben ihre Ich-Haftigkeit verloren. Wird die eigene Person als fremd erlebt, liegt eine **Depersonalisation** vor. Diese kann so weit gehen, dass in einer hochakuten Phase sogar die Gefahr besteht, dass sich der Betroffene Körperteile amputiert. Wird die Umgebung als fremd oder andersartig erlebt, handelt es sich um eine **Derealisation**. Das Gefühl der Gedankenausbreitung, Gedankenentzug und Gedankeneingabe führt dazu, dass sich der Betroffene zurückzieht.

Negativ-/Minus-Symptomatik

Die Minus-Symptome können je nach Verlauf stärker ausgeprägt sein, kennzeichnend sind die 6 „A-Symptome", die alle mit einem „A" beginnen:

• Alogie: Denkstörung mit Verarmung der Sprache und Verlängerung der Reaktion auf Fragen, ausgesprochen wortkarg, gestörte Kommunikationsfähigkeit, Sprachverarmung
• Affektverflachung: Verarmung des Fühlens sowie der emotionalen Ausdrucks- und Reaktionsfähigkeit
• Anhedonie: Unfähigkeit, Vergnügen oder Freude zu empfinden
• Apathie: Mangel an Energie und Antrieb bis zur Antriebsverarmung, Interesselosigkeit, Abschwächung des Willens bis zu Motivationslosigkeit

- Asozialität: eingeschränkte oder fehlende Kontakt- und Konfliktfähigkeit und dadurch Mangel an sozialen Interaktionen, Folge: sozialer Rückzug
- Aufmerksamkeitsstörungen: Beeinträchtigung der Aufmerksamkeit und Konzentrationsfähigkeit, Arbeitsstörungen

Weitere charakteristische Symptome sind:
- Paralogik: zerfahrenes Denken, verzerrte Logik
- Konkretismus: mangelnde Abstraktionsfähigkeit

> **Lerntipp**
> Konkretismus kann z. B. Folgendes bedeuten. Kennen Sie den Ausdruck, wenn jemand schlafen geht, dass er sagt: „Ich haue mich jetzt aufs Ohr"? Sollten Sie einen Menschen mit einer Psychose losschicken und ihm sagen: „Gehen Sie ins Bett und hauen Sie sich aufs Ohr!", kann es sein, dass er ins Bett geht und sich tatsächlich auf sein Ohr haut.

- Neologismen: Wortneubildungen
- Zerfahrenheit: willkürliche Verknüpfungen von Worten
- Parathymie: inadäquate Gefühlsäußerungen – Situation und Gefühl passen nicht zusammen
- Paramimie: inadäquate Mimik

Zu den katatonen Symptomen zählen:
- Mutismus: Nichtsprechen trotz vorhandener Fähigkeit (Anmerkung der Autorin: Habe ich oft nach einem Seminartag.)
- Katalepsie: Beibehalten von Körperhaltungen; in seltenen Fällen stuporöse Zustände (Bewegungslosigkeit)
- wachsartige Biegsamkeit (Flexibilitas cerea)
- Negativismus: Ausführen des Gegenteils einer erwünschten Verhaltensweise (nicht zu verwechseln mit der Pubertät)
- Befehlsautomatismus: automatisches Ausführen von Erwünschtem
- Echolalie: Nachsprechen von Gehörtem
- Echopraxie: Nachmachen von Gesehenem
- Bewegungsstereotypien: Grimassieren, Klopfen, wiederholtes Ausführen von Bewegungen

> **Lerntipp**
> Wenn Sie sich jetzt noch einmal das Kap. 3.3.1 zum psychopathologischen Befund anschauen, werden Sie feststellen, dass sehr viele der dort aufgeführten Symptome hier zu finden sind.

6.1.4.4 Unterteilung nach ICD-10

Die ICD-10 unterteilt die Symptome in 9 Gruppen, die eine besondere Bedeutung für die Diagnose haben.

> **Diagnostische Leitlinien nach ICD-10 F20.x**
> Für die Diagnose einer Schizophrenie müssen die Symptome fast ständig während 1 Monats oder länger deutlich erkennbar vorhanden gewesen sein.
> Erforderlich für die Diagnose ist mindestens eines der folgenden Merkmale:
> 1. Gedankenlautwerden, Gedankeneingebung oder Gedankenentzug, Gedankenausbreitung
> 2. Kontrollwahn, Beeinflussungswahn; Gefühl des Gemachten, deutlich bezogen auf Körper- und Gliederbewegungen oder bestimmte Gedanken, Tätigkeiten oder Empfindungen; Wahnwahrnehmung
> 3. kommentierende oder dialogische Stimmen, die über den Patienten und sein Verhalten sprechen, oder andere Stimmen, die aus einem Teil des Körpers kommen
> 4. anhaltender, völlig unrealistischer (bizarrer) Wahn wie der, eine religiöse oder politische Persönlichkeit zu sein, übermenschliche Kräfte und Fähigkeiten zu besitzen
>
> Oder mindestens 2 der folgenden Merkmale:
> 5. anhaltende Halluzinationen jeder Sinnesmodalität, begleitet entweder von flüchtigen oder undeutlich ausgebildeten Wahngedanken ohne deutliche affektive Beteiligung oder begleitet von anhaltenden überwertigen Ideen, täglich über Wochen und Monate auftretend
> 6. Gedankenabreißen oder Einschiebungen in den Gedankenfluss, was zu Zerfahrenheit, Vorbeireden oder Neologismen führt

7. katatone Symptome wie Erregung, Haltungsstereotypien oder wächserne Biegsamkeit, Negativismus, Mutismus und Stupor
8. negative Symptome wie auffällige Apathie, Sprachverarmung, verflachte oder inadäquate Affekte, zumeist mit sozialem Rückzug und verminderter sozialer Leistungsfähigkeit

Bei der Schizophrenia simplex treten nur Negativsymptome auf:

9. eine eindeutige und durchgängige Veränderung bestimmter umfassender Aspekte des Verhaltens der betreffenden Person, die sich in Ziellosigkeit, Trägheit, einer in sich selbst verlorenen Haltung und in sozialem Rückzug manifestiert (mindestens 1 Jahr)

Mit der 5. Stelle kann der Verlauf kodiert werden:

- F20.x0 kontinuierlich
- F20.x1 episodisch, mit zunehmendem Residuum (Restsymptome)
- F20.x2 episodisch, mit stabilem Residuum
- F20.x3 episodisch remittierend (zeitweilig nachlassend)
- F20.x4 unvollständige Remission (nachlassend)
- F20.x5 vollständige Remission
- F20.x8 andere
- F20.x9 Verlauf unklar; Beobachtungszeitraum zu kurz

Die Symptome treten phasenhaft auf und klingen nach der akuten Phase wieder ab. Es kommt zwischenzeitlich zur vollständigen Gesundung (Remission) oder es bleiben Symptome (Residuum).

⬦ Lerntipp

Die Psychoedukation spielt bei der Schizophrenie eine entscheidende Rolle. Was bedeutet das? Frei übersetzt handelt es sich um eine „Erziehung der Seele". Das bedeutet nicht, dass der Betroffene erzogen werden soll, sondern es geht darum, ihn zu informieren und über die Störung aufzuklären. Der Betroffene soll so in die Lage versetzt werden, die „Vorzeichen" für eine weitere akute Phase zu erkennen, um dem Schub ggf. entgegenwirken zu können. Er wird so zum „Profi" seiner eigenen Erkrankung.

Stellen sich Vorzeichen einer akuten Phase ein, kann der Betroffene Reize reduzieren, sich von Stressoren fernhalten, für einen geregelten Schlaf sorgen und den Arzt aufsuchen. Es versteht sich, dass der Betroffene dafür eine erste Phase erlebt haben muss – woher soll er sonst wissen, was davor geschieht? Lernen die Betroffenen, die eigenen Vorzeichen wahrzunehmen und darauf zu reagieren, haben sie dadurch die Möglichkeit, eine nächste akute Phase zu verhindern oder zu reduzieren. Viele Betroffene rauchen z. B. mehr, trinken viel Kaffee, wirken unruhig, nervös, misstrauisch, schlafen schlecht oder weniger.

Hintergrundwissen

Psychoseseminare

Der Grundgedanke der Psychoedukation wurde 1989 von Prof. Dr. Thomas Bock an der Universitätsklinik Hamburg aufgegriffen. Er und Dorothea Buck (durch Zwangssterilisation ein Opfer der NS-Diktatur) gründeten und entwickelten die sog. Psychoseseminare. Psychoseseminare oder auch Psychoseforen sind Trialoggruppen. Trialog bedeutet in diesem Zusammenhang, dass sich an Schizophrenie Erkrankte, professionell Tätige und Angehörige regelmäßig treffen, austauschen und voneinander lernen. Mittlerweile gibt es über 100 Seminare in Deutschland und im deutschsprachigen Ausland.

6.1.5 Diagnostik

Die diagnostischen Leitlinien nach ICD-10 entnehmen Sie den einzelnen Beschreibungen der Störungen. Wichtig ist die Abklärung von somatischen Ursachen. Differenzialdiagnostisch sind folgende Krankheiten von Bedeutung:

- organisch bedingte Psychosen, z. B. durch neoplastische (Neubildung), toxische oder entzündliche Einflüsse, z. B. Enzephalitis
- schizoaffektive oder affektive Störungen
- Persönlichkeitsstörungen, besonders schizotype, Borderline- oder paranoide Formen

6.1.6 Formen

6.1.6.1 Paranoide Schizophrenie (F20.0)

Wenn von einer Schizophrenie gesprochen wird, verstehen die meisten Menschen darunter die paranoide Form (griech. para = daneben, vorbei; noein = Vernunft, Verstand, Einsicht). Die paranoid-halluzinatorische Schizophrenie ist die häufigste Form der schizophrenen Psychosen. In den meisten Fällen tritt sie zwischen dem 30. und 40. Lebensjahr auf.

Bei dieser Form der Schizophrenie bestimmen Verfolgungswahn und andere Wahnideen sowie akustische Halluzinationen das klinische Bild. Die Betroffenen hören imperative oder kommentierende Stimmen, die über sie reden und ihnen Befehle erteilen. Hinzu kommt der Zerfall des Ich und der Grenzen zur Außenwelt (Plus-Symptome). Affektstörungen und Minussymptome sind entweder nicht vorhanden oder stehen nicht im Vordergrund. Die Klienten sind sich selber in ihrem Verhalten und ihrer Körperwahrnehmung fremd. Sie fühlen sich von außen gelenkt (Fremdbeeinflussung).

Inhaltliche Denkstörungen Hierzu gehören Verfolgungswahn, Beziehungswahn, Abstammungswahn, Sendungswahn, Eifersuchtswahn oder zönästhetischer Wahn.

Halluzinationen Der Betroffene hört Stimmen, die ihn bedrohen oder ihm Befehle geben, ebenso Akoasmen wie Pfeifen, Brummen oder Lachen. Geruchs- oder Geschmackshalluzinationen, Körperhalluzinationen und optische Halluzinationen können auftreten, stehen jedoch nicht im Vordergrund.

Formale Denkstörungen Denkstörungen sind im akuten Zustand deutlich, aber sie verhindern nicht die klare Beschreibung der typischen Wahngedanken oder Halluzinationen.

Affektstörungen Der Affekt ist meist weniger verflacht als bei den anderen Formen. Eine gewisse Inadäquatheit ist ebenso häufig wie Störungen der Stimmung, Reizbarkeit, plötzliche Wutausbrüche, Ängste, Nervosität und Misstrauen. Affektverflachung und Antriebsstörung werden oft beschrieben, beherrschen das klinische Bild jedoch nicht.

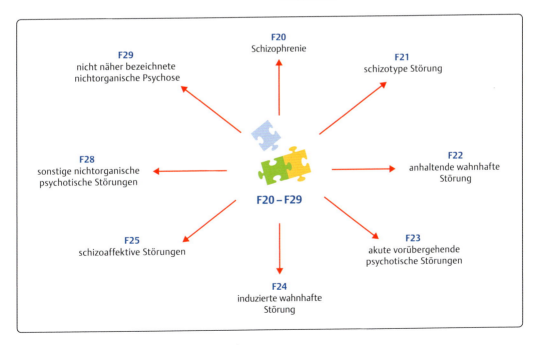

Abb. 6.1 Psychosen aus dem schizophrenen Formenkreis

Der Verlauf ist phasenhaft, mit teilweiser oder vollständiger Remission oder chronisch. Es gilt die 3-Drittel-Regel:

- Ein Drittel der Betroffenen erleben nur einmal im Leben eine Episode.
- Ein Drittel erfährt 2–3 Episoden mit vollständiger Heilung oder leichten Restsymptomen.
- Das letzte Drittel hat immer wiederkehrende Phasen und bleibende Restsymptome.

> **Diagnostische Leitlinien nach ICD-10 F20.0**
> 1. Im Vordergrund stehen **paranoide Wahnvorstellungen, akustische Halluzinationen**.
> 2. Störungen des Affekts, des Antriebs, der Sprache sowie katatone Symptome bleiben eher im Hintergrund.
> 3. häufigste wahnhafte bzw. halluzinatorische Symptome:
>   - Verfolgungswahn, Beziehungswahn, Kontrollwahn, Abstammungswahn, Sendungswahn, Eifersuchtswahn oder zönästhetischer Wahn
>   - Stimmen, die den Betroffenen bedrohen oder ihm Befehle geben, Akoasmen
> 4. formale Denkstörungen
> 5. Affektstörungen: Inadäquatheit und Störungen der Stimmung wie Reizbarkeit, plötzliche Wutausbrüche, Furchtsamkeit und Misstrauen
> 6. Negative Symptome wie Affektverflachung und Antriebsstörungen können auftreten.

Die allgemeinen diagnostischen Kriterien für Schizophrenie müssen erfüllt sein. Zusätzlich müssen Halluzinationen und/oder Wahn im Vordergrund stehen; Störungen des Affekts, des Antriebs und der Sprache sowie katatone Symptome bleiben eher im Hintergrund.

Meist treten die Halluzinationen wie unter Punkt 2 und 3 beschrieben auf. Der Wahn kann sich in fast jeder Weise zeigen, Kontrollwahn, Beeinflussungswahn oder das Gefühl des Gemachten sowie verschiedenste Verfolgungsgedanken sind jedoch am charakteristischsten.

6.1.6.2 Hebephrene Schizophrenie (F20.1)

Die hebephrene Form der Schizophrenie ist die Schizophrenie der Jugend, die meist zwischen dem 15. und 25. Lebensjahr (Pubertät und Mitte des 3. Lebensjahrzehnts) beginnt. Die Prognose ist im Gegensatz zu anderen Schizophrenieformen eher ungünstig: Je schleichender der Verlauf und je jünger der betroffene Mensch ist, umso ungünstiger wird sie.

Im Vordergrund der hebephrenen Schizophrenie stehen Affektstörungen (Affektverflachung) sowie formale Denkstörungen. Die Betroffenen reagieren für die jeweilige Situation und den Kontext unpassend. Das Verhalten ist unreif, enthemmt, albern, verantwortungslos und schwer einzuschätzen. Die Grundstimmung ist heiterläppisch und gleichgültig. Das Denken ist ungeordnet und trägt autistische Züge. Die Sprache erscheint bizarr.

Betroffene haben oft Probleme mit Nähe und Distanz zu anderen Menschen. Anders als bei der paranoiden-halluzinatorischen Schizophrenie treten nur in seltenen Fällen Wahnideen und Halluzinationen auf. Falls sie auftreten, sind sie eher flüchtig. Oft ziehen sich die Betroffenen zurück und wirken ziel- und planlos mit abgestumpfter Empfindung.

> **Diagnostische Leitlinien nach ICD-10 nach F20.1**
> 1. Im Vordergrund stehen **affektive Veränderungen**.
> 2. Wahnvorstellungen und Halluzinationen sind flüchtig und bruchstückhaft, das Verhalten verantwortungslos, unvorhersehbar und Manierismen häufig.
> 3. Die Stimmung ist flach und unpassend, oft begleitet von Kichern oder selbstzufriedenem, selbstversunkenem Lächeln oder einer hochfahrenden Umgangsweise mit Grimassieren, Faxen, hypochondrischen Klagen und immer wiederholten Äußerungen.
> 4. Das Denken ist ungeordnet, die Sprache ist weitschweifig und zerfahren.
> 5. Antrieb und Zielstrebigkeit gehen verloren.
> 6. Der Kranke neigt zur Isolation, sein Verhalten erscheint ziellos und ohne Empfindung.

Die allgemeinen diagnostischen Kriterien der Schizophrenie müssen erfüllt sein. Die Diagnose einer Hebephrenie sollte in der Regel erstmalig nur bei Jugendlichen oder jungen Erwachsenen gestellt werden. Die prämorbide Persönlichkeit ist meist ziemlich schüchtern und einzelgängerisch.

Die Diagnose einer Hebephrenie kann erst nach einer 1- oder 3-monatigen Beobachtungszeit zuverlässig gestellt werden, wenn die oben beschriebenen charakteristischen Verhaltensformen ausreichend belegt sind.

> **Lerntipp**
> Prämorbid (lat. prä = vor; morbus = Krankheit) bedeutet vor der Erkrankung, also Symptome vor dem Ausbruch einer Krankheit.

6.1.6.3 Katatone Schizophrenie (F20.2)

Das Charakteristikum der paranoiden Form sind der Wahn und die Halluzinationen, bei der hebephrenen Erkrankungen steht das läppische Verhalten im Vordergrund und bei der katatonen Schizophrenie geht es um **psychomotorische Störungen**. Sie ist eine seltene Form der Schizophrenie, die meist um das 25. Lebensjahr beginnt.

Hauptmerkmale der Katatonie sind entweder Hypokinese (griech. hypo = weniger; kinesis = Bewegung) bis zum Stupor oder Hyperkinesen (griech. hyper = vermehrt) und psychomotorische Erregungszustände. In der **hypokinetischen Phase** reagieren die Betroffenen kaum auf ihre Umgebung. Sie liegen fast bewegungslos im Bett und sind trotz funktionsfähiger Sprechorgane stumm (Mutismus). Typisch sind stereotype Haltungen, bei denen die Betroffenen unsinnige und bizarre Körperhaltungen einnehmen. Im Gegensatz dazu stehen **hyperkinetische Phasen**, die sich in psychomotorischen und auch sprachlichen Erregungszuständen äußern. Kennzeichnend sind Stereotypien in Bewegung und Sprache. In diesem Zusammenhang kann es auch zum Nachsprechen von Sätzen (Echolalie) und zur Nachahmung der Bewegung anderer Personen (Echopraxie) kommen.

Die jeweilige Bewegungsstörung kann über einen längeren Zeitraum bestehen bleiben. Bei der Katalepsie handelt es sich um eine Hypokinese mit Verharren in einer bestimmten Körperstellung über Stunden oder sogar Tage (z. B. mit angehobenem Kopf im Liegen). Die perniziöse Katatonie, die selten auftritt, ist eine lebensbedrohliche Form, die durch innere Anspannung, Entgleisung von Organfunktionen, Hyperthermie, Kreislaufstörungen, Stupor und Tachykardie gekennzeichnet ist. Zu beobachten sind auch Zwangshaltungen und -stellungen, die lange Zeit beibehalten werden können. Die katatonen Phänomene können mit einem traumähnlichen (oneiroiden) Zustand und lebhaften szenischen Halluzinationen einhergehen.

> **Diagnostische Leitlinien nach ICD-10 F20.2**
> 1. Stupor (eindeutige Verminderung der Reaktion auf die Umgebung sowie Verminderung spontaner Bewegungen und Aktivität) oder Mutismus
> 2. Erregung: anscheinend sinnlose motorische Aktivität, die nicht durch äußere Reize beeinflusst ist
> 3. Haltungsstereotypien, Einnehmen und Beibehalten unsinniger und bizarrer Haltungen
> 4. Rigidität, Beibehalten einer starren Haltung bei Versuchen, bewegt zu werden
> 5. Negativismus, anscheinend unmotivierter Widerstand gegenüber allen Anforderungen oder Versuchen, bewegt zu werden, oder stattdessen Bewegungen in die entgegengesetzte Richtung
> 6. Flexibilitas cerea: wächserne Biegsamkeit/Katalepsie (Verharren der Glieder oder des Körpers in Haltungen, die von außen auferlegt sind)
> 7. andere Symptome wie Befehlsautomatismus (automatische Befolgung von Anweisungen) und verbale Perseveration (Verbigerationen)

6.1.6.4 Undifferenzierte Schizophrenie (F20.3)

Es gibt Betroffene, die die allgemeinen diagnostischen Kriterien der Schizophrenie erfüllen, allerdings keiner der beschriebenen Unterformen zugeordnet werden können. Oder sie weisen Symptome auf, die ggf. auf mehrere Unterformen hindeuten.

> **Diagnostische Leitlinien nach ICD-10 F20.3**
>
> Diese Kategorie ist Patienten vorbehalten,
> 1. die die allgemeinen Kriterien für Schizophrenie erfüllen, aber
> 2. entweder keine ausreichenden Symptome aufweisen, um die Kriterien für eine der Schizophrenieformen zu erfüllen, oder die so viele Symptome zeigen, dass die Kriterien für mehr als eine Unterform erfüllt werden, z. B. die paranoide, hebephrene oder katatone Form.

6.1.6.5 Postschizophrene Depression (F20.4)

Bei dieser Form sind depressive Symptome charakteristisch, die sich im Anschluss (lat. post = nach) einer schizophrenen Phase zeigen.

Die Herausforderung ist, zu erkennen, ob es sich um das Krankheitsbild handelt oder ob der Betroffene nach der Phase „einfach erschöpft" ist.

> **Diagnostische Leitlinien nach ICD-10 F20.4**
>
> Die Diagnose kann nur gestellt werden, wenn
> 1. der Betroffene innerhalb der letzten 12 Monate unter einer Schizophrenie mit entsprechenden allgemeinen Kriterien gelitten hat;
> 2. einige schizophrene Symptome noch vorhanden sind;
> 3. die depressiven Symptome quälend im Vordergrund stehen, die die Kriterien für eine depressive Episode erfüllen und seit mindestens 2 Wochen vorhanden sind.

6.1.6.6 Schizophrenes Residuum (F20.5)

Der betroffene Mensch erlebt viele Erkrankungsphasen und nach jeder Episode eine Verschlechterung, er behält Restsymptome (**Abb. 6.2**). Folgende Symptome treten auf:
- Antriebslosigkeit
- Beeinträchtigung des Allgemeinbefindens
- Denkstörungen
- depressive Verstimmungen
- erhöhte Erregbarkeit
- Stressintoleranz
- kognitive Störungen
- Konzentrationsstörungen
- Kontaktschwäche
- Leistungsschwäche
- Schlafstörungen
- Verlust des Selbstvertrauens
- Vernachlässigung der Körperpflege
- mangelnde körperliche und geistige Belastbarkeit

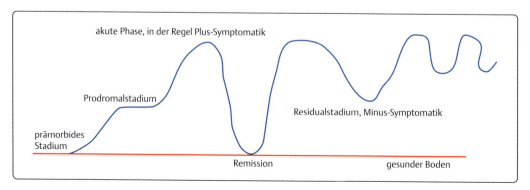

Abb. 6.2 Erkrankungsphasen mit schizophrenen Residuen.

Diagnostische Leitlinien nach ICD-10 F20.5

1. auffallendes Vorhandensein von negativen schizophrenen Symptomen wie psycho-motorischer Verlangsamung, verminderter Affektivität, Affektverflachung, Passivität, Initiativemangel, Verarmung hinsichtlich Menge und Inhalt des Gesprochenen, geringe nonverbale Kommunikation durch Gesichtsausdruck, Blickkontakt, Modulation der Stimme und Körperhaltung, Vernachlässigung der Körperpflege und sozialer Leistungsfähigkeit
2. früheres Vorhandensein von wenigstens einer eindeutigen psychotischen Episode, welche die allgemeinen Kriterien für Schizophrenie erfüllt
3. ein Zeitraum von wenigstens 1 Jahr, in dem die Intensität und Häufigkeit von floriden – d. h. produktiven – Symptomen wie Wahn und Halluzinationen gering oder wesentlich vermindert waren und das „negative" schizophrene Syndrom vorlag
4. keine Demenz oder andere organische Hirnerkrankung oder -störung, keine chronische Depression oder Hospitalismus, die die „negativen" Symptome erklären könnten

💡 Lerntipp

Liegen floride (= blühende) Symptome vor, steht die Erkrankung „in voller Blüte"!

6.1.6.7 Schizophrenia simplex (F20.6)

Kennen Sie einen „schrägen" Menschen? Einen, der immer wieder durch sein merkwürdiges Verhalten auffällt?

Die Schizophrenia simplex ist eine seltene Form der Schizophrenie, bei der die Negativsymptomatik das klinische Bild bestimmt. Symptome wie Wahn und Halluzinationen fehlen. Der Verlauf ist schleichend, die Symptome zeigen sich eher blande (lat. blandus = mild).

Es besteht ein Unvermögen, soziale Anforderungen zu erfüllen, mit Verschlechterung der allgemeinen Leistungsfähigkeit, Interessenverlust und sozialem Rückzug. Die Entwicklung verläuft langsam und schleichend. Diese Form ist daher auch schwer zu diagnostizieren.

Symptome sind folgende:
- Antriebsminderung
- Denkstörung
- depressive Verstimmung
- geistige und körperliche Erschöpfung
- Leistungsabfall
- Schafstörungen

Diagnostische Leitlinien nach ICD-10 F20.6

1. schleichende Progredienz von merkwürdigem Verhalten mit einer Einschränkung, soziale Anforderungen zu erfüllen
2. Verschlechterung der allgemeinen Leistungsfähigkeit
3. keine Wahnvorstellungen oder Halluzinationen; weniger offensichtlich psychotisch als die hebephrene, paranoide und katatone Form der Schizophrenie
4. Negative Merkmale wie Affektverflachung, Antriebsminderung, Interessenverlust und sozialer Rückzug entwickeln sich ohne vorhergehende floride psychotische Symptome.
5. Die negativen Merkmale und Änderungen im persönlichen Verhalten müssen mindestens über 1 Jahr bestehen.
6. Häufig geht die Störung mit einem sozialen Abstieg einher. Betroffene sind selbstversunken, untätig und ziellos.

6.1.6.8 Zönästhetische (sonstige) Schizophrenie (F20.8)

Unter diesem Punkt beschreibt die ICD-10 die zönästhetische Schizophrenie. Sie ist eine Form der Schizophrenie, bei der eigenartige Leibempfindungen (sog. Leibhalluzinationen) im Vordergrund stehen. Andere Schizophreniesymptome fehlen in den meisten Fällen.

Betroffene beschreiben das Gefühl von Taubheit oder Fremdheit der Gliedmaßen, Schmerzgefühle sowie unerklärliche Hitze- und Kälteempfindungen. Sie erleben ein Gefühl von unrealistischer Schwere oder Leichtigkeit, Verkleinerung und

Schrumpfung. Dabei haben sie selten das Gefühl, ihre Empfindungen würden von außen zugefügt.

> **☑ Lerntipp**
>
> Kennen Sie den Film „Liebling, ich habe die Kinder geschrumpft" von 1989 oder auch „Gullivers Reisen"? Beide zeigen sehr beeindruckend, wie sich ein Größenverhältnis ändern kann.

6.1.6.9 Formen der Schizophrenie im Überblick

Die Formen der Schizophrenie zeichnen sich durch unterschiedliche Merkmale aus, die in **Tab. 6.2** zusammengeführt sind.

> **☑ Lerntipp**
>
> **Lerngeschichte der 8 Zwerge**
>
> Stellen Sie sich einen Vorgarten vor. In diesem Vorgarten stehen 8 Zwerge, nicht wie im Märchen 7. Stellen Sie sich weiter vor, wie die Zwerge kommunizieren:
>
> - Der 1. Zwerg fragt immer wieder, ob er verfolgt wird und behauptet, mächtige Zwergengötter sorgen dafür, dass er andere Gedanken hat als sonst. Das ist der Zwerg mit einer paranoiden Schizophrenie. Was macht er, wie sieht er aus? Schaut er sich vielleicht immer wieder um? Versucht er sich mit geducktem Kopf zu verstecken? Wo steht er im Garten?
> - Dann steht da noch der Zwerg mit der Jeanshose, die Hände tief in den Hosentaschen vergraben, Kaugummi kauend, völlig cool und läppisch. Er rät den 1. Zwerg: „Cool bleiben, Alter."
> - Zwerg 3 steht fest und kann sich nicht bewegen – regungslos wie Zwerge sind. Er spricht nicht, wirkt starr.
> - Was macht denn der nächste Zwerg? Wie ein Chamäleon verändert er sich, oder doch nicht? Hat dieser Zwerg von jedem Zwerg etwas? Eine Differenzierung ist kaum möglich.
> - Ein weiterer Zwerg im Vorgarten ist antriebsgehemmt, seine ganze Figur drückt dies aus. Auf dem Shirt steht „Ich hatte eine Schizophrenie".
> - Der nächste sagt zu diesem Zwerg, „Du hattest sie. Ich habe immer wieder eine und behalte ständig Symptome zurück."
> - Der 7. Zwerg trägt sein Shirt falsch herum und ist zu nichts zu motivieren.
> - Und wie geht es den nächsten Zwerg? Er fühlt seine Arme nicht, sein Körper ist fremd.
>
> Stellen Sie sich zum besseren Lernen die Zwerge genau vor: Wie sehen sie aus, wie groß sind sie? Erstellen Sie hierzu Ihre eigene Geschichte oder einen Comic. Oder bauen Sie Ihren Vorgarten um und stellen dort die Zwerge auf.
> Empfehlen kann ich Ihnen das Buch *Das Geheimnis des Gehirnchips. Ein Selbsthilferatgeber für Menschen, die an Psychose leiden* von Marc De Hert, Geerdt Magiels und Erik Thys, das im Jahr 2000 erschienen ist [14].

Tab. 6.2 Merkmale der verschiedenen Formen der Schizophrenie auf einen Blick.

Form	Im Vordergrund stehen
paranoide Schizophrenie	paranoide Wahnvorstellungen, akustische Halluzinationen
hebephrene Schizophrenie	affektive Störungen, beginnt im Jugendalter
katatone Schizophrenie	Stupor/Erregung
undifferenzierte Schizophrenie	unklare Grenzen der verschiedenen Formen, Merkmale von mehr als einer Unterform
postschizophrene Depression	depressive Symptome nach einer schizophrenen Phase, die innerhalb der letzten 12 Monate auftrat
schizophrenes Residuum	bleibende Restsymptome
Schizophrenia simplex	schleichender Verlauf bei merkwürdigem Verhalten
zönästhetische Schizophrenie	Körper-/Leibhalluzinationen

6.1.7 Verlauf

Grundsätzlich gilt, dass bei einer Erstmanifestation die Prognose eher günstig ist, wenn der Krankheitsbeginn akut, mit heftigen Begleitaffekten erfolgt und eine Unterstützung durch die Familie gewährleistet ist.

6.1.8 Therapieansätze

Durch den oft schleichenden Verlauf der Erkrankung kann es unter Umständen sehr lange dauern, bis eine Therapie möglich ist. Solange keine Eigen- oder Fremdgefährdung vorliegt, kann niemand dazu gezwungen werden.

Medikamentöse Therapie Im Vordergrund steht die medikamentöse Behandlung mit Neuroleptika (neuere Bezeichnung: Antipsychotika). Die Antipsychotika finden Sie in Kap. 17.1.2 ausführlich beschrieben.

> **⏻ Lerntipp**
> Überlegen Sie bitte kurz, welcher Botenstoff bei der Schizophrenie eine entscheidende Rolle spielt? Richtig, es ist das Dopamin.
> Liegt zu viel oder zu wenig Dopamin vor?
> Zu viel! Das ist der Ansatzpunkt für die pharmakologische Behandlung.

Psychotherapie Die 2. Säule der Therapie ist die Psychotherapie. Für Betroffene kann die Tatsache, an der Schizophrene erkrankt zu sein, eine enorme Belastung darstellen. Wichtig ist es, den Patienten zu unterstützen durch eine sog. **supportive Therapie**. Dazu gehört die bereits beschriebene Psychoedukation, in der der Erkrankte darin begleitet wird, durch Wissen zum Profi seiner eigenen Erkrankung zu werden (S. 110):

- Während der akuten Phase sollte der Klient keine schwerwiegenden Entscheidungen treffen. Er kann dies nach seiner Stabilisierung immer noch tun. Er sollte lernen, mit Stress und Anforderungen umzugehen und sowohl eine Über- wie auch Unterstimulierung zu vermeiden.

- Verhaltenstherapeutische Ansätze spielen bei der Behandlung der Schizophrenie eine zunehmende Rolle.
- Die Psychotherapie kann in Gruppen- und/oder Einzeltherapien stattfinden.

Soziotherapie Die 3. Säule ist die Soziotherapie, die sich mit dem Umgang von Menschen und mit dem Miteinander im Kontakt, mit der Bewältigung des Alltags und der Arbeit beschäftigt. Die Betroffen erhalten entsprechende Angebote zur Arbeits- und Beschäftigungstherapie in der Klinik während des stationären Aufenthalts oder als teilstationäre Behandlung. Bei diesen Angeboten ist eine Unter- oder Überforderung zu vermeiden. Ein Kompetenztraining kann unterstützen: Der Klient „übt" sich in alltäglichen Situationen entsprechend zu verhalten. Er lernt „Nein" zu sagen, sich zu erklären oder durchzusetzen.

> **⏻ Lerntipp**
> Bitte überlegen Sie auch hier, wie es für den Betroffen sein kann: Der ehemalige Abteilungsleiter einer großen Firma mit 30 Mitarbeitern steht am Tisch, dreht Schrauben und stellt nach 15 min fest, dass es ihm nicht gelingt.

Ein Klient berichtet: „Ich fühlte mich nur noch dumm und unfähig, die einfachsten Dinge des Lebens waren für mich unmöglich."

> **⏻ Pause**
> Stehen Sie auf und atmen Sie tief durch, ziehen Sie die Schultern nach oben. Wie bei einer Schildkröte geht der Kopf nach unten. Spüren Sie die Spannung – konzentrieren Sie sich darauf und lassen Sie dann langsam die Spannung los, sodass die Schulter wieder nach unten fallen. Wiederholen Sie die Übung bitte 3-mal. Dann lockern Sie Ihre Hände, indem Sie Ihre Handinnenflächen massieren, bis diese entspannt sind.

6.1.9 Mindmap – Schizophrenie (F20)

Eine Übersicht zur Schizophrenie zeigt die Mindmap in **Abb. 6.3**.

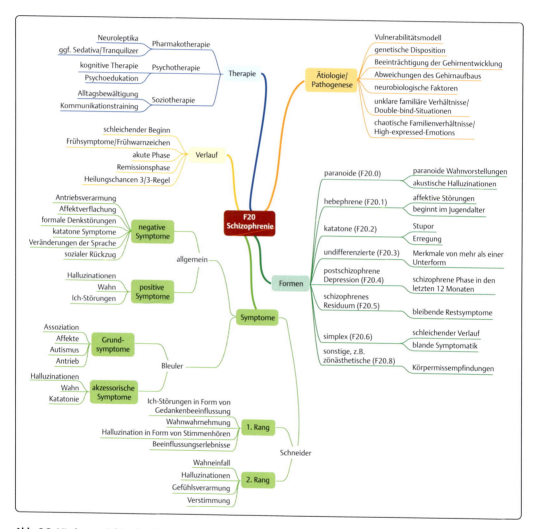

Abb. 6.3 Mindmap – Schizophrenie (F20).

6.2 Schizotype Störung (F21)

Im F2-Bereich nach ICD-10 finden wir weitere Störungen. Dazu gehört die schizotype Störung, die zahlreiche typische Symptome einer Schizophrenie aufweist. Halluzinationen, Wahn und schwere Verhaltensstörungen stehen allerdings nicht im Vordergrund. Sie ist recht schwer zu diagnostizieren, da typische Symptome fehlen. Zu beobachten sind folgende Merkmale:

- inadäquater oder eingeschränkter Affekt (Betroffener scheint kalt und unnahbar, hölzern, schwingungsarm)
- seltsames, exzentrisches oder eigentümliches Verhalten und Erscheinung
- wenig soziale Bezüge und Tendenz zu sozialem Rückzug
- seltsame Glaubensinhalte und magisches Denken, die das Verhalten beeinflussen und im Widerspruch zu (sub)kulturellen Normen stehen
- Misstrauen oder paranoide Ideen
- zwanghaftes Grübeln ohne inneren Widerstand, oft mit dysmorphophobem (gestörte Wahrnehmung des eigenen Körpers), sexuellem oder aggressivem Verhalten
- ungewöhnliche Wahrnehmungserlebnisse mit Körpergefühlsstörungen oder anderen Illusionen, Depersonalisations- oder Derealisationserleben
- Denken und Sprache vage, umständlich, metaphorisch, gekünstelt, stereotyp oder anders seltsam, ohne ausgeprägte Zerfahrenheit
- gelegentliche vorübergehende quasipsychotische Episoden mit intensiven Illusionen, die im Allgemeinen ohne äußere Veranlassung auftreten

---

Diagnostische Leitlinien nach ICD-10 F21

1. Diese diagnostische Kategorie wird nicht zum allgemeinen Gebrauch empfohlen, da keine klaren Grenzen zur Schizophrenia simplex oder zu den schizoiden oder paranoiden Psychosen vorhanden sind.
2. Wenn die Bezeichnung verwendet wird, sollen 3 oder 4 der oben aufgelisteten typische Merkmale mindestens **2 Jahre lang**, ständig oder episodisch vorhanden gewesen sein.
3. Der Betroffene darf früher niemals die Kriterien für eine Schizophrenie erfüllt haben.

6.3 Anhaltende wahnhafte Störungen (F22)

Wie der Name bereits ausdrückt, ist ein andauernder Wahn das einzige und charakteristische Merkmal der Störung. Verschiedene Formen der Wahnentwicklung sind möglich:

- Dermatozoenwahn: Vorwiegend ältere und sozial isolierte Menschen entwickeln die Überzeugung, dass auf ihrer Haut kleine Tierchen krabbeln würden.
- wahnhafte Dysmorphophobie: Die Betroffenen sind der wahnhaften Überzeugung, durch einen vermeintlichen Körperfehler grob entstellt zu sein.
- Paranoia: Die Betroffenen entwickeln aus dem ständigen Gefühl der Minderwertigkeit die wahnhafte Überzeugung, von allen verachtet zu werden.
- Querulantenwahn: Die Betroffenen sind der Überzeugung, ständig von Behörden oder sonstigen Institutionen falsch behandelt zu werden.

Die Klassifikation laut ICD-10 bietet folgende Kategorien an:
- F22.0 Wahnhafte Störung
- F22.8 Sonstige anhaltende wahnhafte Störung
- F22.9 Anhaltende wahnhafte Störung, nicht näher bezeichnet

Letztere wird nicht weiter erläutert. Es handelt sich um eine Restkategorie für anhaltende wahnhafte Störungen, die nicht die Kriterien der Kategorie F22.0 erfüllen.

Diagnostische Leitlinien nach ICD-10 F22

1. Wahnvorstellungen sind das auffälligste oder einzige klinische Charakteristikum. Sie müssen mindestens seit 3 Monaten bestehen, eindeutig auf die Person bezogen und nicht subkulturell bedingt sein.
2. Depressive Symptome oder sogar eine voll entwickelte Episode (F32) können zwischenzeitlich auftreten, vorausgesetzt, dass der Wahn auch dann weiterbesteht, wenn keine affektiven Störungen vorhanden sind.

---

3. Nicht vereinbar mit der Diagnose sind eine zerebrale Erkrankung, ständiges Stimmenhören und schizophrene Symptome in der Vorgeschichte.

6.4 Akute vorübergehende psychotische Störungen (F23)

Im Gegensatz zum oben beschriebenen Bild – anhaltender Wahn – stehen unter dieser Kategorie Störungen, die plötzlich, d. h. akut, beginnen. Auch wenn klare Klassifizierungen fehlen, sollten folgende Merkmale erfüllt sein:
- akuter Beginn innerhalb von 2 Wochen als entscheidendes Kennzeichen der gesamten Gruppe von Störungen
- Vorhandensein typischer Syndrome
- Vorliegen einer akuten Belastung

Diagnostische Leitlinien nach ICD-10 F23

1. Keine Störung dieser Gruppe entspricht den Kriterien für eine manische (F30) oder depressive Episode (F32), auch wenn wechselnde Affektivität und einzelne affektive Symptome zeitweilig im Vordergrund stehen.
2. Diese Störungen sind zudem durch das Fehlen einer körperlichen Ursache wie Schädel-Hirn-Trauma (SHT), Delir oder Demenz definiert.
3. Ratlosigkeit, Zerstreutheit und Unaufmerksamkeit sind im Gespräch oft zu beobachten. Treten diese Symptome sehr betont oder anhaltend auf, ist ein Delir oder eine Demenz organischer Ursache zu vermuten.

Der Vollständigkeit halber folgen die weiteren diagnostischen Leitlinien der F23-Gruppe.

6.4.1 Akute polymorphe psychotische Störung ohne Symptome einer Schizophrenie (F23.0)

Diagnostische Leitlinien nach ICD-10 F23.0

1. Der Beginn muss akut sein: Übergang von einem nichtpsychotischen in einen eindeutig psychotischen Zustand innerhalb von 2 Wochen.
2. Es müssen sich mehrere Formen von Halluzinationen oder Wahnphänomenen finden, die in Art und Ausprägung von Tag zu Tag oder während desselben Tages wechseln.
3. Es muss ein wechselndes affektives Zustandsbild vorliegen.
4. Trotz der Verschiedenheit der Symptome ist keines ausreichend konsistent, um die Kriterien für eine Schizophrenie (F20) oder eine manische (F30) oder depressive Episode (F32) zu erfüllen.

6.4.2 Akute polymorphe psychotische Störung mit Symptomen einer Schizophrenie (F23.1)

Diagnostische Leitlinien nach ICD-10 F23.1

1. Für die eindeutige Diagnose müssen die Kriterien 1, 2, 3 für eine akute polymorphe psychotische Störung (F23.0) erfüllt sein.
2. Ferner müssen seit Auftreten eines eindeutigen klinischen Bildes in der überwiegenden Zeit die Kriterien für eine Schizophrenie (F20.0) vorhanden sein. Wenn die schizophrenen Symptome mehr als 1 Monat andauern, ist die Diagnose in Schizophrenie (F20) zu ändern.

6.4.3 Akute schizophreniforme psychotische Störung (F23.2)

> **Diagnostische Leitlinien nach ICD-10 F23.2**
>
> Für eine eindeutige Diagnose gilt:
> 1. Der Beginn der psychotischen Symptome muss akut sein. Übergang von einem nicht-psychotischen in einen eindeutig psychotischen Zustand innerhalb von 2 Wochen oder weniger.
> 2. Seit dem Auftreten eines eindeutigen psychotischen klinischen Bildes müssen während der überwiegenden Zeit Symptome vorhanden gewesen sein, die die Kriterien für Schizophrenie (F20) erfüllen.
> 3. Die Kriterien für eine akute polymorphe psychotische Störung sind nicht erfüllt.

6.4.4 Sonstige akute vorwiegend wahnhafte psychotische Störungen (F23.3)

> **Diagnostische Leitlinien nach ICD-10 F23.3**
>
> Für eine eindeutige Diagnose gelten folgende Kriterien:
> 1. Der Beginn der psychotischen Symptome muss akut sein: Übergang von einem nicht-psychotischen in einen eindeutig psychotischen Zustand innerhalb von 2 Wochen oder weniger.
> 2. Wahnphänomene oder Halluzinationen müssen in der überwiegenden Zeit seit Auftreten des psychotischen Zustandsbildes vorhanden sein.
> 3. Weder die Kriterien für eine Schizophrenie (F20) noch für eine akute polymorphe psychotische Störung (F23.0) sind erfüllt.

6.4.5 Sonstige akute vorübergehende psychotische Störungen (F23.8)

Hier werden alle anderen nicht näher bezeichneten akuten psychotischen Störungen, ohne Anhalt für eine organische Ursache, zusammengefasst, die nicht die Kriterien für F23.0–F23.3 erfüllen.

6.4.6 Akute vorübergehende psychotische Störung, nicht näher bezeichnet (F23.9)

Hierbei handelt es sich um kurze reaktive Psychosen ohne nähere Angaben.

6.5 Induzierte wahnhafte Störungen (F24)

Um typische „Szenen einer Beziehung" handelt es sich hierbei ausdrücklich nicht. Diese Störung, auch als symbiotischer Wahn bezeichnet, tritt bei 2 oder mehr Personen auf, die eine enge emotionale Bindung haben. Dabei liegt allerdings nur bei einem der Beteiligten ein „echter" Wahn vor. Induziert bedeutet in diesem Zusammenhang, dass etwas (in diesem Fall der Wahn) vom Partner übernommen wurde.

> **Diagnostische Leitlinien nach ICD-10 F24**
>
> 1. 2 oder mehr Menschen teilen denselben Wahn oder dasselbe Wahnsystem und bestärken sich in dieser Überzeugung.
> 2. Sie verbindet eine außergewöhnlich enge Beziehung der beschriebenen Art.
> 3. Durch einen zeitlichen oder sonstigen Zusammenhang belegt ist, dass der Wahn bei dem passiven Partner durch Kontakt mit dem aktiven induziert wurde.

6.6 Schizoaffektive Störungen (F25)

Bei dieser Störung handelt es sich im Grunde um 2 Störungsbilder, die gemeinsam auftreten. Es ist ein Mischbild zwischen der Schizophrenie und den affektiven Störungen, die in Kap. 6.7 beschrieben werden.

> ⚡ **Lerntipp**
>
> Zur Wiederholung: Zählen Sie die Symptome einer Schizophrenie auf.

Unterschieden werden 2 Formen:
- Die Betroffenen zeigen sowohl schizophrene als auch manische Symptome (**schizomanische Episode**). Bei ihnen sind Antriebssteigerung, Reizbarkeit und übertriebenes Selbstbewusstsein zu beobachten. Gleichzeitig leiden die Patienten unter Größen- und Verfolgungswahn sowie gestörtem Ich-Erleben mit Gedankenausbreitung.
- Die Patienten zeigen schizophrene und depressive Symptome (**schizodepressive Episode**). Als affektive Anteile sind depressive Symptome wie Anhedonie, Antriebslosigkeit, Hoffnungslosigkeit, Schuldgefühle und Schlafstörungen zu nennen. Die schizophrenen Anteile sind geprägt von gestörtem Ich-Erleben mit Gedankenausbreitung und akustischen Halluzinationen.

> **Diagnostische Leitlinien nach ICD-10 F25**
> 1. Die Diagnose sollte nur dann gestellt werden, wenn sowohl schizophrene als auch affektive Symptome gleichzeitig oder nur durch wenige Tage getrennt während derselben Krankheitsepisode auftreten, die weder den Kriterien eine Schizophrenie noch einer depressiven oder manischen Episode eindeutig zuzuordnen sind.
> 2. Schizoaffektive Störungen stellen eine Störung zwischen der Schizophrenie und affektiven Erkrankungen dar. Je nachdem, ob die Stimmung krankhaft gehoben oder gesenkt ist, handelt es sich um eine schizomanische oder schizodepressive Episode.
> 3. Abzugrenzen sind schizophreniforme Störungen (F23.2), d. h. akut beginnende Störungen mit schizophrenen Symptomen, die aber weniger als 1 Monat anhalten.

6.6.1 Schizoaffektive Störung, gegenwärtig manisch (F25.0)

Hier handelt es sich um eine psychotische Störung mit manischen Symptomen.

> **Diagnostische Leitlinien nach ICD-10 F25.0**
> 1. Im Vordergrund stehen die gehobene Stimmung oder eine weniger deutlich gehobene Stimmung mit erhöhter Reizbarkeit oder Erregung.
> 2. Während der betreffenden Episode sollten wenigstens 1, besser noch 2 typische schizophrene Symptome eindeutig vorhanden sein.
> 3. Die Kategorie soll für eine einzelne schizomanische Episode verwendet werden oder für eine rezidivierende Störung, bei der die Mehrzahl der Episoden schizomanisch ist.

6.6.2 Schizoaffektive Störung, gegenwärtig depressiv (F25.1)

Hier handelt es sich um eine psychotische Störung mit depressiven Symptomen.

> **Diagnostische Leitlinien nach ICD-10 F21.1**
> 1. Es muss eine eindeutige Depression vorhanden sein mit wenigstens 2 charakteristischen Symptomen oder Verhaltensauffälligkeiten wie zur depressiven Episode beschrieben.
> 2. Innerhalb derselben Episode sollen wenigstens 1 oder besser 2 typische schizophrene Symptome vorliegen.

6.6.3 Gemischte schizoaffektive Störung (F25.2)

Es liegt eine gemischte schizophrene und affektive Psychose bzw. zyklische schizoaffektive Störung vor.

6.7 Sonstige nichtorganische psychotische Störung (F28)

Hier sind wahnhafte oder halluzinatorische Störungen zu kodieren, die nicht den beschriebenen Kriterien für Schizophrenie oder für wahnhafte bzw. vorübergehende psychotische Störungen zuzuordnen sind. Ebenfalls abzugrenzen sind sie von psychotischen Formen der manischen Episode oder schweren depressiven Episoden.

Prüfungsfragen

1. Bei einer schizoaffektiven Störung ...

a) werden manische Symptome nicht beobachtet.
b) handelt es sich um eine drogeninduzierte Psychose.
c) wechselt die Stimmung ständig zwischen bedrückt und euphorisch.
d) sind kontinuierlich Wahnvorstellungen vorhanden.
e) treten affektive und schizophrene Symptome in derselben Krankheitsphase auf.

2. Zu den schizophrenen Störungen des Ich-Erlebens zählen:

1. Gedankeneingebung
2. Wortfindungsstörungen
3. Gedankenausbreitung
4. Denkhemmung
5. Willensbeeinflussung von außen
a) Nur die Aussagen 1, 2 und 5 sind richtig.
b) Nur die Aussagen 1, 3 und 4 sind richtig.
c) Nur die Aussagen 1, 3 und 5 sind richtig.
d) Nur die Aussagen 2, 3 und 4 sind richtig.
e) Nur die Aussagen 1, 3, 4 und 5 sind richtig.

3. Was ist für Halluzinationen zutreffend?

1. Von der Illusion unterscheidet sich die Halluzination durch das Fehlen eines entsprechenden Sinnesreizes.
2. Es handelt sich um eine Sinnestäuschung, bei welcher die Wahrnehmung kein reales Wahrnehmungsobjekt hat.
3. Bei Psychosen aus dem schizophrenen Formenkreis kommen etwa gleich häufig akustische wie optische Halluzinationen vor.
4. Die Feststellung einer Halluzination ist stets erforderlich, um eine Schizophrenie zu diagnostizieren.
5. Die Feststellung einer Halluzination lässt noch keinen sicheren Schluss auf das Vorhandensein eines psychotischen Prozesses zu.

a) Nur die Aussagen 2 und 3 sind richtig.
b) Nur die Aussagen 1, 2 und 5 sind richtig.
c) Nur die Aussagen 1, 3 und 5 sind richtig.
d) Nur die Aussagen 2, 3, 4 und 5 sind richtig.
e) Alle Aussagen sind richtig.

4. Welche Verlaufsformen einer Schizophrenie sind möglich?

1. vielphasischer Verlauf mit psychopathologischer Remission
2. schubförmiger Verlauf mit typischen schizophrenen Residualzuständen
3. Auftreten von Rezidiven, die einer Depression ähneln
4. gradlinig progredienter Verlauf mit dem Ausgang typisch schizophrener Denkstörungen
5. In der überwiegenden Zahl entstehen schwerste Residuen.
a) Nur die Aussagen 1 und 3 sind richtig.
b) Nur die Aussagen 2 und 4 sind richtig.
c) Nur die Aussagen 1, 2 und 4 sind richtig.
d) Nur die Aussagen 1, 4 und 5 sind richtig.
e) Nur die Aussagen 1, 2, 3 und 4 sind richtig.

5. Zu den formalen Denkstörungen gehören:

1. Gedankenausbreitung
2. Gedankenabreißen
3. Neologismen (Wortneubildungen)
4. Gedankenentzug
5. Ideenflucht
a) Nur die Aussagen 1 und 2 sind richtig.
b) Nur die Aussagen 1, 3 und 4 sind richtig.
c) Nur die Aussagen 2, 3 und 4 sind richtig.
d) Nur die Aussagen 2, 3 und 5 sind richtig.
e) Alle Aussagen sind richtig.

6. Welche der folgenden Aussagen treffen zu?

Wenn Sie einen Klienten bitten, das Sprichwort „Ein Apfel fällt nicht weit vom Stamm" zu erläutern, ...

1. dann prüfen Sie das Abstraktionsvermögen.
2. dann prüfen Sie eine wichtige kognitive Eigenschaft.
3. können Sie dies – bei Nichterfassung des Zusammenhangs – mit dem psychopathologischen Begriff des „Vorbeiredens" bezeichnen.
4. können Sie dies – bei Nichterfassung des Zusammenhangs – mit dem psychopathologischen Befundes des „Konkretismus" bezeichnen.
5. kann dies – bei Nichterfassung des Zusammenhangs – ein Hinweis auf Schizophrenie sein.
a) Nur die Aussagen 1, 2 und 3 sind richtig.
b) Nur die Aussagen 1, 2 und 4 sind richtig.
c) Nur die Aussagen 2, 4 und 5 sind richtig.
d) Nur die Aussagen 3, 4 und 5 sind richtig.
e) Nur die Aussagen 1, 2, 4 und 5 sind richtig.

7. Welche der folgenden Symptome gehören zu den Ich-Störungen bei der schizophrenen Psychose? (2 Antworten)

a) Gedankenentzug
b) Schlafstörung
c) Affektverarmung
d) Gedankenlautwerden
e) Verfolgungswahn

8. Welche der folgenden Aussagen zur katatonen Schizophrenie treffen zu? (2 Antworten)

a) Sopor ist ein Leitsymptom.
b) Erregungszustände sprechen gegen eine katatone Schizophrenie.
c) Das klinische Bild wird von Wahnvorstellungen und akustischen Halluzinationen beherrscht.
d) Typisch ist die automatische Befolgung von Anweisungen (Befehlsautomatismus).
e) Psychomotorische Störungen stehen im Vordergrund.

9. Welche der folgenden anamnestischen Angaben stützen den Verdacht auf ein schizophrenes Residuum? (2 Antworten)

Angehörige berichten Ihnen von einem 50-jährigen, wegen einer psychischen Erkrankung berenteten Mann, der keinerlei Eigeninitiative mehr zeigt und zunehmend die Körperpflege vernachlässigt. Aufgrund welcher Angaben vermuten Sie ein schizophrenes Residuum?

a) langjährige schwere Alkoholkrankheit
b) seit einem halben Jahr zunehmende Gedächtnisstörungen
c) seit über 1 Jahr deutlich verminderte Aktivität
d) ausgeprägter Verfolgungswahn vor 5 Jahren
e) Einnahme von Methadon (Polamidon)

7 Affektive Störungen (F30–F39)

Erinnern Sie sich kurz an die Zeit, als Sie noch als Kind auf Spielplätzen spielten. Dort gab es in der Regel eine Wippe. Ziel war es, dass beide Kinder gleichmäßig hin und her wippten. Wollte ein Kind unten bleiben und hat die Bewegung unterbrochen, war das Wippen kein Wippen mehr. Für eine kurze Zeit war es möglich, diese Position stabil zu halten bzw. auszuhalten, aber zumeist nicht lange. Ähnlich ist es mit den Stimmungen, jeder erlebt einmal einen antriebs- und/oder emotionsarmen Tag, dann wieder einen euphorischen. Eine Störung liegt erst dann vor, wenn einer der beiden Pole zu intensiv wird und die pathologische Schwelle überschreitet. Neigt sich die Wippe nur in eine Richtung, handelt es sich um einen monopolaren Verlauf, neigt sie sich einmal in die eine und einmal in die andere, um einen bipolaren Verlauf. Die Rede ist von den affektiven Störungen.

7.1 Allgemeines

7.1.1 Definition

Affektive Störungen sind definiert durch eine krankhafte Veränderung der Stimmung, entweder zur Depression (gedrückte Stimmung) oder zur Manie (gehobene Stimmung):

- Die Hauptsymptome einer Depression (lat. deprimere = herunter-, niederdrücken) umfassen gedrückte Stimmung, eine Verlangsamung des Denkens, eine Reduktion des Antriebs und/oder körperlich-vegetative Störungen.
- Die Manie (früher: „Außer-sich-Sein") ist gekennzeichnet durch Euphorie, Enthemmung mit Selbstüberschätzung, Distanzlosigkeit und Ideenflucht.

Treten depressive Verstimmungen mit geringerer Ausprägung auf, wird von einer **Dysthymie** (griech. dys = abweichend; thymos = Gemüt) gesprochen. Die Symptome müssen mindestens 2 Jahre anhalten. In der alten Denkstruktur ähnelt sie dem Konzept der neurotischen Depression.

Einen ähnlichen Verlauf, jedoch in beide Richtungen, also depressiv und manisch, zeigt die **Zyklothymia**. Auch sie ist andauernd, zeigt sich jedoch in der Instabilität der Stimmung zwischen den beiden Polen mit leichter Depression und leicht gehobener Stimmung (Hypomanie).

7.1.2 Häufigkeit/Epidemiologie

Affektive Störungen gehören zu den häufigsten psychischen Erkrankungen. Die Zahlen schwanken je nach Literaturquelle. Etwa 5–10 % der Bevölkerung in Deutschland leiden an behandlungsbedürftigen Depressionen. Geschätzt wird, dass ca. 50 % der Menschen, die an depressiven Symptomen leiden, keinen Arzt aufsuchen. Sie versuchen erst einmal, sich selber zu helfen, oder nehmen ihr „Schicksal" als gegeben an. Teilweise werden die Symptome „kaschiert" und anders erklärt. Frauen sind doppelt so häufig betroffen wie Männer. Das durchschnittliche Erkrankungsalter liegt bei unipolaren Depressionen zwischen dem 30. und 45. Lebensjahr, bei bipolaren Erkrankungen zwischen dem 17. und 30. Lebensjahr.

Bei der Dysthymie wird eine Zahl von ca. 4 % der Bevölkerung diskutiert, wobei überwiegend Frauen betroffen sind. Der Beginn liegt in etwa der Hälfte der Fälle vor dem 25. Lebensjahr.

Bei über 65-Jährigen ist die Altersdepression die häufigste psychische Erkrankung. Die Prävalenz wird auf mindestens 10 % geschätzt. Das 65. Lebensjahr ist für viele Menschen ein neuer Abschnitt und kann dazu führen, „in ein tiefes Loch zu fallen".

Die Zahlen zu rein manischen Phasen fallen geringer aus. Bei hypomanischen Phasen wird der Betroffene in der Regel keinen Arzt konsultieren, er fühlt sich ja gut. In ausgeprägten akuten Phasen kommt es eher zu einer Einweisung gegen den Willen des Betroffenen.

7.1.3 Ätiologie/Pathogenese

7.1.3.1 Auslösende Faktoren

Die früher übliche Einteilung in „endogene" (d. h. anlagebedingte) und „psychogene" (d. h. reaktiv durch Lebensereignisse ausgelöste) Depressionen wurde zugunsten eines multifaktoriellen Modells verlassen. Erinnern Sie sich an das Vulnerabilitäts-Stress-Modell der Schizophrenie (S. 106)? Dieses Modell wird als Erklärungsansatz auch hier herangezogen. Vor allem **Depressionen** gelten als multifaktoriell bedingt. Genetische, neuro-biologische und psychosoziale Faktoren werden als pathologisch relevant angesehen.

Genetische Faktoren Durch Familien-, Zwillings- und Adoptionsstudien konnte besonders für bipolare affektive Störungen eine genetische Disposition belegt werden. Bei einer Verwandtschaft 1. Grades besteht ein um 10 % erhöhtes Risiko. Sind beide Elternteile an einer bipolaren affektiven Störung erkrankt, liegt das Morbiditätsrisiko der Kinder bei 50–60 %. Bei eineiigen Zwillingen liegt die Rate bei 65 % und bei zweieiigen bei 20 %. Auch bei Depressionen ist eine entsprechende familiäre Belastung ein wichtiger Faktor.

Neurobiologische Aspekte Botenstoffe spielen im multifaktoriellen Ansatz eine entscheidende Rolle. Im Vordergrund steht eine Verminderung der Neurotransmitter Noradrenalin und Serotonin, auch Dopamin ist erniedrigt. Daneben liegen Veränderungen der Rezeptoren und ihrer Dichte vor. Eine gestörte synaptische oder neuronale Plastizität wird ebenfalls als eine mögliche neurobiologische Ursache depressiver Störungen angesehen. Untersuchungen zeigten eine veränderte Sympathikus- und Parasympathikusaktivität, u. a. ein mangelhaftes Ansprechen auf Umweltreize und eine verstärkte Dämpfung von Reiz-Reaktions-Mustern. „Psychoneuroendokrinologische Befunde weisen vor allem auf Regulationsstörungen der Hypothalamus-Hypophysen-Nebennierenrinden- bzw. -Schilddrüsen-Achse hin. Bei einem hohen Prozentsatz der an einer Depression Erkrankten liegt ein Hyperkortisolismus vor, bei ca. 50 % fällt der Dexamethason-Suppressionstest (‚Stresshormon-Hypothese') pathologisch aus" (Möller et al. [55], S. 95). Eine neue Hypothese geht von einer gestörten Neurogenese aus. Zusammen mit einer stressbedingten Überproduktion von Glukokortikoiden soll dies zu einer Schädigung der Neuronen im Hippocampus führen. Das heißt, auch Stress wird immer mehr als Auslöser diskutiert.

Neuropathologie, strukturelle Hirnveränderungen Hirnmorphologische Untersuchungen post mortem (nach dem Tod) und bildgebende Verfahren zeigen Ventrikelerweiterungen und vor allem eine Reduktion der grauen Substanz im präfrontalen Kortex und im Hippocampus. Die funktionelle Bildgebung weist auf eine Störung des neuronalen Netzwerks mit Hypo- und Hyperaktivierungen verschiedener Hirnregionen hin. Beschrieben wird dabei ein reduzierter präfrontaler Blutfluss und Metabolismus sowie Veränderungen des Glukose- und Glutamatstoffwechsels.

Chronobiologie Weiter spielen chronobiologische Faktoren eine Rolle. Ein Teil der Depressionen besitzt eine saisonale Rhythmik, mit Häufungen im Frühjahr oder Herbst (Sonderform: saisonale Depression). Die Tagesschwankungen sowie die typischen Durchschlafstörungen mit morgendlichem Früherwachen sind Ausdruck einer Störung der zirkadianen Rhythmik. In Schlaflabors zeigte sich, dass bei einer Depression der Schlaf eher oberflächlich bleibt und die entscheidenden Tiefschlafphasen reduziert sind im Vergleich zu Gesunden. Die Wirksamkeit einer Schlafentzugsbehandlung beruht auf einer Resynchronisation (Kap. 17.6.8).

Körperliche Erkrankungen Häufig sind somatische Erkrankungen oder Medikamente die Ursache für Depressionen. Schwere/chronische körperliche Erkrankungen wie Apoplex (Schlaganfall), koronare Herzkrankheit (KHK), Diabetes mellitus und Morbus Parkinson sind mit einem erhöhten Depressionsrisiko assoziiert. Aber auch die Tatsache, an anderen schwerwiegenden und/oder chronischen Krankheiten zu leiden, trägt dazu bei.

> 🔹 **Lerntipp**
> Wie viele Menschen erleben einschneidende Ereignisse des Lebens, ohne zu erkranken? Wie viele Menschen erleben sie nicht und erkranken trotzdem?

Psychologische Faktoren Kritische Lebensereignisse (sog. Life Events) wie Verlust des Arbeitsplatzes, Scheidung, Konflikte mit Partnern oder Angehörigen, Auszug der Kinder aus der elterlichen Wohnung, Einzug in eine Pflegeeinrichtung usw. können Auslöser einer affektiven Störung sein. **Stress** wird definiert als eine Anforderung von außen oder von innen, die als nicht erfüllbar erlebt wird. Unterschieden wird der Eustress (als angenehm, vitalisierend empfunden), der Disstress (als Belastung empfunden) und der Hypostress. Tatsächlich kann auch die Unterforderung für viele Menschen sehr belastend sein. Möchten wir nicht alle für etwas gebraucht werden? Eine Sinnhaftigkeit erleben? Weitere psychologische Faktoren stellen (singuläre oder komplexe) Traumatisierungen dar. Was dies genau bedeutet, wird bei den Belastungsstörungen thematisiert (Kap. 8.4). Die **erlernte Hilflosigkeit** bis hin zur Selbstaufgabe ist ein weiterer entscheidender Einflussfaktor im psychologischen Bereich. Die reaktive Symptomatik auf Ereignisse kann eine große Rolle spielen. Wichtig ist, dies bei der Anamnese entsprechend zu erfragen (Frage: „Gibt es Veränderungen in Ihrem Leben?"). Es geht nicht nur ausschließlich um belastende Ereignisse, Veränderungen an sich können schon vieles auslösen.

> 🔹 **Lerntipp**
> Kennen Sie die Geschichte vom angeketteten Elefanten? Das Buch heißt *Komm, ich erzähl dir eine Geschichte* von Jorge Bucay [9]. In dieser Geschichte stellt sich ein kleiner Junge die Frage, warum sich der so große, kräftige und mächtige Elefant nicht von seiner Kette befreit. Obwohl er die Kraft hätte, bleibt er an einen kleinen Pflock, der in der Erde steckt, angekettet, ohne zu fliehen. Als Lösung wird dem Jungen die Erklärung angeboten, er bliebe an der Kette, da er dressiert sei. Die berechtigte Gegenfrage ist, warum er dann angekettet sein muss. Irgendwann bekommt er die Antwort: Der kräftige, mächtige Elefant flieht nicht, weil er glaubt, dass er es nicht kann. Er ist seit der Geburt angekettet und hat damals vergebens versucht, sich zu befreien. Allzu tief hat sich die Erinnerung in sein Gedächtnis gebrannt, dass er es nicht kann. Seitdem hat er niemals wieder einen ernsthaften Versuch unternommen.

Persönlichkeitsfaktoren Lange Zeit wurden bestimmte Persönlichkeitsmerkmale als wesentliche individuelle Veranlagung für eine „endogene" Depression angesehen. „So charakterisierte Tellenbach seinen ‚Typus melancholicus' als Primärpersönlichkeit, die sich durch Ordentlichkeit, ‚pathologische Normalität' mit Überkorrektheit, Genauigkeit und Aufopferung auszeichnet" (Möller et al. 2015, S. 99).

Psychosozial-gesellschaftliche Aspekte Die Zunahme „diagnostizierter" depressiver Störungen wird mit einer Veränderung der Berufswelt und Lebensauffassung in Zusammanhang gesetzt. Die Störung der Depression ist mittlerweile „gesellschaftsfähiger" geworden. Man „darf" mittlerweile depressiv sein.

> **Lerntipp**
> Zur eigenen Überlegung: Haben die Zahlen der Erkrankungen zugenommen, oder gehen Betroffene bereitwilliger zum Arzt bzw. lassen Therapien zu?

Psychodynamisch-psychoanalytisches Modell
„Dieser Ansatz geht von einer Trauerarbeit als Reaktion auf den Verlust eines geliebten Objektes aus. Das Erlebnis des Objektverlusts wird durch Einverleibung (Introjektion) abgewehrt und so auf das eigene Ich gerichtet. Entscheidend für die Entwicklung einer depressiv-verwundbaren Persönlichkeit können eine Störung der Mutterbeziehung oder zu anderen Bezugsperson in der oralen Entwicklungsstufe oder Erfahrungen der eigenen Hilflosigkeit sein" (Möller et al. [55], S. 98). Neuere psychoanalytische Konzepte gehen von einer früh entstandenen Störung des Selbstwertgefühls aus. Auch ein verwöhnender Erziehungsstil hat Einfluss auf diese Entwicklung: Im Erwachsenenalter führen dann herausfordernde Situationen zur Dekompensation, sodass diese als Überforderung erlebt werden. Handlungsmöglichkeiten fehlen, Unsicherheit steht im Vordergrund.

> **Lerntipp**
> Haben Sie sich schon einmal für einen bestimmten Wagentyp interessiert, weil sie diesen kaufen wollten? Ist Ihnen danach aufgefallen, dass auf den Straßen scheinbar nur noch dieser Wagen unterwegs ist? Hierzu bietet die kognitive Theorie ein Erklärungsmodell.

Kognitives Modell A. T. Beck, ein amerikanischer Psychiater und Psychotherapeut, entwickelte kognitive Konzepte vor allem zur Behandlung der Depression. Er beschreibt, dass betroffene Menschen eine „Negativspirale" in der Wahrnehmung der eigenen Person, der Umwelt und des möglichen Zustands auszeichnet (kognitive Triade: Person, Umwelt, Zukunft). Für den Erkrankten empfundener Stress führt zur Aktivierung depressionstypischer Kognitionen wie Verallgemeinern von negativen Erfahrungen und zu einem Tunnelblick – hier zu verstehen im Sinne dysfunktionaler kognitiver Denkabläufe. Der Betroffene kann nur noch die „negative Welt" sehen.

> **Hintergrundwissen**
>
> **Die Idee mit den Bohnen**
> Stecken Sie sich eine Handvoll Bohnen in die rechte Hosentasche. Für jeden schönen Moment des Tages nehmen Sie bitte davon 1 Bohne aus der rechten Seite und stecken Sie diese in die linke Hosentasche. Sie werden sehen, die linke Tasche wird sich immer mehr und mehr füllen. Die schönen Momente des Tages werden mehr und mehr wahrgenommen.

Lerntheoretisches Modell Aus lerntheoretischer Sicht sehen manche Autoren Depression als eine Störung der Selbstwahrnehmung, Selbstbewertung und Selbstverstärkung. Ein wichtiges Element lerntheoretischer Modelle zur Depression ist der Verlust von positiven Rückmeldungen der Umwelt. Im Fokus steht dabei, wie sich der erkrankte Mensch bestätigt fühlt. Dabei ist nicht ausschließlich die Umwelt entscheidend, sondern auch der Umgang mit sich selbst. Wie oft am Tag sagt er sich selber, dass er unfähig ist?

> **Hintergrundwissen**
>
> **Charlie-Brown-Technik**
> Charlie Brown erklärt seiner Freundin Lucy:
> „Wenn du dich depressiv fühlen willst, dann lass
> den Kopf und die Schultern hängen. Starre den
> Boden an und mach dir noch ein paar trübe Ge-
> danken. Wenn du das 3-mal täglich tust, hast
> du gute Chancen, depressiv zu werden." Diese
> Faktoren sind für die therapeutischen Angebote
> entscheidend.

7.1.3.2 Schutzfaktoren

Bei all den genannten möglichen auslösenden
Faktoren gibt es auch protektive (schützende)
Faktoren. Dazu gehören soziale Unterstützung, re-
ligiöse Bindung, (sportliche) Aktivitäten und das
Erlernen von Bewältigungsstrategien.

7.1.4 Diagnostik

Die ICD-10 unterteilt Depressionen nach ihrer Intensität in leicht, mittelgradig und schwer. Zur
Evaluation der Symptome gehört die Erfassung
der Intensität beschriebener Wahrnehmungen sowie ihre Dauer. Welche Lebensereignisse haben
stattgefunden? Welche Veränderungen gab es,
z. B. Trauerreaktion auf Verluste?

Symptome haben bei der Depression eine Min-
destdauer von 2 Wochen, bei der Manie von 4 Ta-
gen. Sie werden zu den einzelnen Störungen im
Detail ausgeführt. Zugrunde gelegt werden stan-
dardisierte Beurteilungsskalen:
- Gespräch:
  – Zuhören (!)
  – Abfragen von Haupt- und Zusatzsymptomen
    nach ICD-10
  – Fremd- und Familienanamnese (familiäre Be-
    lastung)
- körperliche Untersuchung/Labor

 Merke
Eine Abklärung durch den Arzt ist erforderlich!

Bei der Diagnosestellung sollten Sie die auftretenden Symptome von folgenden Störungen abgren-
zen können:
- schizoaffektive Psychose: Vorliegen psychotischer Symptome (Kap. 6.6)
- postschizophrene Depression: schizophrene
  Phase im Vorfeld der Erkrankung (Kap. 6.1.5)
- Angststörung: Angst mit begleitenden depressiven Symptomen (Kap. 8.2)
- Belastungsstörung/Trauerreaktion: Schwierigkeiten bei der Verarbeitung aktueller Ereignisse
  (Kap. 8.4)
- Demenz: Orientierungs- und Gedächtnisstörungen (Kap. 4.2)
- Burn-out: Betroffene haben vorher für eine ihnen wichtige Aufgabe „gebrannt".

Eine Komorbidität besteht u. a. bei Angststörungen,
somatoformen Störungen, Essstörungen und Alkoholabhängigkeit. Eine somatische Komorbidität
liegt u. a. bei Menschen mit Diabetes mellitus, ko-
ronarer Herzkrankheit (KHK), chronisch obstrukti-
ver Lungenerkrankung (COPD), onkologischen Erkrankungen, Epilepsie und Morbus Parkinson vor.

Menschen mit Depressionen weisen ein 2-mal
höheres Risiko für die spätere Entwicklung einer
Demenz auf.

7.1.5 Formen

Die Klassifikation affektiver Störungen (F30–F38)
nach ICD-10 ist in **Tab. 7.1** aufgeführt.

7.1.6 Verlauf

Depressive Phasen können sowohl schleichend als
auch plötzlich einsetzen, während manische Phasen typischerweise rasch beginnen. Nur 25 % der
Depressionen verlaufen einphasig. 50 % der Betroffenen erleiden nach der Ersterkrankung nach
durchschnittlich 4 Jahren eine weitere depressive
Phase, nach der 2. Episode erkranken 70 % nach
durchschnittlich 2 Jahren erneut, nach der 3. Episode 90 %. Bei der unipolaren Depression muss
man im Mittel mit 4, bei bipolaren Störungen mit
6 Episoden im Laufe des Lebens rechnen.

Tab. 7.1 Klassifizierung affektiver Störungen (F30–F38) nach ICD-10.

Affektive Störung	Subgruppe
F30 Manische Episode	F30.0 Hypomanie
	F30.1 Manie ohne psychotische Symptome
	F30.2 Manie mit psychotischen Symptomen
	F30.8 Sonstige manische Episoden
	F30.9 Manische Episode, nicht näher bezeichnet
F31 Bipolare affektive Störung	F31.0 Bipolare affektive Stimmung, gegenwärtig hypomanische Episode
	F31.1 Bipolare affektive Störung, gegenwärtig manische Episode ohne psychotische Symptome
	F31.2 Bipolare affektive Störung, gegenwärtig manische Episode mit psychotischen Symptomen
	F31.3 Bipolare affektive Störung, gegenwärtig leichte oder mittelgradige depressive Episode
	F31.4 Bipolare affektive Störung, gegenwärtig schwere depressive Episode ohne psychotische Symptome
	F31.5 Bipolare affektive Psychose, gegenwärtig schwere depressive Episode mit psychotischen Symptomen
	F31.6 Bipolare affektive Psychose, gegenwärtig gemischte Episode
	F31.7 Bipolare affektive Psychose, gegenwärtig remittiert
	F31.8 Sonstige bipolare affektive Störungen
	F31.9 Bipolare affektive Störung, nicht näher bezeichnet
F32 Depressive Episode	F32.0 Leichte depressive Episode
	F32.1 Mittelgradige depressive Episode
	F32.2 Schwere depressive Episode ohne psychotische Symptome
	F32.3 Schwere depressive Episode mit psychotischen Symptomen
	F32.8 Sonstige depressive Episoden
	F32.9 Depressive Episode, nicht näher bezeichnet
F33 Rezidivierende depressive Störung	F33.0 Rezidivierende depressive Störung, gegenwärtig leichte Episode
	F33.1 Rezidivierende depressive Störung, gegenwärtig mittelgradige Episode
	F33.2 Rezidivierende depressive Störung, gegenwärtig schwere Episode ohne psychotische Symptome
	F33.3 Rezidivierende depressive Störung, gegenwärtig schwere Episode mit psychotischen Symptomen
	F33.4 Rezidivierende depressive Störung, gegenwärtig remittiert
	F33.8 Sonstige rezidivierende depressive Störungen
	F33.9 Rezidivierende depressive Störung, nicht näher bezeichnet

▶ **Tab. 7.1** Fortsetzung.

Affektive Störung	Subgruppe
F34 Anhaltende affektive Störungen	F34.0 Zyklothymia
	F34.1 Dysthymia
	F34.8 Sonstige anhaltende affektive Störungen
	F34.9 Anhaltende affektive Störung, nicht näher bezeichnet
F38 Andere affektive Störungen	F38.0 Andere einzelne affektive Störungen
	F38.1 Andere rezidivierende affektive Störungen
	F38.8 Sonstige näher bezeichnete affektive Störungen

Die Dauer unbehandelter depressiver und manischer Episoden beträgt durchschnittlich 6–8 Monate oder sie chronifizieren. Behandelte depressive Episoden dauern im Mittel 12–16 Wochen. Frauen erkranken früher und weisen eine längere Erkrankungsdauer sowie häufiger Rezidive auf.

Manische Phasen sind im Durchschnitt kürzer. Rein manische Verläufe sind, wie bereits beschrieben, seltener, teilweise aufgrund fehlender Erfassung durch nicht stattfindende Arzt-/Therapeutenbesuche.

Eine besondere Verlaufsform ist das **Rapid-Cycling**. Es ist gekennzeichnet durch einen schnellen Wechsel zwischen Depression und Manie, wobei mindestens 4 Phasen pro Jahr oder mehr durchlaufen werden.

> ◀▶ **Lerntipp**
> In welchen Phasen sind die Betroffenen besonders suizidgefährdet?
> Sowohl bei der Depression wie auch bei der Manie steigt die Gefährdung zum Beginn und Ende einer Krankheitsphase. Achtung: Die Antidepressiva wirken oft erst antriebssteigernd und erst dann stimmungsaufhellend.

7.1.7 Therapieansätze

Betroffene Menschen brauchen stützende Gespräche, also eine **supportive Psychotherapie**. Sollte der Klient schon „Erfahrung" mit der Krankheit haben, kann es hilfreich sein, ihn daran zu erin-

nern, dass es andere Zeiten gegeben hat. Auch wenn es zurzeit schwierig ist, sollte dies ggf. als Vertrauensvorschuss gesehen werden. Raten Sie den Klienten, keine grundlegenden Entscheidungen während der Erkrankungsphase zu treffen!

Je nach Schweregrad, Klientenpräferenz, ätiologischem Schwerpunkt und Verfügbarkeit stehen beim Vorliegen einer Depression entweder die medikamentöse Therapie mit Antidepressiva (**Tab. 7.2**), eine Psychotherapie und/oder andere Therapieformen im Vordergrund.

> ✳ **Merke**
> Zuerst muss immer die Gefahr einer Suizidalität abgeschätzt werden! Die Akutbehandlung erfolgt je nach Schweregrad stationär oder ambulant bzw. in einer Tagesklinik. Es kann bei beiden Formen eine beschützende (geschlossene) Unterbringung vonnöten sein, z. B. bei bestehender Suizidalität oder bei Fremdgefährdung (Kap. 19).

Die Akuttherapie der Manie gestaltet sich in der Regel wegen der fehlenden Krankheitseinsicht schwierig. Bei ausgeprägter Symptomatik ist eine stationäre Behandlung erforderlich, wegen der fehlenden Krankheitseinsicht kann eine Unterbringung gegen den Willen des Kranken durch ein Gericht notwendig sein. Wichtig ist eine Abschirmung aller Reize, entscheidend die medikamentöse Therapie (**Tab. 7.2**).

Die Langzeitbehandlung affektiver Störungen gliedert sich in die medikamentöse Therapie und Psychotherapie sowie -edukation.

Tab. 7.2 Medikamentöse Therapie bei affektiven Störungen.

Diagnose	Leitsymptome	Medikamentöse Therapie
depressive Stimmung		
gehemmte Depression	Antriebs- und Denkhemmung	nichtsedierende Antidepressiva (z. B. Citalopram)
agitiert-ängstliche Depression	ängstliche Unruhe	sedierende Antidepressiva (z. B. Mirtazapin) akut eventuell zusätzlich niedrigpotente Neuroleptika (z. B. Pipamperon, Chlorprothixen) oder Tranquilizer wie Benzodiazepin (z. B. Alprazolam, Bromazepam)
Somatisierung/vegetativ-larvierte Depression	(multiple) funktionelle Organbeschwerden, Schmerzen	z. B. Duloxetin, Maprotilin
psychotische Depression (Wahn)	Schuld-, Verarmungswahn	Antidepressiva plus Antipsychotika (z. B. Olanzapin)
anankastische Depression (Zwang)	Grübelzwang, Zwangsgedanken/-handlungen	trizyklische Antidepressiva (z. B. Clomipramin), selektive Serotonin-Wiederaufnahme-Hemmer (SSRI)
schwere/chronische, somatische Erkrankungen	z. B. koronare Herzkrankheit (KHK), Diabetes mellitus, Schlaganfall, Parkinson-Syndrom	SSRI (z. B. Sertralin); trizyklische Antidepressiva (z. B. Citalopram, Nortriptylin)
Manie	inadäquat gehobene Stimmung, Ideenflucht, Rededrang, Selbstüberschätzung, fehlendes Krankheitsgefühl	Antipsychotika (z. B. Haloperidol, Olanzapin, Valproat), Lithium
Zyklothymie	anhaltende Instabilität der Stimmung	ggf. Lithium
Dysthymie	chronische depressive Verstimmung	ggf. SSRI

Medikamentöse Therapie Einen Überblick zu den Medikamenten, die bei affektiven Störungen eingesetzt werden, ist der **Tab. 7.2** zu entnehmen. Zur Rückfallprophylaxe können bei Depressionen Antidepressiva bzw. bei bipolaren Störungen Phasenpräparaten (S. 289) gegeben werden.

Psychologische Therapieverfahren
- psychosoziale Intervention, zum Teil mit Angehörigen, Partner-, Familientherapie
- Therapieverfahren, nach dem Sie ausgebildet sind oder sich noch ausbilden werden, z. B. Hypnoseverfahren bei leichter Depression (Kap. 17.3), Wingwave-Coaching bei Blockaden (Kap. 17.6.9), EMDR (engl. Eye Movement Desensitization and Reprocessing) bei Traumatisierungen, Trauer u. a. (Kap. 17.6.4)

- Erarbeitung einer Tagesstruktur

Weitere Verfahren
- Elektrokonvulsionstherapie (Kap. 17.6.3)
- Lichttherapie (Kap. 17.6.5)
- Schlafentzugsbehandlung (Kap. 17.6.8)

> **Lerntipp**
> Bedenken Sie bitte, dass die Betroffenen oft schon über längere Zeiträume Ratschläge gehört haben, die eher depressionsfördernd sind. Dazu gehören Empfehlungen, sich zusammenzureißen, sich abzulenken und Sport zu treiben. Es sei ja nicht so schlimm, jeder habe schon einmal eine depressive Zeit erlebt.

7.1.8 Mindmap – affektive Störungen (F30–F39)

Eine Übersicht zu den affektiven Störungen zeigt die Mindmap in **Abb. 7.1**.

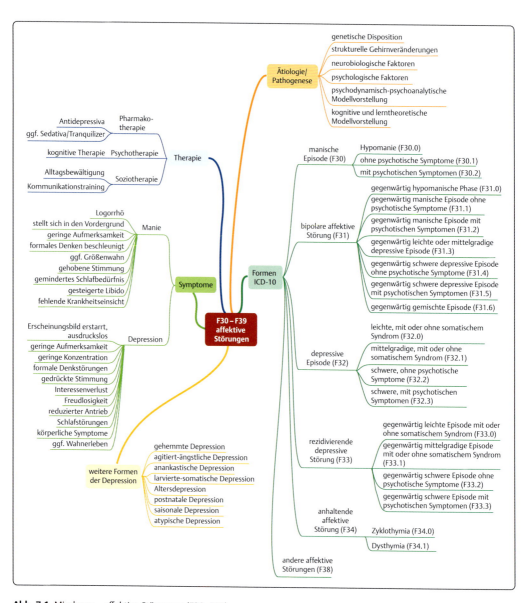

Abb. 7.1 Mindmap – affektive Störungen (F30–F39).

7.2 Manie (F30)

7.2.1 Symptome

In der **Tab. 7.3** finden Sie die Symptome der Manie. Dieses Muster können Sie entsprechend für die Anamnese bzw. den psychopathologischen Befund verwenden.

7.2.2 Formen

Sie finden im Folgenden 3 Schweregrade oder Intensitäten der Manie (**Abb. 7.2**). Grundsätzlich gilt, dass die Diagnose nur gestellt werden kann, wenn keine depressive Phase stattgefunden hat. Ansonsten wird von einer bipolaren affektiven Störung gesprochen.

Tab. 7.3 Psychopathologischer Befund – Symptome einer Manie.

Kategorien	Beschreibung	Symptome
Auftreten	äußeres Erscheinungsbild	versucht, sich zu präsentieren; kann freizügig sein
	Sprache	Sprache schnell, Logorrhö
psychische Veränderungen	Affektivität	euphorisch, **gehobene Stimmung**
	Antrieb und Psychomotorik	gesteigert
	Aufmerksamkeit/Konzentration	gering
	Auffassung	
	Bewusstsein	
	Denken	formales Denken: **beschleunigt**, Einfallsreichtum, Ideenflucht; inhaltliches Denken: ggf. Entwicklung eines Größenwahns
	Halluzinationen	
	Ich-Störungen	
	Intelligenz	
	Merkfähigkeit und Gedächtnis	
	Orientierung	
	zirkadiane Rhythmik	
Selbstbild	Selbstwertgefühl/Selbstvertrauen	Selbstüberschätzung, fühlen sich leistungsfähig
somatische Aspekte	Schlafstörungen	vermindertes Schlafbedürfnis
	Veränderungen des Appetits	
	Veränderungen der Libido	**gesteigert**
	Weiteres	
soziale Aspekte	soziales Verhalten	sucht den Kontakt, grenzüberschreitend, distanzlos, enthemmt
	Freizeitverhalten	
Gefährdung/Compliance	Suizidalität	fehlendes Krankheitsgefühl, finanzieller Ruin

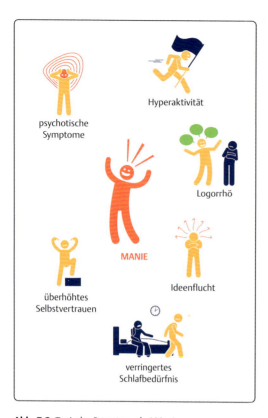

psychotische Symptome

Hyperaktivität

Logorrhö

MANIE

Ideenflucht

überhöhtes Selbstvertrauen

verringertes Schlafbedürfnis

Abb. 7.2 Typische Symptome bei Manie.

7.2.2.1 Hypomanie (F30.0)

Wie die Vorsilbe (griech. hypo = weniger) schon zum Ausdruck bringt, sind die Symptome nicht so stark ausgeprägt wie in dem oben aufgeführten Befund. Diese Menschen sind oft „locker", wirken auf andere witzig, teilweise charmant, sie werden gerne zu Partys eingeladen. Sie können jedoch auf Dauer sehr anstrengend sein. Wird eine unipolare hypomanische Phase erlebt, fühlen sich die Menschen nicht krank, sie erleben es als Hoch, fühlen sich leistungsstark. Das macht es oft sehr schwierig, therapeutisch tätig zu sein.

Ein Klient berichtet: „Ich bin nur hier, weil meine Frau mich geschickt hat. Sie sagt, ich habe mich verändert, sei anstrengend geworden und das ständige Flirten mit anderen Frauen würde nicht zu mir gehören. Ich sehe das anders."

7.2.2.2 Manie ohne psychotische Symptome (F30.1)

Die fehlende Krankheitseinsicht führt dazu, dass die betroffenen Menschen erst dann zum Arzt oder nach Zwangseinweisung in eine Klinik kommen, wenn das berühmte Fass schon übergelaufen ist.

Durch die gehobene Stimmung und Hyperaktivität neigen Betroffene dazu, Geschäfte abzuschließen und andere Menschen von diesen zu „überzeugen". Ein Klient schaffte es, einen Autoverkäufer davon zu überzeugen, dass er mehrere Firmenwagen kaufen würde, und bekam ohne Weiteres einen neuen Wagen zum Probefahren. Leider befand sich der Wagen hinterher nicht mehr in demselben Zustand.

Andere Betroffene verlieren ihre finanzielle Basis – ihre und die der Familie –, indem sie Gemälde kaufen oder sich mit einer Fischzucht selbstständig machen. Weitere flüchtige Ideen und somit Projekte werden gestartet, jedoch nicht beendet. Zu der inadäquaten gehobenen Stimmung und dem beschleunigten Denken kommt eine Selbstüberschätzung, die diese skurrilen Ideen nährt.

Eine erste und wichtige Maßnahme besteht darin, eine gesetzliche Betreuung (auf jeden Fall des finanziellen Bereichs) anzuregen.

Eine nicht weniger zu unterschätzende Symptomatik ist der Verlust des adäquaten Gefühls für eine sozial akzeptierte Nähe und Distanz. Die gesteigerte Sexualität birgt nicht nur die Gefahr von sexuellen Übergriffen und Infektionen durch den

Geschlechtsverkehr, sondern auch bei noch bestehenden Beziehungen den endgültigen Verlust des Partners.

> **Diagnostische Leitlinien nach ICD-10 F30.2**
>
> 1. Die Episode dauert wenigstens 1 Woche und ist schwer genug, um die berufliche und soziale Funktionsfähigkeit mehr oder weniger vollständig zu unterbrechen.
> 2. Die gehobene Stimmung ist dabei von vermehrtem Antrieb und mehreren der genannten Symptome (**Tab. 7.3**), besonders Rededrang, vermindertem Schlafbedürfnis, Größenideen und übertriebenem Optimismus, begleitet.

> **⚡ Lerntipp**
> Die Sprache ist beschleunigt – Sie erinnern sich? Wie heißt das Fachwort?
> Logorrhö!

7.2.2.3 Manie mit psychotischen Symptomen (F30.2)

> **⚡ Lerntipp**
> Richard Gere spielt Mr. Jones, einen manisch-depressiv erkrankten Menschen, in dem gleichnamigen Film. Zu Beginn fährt er – begleitet von den Lied „I feel good" – Fahrrad und überholt dabei andere Radfahrer. Er besorgt sich einen Job auf einer Baustelle, indem er dem Vorarbeiter verspricht, dass er am 1. Tag umsonst arbeiten würde, am 2. Tag für das doppelte Geld und am 3. Tag hätte er (Mr. Jones) seinen (Vorarbeiter-)Job. Er bekommt seine Chance. Auf dem Dach angekommen, steigt er auf den Giebel und erzählt, er könne fliegen – 3-mal um den Block – und würde dann im unten stehenden Bett landen (= Größenwahn). Im weiteren Verlauf des Films besucht er seine ehemalige Universität und sieht dort Menschen, die Instrumente spielen (= Halluzinationen).

Am obigen Beispiel erkennen Sie die Manie mit psychotischen Symptomen. Dazu gehören:

- Selbstüberschätzung und Größenideen, die in Wahn übergehen können
- Reizbarkeit und Misstrauen mit Übergang zum Verfolgungswahn
- Wahrnehmungsstörungen bis hin zu Halluzinationen (v. a. akustisch und optisch)
- anhaltende körperliche Aktivität, Erregung bis zur Gewalttätigkeit

> **⚡ Pause**
> Atmen Sie wie immer tief ein und aus. Schauen Sie sich bitte das Kap. 17.5.3 an und malen Sie völlig entspannt ein Mandala. Gehen Sie dabei gedanklich in Ihre Bibliothek des Wissens.

7.3 Bipolare affektive Störung (F31)

Zu Beginn dieses Kapitels habe ich Ihnen das Bild einer Wippe angeboten. Bei den bipolaren Störungen handelt es sich um eine Störung, die mit Stimmungswechseln einhergeht.

Um die Diagnose treffen zu können, müssen in der Anamnese wenigstens einmal beide Phasen stattgefunden haben, also ein Wechsel zwischen depressiver bzw. manischer Phase. Wiederholte hypomanische oder manische Episoden werden ebenfalls als bipolar klassifiziert. Es können auch mehrere depressive Phasen auftreten, dann eine manische Phase oder Ähnliches.

> **✳ Merke**
> Für die Anamnese aller Formen gilt, dass wenigstens 1 weitere affektive Episode (hypomanisch, manisch, depressiv oder gemischt) vorliegen muss.

In der **Tab. 7.4** finden Sie die entsprechenden Leitlinien gemäß ICD-10.

Tab. 7.4 Klassifizierung bipolarer affektiver Störungen nach ICD-10.

Bipolare affektive Störung, ...	Gegenwärtige Symptome
gegenwärtig hypomanische Episode (F31.0)	Kriterien der Hypomanie (F30.0)
gegenwärtig manische Episode ohne psychotische Symptome (F31.1)	Kriterien der Manie ohne psychotische Symptome (F30.1)
gegenwärtig manische Episode mit psychotischen Symptomen (F31.2)	Kriterien der Manie mit psychotischen Symptomen (F30.2)
gegenwärtig leichte oder mittelgradige depressive Episode (F31.3)	Kriterien für eine leichte (F32.0) oder mittelgradige (F32.1) depressive Episode
gegenwärtig schwere depressive Episode ohne psychotische Symptome (F31.4)	Kriterien für eine schwere depressive Episode ohne psychotische Symptome (F32.2)
gegenwärtig schwere depressive Episode mit psychotischen Symptomen (F31.5)	Kriterien für eine schwere depressive Episode mit psychotischen Symptomen (F32.3)
gegenwärtig gemischte Episode (F31.6)	Mischzustand aus manischen und depressiven Symptomen

7.4 Depression (F32)

🔁 Lerntipp

Wichtig ist es, sich als Therapeut nicht von der depressiven Haltung des Klienten „anstecken" zu lassen. Eine Therapiesitzung kann durchaus „erdrückend" sein. Sorgen Sie für sich selber. Nehmen Sie die Pausenideen aus diesem Buch mit und/oder klopfen Sie sich nach jeder Sitzung von oben nach unten und zurück ab.

7.4.1 Symptome

Das klinische Bild der Depression kann vielfältig sein. Als Leitsymptome gelten depressive Verstimmung, Hemmung von Antrieb und Denken sowie Schlafstörungen. Das Ausmaß der Depressivität kann von leicht gedrückter Stimmung bis zum Gefühl der Gefühllosigkeit reichen. Und so wird es auch in der ICD-10 klassifiziert.

Bei dem Erleben der Krankheit geht es nicht um das „Nicht-Wollen", sondern um das „Nicht-Können". Wie bei der Schizophrenie ist auch bei den affektiven Störungen die Psychoedukation (Aufklärung) sehr wichtig (S. 110).

Der Antrieb kann so gehemmt sein, dass die Klienten sich weder selbst noch durch Dritte motivieren können, sie sind interesse- und initiativlos. Sie können sich nur schwer oder gar nicht entscheiden. Auch für Menschen mit einer Depression gilt, dass sie in der akuten Erkrankungsphase keine grundlegenden Entscheidungen treffen sollten. Weiterhin klagen sie häufig über Angst und quälende Unruhe und fühlen sich hilf- und hoffnungslos. Die Zukunft wird als ausweglos gesehen.

❗ Cave

Es besteht ein ausgeprägtes Suizidrisiko. Die Suizidalitätsrate ist mit etwa 4 % ca. 30-mal höher als in der Durchschnittsbevölkerung. 15 % der erkrankten Menschen mit schweren depressiven Störungen begehen Suizid. 20–60 % weisen Suizidversuche in ihrer Krankheitsgeschichte auf, 40–80 % leiden während einer Depression an Suizidideen.

Die Hemmung von Antrieb und Psychomotorik kann sich bis zum depressiven Stupor steigern, bei dem die Kranken teilnahmslos und fast bewegungslos verharren.

Die Stimme ist leise, zögerlich und zurückhaltend. In Kommunikation und Kontakt zu treten, fällt ihnen schwer und wird als anstrengend empfunden. Das äußere Erscheinungsbild ist gedrückt, die Schultern und der Kopf eher eingezogen, der Gesichtsausdruck ist ernst, erstarrt, kann jedoch auch leer wirken. Der Blick ist gesenkt.

Vegetative Symptome wie Appetitlosigkeit, Obstipation und Libidomangel werden oft beschrieben. Zu den körperlichen Symptomen gehören weiterhin Missempfindungen und Befindlichkeitsstörungen wie Druck- und Schweregefühl im Brust- oder Bauchraum bzw. der Extremitäten sowie Schmerzwahrnehmungen. Viele Betroffene empfinden eine leibliche Störung mit verminderter Vitalität im Sinne von Erschöpfung und Energielosigkeit (larvierte Depression). Diese Symptome werden auch als somatisches Syndrom bezeichnet. Dies führt sie in der Regel zum Arzt – zum Allgemeinmediziner.

Zu den Symptomen nach ICD-10 gehören:
- gedrückte Stimmung
- Interessenverlust
- Freudlosigkeit
- Verminderung des Antriebs
- erhöhte Ermüdbarkeit

Daneben liegen häufig weitere Symptome vor:
- verminderte Konzentration und Aufmerksamkeit
- vermindertes Selbstwertgefühl und Selbstvertrauen
- Schuldgefühle und Gefühle von Wertlosigkeit (sogar bei leichten depressiven Episoden)
- negative und pessimistische Zukunftsperspektiven
- Suizidgedanken, erfolgte Selbstverletzung oder Suizidhandlungen
- Schlafstörungen
- verminderter Appetit

Die Verminderung der Energie führt zur erhöhten Ermüdbarkeit und Aktivitätseinschränkung. Deutliche Müdigkeit tritt oft nach kleinen Anstrengungen auf.

Eine Übersicht zu den Symptomen bei einer Depression zeigt die **Tab. 7.5**.

7.4.2 Formen

Wie Sie anhand der **Abb. 7.3** sehen, klassifiziert die ICD-10 ausschließlich nach leichter, mittelgradiger und schwerer Symptomatik. Darüber hinaus werden im triadischen System Formen nach deren Genese beschrieben.

7.4.2.1 Formen nach dem triadischen System
Gehemmte Depression
Im Vordergrund steht die Reduktion der Psychomotorik und Aktivität, im Extremfall bis zur Bewegungslosigkeit – der depressive Stupor.

Agitiert-ängstliche Depression
Die ängstliche Getriebenheit und die Bewegungsunruhe stehen im Vordergrund. Betroffene sind ständig unruhig, unterwegs und beschäftigt. Im Vergleich zu den manischen Episoden bekommen diese Betroffenen jedoch noch Dinge erledigt.

> **Lerntipp**
> Diese Form wurde früher auch „Sisi-Syndrom" (auch: Sissi-Syndrom) bezeichnet. Heute würde die Kaiserin Elisabeth diese Diagnose bekommen. Auch sie war ständig unterwegs – wie auf der Flucht! Menschen mit diesem Krankheitsbild haben das Gefühl, nirgendwo anzukommen. Dieses „Getriebensein" ist ein Selbstschutz: Wären sie nicht beschäftigt, würden sie ansonsten diese innere Leere und/oder den Schmerz spüren.

Anankastische Depression
Zwangssymptome stehen im Vordergrund, übermäßige Gewissenhaftigkeit, Ordentlichkeit. Betroffene sind sehr genau und halten sich an Rituale.

Tab. 7.5 Psychopathologischer Befund – Symptome einer Depression.

Kategorien	Beschreibung	Symptome
Auftreten	äußeres Erscheinungsbild	Gesichtsausdruck ernst, ausdruckslos, traurig, erstarrt; Blick nach unten gerichtet
	Sprache	Stimme leise, schwingungsarm
psychische Veränderungen	Affektivität	**gedrückte Stimmung, Interessenverlust, Freudlosigkeit;** „nicht mehr fühlen können", Gefühl der Gefühllosigkeit, Angstgefühle
	Antrieb und Psychomotorik	**verminderter Antrieb, erhöhte Ermüdbarkeit;** Interessenverlust, kann sich schlecht entscheiden, innere Unruhe; bewegungslos, teilnahmslos bis zum depressiven Stupor
	Aufmerksamkeit/Konzentration	beides vermindert
	Auffassung	
	Bewusstsein	
	Denken	formales Denken: gehemmt, Grübeln
	Halluzinationen	
	Ich-Störungen	
	Intelligenz	
	Merkfähigkeit und Gedächtnis	
	Orientierung	
	zirkadiane Rhythmik	bei der saisonalen Form abhängig von Frühjahr/Winter
Selbstbild	Selbstwertgefühl/Selbstvertrauen	reduziert, hilflos; Schuldgefühle, Gefühle von Wertlosigkeit
somatische Aspekte	Schlafstörungen	Schlafstörungen – Morgen- oder Abendtief
	Veränderungen des Appetits	verminderter Appetit
	Veränderungen der Libido	reduziert
	Weiteres	körperliche Symptome bei der larvierten Depression (zur Erinnerung: immer Abklärung beim Arzt!) Obstipation, Druck- und Schweregefühl im Brust- und Bauchraum, Schmerzgefühle
soziale Aspekte	soziales Verhalten	
	Freizeitverhalten	
Gefährdung/ Compliance	Suizidalität	Suizidgedanken, -handlungen, Selbstverletzungen, pessimistische Zukunftsperspektive, hoffnungslos

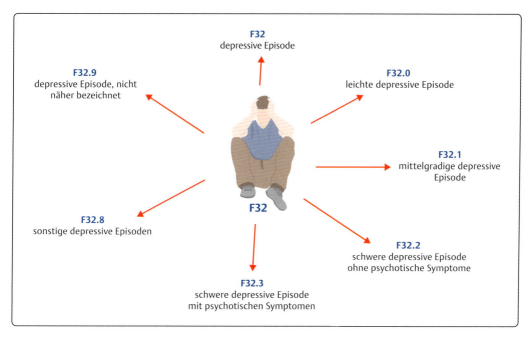

Abb. 7.3 Formen der Depression.

Larvierte (somatische) Depression

Vegetative Störungen und vielfältige funktionelle Organbeschwerden stehen im Vordergrund. Die Depression wird „vitalisiert" im und am Leib gespürt. Sie spielt in der Praxis des Allgemeinarztes eine besondere Rolle. Viele Betroffene konsultieren den Hausarzt wegen der körperlichen Symptome (**Abb. 7.4**).

Für das vor allem bei schweren Depressionen vorkommende „somatische Syndrom" sind folgende Symptome typisch:

- mangelnde Fähigkeit, auf Ereignisse emotional zu reagieren
- Morgentief
- frühmorgendliches Erwachen
- psychomotorische Hemmung/Agitiertheit
- Appetitverlust
- Verlust von Freude und Interesse an angenehmen Tätigkeiten
- Libidoverlust
- ungewollter Gewichtsverlust von mehr als 5 % des Körpergewichts

7.4.2.2 Sonderformen

Bei diesen Formen der Depression treten entgegen den ICD-10-Kriterien die Ursachen in den Fokus. Dieser Bereich wurde bereits zur Ätiologie/Pathogenese eingehend behandelt (Kap. 7.1.3). Auch für therapeutische Ansätze spielt dieser Blickwinkel eine große Rolle.

Altersdepression

Wie der Name sagt, hat diese Form etwas mit dem Alter zu tun. Die Ersterkrankung findet nach dem 60. Lebensjahr statt. Zur Diagnose kann die Geriatrische Depressionsskala (GDS) herangezogen werden.

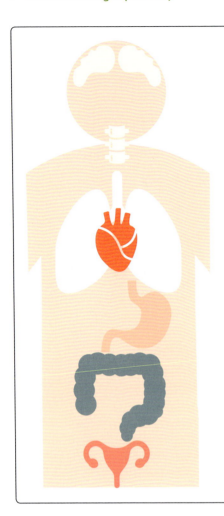

Kopfschmerzen,
Schwindel

Rückenschmerzen

Atembeschwerden
(Atemkorsett, Lufthunger,
Engegefühl, Globusgefühl)

Herzbeschwerden
(Druck und Stechen in der
Herzgegend, Herzjagen,
Herzstolpern, Gefühl des
Zugeschnürtseins)

Magen-Darm-
Beschwerden
(Appetitmangel, Übelkeit,
Würge- und Trockenheits-
gefühl im Hals,
Sodbrennen,
krampf- und druckartige
Schmerzen, Verstopfung,
Durchfall, Völlegefühl)

Unterleibsbeschwerden
(Zyklusstörungen, Krampf-
und Druckschmerzen im
kleinen Becken,
Bauchschmerzen, Reizblase)

Abb. 7.4 Mögliche körperliche Symptome, die begleitend zu einer Depression auftreten können.

Geriatrische Depressionsskala (GDS)

Die folgenden Fragen sind dem Arbeitsmaterial der AMDP entnommen (Sheikh u. Yesavage 1986, aus Schneider [65]).

Fragen

1. Sind Sie im Wesentlichen mit Ihrem Leben zufrieden? Ja/Nein
2. Haben Sie viele Interessen und Aktivitäten aufgegeben? Ja/Nein
3. Haben Sie das Gefühl, dass Ihr Leben leer ist? Ja/Nein
4. Sind Sie oft gelangweilt? Ja/Nein
5. Schauen Sie zuversichtlich in die Zukunft? Ja/Nein
6. Sind Sie besorgt, dass Ihnen etwas Schlimmes zustoßen könnte? Ja/Nein
7. Fühlen Sie sich die meiste Zeit glücklich? Ja/Nein
8. Fühlen Sie sich hilflos? Ja/Nein
9. Ziehen Sie es vor, zu Hause zu bleiben, anstatt auszugehen und sich mit etwas Neuem zu beschäftigen? Ja/Nein
10. Haben Sie den Eindruck, dass Sie in letzter Zeit mehr Probleme mit Ihrem Gedächtnis haben als früher? Ja/Nein
11. Finden Sie es schön, jetzt in dieser Zeit zu leben? Ja/Nein
12. Fühlen Sie sich wertlos, so wie Sie zurzeit sind? Ja/Nein
13. Fühlen Sie sich voller Energie? Ja/nein
14. Haben Sie das Gefühl, Ihre Situation sei hoffnungslos? Ja/Nein
15. Haben Sie den Eindruck, dass es den meisten Menschen besser geht als Ihnen? Ja/Nein

Auswertung

Für die Fragen 1, 5, 7, 11, 13 gibt es für die Antwort „Nein", für die übrigen Fragen für die Antwort „Ja" jeweils 1 Punkt. Die maximale Punktzahl beträgt 15. Ein Summenwert von 6 und mehr Punkten ist für eine Depression klinisch auffällig.

Postpartale Depression

Diese tritt meist in den ersten Wochen nach der Entbindung bei ca. 10–15 % der Mütter auf. Typisch sind deutliche Stimmungsschwankungen mit Insuffizienzgefühlen, Zwangsgedanken und -impulsen. Versagungsängste können eine entscheiden Rolle spielen, jedoch auch der eigene Erwartungsdruck und der von anderen. Sie ist nicht zu verwechseln den sehr häufigen „Heultagen" in den ersten 10 Tagen nach einer Geburt.

Saisonale Depression

Regelhaft im Spätherbst und Winter tritt eine Depression infolge von fehlenden Lichteinflüssen auf.

Atypische Depression

Hier liegen die gegenteiligen Symptome einer typischen Depression vor, nämlich Hyperphagie (Kohlenhydrathunger), Hypersomnie, Kränkbarkeit, Überempfindlichkeit auf Kritik, Schweregefühl in den Extremitäten.

7.5 Anhaltende affektive Störungen (F34)

Bei diesen Störungsbildern handelt es sich um anhaltende Stimmungsveränderungen. Die Betroffenen können ihren Alltag „meistern", durch die lang anhaltende Dauer der Symptome kommt es allerdings zum subjektiv empfunden Leid und zu Beeinträchtigungen.

7.5.1 Zyklothymia (F34.0)

Die Bezeichnung Zyklothymie wurde früher als Synonym für affektive Störungen benutzt, jetzt gehört sie zu den anhaltenden affektiven Störungen.

Es handelt sich um eine Instabilität der Stimmung: Leichte depressive Phasen werden von leichten gehobenen Stimmungsphasen abgelöst, ohne dass es einen Bezug zur aktuellen Lebenssituation gibt. Die Betroffenen erleben die Phase der Stimmungsaufhellung als sehr angenehm, es geht ihnen gut, sie fühlen sich wohl und es besteht keinerlei Leidensdruck. In der Regel erfolgt keine ärztliche bzw. therapeutische Behandlung. Wer geht schon zum Therapeuten, wenn es ihm so gut geht?

Auch diese Form tritt oft im frühen Erwachsenenalter in Erscheinung, sodass sie von betroffenen Menschen als zu sich gehörig empfunden wird.

Diagnostische Leitlinien nach ICD-10 F34.0

1. Das wesentliche Kennzeichen ist eine anhaltende Stimmungsinstabilität, mit zahlreichen Perioden leichter Depression und leicht gehobener Stimmung.
2. Von diesen Phasen darf keine so schwer oder lang andauernd sein, dass sie die Kriterien für eine bipolare Störung (F31) oder eine rezidivierende depressive Störung (F33) erfüllt. Das bedeutet, dass die einzelnen Episoden von Stimmungsschwankungen nicht die Kriterien für manische (F30) oder depressive Episoden (F32) erfüllen.

7.5.2 Dysthymia (F34.1)

Bei der Dysthymie handelt es sich um eine chronische depressive Verstimmung leichten Grades, die mindestens 2 Jahre kontinuierlich andauert. Die Betroffenen fühlen sich unwohl und müde, depressiv, unzulänglich und schlafen schlecht. Alles wird als Anstrengung erlebt und ist mühevoll. Sie spüren wenig Spaß und Freude am Leben. Dennoch sind sie durchaus in der Lage, die täglichen Aufgaben des Lebens zu meistern.

Diagnostische Leitlinien nach ICD-10 F34.1

1. Das wesentliche Kennzeichen ist die lang andauernde depressive Verstimmung, die niemals oder nur selten ausgeprägt genug ist, um die Kriterien für eine rezidivierende leichte (F33.0) oder mittelgradige depressive Störung (F33.1) zu erfüllen.
2. Sie beginnt gewöhnlich früh im Erwachsenenleben und dauert mindestens mehrere Jahre, manchmal lebenslang.
3. Bei Beginn im höheren Lebensalter tritt die Störung häufig nach einer abgrenzbaren depressiven Episode (F32), nach einem Trauerfall oder einer anderen offensichtlichen Belastung auf.

Die Störung beginnt oft im frühen Erwachsenenalter und hat viel mit der früheren Bezeichnung „depressive Neurose/neurotische Störung" zu tun.

Lerntipp

Überlegen Sie bitte kurz: Wieso ist dies die „alte" Bezeichnung? Was zeichnet einen Menschen mit „neurotischen Zügen" aus?

Pause

Auch wenn es noch so interessant ist – genug gelernt! Eine Pause ist fällig. Stellen Sie Ihren Wecker, sodass er nach 15 min klingelt. Lehnen Sie sich entspannt zurück und schließen Sie Ihre Augen, atmen Sie tief ein und aus. Stellen Sie sich wieder vor, wie Sie beim Einatmen Energie aufnehmen und beim Ausatmen alles loslassen dürfen. Konzentrieren Sie sich auf Ihre Augenlider und senden Sie die Ruhe aus den Augenlidern 3-mal hintereinander durch Ihren ganzen Körper.

Prüfungsfragen

1. Welche Aussage zu den Symptomen der depressiven Episode trifft zu?

a) Stimmenhören kann bei einer depressiven Episode auftreten.
b) Motorische Unruhe schließt eine depressive Episode aus.
c) Die Dauer des Vorliegens der Symptome ist unerheblich.
d) Die Symptome müssen den ganzen Tag kontinuierlich vorhanden sein.
e) Das Vorkommen eines somatischen Syndroms ist für eine depressive Episode nicht typisch.

2. Was ist ein diagnostisches Kriterium (nach ICD-10) für eine depressive Episode?

a) Dauer von mindestens 2 Monaten
b) Dauer von mindestens 6 Monaten
c) ängstliche vermeidende Persönlichkeit
d) Antriebsminderung
e) gesteigerte Libido

3. Welche Aussagen treffen auf die Behandlung psychisch Kranker zu?

a) Psychisch Kranke mit akuter Psychose werden für mindestens 10 Wochen zwangsweise in einer psychiatrischen Fachklinik untergebracht.
b) Psychisch Kranke mit einer schizophrenen Psychose können bei akuter Selbstgefährdung auch gegen ihren Willen in die Fachklinik eingewiesen werden.
c) Chronisch psychisch Kranke können auch vom Heilpraktiker gegen ihren Willen in eine Fachklinik eingewiesen werden.
d) Ein Heilpraktiker mit allgemeiner Erlaubnis darf keine Klienten mit seelischen Krankheiten behandeln.
e) Chronisch psychisch Kranke werden vom Psychiater grundsätzlich auf ein injizierbares Depot-Neuroleptikum eingestellt.

4. Welche der folgenden Symptome können bei manischen Phasen einer manisch-depressiven Psychose (bipolare affektive Störung) häufig beobachtet werden?

1. fehlendes Krankheitsgefühl
2. leibliche Beeinflussungserlebnisse
3. Ideenflucht
4. vermindertes Schlafbedürfnis
5. gesteigerte sexuelle Aktivität
a) Nur die Aussagen 1 und 5 sind richtig.
b) Nur die Aussagen 2 und 3 sind richtig.
c) Nur die Aussagen 3 und 4 sind richtig.
d) Nur die Aussagen 1, 3 und 4 sind richtig.
e) Nur die Aussagen 1, 3, 4 und 5 sind richtig.

5. Welche Aussage zur Manie trifft zu?

a) Psychotherapie steht im Vordergrund der Behandlung.
b) Die Patienten erkranken in der Regel erst im Alter von über 60 Jahren.
c) Es besteht ein erhöhtes Schlafbedürfnis.
d) Psychotische Symptome sind mit der Diagnose einer Manie vereinbar.
e) Größenideen kommen bei der Manie nicht vor.

6. Wie lange müssen die Symptome bei einer Dysthymie für eine Diagnosestellung (nach ICD-10) mindestens bestehen?

a) 1 Monat
b) 6 Monate
c) 1 Jahr
d) 2 Jahre
e) 5 Jahre

7. Welche der folgenden Aussagen trifft (treffen) für die bipolare affektive Störung (manisch-depressive Krankheit) nach ICD-10 zu?

1. Manische Episoden dauern in der Regel zwischen 2 Wochen und 4–5 Monaten.
2. Charakteristisch bei der bipolaren affektiven Erkrankung ist eine weitgehende bis vollständige Besserung zwischen den Episoden.
3. Von der Erkrankung sind weit überwiegend Männer betroffen.
4. Manische Episoden beginnen in der Regel abrupt (rasch, innerhalb weniger Tage).
5. Depressive Phasen der bipolaren Störung tendieren zu längerer Dauer als manische Phasen, selten allerdings länger als 1 Jahr.
a) Nur die Aussage 1 ist richtig.
b) Nur die Aussagen 2 und 3 sind richtig.
c) Nur die Aussagen 2, 3 und 4 sind richtig.
d) Nur die Aussagen 1, 2, 4 und 5 sind richtig.
e) Alle Aussagen sind richtig.

8. Welche Erkrankung oder Störung liegt hier wahrscheinlich vor?

Eine 38-jährige Büroangestellte berichtet Ihnen, seit 5 Jahren sehr häufig unter einer trüben und traurigen Stimmung zu leiden. Sie fühle sich erschöpft und könne nachts schlecht einschlafen. Sie würde vermehrt grübeln. Sie gehe stets zur Arbeit, aber ungern.

a) multiple Persönlichkeitsstörung
b) Dysthymie
c) Zyklothymie
d) Somatisierungsstörung
e) schwere depressive Episode

9. Symptome einer depressiven Episode können sein:

1. verminderte Konzentration und Aufmerksamkeit
2. Interessenverlust
3. frühmorgendliches Erwachen
4. psychomotorische Hemmung
5. Wahnvorstellungen
a) Nur die Aussagen 1 und 2 sind richtig.
b) Nur die Aussagen 3 und 5 sind richtig.
c) Nur die Aussagen 1, 3 und 4 sind richtig.
d) Nur die Aussagen 1, 2, 4 und 5 sind richtig.
e) Alle Aussagen sind richtig.

10. Welche vegetativen Symptome und Vitalstörungen (leiblichen Missempfindungen) zählen zum somatischen Syndrom einer Depression?

1. Appetitverlust
2. vermehrte Tränen- und Speichelbildung
3. Druckgefühl auf Brust- oder Bauchraum
4. Potenzverlust bei Männern
5. Diarrhö
a) Nur die Aussagen 1 und 3 sind richtig.
b) Nur die Aussagen 1 und 4 sind richtig.
c) Nur die Aussagen 1, 3 und 4 sind richtig.
d) Nur die Aussagen 2, 3 und 4 sind richtig.
e) Alle Aussagen sind richtig.

8 Neurotische, Belastungs- und somatoforme Störungen (F40–F48)

Sie finden in diesem Kapitel Krankheitsbilder, die mit einer Störung der Verarbeitung bzw. nicht erfolgten Verarbeitung von Erlebtem zu tun haben. Neurotische, Belastungs- und somatoforme Störungen gehören zu den Störungen, die sehr häufig auftreten. Die Klienten finden den Weg zu Ihnen als Heilpraktiker für Psychotherapie oft erst über viele Umwege. Erweitert wird die Darstellung der Belastungs- und Anpassungsstörungen (F43) um andauernde Persönlichkeitsänderungen infolge schwerster Belastungen (F62), die dem F6-Bereich zugeordnet sind.

- F43 Reaktionen auf schwere Belastungen und Anpassungsstörungen
- F44 Dissoziative Störungen (Konversionsstörungen)
- F45 Somatoforme Störungen
- F48 Andere neurotische Störungen

> ✳ **Merke**
> Allen Krankheitsbildern gemeinsam ist, dass es **keine organischen Ursachen** gibt, ein Realitätsbezug bleibt erhalten. Daher gilt, dass vorab körperliche Ursachen vom Arzt auszuschließen sind!

8.1 Allgemeines

Wie in Kap. 3.4 beschrieben, sind die Krankheitsbilder, die in der ICD-9 noch dem Neurosemodell zugeordnet wurden, jetzt in der ICD-10 unter der Überschrift „Neurotische, Belastungs- und somatoforme Störungen" zu finden. Hierbei handelt es sich um folgende Störungen (**Abb. 8.1**):

- F40 Phobische Störungen
- F41 Andere Angststörungen
- F42 Zwangsstörungen

8.1.1 Neurosenlehre

Wird der Begriff der Neurose verwendet, ist dieser unweigerlich mit dem Begründer der Psychoanalyse Sigmund Freud gekoppelt. Die Übersetzung des Wortes Neurose (=Nerven) führte zu dem Krankheitsbegriff Nervenkrankheit. So wie psychiatrische Kliniken früher Nervenheilanstalten hießen.

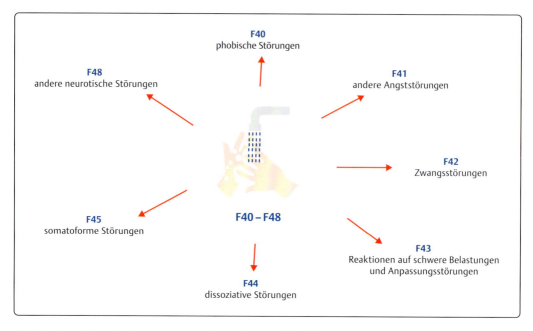

Abb. 8.1 Neurotische, Belastungs- und somatoforme Störungen (F40–F48).

> ### 🕮 Lerntipp
>
> Wie ist die Übersetzung jetzt zu verstehen? Eine Neurose ist eine psychisch bedingte Gesundheitsstörung, die sich infolge eines innerseelischen Konflikts entwickelt. Die Inhalte dieses Konflikts werden durch den Vorgang der Verdrängung in das Unbewusste verschoben.
> Der Begriff „Unbewusstes" soll zum Ausdruck bringen, dass wir uns dessen nicht bewusst sind. Unbewusste Vorgänge finden im gesamten Gehirn statt, es gibt keine spezifische topographische Zuordnung.

Das vom Klienten erlebte Symptom drückt den psychischen Konflikt in der Neurose symbolisch aus. Es stellt einen Kompromiss zwischen Triebwunsch und dessen Abwehr dar. Die innerseelischen Konflikte haben ihre Wurzeln in der frühen Kindheit eines Menschen (erste 6 Lebensjahre). Eine Neurose ist also eine psychische Störung ohne nachweisbare körperliche Ursache mit relativ ungestörter Realitätswahrnehmung.

Was bedeutet das? Nehmen wir einmal an, eine Klientin hatte schon in der Kindheit immer wieder Konflikte mit ihrem Vater, er war streng, hat viel verlangt, konnte keine Anerkennung geben. Das Verhältnis war im Laufe des weiteren Lebens weiterhin unstimmig. Irgendwie hat sich die Familie arrangiert. Die Klientin kam einigermaßen gut durch ihr Leben, sie hat ihre eigene Familie, arbeitet, ihren Kindern geht es gut. Sie wirkt oft etwas unsicher, manchmal ängstlich. Im Grunde mag sie es, wenn ihr Mann ihr Entscheidungen abnimmt. Nun wird ihr Vater pflegebedürftig, und es wird von ihr erwartet, dass sie sich um ihn kümmert (= aktueller Auslöser). Moralverständnis/Über-Ich: Es wird erwartet, dass sie die Pflege übernimmt. Sie möchte dies nicht tun (= Konflikt). Das „Ich" ist nicht stark genug, eine Lösung zu finden, z. B. einen Pflegedienst auszuwählen und zu kontaktieren. Das „Ich" sucht eine Lösung und konvertiert (verlagert) in ein Symptom. Sie bekommt unerklärliche Lähmungserscheinungen in den Armen (= unbewusste Konfliktlösung). So geht sie jetzt von einem Arzt zum anderen, die allesamt keine nachweisbare körperliche Ursache finden. Sollte ihr jemand raten, zu einem Psychotherapeuten zu gehen, wird sie wahrscheinlich ablehnen. Sie hat es ja schließlich nicht im Kopf, sondern kann ihre Arme nicht bewegen. Sollte der Vater versterben, wird sie geheilt sein und der gerade behandelnde Arzt wird derjenige sein, der endlich die richtige Therapie für sie gefunden hat.

Beim Lesen dieser Krankheitsgeschichte ist es völlig verständlich, um was es geht – jedoch nicht der Klientin. Sollte ein Therapeut sich ihr thematisch so nähern, wird sie wahrscheinlich nicht wiederkommen. Denn, wäre es ihr bewusst, könnte sie anders reagieren, z. B. einfach einen ambulanten Pflegedienst beauftragen.

8.1.1.1 Instanzenmodell nach Freud

Sigmund Freud, der Begründer der Psychoanalyse, entwickelte das folgende Instanzenmodell (**Abb. 8.2**):

- „**Über-Ich**": vertritt das Gewissen, die Moral
- „**Ich**": vertritt das Realitätsprinzip
- „**Es**": vertritt das Lustprinzip

Das „Über-Ich" und das „Es" sind Gegenspieler, und das „Ich" hat die Aufgabe, ständig Lösungen zu finden und die Konflikte zu lösen. Dazu stehen ihm **Abwehrmechanismen** zur Verfügung (**Tab. 8.1**). Die Abwehrmechanismen stehen uns Menschen also als „Ausweg" oder „Ventil" zur Verfügung, der berühmte „Plan B", der unbewusst abgerufen wird. Weitere Informationen zum Instanzenmodell finden Sie in Kap. 17.2.2.

8.1.1.2 Psychosexuelle Entwicklungsphasen nach Freud

Weiterhin beschrieb Sigmund Freud Phasen der Entwicklung des Menschen bzw. seiner Persönlichkeit. Treten Störungen beim Durchlaufen dieser Phasen auf, entstehen dadurch typische Krankheitsbilder (**Tab. 8.2**).

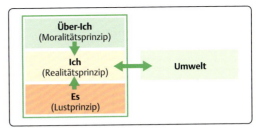

Abb. 8.2 Instanzenmodell der Persönlichkeit nach S. Freud (Abb. aus: Ekert B, Psychologie für Pflegeberufe. Thieme; 2019).

Wird von Neurosen gesprochen, bezieht sich die Vorstellung der Genese auf frühkindliche Konflikte, die sich im Erwachsenenalter manifestieren können.

Allerdings gibt es, wie im obigen Beispiel beschrieben, viele Menschen, die in ihrer Entwicklung Konflikte erlebten, ohne später psychische Probleme zu haben. Umgekehrt erkranken Menschen, die nicht zwingenderweise ausgeprägte Konflikte erlebt haben. Somit sind wir wieder beim multifaktoriellen Geschehen.

Pause

Nun, was möchte Ihr Unbewusstes jetzt? Schließen Sie die Augen und spüren Sie in sich hinein. Welchen Wunsch nehmen Sie wahr? Mit Sicherheit gleich weiterzulesen, aber zunächst sorgen Sie für etwas Ruhe und/oder Bewegung.

Tab. 8.1 Abwehrmechanismen.

Begriff	Definition
Identifikation	Die Identifikation mit Autoritätspersonen wirkt Minderwertigkeitsgefühlen entgegen. Beispiel: „Wir haben gewonnen!"
Intellektualisierung	Verschiebung von Emotionalem ins Rationale Beispiel: „Wir haben eine sachliche Erklärung dafür."
Introjektion	Ideale, Ideen oder Gefühle anderer werden ins eigene Ich übernommen. Beispiel: „Ich habe das schon immer so gesagt oder gemacht", „Ich bin genau so wie ..."
Isolierung	Erfahrungsinhalte werden von den dazugehörigen Gefühls- oder Triebreaktionen abgetrennt. Beispiel: „Ich funktioniere und betrachte es von außen."
Konversion	Umwandlung psychischer Konflikte in körperliche Symptome Beispiel: unbewusste Ablehnung der Pflege des Vaters – Lähmung der Arme
Projektion	Eigene inakzeptable Bedürfnisse, Impulse oder Gefühle werden auf andere projiziert. Beispiel: Mit erhobener Stimme: „Ich bin nicht aggressiv! Sondern **Sie** sind aggressiv!"
Reaktionsbildung	Verkehrung unerlaubter oder unerwünschter Triebe oder Gefühle in ihr Gegenteil Beispiel: Etwas oder jemand, den man nicht mag oder ablehnt, wird verehrt.
Rationalisierung	Problematische Gefühle, Wünsche oder Impulse werden durch Vernunfterklärungen dargelegt. Beispiel: Gefühle und Inhalte werden getrennt.
Regression	Rückfall auf eine kindliche Entwicklungsstufe, um Konflikten aus dem Weg zu gehen. Beispiel: Verantwortung wird abgegeben. Kinder „nuckeln" wieder.
Spaltung	Gegensätzliche Gefühle/Impulse werden nicht gleichzeitig, sondern zeitlich versetzt wahrgenommen bzw. ausagiert. Beispiel: Erst nach einem Ereignis wird nach und nach darüber berichtet, teilweise so, als würde von jemand anderem erzählt.
Sublimierung	Inakzeptable Bedürfnisse oder Gefühle werden in gesellschaftlich akzeptabler Form ausgedrückt. Beispiel: Sexuelle Vorlieben werden in Kunst (Bildern, Statuen) dargestellt.
Ungeschehen machen	Abwehr von Schuldgefühlen und Ängsten durch symbolische (magische) Wiedergutmachungsrituale
Verdrängung	Inakzeptable Bedürfnisse, Gefühle und Triebregungen werden ins Unbewusste verschoben/verdrängt.
Verleugnung	Verleugnen unangenehmer oder peinlicher Tatsachen, Bedürfnisse und Gefühle Beispiel: Etwas nicht wahrhaben wollen.
Vermeidung	Angstauslösende und konflktträchtige Situationen werden gemieden. Beispiel: Obwohl der Weg durch den mit Angst besetzten Park kürzer/schneller ist, wird ein Umweg genommen.
Verschiebung	Problematische Impulse oder Gefühle werden an weniger bedrohlichen Objekten ausgelassen, die als „Blitzableiter" herhalten. Beispiel: Der Partner bekommt eine Ansage, die eigentlich dem Chef „zustehen" würde.

Tab. 8.2 Entwicklungsphasen nach Freud.

Entwicklungsphase	Merkmale	Mögliche Störungen
orale Phase (0–1,5 Jahre)	Das Kind erlebt ein lustvolles Erleben beim Saugen und somit bei der Nahrungsaufnahme.	Dysthymie, Sexualstörungen, narzisstische, schizoide oder Borderline-Persönlichkeitsstörungen, Abhängigkeitserkrankungen, psychosomatische Erkrankungen, Angst- und Kontaktstörungen
anale Phase (1,5–3 Jahre)	Das Kind hat endlich etwas „Eigenes". Es erlebt eine Kontrolle der Ausscheidungsfunktionen.	Zwangsstörungen, Angststörungen, zwanghafte oder abhängige Persönlichkeitsstörungen
phallische Phase (4–6 Jahre)	In dieser Phase erlebt das Kind seine Lust und entdeckt seinen Körper.	Störungen der Sexualpräferenz
Latenzperiode (6–12 Jahre)	Abnahme des sexuellen Interesses	–

8.1.2 Mindmap – Neurosenlehre

Die Zusammenhänge und Bestandteile der Neurosenlehre veranschaulicht die **Abb. 8.3**.

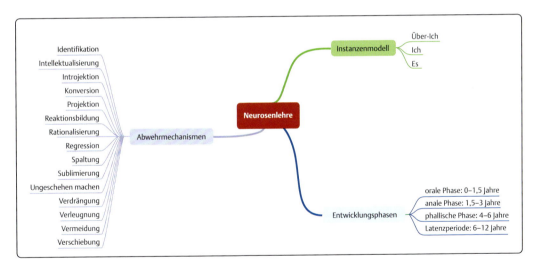

Abb. 8.3 Mindmap – Neurosenlehre.

8.2 Phobische Störungen (F40) und andere Angststörungen (F41)

> **⊘ Lerntipp**
>
> „Freitag, der 13." – gemeint ist nicht der „Unglückstag", den viele mit diesem Datum verknüpfen, obwohl das auch zum Thema Angst gehören könnte, sondern der Film von Sean S. Cunnigham. Er war in den 1980er-Jahren der Horrorfilm, der die Kinos füllte und anschließend die dunklen Straßen leerte. Die Faszination der Angst bleibt ungebrochen – solange keine eigene Betroffenheit vorliegt.

8.2.1 Definition

8.2.1.1 Angst

Was ist Angst? Angst (lat. angor = Angst, Unruhe, Beklemmung) ist lebenswichtig, lebenserhaltend. Angst schützt uns! Tritt Angst auf, löst sie unmittelbare körperlich-vegetative Reaktionen aus. Dadurch reagieren wir schnell und verfügen teilweise über außergewöhnliche Kraft.

Angst entsteht bei dem Gefühl der Bedrohung, Sicherheit ist verloren gegangen. Sie führt also immer zu spezifischen Reaktionen, zu Flucht oder Angriff. Ist keines von beidem möglich, entsteht die Ohnmacht, nicht handeln zu können und der Situation ausgeliefert zu sein. Dieses Wissen ist zum Verständnis der Psychotraumatologie wichtig und wird noch eingehender bei den Belastungsstörungen ausgeführt (Kap. 8.4).

Abläufe im Gehirn

> **⊘ Lerntipp**
>
> Wie war es noch einmal mit dem Gehirn? Bitte fassen Sie gedanklich noch einmal kurz Ihr Wissen zusammen (Kap. 1.5.2).

Im Gehirn spielt ein aktiver Prozess zwischen den basalen und zentralen Kernen der Amygdala eine entscheidende Rolle.

Stellen Sie sich Folgendes vor: Sie machen gerade Urlaub in Australien, wunderschönes Wetter, der Strand traumhaft wie im Bilderbuch, das Wasser lädt zum Baden ein. Sie legen sich auf Ihre Luftmatratze und lassen sich treiben. Einfach, so… Sie öffnen Ihre Augen und stellen fest, dass Sie sich recht weit vom Strand entfernt sind und sehen in Ihrer unmittelbaren Umgebung eine Spiegelung auf dem Wasser. Eine Spiegelung? Nein, es ist eine Haiflosse! – Wie handeln Sie? Was denken Sie? Was kann die Folge sein?

- Denken? Nein, Sie haben eine Denkblockade.
- Reagieren? Ja, das Gehirn bewirkt, dass sofort Hormone freigesetzt werden, darunter Katecholamine und Glukokortikoide. Diese befähigen Sie dazu, sehr schnell zu schwimmen.
- Die Folge? Sie kommen erschöpft, aber unversehrt am Strand an.
- Würden Sie sich morgen wieder mit der Luftmatratze treiben lassen? Wahrscheinlich nicht.

Sofort hat das Gehirn abgespeichert, dass „Wasser – Schwimmen – Luftmatratze" eine Lebensbedrohung bedeuten und vermieden werden sollten. Diese Konditionierung kann sich festigen.

Auslöser für Angst

Es gibt sowohl ähnliche Auslöser für Angst als auch individuelle Unterschiede zwischen verschiedenen Menschen. Die sog. **Realangst** ist an Situationen gebunden, die real eine Bedrohung darstellen. Daneben gibt es **Existenzangst**, die nicht an bestimmte Situationen gebunden und scheinbar unmotiviert ist. Gäbe es einen konkreten Auslöser, z. B. den drohenden Verlust des Arbeitsplatzes, ist es eine Realangst.

Bei vielen Menschen kann Neues Angst auslösen oder sich in Situationen, in denen ein Gefühl der Überforderung entsteht, Versagensängste einstellen. Ebenso sind Entwicklungsprozesse oder verschiedene Lebensereignisse oft von Angst begleitet, z. B. Pubertät, Hochzeiten, Positionswechsel in Unternehmen. Diese Ängste werden je nach Persönlichkeitstyp unterschiedlich intensiv erlebt. Selbst die Tagesform kann Einfluss auf die empfundene Intensität haben.

Das ist alles völlig in Ordnung, da Angst auch unterstützend und motivierend sein kann. Erst wenn diese „Normalität" aus dem Gleichgewicht gerät, wird der betroffene Menschen zum Sklaven seiner Angst und Hilfe notwendig.

8.2.1.2 Phobische Störungen und Angststörungen

Die pathologischen Formen der Angst unterscheiden sich von der physiologischen Angst durch ihre Intensität, den zeitlichen Verlauf und ihr plötzliches Auftreten ohne Verhältnismäßigkeit zu der auslösenden Situation. Sie finden in diesem Abschnitt Krankheitsbilder, die durch Angstreaktionen gekennzeichnet sind und nicht der normalen physiologischen Angst entsprechen. Diese Störungen haben gemeinsam, dass keine akute Gefahr oder Bedrohung vorhanden ist.

Noch einmal zurück zu dem Schwimmerlebnis mit dem Hai:

- Möglichkeit 1: Von der Erschöpfung erholen Sie sich und sind froh darüber, heil am Strand zu liegen.
- Möglichkeit 2: Wie in Möglichkeit 1, danach nehmen Sie die Luftmatratze und gehen wieder ins Wasser.
- Möglichkeit 3: Sie bleiben in den nächsten Tagen nur noch am Strand liegen.
- Möglichkeit 4: Sie fahren nicht mehr an den Strand.
- Möglichkeit 5: Sie gehen noch nicht einmal mehr ins Schwimmbad.

Wahrscheinlich gibt es noch weitere Möglichkeiten.

Die Verarbeitung von Erlebnissen kann so gestört sein, dass der betroffene Mensch von seiner Angst beherrscht wird. Dann wird von einer **Angststörung** gesprochen, einer psychischen Erkrankung, die sich in psychischen und körperlich-vegetativen Symptomen zeigt.

„Nicht die Dinge an sich beunruhigen den Menschen, sondern seine Sicht auf die Dinge."

Epiktet, griech. Philosoph (50–138 n. Chr.)

Bei diesen Störungen wird der betroffene Mensch von stark ausgeprägter Angst vor bestimmten Objekten und/oder vor Situationen beherrscht. Diese Symptome treten, von außen betrachtet, scheinbar grundlos auf. Selbst der Betroffene erlebt die Situationen oft als unspektakulär, kann jedoch nicht gegen seine Angst ankämpfen. Die erlebten Ängste führen zur Einengung des Lebensraums, vor allem die „Angst vor der Angst" (Phobophobie) erschüttert das Leben nachhaltig.

8.2.2 Häufigkeit/Epidemiologie

In der Allgemeinbevölkerung gehören Angst- und Panikstörungen zu den häufigsten psychischen Erkrankungen. Die prozentualen Angaben weichen je nach Literaturquelle teilweise voneinander ab, es folgt eine Auswahl.

Die meisten phobischen Störungen, mit Ausnahme der **sozialen Phobie** (griech. phobos = Furcht), sind häufiger bei Frauen als bei Männern vorhanden. Die soziale Phobie hat eine Lebenszeitprävalenz von ca. 4–8 % und beginnt oft schon im Jugendalter.

Zurzeit ist davon auszugehen, dass mehr als 15 % aller Menschen mindestens einmal in ihrem Leben an einer Angststörung erkrankt sind. Bei der **generalisierten Angststörung** liegt die Lebenszeitprävalenz zwischen 7 und 8 %, Frauen sind häufiger betroffen als Männer.

Bei der **Panikstörung** beträgt die Lebenszeitprävalenz ca. 3–4 %. Isolierte Panikattacken sind jedoch wesentlich häufiger: 11 % der Frauen und 7 % der Männer erleben irgendwann in ihrem Leben eine Panikattacke. Eine Panikstörung liegt oft in Kombination mit Agoraphobie (Platzangst) vor. Die Häufigkeit der Agoraphobie wird auf ca. 5 % geschätzt, die Störung beginnt in der Regel im 3. Lebensjahrzehnt.

Am häufigsten sind **spezifische Phobien**. Der Erkrankungsbeginn ist recht unterschiedlich. Ängste vor verschiedenen Tieren (Tierphobien) beginnen fast immer in der Kindheit, die Akrophobie (Höhenangst) und Agoraphobie (Platzangst) können auch noch im 4. Lebensjahrzehnt einsetzen.

8.2.3 Ätiologie/Pathogenese

Bei der Nennung des Begriffs Neurose wird die Ursache ausschließlich aus psychoanalytischer Sicht betrachtet. Das bedeutet, dass unbewusste, ungelöste Konflikte in der Kindheit zugrunde liegen, die durch einen aktuellen Auslöser reaktiviert werden und sich im Erwachsenenalter manifestieren.

Es handelt sich um eine multifaktorielle Genese, bei der mehrere Faktoren eine Rolle spielen. Verhaltenstherapeutisch wird zwischen disponierenden, auslösenden und aufrechterhaltenden Faktoren unterschieden.

8.2.3.1 Auslösende Faktoren

Neurobiologische Aspekte Es liegt eine neurophysiologische Vulnerabilität vor. Eine zentrale Rolle spielt das limbische System.

Neurochemische Aspekte Im Mittelpunkt stehen eine Dysfunktionalität bestimmter Transmittersysteme und die damit im Zusammenhang stehenden neuroendokrinen Veränderungen. Das GABA-System vermittelt anxiolytische (angstlösende) und auch anxiogene (angsteinflößende) Effekte, ebenso das serotonerge System, bei dem vegetative und neurologische Symptome durch einen erhöhten Serotoninspiegel hervorgerufen werden. Bei den sog. GABA-Rezeptoren handelt es sich um Rezeptoren an Nervenzellen, an denen der Neurotransmitter GABA binden und eine hemmende Wirkung auf die Nervenzellen entfalten kann. Neue Forschungsergebnisse beschreiben einen Einfluss von hormonellen Substanzen wie Kortikotropin-Releasing-Hormon, Kortisol und adrenokortikotropem Hormon, die insbesondere bei Stress freigesetzt werden.

Abb. 8.4 Angstauslösende Situation bei Arachnophobie. (© RHJ - stock.adobe.com)

Genetische Faktoren Wie bei allen anderen Störungen auch steht eine genetische Disposition immer zur Diskussion.

Lerntheoretisches Modell In diesem Modell geht man davon aus, dass Angst erlernt ist (Kap. 17.2.3):

- **Lernen am Modell:** Das Kind sieht immer wieder, wie seine Mutter beim Anblick einer Spinne schreit und auf den Stuhl springt (**Abb. 8.4**). Das Verhalten der Mutter wird zum Modell.
- **Operantes Lernen:** Der Sprung auf den Stuhl beim Anblick einer Spinne erregt Aufmerksamkeit. Die Aufmerksamkeit ist der Verstärker des Verhaltens.
- **Klassische Konditionierung:** Wenn ein unkonditionierter zu einem konditionierten Reiz wird, spricht man vom klassischen Konditionieren (z. B. von Pawlow an Hunden gezeigt).

Psychodynamische Theorien In der psychoanalytischen Theorie spielt Angst eine entscheidende Rolle. Das „Ich" des Instanzenmodells ist ständig auf der Suche nach Kompromisslösungen und darum bemüht, Konflikte, die durch gegensätzliche Bestrebungen des „Über-Ich" und des „Es" entstehen, zu lösen. Gelingt dies nicht, entsteht Angst.

8.2.3.2 Aufrechterhaltende Faktoren

Kommt es zum „Misserfolg" des „Ich" beim Versuch der beschriebenen psychoanalytischen Konfliktlösung, entsteht Angst. Diese Angst gilt es, zu regulieren, und sie wird konvertiert in ein Symptom. Dadurch tritt Erleichterung ein, die Spannung ist reduziert. Das ist der primäre Krankheitsgewinn. Der sekundäre Krankheitsgewinn besteht darin, dass der betroffene Mensch durch seine Symptome Aufmerksamkeit, Unterstützung, Hilfe u. a. erfährt. Beide Faktoren verlaufen unbewusst und spielen bei der Aufrechterhaltung der Störung eine entscheidende Rolle.

8.2.4 Symptome

> **Lerntipp**
> Wie in der Definition beschrieben, ist dem Menschen das Gefühl der Angst bekannt (Kap. 8.2.1). Erinnern Sie sich kurz an eine Person mit Angstgefühlen, die Sie erlebt haben. Was hat sie gezeigt und beschrieben?

Angst zeigt sich verschieden intensiv und reicht vom leichten Unbehagen bis zur panischen Angst. Im aktuellen Erleben zeigen sich folgende Symptome:

- schnelles Herzschlagen, rasender Puls (Tachykardie), dadurch bedingtes Gefühl der Unruhe, Zittern
- beschleunigte Atmung, eventuell wird ein Engegefühl beschrieben
- Schwitzen, Schwindel
- erweiterte Pupillen
- Übelkeit, Erbrechen
- Erstarren bis zum Gefühl, „eingefroren" zu sein
- Kontrollverlust (Depersonalisation und Derealisation)
- Angst, zu sterben

Zusätzliche Beschwerden:
- Bauch- und Kopfschmerzen, Schlafstörungen
- Durchfall, Harndrang

Entscheidend und vom Betroffenen als besonders quälend empfunden ist die sog. **Erwartungsangst** (Angst vor der Angst).

> **Merke**
> Angst hat immer 3 Teile: Denken, Fühlen, Verhalten! Eine Situation/ein Objekt wird wahrgenommen und als Gefahr gedeutet. Der Körper reagiert, was wiederum wahrgenommen wird, und die Situation/das Objekt wird verlassen bzw. in Zukunft vermieden.

8.2.5 Diagnostik

Die Abklärung somatischer Ursachen durch den Arzt steht wie immer an erster Stelle. Der Klient beschreibt die Schwere der Symptomatik. Zu bewerten ist, ob eine „normale" oder pathologische Angst vorliegt.

Fragen sollten sinnvoll und zielgerichtet zur Form der Angst gestellt werden, wie folgende Beispiele zeigen:

- In welchen Situationen tritt die Angst auf?
- Gibt es plötzliche und unerwartete Angstanfälle? (Panikstörung)
- Gibt es bestimmte Orte oder Situationen, die vermieden werden? (Agoraphobie)
- Gehen Sie Situationen aus dem Weg, in denen Sie von Menschen beobachtet werden könnten? (soziale Phobie)
- Vermeiden Sie bestimmte Objekte oder Aktivitäten? (spezifische Phobien)
- Machen Sie sich übermäßig starke Sorgen? (generalisierte Angststörung)
- Treten weitere Symptome auf, was hat sich verändert? Gibt es auslösende Ereignisse?

> **Merke**
> Wichtig ist die Differenzierung, ob die beschriebene Angst als Symptom oder als Störung zu sehen ist!

Tab. 8.3 Klassifizierung phobischer Störungen nach ICD-10.

ICD-10	Merkmale und Symptome
F40.0 Agoraphobie mit oder ohne Panikstörung	Angst, in nicht vertrauten Situationen oder Umgebungen hilflos zu werden
F40.1 Soziale Phobie	Angst, die Aufmerksamkeit anderer Menschen auf sich zu ziehen
F40.2 Spezifische Phobie	Angst vor einem fest umschriebenen Objekt oder einer bestimmten Situation
F41.0 Panikstörung	anfallsweises Auftreten der Angstattacken
F41.1 Generalisierte Angststörung	anhaltende Angst, die nicht auf spezifische Situationen oder Objekte gerichtet ist
F41.2 Angst und depressive Störung, gemischt	Symptome in leichter Form, ohne vorherrschendes Merkmal einer Angst- oder depressiven Störung

Angststörungen treten häufig mit anderen psychischen Erkrankungen auf, z. B. Depressionen, Missbrauch oder Abhängigkeiten sowie als Kombination verschiedener Angststörungen. Angst kann daher ein Symptom von vielen Krankheitsbildern sein.

Die Symptome sind abzugrenzen von anderen Störungen wie normaler Angst, Psychosen, depressiven und organischen Störungen, Drogenabhängigkeit, posttraumatischen Belastungsstörungen, Zwangserkrankungen sowie Persönlichkeitsstörungen.

Abb. 8.5 Typische angstauslösende Situation bei einem Menschen mit Agoraphobie (© blvdone - stock.adobe.com)

8.2.6 Formen

Angststörungen werden in mehrere Gruppen unterteilt (**Tab. 8.3**).

8.2.6.1 Agoraphobie (F40.0)
Die Agoraphobie (altgriech. agora = Marktplatz) bezeichnet die Platzangst. Dieser Begriff wird oft fälschlicherweise mit der Angst vor Enge assoziiert, also mit der vor zu wenig Platz. Zu verstehen ist er jedoch als Angst vor **offenen Plätzen** und weiten Flächen. Heute wird der Begriff weiter gefasst und bezieht sich auch auf **Menschenmengen**, lange **Reisen**, Aufenthalt in einer fremden Umgebung oder die Schwierigkeit, sich wieder an einen sicheren Ort zu begeben (**Abb. 8.5**).

Die betroffenen Menschen haben Angst vor den oben genannten Orten oder Situationen z. B. aufgrund der Befürchtung, keine Hilfe zu erhalten, wenn sie diese benötigen sollten, oder aufgrund der Vorstellung, dass eine Flucht nur schwer möglich wäre. Diese Angst zeigt sich in plötzlichem Schwindel, Ohnmachtsgefühlen, Depersonalisationsgefühl, Verlust der Blasen- und Darmkontrolle, Herzbeschwerden.

Um die Diagnose Agoraphobie zu stellen, muss die Angst in mindestens 2 der oben beschriebenen Situationen auftreten und darf nicht auf anderen Symptomen wie Wahn- oder Zwangsgedanken beruhen. Zudem muss ein Vermeidungsverhalten der angstbesetzten Situation beschrieben sein.

> **Diagnostische Leitlinien nach ICD-10 F40.0**
>
> Für eine eindeutige Diagnose müssen alle folgenden Kriterien erfüllt sein:
>
> 1. Die psychischen oder vegetativen Symptome müssen primäre Manifestationen der Angst sein und dürfen nicht auf anderen Symptomen wie Wahn- und Zwangsgedanken beruhen.
> 2. Die Angst muss beschränkt sein auf mindestens 2 der folgenden umschriebenen Situationen: in Menschenmengen, auf öffentlichen Plätzchen, bei Reisen mit weiter Entfernung von zu Hause oder bei Reisen alleine.
> 3. Die Vermeidung der angstauslösenden Situation muss ein entscheidendes Symptom sein oder gewesen sein.

8.2.6.2 Soziale Phobien (F40.1)

Die soziale Phobie (lat. socialis = gesellschaftlich) ist eine anhaltende Angst vor Situationen, in denen der Klient im Mittelpunkt der Aufmerksamkeit anderer Menschen steht. Die Betroffenen empfinden die Angst als übertrieben oder unvernünftig. Wie die anderen Angstformen führt sie ebenfalls zu ausgeprägtem Vermeidungsverhalten.

Die Angst kann spezifisch auftreten oder sich nur in bestimmten Situationen einstellen, z. B. nur beim Essen in der Öffentlichkeit oder bei Präsentationen. Die Symptome können jedoch auch unbestimmt sein und in fast allen Gegebenheiten außerhalb des vertrauten Umfelds auftreten.

> **Diagnostische Leitlinien nach ICD-10 F40.1**
>
> Für eine eindeutige Diagnose müssen alle folgenden Kriterien erfüllt sein:
>
> 1. Die psychischen, Verhaltens- oder vegetativen Symptome müssen primäre Manifestationen der Angst sein und dürfen nicht auf anderen Symptomen wie Wahn und Zwangsgedanken beruhen.
> 2. Die Angst muss auf bestimmte soziale Situationen beschränkt sein oder darin überwiegen.
> 3. Wann immer möglich erfolgt eine Vermeidung der angstauslösenden Situationen.

Die Betroffenen haben, wenn sie wahrnehmen, dass die Aufmerksamkeit auf sie gerichtet wird, das Gefühl zu erröten und können einen Blickkontakt nicht halten. Das wiederum führt zur Verstärkung des Erlebens, die Hände beginnen zu zittern, Übelkeit tritt auf, teilweise wird ein Drang zum Wasserlassen gespürt. Die Symptome können sich bis zu einer Panikattacke steigern.

Zur Stellung einer Diagnose wird zusätzlich gefordert, dass der Klient versucht, die angstauslösende Situation zu vermeiden. Die Beschwerden dürfen zudem nicht aufgrund von anderen Symptomen wie Wahn oder Zwangsgedanken vorliegen.

Soziale Phobien sind in der Regel mit einem niedrigen Selbstwertgefühl und Furcht vor Kritik verbunden.

> ### 🔹 Lerntipp
>
> Kennen Sie die US-amerikanische Sitcom „The Big Bang Theory" (Urknalltheorie)? Dort gibt es den indischen Astrophysiker Dr. Rajesh Ramayan Koothrappali, der gegenüber Frauen sehr schüchtern ist, errötet und nicht mehr sprechen kann (elektiver Mutismus). Diese Schüchternheit reicht nicht für die Diagnose einer sozialen Phobie aus, zeigt jedoch recht amüsant Verhaltensweisen, die einer sozialen Phobie ähnlich anmuten.

8.2.6.3 Spezifische Phobien (F40.2)

Das Merkmal der spezifischen Phobie (lat. specialis = charakteristisch, bezeichnend) ist eine anhaltende Angst vor einem bestimmten angstauslösenden Objekt oder einer spezifischen Situation. Die Störung wird nur diagnostiziert, wenn die Angst erhebliches Leiden verursacht und die angstauslösende Situation – wann immer möglich – gemieden wird.

Diagnostische Leitlinien nach ICD-10 F40.2

Alle folgenden Kriterien müssen für eine eindeutige Diagnose erfüllt sein:

1. Die psychischen oder vegetativen Symptome müssen primäre Manifestation der Angst sein und dürfen nicht auf anderen Symptomen wie Wahn oder Zwangsgedanken beruhen.
2. Die Angst muss auf die Anwesenheit eines bestimmten phobischen Objektes oder eine spezifische Situation begrenzt sein.
3. Die phobische Situation wird – wann immer möglich – vermieden.

Beispiel: Eine Flugbegleiterin erlebt beinahe einen Flugzeugabsturz. Die real erlebte Todesangst manifestiert sich, aufgrund fehlender Verarbeitung der vergangenen Situation entwickelt sich eine Aviophobie (Angst vorm Fliegen). Sie muss ihren Beruf aufgeben und erlebt eine erhebliche Beeinträchtigung des Lebens. Eine Urlauberin hingegen, die Ähnliches erlebt hat, entwickelt dieselbe Angst und begibt sich nicht mehr auf Flugreisen, sondern nutzt alternative Transportmittel (Vermeidungsstrategie). Sie würde wahrscheinlich keinen Therapeuten aufsuchen, es sei denn, sie wäre z. B. aus beruflichen Gründen auf das Fliegen angewiesen.

Am häufigsten treten folgende Ängste auf:

- Akrophobie: Angst vor Höhe
- Aviophobie: Angst vor dem Fliegen
- Hämatophobie: Angst vor Blut
- Mysophobie: Ansteckungsangst
- Erythrophobie: Angst vor dem Erröten
- Klaustrophobie: Angst vor dem Aufenthalt in geschlossenen Räumen
- Zoophobie: Angst vor Tieren

Die Hypochondrie hat in der ICD-10 einen eigenen Schlüssel, sodass die Ängste vor spezifischen Krankheiten wie Krebs, Herzkrankheiten usw. bei den hypochondrischen Störungen (F45.2) eingestuft werden.

Hintergrundwissen

Spezifische Phobien

In seinem Buch *Angst haben leicht gemacht* beschreibt der Autor Tim Lihoreau [45] weitere Phobien, u. a. folgende:

- Agmenophobie: Angst, sich in der falschen Schlange anzustellen
- Antefamaphobie: Angst, das die Leute über einen gesprochen haben, bevor man selbst das Zimmer betreten hat
- Bulliphobie: Angst, nicht im Besitz der Fernbedienung zu sein
- Finchartaphobie: Angst, das Klopapier könnte ausgehen
- Fortunophobie: Angst, dass die eigenen Zahlen im Lotto gezogen werden, wenn man nicht gespielt hat
- Occupatophobie: Angst, am Handy weggedrückt zu werden

8.2.6.4 Panikstörung, episodisch paroxysmale Angst (F41.0)

Panikattacken sind anfallsartige Angstzustände (griech. paroxysmal = anfallsweise), die meist nur Minuten andauern, in der Regel ca. 10–30 min. Die betroffenen Menschen haben das Gefühl, gleich zu sterben oder verrückt zu werden. Sie ist nicht situationsgebunden und tritt plötzlich mit intensiven vegetativen Symptomen auf (**Abb. 8.6**):

- Herzklopfen/beschleunigter Herzschlag (Tachykardie)
- Beklemmungsgefühl
- Schmerzen in der Brust
- Hitzewallungen, Schwitzen
- Erstickungsgefühl, Atemnot
- Schwindel, Benommenheit, Ohnmachtsgefühle
- Zittern
- abdominelle Beschwerden
- Parästhesien (griech. para = vorbei; aisthesis = Wahrnehmung, Empfindung)
- Angst vor Kontrollverlust
- Entfremdungsgefühl
- Angst, zu sterben

Margraf und Schneider [47] beschreiben im Zusammenhang der Panikstörung das folgende lerntheoretische Modell: Hierbei löst eventuell schon

Abb. 8.6 Panikanfall (Symbolbild). © terovesalainen - stock.adobe.com

das einmalige, mit großer Sicherheit jedoch das wiederholte Auftreten einer Panikattacke Angst vor weiteren Attacken aus – Angst vor der Angst, die **Erwartungsangst**.

Diagnostische Leitlinien nach ICD-10 F41.0
Tritt eine Panikattacke in einer eindeutig phobischen Situation auf, wird sie in der vorliegenden Klassifikation als Ausdruck des Schweregrades einer Phobie gewertet, der diagnostisch Priorität eingeräumt wird. Eine Panikstörung soll nur bei Fehlen der unter F40 genannten Phobien diagnostiziert werden.
Eine eindeutige Diagnose ist nur bei mehreren schweren vegetativen Angstanfällen zu stellen, wenn
1. diese innerhalb eines Zeitraums von 1 Monat in Situationen aufgetreten sind, in denen keine objektive Gefahr bestand;
2. die Angstanfälle nicht auf bekannte oder vorhersagbare Situation begrenzt sind;
3. zwischen den Attacken weitgehend angstfreie Zeiträume liegen (Erwartungsangst ist jedoch häufig).

Tritt eine Panikattacke in einer eindeutig angstbesetzten Situation auf, wird sie in der vorliegenden Klassifikation der Angststörung als Schweregrad gewertet, z. B. Agoraphobie ohne Panikstörung (F40.00), Agoraphobie mit Panikstörung (F40.01). Das bedeutet wiederum, eine Panikstörung (F41.0) kann nur beim Fehlen einer phobischen Störung diagnostiziert werden.

Es müssen mehrere schwere vegetative Angstanfälle innerhalb eines Zeitraums von etwa 1 Monat aufgetreten sein. Zwischen den Attacken müssen weitgehend angstfreie Zeiträume liegen.

8.2.6.5 Generalisierte Angststörung (F41.1)
Generalisiert steht für Verallgemeinerung, und genau das geschieht bei Menschen mit einer generalisierten Angststörung. Die Angst bezieht sich **nicht** auf ein bestimmtes Objekt oder eine Situation. Sie ist frei flottierend, anhaltend und besteht unabhängig von konkreten Auslösern.

Folgende Einzelsymptome werden beschrieben:
- Nervosität, Unruhe
- Konzentrationsstörungen
- Sorge über zukünftiges Unglück
- ständiges Gefühl einer Anspannung, Spannungskopfschmerz
- Schwitzen
- beschleunigter Herzschlag (Tachykardie)
- beschleunigte Atmung (Tachypnoe)
- abdominelle Beschwerden
- Schwindelgefühl
- Mundtrockenheit

Dazu gesellt sich die Angst/Sorge, dass nahestehenden Menschen etwas Schlimmen geschehen wird. Die Symptome sind an den meisten Tagen in der Woche präsent, mindestens aber über mehrere Wochen bis Monate vorhanden.

Diagnostische Leitlinien nach ICD-10 F41.1
Der Klient muss primäre Symptome von Angst an den meisten Tagen, mindestens mehrere Wochen lang, meist mehrere Monate, aufweisen. In der Regel sind folgende Einzelsymptome festzustellen:
1. Befürchtungen (Sorge über zukünftiges Unglück)
2. motorische Spannung (körperliche Unruhe, Spannungskopfschmerz, Zittern, Unfähigkeit, sich zu entspannen)
3. vegetative Übererregbarkeit (Benommenheit, Schwitzen, Tachykardie oder Tachypnoe, Oberbauchbeschwerden, Schwindelgefühle, Mundtrockenheit etc.)

8.2.6.6 Angst und depressive Störung, gemischt (F41.2)

Treten gleichzeitig Angst und depressive Symptome auf, kann diese Kategorie verwendet werden. Dies gilt allerdings nur, wenn keine der beiden Störungen ein solches Ausmaß erreicht, dass eine entsprechende einzelne Diagnose gerechtfertigt ist.

Diagnostische Leitlinien nach ICD-10 F41.2

1. Vorhandensein von Angst und Depression in leichter oder mittlerer Ausprägung, ohne Vorherrschen des einen oder anderen
2. zumindest vorübergehendes Auftreten von vegetativen Symptomen
3. Die Symptome erfüllen nicht die Bedingungen für eine Angststörung oder depressive Episode.

8.2.7 Verlauf

Die Prognose ist nicht nur abhängig von der Form, sondern auch vom Beginn. Wie bei vielen psychischen Erkrankungen gilt auch hier: je akuter der Beginn, desto günstiger der Verlauf.

Der Verlauf von Angststörungen gilt als insgesamt wenig günstig. Bei nichtbehandelten Erkrankungen sind nach 20 Jahren und mehr ca. 10–20 % der Klienten symptomfrei, bei ca. 50–60 % haben sich die Symptome gebessert und bei 20–30 % verschlechtert.

Die Folgen der Angststörung beeinträchtigen die Lebensqualität maßgeblich. Das kann bis zu vollständigem Rückzug und sozialer Isolation sowie dem Verlust des Arbeitsplatzes führen.

8.2.8 Therapieansätze

⏺ Lerntipp

Ein 42-jähriger Klient kommt zu Ihnen in die Praxis. Er erzählt Ihnen, dass er schon seit fast 1 Jahr von einem Arzt zum anderen gegangen sei. Diese können jedoch nichts feststellen. Er beschreibt, dass er immer wiederkehrende Herzattacken bekomme. Er erlebe dann eine Angst, verrückt zu werden, das Herz würde rasen und überschlage sich förmlich, er bekomme Schweißausbrüche, Schwindel und ihm bliebe die Luft weg.

Was müssen Sie erfragen? Was ist zu berücksichtigen? Welche Verdachtsdiagnose stellen Sie? Was müssen Sie tun, wenn der Klient in Ihrer Praxis eine „Attacke" bekommt?

Die Angst kann nicht durch gutes Zureden beseitigt werden. Die Betroffenen sind sich der „Unsinnigkeit" bewusst.

Wichtig ist eine vertrauensvolle Beziehung, in der offen über die Ängste gesprochen werden kann, ohne diese zu bagatellisieren. Angst bedeutet den Verlust von Sicherheit, somit muss die Sicherheit wiederhergestellt werden. Die meisten Menschen haben in ihrem Leben bereits Erfolge verzeichnet, leider können diese oft nicht mehr gesehen werden. Welche Fähigkeiten sind vorhanden? So können Sie gemeinsam mit dem Klienten Bewältigungsstrategien erarbeiten. Der Klient wird über seine Angst aufgeklärt. Sowohl die Aufgabe der Angst als auch die Folgen der Angst gehören zu einer empathischen Kommunikation.

Spezielle Therapieverfahren richten sich nach der Ausprägung und der Form der Angst, eventuell ist eine Kombination von pharmakologischer (Aufgabe eines Arztes!) und nichtpharmakologischer Therapie sinnvoll.

Medikamentöse Therapie Im Rahmen der pharmakologischen Therapie werden heute in erster Linie Antidepressiva und (vorübergehend) Benzodiazepine eingesetzt. Insbesondere bei generalisierter Angststörung kommen weitere Substanzen zum Einsatz (**Tab. 8.4**).

Psychotherapie Die Psychotherapie gliedert sich in verhaltenstherapeutische, tiefenpsychologisch fundierte, psychoanalytische und gesprächstherapeutische Verfahren:

- Zu den angstspezifischen Therapieformen gehört die systematische **Desensibilisierung**, da-

Tab. 8.4 Pharmakotherapie bei Angststörungen.

Gruppe	Wirkstoffe	Bemerkung
Benzodiazepine	z. B. Lorazapem	nur kurzfristig, Abhängigkeitspotenzial!
Antidepressiva	• selektive Serotonin-Wiederaufnahme-Hemmer (SSRI): z. B. Fluvoxamin, Paroxetin • selektive Noradrenalin-Wiederaufnahme-Hemmer: Venlafaxin • trizyklische Antidepressiva: z. B. Imipramin, Clomipramin	Hauptwirkungseintritt erst nach 3–4 Wochen
angstlösende Substanzen	Buspiron, Pregabalin	speziell bei generalisierter Angststörung

bei wird der Klient anhand einer hierarchischen Angstskala im Zustand der Entspannung schrittweise mit einem angstauslösenden Stimulus konfrontiert. Diese Konfrontation erfolgt zunächst in der Vorstellung, später auch in der Realität (Habituationstraining).

- Als **Flooding-Therapie** (Reizüberflutung) wird eine Überflutung mit den angstauslösenden Reizen und den dadurch ausgelösten Angstreaktionen bezeichnet. Dabei wird schon zu Beginn der Übungsbehandlung durch in der Angsthierarchie hoch bewertete Auslösesituationen starke bis maximale Angst provoziert. Der Klient soll erfahren, dass er selbst bei intensivster Angst durch Aushalten der Situation ein Abklingen der Angst erreichen kann und die Angst „überlebt".
- Die aufdeckenden **tiefenpsychologischen Verfahren** versuchen, den zugrunde liegenden Konflikt herauszuarbeiten.
- Das **Psychodrama** ist ursprünglich für Gruppeninterventionen entwickelt worden. Im Rahmen des Psychodramas werden Situationen durchgespielt, um die dabei auftretenden Ängste zugänglich zu machen. Dabei werden angsterzeugende Szenen nachgespielt oder mittels Rollentausch wiederholt.

Unterstützende Verfahren Unterstützende Verfahren sind Entspannungsübungen wie das autogene Training (Kap. 17.5.1) und die progressive Muskelrelaxation (Kap. 17.5.2), Atemübungen, physikalische Maßnahmen und Wingwave-Coaching (Kap. 17.6.9). Mit den genannten Verfahren wird direkt Einfluss auf das vegetative System genommen. Diese Veränderungen können mit einem Biofeedback sichtbar gemacht werden.

🔄 Pause

Sie haben sich jetzt eine Pause verdient. Setzen Sie sich entspannt zurück und nehmen Sie bewusst Ihre Umgebung auf. Die Helligkeit im Raum, die Temperatur, wie fühlt sich der Stuhl an, auf dem Sie sitzen. Dann schließen Sie die Augen und stellen sich vor, wie die Augenlider schwerer und schwerer werden. Wenn Sie das Gefühl haben, Ihre Augenlider sind ganz entspannt, senden Sie das Gefühl der Ruhe durch Ihren ganzen Körper – vom Kopf bis zu den Zehenspitzen – mit der Vorstellung, noch tiefer in die Ruhe zu sinken.

Spannen Sie dann beide Hände zur Faust an (nur 70 % Ihrer Kraft) – der restliche Körper bleibt entspannt. Spüren Sie Ihre Hände und lösen Sie die Anspannung wieder – ganz langsam. Spüren Sie die Entspannung – wie fühlen sich jetzt beide Hände an? Führen Sie die Übung weiter, indem Sie erst die Schultern, dann das Gesicht, Gesäß, die Beine und Füße an- und wieder entspannen.

Gehen Sie gedanklich noch einmal durch den Körper, lösen Sie noch spürbare Spannungen. Wandeln Sie die so gewonnene Ruhe und Entspannung jetzt in Energie um. Sagen Sie sich, dass Ihr Geist klar und frisch ist und Sie sich wieder mit Ihrer vollen Aufmerksamkeit dem nächsten Kapitel zuwenden können.

8.2.9 Mindmap – Angst- und Panikstörungen (F40–F41)

Eine Übersicht zu den Angst- und Panikstörungen
zeigt die Mindmap in **Abb. 8.7**.

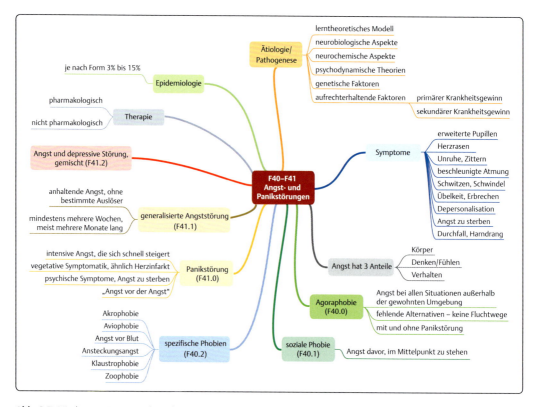

Abb. 8.7 Mindmap – Angst- und Panikstörungen (F40–F41).

8.3 Zwangsstörungen (F42)

> **⟨?⟩ Lerntipp**
>
> Sie verlassen das Haus, fahren oder gehen Ihre gewohnte Strecke, denken an nichts Bestimmtes. Auf einmal schießt Ihnen der Gedanke durch den Kopf, ob Sie das gerade noch benutze Bügeleisen aus der Steckdose gezogen haben. Sie bekommen den Gedanken nicht mehr aus dem Kopf. Vielleicht fahren Sie doch zurück? Und? Das Bügeleisen war aus.

Bei einer Zwangsstörung drängen sich in hoher Intensität Gedanken auf (weit intensiver als eben beschrieben), was dazu führen kann, dass Betroffene eventuell das Haus nicht mehr verlassen oder andere Handlungen nicht unterdrücken können.

8.3.1 Definition

Unter der Bezeichnung Zwang werden Vorstellungen, Handlungsimpulse und Handlungen zusammengefasst, die sich dem Klienten aufdrängen und gegen deren Auftreten er sich vergeblich wehrt. Bei diesem Krankheitsbild stehen Zwangsgedanken und/oder -impulse und/oder -handlungen im Vordergrund.

> **✸ Merke**
>
> Zwangserscheinungen werden als dem eigenen Ich zugehörig, jedoch meist als unsinnig und bedrohlich erlebt. Dies ist auch wichtig für die Abgrenzung zu anderen Störungen.

Pathologische Zwangsphänomene beeinträchtigen einen Menschen in seinem gesamten **Denken**, **Handeln** und **sozialen Verhalten**.

8.3.2 Häufigkeit/Epidemiologie

Der Erkrankungsgipfel liegt zwischen dem 20. und 25. Lebensjahr. Allerdings ist auch im Kindesalter und in späteren Jahren eine Erkrankung möglich. Die Prävalenz liegt bei 1–2 %. Auch bei dieser Störung ist die sog. „Dunkelziffer" hoch, da betroffene Menschen zumeist erst dann zum Arzt bzw. Therapeuten gehen, wenn der Leidensdruck spürbar ist oder das Umfeld reagiert.

Zwangssymptome zeigen sich häufig begleitend zu:

- depressiven Störungen
- Phobien
- Alkoholmissbrauch
- Essstörungen

8.3.3 Ätiologie/Pathogenese

Die Ursachen von Angst- und Zwangsstörungen sind ähnlich. Diskutiert werden folgende Aspekte.

Psychodynamische Theorien In psychoanalytischen Konzepten wird eine Fixierung auf die anale Phase im Zusammenhang mit rigiden Erziehungsformen angenommen. Das Kind kommt und zeigt voller Stolz einen gerade „gefüllten Topf". Statt Bestätigung bekommt es jetzt zu hören, dass das eklig sei, und wird sofort gewaschen, gebadet. Erst dann bekommt es Lob und Zuwendung und fühlt sich wieder wohl.

Lerntheoretische Aspekte Die Grundidee ist das Lernen am Modell und/oder Lernen von konditioniertem Verhalten. Zwischen einem ursprünglich neutralen Gedankengang und einem angstbesetzten Stimulus soll eine Verbindung bestehen. Die Zwangshandlung tritt an die Stelle der Angst. Das bedeutet, der Betroffene muss z. B. eine Handlung wie das Händewaschen durchführen; macht er das nicht, entsteht eine extreme Angst davor, dass ansonsten schlimme Dinge geschehen. Verschiedene Zentren im Hirnstamm sind an der Regulation von Aufmerksamkeit und Angst beteiligt. Das limbische System spielt eine Rolle beim Entstehen konditionierter Reaktionen. In Kap. 17.2.3 zur Verhaltenstherapie werden die klassische Konditionierung nach Pawlow und das operante Konditionieren nach Skinner beschrieben.

> **⚡ Lerntipp**
>
> Die Musterbildung im Gehirn lässt sich an folgender Metapher veranschaulichen: Sie sind bestimmt schon einmal in einem Wald spazieren gegangen, in dem es offizielle Wege, aber auch inoffizielle Trampelpfade gibt. Nutzen mehr Spaziergänger einen Trampelpfad, wird er breiter – und in der Folge noch häufiger benutzt. So ähnlich ist es mit Handlungen, die immer wieder ausgeführt werden. Völlig automatisiert, ohne darüber nachzudenken, führen wir Handlungen durch. Tragen Sie doch einmal Ihre Uhr an der anderen Hand oder stellen Sie die Tassen aus dem gewohnten Schrank in einen anderen! Dies stützt die Annahme, dass auch die Zwangshandlungen konditioniert sind.

Neurochemische Aspekte Eine weitere Komponente des multifaktoriellen Geschehens ist eine Dysfunktionalität bestimmter Transmittersysteme, vor allem Serotonin und Dopamin.

8.3.4 Symptome

> **⚡ Lerntipp**
>
> In der bereits erwähnten Serie „The Big Bang Theory" klopft Sheldon immer erst 3-mal an die Tür der Nachbarin und ruft ihren Namen „Penny, Penny, Penny", ansonsten kann er die Tür nicht öffnen.

Unterschieden werden verschiedene Formen:

Zwangsgedanken sind zwanghafte, sich immer wieder aufdrängende, jedoch als unsinnig erkannte Denkinhalte:
- der sich ständig aufdrängende Gedanke, sich im Kontakt mit Menschen und/oder Objekten zu verschmutzen
- der sich ständig aufdrängende Gedanke, die eigene Gesundheit und/oder die Gesundheit nahestehender Menschen könnte gefährdet sein
- der dauernde und unlösbare Zweifel, bestimmte Dinge getan oder unterlassen zu haben

Zwangsimpulse sind zwanghafte, sich gegen den Willen des Betroffenen aufdrängende Handlungsimpulse. Sie sind mit einer enormen Angst verbunden, die Handlung könne tatsächlich ausgeführt werden. Gewöhnlich geschieht dies nicht. Jedoch ist der Impuls so stark, dass der Klient die Angst, diesem Impuls nachzugeben, kaum bewältigen kann. Häufige Inhalte sind:
- Aggressionen anderen Menschen gegenüber, oft nahestehenden
- sexuelle Impulse, an anderen und an sich selbst
- autoaggressive Impulse

Eine Mutter berichtet: „Ich habe ständig den Impuls, meiner 2½-jährigen Tochter schreckliche Dinge anzutun."

Zwangshandlungen sind zwanghaft gegen den Willen ausgeführte Handlungen. Die bekanntesten Formen sind der Wasch- und Kontrollzwang. Bei dem Versuch, diese Handlungen zu unterlassen, tritt eine massive innere Spannung, also Angst, auf. Um dieser Angst zu begegnen, werden die Handlungen immer wieder durchgeführt. Das kann so weit führen, dass das komplette Umfeld einbezogen wird.

8.3.5 Diagnostik

Betroffene Menschen versuchen oft lange, die Symptome zu verbergen und „bauen" sie in ihr Umfeld mit ein. Erst wenn der Leidensdruck entsprechend ausgeprägt ist, suchen sie Unterstützung. Die Diagnosestellung stützt sich auf das klinische Bild.

Diagnostische Leitlinien nach ICD-10 F42

Für eine eindeutige Diagnose sollen wenigstens 2 Wochen lang an den meisten Tagen Zwangsgedanken oder -handlungen oder beides nachweisbar sein; sie müssen quälend sein oder die normalen Aktivitäten stören. Die Zwangssymptome müssen folgende Merkmale aufweisen:

1. Sie müssen als eigene Gedanken oder Impulse für den Klienten erkennbar sein.
2. Wenigstens einem Gedanken oder einer Handlung muss noch, wenn auch erfolglos, Widerstand geleistet werden, selbst wenn sich der Klient gegen andere nicht länger wehren kann.
3. Der Gedanke oder die Handlungsausführung dürfen nicht an sich angenehm sein (einfache Erleichterung von Spannung und Angst wird nicht als angenehm in diesem Sinne betrachtet).
4. Die Gedanken, Vorstellungen oder Impulse müssen sich in unangenehmer Weise wiederholen.

8.3.6 Verlauf

Der Verlauf kann vielgestaltig sein und ist davon abhängig, wie weit sich der Betroffene auf die therapeutische Intervention einlässt. Bei etwa 50 % der Betroffenen bestehen die Symptome ein Leben lang. Der Alltag kann dadurch erheblich eingeschränkt sein. Ein sozialer Rückzug bis zur totalen Isolation ist nicht selten. Beim Waschzwang können noch körperliche Beeinträchtigungen hinzukommen.

Die Erkrankung geht häufig mit einer Depression einher. Es besteht eine Nähe zu Angsterkrankungen, Essstörungen oder Persönlichkeitsstörungen.

8.3.7 Therapieansätze

Ähnlich wie bei den Angststörungen kann eine medikamentöse Therapie durchgeführt werden, meistens mit Antidepressiva.

Verhaltenstherapeutisch wird eine „Hierarchie" der Zwänge erstellt. Beim stufenweisen Vorgehen, setzt sich der Klient nach und nach seinen Zwängen aus und versucht, ihnen zu widerstehen. Er soll lernen, dass – wenn er die Handlung nicht ausführt – nicht das Befürchtete geschehen wird.

Pause

Sie haben sich jetzt wieder eine Entspannung verdient. Hierfür geeignet ist das autogene Training, das zu den Entspannungsverfahren gehört (Kap. 17.5.1). Erlauben Sie es sich, wieder in die Ruhe zu sinken.

Es bietet sich die Schwereübung (zur Muskelentspannung), bei der die Konzentration zunächst auf einen Körperteil gelenkt und eine Autosuggestionsformel, z. B. „Mein rechter Arm wird angenehm schwer", „mein rechter Arm wird angenehm schwer", „mein rechter Arm ist angenehm schwer" gesprochen und nach und nach mit anderen Körperteilen durchgeführt wird – weiter geht es mit dem linken Arm, rechten Bein, linken Bein. Zudem ist die Wärmeübung (Durchblutung) geeignet, bei der einzelnen Körperteilen nach und nach suggeriert wird, dass sie sich angenehm warm anfühlen. Nach der Wärme wird die Konzentration auf die Atmung, auf den Herzschlag und anschließend auf die Stirn gelenkt, die dann angenehm frisch suggeriert wird.

Für Einsteiger bietet es sich an, einen entsprechenden Text z. B. auf ein Smartphone zu sprechen und ihn abzuspielen. Im Internet finden sich außerdem gute Anleitungen und Videos.

8.3.8 Mindmap – Zwangsstörungen (F42)

Eine Übersicht zu den Zwangsstörungen zeigt die Mindmap in **Abb. 8.8**.

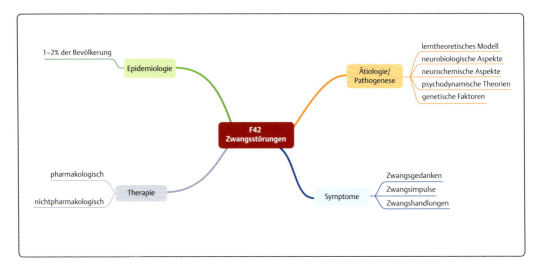

Abb. 8.8 Mindmap – Zwangsstörungen (F42).

8.4 Reaktionen auf schwere Belastungen und Anpassungsstörungen (F43)

Es gab eine Zeit, da wurde der Begriff Trauma inflationär für jegliche Belastung im Leben benutzt. Jedoch gibt es eindeutige Definitionen für diesen Begriff.

> ✴ **Merke**
> Sprechen wir von einem Trauma, ist damit immer ein Zusammenspiel von objektiven (das Ereignis) und subjektiven Faktoren (das Erleben) entscheidend: ein extrem belastendes Ereignis außerhalb der Norm, bei gleichzeitigem subjektivem Erleben von Hilflosigkeit und Ohnmacht. Sabine Lehmann hat sich intensiv mit der Psychotraumatologie beschäftigt.

Diese „Formel" ist bei Traumatisierungen im Kindesalter sehr kritisch zu betrachten. Warum? Ein traumatisches Ereignis muss nicht zwingenderweise selbst erlebt, sondern kann auch beobachtet worden sein.

8.4.1 Definition

Belastungsstörungen liegt laut ICD-10-Definition grundsätzlich ein belastendes Ereignis zugrunde. Das bedeutet, dass der betroffene Mensch ein belastendes Lebensereignis erlebt, welches nach Art und Ausmaß deutlich über das nach allgemeiner Lebenserfahrung zu erwartende hinausgeht.

Die Intensität der Reaktion ist abhängig von der Art, Schwere und Dauer der Belastung. Wichtig ist dabei, ob es sich um eine einmalige Belastung oder um andauernde komplexe Traumatisierungen handelt, sowie ob eine Möglichkeit der direkten Reaktion bestand.

> ✴ **Merke**
> Ohne ein belastendes Ereignis wären die Symptome nicht entstanden. Das ist ein entscheidender Hinweis für die Differenzialdiagnose!

8.4.2 Häufigkeit/Epidemiologie

Die Häufigkeit ist abhängig von dem Erleben traumatisierender Erfahrungen. Die posttraumatische Belastungsstörung ist eine der häufigsten psychischen Störungen, Frauen sind weit häufiger betroffen als Männer.

8.4.3 Ätiologie/Pathogenese

Wie beschrieben haben alle Symptome einen gemeinsamen Nenner, nämlich ein belastendes Ereignis, das zugrunde liegen muss, um eine Diagnose in der Kategorie F43 stellen zu können. Daneben bestimmen weitere Einflussfaktoren, ob das Ereignis bearbeitet werden konnte oder die Reaktionen der Umgebung dem entgegenstanden. Für die Entstehung einer Störung wesentlich sind außerdem Persönlichkeitszüge und neurobiologische Veränderungen durch die Belastung.

In der psychoanalytischen Theorie wird diskutiert, ob die Symptombildung auf einer Regression beruht. Damit ist das „Zurückfallen" in kindliche, vergangene Muster bis hin zur Hilflosigkeit gemeint. Aus lerntheoretischer Sicht spielen Copingstrategien eine Rolle. Das sind Fähigkeiten, die der Mensch in sich trägt, oder Ressourcen im Außen, die es ihm ermöglichen, sich selbst zu helfen bzw. Belastungen zu verarbeiten. In diesem Zusammenhang sei noch einmal an das Konzept der Salutogenese nach Aaron Antonovsky erinnert (Kap. 2.1). Ebenfalls ist bei der Genese der sekundäre Krankheitsgewinn zu berücksichtigen.

> ◆ **Lerntipp**
> Zur Erinnerung: Was ist ein primärer und was ein sekundärer Krankheitsgewinn?
> Erinnern Sie sich an die Fallschilderung der Frau, die ihren Vater pflegen sollte (Kap. 8.1.1)? Die Lösung des „Ich" war es, eine Störung/Symptome zu entwickeln. Das ist der primäre Krankheitsgewinn – die Lösung.
> Der sekundäre Krankheitsgewinn ist der zusätzliche, also daraus entstandene „Zugewinn".
> Zum Beispiel bekommt der betroffene Mensch endlich Zuwendung, Aufmerksamkeit oder Tätigkeiten werden abgenommen.

8.4.4 Symptome

Die Symptome sind im Detail bei den verschiedenen Formen der Belastungsstörungen aufgeführt.

8.4.5 Diagnostik

Die Diagnose richtet sich nach den geschilderten Symptomen und dem zugrunde liegenden Auslöser bzw. Trauma. Ohne das Vorliegen einer Belastung oder eines Traumas kann nicht von einer der folgenden Störungen gesprochen werden.

8.4.6 Formen

8.4.6.1 Akute Belastungsreaktion (F43.0)

Ein Klient berichtet: „Ich fuhr, wie so oft, über die Autobahn nach Hause. Plötzlich sah ich, wie sich unmittelbar vor mir ein Auto überschlug, ein LKW schräg stand. Ich und mehrere andere Autos fuhren ineinander. Obwohl alles sehr schnell ging, hatte ich das Gefühl, alles wie in Zeitlupe zu erleben. Das Quietschen, der Aufprall der Reifen und die Geräusche, wenn Metall aufeinanderprallt, und dann die Schreie. Es herrschte ein Durcheinander, ich hatte das Gefühl, völlig neben mir zu stehen, betäubt zu sein, wie in Watte gehüllt. Mein Herz raste, noch Tage nach dem Unfall hatte ich immer wieder körperliche Probleme und Angstgefühle. Am liebsten hätte ich mich nur noch versteckt."

Nach einem anfänglichen Zustand der „Betäubung" kommt es zu affektiven und vegetativen Symptomen. Diese Reaktionen auf außergewöhnliche körperliche und/oder seelische Belastungen können stunden- bis tagelang (bis maximal 3 Wochen) anhalten, bei einem ansonsten psychisch nicht manifest gestörten Patienten.

> **Diagnostische Leitlinien nach ICD-10 F43.0**
>
> Es muss ein unmittelbarer und klarer zeitlicher Zusammenhang zwischen einer ungewöhnlichen Belastung und dem Beginn der Symptome vorliegen. Die Reaktion beginnt innerhalb weniger Minuten, wenn nicht sofort.
>
> 1. Es tritt ein gemischtes und gewöhnlich wechselndes Bild auf; nach dem anfänglichen Zustand von „Betäubung" werden Depression, Angst, Ärger, Verzweiflung, Überaktivität und Rückzug beobachtet. Kein Symptom ist längere Zeit vorherrschend.
> 2. Die Symptome sind rasch rückläufig, längstens innerhalb von wenigen Stunden, wenn eine Entfernung aus der belastenden Umgebung möglich ist. In den Fällen, in denen die Belastung weiterbesteht oder in denen sie naturgemäß nicht reversibel ist, beginnen die Symptome in der Regel, nach 24–48 h abzuklingen, und sind gewöhnlich nach 3 Tagen nur noch minimal vorhanden.

8.4.6.2 Posttraumatische Belastungsstörung (F43.1)

Die Bezeichnung beschreibt bereits die Grundaussage der Störung. Die Symptome müssen nach (lat. post) einem Ereignis beginnen, und zwar erst nach Wochen bis Monaten. Sie können chronifizieren.

Die **post**traumatische **B**elastungs**s**törung (PTBS) fasst unterschiedliche psychische und psychosomatische Symptome zusammen, die als Langzeitfolgen eines singulären Traumas oder komplexer Traumata auftreten können, deren Tragweite die Strategien des Organismus für eine abschließende Bewältigung überfordert hat. Die Symptome sind sehr vielgestaltig. Die wichtigsten sind:

- (Voll- oder Teil-)Flashbacks und Albträume
- emotionaler und sozialer Rückzug mit Teilnahmslosigkeit und Verlust der Lebensfreude, Vermeiden von Situationen, die an das Trauma erinnern könnten
- vegetative Übererregtheit, Vigilanzsteigerung, Schreckhaftigkeit und Schlaflosigkeit

Beispiel: Ein ehemaliger Soldat bekommt auf ein-mal am Silvesterabend beim Feuerwerk eine Panikattacke und fängt an zu schreien, dass alle Menschen den Raum sofort verlassen sollen. Früher wurde bei den Kriegsheimkehrern, die die beschriebene Symptomatik zeigten, eine Kriegsneurose diagnostiziert.

> ### Diagnostische Leitlinien nach ICD-10 F43.1
>
> 1. Diese Störung soll nur dann diagnostiziert werden, wenn sie innerhalb von 6 Monaten nach einem traumatisierenden Ereignis von außergewöhnlicher Schwere aufgetreten ist.
> 2. Eine „wahrscheinliche" Diagnose kann auch dann gestellt werden, wenn der Abstand zwischen dem Ereignis und dem Beginn der Störung mehr als 6 Monate beträgt, vorausgesetzt, die klinischen Merkmale sind typisch und keine andere Diagnose wie Angst- oder Zwangsstörung oder depressive Episode kommt infrage.
> 3. Zusätzlich zu dem Trauma muss eine wiederholte unausweichliche Erinnerung oder Wiederinszenierung des Ereignisses in Gedächtnis, Tagträumen oder Träumen auftreten.
> 4. Ein deutlicher emotionaler Rückzug, Gefühlsabstumpfung, Vermeidung von Reizen, die eine Wiedererinnerung an das Trauma hervorrufen könnten, sind häufig zu beobachten, aber für die Diagnose nicht wesentlich.
> 5. Die vegetativen Störungen, die Beeinträchtigung der Stimmung und das abnorme Verhalten tragen sämtlich zur Diagnose bei, sind aber nicht von erstrangiger Bedeutung.

Späte, chronische Folgen von extremer Belastung, d. h. solche, die noch Jahrzehnte nach der belastenden Erfahrung bestehen, sind unter F62.0 (andauernde Persönlichkeitsänderung nach Extrembelastung) zu klassifizieren, die ebenfalls in diesem Kapitel vorgestellt wird.

8.4.6.3 Anpassungsstörungen (F43.2)

Von dieser Störung wird gesprochen, wenn ein gestörter Anpassungsprozess nach einer einschneidenden Lebensveränderung oder nach belastenden Lebensereignissen vorliegt. Die Klinik ist vielfältig und reicht von diversen Ängsten bis zu depressiven Stimmungen mit Einschränkung der Alltagsbewältigung. Weitere Symptome können vorliegen:

- bei Jugendlichen aggressives oder antisoziales Verhalten
- bei Kleinkindern Bettnässen, Daumenlutschen oder Babysprache als Zeichen der Regression
- Gefühle der Überforderung und Hilflosigkeit
- Suizidalität
- vegetative Begleiterscheinungen

Die Störung dauert meist nicht länger als 6 Monate.

> ### Diagnostische Leitlinien nach ICD-10 F43.2
>
> Die Diagnose hängt ab von einer sorgfältigen Bewertung der Beziehung zwischen
> 1. Art, Inhalt und Schwere der Symptome,
> 2. Anamnese und Persönlichkeit und
> 3. belastendem Ereignis, Situation oder Lebenskrise.

8.4.6.4 Andauernde Persönlichkeitsänderung nach Extrembelastung (F62.0)

Diese Form der Persönlichkeitsänderung tritt nach einer extremen Belastung auf. Die Persönlichkeitsänderung muss andauernd sein und sich in unflexiblem und unangepasstem Verhalten äußern, das zu Beeinträchtigungen in den zwischenmenschlichen, sozialen und beruflichen Beziehungen führt.

> ### Diagnostische Leitlinien nach ICD-10 F62.0
>
> Zur Diagnosestellung müssen folgende, bei dem Betreffenden zuvor nicht beobachtete Merkmale vorliegen:
> 1. feindliche oder misstrauische Haltung der Welt gegenüber
> 2. sozialer Rückzug
> 3. Gefühle der Leere oder Hoffnungslosigkeit
> 4. chronisches Gefühl von Nervosität wie bei ständigem Bedrohtsein
> 5. Entfremdung

Da die aufgeführten Merkmale zuvor nicht aufgetreten sein dürfen, ist bei der Diagnosestellung eine Fremdanamnese heranzuziehen. Die Persönlichkeitsveränderung muss mindestens über 2 Jahre bestehen.

> ### ✳ Merke
> Hierbei handelt es sich um eine Persönlichkeitsveränderung! Eine Persönlichkeitsstörung liegt vor, wenn die Entwicklung in der Kindheit beeinträchtigt wird. Nach der Entwicklungszeit kann eine Persönlichkeit nicht mehr gestört, sondern nur verändert werden.

8.4.6.5 Andauernde Persönlichkeitsänderung nach psychischer Krankheit (F62.1)

Diese Form der Persönlichkeitsveränderung wird ebenfalls in der ICD-10 unter der Rubrik Persönlichkeits- und Verhaltensstörungen (F62) subsumiert. Sie wird im Kontext der Belastungsstörungen vorgestellt, weil beide Persönlichkeitsveränderungen infolge einer Belastung auftreten. Hier besteht die Belastung in einer schweren psychiatrischen Erkrankung.

> ### ◪ Lerntipp
> Überlegen Sie kurz, welche belastenden Faktoren durch eine schwere psychiatrische Erkrankung auftreten können?
> Zum einen stellt die Diagnose der Erkrankung bereits einen Belastungsfaktor dar, der weitreichende Folgen hat. Zum anderen können eine Unterbringung gegen den Willen der Erkrankten und/oder therapeutisch notwendige Maßnahmen wie eine Fixierung erhebliche Belastungen nach sich ziehen.

> ### Diagnostische Leitlinien nach ICD-10 F62.1
> Zu den diagnostischen Hinweisen für diesen Typ der Persönlichkeitsveränderung sollten folgende Merkmale gehören:
> 1. hochgradige Abhängigkeit sowie Anspruchshaltung gegenüber anderen
> 2. Überzeugung, durch die vorangegangene Krankheit verändert oder stigmatisiert worden zu sein; infolgedessen Unfähigkeit zur Aufnahme und Beibehaltung enger und vertrauensvoller persönlicher Beziehungen sowie soziale Isolation
> 3. Passivität, verminderte Interessen und Vernachlässigung von Freizeitbeschäftigungen
> 4. ständiges Klagen, krank zu sein, oft verbunden mit hypochondrischen Beschwerden und kränkelndem Verhalten
> 5. dysphorische oder labile Stimmung, die nicht auf dem Vorliegen einer gegenwärtigen psychischen Störung mit affektiven Residualsymptomen beruht
> 6. im Gegensatz zum prämorbiden Niveau eine deutliche Störung der sozialen und beruflichen Funktionsfähigkeit

Auch hier gilt die Mindestdauer der Symptome von 2 Jahren.

8.4.7 Verlauf

Der Verlauf der Störungen hängt von der Form ab. Allein für die Diagnostik werden verschiedene zeitliche Voraussetzungen gefordert (**Tab. 8.5**).

8.4.8 Therapieansätze

Belastungs- und Anpassungsstörungen erfordern differenzierte therapeutische Interventionen. Sämtliche Maßnahmen müssen auf der genauen Analyse des Einzelfalls beruhen.

Tab. 8.5 Anpassungsstörungen im Verlauf.

Zeitlicher Faktor	Störung
Minuten bis Stunden	akute Belastungsreaktion
bis 6 Monate	Anpassungsstörung
Wochen bis Monate	posttraumatische Belastungsstörung
mindestens 2 Jahre	andauernde Persönlichkeitsänderung

Die medikamentöse Therapie erfolgt symptomatisch, meist im akuten Bereich, um die belastende Spitze zu nehmen und beruhigend einzuwirken.

Ein im traumatischen Bereich bewährtes Verfahren ist das sog. EMDR (Kap. 17.6.4).

⏸ Pause

Ihre Hände sind Ihre Werkzeuge, die ständig in Bewegung sind oder Aufgaben erfüllen, z. B. das Buch halten, die Seiten umblättern. Gönnen Sie Ihren Händen wie auch Ihrem Gehirn eine Pause. Massieren Sie Ihre Hände, damit sie wieder locker werden. Benutzen Sie die Finger, den Daumen und den Ballen der einen Hand, um die Muskeln, Sehnen und Knochen der anderen Hand zu dehnen und zu massieren:

- Kreisen Sie das Handgelenk und schütteln Sie die Finger aus. Dann massieren Sie in kleinen kreisenden Bewegungen mit den Daumenballen die Handfläche.
- Drücken Sie über den Handrücken. Dehnen Sie dann mit dem Daumen und Zeigefinger der anderen Hand jeden Finger von der Wurzel zur Fingerspitze.
- Legen Sie die Handflächen aneinander, sodass die Fingerspitzen nach oben zeigen. Heben Sie die Ellbogen, bis die Handflächen keinen Kontakt mehr haben und die Finger zusammengepresst werden.

8.4.9 Mindmap – Belastungs- und Anpassungsstörungen (F43)

Eine Übersicht zu den Belastungs- und Anpassungsstörungen zeigt die Mindmap in **Abb. 8.9**.

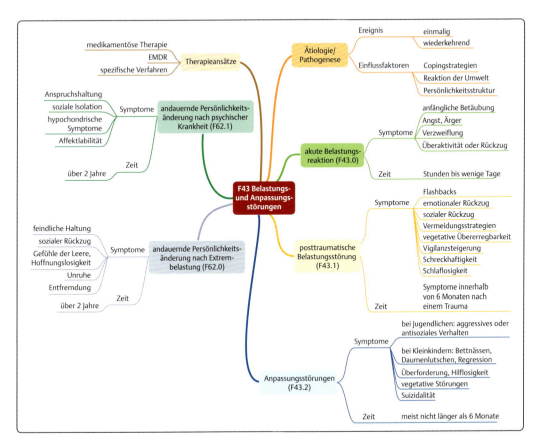

Abb. 8.9 Mindmap – Belastungs- und Anpassungsstörungen (F43).

8.5 Dissoziative Störungen (F44)

8.5.1 Definition

Hier finden Sie einige Störungen des Erlebens, die mit Störungen körperlicher Funktionen verbunden sind (**Konversionssymptome**; **Abb. 8.10**).

Unter Konversion ist ein Vorgang zu verstehen, in dem ein seelischer Konflikt so in körperliche Symptome umgesetzt (konvertiert) wird, dass die Symptome den Konflikt in symbolischer Form zum Ausdruck bringen und die Psyche dadurch zugleich Entlastung von einer inneren Anspannung erfährt.

> ✱ **Merke**
> Wenn der Körper uns nicht retten kann – durch Flucht oder Angriff – übernimmt es die Psyche durch Abspalten des Geschehens/der Situation.

Es wird meist von einem plötzlichen Beginn und Ende der Zustandsbilder berichtet. Das bedeutet, dass in der Regel ein „Auslöser" vorhanden ist. Ist dieser nicht mehr präsent, flotieren die Symptome.

Es handelt sich also um Störungen, bei denen es zu einer teilweisen oder vollständigen Entkopplung von seelischen und körperlichen Funktionen (Spaltung = **Dissoziation**) kommt.

> ✱ **Merke**
> Hauptmerkmal dissoziativer Störungen sind psychogen entstandene, organisch anmutende Körpersymptome.

Betrifft die Dissoziation das Bewusstsein der eigenen Identität, resultieren daraus Störungen, die in der ICD-10 als multiple Persönlichkeitsstörung bezeichnet werden. Das DSM-5 spricht von einer dissoziativen Identitätsstörung (DIS).

Bei Desintegration des Gedächtnisses können wichtige persönliche Ereignisse nicht erinnert werden (**Amnesie**).

8.5.2 Häufigkeit/Epidemiologie

Allgemeine Angaben über die Häufigkeit in der Allgemeinbevölkerung fehlen. Bei den Störungen der Bewegungen und der Sinnesorgane liegt die Häufigkeit bei 0,5 %.

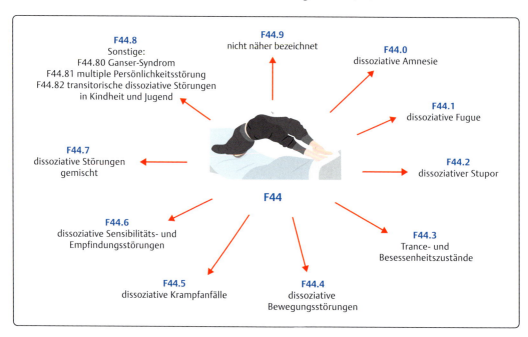

F44.8
Sonstige:
F44.80 Ganser-Syndrom
F44.81 multiple Persönlichkeitsstörung
F44.82 transitorische dissoziative Störungen in Kindheit und Jugend

F44.9
nicht näher bezeichnet

F44.0
dissoziative Amnesie

F44.1
dissoziative Fugue

F44.7
dissoziative Störungen gemischt

F44.2
dissoziativer Stupor

F44

F44.6
dissoziative Sensibilitäts- und Empfindungsstörungen

F44.3
Trance- und Besessenheitszustände

F44.5
dissoziative Krampfanfälle

F44.4
dissoziative Bewegungsstörungen

Abb. 8.10 Symptomatik dissoziativer Störungen (F44) nach ICD-10.

Dissoziative Amnesie, dissoziative Fugue, multiple Persönlichkeitsstörungen und Depersonalisationsstörungen werden nur selten diagnostiziert. Teilweise werden sie in Fachkreisen kontrovers diskutiert.

8.5.3 Ätiologie/Pathogenese

Im Vordergrund stehen psychoanalytische Theorien. In den klassischen Konzepten spielt die ödipale Konfliktproblematik eine entscheidende Rolle. Folgende Abwehrmechanismen sind zu nennen:
- Verleugnung
- Verdrängung
- Verschiebung
- Projektion
- Identifikation

Daneben kann sich ein primärer und sekundärer Krankheitsgewinn ergeben, durch den die Störungen aufrechterhalten werden:
- Der primäre Krankheitsgewinn besteht in inneren Vorteilen, die ein Klient aus seinen Symptomen und einer dadurch begründeten Störung ziehen kann.
- Unter sekundärem Krankheitsgewinn wird ein äußerer Vorteil verstanden, den ein Betroffener nachträglich durch bereits bestehende Symptome erreichen kann. Dies kann die Symptomatik verstärken.

8.5.4 Diagnostik

Die Diagnostik ist sehr vielschichtig, die Leitlinien werden bei den Formen der Störungen beschrieben (Kap. 8.5.6).

8.5.5 Symptome

Die Symptome sind abhängig von der jeweiligen Form und können folgende Ausprägungen zeigen:
- Lähmungen, psychogene Anfälle, Parästhesien (griech. para = vorbei; aisthesis = Wahrnehmung, Empfindung), Sehstörungen, Schmerzsyndrome

- psychogene Bewusstseinsveränderung: Amnesien, Dämmerzustand, Stupor, Trance

---

Diagnostische Leitlinien nach ICD-10 F40
1. klinische Charakteristika, die für die einzelnen Störungen in F44 ausgeführt sind
2. keine körperliche Erkrankung, welche die Symptome erklären könnte
3. Beleg für eine psychische Verursachung, d. h., es besteht ein zeitlicher Zusammenhang mit Belastungen, Problemen oder gestörten Beziehungen (auch, wenn diese vom Patienten geleugnet werden)

8.5.6 Formen

Im Folgenden sind die unterschiedlichen Erscheinungsbilder aufgeführt.

Lerntipp
Entscheidend ist, dass bei dissoziativen Störungen **keine körperliche Erkrankung** vorliegt. Dissoziativ drückt eine Abspaltung aus, der nachfolgende Begriff bezeichnet wie/wo diese Abspaltung stattfindet, z. B. bei der Amnesie das Vergessen bzw. Nichterinnern.

8.5.6.1 Dissoziative Amnesie (F44.0)
Das Kennzeichen ist der Erinnerungsverlust, der sich in der Regel auf traumatische Ereignisse bezieht.

Wenn der Körper uns nicht retten kann, übernimmt die Psyche diese Aufgabe. Das heißt, nach einem traumatischen Ereignis konnte keine körperliche Reaktion wie Flucht oder Angriff erfolgen und die Psyche spaltet das innere Erleben ab. Dieser Vorgang wird noch einmal bei der emotional instabilen Persönlichkeitsstörung thematisiert (S. 215). Für das grundlegende Verständnis entscheidend ist, dass die Abspaltung einen Selbsthilfemechanismus darstellt.

Die Amnesie beginnt oft plötzlich und endet auch wieder plötzlich. Sie hält ca. 1–2 Tage an.

> **Diagnostische Leitlinien nach ICD-10 F44.0**
> 1. partielle oder vollständige Amnesie für kürzlich erlebte traumatisierende oder belastende Ereignisse
> 2. Fehlen von hirnorganischen Störungen, Intoxikation oder extremer Erschöpfung

8.5.6.2 Dissoziative Fugue (F44.1)

*„…wie wenn das jetzt ein Aufbruch wär,
er müsse einfach geh'n für alle Zeit,
für alle Zeit…
Ich war noch niemals in New York, ich war noch niemals auf Hawaii,
ging nie durch San Francisco in zerriss'nen Jeans,
…"*

Udo Jürgens

Das Lied von Udo Jürgens berichtet von einem Mann, der sich darüber Gedanken macht, einfach zu gehen. Er plant dies bewusst und willentlich.

Im Gegensatz dazu kommt es bei der dissoziativen Fugue zu einer zielgerichteten Ortsveränderung ohne Erinnerung. Dem plötzlichen, unerwarteten Weggehen von zu Hause oder aus der gewohnten Umgebung geht typischerweise ein belastendes Ereignis voraus. Dieses Fortgehen ist mitunter verbunden mit der Annahme einer neuen Identität und der Unfähigkeit, sich an die frühere Identität zu erinnern.

Da die betroffenen Menschen nach außen geordnet wirken, wird diese Störung immer wieder diskutiert und nur selten diagnostiziert.

> **Diagnostische Leitlinien nach ICD-10 F44.1**
> 1. Kennzeichen der dissoziativen Amnesie (F44.0)
> 2. zielgerichtete Ortsveränderung über den üblichen täglichen Aktionsbereich hinaus (die Unterscheidung zwischen einer zielgerichteten Ortsveränderung und ziellosem Umherwandern muss von Personen mit Ortskenntnissen getroffen werden)
> 3. Aufrechterhalten der einfachen Selbstversorgung (Essen, Waschen) und einfacher sozialer Interaktionen mit Fremden (Kauf von Fahrkarten oder Benzin, Erkundigen nach Richtungen, Bestellen von Mahlzeiten usw.)

8.5.6.3 Dissoziativer Stupor (F44.2)

> 🔹 **Lerntipp**
> Bitte wieder kurz überlegen – was heißt Stupor? Richtig, es handelt sich um einen Zustand der Erstarrung und Reglosigkeit bei erhaltener Bewusstseinsklarheit.

Bei Betroffenen mit dieser Störung fehlen willkürliche Bewegungen mit normalen Reaktionen auf Reize – weder schlafen sie noch sind sie bewusstlos.

> **Diagnostische Leitlinien nach ICD-10 F44.2**
> 1. Stupor (motorische Bewegungslosigkeit bei erhaltener Bewusstseinsklarheit)
> 2. Fehlen körperlicher oder spezifischer psychiatrischer Störungen, die den Stupor erklären könnten
> 3. kurz zuvor erfolgtes belastendes Ereignis oder gegenwärtige Probleme

8.5.6.4 Trance- und Besessenheitszustände (F44.3)

Bei dieser Störung handelt es sich um einen zeitweiligen Verlust der persönlichen Identität und der vollständigen Wahrnehmung der Umgebung. In einigen Fällen verhält sich der Betroffene so, als ob er von einer anderen Persönlichkeit, einem Geist, einer Gottheit oder einer „Kraft" beherrscht wird.

8.5.6.5 Dissoziative Bewegungsstörungen (F44.4)

Diese Form der Bewegungsstörung kann sich als Lähmung zeigen, die neurologischen Erkrankungen sehr ähnlich sind. Es kann zum vollständigen oder Teilverlust der Bewegung kommen, Zittern ist ebenfalls möglich.

8.5.6.6 Dissoziative Krampfanfälle (F44.5)

Diese Form der Anfälle wird auch als psychogene Anfälle oder Pseudoanfälle bezeichnet. Die Anfälle zeigen sich ähnlich wie bei einem epileptischen Anfall, jedoch fehlen typischerweise der Zungenbiss, Verletzungen durch Stürze oder Inkontinenz.

8.5.6.7 Dissoziative Sensibilitäts- und Empfindungsstörungen (F44.6)

Unterschiedliche Verluste verschiedener sensorischer Modalitäten, Verlust der Sehschärfe oder Taubheit.

Ein Klient berichtet: „Ich konnte nichts mehr sehen, ich war blind. Wie sollte ich verstehen, dass das etwas mit meiner Psyche zu tun hatte? Ich habe sämtliche Augenkliniken besucht."

8.5.6.8 Sonstige dissoziative Störungen (F44.8)

Ganser-Syndrom (F44.80)

Das Ganser-Syndrom wird auch als „Scheinblödheit" bzw. „Vorbeiantworten" bezeichnet. Der Betroffene gibt auf einfache Fragen falsche Antworten. Oft treten parallel weitere dissoziative Symptome auf.

Multiple Persönlichkeit(sstörung) (F44.81)

Erinnern Sie sich bitte noch einmal an die Aussage: Wenn der Körper uns nicht retten kann, übernimmt die Psyche diese Aufgabe. Die Psyche spaltet ab, um eine Traumatisierung zu überleben. Im Augenblick der Traumatisierung ist dies die zunächst einzige mögliche Option.

Bei der multiplen Persönlichkeitsstörung kommt es zu einschneidenden Verletzungen der Psyche, meist in jungen Jahren. Hierzu gibt es 2 Überlegungsansätze:

1. Beim Spalten während der Traumatisierung entstehen eine oder mehrere weitere Persönlichkeiten. Diese Persönlichkeiten können männlich/weiblich oder Erwachsene/Kinder sein und verschiedene Körperwerte wie Dioptrienzahlen aufweisen. Die Betroffenen sprechen oft in der „Wir-Form". Berichtet wird, dass ihnen nicht grundsätzlich bekannt ist, welche Persönlichkeiten vorhanden sind, oder auch davon, dass sich Persönlichkeiten in Gruppen formieren.
2. Die Beschreibung der dissoziativen Identitätsstörung (DIS) geht ebenfalls von einer traumatisierenden Genese aus. Kommuniziert wird, dass sich Persönlichkeitsteile spalten, z. B. ein Teil der Persönlichkeit ist für das Arbeitsleben zuständig, ein Teil oder mehrere Anteile für abgespaltene emotionale Bereiche der Persönlichkeit. Diese emotionalen Teile

sind entweder nicht zugänglich oder sie werden nur unter bestimmten Bedingungen zugelassen.

Eine Klientin berichtet nach Jahren einer Traumatisierung: „Ich funktioniere, ich funktioniere so gut, dass ich mit dem, was ich beruflich leiste, sehr erfolgreich bin. Gefühle sind abgespalten, Erinnerungen oder Emotionen lasse ich nur zu, wenn ich mit mir alleine bin. Es ist wie eine innere Mauer, die Gefühle voneinander trennt und nicht zulässt."

> **Lerntipp**
>
> Auf YouTube finden Sie den Film „Höllenleben", in dem eine junge Frau mit der Diagnose einer multiplen Persönlichkeitsstörung über ihre Qualen und über ihr Leben berichtet. Sie begibt sich auf die Suche nach den Ursachen für ihre Störung und sammelt Beweise für die traumatisierenden Erlebnisse in ihrer Kindheit.
> In den Büchern *Vater unser in der Hölle* [24] und *Aufschrei* [11] kommen ebenfalls Betroffene zu Wort.

8.5.7 Verlauf

Der Verlauf ist so vielfältig wie die Formen. Die Symptombildung verändert sich, wenn die belastenden Situationen einen Wandel erfahren bzw. Ver- und Bearbeitungsprozesse stattfinden.

8.5.8 Therapieansätze

Die Therapieansätze haben zum Ziel, dass Betroffene ihre Traumatisierungen ver- und bearbeiten können. Durch verschiedene Verfahren lernen sie, innere Stärke aufzubauen, um den belastenden „Auslösern" anders als mit einer Konversion begegnen zu können. Zu diesen gehören:

- tiefenpsychologische Therapien
- Entspannungsverfahren
- Hypnosetherapie

Psychopharmaka werden nur in begründeten Einzelfällen eingesetzt.

> **⚡ Lerntipp**
>
> Ein 30-jähriger Mann kommt mit einer Lähmung des rechten Armes zu Ihnen in die Praxis. Er war bereits stationär in einer neurologischen Klinik, in der jedoch keine körperliche Ursache festgestellt werden konnte. Was ist zu tun? Allgemeine Empfehlungen zur psychotherapeutischen Intervention sind ein frühzeitiger Beziehungsaufbau, eine wertschätzende Grundhaltung und allem voran das Ernstnehmen der Symptome.

> **⚡ Pause**
>
> Sie haben sich wieder eine Pause verdient. Was halten Sie von Musik? Welches Lied spricht Sie jetzt spontan an? Mit dem Lied von Udo Jürgens können Sie z. B. gut die dissoziative Fugue verankern. Hören Sie sich bitte ein „Gute-Laune"-Lied an! Stellen Sie sich hin oder/und singen und tanzen Sie dazu.

8.5.9 Mindmap – dissoziative Störungen (F44)

Eine Übersicht zu den dissoziativen Störungen zeigt die Mindmap in **Abb. 8.11**.

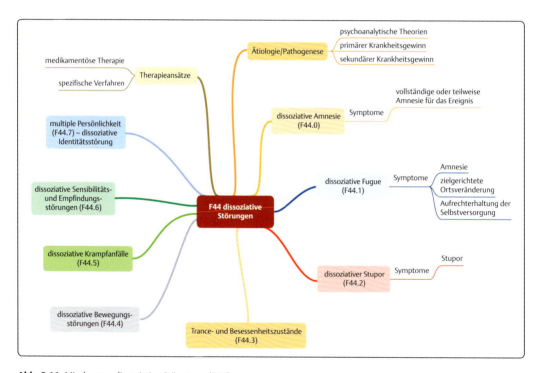

Abb. 8.11 Mindmap – dissoziative Störungen (F44).

8.6 Somatoforme Störungen (F45)

Bei diesen Störungen kann eine Reihe von körperlichen Symptomen auftreten. Das Typische an diesem Krankheitsbild ist eine hartnäckige Forderung der Betroffenen nach ärztlichen Untersuchungen. Es findet ein regelrechter „Arzttourismus" statt. Trotz wiederholter Versicherung, dass keine körperlichen Ursachen zugrunde liegen, kann dies nicht vom Erkrankten akzeptiert werden. Bevor er dazu bereit ist, sich in psychotherapeutische Behandlung zu begeben, durchläuft er viele ärztliche Kontakte und erlebt viel, aus seiner Sicht, Unverständliches.

8.6.1 Definition

Somatoform bedeutet „sich im Körper zeigend", d. h., es treten körperliche Symptome auf, für die keine Ursache festzustellen ist. Jedes Organ und jede Körperfunktion kann betroffen sein, oft mit gravierenden Folgen.

Auch bei diesen Störungen hat das Auftreten der Symptome eine enge Beziehung zu Lebensereignissen, Schwierigkeiten oder Konflikten. Es besteht häufig ein aufmerksamkeitssuchendes (histrionisches) Verhalten. Ebenso spielt der Krankheitsgewinn eine große Rolle.

Eine Klientin berichtet: „Seit Jahren ging ich von einem Arzt zum anderen. Ich habe eine Menge Eingriffe über mich ergehen lassen. Kein Mediziner hat etwas gefunden und doch haben alle gesucht. Die Symptome waren doch schließlich da. Ich habe sie doch gespürt und sie mir nicht eingebildet."

8.6.2 Häufigkeit/Epidemiologie

Es handelt sich um eine sehr häufige Störung, wegen der Arztpraxen aufgesucht werden. Hypochondrische Störungen bestehen bei ca. 4–6 % aller Menschen, ohne dass es eine Geschlechterpräferenz gibt. Die Somatisierungsstörung betrifft überwiegend Frauen. Im Allgemeinen ist eine familiäre Häufung zu finden.

8.6.3 Ätiologie/Pathogenese

Bei der Entstehung wirkt eine Reihe von Faktoren zusammen, die den dissoziativen Störungen ähneln (Kap. 8.5.3). Somatoforme Störungen betreffen in erster Linie vegetativ innervierte und damit der bewussten Beeinflussung nicht direkt unterliegende Organe. Bei dissoziativen Störungen sind hingegen Funktionen beeinträchtigt, die normalerweise der bewussten Wahrnehmung (z. B. Sinneseindrücke) oder Kontrolle (Willkürmotorik) unterliegen.

Folgende Erklärungsmodelle für die Enstehung werden herangezogen:
- Aus psychoanalytischer Sicht liegt eine „Übersetzung" unbewusster Konflikte in Körpersprache vor.
- Aus lerntheoretischer Sicht spielt ein erlernter, sich immer wieder verstärkender Kreislauf eine entscheidende Rolle. Symptome erhalten sich durch Verstärkung.
- Außerdem werden als Auslöser neurobiologische Ursachen sowie Persönlichkeitsstrukturen diskutiert.

Auch hier gilt, dass die Symptome auf ein multifaktorielles Geschehen zurückzuführen sind.

8.6.4 Symptome

Die Symptome sind abhängig von der Form (Kap. 8.6.6). Allen gemeinsam ist, dass die körperlichen Beschwerden ohne nachweisbare körperliche Ursachen bestehen.

8.6.5 Diagnostik

Kennzeichnend für die Diagnose ist das Bestehen auf körperlichen Symptomen und eine hartnäckige Forderung nach ärztlicher Bestätigung. Die Leitlinien werden bei den einzelnen Störungen beschrieben. Bei einigen Betroffenen steht ein histrionisches Verhalten im Vordergrund.

8.6.6 Formen

Die nachfolgenden Formen sind geprägt von
1. Beschwerden in unterschiedlichen Körperregionen und Organsystemen oder
2. ausgeprägten Krankheitsbefürchtungen oder
3. umschriebenen körperlichen Beschwerden.

8.6.6.1 Somatisierungsstörung (F45.0)

Typisch sind multiple, wiederholt auftretende und häufig wechselnde körperliche Symptome (**Abb. 8.12**). Es besteht zumeist eine lange und komplizierte Anamnese, da sich die Symptome auf jedes Körperteil oder jedes Körpersystem beziehen können (und entsprechend viele Ärzte aufgesucht wurden).

Zu den häufigsten Symptomen gehören gastrointestinale Beschwerden, abnorme Hautempfindungen, sexuelle und menstruelle Störungen. Angst und depressive Symptome können ebenfalls auftreten.

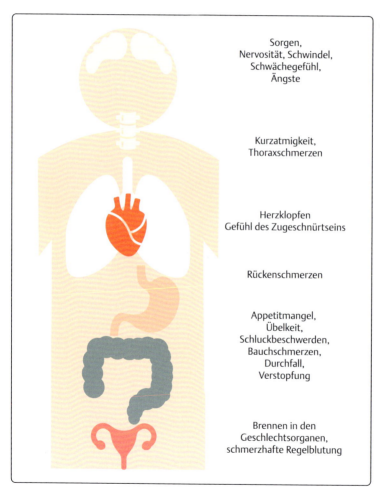

Sorgen,
Nervosität, Schwindel,
Schwächegefühl,
Ängste

Kurzatmigkeit,
Thoraxschmerzen

Herzklopfen
Gefühl des Zugeschnürtseins

Rückenschmerzen

Appetitmangel,
Übelkeit,
Schluckbeschwerden,
Bauchschmerzen,
Durchfall,
Verstopfung

Brennen in den
Geschlechtsorganen,
schmerzhafte Regelblutung

Abb. 8.12 Symptomatik der Somatisierungsstörung.

Diagnostische Leitlinien nach ICD-10 F45.0

1. mindestens 2 Jahre anhaltende multiple und unterschiedliche körperliche Symptome, für die keine ausreichende somatische Erklärung gefunden wurde
2. hartnäckige Weigerung, den Rat oder die Versicherung mehrerer Ärzte anzunehmen, dass für die Symptome keine körperliche Erklärung zu finden ist
3. ein gewisser Grad an Beeinträchtigung sozialer und familiärer Funktionen durch die Art der Symptome und das sich daraus ergebende Verhalten

8.6.6.2 Hypochondrische Störung (F45.2)

◀ Lerntipp

Kennen Sie die Komödie in 3 Akten „Der eingebildet Kranke" von Molière aus dem Jahr 1673? 1. Akt: Argan, der Protagonist und eingebildete Kranke, hat stets das Gefühl, aufgrund irgendwelcher körperlicher Beschwerden dem Tode nahe zu sein. Seine Hausangestellte Toinette hingegen macht sich über ihn lustig und stellt fest, dass die Ärzte in finanzieller Hinsicht durchaus von ihm profitieren würden.

Bei der hypochondrischen Störung ist das vorherrschende Kennzeichen die beharrliche Beschäftigung bzw. die Angst, an einer oder mehreren schweren und fortschreitenden körperlichen Krankheiten zu leiden.

Diagnostische Leitlinien nach ICD-10 F45.2

1. eine anhaltende Überzeugung vom Vorhandensein wenigstens einer ernsthaften körperlichen Krankheit, die Ursache für das vorhandene Symptom oder die Symptome ist, auch wenn wiederholte Untersuchungen keine ausreichende körperliche Erklärung erbracht haben, oder eine hartnäckige Beschäftigung mit einer vermuteten Entstellung
2. ständige Weigerung, den Rat und die Versicherung mehrerer Ärzte zu akzeptieren, dass den Symptomen keine körperliche Krankheit zugrunde liegt

Unsere Gesellschaft des Wissens mag zu einer Verschärfung beitragen – im Internet finden Menschen sämtliche Krankheitsbilder ausführlich beschrieben, und es ist leicht geworden, eigene Diagnosen zu treffen. So kommen Betroffene teilweise mit ausgedruckten Unterlagen in die Praxen.

8.6.6.3 Somatoforme autonome Funktionsstörung (F45.3)

Die Symptome werden vom Klienten so beschrieben, als beruhten sie auf der Funktionsstörung eines Systems oder eines Organs, das weitgehend oder vollständig vegetativ (autonom) versorgt und kontrolliert wird:

- kardiovaskuläres System (Herz-Kreislauf-System)
- respiratorisches System (Atmung)
- gastrointestinales System (Magen-Darm-Trakt)

Einige Störungen des Urogenitalsystems (Blase) sind ebenfalls einbezogen.

Vorherrschend sind 2 Symptomgruppen:

1. Gruppe: Symptome, die eine vegetative Stimulation darstellen, z. B. Herzklopfen, Erröten
2. Gruppe: Schmerzen, Brennen, Enge, Gefühl, aufgebläht zu sein

Diagnostische Leitlinien nach ICD-10 F45.3

1. hartnäckige und störende Symptome der vegetativen Stimulation wie Herzklopfen, Schwitzen, Zittern und Erröten
2. zusätzliche subjektive Symptome, die Bezug zu einem bestimmten Organ oder System haben
3. intensive und quälende Beschäftigung mit der Möglichkeit einer schwerwiegenden, aber oft nicht näher bezeichneten Erkrankung des genannten Organs oder Organsystems, die auch nach wiederholten Erklärungen und Versicherungen der Ärzte nicht aufgegeben wird
4. kein Anhalt für eine eindeutige Störung der Struktur oder Funktion des betreffenden Systems oder Organs

8.6.6.4 Anhaltende Schmerzstörung (F45.4)

Im Vordergrund dieser Form steht ein andauernder, schwerer und quälender Schmerz, der durch einen physiologischen Prozess oder eine körperliche Störung nicht vollständig erklärt werden kann. Der Schmerz tritt in Verbindung mit emotionalen oder psychosozialen Konflikten auf.

8.6.7 Verlauf

Der Verlauf richtet sich nach der Form der Störung und der „Einsichtsfähigkeit" der Klienten. Eine entscheidende Rolle spielt dabei, wann der Betroffene mit einer Behandlung beginnt, die sich auf die psychischen Ursachen konzentriert: Je früher er eine psychotherapeutische Unterstützung erhält, desto eher wird die medizinische Odyssee unterbrochen.

8.6.8 Therapieansätze

Zum Einsatz kommen verhaltenstherapeutische Methoden. Psychoedukation beinhaltet die Aufklärung und Versicherung des Klienten, dass er ernst genommen wird. Wichtig ist eine Stärkung des „Ich" mit dem Erarbeiten von Bewältigungsstrategien. Entspannungsverfahren können für den Betroffenen unterstützend sein.

Folgende Aspekte sind zu beachten:

- Vermeiden von Diskussionen über die Realität der Beschwerden
- regelmäßige Kontakttermine
- regelmäßige körperliche Untersuchung durch einen Arzt (unbedingt vorher besprechen, der Klient würde sonst „heimlich" zum Arzt gehen)
- Hilfsuntersuchung nur bei klarer Indikation
- Behandlung der gleichzeitig vorliegenden psychischen Störung
- Vermeiden von (weiteren) Arztwechseln

Der Einsatz von Medikamenten sollte nur symptomatisch erfolgen, da diese das Krankheitsbild ebenfalls aufrechterhalten können.

> **◁ Pause**
>
> Zeit zum Ausspannen. Gerade in diesem Kapitel ist es noch einmal klar geworden, wie stark und mächtig unsere Psyche und somit die Macht und Kraft unserer Gedanken ist. Nutzen Sie dieses Wissen für sich!
>
> Setzen bzw. legen Sie sich entspannt hin. Atmen Sie tief ein und aus, stellen Sie sich wieder vor, wie Sie beim Einatmen Energie aufnehmen und beim Ausatmen alles abgeben, was Sie jetzt abgeben möchten. Sie spüren Ihre Augenlider, lassen sie schwerer und schwerer werden und senden dieses Gefühl durch Ihren ganzen Körper.
>
> So wie Sie sich zunehmend entspannen, wird gleichzeitig Ihr Geist wach und klar.
>
> Stellen Sie sich nun vor, wie Sie das Gelesene ablegen – begrüßen Sie Ihren „Bibliothekar", füllen Sie weiter Ihre Bücher des Wissens.
>
> Stellen Sie sich jetzt eine große Tafel vor, entweder eine klassische grüne Tafel mit Kreide oder ein Whiteboard mit Stift. Schreiben Sie in Gedanken darauf: „Ich kann lernen – ich will lernen – ich werde die Prüfung bestehen!" Spüren Sie mit Ihrem ganzen Körper diesen Satz.
>
> Verweilen Sie noch ein wenig in der Ruhe. Danach gibt es erst einmal einen Kaffee oder Tee.

8.6.9 Mindmap – somatoforme Störungen (F45)

Eine Übersicht zu den somatoformen Störungen zeigt die Mindmap in **Abb. 8.13**.

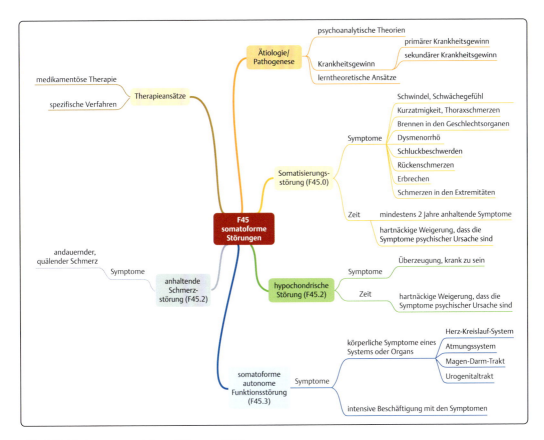

Abb. 8.13 Mindmap – somatoforme Störungen (F45).

8.7 Andere neurotische Störungen (F48)

8.7.1 Neurasthenie (F48.0)

Die Neurasthenie wird zurzeit häufig mit dem Burn-out verwechselt. Das Krankheitsbild Burn-out zeigt sich ähnlich, jedoch muss die Voraussetzung gegeben sein, für etwas „gebrannt" zu haben.

Betroffene mit Neurasthenie berichten, dass sie sich nach geistiger Anstrengung müde und ausgelaugt fühlen. Das hat zur Folge, dass die Arbeitsleistung abnimmt (**Abb. 8.14**). Hinzu kommen Konzentrationsschwäche und im Allgemeinen ein uneffektives Denken. Reizbarkeit, Freudlosigkeit, Schlafstörungen, leichte Grade von Depression und Angst sind üblich.

Es liegt eine körperliche Schwäche und Erschöpfung vor, die begleitet ist von muskulären oder anderen Schmerzen. Betroffene können nicht mehr entspannen. Daneben treten weitere unangenehme körperliche Empfindungen auf.

Abb. 8.14 Erschöpfung (Symbolbild). © kite_rin - stock. adobe.com

> **Diagnostische Leitlinien nach ICD-10 F48**
> 1. anhaltende und quälende Klagen entweder über gesteigerte Ermüdbarkeit nach geistiger Anstrengung oder über körperliche Schwäche und Erschöpfung nach geringsten Anstrengungen
> 2. mindestens 2 der folgenden Empfindungen: Muskelschmerzen und -beschwerden, Schwindelgefühle, Spannungskopfschmerzen, Schlafstörungen, Unfähigkeit, zu entspannen, Reizbarkeit, Dyspepsie (Fehlverdauung)
> 3. Die vorliegenden autonomen oder depressiven Symptome sind nicht anhaltend und schwer genug, um die Kriterien für eine der spezifischen Störungen in dieser Klassifikation zu erfüllen.

8.7.2 Depersonalisations- und Derealisationssyndrom (F48.1)

Ein Klient berichtet: „Ich hatte das Gefühl, alles aus weiter Ferne zu beobachten, die ganze Umgebung erschien unwirklich und fremd. Die Abläufe waren automatisiert."

Menschen, die diese Störungen in reiner oder isolierter Form erleben, gibt es sehr wenige. Meist ist dieses Erleben ein Symptom bei anderen Störungen, z. B. bei Schizophrenie.

> **Diagnostische Leitlinien nach ICD-10 F48.1**
> Für eine eindeutige Diagnose müssen enweder das Kriterium 1 oder 2 sowie die Kriterien 3 und 4 erfüllt sein:
> 1. Depersonalisationssymptome, d. h., der Betroffene empfindet seine eigenen Gefühle und Erfahrungen als losgelöst, fern, nicht als seine eigenen, verloren usw.
> 2. Derealisationssymptome, d. h., Objekte, Menschen oder die Umgebung erscheinen unwirklich und fern, künstlich, farblos, leblos usw.
> 3. Der Betreffende akzeptiert, dass hier ein subjektiver und spontaner Wechsel eingetreten ist, der nicht von äußeren Kräften oder anderen Personen verursacht wurde (d. h., es besteht Krankheitseinsicht).
> 4. klares Bewusstsein und Fehlen eines toxischen Verwirrtheitszustands oder einer Epilepsie

Prüfungsfragen

Angst- und phobische Störungen

1. Welche Diagnose trifft auf folgende Fallbeschreibung zu?

Ein Klient berichtet Ihnen, dass er zurückgezogen lebt und Partys meide. Bei der Arbeit versuche er, Kundenkontakten so weit wie möglich aus dem Wege zu gehen, aus Angst, er könne etwas falsch machen.

a) Panikstörung
b) Agoraphobie
c) generalisierte Angststörung
d) soziale Phobie
e) Klaustrophobie

2. Welche Aussagen zum Störungsbild einer sozialen Phobie sind korrekt?

1. Die Ängste treten vorwiegend in größeren Menschenmengen auf.
2. Die Störung tritt ganz überwiegend bei Männern auf.
3. Soziale Phobien sind in der Regel mit einem niedrigen Selbstwertgefühl verbunden.
4. Die Symptome können sich bis hin zu Panikattacken verstärken.
5. Soziale Phobien können sich in Beschwerden wie Händezittern, Übelkeit und Drang zum Wasserlassen äußern.
a) Nur die Aussagen 1, 2 und 3 sind richtig.
b) Nur die Aussagen 1, 4 und 5 sind richtig.
c) Nur die Aussagen 2, 3 und 5 sind richtig.
d) Nur die Aussagen 3, 4 und 5 sind richtig.
e) Alle Aussagen sind richtig.

3. Was trifft zur sozialen Phobie zu? (2 Antworten)

a) Die soziale Phobie tritt meist erst nach dem 30. Lebensjahr auf.
b) Als Folge der sozialen Phobie kann es zur Schulverweigerung kommen.
c) Es handelt sich um eine generelle und anhaltende Angst, die nicht auf bestimmte Situationen beschränkt ist.
d) Das Risiko bei einer sozialen Phobie, später an einer Depression zu erkranken, ist nicht erhöht.
e) Charakteristisch ist die Furcht, im Zentrum der Aufmerksamkeit zu stehen oder sich peinlich oder erniedrigend zu verhalten.

4. Welche der folgenden Aussagen zur Reizkonfrontation treffen zu? (2 Antworten)

a) Reizkonfrontation kann bei Agoraphobie zu einer Symptomreduktion führen.
b) Die Methode wird häufig bei der verhaltenstherapeutischen Behandlung von Depressionen eingesetzt.
c) Die massive Konfrontation mit der angstbesetzten Situation führt idealerweise zu einer Auflösung des Spannungszustands und minimiert so die Erwartungsangst.
d) Ein graduiertes Vorgehen ist bei dieser Methode nicht möglich.

5. Ein Klient mit Spinnenphobie soll mit „Flooding" (Reizüberflutung) behandelt werden. Bei welcher der folgenden Erkrankungen ist diese Behandlung mit besonderen Risiken verbunden?

a) Krampfadern an beiden Beinen
b) koronare Herzkrankheit
c) chronische Alkoholkrankheit mit längerer Abstinenz
d) HIV-Infektion
e) Nikotinabhängigkeit

6. Bei der Agoraphobie hat sich folgendes Psychotherapieverfahren als am wirksamsten erwiesen:

a) tiefenpsychologisch fundierte Psychotherapie (Biografiearbeit)
b) klientenzentrierte Psychotherapie nach Rogers
c) Verhaltenstherapie (systematische Desensibilisierung, Flooding)
d) Gestalttherapie (Psychodrama)
e) dialektisch-behaviorale Therapie nach Linehan (DBT-Skillstraining)

7. Welche der folgenden Aussagen zu Angststörungen treffen zu?

1. Überwiegend sind Frauen betroffen.
2. Depressive und zwanghafte Symptome sowie soziale Phobien können zusätzlich vorhanden sein.
3. Aufenthalt auf großen Plätzen oder in Menschenmengen sind typisch angstauslösende Momente.
4. Vermeidung der angstauslösenden Situation ist ein typisches Symptom.
5. Ohne effektive Behandlung wird die Agoraphobie häufig chronisch.

a) Nur die Aussage 3 ist richtig.
b) Nur die Aussagen 2 und 3 sind richtig.
c) Nur die Aussagen 1, 3 und 4 sind richtig.
d) Nur die Aussagen 3, 4 und 5 sind richtig.
e) Alle Aussagen sind richtig.

8. Was trifft in diesem Fallbeispiel zu? (2 Antworten)

Ein junger Mann leidet außerhalb seiner familiären Umgebung beim Umgang mit kleinen Gruppen immer unter der Angst, im Zentrum der Aufmerksamkeit zu stehen und ein peinliches Verhalten zu zeigen.

a) abhängige Persönlichkeitsstörung
b) autistische Störung
c) soziale Phobie
d) Asperger-Syndrom
e) Agoraphobie

9. Was sind wichtige Elemente der kognitiv-verhaltenstherapeutischen Behandlung einer Angststörung, wenn identifizierbare Angstauslöser vorhanden sind und der Patient Vermeidungsverhalten zeigt?

1. Reizkonfrontation
2. Vermittlung eines Erklärungsmodells
3. Psychoedukation
4. Vermeidung der Angstauslöser
5. Ermutigung des Patienten, sich in der angstauslösenden Situation durch Aktivitäten abzulenken

a) Nur die Aussage 1 ist richtig.
b) Nur die Aussagen 4 und 5 sind richtig.
c) Nur die Aussagen 1, 2 und 3 sind richtig.
d) Nur die Aussagen 1, 2 und 5 sind richtig.
e) Alle Aussagen sind richtig.

10. Eine 25-jährige Frau bekommt plötzlich Angstgefühle, „pfötchenartige" Verkrampfungen der Hände und atmet schnell und falsch. Es handelt sich am ehesten um eine/einen:

a) Klaustrophobie
b) Soziophobie
c) Hyperventilationstetanie
d) Herzanfall
e) Lungenembolie

Zwangsstörungen

1. Welche der folgenden Aussagen zur Zwangserkrankung treffen zu? (2 Antworten)

a) Die Erkrankung beginnt meist nach dem 40. Lebensjahr.
b) Zwangsimpulse beinhalten ein hohes Fremdgefährdungspotenzial.
c) Bei Zwangsstörungen helfen lediglich psychotherapeutische Verfahren, medikamentöse Maßnahmen sind wirkungslos.
d) Geeignete verhaltenstherapeutische Verfahren sind kognitive Therapiemaßnahmen.
e) Therapeutisch sinnvoll ist der Einsatz von Antidepressiva.

2. Wie lassen sich Waschzwänge mithilfe der kognitiven Verhaltenstherapie behandeln? (2 Antworten)

a) Rückversicherung durch den Therapeuten, dass keine Gefahr besteht
b) Exposition mit Reaktionsverhinderung
c) Analyse von Gedankenmustern und Befürchtungen
d) Vermeidung von Reizen, die das Waschverhalten auslösen
e) vermehrtes Händewaschen, um eine Extinktion (Löschung des Verhaltens) zu erzielen

3. Was sind Merkmale/Symptome eines Patienten mit einer Zwangsstörung? (2 Antworten)

a) Zur Diagnose nach ICD-10 müssen Zwangsgedanken auf jeden Fall, nicht aber Zwangshandlungen vorliegen.
b) Die Symptome (Zwangsgedanken, -impuls, -handlungen) werden vom Klienten als unsinnig oder übertrieben erlebt.
c) Die Zwangsinhalte beziehen sich sehr selten auf Themen wie Sexualität und Religion.
d) Die Zwangssymptome bestehen über einen Zeitraum von mindestens 2 Wochen.
e) Der Inhalt der Zwangsgedanken ändert sich ständig.

4. Welche der folgenden Aussagen zur Zwangsstörung treffen zu? (2 Antworten)

a) Zwangsgedanken werden von den Betroffenen meist als unsinnig erkannt.
b) Zwangsgedanken werden von den Betroffenen als von außen eingegeben empfunden.
c) Nur bei einem kleinen Teil der betroffenen Patienten finden sich Zwangsgedanken und Zwangshandlungen gemischt.
d) Zur Behandlung werden in psychiatrischen Kliniken häufig Verfahren der Neurochirurgie eingesetzt.
e) Zwangsgedanken haben häufig bedrohliche oder aggressive Inhalte.

5. Wodurch zeichnen sich Zwangsstörungen aus? (2 Antworten)

a) Für die eindeutige Diagnose sollen die Symptome mindestens 2 Monate lang nachweisbar sein.
b) Zwangsgedanken treten überwiegend bei Frauen auf.
c) Die Zwangsgedanken werden vom Betroffenen als unangenehm erlebt.
d) Die Zwangsgedanken werden als von außen eingegeben empfunden.
e) Der Krankheitsbeginn liegt meist in der Krankheit oder im frühen Erwachsenenalter.

6. Was ist für Zwangsstörungen zutreffend?

1. Zwangsstörungen können zu sozialer Isolierung führen.
2. Zwangsgedanken werden von Betroffenen meist als sinnlos erlebt.
3. Beim Versuch, Zwangsgedanken zu unterlassen, treten innere Anspannung und Angst auf.
4. Antidepressiva können die Symptome einer Zwangsstörung bessern.
5. Zwangsimpulse sind gefährlich, da es hierdurch häufig zu Verletzungen kommt.
a) Nur die Aussagen 2 und 4 sind richtig.
b) Nur die Aussagen 1, 2 und 3 sind richtig.
c) Nur die Aussagen 3, 4 und 5 sind richtig.
d) Nur die Aussagen 1, 2, 3 und 4 sind richtig.
e) Alle Aussagen sind richtig.

7. Welche der folgenden Aussagen zu Zwangsstörungen treffen zu?

1. Als Zwangsgedanken können gewalttätige Inhalte auftreten.
2. Die Lebenszeitprävalenz für das Auftreten einer Zwangsstörung liegt bei etwa 15 %.
3. Von einer Zwangsstörung spricht man auch dann, wenn die Symptomatik in einem anderen Zusammenhang mit einer anderen psychischen Störung, z. B. Schizophrenie, steht.
4. Zwangsstörungen zeigen häufig eine Tendenz zur Chronifizierung.
5. Zwangsgedanken werden von Patienten als eigene Gedanken erkannt.
a) Nur die Aussagen 1, 2 und 3 sind richtig.
b) Nur die Aussagen 1, 2 und 4 sind richtig.
c) Nur die Aussagen 1, 4 und 5 sind richtig.
d) Nur die Aussagen 2, 4 und 5 sind richtig.
e) Nur die Aussagen 3, 4 und 5 sind richtig.

8. Was trifft für Zwangsstörungen zu?

a) Die Zwangsgedanken werden vom Patienten nicht als unsinnig erkannt.
b) Bei den Zwangsvorstellungen werden wahnhafte Gedanken erlebt.

c) Patienten mit einer gesicherten Zwangsstörung haben ein deutlich höheres Risiko gegenüber der Allgemeinbevölkerung, an einer Schizophrenie zu erkranken.
d) Zwangsgedanken können auch im Zusammenhang mit postpartalen Depressionen und/oder postpartalen Psychosen auftreten.
e) Das männliche Geschlecht ist von der Zwangsstörung deutlich häufiger betroffen als Frauen.

9. Welche Aussage zur Zwangsstörung trifft zu?

a) Bei einer Zwangsstörung werden Gedankenzwänge als von anderen Personen eingegeben und nicht als eigene Gedanken angesehen.
b) Eine psychosoziale Beeinträchtigung durch Zwangsgedanken oder Zwangshandlungen ist ausgeschlossen, weil sie in der Regel nur wenige Minuten am Tag dauern.
c) Zwangsgedanken und Zwangshandlungen werden von den Betroffenen meist als praktisch begründet und situationsangemessen angesehen.
d) Zwangsgedanken werden in der Regel gefühlsneutral wahrgenommen, rufen weder große Ängste noch großes Unbehagen hervor.
e) Handlungen im Sinne einer Zwangsstörung dienen dazu, Unwohlsein und Angst zu verhindern oder zu reduzieren oder gefürchteten Ereignissen und Situationen vorzubeugen.

Belastungs- und Anpassungsstörungen

1. Welche der folgenden Aussagen treffen zu? (2 Antworten)

Sogenannte Flashbacks (Nachhallzustände/Nachhallerinnerungen) treten typischerweise auf bei …

a) fortgeschrittener Demenz.
b) akuter manischer Episode.
c) Konsumenten von Halluzinogenen.
d) posttraumatischer Belastungsstörung.
e) querulantischer Persönlichkeitsstörung.

2. Welche Merkmale zur posttraumatischen Belastungsstörung (PTBS) nach ICD-10 sind zutreffend?

1. Die Symptome klingen innerhalb von 3 Tagen nach dem belastenden Ereignis ab.
2. Häufig bestehen komorbide psychische Störungen.
3. Traumafokussierte Psychotherapieverfahren sind grundsätzlich kontraindiziert.
4. Nach Traumata entwickeln die meisten der Betroffenen eine PTBS.
5. Typisch ist das wiederholte Erleben des Traumas in sich aufdrängenden Erinnerungen oder Träumen.
a) Nur die Aussagen 1 und 3 sind richtig.
b) Nur die Aussagen 2 und 3 sind richtig.
c) Nur die Aussagen 4 und 5 sind richtig.
d) Nur die Aussagen 2, 4 und 5 sind richtig.
e) Nur die Aussagen 2, 3, 4 und 5 sind richtig.

3. Welche der folgenden Symptome treten bei der posttraumatischen Belastungsstörung (PTBS) häufig auf?

1. Nachhallerinnerungen
2. Vermeidungsverhalten
3. emotionale Abgestumpftheit
4. vegetative Übererregtheit
5. sozialer Rückzug
a) Nur die Aussagen 1 und 3 sind richtig.
b) Nur die Aussagen 2 und 4 sind richtig.
c) Nur die Aussagen 2, 3 und 4 sind richtig.
d) Nur die Aussagen 1, 2, 3 und 4 sind richtig.
e) Alle Aussagen sind richtig.

4. Welche der folgenden Ereignisse sind am ehesten als Auslöser für eine posttraumatische Belastungsstörung anzusehen? (2 Antworten)

a) Scheidung
b) schwerer Autounfall
c) chronische Krankheit eines Angehörigen
d) Ansehen von Gewaltvideos
e) Erleben von schwerer körperlicher Gewalt

5. Was sind Symptome einer posttraumatischen Belastungsstörung?

1. Dissoziation
2. Intrusion
3. Gedankenentzug
4. Vermeidungsverhalten
5. Interessenverlust
a) Nur die Aussagen 1 und 2 sind richtig.
b) Nur die Aussagen 1 und 3 sind richtig.
c) Nur die Aussagen 2 und 3 sind richtig.
d) Nur die Aussagen 1, 2 und 5 sind richtig.
e) Nur die Aussagen 1, 2, 4 und 5 sind richtig.

Dissoziative Störungen

1. Welche der folgenden Aussagen zum psychogenen Dämmerzustand (dissoziative Amnesie) treffen zu?

1. Während eines Dämmerzustands treten Orientierungsstörungen auf.
2. Ein Dämmerzustand kann im Rahmen einer psychogenen Reaktion auftreten.
3. Während eines Dämmerzustands können die Kranken einfachen Aufgaben nachkommen und gewohnte Tätigkeiten verrichten.
4. Bei einem Dämmerzustand ist das Bewusstsein getrübt oder eingeengt.
5. Nach Abklingen des Dämmerzustands können sich die Betroffenen genau daran erinnern, was sie während des Dämmerzustands getan haben.
a) Nur die Aussagen 2 und 3 sind richtig.
b) Nur die Aussagen 1, 3 und 4 sind richtig.
c) Nur die Aussagen 1, 4 und 5 sind richtig.
d) Nur die Aussagen 1, 2, 3 und 4 sind richtig.
e) Alle Aussagen sind richtig.

2. Welche Aussage zur dissoziativen Störung der Bewegung trifft zu?

a) Umwandlung unbewusster psychischer Konflikte in somatische Symptome
b) Zustand, der auftritt vom Übergang von einer Depression zur Manie und umgekehrt

c) Symptome können durch eine körperliche Erkrankung erklärt werden.
d) Umschlag von katatoner Erregung zu katatoner Hemmung
e) neu hinzukommendes Symptom, das im Krankheitsverlauf das Grundsymptom ersetzt

3. Welche der folgenden Aussagen zur Gefühlswelt beim Derealisations- und/oder Depersonalisationssyndrom (nach ICD-10) sind richtig?

1. Der eigene Körper wird als unwirklich erlebt.
2. Die Patienten klagen u. a. über den Verlust von Emotionen, über das Abgetrenntsein von ihren Gedanken, von der realen Welt.
3. Der Patient ist der Überzeugung, an einer schweren Krebserkrankung zu leiden.
4. Es besteht keine Krankheitseinsicht.
5. Die Patienten sind sich der Unwirklichkeit der Veränderungen bewusst.
a) Nur die Aussagen 1 und 4 sind richtig.
b) Nur die Aussagen 2 und 4 sind richtig.
c) Nur die Aussagen 1, 3 und 4 sind richtig.
d) Nur die Aussagen 1, 2 und 5 sind richtig.
e) Nur die Aussagen 1, 2, 3 und 5 sind richtig.

4. Was kommt nach ICD-10 als Form einer dissoziativen Störung in Betracht?

1. Amnesie
2. Fugue
3. Stupor
4. Besessenheitszustände
5. Sensibilitäts- und Empfindungsstörungen
a) Nur die Aussage 1 ist richtig.
b) Nur die Aussage 4 ist richtig.
c) Nur die Aussagen 1, 3 und 5 sind richtig.
d) Nur die Aussagen 2, 3 und 5 sind richtig.
e) Alle Aussagen sind richtig.

Somatoforme Störungen

1. Welche der folgenden Krankheitsbilder können auch psychogen bedingt sein?

1. Ohnmacht
2. Anfallsgeschehen
3. Herzrhythmusstörungen
4. Lähmung
5. Durchfall
   a) Nur die Aussagen 1 und 4 sind richtig.
   b) Nur die Aussagen 1, 2 und 3 sind richtig.
   c) Nur die Aussagen 2, 3 und 4 sind richtig.
   d) Nur die Aussagen 2, 3, 4 und 5 sind richtig.
   e) Alle Aussagen sind richtig.

2. Welche der folgenden Aussagen trifft (treffen) zu? Somatoforme Störungen …

1. können zu einem primären Krankheitsgewinn führen.
2. können zu einem sekundären Krankheitsgewinn führen.
3. sind Ausdruck einer körperlichen Erkrankung.
4. können sich in muskulärer Schwäche äußern.
5. haben auch bei später Diagnosestellung eine günstige Prognose.
   a) Nur die Aussage 3 ist richtig.
   b) Nur die Aussagen 1 und 4 sind richtig.
   c) Nur die Aussagen 1, 2 und 4 sind richtig.
   d) Nur die Aussagen 2, 4 und 5 sind richtig.
   e) Alle Aussagen sind richtig.

3. Die hypochondrische Störung zählt nach ICD-10-Klassifikation zu den …

a) psychosomatischen Störungen.
b) somatoformen Störungen.
c) vorgetäuschten (artifiziellen) Störungen.
d) simulierten Störungen.
e) Zwangsstörungen.

4. Bei einem Ihrer Patienten besteht eine Herzneurose (somatoforme autonome Funktionsstörung). Welche der folgenden Informationen/Empfehlungen geben Sie dem Patienten? (2 Antworten)

a) Eine Herzneurose führt zu organischen Veränderungen am Herzen.
b) Die regelmäßige Einnahme von Benzodiazepinen zur Beruhigung ist unbedenklich.
c) Es sollte häufig ein Elektrokardiogramm (EKG) angefertigt werden.
d) Bei subjektivem Leidensdruck ist eine Psychotherapie sinnvoll.
e) Bei gleichzeitiger depressiver Verstimmung ist die Einnahme eines Antidepressivums eventuell sinnvoll.

5. Welches Merkmal muss für die Diagnose einer Somatisierungsstörung (nach ICD-10) erfüllt sein?

Ihre Patientin klagt über körperliche Symptome, für die keine organischen Ursachen gefunden werden können.

a) Die Beschwerden sind auf ein bestimmtes Organ bzw. einen bestimmten Bereich begrenzt.
b) Die Patientin zeigt Symptome der Niedergeschlagenheit und Antriebslosigkeit.
c) Die Beschwerden bestehen seit maximal 6 Monaten.
d) Die Beschwerden stammen aus multiplen Symptombereichen.
e) Die Patientin gibt an, davon überzeugt zu sein, an einer schwerwiegenden, fortschreitenden Krankheit zu leiden.

6. Welche der folgenden Aussagen treffen für eine Somatisierungsstörung (nach ICD-10) zu? (2 Antworten)

a) Eine Somatisierungsstörung ist als eine spezifische Form der depressiven Störung definiert.
b) Sie kann sich nur auf gastrointestinale oder neurologische Beschwerden beziehen.
c) Die Körpersymptome müssen nach den diagnostischen Leitlinien mindestens 2 Jahre bestehen.
d) Die Körpersymptome müssen nach den diagnostischen Leitlinien vor der Pubertät auftreten.
e) Es findet sich keine ausreichende somatische Erklärung für die Symptome.

7. Was trifft für eine Somatisierungsstörung zu?

1. Die Symptome sind nur auf einen Körperteil bezogen.
2. Ängste und Depressionen sind häufige Begleiterscheinungen
3. Die psychophysische Konstitution spielt bei der Entstehung keine Rolle.
4. Medikamentenmissbrauch bis zur Abhängigkeit besteht häufig.
5. Eine längere Psychotherapie ist in jedem Fall die alleinige Behandlungsmethode.
a) Nur die Aussagen 4 ist richtig.
b) Nur die Aussagen 2 und 4 sind richtig.
c) Nur die Aussagen 1, 2 und 3 sind richtig.
d) Nur die Aussagen 1, 2, 3 und 4 sind richtig.
e) Alle Aussagen sind richtig.

8. Welche der folgenden Aussagen zur Herzneurose treffen zu?

1. Aus statistischer Sicht besteht für den Herzangstneurotiker gegenüber der Durchschnittsbevölkerung ein signifikant erhöhtes Risiko, einen Herzinfarkt zu bekommen.
2. Patienten mit Herzangstneurose neigen zu den häufigsten Arztwechseln.
3. Die Patienten mit Herzangst beschäftigen sich nahezu ständig – oft ernsthaft, oft etwas weniger konkret – mit Suizidgedanken.
4. Der prozentuale Anteil der Männer an der Zahl der Fälle ist bei der Herzangstneurose höher als bei den allgemeinen Phobien.
5. Symptomatikauslösend sind in einem Teil der Fälle Erlebnisse von Herzerkrankungen oder Herztod im Bekanntenkreis oder im öffentlichen Leben.
a) Nur die Aussagen 1 und 2 sind richtig.
b) Nur die Aussagen 2, 3 und 4 sind richtig.
c) Nur die Aussagen 2, 4 und 5 sind richtig.
d) Nur die Aussagen 3, 4 und 5 sind richtig.
e) Alle Aussagen sind richtig.

9. Was versteht man unter einer Somatisierungsstörung?

a) illusionäre Verkennung
b) körperliche Beschwerden ohne organischen Befund infolge einer seelischen Störung
c) Form der Neurose, bei der bestimmte Handlungen meist nach bestimmten Regeln ausgeführt werden müssen
d) Wahrnehmungen
e) Form der Neurose mit Neigung zur Dramatisierung und starker Ichbezogenheit, bei der das Bedürfnis nach Aufmerksamkeit und Anerkennung im Vordergrund steht

9 Verhaltensauffälligkeiten mit körperlichen Störungen und Faktoren (F50–F59)

Im Bereich F50–F59 finden Sie eine Reihe von Störungen, die sich körperlich ausdrücken. Dazu gehören Essstörungen, Schlafstörungen, sexuelle Störungen, Verhaltensstörungen im Wochenbett sowie der schädliche Gebrauch von nichtabhängigkeitserzeugenden Substanzen.

9.1 Essstörungen (F50)

Essen und Trinken sind menschliche Grundbedürfnisse und spielen daher eine entscheidende Rolle im Leben eines Menschen. Dabei geht es nicht nur darum, dass der Körper ausreichend mit Energie versorgt wird, sondern es wirken weitere Faktoren, die wichtig sind für unsere Lebensqualität. Dazu gehören kulturelle, soziale, Umwelt- und/oder monetäre Einflüsse.

> ✳ **Merke**
> Der sog. BMI (Body-Mass-Index) ist ein Parameter, an dem die „Normalität" des Gewichts im Verhältnis zur Körpergröße beurteilt wird. Berechnet wird er anhand folgender Formel:
> $BMI = kg/m^2$
> Beispiel: Gewicht = 42,8 kg, Größe 1,78 m = $42,8\,kg/(1,78\,m)^2 = 13,5\,kg/m^2$
> Bei einem BMI < 14 kg/m^2 besteht akute Lebensgefahr.

Die Formel zur Berechnung des BMI steht immer wieder in der Diskussion, da Muskelgewebe schwerer ist als Fettgewebe. Menschen mit ausgeprägter Muskulatur sowie mit im Gewebe eingelagerter Flüssigkeit hätten dieser Berechnung zufolge Übergewicht. In der Literatur finden Sie zurzeit mehrere Klassifikationen: für Männer, Frauen, Kinder, ältere Menschen usw. In **Tab. 9.1** sind die Vorschläge der WHO aufgeführt.

9.1.1 Definition

Unter dem Oberbegriff Essstörungen werden 2–3 Hauptgruppen beschrieben, die Anorexia nervosa und Bulimia nervosa. Die sog. Binge-Eating-Störung gehört ebenfalls dazu.

Essstörungen sind durch eine intensive Furcht vor dem Dickwerden, ein verändertes Essverhalten sowie eine Störung der Körperwahrnehmung charakterisiert. Sie können nach ICD-10 mit einem erniedrigten, erhöhten oder normalen Körpergewicht einhergehen.

Der Begriff der Mangelernährung wird ebenfalls häufig für eine Unterernährung benutzt. Es handelt sich jedoch um eine Dysbalance zwischen Aufnahme und Ausgewogenheit der Nahrung und dem, was der Körper benötigt, völlig unabhängig davon, ob eine Essstörung vorliegt (auch bei normalem Essverhalten kann eine Mangelernährung auftreten oder aufgrund von Krankheiten).

Tab. 9.1 Klassifizierung der WHO zur Beurteilung des BMI.

Klassifizierung	BMI in kg/m²
starkes Untergewicht	< 16
mäßiges Untergewicht	16–17
leichtes Untergewicht	17–18,5
Normalgewicht	18,6–25
Übergewicht	> 25,1
Präadipositas	25–29,9
Adipositas Grad 1	30–34,9
Adipositas Grad 2	35–39,9
Adipositas Grad 3	> 40

9.1.2 Häufigkeit/Epidemiologie

In der Risikogruppe junger Frauen zwischen 15 und 25 Jahren findet sich die Anorexia nervosa bei bis zu 1 %. Jedoch sind auch Männer immer häufiger betroffen.

Die Bulimia nervosa tritt ebenfalls gehäuft bei heranwachsenden Mädchen und jungen Frauen auf. Jedoch kann es auch im späteren Alter noch zur Erkrankung kommen. Die Störung kann nach einer Anorexie auftreten und umgekehrt. Viele Erkrankte haben ein normales Gewicht, sind allerdings mangelernährt.

9.1.3 Ätiologie/Pathogenese

> **Lerntipp**
> Betreten Sie jetzt im Gedanken einen Zeitschriftenladen. Lassen Sie Ihren Blick über das 3 m lange Regal schweifen. Was sehen Sie dort? Die Cover der Zeitschriften zeigen schönes Wohnen, Autos und Computer und vor allem jede Menge Diäten und sehr schlanke Frauen!

Assoziiert wird Schlankheit mit Ansehen, Sex-Appeal, Intelligenz und Erfolg. Ist der Mensch nicht schlank, dann fehlen den Betroffenen genau diese Eigenschaften. Also ist Schlanksein das Ziel. Die Mode und soziokulturelle Einflüsse nehmen darauf einen entscheidenden Einfluss. Daneben spielen biologische Faktoren sowie unspezifische psychologische Mechanismen und die Vulnerabilität der Persönlichkeit eine Rolle.

Wie bereits erwähnt, sind häufig jüngere Menschen betroffen.

9.1.4 Symptome

Eine Krankheitseinsicht ist meist nicht vorhanden. Als Argumente werden Globalisierungen benutzt, die sich in Aussagen zeigen wie: „Es ist normal, auf seine Figur zu achten."

Allgemeine Symptome umfassen eine Störung der Nahrungsaufnahme, die mit einer mangelhaften Ernährung einhergeht. Bei den Formen der Essstörungen werden die Symptome vertiefend vorgestellt (Kap. 9.1.6).

9.1.5 Diagnostik

Die Diagnostik ist ebenfalls bei den folgenden Formen der Essstörungen ausgeführt.

9.1.6 **Formen**

9.1.6.1 **Anorexia nervosa (F50.0)**

Der Begriff Anorexie (= Appetitverlust) ist missverständlich, da im Vordergrund der Symptomatik eine **Körperschemastörung** steht und nicht das Fehlen des Appetits (**Abb. 9.1**). Betroffene haben das Gefühl, übergewichtig zu sein, obwohl sie sehr schlank und untergewichtig sind. Der Zusatz „nervosa" soll die seelische Verursachung beschreiben.

Die Anorexia nervosa, auch als Magersucht bezeichnet, ist durch einen absichtlich herbeigeführten Gewichtsverlust charakterisiert. Der Begriff Magersucht soll zum Ausdruck bringen, dass die erkrankten Menschen „süchtig sind, mager zu sein".

Menschen mit einer Anorexie kennen sich mit Lebensmitteln aus. Sie kennen die Kalorienzahl, den Fettanteil und die Glukosewerte. Oft können sie sehr gut kochen und machen es auch gerne. Allerdings essen sie nicht. Damit die fehlende/reduzierte Nahrungsaufnahme in der Familie bzw. im näheren Umfeld nicht auffällt, gibt es die passenden Erklärungen dazu: „Ich habe schon unterwegs gegessen", „Ich habe beim Kochen schon so viel probiert, dass ich satt bin", usw.

Um Kalorien zu verbrauchen, betreiben Menschen mit einer anorektischen Störung oft exzessiven Sport zur Fettverbrennung. Dazu gehören Sportarten wie Joggen oder Inlineskating.

Begleitend führen sie sich auch Medikamente zu: Um den Grundumsatz zu erhöhen, nehmen sie Schilddrüsenmedikamente; um das Gewicht zu reduzieren, werden Laxativa (Abführmittel) oder Diuretika (Medikamente zur Ausschwemmung von Wasser) eingenommen.

Auf der körperlichen Ebene treten u. a. folgende Symptome auf:

- Bradykardie (erniedrigte Herzfrequenz)
- Hypotonie (niedriger Blutdruck)
- Hypothermie (niedrige Körpertemperatur)
- Haarausfall (selten tritt die sog. Lanugobehaarung = Babyflaum auf)
- teilweise Ödeme (Wassereinlagerungen ins Gewebe)
- laborchemische Veränderungen

Eine Klientin berichtet: „Um meine Mutter zu beruhigen, gehe ich alle 3 Monate zur Blutuntersuchung."

Diagnostische Leitlinien nach ICD-10 F50.0

Das tatsächliche Körpergewicht liegt mindestens 15 % unter dem zu erwartenden oder der BMI < 17,5 kg/m².

1. Der Gewichtsverlust ist selbst herbeigeführt durch Vermeiden von hochkalorischen Speisen sowie eine oder mehrere der folgenden Verhaltensweisen:
   - selbst induziertes Erbrechen
   - selbst induziertes Abführen (Laxativa)
   - übertriebene körperliche Aktivitäten
   - Gebrauch von Appetitzüglern und/oder Diuretika

2. Körperschemastörung in Form einer spezifischen psychischen Störung: Die Angst, zu dick zu werden, besteht aus einer tiefwurzelnden überwertigen Idee; die Betroffenen legen eine sehr niedrige Gewichtsschwelle für sich selbst fest.

3. Folge ist eine endokrine Störung auf der Hypothalamus-Hypophysen-Gonaden-Achse. Sie manifestiert sich bei Frauen als Amenorrhö und bei Männern als Libido- und Potenzverlust. Erhöhte Wachstumshormon- und Kortisolspiegel, Änderung des peripheren Metabolismus von Schilddrüsenhormonen und Störungen der Insulinsekretion können gleichfalls vorliegen.

Abb. 9.1 Körperschemastörung bei Anorexia nervosa. (Abb. aus: I care Krankheitslehre. Thieme; 2020)

Bei Beginn der Erkrankung vor der Pubertät ist die Abfolge der pubertären Entwicklungsschritte verzögert oder gehemmt (Wachstumsstopp; fehlende Brustentwicklung und primäre Amenorrhö bei Mädchen, bei Jungen bleiben die Genitalien kindlich). Nach Remission wird die Pubertätsentwicklung häufig normal abgeschlossen, die Menarche tritt verspätet ein.

Zur Anorexia nervosa beschreibt die ICD-10 eine atypische Form (F50.1). Diese Diagnose wird für Patienten benutzt, bei denen ein oder mehrere Kernmerkmale der Anorexia nervosa fehlen, die übrigen Symptome aber typisch ausgeprägt sind.

9.1.6.2 Bulimia nervosa (F50.2)

Die Bulimia nervosa ist durch wiederholte Anfälle von Heißhunger (Essattacken) und eine übertriebene Beschäftigung mit der Kontrolle des Körpergewichts charakterisiert. Dabei steht der Begriff Bulimie für „Ochsenhunger" und soll die enorme Nahrungsaufnahme erfassen. Der Zusatz „nervosa" verweist wie bei der Anorexie auf den psychischen Anteil der Störung.

Typisch ist, dass die Betroffenen nach den Heißhungerattacken Erbrechen auslösen. Zwar kommt dies auch bei Anorexia nervosa vor, jedoch fehlen die vorherigen Heißhungerattacken.

Eine Betroffene berichtet: „Ich kann nicht dagegen an. Meine Gedanken kreisen um das Essen, ich schaffe es… bis zur nächsten Attacke nichts zu essen. Ich muss doch abnehmen, ich muss schlank sein, sonst bin ich nichts wert. Und dann verliere ich die Kontrolle, ich kann mich nicht mehr zurückhalten und esse und esse und esse wahnsinnige Mengen. Ich stopfe alles in mich hinein und dann muss es wieder raus. Ich stecke die Finger in den Hals und erbreche, bis nichts mehr drin ist. Der Kreis dreht sich, und es beginnt von vorne."

Durch das wiederholte Erbrechen kann es zu Elektrolytstörungen und körperlichen Komplikationen kommen wie Tetanie, epileptischen Anfällen, Herzrhythmusstörungen, Muskelschwäche sowie zu weiterem Gewichtsverlust.

Betroffene haben oft „Schwielen" an den Fingern, die durch die manuelle Reizung im Mund bis zum Erbrechen bedingt sind. Durch den ständigen Rückfluss der Nahrung mit Magensäure kommt es zu massiven Reizungen des Ösophagus (Speiseröhre) und somit zur Entzündung (Ösophagitis). Die Zähne sind gleichfalls betroffen, und es entsteht Karies.

> **Diagnostik nach ICD-10 F50.2**
> 1. Der Patient beschäftigt sich andauernd mit Essen und hat eine unwiderstehliche Gier nach Nahrungsmitteln. Der Patient erliegt Essattacken, bei denen große Mengen Nahrung in sehr kurzer Zeit konsumiert werden.
> 2. Der Patient versucht, dem dick machenden Effekt der Nahrung durch verschiedene Verhaltensweisen zu begegnen:
>   – selbst induziertes Erbrechen
>   – Missbrauch von Laxativa (Abführmitteln)
>   – zeitweilige Hungerperioden
>   – Gebrauch von Appetitzüglern, Schilddrüsenpräparaten oder Diuretika
>   – Wenn die Bulimie bei Diabetikern auftritt, kann es zu einer Vernachlässigung der Insulinbehandlung kommen.
> 3. Eine der wesentlichen psychopathologischen Auffälligkeiten besteht in der krankhaften Furcht davor, dick zu werden; der Patient setzt eine scharf definierte Gewichtsgrenze, deutlich unter dem prämorbiden, vom Arzt als optimal oder gesund betrachteten Gewicht.

Häufig lässt sich in der Vorgeschichte mit einem Intervall von einigen Monaten bis zu mehreren Jahren eine Episode einer Anorexie nachweisen. Diese frühere Episode kann voll ausgeprägt sein oder war eine verdeckte Form mit mäßigem Gewichtsverlust oder einer vorübergehenden Amenorrhö.

Auch bei der Bulimia nervosa gibt es laut ICD-10 eine atypische Form (F50.3), bei der ein oder mehrere Kernmerkmale der Bulimia nervosa fehlen, die übrigen Symptome aber typisch ausgeprägt sind.

9.1.7 Verlauf

Die Anorexia nervosa bleibt bei ca. 30–40 % der Betroffenen bestehen, verläuft also tendenziell chronisch. Auch bei Menschen, die sich als gesund bezeichnen, müssen Therapeuten und Ärzte weiterhin achtsam sein. Die Rückfallgefahr ist enorm. Geschätzt versterben bis zu 10 % aller Betroffenen an der Erkrankung (höchste Sterblichkeit aller psychischen Erkrankungen!).

Die Bulimie ist ebenfalls eine potenziell chronische Erkrankung. Beschrieben werden ein günstiger Ausgang in etwa 40 % der Fälle, eine Besserung bei ca. 30 % und ein chronischer Verlauf bei ca. 30 %. Es besteht häufig ein Übergang in Depressionen und/oder Zwangsstörungen.

9.1.8 Therapieansätze

Die Therapieansätze sind für beide Formen der Essstörungen entweder analytisch oder verhaltenstherapeutisch begründet. Symptomatisch werden Psychopharmaka eingesetzt.

Klinisch wird nach Manualen gearbeitet, in denen entsprechende Phasen der Behandlung berücksichtigt werden.

1. Anhebung des Körpergewichts Bereits in einem vorbereitenden Aufnahmegespräch wird mit den Klienten ein Zielgewicht festgelegt. Innerhalb 1 Woche ist eine Gewichtszunahme von 500 g vereinbart. Meistens besteht in dieser Phase ein Ausschluss der Familie. Die Betroffenen sollen sich erst einmal auf sich selber besinnen.

> ✳ **Merke**
>
> Betroffene sollten immer unter gleichen Bedingungen gewogen werden (identische Uhrzeit, Kleidung ähnlich). Die erkrankten Menschen sind oft sehr erfinderisch, d. h., sie trinken vor dem Wiegen 2–3 l Wasser oder verstecken Gewichte, entweder in der Kleidung oder in Körpereröffnungen.

2. Fremdsteuerung der Nahrungsaufnahme In dieser Phase bekommen die Klienten einen Essensplan, der einzuhalten ist. Die Familie wird nach und nach mit einbezogen. Psychotherapeutisch finden Gruppen- und Einzelgespräche statt. Um einen anderen Kontakt zum Körper herzustellen, ist eine körperbezogene Therapie ebenfalls Bestandteil des Therapieplanes. Betroffene sollen ihren Körper spüren, wahrnehmen und ihn annehmen lernen.

3. Selbststeuerung der Nahrungsaufnahme Mittelpunkt dieser Phase ist die selbstgesteuerte Nahrungsaufnahme. Ziel ist es, die Eigenverantwortung zu stärken.

> **Hintergrundwissen**
>
> **Token**
>
> Das Token-Programm stammt aus der Verhaltenstherapie und beinhaltet das Lernen durch Belohnung. Beim Erreichen vorher festgelegter Ziele, z. B. eines Etappengewichts, bekommt der Patient einen Token (Chip) und kann die erreichte Stückzahl gegen eine „Belohnung" eintauschen, z. B. eine Sporteinheit, einen Kinobesuch oder Ähnliches.

4. Vorbereitung auf die Entlassung Diese Phase ist geprägt von einer Integration in allen Lebensbereichen.

> ⏸ **Pause**
>
> Nachdem Sie so viel zum Essen gelesen und sich dabei vielleicht viele Lebensmittel vorgestellt haben, ist eine Genießerpause fällig. Überlegen Sie kurz, was es in Ihrem Kühlschrank oder dem Speiseschrank gibt. Was darf es sein? Oder besteht die Möglichkeit, einen kleinen Ausflug zur Eisdiele oder zum Konditor zu unternehmen?

9.1.9 Mindmap – Essstörungen (F50)

Eine Übersicht zu den Essstörungen zeigt die Mindmap in **Abb. 9.2**.

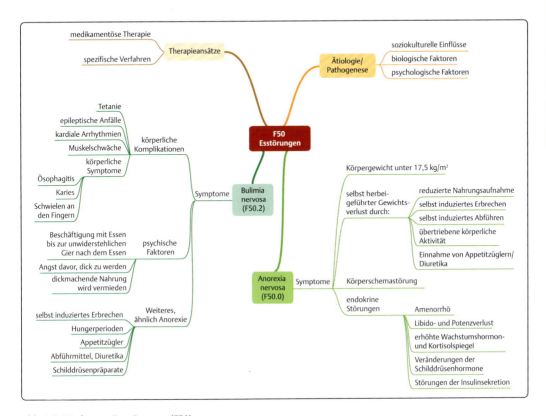

Abb. 9.2 Mindmap – Essstörungen (F50).

9.2 Nichtorganische Schlafstörungen (F51)

> **⚡ Lerntipp**
>
> Haben Sie schon einmal „schlecht" geschlafen? Wie ist der kommende Tag verlaufen? Waren Sie müde, ggf. gereizt oder unkonzentriert? Wie war dann die nächste Nacht?

Schlaf nimmt maßgeblich Einfluss auf unsere Lebensqualität. Im Schlaf erholt sich der Körper und Eindrücke und Erlebnisse des Tages werden verarbeitet.

Grundsätzlich verläuft der Schlaf in 5 Phasen: Die Phasen 1–4 sind Non-REM-Phasen, die 5. Phase ist die sog. REM-Phase (engl. Rapid Eye Movement). Die einzelnen Phasen treten in mehreren Schlafzyklen pro Nacht auf (**Abb. 9.3**):

- Phase 1: Einschlafen, Theta-Wellen
- Phase 2: Leichtschlaf, Theta-Wellen
- Phase 3: mitteltiefer Schlaf, Delta-Wellen,
- Phase 4: Tiefschlaf, Delta-Wellen
- Phase 5: REM-Schlaf, Beta- und Theta-Wellen

In jeder Nacht durchläuft der Mensch bei einer Schlafdauer von 8 h ca. 4 Schlafzyklen, vorausgesetzt der Schlaf wird nicht gestört. Während der REM-Phase schlägt das Herz schneller, die Atemfrequenz nimmt zu, der Blutdruck steigt und die Augen bewegen sich hinter den geschlossenen Lidern schnell hin und her – der Mensch träumt. Beim Aufwecken aus REM-Stadien werden sehr viel häufiger Träume erinnert. Sie nehmen in der 2. Nachthälfte zu.

9.2.1 Definition

In der Gruppe der Schlafstörungen in der ICD-10 finden Sie die Dyssomnien (Störungen der Schlafmenge) und die Parasomnien (Verhaltensstörungen im Schlaf). Die gemeinsame Grundlage ist, dass den Schlafstörungen eine psychische Ursache zugrunde liegt.

Dyssomnien sind gekennzeichnet von einem gestörten Schlaf-Wach-Rhythmus. Die **Insomnie** ist dem angloamerikanischen Sprachraum entnommen und hat den Begriff Agrypnie abgelöst; beide bezeichnen die Schlaflosigkeit im engeren Sinne.

Das Gegenteil ist die **Hypersomnie**, die mit einem übersteigerten Schlafbedürfnis einhergeht.

Bei den **Parasomnien** handelt es sich um abnorme Episoden, die während des Schlafes auftreten. In der Kindheit haben sie meist Bezug zur kindlichen Entwicklung, während sie im Erwachsenenalter vorwiegend psychogen bedingt sind. Sie umfassen Schlafwandeln, Pavor nocturnus („Nachtschreck") und Albträume.

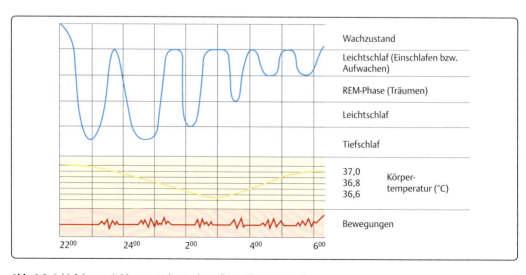

Abb. 9.3 Schlafphasen. (Abb. aus: Köther I, Altenpflege. Thieme; 2016)

9.2.2 Häufigkeit/Epidemiologie

Schlafstörungen können, wie viele andere Störungen, ein selbstständiges Krankheitsbild sein oder ein Symptom anderer Störungen. Die Angaben zur Häufigkeit variieren, in den Arztpraxen finden sich viele Patienten mit Problemen beim Ein- und Durchschlafen.

9.2.3 Ätiologie/Pathogenese

Ein gestörter Schlaf kann körperlich begründet sein, extrinsische Ursachen haben oder psychogen bedingt sein. Ungünstige Schlafgewohnheiten können Schlafstörungen nach sich ziehen. Dazu gehören z. B. ein langer Mittagsschlaf oder aufregende Tätigkeiten sowie die Einnahme aufputschender Substanzen kurz vor der Schlafenszeit.

Zumeist beginnt der nächtliche Teufelskreis mit schlafbehindernden Gedanken und dem Grübeln über konkrete Probleme. Hinzu treten Gedanken über die gerade empfundene Schlaflosigkeit. Besonders verhängnisvoll wird es, wenn der Betroffene Alkohol und/oder Medikamente (Hypnotika) als Einschlafhilfen nutzt. Alkohol verhindert einen erholsamen Schlaf, Medikamente verschieben den Schlaf-Wach-Rhythmus endgültig und können in eine Abhängigkeit führen und – so absurd es klingt – dadurch selber Schlafstörungen bedingen. So kann es sein, dass der Griff zur Tablette (Aufputscher) auch am nächsten Morgen notwendig wird, um fit für den Tag zu sein.

9.2.4 Symptome

Ein gestörter Schlaf kann ein Symptom sein oder eine eigenständige Störung. Die Symptome sind bei den verschiedenen Schlafstörungen eingehender ausgeführt, da sie auf vielgestaltige Weise auftreten (Kap. 9.2.6).

9.2.5 Diagnostik

> 🔑 **Lerntipp**
> Überlegen Sie, was zu tun bzw. zu erfragen ist, wenn ein Klient mit Schlafstörungen zu Ihnen kommt.

Wichtig sind Kenntnisse zu folgenden Aspekten:
- Abklären körperlich begründeter Ursachen und/oder Medikamentennebenwirkungen; ggf. Schlaflabor, um eine nächtliche Apnoe (fehlende Atmung – zu lange Phasen) auszuschließen
- Abklären von Veränderungen (in der Umgebung), dazu gehören z. B.:
  – Matratze
  – Lichteinfall
  – andere Menschen
- Zeitfaktor: Seid wann besteht die Störung?
- Schlafverhalten: Wie ist der „normale" Rhythmus? Was hat sich verändert?

Zur Exploration von Schlafstörungen gehören die sog. 5 P:
1. **physikalisch:** Matratze, Lärm, Straßenbeleuchtung
2. **physiologisch:** Restless-Legs-Syndrom (unruhige Beine), Muskelkrämpfe, Haltungsschmerzen im Liegen, Inkontinenz
3. **psychologisch:** Stress, Gedankenkarussell, Konflikte, Krimis
4. **psychiatrisch:** Krankheitsbilder, z. B. Epilepsien, Demenzen, Depressionen (dort bei 90 %)
5. **pharmakologisch:** Stimulanzien, Diuretika (Entwässerungsmittel), Nootropika (durchblutungsfördernde Medikamente), Koffein, Alkohol, Drogen
6. **zusätzlich:** eventuell Schlafapnoe, Asthma bronchiale, Herz-Kreislauf-Erkrankungen, Hyperthyreose, Diabetes mellitus u. a.

9.2.6 Formen

> ✴️ **Merke**
> Wichtig ist immer eine Abklärung von organischen Ursachen. Es geht um **nichtorganische** Schlafstörungen.

9.2.6.1 Nichtorganische Insomnie (F51.0)

Die Schlafdauer und die Qualität des Schlafes sind über einen beträchtlichen Zeitraum gestört. Betroffene beklagen, dass sie abends sehr schlecht einschlafen können und/oder am Morgen sehr früh erwachen.

Diagnostische Leitlinien nach ICD-10 F51.0

1. Betroffene klagen über Ein- bzw. Durchschlafstörungen oder eine schlechte Schlafqualität.
2. Die Schlafstörungen treten wenigstens 3-mal pro Woche über mindestens 1 Monat auf.
3. Es besteht ein überwiegendes Beschäftigtsein mit der Schlafstörung; nachts und während des Tages eine übertriebene Sorge über deren negative Konsequenzen.
4. Die unbefriedigende Schlafdauer oder -qualität verursacht entweder einen deutlichen Leidensdruck oder wirkt sich störend auf die Alltagsaktivitäten aus.

Eine Klientin berichtet: „Jeden Abend das gleiche, ich bin sehr müde, schlafe teilweise schon auf dem Sofa ein und gehe dann zu Bett. Kaum liege ich im Bett, wälze ich mich hin und her. Tausende von Gedanken kreisen in meinem Kopf: Was ich morgen alles erledigen muss, was ich am heutigen Tag nicht geschafft habe, was ich vielleicht nicht richtig erledigt habe und vieles mehr. Die Gedanken kreisen, und ich kann sie nicht stoppen. Ein Blick zur Uhr – und ich sehe, dass ich nicht mehr lange schlafen kann. Trotz des festen Vorsatzes, daran etwas zu ändern, wurde ich ängstlicher und unsicher, der Tag verlief teilweise wie im Nebel, am Abend fand ich mich im Gedankenkarussell wieder. Eines Abends trank ich eine Flasche Wein und wurde ruhiger. Und auch das wiederholte sich. Da erkannte ich, dass es dringend nötig war, meine Schlafstörungen in den Griff zu bekommen."

9.2.6.2 Nichtorganische Hypersomnie (F51.1)

Der Wecker klingelt am Morgen, und die Nacht war kurz. Am liebsten würden viele Menschen noch ein wenig weiterschlafen. Die Müdigkeit zieht sich bis in den Tag. Das sind normale Empfindungen.

Die Hypersomnie ist beschrieben als eine exzessive Schläfrigkeit während des Tages und Schlafanfälle, die nicht durch eine unzureichende Schlafdauer oder als verlängerte Übergangzeit vom Aufwachen aus dem Schlaf bis zum völligen Wachsein erklärbar sind.

Diagnostische Leitlinien nach ICD-10 F51.1

1. übermäßige Schlafneigung oder Schlafanfälle während des Tages, nicht erklärbar durch eine unzureichende Schafdauer oder einen verlängerten Übergang zum vollen Wachzustand (Schlaftrunkenheit)
2. tägliches Auftreten länger als 1 Monat oder in wiederkehrenden Perioden kürzerer Dauer; verursacht eine deutliche Erschöpfung oder eine Beeinträchtigung der Alltagsaktivitäten
3. keine zusätzlichen Symptome einer Narkolepsie (Kataplexie, Wachanfälle, hypnagoge Halluzination) und keine klinischen Hinweise für eine Schlafapnoe (verlängerte Atempausen, typische intermittierende Schnarchgeräusche etc.)
4. Fehlen eines neurologischen oder internistischen Zustandsbildes, für das die Somnolenz während des Tages symptomatisch sein kann

9.2.6.3 Nichtorganische Störung des Schlaf-Wach-Rhythmus (F51.2)

Waren Sie schon einmal im Schichtdienst tätig? Die Umstellung vom nächtlichen Arbeiten in den „normalen" Tag-Nacht-Rhythmus kann durchaus zu Zeitverschiebungen um einige Stunden führen oder mehrere Tage andauern.

Bei der nichtorganischen Störung des Schlaf-Wach-Rhythmus kann der Schichtdienst mit Wechseln von Tag- und Nachtschichten eine Ursache sein. Allerdings ist die Störung vornehmlich dadurch gekennzeichnet, dass auch hier ein Leidensdruck entsteht.

Diagnostische Leitlinien nach ICD-10 F51.2

1. Das individuelle Schlaf-Wach-Muster verläuft nicht synchron mit dem Schlaf-Wach-Rhythmus, der in der Gesellschaft als normal angesehen und von den meisten Menschen der gleichen Kultur geteilt wird.
2. Als Folge dieser Störung erlebt die betroffene Person Schlaflosigkeit während der Hauptschlafperiode und Hypersomnie während der Wachperiode, fast täglich mindes-

tens 1 Monat lang oder wiederkehrend für kürzere Zeiträume.

3. Ungenügende Dauer und Qualität sowie der Zeitpunkt des Schlafes verursachen deutliche Erschöpfung oder behindern die Alltagsaktivität.

9.2.6.4 Schlafwandeln (Somnambulismus) (F51.3)

Bei dem Wort Schlafwandeln kommt vielen Menschen das Bild in den Sinn, dass ein Mensch im Nachthemd und mit Schlafmütze auf einem Dachgiebel spazieren geht. Die Hände ausgestreckt nach vorne.

Schlafwandeln ist ein Zustand veränderter Bewusstseinslage, in dem Phänomene von Schlaf und Wachsein kombiniert sind. Sie treten in der Kindheit häufig auf (**Abb. 9.4**).

Abb. 9.4 Schlafwandeln (Symbolbild). © Ricardo Ferrando - stock.adobe.com

9.2.6.5 Pavor nocturnus (F51.4)

Beim Pavor nocturnus bestehen nächtliche Episoden äußerster Furcht und Panik mit heftigem Schreien, Bewegungen und starker autonomer Erregung.

> **Diagnostische Leitlinien nach ICD-10 F51.3**
>
> 1. Das vorherrschende Symptom ist das ein- oder mehrmalige Verlassen des Bettes und Umhergehen meist während des ersten Drittels des Nachtschlafes.
> 2. Während der Episode hat die betroffene Person meistens einen leeren, starren Gesichtsausdruck, reagiert verhältnismäßig wenig auf die Bemühung anderer, das Geschehen zu beeinflussen oder mit ihr Kontakt aufzunehmen und ist schwer aufzuwecken.
> 3. Nach dem Erwachen besteht keine Erinnerung an die Episode.
> 4. Innerhalb weniger Minuten nach dem Aufwachen aus der Episode besteht keine Beeinträchtigung der psychischen Aktivität oder des Verhaltens, obgleich anfänglich eine kurze Phase von Verwirrung und Desorientiertheit auftreten kann.
> 5. Es liegt kein Hinweis auf eine organisch bedingte psychische Störung wie Demenz oder eine körperliche Störung wie Epilepsie vor.

> **Diagnostische Leitlinien nach ICD-10 F51.4**
>
> 1. Das vorherrschende Symptom sind ein- oder mehrmalige Episoden während des Schlafes, die mit einem Panikschrei beginnen und charakterisiert sind durch heftige Angst, Körperbewegungen und vegetative Übererregbarkeit wie Tachykardie, schnelle Atmung, Pupillenerweiterung und Schweißausbrüche.
> 2. Diese wiederholten Episoden dauern typischerweise 1–10 min und treten zumeist während des ersten Drittels des Nachtschlafes auf.
> 3. Es besteht relative Unzugänglichkeit auf die Bemühungen anderer, den Pavor nocturnus zu beeinflussen und fast ausnahmslos folgen solchen Bemühungen zumindest einige Minuten von Desorientiertheit und perseverierenden Bewegungen.
> 4. Die Erinnerung an das Geschehen ist gewöhnlich auf 1 oder 2 fragmentarische Vorstellungen begrenzt oder fehlt völlig.
> 5. Fehlen eines Hinweises auf eine körperliche Krankheit wie Hirntumor oder Epilepsie

9.2.6.6 Albträume (Angstträume) (F51.5)

Ein Albtraum ist ein Traumerleben voller Angst und Furcht mit sehr detaillierter Erinnerung an den Inhalt. Im Vergleich zum Pavor nocturnus werden keine Angstschreie ausgestoßen.

Diagnostische Leitlinien nach ICD-10 F51.5

1. Aufwachen aus dem Nachtschlaf oder nach kurzem Schlafen mit detaillierter und lebhafter Erinnerung an heftige Angstträume, meistens mit Bedrohung des Lebens, der Sicherheit oder des Selbstwertgefühls. Das Aufwachen erfolgt dazu zeitunabhängig, typischerweise aber während der zweiten Hälfte des Nachtschlafes.
2. Nach dem Aufwachen aus ängstigenden Träumen ist die betroffene Person rasch orientiert und munter.
3. Das Traumerleben und die daraus resultierende Schlafstörung verursachen einen deutlichen Leidensdruck.

9.2.7 Verlauf

Entscheidend für den Verlauf ist die Ursache und Form der Störung. Hypnotika verdecken oft nur die Ursache, d. h., die Störung bleibt erhalten und nur die Medikamente führen zum Schlaf.

Sind es die Rahmenbedingungen, die sich negativ auf den Schlaf auswirken, ist der Verlauf günstig, da diese geändert und angepasst werden können.

Sollte die Ursache für die Schlaflosigkeit auf eine Grunderkrankung zurückzuführen sein, ist diese zu behandeln.

9.2.8 Therapieansätze

Sollten die Schlafstörungen auf konkrete räumliche Einflüsse/Veränderungen zurückzuführen sein, können diese nach Erkennen korrigiert werden. Eine wichtige Bedeutung kommt dem edukativen Bereich zu. Betroffene werden über den Schlaf aufgeklärt und erhalten Informationen dazu, welche Bedeutung der Schlaf hat, wodurch sich ein normaler Schlaf auszeichnet, welche Rituale stattfinden sollten oder eher ungünstig sind. Daneben besteht die Möglichkeit, ein Tagebuch bzw. Schlafbuch zu führen. Der Klient erhält durch dieses Einblick in sein Verhalten und kann darauf Einfluss zu nehmen. Imaginationsverfahren unterstützen dabei, den Gedankenfluss zu ändern, z. B. „Gedankenstopp" oder „Rucksack-Übung".

Der **paradoxe Effekt** ist sehr erfolgreich: Sollte man nicht schlafen können, nimmt man sich fest vor, aufzustehen und etwas zu tun, das keinen Spaß macht – vielleicht bügeln oder andere weniger angenehme Tätigkeiten. Schon die Absicht, etwas zu tun, kann dazu führen, dass der Betroffene einschläft. Wichtig ist es, nichts Angenehmes zu tun, weil das Unbewusste schnell abspeichert: „Oh, wenn ich nicht einschlafe, geschieht etwas Tolles."

Das Bett ist zum Schlafen und/oder für sexuelle Tätigkeiten da, und das ist so konditioniert. Oft finden jedoch weitere Tätigkeiten im Bett statt, z. B. Lernen. Zum Lernen benötigen wir jedoch Aufmerksamkeit und Konzentration. Genau das wird dann konditioniert. Soll danach einfach nur geschlafen werden, schaltet das Gehirn jedoch in den „Lernmodus".

Pharmakologisch kann mit Hypnotika unterstützt werden. Es besteht eine Abhängigkeitsgefahr.

Pause

In dieser Pause lade ich Sie direkt zu der oben genannten Rucksack-Übung ein. Im Rahmen einer Schlafstörung ist dies eine sehr effektive Methode, um sich vor dem Einschlafen von Gedanken zu lösen. Die Übung eignet sich auch für viele andere Themen und Gedanken, die die Tendenz des belastenden Erlebens haben.

Setzen oder legen Sie sich bitte bequem hin. Nehmen Sie die Umgebung bewusst wahr: Was sehen Sie? Was hören Sie? Was fühlen Sie gerade? Gibt es einen Geruch oder einen Geschmack?

Zeichnen Sie folgenden Text gerne mit dem Smartphone auf und spielen Sie ihn ab:

„Ich schließe meine Augen und spüre, wie sie immer schwerer und schwerer werden, wie sie immer ruhiger und ruhiger werden. Wenn ich das Gefühl habe, dass meine Augenlider ganz entspannt sind, sende ich dieses Gefühl durch meinen ganzen Körper – in die Schultern, in den Rücken, in Brust, Bauch, Becken und Gesäß. Ich werde ruhiger und ruhiger, die Ruhe breitet sich weiter aus, in die Beine, in die Füße, bis in die Zehenspitzen. Und so wie mein Körper entspannt ist, sinke ich immer weiter in die Ruhe und fühle mich wohler und wohler. Mein Körper entspannt sich immer mehr und mehr und gleichzeitig öffne ich mich meinen inneren Bildern.

So stelle ich mir jetzt einen Rucksack vor: Welches Material hat er? Ist er aus Leder oder Textilien? Welche Farbe? Welche Größe? Hat er Schnallen? Klettverschluss? Wie sieht der Rucksack innen aus? Welche Farbe? Gibt es dort Fächer, mit Reißverschluss? ... In diesen Rucksack lege ich jetzt alles hinein, was mich blockiert und vom Lernen abhält, alle Gedanken, die überflüssig sind. Stattdessen kann ich mich konzentrieren, alles Gelesene kann ich gut verknüpfen und, wenn ich es brauche, wieder abrufen. Ich zähle gleich von 1–3, bei 3 bin ich vollkommen wach, meine Gedanken sind völlig klar und frisch: 1 – 2 – 3.“

9.2.9 Mindmap – Schlafstörungen (F51)

Eine Übersicht zu den Schlafstörungen zeigt die Mindmap in **Abb. 9.5**.

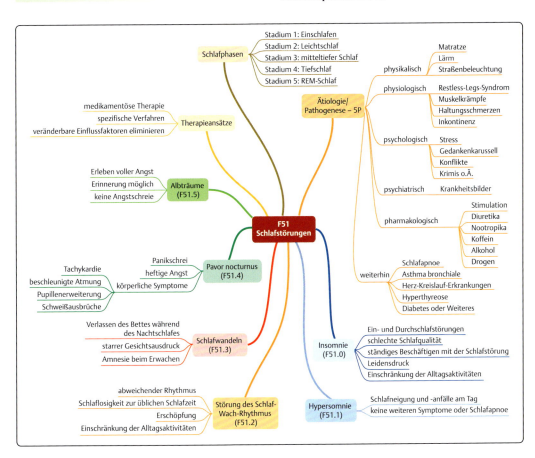

Abb. 9.5 Mindmap – Schlafstörungen (F51).

9.3 Sexuelle Funktionsstörungen (F52)

Unter dieser Gruppe finden Sie sexuelle Störungen ohne organische Ursache. Störungen der Geschlechtsidentität und der Sexualpräferenz finden Sie im F6-Bereich (Kap. 10).

> ✳ **Merke**
>
> Durch eine ärztliche Abklärung sind organische Ursachen auszuschließen. Ebenso wichtig ist der Ausschluss von z. B. neurologischen Erkrankungen oder Geschlechtskrankheiten wie Infektionen durch Viren (genitaler Herpes, Feigwarzen, HIV/AIDS), Bakterien (Chlamydien, Gonorrhö, Syphilis), Pilze (Candidose) oder Parasiten (Trichomoniasis).

Eine Abklärung möglicher Nebenwirkungen von Medikamenten ist entscheidend nach Ausschluss von organisch begründeten Ursachen.

> ⟨⟩ **Lerntipp**
>
> Wird man vom Knutschen schwanger? Kennen Sie noch Dr. Sommer, den Berater der Jugendzeitschrift BRAVO?
> Sex – Wow. Jeden Tag, jede Nacht, mindestens einmal am Tag, selbstverständlich mit mindestens einem Orgasmus und selbstverständlich haben die Partner diesen gleichzeitig mit Leichtigkeit erreicht. Ist es nicht so? Nein.

Die Erwartungen (Fantasien) zur Sexualität sind auf der einen Seite hoch, auf der anderen Seite gibt es viele Menschen – vor allem Jugendliche, die ihre Sexualität gerade entdecken –, die wenig über physiologische Abläufe aufgeklärt sind.

9.3.1 Definition

Sexuelle Störungen zeigen sich durch eine unmittelbare Beziehung zwischen seelischen und körperlichen Funktionen. Sie verhindern die gewünschte sexuelle Beziehung. Auftreten können ein Mangel an sexuellem Verlangen (fehlende Appetenz) oder sexueller Befriedigung, ein Ausfall der für den Geschlechtsakt notwendigen physiologischen Reaktion oder eine Unfähigkeit, den Orgasmus zu steuern oder zu erleben.

Phasen der sexuellen Erregung Es werden 4 Phasen beschrieben:

1. Erregungsphase: In dieser Phase kommt es zur Entwicklung und Steigerung der Lust. Die Vitalwerte (Atmung, Puls, Blutdruck) sind erhöht. Bei der Frau wird die Scheide feucht (Lubrikation) und die Brutwarzen verhärten sich; beim Mann erigiert der Penis, die Hoden ziehen sich zusammen.
2. Plateauphase: Die körperlichen Veränderungen nehmen weiter zu, bis ein individuell unterschiedliches Erregungsniveau erreicht ist.
3. Orgasmusphase: Das Lustgefühl erreicht seine stärkste Ausprägung. Es kommt zur rhythmischen Kontraktion des äußeren Scheidendrittels und zur Ejakulation (Samenerguss).
4. Entspannungsphase: Der Körper entspannt sich, die Vitalwerte gehen auf normale Werte zurück.

9.3.2 Häufigkeit/Epidemiologie

Einige Formen sexueller Funktionsstörungen (z. B. Mangel an sexuellem Verlangen) treten bei Männern und Frauen auf. Frauen klagen im Allgemeinen eher über die subjektive Qualität des sexuellen Erlebens als über den Ausfall spezifischer Reaktionen. 15 % der Patienten, die einen Arzt aufsuchen, haben bedeutende Probleme.

Die Angaben von sexuellen Abweichungen stammen meist aus forensischen Studien und sind nicht repräsentativ.

Störungen im sexuellen Erleben sind, bei aller Freizügigkeit der heutigen Gesellschaft, immer noch ein Tabuthema und werden höchstens engsten Freundinnen/Freunden erzählt (**Abb. 9.6**). Ejakulationsstörungen treten oft zum Beginn der aktiven Sexualität oder im vorangeschrittenen Lebensalter auf.

9.3.3 Ätiologie/Pathogenese

Eine einheitliche Entstehungstheorie existiert nicht. Wie bereits eingangs beschrieben können Erwartungen und/oder Erfahrungen für die Entstehung von sexuellen Störungen eine entscheidende Rolle spielen.

Ein junger Mann berichtet: „Es war das erste Mal und sollte etwas ganz Besonderes sein. Ich habe es mir vorher schon vorgestellt. Sie war das Mädchen meiner Träume. Es war romantisch, wir waren ungestört, Kerzen brannten, wir hatten eine Flasche Wein – ehrlich, auch um uns ein wenig Mut anzutrinken. Wir waren zusammen, alles lief gut, bis es endlich dazu kommen sollte. Ich versuchte es und dann – es ging nichts mehr. Ich wusste nicht, was ich tun sollte. Dieses Erlebnis habe ich nie vergessen und ich sehe diese Bilder immer wieder vor Augen."

Probleme in der Partnerschaft Kommt es zu Spannungen in der Partnerschaft, liegen die Ursachen dafür oft bei finanziellen Problemen, Alkohol und/oder sexuellen Problemen. Nicht zu unterschätzen sind auch vordergründig positive Veränderungen wie die Geburt eines Kindes, z. B. durch veränderte Rollen innerhalb der Familie, Erwartungen an die jungen Eltern, gestörte Nachtruhe oder kein „eigenes" Schlafzimmer.

Kognitive Faktoren Dazu gehören Einstellungen und das Wissen bzw. Unwissen über Sexualität und deren Abläufe.

Erziehungsfaktoren Wie frei darf Sexualität erlebt werden? Darf der eigene Körper berührt werden? Welche Einstellungen wurden vermittelt?

9.3.4 Symptome

Die Symptome der verschiedenen Sexualstörungen sind bei den Formen ausgeführt (Kap. 9.3.6).

9.3.5 Diagnostik

Die Diagnostik stützt sich auf die Klinik der Betroffenen. Die Symptome sollten mindestens über 6 Monate bestehen.

9.3.6 Formen

9.3.6.1 Mangel oder Verlust von sexuellem Verlangen (F52.0)

Der Verlust des sexuellen Verlangens ist das Grundproblem und beruht nicht auf anderen sexuellen Schwierigkeiten wie Erektionsstörungen oder Dyspareunie (schmerzhafter Geschlechtsverkehr). Mangel an sexuellem Verlangen schließt sexuelle Befriedigung oder Erregung nicht aus, sondern bedeutet, dass sexuelle Aktivitäten seltener initiiert werden.

9.3.6.2 Sexuelle Aversion und mangelnde sexuelle Befriedigung (F52.1)

Sexuelle Aversion (F52.10)
Die Vorstellung von einer sexuellen Partnerbeziehung ist stark mit negativen Gefühlen verbunden und erzeugt so viel Furcht oder Angst, dass sexuelle Handlungen vermieden werden.

Mangelnde sexuelle Befriedigung (F52.11)
Sexuelle Reaktionen verlaufen normal, aber der Orgasmus wird ohne entsprechendes Lustgefühl erlebt.

9.3.6.3 Versagen genitaler Reaktionen (F52.2)

Bei Männern ist die Erektionsstörung das häufigste Problem, d. h. die Schwierigkeit, die für einen befriedigenden Geschlechtsverkehr notwendige Erektion zu erlangen oder aufrechtzuerhalten. Bei Frauen ist der Mangel oder der Ausfall der vaginalen Lubrikation das häufigste Problem.

9.3.6.4 Orgasmusstörungen (F52.3)

Der Orgasmus tritt nicht oder nur stark verzögert auf. Orgasmusstörungen finden sich bei Frauen häufiger als bei Männern. Gerade hier ist es noch einmal wichtig, zu betonen, dass viele Menschen einen Anspruch an ihre Sexualität erheben, jedes Mal einen Orgasmus zu erleben. Der so erlebte in-

© Drobot Dean - stock.adobe.com

Abb. 9.6 Über sexuelle Probleme offen zu sprechen, fällt vielen Paaren schwer (Situation nachgestellt). (© Drobot Dean - stock.adobe.com)

nere Druck kann zum Ausbleiben des Orgasmus führen.

> ### 🔖 Lerntipp
>
> Kennen Sie den Film „Harry und Sally"? Dort sitzen Sally (Meg Ryan) und Harry (Billy Crystal) in einem Diner und philosophieren über den weiblichen Orgasmus. Sally erzählt, dass viele Frauen einen Orgasmus vortäuschen, und Harry hält dagegen, dass ihm das nie passiert sei. Sie spielt daraufhin mitten im Restaurant und täuschend echt einen Orgasmus vor. Diese Szene dürfen Sie nicht verpassen!

9.3.6.5 Ejaculatio praecox (F52.4)

Beim vorzeitigen Samenerguss handelt es sich um die Unfähigkeit, die Ejakulation so zu kontrollieren, dass der Geschlechtsverkehr für beide Partner befriedigend ist.

Ähnlich wie bei der Orgasmusstörung ist auch hier der Druck, sexuelle Höchstleistungen abzurufen, enorm.

9.3.6.6 Nichtorganischer Vaginismus (F52.5)

Es handelt sich dabei um einen Krampf der die Vagina umgebenden Beckenbodenmuskulatur, durch den der Scheideneingang (Introitus vaginae) verschlossen wird. Ein Eindringen des Penis in die Scheide ist dadurch unmöglich.

9.3.6.7 Nichtorganische Dyspareunie (F52.6)

Eine Dyspareunie (Schmerzen während des Sexualverkehrs) tritt sowohl bei Männern als auch bei Frauen auf.

9.3.6.8 Gesteigertes sexuelles Verlangen (F52.7)

Männer und Frauen (meist Teenager und junge Erwachsene) klagen gelegentlich über ein gesteigertes sexuelles Verlangen als eigenständiges Problem.

Nach wie vor wird dies gerne als Argument und Entschuldigung für einen Treuebruch verwendet.

9.3.7 Verlauf

Der Verlauf ist sehr heterogen und abhängig vom Umfeld, also den sexuellen Partnern und den Rahmenbedingungen.

Störungen können auch infolge von Nebenwirkungen einiger Medikamente auftreten, sodass eine Umstellung Abhilfe schaffen kann.

9.3.8 Therapieansätze

Die Therapie stützt sich auf 7 Säulen:
1. Störungsmodell erarbeiten: Mit den Betroffenen werden die Einflussfaktoren geklärt und Veränderungsmöglichkeiten besprochen.
2. Koitusverbot: In der Partnerschaft darf kein Geschlechtsverkehr stattfinden (Verbote können sehr reizvoll sein).
3. Voraussetzung für gute Sexualität schaffen: Es werden die Rahmenbedingungen verändert.
4. Veränderung von Mythen und Einstellungen: Alte Glaubenssätze werden verabschiedet.
5. Förderung von kommunikativer Kompetenz: Beide Partner lernen, offen über ihre Wünsche und Bedürfnisse, Vorlieben und Abneigungen zu sprechen.
6. Aufbau neuer Alltagssexualität: Normalität darf möglich sein.
7. Paartherapie: Die Therapiesitzungen finden gemeinsam statt.

Pause

Eine Massage der eigenen Füße verhilft schnell zur Entspannung des ganzen Körpers und der Psyche. Holen Sie sich eine Schüssel mit angenehm warmem Wasser. Vielleicht haben Sie einen schönen Kräuterzusatz? Baden Sie ein paar Minuten die Füße in dem Wasser und trocknen Sie sie gründlich ab. Kneten Sie die Füße und Ihre Wadenmuskeln jetzt für jeweils 5 min.

9.3.9 Mindmap – sexuelle Funktionsstörungen (F52)

Eine Übersicht zu den sexuellen Funktionsstörungen zeigt die Mindmap in **Abb. 9.7**.

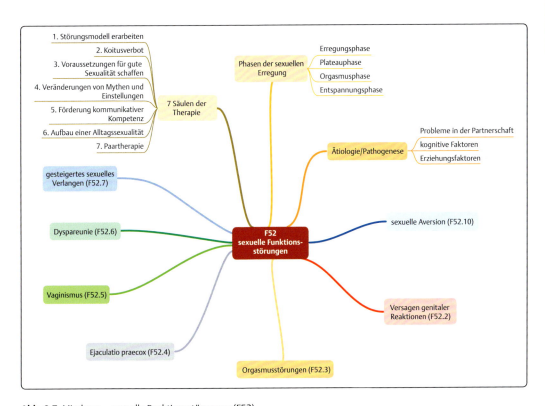

Abb. 9.7 Mindmap – sexuelle Funktionsstörungen (F52).

9.4 Schädlicher Gebrauch von nichtabhängigkeitserzeugenden Substanzen (F55)

9.4.1 Definition

Zu dieser Gruppe zählen eine große Zahl von rezeptpflichtigen und frei verkäuflichen Wirkstoffen sowie Naturheilmittel, die missbräuchlich konsumiert werden. Die Wichtigsten sind:

1. psychotrope, nichtabhängigkeitserzeugende Substanzen wie Antidepressiva
2. Laxativa (Abführmittel)
3. Analgetika wie Acetylsalicylsäure (z. B. Aspirin) und Paracetamol, die ohne ärztliche Verordnung erworben werden können

9.4.2 Häufigkeit/Epidemiologie

Hierzu gibt es keine verlässlichen Zahlen, die Angaben variieren sehr stark.

9.4.3 Ätiologie/Pathogenese

Die Medikamente werden möglicherweise zunächst ärztlich verordnet oder empfohlen. Es entwickelt sich dann allerdings eine unnötig verlängerte Einnahme mit oft exzessiver Dosierung. Die Betroffenen haben das Gefühl, ohne die Medikamente nicht mehr frei von dem ursächlichen Grund der Einnahme sein zu können.

9.4.4 Symptome

Je nach der verwendeten Substanzen kommt es typischerweise häufig zu schädlichen körperlichen Auswirkungen. Dazu gehören z. B. Leber- und Nierenschädigungen bei Analgetikamissbrauch. Ein Laxanzienabusus kann das Gegenteil der erwünschten Wirkung bewirken, nämlich zu Obstipation und/oder Elektrolytverschiebungen führen.

9.4.5 Diagnostik

Betroffene finden oft den Weg zum Allgemeinmediziner über die Symptome durch die Medikamentenverwendung, hinter denen sie ein anderes Krankheitsbild vermuten.

Die Diagnose ist schwierig zu stellen, wenn der Klient keine Einsicht zeigt. Er wird immer wieder Erklärungen finden, sodass teilweise auch eine Fremdanamnese herangezogen werden muss. Die meisten Analgetika sind frei verkäuflich, die Betroffenen haben unter Umständen finanzielle Probleme.

Ein Klient berichtet: „Ich gehe zu verschiedenen Apotheken – dadurch vermeide ich unnötiges Nachfragen. Ich brauche ca. 20 Tabletten Paracetamol am Tag. Das ist sehr teuer."

9.4.6 Verlauf

Auch bei einem starken Verlangen nach der Substanz entwickeln sich keine Abhängigkeits- bzw. Entzugssymptome wie bei den psychotropen Substanzen (Kap. 5.1.5).

9.4.7 Therapieansätze

Die Schwerpunkte der Therapie liegen in Ich-stärkenden Ansätzen. Auch im Bereich des Abusus nichtabhängigkeitserzeugender Substanzen geht es zunächst darum, die wichtige 1. Stufe der Motivationsphase zu erreichen (Kap. 5.1.8). Nach dem Absetzen wird der Klient stabilisiert.

Prüfungsfragen

Essstörungen

1. Welche der folgenden Symptome gehören zur Anorexia nervosa?

1. verstärkte Monatsblutung bei Frauen
2. übertriebene körperliche Aktivitäten
3. Nahrungsverweigerung im Säuglingsalter
4. selbst induziertes Erbrechen
5. eingeschränkte Nahrungsauswahl
a) Nur die Aussagen 1 und 3 sind richtig.
b) Nur die Aussagen 2 und 4 sind richtig.
c) Nur die Aussagen 2 und 5 sind richtig.
d) Nur die Aussagen 2, 4 und 5 sind richtig.
e) Alle Aussagen sind richtig.

2. Typische körperliche Folgen einer Erkrankung an Anorexia nervosa sind …

1. Kaliummangel mit Herzrhythmusstörungen, woraus ein plötzlicher Herztod folgen kann.
2. Bluthochdruck.
3. Zyklusstörungen.
4. Osteoporose mit erhöhtem Risiko einer Fraktur.
5. Blutdruckveränderungen.
a) Nur die Aussagen 1, 2, 3 und 4 sind richtig.
b) Nur die Aussagen 1, 2, 3 und 5 sind richtig.
c) Nur die Aussagen 1, 2, 4 und 5 sind richtig.
d) Nur die Aussagen 1, 2, 3 und 4 sind richtig.
e) Nur die Aussagen 2, 3, 4 und 5 sind richtig.

3. Welche der folgenden Aussagen zur Psychotherapie bei Anorexia nervosa treffen zu?

1. Bei einem Body-Mass-Index (BMI) von < 17,5 kg/m^2 ist grundsätzlich eine stationäre Psychotherapie erforderlich.
2. Gruppentherapien haben sich nicht bewährt.
3. Die Behandlungsbereitschaft ist hoch.
4. Sinnvoll ist eine Therapie der Körperschemastörung.
5. Bei jungen Patienten sollten die Eltern in die Psychotherapie einbezogen werden.

a) Nur die Aussagen 1 und 4 sind richtig.
b) Nur die Aussagen 2 und 4 sind richtig.
c) Nur die Aussagen 4 und 5 sind richtig.
d) Nur die Aussagen 1, 2, 3 und 5 sind richtig.
e) Nur die Aussagen 2, 3, 4 und 5 sind richtig.

4. Was trifft zur sog. Binge-Eating-Störung zu? (2 Antworten)

a) Das Körpergewicht liegt unter einem Body-Mass-Index (BMI) von 17,5 kg/m^2.
b) Typisch ist sofortiges Erbrechen nach dem Essen.
c) Häufig besteht Übergewicht.
d) Die Impulskontrolle ist gestört.
e) Männer sind deutlich häufiger betroffen als Frauen.

5. Welche der folgenden Aussagen zur Bulimie sind richtig?

1. Als Folge der Erkrankung treten Zahnschmelzschäden auf.
2. Normal- oder Übergewicht schließt die Bulimie aus.
3. An Bulimie Erkrankte essen gern mit anderen zusammen.
4. Eine mögliche Komplikation der Bulimie ist der plötzliche Herztod.
5. Missbrauch von Abführmitteln kann auftreten.
a) Nur die Aussagen 1 und 3 sind richtig.
b) Nur die Aussagen 1, 4 und 5 sind richtig.
c) Nur die Aussagen 2, 4 und 5 sind richtig.
d) Nur die Aussagen 1, 2, 4 und 5 sind richtig.
e) Alle Aussagen sind richtig.

6. Sie vermuten bei einer Klientin Anorexia nervosa. Welche der genannten anamnestischen Angaben oder Befunde stützen Ihren Verdacht? (2 Antworten)

a) Body-Mass-Index (BMI) von 22 kg/m^2
b) Körpergröße 1,65 m, Gewicht 38 kg
c) Bluthochdruck
d) Teerstuhl
e) Einnahme von Abführmitteln

7. Welche der folgenden Aussagen treffen zu? Mögliche Symptome einer Anorexia nervosa sind ...

1. sekundäre Amenorrhö.
2. Body-Mass-Index (BMI) von 20 kg/m^2.
3. Karies.
4. Gebrauch von Diuretika.
5. selbst induziertes Erbrechen.
a) Nur die Aussagen 2, 3 und 5 sind richtig.
b) Nur die Aussagen 2, 4 und 5 sind richtig.
c) Nur die Aussagen 3, 4 und 5 sind richtig.
d) Nur die Aussagen 1, 2, 3 und 4 sind richtig.
e) Nur die Aussagen 1, 3, 4 und 5 sind richtig.

8. Welche der folgenden Aussagen zu Essstörungen trifft (treffen) zu?

1. Exzessive sportliche Betätigung kann ein Krankheitssymptom sein.
2. Zu den Essstörungen (nach ICD-10) gehören insbesondere die Anorexia nervosa und die Bulimia nervosa.
3. Bei der Bulimia nervosa besteht eine ausgeprägte Körperschemastörung.
4. Bei der Anorexie nervosa besteht ein ausgeprägtes Krankheitsgefühl.
5. Risikofaktoren für eine Essstörung sind u. a. mangelndes Selbstwertgefühl und sozialer Rückzug.
a) Nur die Aussagen 2 ist richtig.
b) Nur die Aussagen 1, 2 und 3 sind richtig.
c) Nur die Aussagen 1, 2 und 4 sind richtig.
d) Nur die Aussagen 1, 2 und 5 sind richtig.
e) Nur die Aussagen 3, 4 und 5 sind richtig.

9. Was sind typische Merkmale einer Anorexia nervosa (nach ICD-10)?

1. Ein Gewichtsverlust kann durch übertriebene körperliche Aktivität herbeigeführt sein.
2. Ein Gewichtsverlust kann durch eine somatische Ursache begründet sein.
3. Es liegt eine Störung des Körperschemas vor, und die Betroffenen legen selbst eine zu niedrige Gewichtsschwelle fest.
4. Ein Body-Mass-Index (BMI) von 19,5 kg/m^2 ist in der Regel mit einer Anorexia nervosa in Zusammenhang zu bringen.
5. Es kann zu einer endokrinen Störung kommen.
a) Nur die Aussagen 1, 2 und 3 sind richtig.
b) Nur die Aussagen 1, 2 und 4 sind richtig.
c) Nur die Aussagen 1, 3 und 5 sind richtig.
d) Nur die Aussagen 2, 3 und 5 sind richtig.
e) Alle Aussagen sind richtig.

10. Welche Aussage zur Bulimie (Bulimia nervosa) trifft zu?

a) Bei jungen Frauen in der Adoleszenz und im jungen Erwachsenenalter liegt die Prävalenz bei etwa 20 %.
b) Bulimie-Betroffene sind meist übergewichtig.
c) Bei lang anhaltender Symptomatik kommt es häufig zu einer Schädigung der Zähne.
d) Im Vordergrund der Therapie stehen medikamentöse Maßnahmen (Antidepressiva).
e) Die Bulimie hat eine ungünstigere Prognose als die Anorexie nervosa.

Nichtorganische Schlafstörungen

1. Welche der folgenden Empfehlungen geben Sie einem Klienten mit chronischen Schlafstörungen? (2 Antworten)

a) Mindestens 8–10 h Schlaf täglich anstreben.
b) Einnahme von Benzodiazepinen
c) Direkt vor dem Zubettgehen 1 h joggen gehen.
d) Auf längeren Tagschlaf verzichten, nicht zu früh ins Bett gehen.
e) Regelmäßigen zeitlichen Schlafrhythmus beibehalten.

2. Welche Ursachen für Schlafstörungen kommen infrage?

1. Einnahme von Amphetaminen
2. Schilddrüsenüberfunktion
3. Demenz
4. zerebrale Durchblutungsstörungen
5. Depression
a) Nur die Aussagen 1 und 4 sind richtig.
b) Nur die Aussagen 2, 4 und 5 sind richtig.
c) Nur die Aussagen 1, 2, 3 und 5 sind richtig.
d) Nur die Aussagen 2, 3, 4 und 5 sind richtig.
e) Alle Aussagen sind richtig.

3. Welche der folgenden Empfehlungen sind bei einem Klienten mit Schlafstörungen sinnvoll? (2 Antworten)

a) körperliches Training kurz vor dem Schlafengehen
b) Verzicht auf Mittagschlaf
c) Genuss von 1 l Rotwein kurz vor dem Schlafengehen
d) Schlafen mit erhöhtem Oberkörper
e) Vermeidung der Einnahme von harntreibenden Substanzen am Abend

4. Was versteht man unter Pavor nocturnus?

a) gehäuft auftretende nächtliche Albträume mit detaillierter Erinnerung an die erschreckenden Trauminhalte
b) Schlafwandeln
c) eine Form der Hypersomnie, die häufig bei depressiven Störungen aufritt
d) nächtliche Episoden äußerster Furcht und Panik mit heftigem Schreien, Bewegungen und autonomer Erregung
e) eine besonders bei Frauen und älteren Menschen auftretende erhöhte Angst vor Schlafstörungen

5. Zu welcher Diagnose passt folgende Beschreibung am besten?

Bei einem 10-jährigen Jungen treten wiederkehrend nächtliche Episoden äußerster Furcht und Panik mit heftigem Schreien, Bewegungen und starker autonomer Erregung auf.

a) Enuresis nocturna
b) Narkolepsie
c) Schlafapnoe
d) Aufmerksamkeitsdefizitstörung (ADS)
e) Pavor nocturnus

10 Persönlichkeits- und Verhaltensstörungen (F60–F69)

Persönlichkeits- und Verhaltensstörungen umfassen eine Reihe von meist länger anhaltenden Krankheitsbildern und Verhaltensmustern. Hierzu gehören die spezifischen Persönlichkeitsstörungen, die mit einer deutlich abweichenden Wahrnehmung sowie verändertem Denken und Fühlen einhergehen. Unter den abnormen Gewohnheiten und Störungen der Impulskontrolle sind verschiedene nicht an anderer Stelle klassifizierbare Verhaltensstörungen wie Brandstiftung (Pyromanie) und pathologisches Stehlen (Kleptomanie) zusammengefasst. Weiterhin gehören in den F6-Bereich Störungen der Geschlechtsidentität und Sexualpräferenz. Gemeinsam ist diesen Störungsformen, dass sie sich im Laufe der kindlichen Entwicklung manifestieren. Persönlichkeitsänderungen (F62) sind hingegen auf extreme Belastungen im Erwachsenenalter zurückzuführen und werden aus diesem Grund bei den Belastungs- und Anpassungsstörungen (F43) vorgestellt (Kap. 8.4.6).

10.1 Allgemeines

> **⚡ Lerntipp**
> Bevor Sie weiterlesen, überlegen Sie bitte, was eine Persönlichkeit kennzeichnet.

Das Wort **Persönlichkeit** beinhaltet den Begriff „Person" (lat. persona = Maske, Rolle, Charakter). Als Persönlichkeit bezeichnet man die Gesamtheit aller zum Wesen eines Menschen gehörenden Erlebens- und Verhaltensdispositionen. Persönlichkeitszüge unterscheiden Menschen voneinander und sind meist über Zeit und Situation stabil. Gleichzeitig zeichnet eine stabile Persönlichkeit eine gewisse Flexibilität in den vorherrschenden Faktoren aus (**Abb. 10.1**).

Aus der Persönlichkeitspsychologie ist das Fünf-Faktoren-Modell (Big Five) bekannt, das folgende Merkmale umfasst:
- Extraversion (kontaktfreudig – zurückhaltend)
- Verträglichkeit (friedfertig – streitsüchtig)
- Gewissenhaftigkeit (gründlich – nachlässig)
- Neurotizismus (entspannt – überempfindlich)
- Offenheit (kreativ – fantasielos)

10.2 Spezifische Persönlichkeitsstörungen (F60)

10.2.1 Definition

Persönlichkeitsstörungen umfassen tief verwurzelte, anhaltende Verhaltensmuster, die sich in starren Reaktionen auf unterschiedliche persönliche und soziale Lebenslagen zeigen. Jeder Mensch hat, wie oben beschrieben, vorherrschende Merkmale, jedoch bleiben die meisten von ihnen abhängig von der Situation flexibel und anpassungsfähig. Das Persönlichkeitsmerkmal bestimmt dabei – ähnlich einem Wasserzeichen – ihr Verhalten. Diese Flexibilität ist bei Menschen mit Persönlichkeitsstörungen nicht vorhanden, sie sind starr und fest in ihrem Merkmal; das Merkmal ist kein Wasserzeichen, sondern tritt stets dominant auf.

Laut ICD-10 findet man bei Menschen mit Persönlichkeitsstörungen gegenüber der Mehrheit der Bevölkerung deutliche Abweichungen im Wahrnehmen, Denken, Fühlen und in Beziehungen zu anderen. Solche Verhaltensmuster sind meistens stabil und beziehen sich auf vielfältige Bereiche des Verhaltens und der psychischen Funktionen. Häufig gehen sie mit persönlichem Leiden und einer gestörten sozialen Funktions- und Leistungsfähigkeit einher.

> **✦ Merke**
> Persönlichkeitsstörungen unterscheiden sich von Persönlichkeitsänderungen durch den Zeitpunkt und die Art und Weise ihres Auftretens. Sie beginnen in der Kindheit oder Adoleszenz und dauern bis ins Erwachsenenalter an.

Die Zustandsbilder können nach dem vorherrschenden Verhalten klassifiziert werden. Persönlichkeitsstörungen werden somit anhand von Merkmalsgruppen, die dem häufigsten oder auffälligsten Verhaltensmuster entsprechen, unterteilt.

Abb. 10.1 Unsere individuelle Persönlichkeit setzt sich aus vielen verschiedenen Faktoren zusammen (© Mikhaylovskiy - stock.adobe.com)

> **◆ Lerntipp**
> Wie würden Sie sich beschreiben? Welche Merkmale machen Sie zu dem Menschen, der Sie sind? Bitte tragen Sie positive Eigenschaften von sich ein, und zwar jeweils mit den Buchstaben Ihres Vornamens. Beispiel:
> - **V** – vernünftig
> - **O** – offen
> - **R** – realistisch
> - **N** – nett
> - **A** – attraktiv
> - **M** – mutig
> - **E** – elegant
>
> Gerne können Sie darüber hinaus weitere positive Eigenschaften beschreiben.

Besprochen werden in diesem Kapitel die spezifischen Persönlichkeitsstörungen (F60), abnorme Gewohnheiten und Störungen der Impulskontrolle (F63) sowie Störungen der Geschlechtsidentität (F64) und der Sexualpräferenz (F65).

Andauernde Persönlichkeitsänderungen, die nicht Folge einer Schädigung oder Krankheit des Gehirns sind (F62), können nach Extrembelastungen bzw. nach psychischer Erkrankung auftreten. Diese sind bei den Belastungsstörungen eingehender erläutert (Kap. 8.4.6).

10.2.2 Häufigkeit/Epidemiologie

Die verschiedenen Persönlichkeitsstörungen treten mit unterschiedlicher Häufigkeit auf. Circa 5–18 % der Allgemeinbevölkerung sind betroffen sowie 50 % der Patienten, die psychiatrisch behandelt werden. Die Geschlechterverteilung ist je nach Typ unterschiedlich.

10.2.3 Ätiologie/Pathogenese

Es existieren verschiedene Erklärungsmodelle. Aus psychodynamischer Sicht sind für Persönlichkeitsstörungen frühe Entwicklungsstufen bedeutsam:

- Kommt es zu Störungen in der oralen Phase, kann dies zu forderndem und abhängigem Verhalten führen.
- Eine Störung in der analen Phase bewirkt ein zwanghaftes Verhalten.
- Bei Störungen in der phallischen Phase bleiben Emotionen oberflächlich.

Aus lerntheoretischer Sicht beruht die Störung auf einem gelernten Verhalten. Weiterhin werden auch bei den Persönlichkeitsstörungen neurobiologische Ursachen diskutiert.

10.2.4 Symptome

Die Symptome der verschiedenen Persönlichkeitsstörungen sind bei den einzelnen Formen ausgeführt (Kap. 10.2.6).

10.2.5 Diagnostik

Bevor die Diagnose einer Persönlichkeitsstörung gestellt wird, sollten alle Lebensbereiche und -umstände berücksichtigt werden. Eine Diagnose sollte nicht vor dem 16. oder 17. Lebensjahr gestellt werden.

> **Diagnostische Leitlinien nach ICD-10 F60**
>
> Mindestens 3 der folgenden Eigenschaften und Verhaltensweisen müssen vorliegen:
>
> 1. deutliche Unausgeglichenheit in den Einstellungen und im Verhalten in mehreren Funktionsbereichen wie Affektivität, Antrieb, Impulskontrolle, Wahrnehmung und Denken sowie in den Beziehungen zu anderen
> 2. Das auffällige Verhaltensmuster ist andauernd und gleichförmig und nicht auf Episoden psychischer Krankheiten begrenzt.
> 3. Das auffällige Verhaltensmuster ist tief greifend und in vielen persönlichen und sozialen Situationen eindeutig unpassend.
> 4. Die Störungen beginnen immer in der Kindheit oder Jugend und manifestieren sich auf Dauer im Erwachsenenalter.
> 5. Die Störung führt zu deutlichem subjektivem Leiden, manchmal jedoch erst im späteren Verlauf.
> 6. Die Störung ist meistens, aber nicht stets, mit deutlichen Einschränkungen der beruflichen und sozialen Leistungsfähigkeit verbunden.

10.2.6 Formen

Im Folgenden finden Sie die Persönlichkeitsstörungen nach den Kriterien der ICD-10 aufgeführt (**Abb. 10.2**, **Tab. 10.1**). Sie finden in den Richtlinien die charakteristischen Symptome oder – anders ausgedrückt – die Charakterzüge der jeweiligen Persönlichkeit.

10.2.6.1 Paranoide Persönlichkeitsstörung (F60.0)

> **Lerntipp**
>
> Versuchen Sie kurz, die Merkmale der Störung aus der Namensgebung abzuleiten. Sie haben das Wort „paranoid" bereits im Zusammenhang mit der Schizophrenie kennengelernt (Kap. 6.1.6). Der Begriff weist auf Verfolgung hin, auf verfolgt werden. Was fühlt ein Mensch der sich verfolgt/beobachtet fühlt?

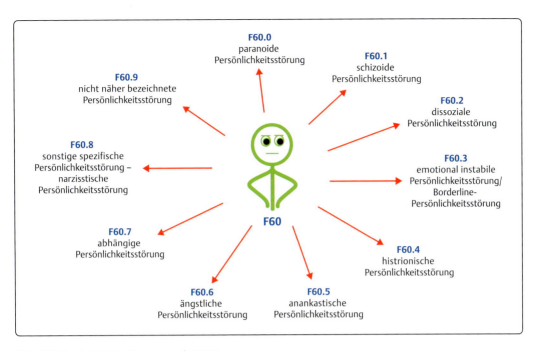

Abb. 10.2 Persönlichkeitsstörungen nach ICD-10.

Tab. 10.1 Klassifizierung spezifischer Persönlichkeitsstörungen nach ICD-10.

Persönlichkeitsstörung	Merkmale
F60.0 Paranoide Persönlichkeitsstörung	misstrauisch, streitsüchtig, leicht kränkbar, überempfindlich gegenüber Kritik und Rückschlägen
F60.1 Schizoide Persönlichkeitsstörung	kühl, distanziert, freudlos, wenig Interesse an Mitmenschen, introvertiert, Einzelgänger, eingeschränktes Gespür für soziale Nomen
F60.2 Dissoziale Persönlichkeitsstörung	geringe Frustrationstoleranz, Missachtung sozialer Normen, rücksichtslos, fehlendes Schuldbewusstsein, verminderte Fähigkeit, aus Erfahrung zu lernen, keine dauerhaften Sozialkontakte
F60.3 Emotional instabile Persönlichkeitsstörung	emotional instabil, manipulativ, Wutausbrüche, chronische Ängste, abrupter Kontaktwechsel, Gefühl der inneren Leere, selbstschädigendes Verhalten
F60.4 Histrionische Persönlichkeitsstörung	dramatische Selbstdarstellung, erhöhte Suggestibilität, oberflächlicher, labiler Affekt, Geltungssucht, ständige Beschäftigung damit, äußerlich attraktiv zu sein, theatralisch und sprunghaft
F60.5 Anankastische (zwanghafte) Persönlichkeitsstörung	Ordnungsliebe, Perfektionismus, Gewissenhaftigkeit, starke Leistungsbezogenheit, ständige Kontrollneigung, Ängste, Fehler zu machen
F60.6 Ängstliche (vermeidende) Persönlichkeitsstörung	Angst vor Kritik, im Selbstbild unterlegen und sozial unbeholfen, häufig unentschlossen, andauerndes Gefühl von Anspannung und Besorgtheit
F60.7 Abhängige (asthenische) Persönlichkeitsstörung	Fehlen von Selbstvertrauen, delegiert Entscheidungen an andere, Angst vor dem Alleinsein, Unterordnung eigener Bedürfnisse, Entscheidungsschwäche
F60.8 Sonstige spezifische Persönlichkeitsstörungen	narzisstische Persönlichkeitsstörung: Bedürfnis nach Bewunderung, Mangel an Empathie, arrogant, neidisch, nutzt andere aus, Größenfantasien
F60.9 Persönlichkeitsstörung, nicht näher bezeichnet	Charakterneurose, pathologische Persönlichkeit ohne nähere Angaben

Die Haltung dieser Menschen ist geprägt von Misstrauen. Hinter jeder Handlung anderer wird etwas für sie Nachteiliges vermutet, selbst wenn die Reaktion des Umfelds neutral oder freundlich ist. Der Betroffene ist gegenüber Kritik sehr empfindlich. Er reagiert sehr schnell beleidigt und zieht sich zurück. Dies wird auch als Tendenz zur Selbstbezogenheit beschrieben.

> ### Diagnostische Leitlinien nach ICD-10 F60.0
> 1. übertriebene Empfindlichkeit bei Rückschlägen und Zurücksetzung
> 2. Neigung zu ständigem Groll, z. B. wegen der Weigerung der Betreffenden, Beleidigungen, Verletzungen oder Missachtungen durch andere zu verzeihen
> 3. Misstrauen und eine starke Neigung, Erlebtes zu verdrehen, indem neutrale oder freundliche Handlungen anderer als feindlich oder verächtlich missinterpretiert werden
> 4. streitsüchtiges und beharrliches, situationsunangemessenes Bestehen auf eigenen Rechten
> 5. häufig ungerechtfertigtes Misstrauen gegenüber der sexuellen Treue des Ehe- oder Sexualpartners
> 6. Tendenz zu stark überhöhtem Selbstwertgefühl, das sich in ständiger Selbstbezogenheit zeigt
> 7. Inanspruchnahme durch ungerechtfertigte Gedanken an Verschwörungen als Erklärung für Ereignisse in der näheren Umgebung und in der Welt

10.2.6.2 Schizoide Persönlichkeitsstörung (F60.1)

> **Lerntipp**
> Kennen Sie Clint Eastwood in dem Film „Dirty Harry"? Die Rolle, die dort von ihm gespielt wird, stellt sehr gut eine schizoide Persönlichkeit dar.

Betroffene sind kaum in der Lage, Gefühle zu zeigen, wirken unnahbar und distanziert. An Beziehungen sind sie wenig bis gar nicht interessiert.

> ### Diagnostische Leitlinien nach ICD-10 F60.1
> 1. Wenige oder überhaupt keine Tätigkeiten bereiten Vergnügen.
> 2. emotionale Kühle, Distanziertheit oder flache Affektivität
> 3. geringe Fähigkeit, anderen gegenüber warme, zärtliche Gefühle oder auch Ärger zu zeigen
> 4. anscheinende Gleichgültigkeit gegenüber Lob und Kritik
> 5. wenig Interesse an sexuellen Erfahrungen mit einer anderen Person
> 6. übermäßige Vorliebe für einzelgängerische Beschäftigung
> 7. übermäßige Inanspruchnahme durch Fantasie und Introspektion
> 8. Mangel an engen Freunden oder vertrauensvollen Beziehungen und fehlender Wunsch nach solchen Beziehungen
> 9. deutlich mangelnde Sensibilität im Erkennen und Befolgen gesellschaftlicher Regeln

10.2.6.3 Dissoziale Persönlichkeitsstörung (F60.2)

Die dissoziale (auch: antisoziale) Persönlichkeitsstörung fällt durch eine große Diskrepanz zwischen dem Verhalten und den geltenden sozialen Normen auf. Betroffene übertreten gesellschaftlich akzeptierte Grenzen. Sie wirken kalt und emotionsfrei. Gefühle anderer Menschen interessieren sie nicht.

Meist sind die betroffenen Menschen schon in der Kindheit durch dieses Überschreiten auffällig. Dazu gehören das Quälen von Tieren, ständiges Schuleschwänzen und/oder Stehlen.

> **Lerntipp**
> In dem Film „Der Totmacher" (1995) spielt Götz George den Serienmörder Fritz Haarmann. Der Film stellt die Befragung des Mörders von mindestens 24 Jungen und Männern dar, der emotionsfrei über seine Taten berichtet. Die Dialoge beruhen auf den Verhörprotokollen der Vernehmungen.

Anhaltende Reizbarkeit kann ein zusätzliches Merkmal sein.

10.2.6.4 Emotional instabile Persönlichkeitsstörung (F60.3)

Die emotional instabile Persönlichkeitsstörung nimmt eine besondere Rolle in der Reihe der Persönlichkeitsstörungen ein.

Lerntipp
In dem Film „Eine verhängnisvolle Affäre" (1987) stellt Glenn Close beeindruckend den Wechsel zwischen „ich hasse dich" und „verlasse mich nicht" dar.

Eine emotional instabile Persönlichkeitsstörung ist gekennzeichnet durch impulsives Handeln ohne Rücksicht auf mögliche Konsequenzen. Die Stimmung ist instabil und sehr wechselhaft. Vorausschauendes, planendes Handeln ist kaum gegeben. Ausbrüche von Wut und Ärger führen zu gewalttätigem und explosivem Verhalten. Kritikfähigkeit oder reflektierendes Verhalten fehlt.

Es werden 2 Erscheinungsformen dieser Persönlichkeitsstörung beschrieben. Beiden gemeinsam ist die Impulsivität und ein Mangel an Selbstkontrolle.

Impulsiver Typ (F60.30)

Die wesentlichen Charakterzüge sind emotionale Instabilität und mangelnde Impulskontrolle. Ausbrüche von gewalttätigem und bedrohlichem Verhalten sind häufig, vor allem bei Kritik durch andere.

Borderline-Typ (F60.31)

Meist wird von dem „Borderliner" gesprochen. Die Borderline wird als Grenzlinie verstanden. Der Begriff soll die nicht eindeutigen Grenzen zwischen einer Neurose und einer Psychose zum Ausdruck bringen: Auf die neurotische Störung zurückzuführen sind eine „Ich-Schwäche", rigides Verhalten und Ängste; die Psychose zeigt sich in Depersonalisation und innerer Leere.

Zu den oben beschriebenen Merkmalen (F60.30) gesellt sich das chronische Gefühl der inneren Leere. Das eigene Selbstbild, Ziele und „innere Präferenzen" sind unklar und gestört. Es besteht eine Neigung zu intensiven, aber unbeständigen Beziehungen. Ein ständiger Wechsel kann zu wiederholten emotionalen Krisen führen. Auf der einen Seite finden übermäßige Anstrengungen statt, nicht verlassen zu werden, teilweise mit Suiziddrohungen oder selbstschädigenden Handlungen. Auf der anderen Seite wird der jeweilige Partner in der Beziehung verletzt, zurückgewiesen und erniedrigt. Möchte dieser die Beziehungen verlassen, beginnt der Kreislauf von vorne.

Die Borderline-Persönlichkeitsstörung ist vor allem eine Störung der Emotionsregulation. Emotionale Flexibilität ist bei einem betroffenen Menschen nicht vorhanden. Zwischen den beiden Polen „ich hasse dich – verlasse mich nicht" steht eine große Leere, die ihrerseits mit Spannung bzw. Druck und schmerzhaften Gefühlen erlebt wird. Selbstschädigendes Verhalten ist oft der verzweifelte Versuch, dieses Erleben zu regulieren.

Häufigkeit/Epidemiologie Circa 15 % der Patienten in einer psychiatrischen Klinik haben eine Borderline-Persönlichkeitsstörung, 20 % der Betroffenen werden nach der ersten Aufnahme regelmäßig aufgenommen.

Ätiologie/Pathogenese Die Ursachen sind ähnlich den bereits beschriebenen Störungen. Hinzu kommen jedoch bei den meisten betroffenen Menschen enorme Gewalterfahrungen in der Kindheit:

- sexuelle Gewalterfahrungen: 70 %
- körperliche Gewalterfahrungen: 60 %
- emotionale Vernachlässigung: 40 %
- instabile Bindung zu primären Bezugspersonen: bei fast allen Betroffenen

Beispiele
- Eine Klientin berichtet: „Als ich 4 oder 5 Jahre alt war, wurde ich regelmäßig in den Schrank eingeschlossen. Ich hatte fürchterliche Angst, mein Weinen wurde nicht gehört und somit verstummte ich immer mehr. Wenn ich Glück hatte, wurde ich nach 2–3 Tagen, völlig erschöpft und verdreckt, wieder aus dem Schrank gelassen."
- Ein Klient berichtet: „Als ich endlich meinen ganzen Mut zusammennahm und meinem Vater erzählte, dass mein Onkel mich regelmäßig missbrauchte, brach er mir alle Finger der rechten Hand. Damit ich nie mehr im Leben lügen würde."
- Eine Klientin berichtet: „Als ich 8 Jahre alt war, fiel ich mit dem Fahrrad sehr unglücklich. Ich verletzte mich am Oberschenkel und musste genäht werden. Mein Vater war bei diesem Eingriff dabei, ich musste mich entblößen und hatte schreckliche Schmerzen. Als wir nach Hause kamen, warf mich mein Vater rücklinks aufs Bett und missbrauchte mich das erste Mal."

Die geschilderten Erlebnisse könnten weitergeführt werden.

Hintergrundwissen

Dissoziation = Spaltung, Trennung
Wenn einem (jungen) Menschen solche Dinge geschehen, und der Körper sich nicht durch „Flucht oder Angriff" retten kann, übernimmt die Psyche diese Aufgabe. Sie „spaltet" das Geschehen ab, sodass der Betroffene das Ereignis überleben kann. Dieser Zustand – das Abspalten – ist im Moment des Geschehens eine überlebenswichtige Schutzstrategie. Tritt dieser Zustand allerdings in der Folge ohne akute Bedrohung auf, dann ist er nicht mehr schützend, sondern eher gefährlich.

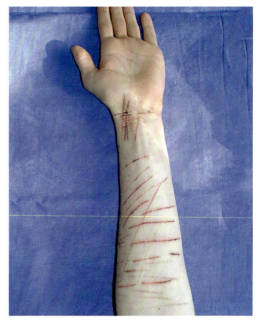

Abb. 10.3 Typische, mit einer Rasierklinge selbst beigebrachte Schnittverletzungen bei einer Patientin mit Borderline-Persönlichkeitsstörung (Abb. aus: Möller H, Laux G, Deister A, Duale Reihe Psychiatrie, Psychosomatik und Psychotherapie. Thieme; 2015)

Symptome 95 % der Menschen mit einer Borderline-Persönlichkeitsstörung berichten von starken einschießenden inneren Spannungen, die oft als „Druck" bezeichnet werden. Sie werden als sehr aversiv erlebt und können in der Regel keinen spezifischen Emotionen zugeordnet werden. Die Spannung korreliert hoch mit Dissoziationen und Selbstverletzungen, häufigen Klinikaufenthalten und niedriger sozialer Integration. Selbstverletzendes Verhalten kann u. a. zu folgenden Verletzungen führen:

- Schnitte an den Unterarmen oder anderen Körperstellen (**Abb. 10.3**), tiefe Kratzwunden
- Kopfschlagen
- Verbrennungen, Verbrühungen
- Verschlucken von Gegenständen (Rasierklingen)
- Strangulieren (Abbinden von Körperteilen)

Eine Klienten berichtet: „Wenn ich diesen Druck wahrnehme und nicht sofort erfolgreich gegensteuern kann, wird es geschehen. Ich muss mich verletzen und bin erst wieder zufrieden, wenn das Blut fließt. Der Schmerz holt mich wieder zurück. Dann kommt die Scham. Ich schäme mich, weil ich mich schon wieder geschnitten habe. Ich schäme mich meiner Narben, meine Arme sind komplett zerschnitten oder von tiefen Verbrennungen durch Zigaretten entzündet. Auch im Sommer trage ich langärmlige Kleidung."

Therapie und Betreuung bei selbstverletzendem Verhalten

- Therapievereinbarung: Mit dem Klienten wird bereits vor dem Beginn der Therapie vereinbart, wie diese verläuft.
- Unterbrechung des autodestruktiven Verhaltens: Mit dem Klienten wird vereinbart, mit welchen Möglichkeiten er sein autoaggressives Verhalten steuern kann.
- Fertigkeitentraining: Erlernt werden folgende Module und Möglichkeiten:
  - Achtsamkeit: Aufmerksamkeitsfokussierung, Bewertung, Ressourcenaktivierung
  - Umgang mit Gefühlen: Techniken zur Affektdifferenzierung und -kontrolle
  - zwischenmenschliche Fertigkeiten: positive Beziehungserfahrungen, Bindungssicherheit in der therapeutischen Beziehung
  - Stresstoleranz: Bewältigung unerträglicher Affektzustände
- individuelle Psychotherapie
- keine kausale Psychopharmakotherapie

Hintergrundwissen

DBT – Dialektisch-Behaviorale Therapie nach Marsha M. Linehan

Diese wurde 1980 speziell für Menschen mit Borderline-Persönlichkeitsstörung entwickelt. Das Manual basiert auf der kognitiven Verhaltenstherapie und beinhaltet Aufmerksamkeits- und Entspannungsverfahren. Im ambulanten Bereich umfasst das Konzept Einzeltherapie, Fertigkeitstraining in der Gruppe, Telefonkontakt im Notfall und regelmäßige Interventionen der Therapeuten. Ergebnisse der Behandlung:

- Die Frequenz von selbstverletzendem Verhalten nimmt deutlich ab.
- Die Häufigkeit von Therapieabbrüchen und Therapeutenwechseln wird reduziert.
- Die Anzahl der stationären Behandlungstage pro Jahr verringert sich.
- Die Behandlungskosten pro Klient und Jahr sind geringer.

10.2.6.5 Histrionische Persönlichkeitsstörung (F60.4)

Lerntipp

In der Komödie „Was ist mit Bob?" (1991) werden Sie Ihre Freude daran haben, wie sich Bill Murray in der Rolle des multiphobischen Neurotikers Bob Wiley theatralisch in den Mittelpunkt setzt. Sein übertriebener Sprachstil, sein Betonen von Beschwerden und sein permanentes Ringen um Aufmerksamkeit beschreiben perfekt die charakteristischen Merkmale der histrionischen Persönlichkeitsstörung.

Was ist das Schlimmste, was einem Menschen im Kontakt mit anderen geschehen kann? Oder anders gefragt: Was ist das Gegenteil von Liebe? Viele antworten Hass, dabei ist es Ignoranz. Nicht wahrgenommen zu werden, stellt die eigene Existenz infrage. Also sucht der Mensch etwas, um Aufmerksamkeit zu erregen. Egal, was es ist, sobald der Betroffene eine Reaktion erfährt, wird er dieses Verhalten weiter aufrechterhalten.

Diagnostische Leitlinien nach ICD-10 F60.4

1. Dramatisierung bezüglich der eigenen Person, theatralisches Verhalten, übertriebener Ausdruck von Gefühlen
2. Suggestibilität, leichte Beeinflussbarkeit durch andere Personen oder Umstände
3. oberflächliche und labile Affektivität
4. andauerndes Verlangen nach Aufregung, Anerkennung durch andere und Aktivitäten, bei denen die betreffende Person im Mittelpunkt der Aufmerksamkeit steht
5. unangemessen verführerisch in Erscheinung und Verhalten
6. übermäßiges Interesse an körperlicher Attraktivität

Tab. 10.2 Unterschiede zwischen zwanghafter Persönlichkeitsstörung und Zwangsstörung.

	Zwanghafte Persönlichkeitsstörung (F60.5)	Zwangsstörung (F42)
Entstehung	Kindheit/Jugend	Erwachsenenalter
Symptome	Perfektion und Gewissenhaftigkeit; es wird viel Zeit für diese Tätigkeiten aufgewendet, starres Festhalten an Regeln	Zwangsgedanken und/oder Zwangshandlungen, Kontrollzwänge, Neutralisierungsversuche
betrifft	die komplette Persönlichkeit	nur bestimmtes Verhalten
wird erlebt	als zur Person gehörend	nicht zur Person gehörend

10.2.6.6 Anankastische (zwanghafte) Persönlichkeitsstörung (F60.5)

Diese Persönlichkeitsstörung zeichnet sich durch zwanghaftes Verhalten aus.

Diagnostische Leitlinien nach ICD-10 F60.5

1. übermäßige Zweifel und Vorsicht
2. ständige Beschäftigung mit Details, Regeln, Listen, Ordnung, Organisation oder Plänen
3. Perfektionismus, der die Fertigstellung von Aufgaben behindert
4. übermäßige Gewissenhaftigkeit, Skrupelhaftigkeit und unverhältnismäßig hohe Leistungsbezogenheit unter Vernachlässigung von Vergnügen und zwischenmenschlichen Beziehungen
5. übermäßige Pedanterie und Befolgung von Konventionen
6. Rigidität und Eigensinn
7. unbegründetes Bestehen auf der Unterordnung anderer unter eigene Gewohnheiten oder unbegründetes Zögern, Aufgaben zu delegieren
8. Andrängen beharrlicher und unerwünschter Gedanken oder Impulse

---

Lerntipp

Überlegen Sie kurz: Wie würden Sie die zwanghafte Persönlichkeitsstörung von der Zwangsstörung unterscheiden?

Differenzialdiagnose: Abzugrenzen ist die zwanghafte Persönlichkeitsstörung von der Zwangsstörung (**Tab. 10.2**).

10.2.6.7 Ängstliche (vermeidende) Persönlichkeitsstörung (F60.6)

Die ängstliche Persönlichkeitsstörung zeigt sich durch andauernde Gefühle der Anspannung und Besorgnis. Unsicherheits- und Minderwertigkeitsgefühle stehen hier als Merkmale im Vordergrund. Betroffene versuchen, die Unsicherheit zu kompensieren, indem sie auf der dauernden Suche nach Zustimmung und Zuneigung sind.

Diagnostische Leitlinien nach ICD-10 F60.6

1. andauernde und umfassende Gefühle von Anspannung und Besorgtheit
2. Überzeugung, selbst sozial unbeholfen, unattraktiv und minderwertig im Vergleich zu anderen zu sein
3. ausgeprägte Sorge, in sozialen Situationen kritisiert oder abgelehnt zu werden
4. Abneigung, sich auf persönliche Kontakte einzulassen, außer man ist sicher, gemocht zu werden
5. eingeschränkter Lebensstil wegen des Bedürfnisses nach körperlicher Sicherheit
6. Vermeidung sozialer und beruflicher Aktivitäten, die zwischenmenschliche Kontakte voraussetzen, aus Furcht vor Kritik, Missbilligung oder Ablehnung

10.2.6.8 Abhängige (asthenische) Persönlichkeitsstörung (F60.7)

Die Abgrenzung zur ängstlichen Persönlichkeitsstörung ist nicht immer einfach. Auch hier liegt eine Schwierigkeit vor, sich stabil wahrzunehmen. Dazu gehören Schwierigkeiten, Entscheidungen im Alltag zu treffen. Betroffene brauchen ebenfalls viel Zustimmung von Dritten, eigene Bedürfnisse werden oft untergeordnet. Das Alleinsein bereitet ihnen Unbehagen, und sie haben oft Angst davor, verlassen zu werden.

Diagnostische Leitlinien nach ICD-10 F60.7

1. Bei den meisten Lebensentscheidungen wird an die Hilfe anderer appelliert oder die Entscheidung wird anderen überlassen.
2. Unterordnung eigener Bedürfnisse unter die anderer Personen, zu denen eine Abhängigkeit besteht, und unverhältnismäßig große Nachgiebigkeit gegenüber den Wünschen anderer
3. mangelnde Bereitschaft zur Äußerung angemessener Ansprüche gegenüber Personen, zu denen eine Abhängigkeit besteht
4. unbehagliches Gefühl beim Alleinsein aus übertriebener Angst, nicht alleine klarzukommen, Gefühle der Hilflosigkeit und Inkompetenz
5. häufige Angst, von einer Person verlassen zu werden, zu der eine enge Beziehung besteht, und auf sich selbst angewiesen zu sein
6. eingeschränkte Fähigkeit, Alltagsentscheidungen zu treffen ohne ein hohes Maß an Ratschlägen und Bestätigung von anderen

---

10.2.6.9 Andere spezifische Persönlichkeitsstörungen (F60.8)

Zu der Gruppe der spezifischen Persönlichkeitsstörungen gehören außerdem unter anderem die narzisstische Persönlichkeitsstörung sowie die passiv-aggressive Persönlichkeitsstörung.

Narzisstische Persönlichkeitsstörung (F60.80)

Diese Menschen suchen die Anerkennung, sie können sehr viel leisten und konkurrieren gerne mit anderen. Beziehungen gehen sie dann ein, wenn andere für sie nützlich sind.

Lerntipp

In den beiden Serien „Dr. House" und „Stromberg" veranschaulichen Hugh Laurie und Christoph Maria Herbst wunderbar alle Merkmale der Störung.

Zu den Merkmalen der narzisstischen Persönlichkeitsstörung gehören:

1. Größengefühl
2. Fantasien über unbegrenzten Erfolg, Macht, Schönheit oder ideale Liebe
3. Gefühl der Einmaligkeit, Bedürfnis nach übermäßiger Bewunderung
4. unbegründete Anspruchshaltung
5. Ausnutzen von zwischenmenschlichen Beziehungen
6. Mangel an Empathie
7. Neidgefühle oder Überzeugung, beneidet zu werden
8. arrogantes, hochmutiges Verhalten

Laut ICD-10 müssen mindestens 5 der aufgeführten 9 Merkmale erfüllt sein.

Passiv-aggressive (negativistische) Persönlichkeitsstörung (F60.81)

Bei dieser Störung müssen mindestens 5 der folgenden 7 Kriterien zutreffen:

1. Verschleppung von Routineaufgaben
2. ungerechtfertigter Protest gegen gerechtfertigte Forderungen
3. Trotz, Reizbarkeit oder Streitlust bei unwillkommenen Bitten
4. Kritik oder Verachtung von Autoritätspersonen
5. langsame oder schlechte Arbeit an unliebsamen Aufgaben
6. Nichtleisten eigener Anteile an gemeinsamen Aufgaben
7. Verpflichtungen werden „vergessen".

10.2.7 Verlauf

Persönlichkeitsstörungen beginnen grundsätzlich in der Kindheit und Jugend, also in dem Zeitraum, in dem sich die Persönlichkeit entwickelt. Die Symptomatik der Störung bleibt über einen langen Zeitraum stabil. Bei Veränderungen in der Umgebung und von Anforderungen werden die Merkmale oft erst erkennbar. Je nach Form der Persönlichkeitsstörung ist der Druck von außen höher als der Leidensdruck.

Bei fast allen Persönlichkeitsstörungen spielt eine Komorbidität mit anderen Erkrankungen eine entscheidende Rolle. Oft handelt es sich um den Gebrauch psychotroper Substanzen.

10.2.8 Therapieansätze

Die Therapie einer Persönlichkeitsstörung erfordert sehr viel therapeutische Erfahrung. Es ist mit jahrelangen Therapieverläufen zu rechnen. Persönlichkeitsstörungen gelten als nicht heilbar. Durch geeignete therapeutische Maßnahmen kann jedoch ein starkes Maß an Linderung und Kompensation erreicht werden:

- Eine Motivation zur Therapie ist je nach Persönlichkeitsstörung oft wenig ausgeprägt. Menschen mit einer antisozialen Persönlichkeitsstörung sind therapeutisch sehr schwer zu erreichen; sehr viele der Betroffenen sind straffällig geworden und oft in Justisvollzugsanstalten zu finden.

- Für Betroffene mit einer Borderline-Persönlichkeitsstörung steht das bereits beschriebene DBT-Manual zur Verfügung (S. 217). Darüber hinaus gibt es viele Langzeittherapieverfahren.
- Die narzisstische Persönlichkeitsstörung ist nur bei einem enormen Leidensdruck zu erreichen, und eine Therapie wird oft von außen gefordert.

Danach richten sich entsprechend die Therapieerfolge, die zumeist durch verhaltenstherapeutische Maßnahmen erreicht werden. Liegen Traumatisierungen zugrunde, finden spezielle psychotraumatologische Verfahren statt. Dazu gehört auch das EMDR (Kap. 17.6.4).

> **◼ Pause**
>
> Nach den vielen Filmempfehlungen zu den einzelnen Persönlichkeitsstörungen bietet es sich an, damit eine Pause zu gestalten. Vielleicht haben Sie einen der genannten Filme oder eine der Serien als DVD oder können sich diese ausleihen. Besorgen Sie sich gerne Popcorn und genießen Sie Ihre private Kinoveranstaltung. Falls das nicht sofort möglich sein sollte, verschieben Sie Ihre Vorstellung auf einen späteren Zeitpunkt.
>
> Alternativ nutzen Sie die Pause für einer tiefe Atemübung: Setzen Sie sich bequem hin und atmen Sie tief ein und aus. Zählen Sie beim Einatmen von 1–5, dann beim Ausatmen von 1–5; weiter Einatmen von 1–6, Ausatmen von 1–6; Einatmen von 1–7, Ausatmen von 1–7.

10.2.9 Mindmap – spezifische Persönlichkeitsstörungen (F60)

Eine Übersicht zu den spezifischen Persönlichkeitsstörungen zeigt die Mindmap in **Abb. 10.4**.

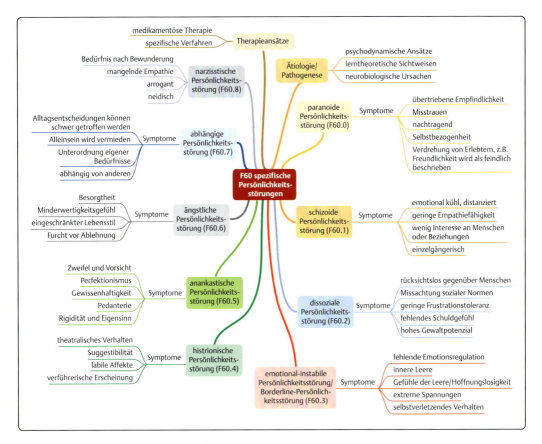

Abb. 10.4 Mindmap – spezifische Persönlichkeitsstörungen (F60).

10.3 Abnorme Gewohnheiten und Störungen der Impulskontrolle (F63)

In dieser Gruppe sind verschiedene nicht an anderer Stelle klassifizierbare Verhaltensstörungen zusammengefasst. Dazu gehören das pathologische Spielen, die pathologische Brandstiftung (Pyromanie), das pathologische Stehlen (Kleptomanie) sowie das Haareausreißen (Trichotillomanie).

10.3.1 Definition

Ein Impuls (lat. impulsus = Drang) ist definiert als Antrieb, Drang oder innere Regung. Abnormen Gewohnheiten und Störungen der Impulskontrolle liegt zugrunde, dass ein anderes Handeln als das impulsgesteuerte nicht oder nur schwer möglich ist.

10.3.2 Häufigkeit/Epidemiologie

Die in der Literatur zu findenden Zahlen weisen enorme Abweichungen auf. Das pathologische Spielen betrifft in Deutschland etwa 200 000 Personen. Zur Pyromanie und Kleptomanie gibt es kaum belastbare Daten.

10.3.3 Ätiologie/Pathogenese

Eine aussagekräftige Klärung der Ursachen fehlt. Wie bei vielen anderen Störungen wird eine multifaktorielle Genese angenommen.

10.3.4 Symptome

Den Störungen der Impulskontrolle gemeinsam ist, dass die Betroffenen den Impuls unterdrücken möchten, ihnen dies in der Regel jedoch nicht gelingt. Durch das Ausführen der Handlungen kommen die Betroffenen oder auch andere Menschen zu Schaden.

Ähnlich wie bei vielen anderen Störungsbildern kann es sich um ein eigenständiges Krankheitsbild handeln oder um ein Symptom anderer Krankheitsbilder.

10.3.5 Diagnostik

Bei der Diagnostik steht zum einen das Handeln im Vordergrund, zum anderen das Erleben der Betroffenen. Im Vorfeld tritt eine innere Spannung und Erregung auf, während des Ausübens des Impulses setzt eine Erleichterung ein, im Anschluss erlebt der Betroffene Schuldgefühle. Dieser Kreislauf setzt sich fort.

10.3.6 Formen

10.3.6.1 Pathologisches Spielen (F63.0)

> **⚡ Lerntipp**
>
> Waren Sie schon einmal im Casino (**Abb. 10.5**)? Die Tische sind gut besucht. Sehr beliebt sind die sog. „einarmigen Banditen", die Spielautomaten. Der nächste Chip bringt das große Glück. Oder der nächste? Aber ganz bestimmt der übernächste.

Abb. 10.5 Glücksspiel. © eskystudio - stock.adobe.com

Die Betroffenen leiden unter dem fortwährenden und zunehmenden Drang, Glücksspiele zu spielen, auch wenn sie sich damit ihrer Existenz berauben und ihr gesamtes Hab und Gut „verspielen".

> **Diagnostische Leitlinien nach ICD-10 F63.0**
>
> Das Hauptmerkmal dieser Störung ist beharrliches, wiederholtes Glücksspiel, das anhält und sich oft noch trotz negativer sozialer Konsequenzen wie Verarmung, gestörte Familienbeziehungen und Zerrüttung der persönlichen Verhältnisse steigert.

10.3.6.2 Pathologische Brandstiftung (Pyromanie) (F63.1)

Faszination Feuer – die Kraft und die Macht des Feuers – Feuer kann reinigen und zerstören. Betroffene brauchen diesen Kick, die Ausbreitung, das Knistern, die Hitze.

> **Diagnostische Leitlinien nach ICD-10 F63.1**
>
> 1. wiederholte Brandstiftung ohne erkennbare Motive wie materieller Gewinn, Rache oder politischer Extremismus
> 2. starkes Interesse an der Beobachtung von Bränden
> 3. Die betreffende Person berichtet über Gefühle wachsender Spannung vor der Handlung und starker Erregung sofort nach ihrer Ausführung.

10.3.6.3 Pathologisches Stehlen (Kleptomanie) (F63.2)

Wird über diese Störung gesprochen, erscheint bei vielen Menschen das Bild der wohlhabenden Frau, die regelmäßig einen Lippenstift stiehlt, obwohl sie bereits ausreichend viele Lippenstifte hat und den Lippenstift auch bezahlen könnte.

In der Tat geht es bei dieser Störung nicht um das fehlende Geld, sondern um die Spannung und das Erleben beim Ausführen des Diebstahls.

> **Diagnostische Leitlinien nach ICD-10 F63.2**
>
> 1. Die betroffene Person beschreibt gewöhnlich eine steigende Spannung vor der Handlung und ein Gefühl der Befriedigung während und sofort nach der Tat. Zwar versucht sie im Allgemeinen, die Tat zu verbergen, nutzt jedoch nicht alle Möglichkeiten hierzu aus.
> 2. Der Diebstahl (in Geschäften oder an anderen Orten) wird allein, ohne Komplizen durchgeführt.
> 3. Die Betroffenen können Angst, Verzagtheit und Schuldgefühle zwischen den einzelnen Diebstählen zeigen, die aber keinesfalls einen Rückfall verhindern.

10.3.6.4 Trichotillomanie (F63.3)

Eine Klientin berichtet: „Ich kann diesen Impuls nicht unterdrücken. Ich spüre einen inneren Druck, und dann geschieht es – ich reiße mir die Haare aus." (**Abb. 10.6**)

> **Diagnostische Leitlinien nach ICD-10 F63.3**
>
> 1. Die Störung ist durch einen sichtbaren Haarverlust charakterisiert. Es besteht eine Unfähigkeit, den ständigen Impulsen zum Haareausreißen zu widerstehen.
> 2. Vor dem Haareausreißen besteht meist eine zunehmende Spannung, danach folgt ein Gefühl von Entspannung oder Befriedigung.

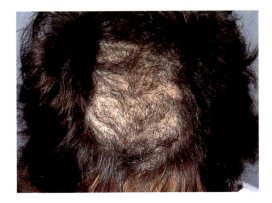

Abb. 10.6 Typischer Befund bei Trichotillomanie: In den kahlen Bereichen sind nachwachsende Haare in unterschiedlicher Länge zu erkennen. (Abb. aus: Moll I, Duale Reihe Dermatologie. Thieme; 2016)

10.3.7 Verlauf

Bei allen Störungen ist der Verlauf chronisch. Oft geraten die betroffenen Menschen beim Stehlen und Legen von Feuer mit dem Gesetz in Konflikt.

10.3.8 Therapieansätze

Ergänzend zu dem psychotherapeutischen Angebot sind weitere Unterstützungen wie der Besuch einer Selbsthilfegruppe empfehlenswert. In Einzelfällen kann eine symptomatische medikamentöse Therapie sinnvoll sein.

> ### ⚡ Pause
> Ich denke, ein wenig Bewegung wäre jetzt gut. Bitte stellen Sie sich an eine Wand und machen Sie 3-mal 10 Liegestütze im Stehen. Anschließen trinken Sie bitte ein großes Glas Mineralwasser und essen vielleicht ein wenig Obst oder Gemüse.

Was macht Ihre Bibliothek? Sind die Regale gefüllt? Sortieren Sie Ihre Bücher unter folgenden Gesichtspunkten: Wie gehören sie zusammen, wo sind Gemeinsamkeiten und wie finden die Abgrenzungen statt? Ergänzen Sie die neuen Lerninhalte. Welche Krankheitsbilder haben welche Farben, wie sind die Einbände der Bücher gestaltet?

10.3.9 Mindmap – abnorme Gewohnheiten und Störungen der Impulskontrolle (F63)

Eine Übersicht zu abnormen Gewohnheiten und Störungen der Impulskontrolle zeigt die Mindmap in **Abb. 10.7**.

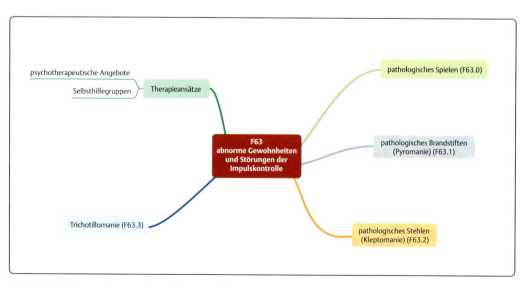

Abb. 10.7 Mindmap – abnorme Gewohnheiten und Störungen der Impulskontrolle (F63).

2 Krankheitsbilder

10.4 Störungen der Geschlechtsidentität (F64)

10.4.1 Definition

Liegt eine Störung der Geschlechtsidentität (spätlat. identitas = derselbe) vor, haben die betroffenen Menschen entweder das Gefühl, sich nicht im „richtigen" Körper zu befinden, oder sie bevorzugen die Kleidung eines anderen sozialen Geschlechts (**Abb. 10.8**). Die Einordnung dieses Zustands als krankheitswertig bzw. als „Störung" ist zunehmend umstritten. Von großer Bedeutung sind jedoch psychische und soziale Konflikte und Probleme, die sich als Folge eines Coming-out entwickeln können.

Abb. 10.8 Flagge der Transgender-Pride-Bewegung, die sich für gesellschaftliche Anerkennung und Gleichstellung von Transgender-Menschen einsetzt. (© ink drop - stock. adobe.com)

10.4.2 Häufigkeit/Epidemiologie

Die Häufigkeiten variieren zwischen 1:10 000 und 1:30 000 für eine Mann-zu-Frau-Zugehörigkeit bzw. zwischen 1:15 000 und 1:100 000 für eine Frau-zu-Mann-Zugehörigkeit.

10.4.3 Ätiologie/Pathogenese

Wie bei den anderen Störungen wird von einer multifaktoriellen Genese ausgegangen.

Psychoanalytisch wird eine Störung in der phallischen Phase diskutiert.

10.4.4 Symptome

Es bestehen der Wunsch und das Bedürfnis, einem anderen als dem bei der Geburt zugewiesenen Geschlecht anzugehören. Dieses Bedürfnis kann so stark ausgeprägt sein, dass eine Geschlechtsangleichung erforderlich ist, bei der der Körper dem persönlichen Empfinden und Erleben angepasst wird.

10.4.5 Diagnostik

Die diagnostischen Leitlinien sind bei den folgenden Formen ausgeführt.

10.4.6 Formen

10.4.6.1 Transsexualismus (F64.0)

> **Diagnostische Leitlinien nach ICD-10 F64.0**
> 1. Die transsexuelle Identität muss mindestens 2 Jahre durchgehend bestanden haben und darf nicht das Symptom einer anderen psychischen Störung, z. B. einer Schizophrenie, sein.
> 2. Ein Zusammenhang mit intersexuellen, genetischen oder Anomalien der Geschlechtschromosomen muss ausgeschlossen werden.

10.4.6.2 Transvestitismus unter Beibehaltung beider Geschlechterrollen (F64.1)

Dabei wird gegengeschlechtliche Kleidung getragen, um zeitweilig die Erfahrung der Zugehörigkeit zum anderen Geschlecht zu erleben.

10.4.6.3 Störungen der Geschlechtsidentität des Kindesalters (F64.2)

Das wesentliche diagnostische Merkmal ist der dringliche und anhaltende Wunsch (oder die feste Überzeugung), zum anderen als dem angeborenen Geschlecht zu gehören, zusammen mit einer starken Ablehnung des Verhaltens, der Merkmale oder der Kleidung des angeborenen Geschlechts. Typischerweise zeigt sich dieses Verhalten erstmals im Vorschulalter. Um die Diagnose stellen zu können, muss es vor Eintritt der Pubertät aufgetreten sein und mindestens 6 Monate bestehen.

Diagnostische Leitlinien nach ICD-10 F64.1

Bei Mädchen:

1. andauerndes intensives Leiden daran, ein Mädchen zu sein, und erklärter Wunsch, ein Junge zu sein – nicht begründet mit kulturellen Vorteilen für Jungen; oder ein Bestehen darauf, bereits ein Junge zu sein
2. entweder a) oder b):
   a) Beschäftigung mit typisch männlichen Aktivitäten, z. B. Tragen männlicher Kleidungsstücke oder Nachahmung der männlichen Erscheinung; intensiver Wunsch, an Spielen und Zeitvertreib von Jungen teilzunehmen, und Ablehnung von typisch weiblichen Spielzeugen, Spielen und Aktivitäten
   b) anhaltende Ablehnung weiblicher anatomischer Strukturen, die sich in mindestens einem der folgenden Merkmale äußert:
      – Behauptung, einen Penis zu besitzen oder dass ein Penis wachsen wird
      – Ablehnung, im Sitzen zu urinieren
      – Versicherung, keine Brüste bekommen oder nicht menstruieren zu wollen

Bei Jungen:

1. anhaltendes intensives Leiden daran, ein Junge zu sein; intensiver Wunsch oder – seltener – Behauptung, bereits ein Mädchen zu sein

2. entweder a) oder b):
   a) Beschäftigung mit typisch weiblichen Aktivitäten, z. B. Tragen weiblicher Kleidungsstücke oder Nachahmung der weiblichen Erscheinung; intensiver Wunsch, an Spielen und Zeitvertreib von Mädchen teilzunehmen, und Ablehnung von typisch männlichen Spielzeugen, Spielen und Aktivitäten
   b) anhaltende Ablehnung männlicher anatomischer Strukturen durch mindestens eine der folgenden, wiederholt geäußerten Behauptungen, dass
      – er zu einer Frau heranwachsen wird – nicht nur in eine weibliche Rolle,
      – sein Penis oder seine Hoden ekelhaft sind oder verschwinden werden,
      – es besser wäre, keinen Penis zu haben

Charakteristischerweise behaupten Kinder mit einer Störung der Geschlechtsidentität, dadurch nicht beunruhigt zu sein. Trotzdem können sie durch Konflikte mit den Erwartungen ihrer Familie und ihrer Altersgenossen oder durch Neckereien bzw. Ablehnung unter Druck geraten.

10.4.7 Therapieansätze

Wird dem Wunsch einer Geschlechtsangleichung entsprochen, startet das Verfahren mit einer Psychotherapie. Eine Therapie ist auch nur dann notwendig, es sei denn, der Klient ist noch in der Phase der „Unsicherheit" und sucht für sich nach Möglichkeiten.

Zu berücksichtigen sind die „Standards der Behandlung und Begutachtung von Transsexuellen" der Deutschen Gesellschaft für Sexualforschung, der Akademie für Sexualmedizin und der Gesellschaft für Sexualwissenschaft von 1997. Die komplette Behandlung besteht aus:

- Psychotherapie
- Alltagserprobung der neuen Geschlechterrolle
- somatische Behandlung
- geschlechtsangleichende Hormontherapie
- geschlechtsangleichende Operation

⚡ Lerntipp

„Du hast meine verdammten Titten, du Schwein", so beginnt der Roman *Girl* von David Thomas [79], der 1998 im Heyne Verlag erschienen ist. Der tragikomische Held Bradley Barret wird das Opfer eines makabren Kunstfehlers: Statt seine Weisheitszähne zu entfernen, nimmt man ihm „sein bestes Stück" und er erhält prachtvolle Brüste.

In dem sehr gut geschriebenen Buch wird der Prozess einer geschlechtsangleichenden Operation beschrieben, auch wenn diese eigentlich nicht erfolgen sollte.

Weiterhin zu berücksichtigen ist das Transsexuellengesetz von 1980, zu dem ein kurzer Auszug folgt.

Gesetze und Verordnungen

Gesetz über die Änderung der Vornamen und die Feststellung der Geschlechtszugehörigkeit in besonderen Fällen (Transsexuellengesetz – TSG)
Erster Abschnitt: Änderung der Vornamen
§ 1 Voraussetzungen

(1) Die Vornamen einer Person sind auf ihren Antrag vom Gericht zu ändern, wenn
1. sie sich auf Grund ihrer transsexuellen Prägung nicht mehr dem in ihrem Geburtseintrag angegebenen Geschlecht, sondern dem anderen Geschlecht als zugehörig empfindet und seit mindestens drei Jahren unter dem Zwang steht, ihren Vorstellungen entsprechend zu leben,
2. mit hoher Wahrscheinlichkeit anzunehmen ist, dass sich ihr Zugehörigkeitsempfinden zum anderen Geschlecht nicht mehr ändern wird, und
3. sie
a) Deutscher im Sinne des Grundgesetzes ist,
b) als Staatenloser oder heimatloser Ausländer ihren gewöhnlichen Aufenthalt im Inland hat,
c) als Asylberechtigter oder ausländischer Flüchtling ihren Wohnsitz im Inland hat oder
d) als Ausländer, dessen Heimatrecht keine diesem Gesetz vergleichbare Regelung kennt,
aa) ein unbefristetes Aufenthaltsrecht besitzt oder

bb) eine verlängerbare Aufenthaltserlaubnis besitzt und sich dauerhaft rechtmäßig im Inland aufhält.
(2) In dem Antrag sind die Vornamen anzugeben, die der Antragsteller künftig führen will.
Zweiter Abschnitt: Feststellung der Geschlechtszugehörigkeit
§ 8 Voraussetzungen
(1) Auf Antrag einer Person, die sich auf Grund ihrer transsexuellen Prägung nicht mehr dem in ihrem Geburtseintrag angegebenen, sondern dem anderen Geschlecht als zugehörig empfindet und die seit mindestens drei Jahren unter dem Zwang steht, ihren Vorstellungen entsprechend zu leben, ist vom Gericht festzustellen, daß sie als dem anderen Geschlecht zugehörig anzusehen ist, wenn sie
1. die Voraussetzungen des § 1 Abs. 1 Nr. 1 bis 3 erfüllt,
2. (weggefallen)
3. dauernd fortpflanzungsunfähig ist und
4. sich einem ihre äußeren Geschlechtsmerkmale verändernden operativen Eingriff unterzogen hat, durch den eine deutliche Annäherung an das Erscheinungsbild des anderen Geschlechts erreicht worden ist.
(2) In dem Antrag sind die Vornamen anzugeben, die der Antragsteller künftig führen will; dies ist nicht erforderlich, wenn seine Vornamen bereits auf Grund von § 1 geändert worden sind.
Fußnote
§ 8 Abs. 1 Nr. 3 u. 4: Nach Maßgabe der Entscheidungsformel mit GG unvereinbar und bis zum Inkrafttreten einer gesetzlichen Neuregelung nicht anwendbar gem. BVerfGE v. 11.1.2011 I 224 – 1 BvR 3 295/07
§ 8 Abs. 1 Nr. 1: Nach Maßgabe der Entscheidungsformel mit d. GG unvereinbar und daher nichtig, BVerfGE v. 16.3.1982 I 619 – 1 BvR 938/81 –
§ 10 Wirkungen der Entscheidung
(1) Von der Rechtskraft der Entscheidung an, daß der Antragsteller als dem anderen Geschlecht zugehörig anzusehen ist, richten sich seine vom Geschlecht abhängigen Rechte und Pflichten nach dem neuen Geschlecht, soweit durch Gesetz nichts anderes bestimmt ist.
(2) [...]

> **◀ Pause**
>
> Sprechen Sie laut den Satz: „Ich kann leicht lernen und mein Wissen abrufen." Spüren Sie in Ihren Körper hinein: Wo fühlen Sie den Satz im Körper, wie fühlt er sich an?
> Nehmen Sie jetzt bitte ein Blatt Papier und Buntstifte. Schreiben Sie den Satz in die Mitte des Blattes und ummalen Sie ihn immer und immer wieder mit verschiedenen Farben. Spüren Sie ihn.

10.5 Störungen der Sexualpräferenz (F65)

Bei der Sexualpräferenz handelt es sich um Vorlieben im sexuellen Erleben. Diese Vorlieben beziehen sich auf die sexuelle Erregung und Befriedigung.

10.5.1 Definition

Die sexuellen Präferenzen müssen mindestens über 6 Monate bestehen. Fehlen Möglichkeiten des Erlebens, ist eine befriedigende Sexualität kaum möglich.

Teilweise werden die folgenden Störungen strafrechtlich geahndet.

10.5.2 Häufigkeit/Epidemiologie

Männer sind weit häufiger betroffen als Frauen.

10.5.3 Ätiologie/Pathogenese

Den Störungen der Sexualpräferenz liegt eine multifaktorielle Genese zugrunde.

10.5.4 Symptome

Eine Erregung bzw. Befriedigung kann ohne den sexuell stimulierenden Auslöser oder Fetisch nicht stattfinden.

10.5.5 Diagnostik

Betroffene suchen einen Therapeuten zumeist auf, wenn sie strafrechtlich dazu „gezwungen" werden oder der Leidensdruck hoch ist. Gegebenenfalls kann auch ein Partner dies verlangen.

Die diagnostischen Leitlinien sind bei den folgenden Formen ausgeführt.

10.5.6 Formen

10.5.6.1 Fetischismus (F65.0)

Fetischismus beschreibt in diesem Zusammenhang die Neigung, bestimmte Objekte in den Fokus des sexuellen Interesses zu stellen. Dies nimmt bisweilen skurrile Formen der kommerziellen Nutzung an – so ist es in Japan möglich, gebrauchte Unterhosen aus Automaten zu ziehen (zumindest hält sich diese Behauptung seit Jahren aufrecht).

> **Diagnostische Leitlinien nach ICD-10 F65.0**
>
> 1. Fetischismus soll nur dann diagnostiziert werden, wenn der Fetisch die wichtigste Quelle sexueller Erregung darstellt oder für die sexuelle Befriedigung unerlässlich ist.
> 2. Fetischistische Fantasien sind häufig und stellen keine Störung dar, außer sie münden in Rituale, die so zwingend und inakzeptabel werden, dass sie den Geschlechtsverkehr beeinträchtigen und für die betroffene Person zur Qual werden.

Fetischismus kommt fast ausschließlich bei Männern vor.

10.5.6.2 Fetischistischer Transvestitismus (F65.1)

Diese Störung unterscheidet sich vom einfachen Fetischismus dadurch, dass Fetischgegenstände oder Kleidung nicht nur getragen werden, sondern auch den Anschein erwecken sollen, dass es sich um eine Person des anderen Geschlechts handelt. Meistens wird mehr als ein Gegenstand getragen, und oft handelt es sich um eine vollständige Ausstattung mit Perücke und Make-up.

> **Diagnostische Leitlinien nach ICD-10 F65.1**
> 1. Es wird gegengeschlechtliche Kleidung getragen, um zeitweilig die Erfahrung der Zugehörigkeit zum anderen Geschlecht zu erleben.
> 2. Fetischistischer Transvestitismus unterscheidet sich vom transsexuellen Transvestitismus durch die deutliche Kopplung an sexuelle Erregung und das starke Verlangen, die Kleidung nach dem eingetretenen Orgasmus und dem Nachlassen der sexuellen Erregung abzulegen.

Häufig berichten Transsexuelle über eine frühere Phase von fetischistischem Transvestitismus, und wahrscheinlich stellt dieser in solchen Fällen eine Zwischenstufe in der Entwicklung zum Transsexualismus dar (S. 225).

10.5.6.3 Exhibitionismus (F65.2)

Exhibitionismus beschränkt sich praktisch auf heterosexuelle Männer, die sich in der Öffentlichkeit vor erwachsenen oder heranwachsenden Frauen entblößen und dabei meist einen sicheren Abstand beibehalten.

> **Diagnostische Leitlinien nach ICD-10 F65.2**
> 1. Für einige ist der Exhibitionismus die einzige sexuelle Betätigung, während andere zur gleichen Zeit ein aktives Geschlechtsleben mit lange andauernden Beziehungen haben; allerdings kann sich der innere Drang bei Konflikten in diesen Beziehungen verstärken.
> 2. Die meisten Exhibitionisten empfinden ihren inneren Drang als schwer kontrollierbar und persönlichkeitsfremd.
> 3. Wenn das Opfer erschrocken, ängstlich oder beeindruckt reagiert, erhöht dies häufig die Erregung des Exhibitionisten.

Eine betroffene Frau berichtet: „Am Anfang hatte ich so ein komisches Gefühl, wenn ich in meiner Wohnung war. Ich wohnte Parterre und erst wenn ich die Gardinen zuzog, fühlte ich mich besser. Erst dachte ich, ich sei überarbeitet und bilde mir dieses Gefühl nur ein. Doch dann sah ich ihn eines Abends, er stand im Garten und entblößte sich. Jetzt wohne ich woanders."

10.5.6.4 Voyeurismus (F65.3)

> **Diagnostische Leitlinien nach ICD-10 F65.3**
> 1. wiederholt auftretender oder ständiger Drang, anderen Menschen bei sexuellen Aktivitäten oder intimen Tätigkeiten, z. B. beim Entkleiden, zuzusehen
> 2. Dies passiert in der Regel heimlich und führt zu sexueller Erregung und Masturbation.

10.5.6.5 Pädophilie (F65.4)

Bei der Pädophilie (griech. pais = Knabe, Kind; philia = Freundschaft) richtet sich das sexuelle Interesse auf Kinder. Hierbei handelt es sich um eine **Straftat**!

> **Diagnostische Leitlinien nach ICD-10 F65.4**
> 1. sexuelle Präferenz für Kinder, die sich zumeist in der Vorpubertät oder im frühen Stadium der Pubertät befinden, aber auch jünger sein können
> 2. Manche Pädophile sind nur an Mädchen, andere nur an Jungen interessiert.

Pädophilie kommt selten bei Frauen vor.

Prüfungsfragen

1. Welche Aussage trifft für die emotional instabile Persönlichkeitsstörung vom Borderline-Typ zu?

a) Die Borderline-Persönlichkeitsstörung ist mittels Psychotherapie relativ leicht heilbar.
b) Der Krankheitsverlauf kann in den meisten Fällen als günstig beurteilt werden.
c) Klienten mit Borderline-Persönlichkeitsstörung leiden häufig auch an Angststörungen und affektiven Störungen.
d) Frauen sind weniger häufig betroffen.
e) Suizidalität ist bei Patienten mit Borderline-Persönlichkeitsstörung sehr selten.

2. Welche der folgenden Aussagen zur paranoiden Persönlichkeitsstörung sind richtig? (2 Antworten)

a) übertriebene Empfindlichkeit bei Rückschlägen und Zurücksetzung
b) übermäßige Vorliebe für einzelgängerische Beschäftigung
c) sehr geringe Frustrationstoleranz und niedrige Schwelle für aggressives, auch gewalttätiges Verhalten
d) streitsüchtiges und beharrliches, situationsunangemessenes Bestehen auf eigenen Rechten
e) übermäßige Pedanterie und Befolgung von Konventionen

3. Welche psychische Erkrankung zeigt als Hauptmerkmal die Tendenz, impulsiv und ohne Berücksichtigung von Konsequenzen zu handeln?

a) histrionische Persönlichkeitsstörungen
b) Schizophrenia simplex
c) anankastische Persönlichkeitsstörung
d) schizoaffektive Psychose
e) emotional instabile Persönlichkeitsstörung

4. Welche der folgenden Merkmale lassen am ehesten an eine anankastische (zwanghafte) Persönlichkeitsstörung (nach ICD-10) denken?

1. ständige Beschäftigung mit Details, Regeln, Listen, Ordnung und Plänen
2. ausgeprägter Perfektionismus, der die Fertigstellung von Aufgaben behindert
3. übermäßige Pedanterie und Befolgung sozialer Konventionen
4. eingeschränkter Lebensstil wegen Bedürfnisses nach körperlicher Sicherheit
5. eingeschränkte Fähigkeit, Alltagsentscheidungen zu treffen ohne ein gewisses Maß an Ratschlägen und Bestätigung von anderen

a) Nur die Aussagen 1, 2 und 3 sind richtig.
b) Nur die Aussagen 1, 2 und 5 sind richtig.
c) Nur die Aussagen 1, 3 und 4 sind richtig.
d) Nur die Aussagen 2, 3 und 4 sind richtig.
e) Nur die Aussagen 3, 4 und 5 sind richtig.

5. Wodurch sind selbstverletzende Verhaltensweisen in der Adoleszenz gekennzeichnet? (2 Antworten)

a) Selbstverletzendes Verhalten ist untypisch bei Borderline-Störungen.
b) Vor dem 14. Lebensjahr sind keine selbstverletzenden Verhaltensweisen zu beobachten.
c) Jungen sind seltener betroffen als Mädchen.
d) Sie haben oft eine affekt- und spannungsregulierende Funktion.
e) Selbstverletzendes Verhalten in der Adoleszenz weist grundsätzlich auf eine schwere psychische Störung im Erwachsenenalter hin.

6. Welche der folgenden Aussagen zur histrio-nischen Persönlichkeitsstörung treffen zu?

1. fühlt sich unwohl, wenn er/sie im Mittel-punkt der Aufmerksamkeit steht
2. Die Interaktion mit anderen ist oft durch ein unangemessen verführerisches oder pro-vokantes Verhalten charakterisiert.
3. zeigt einen rasch wechselnden und ober-flächlichen Gefühlsausdruck
4. versucht, die eigene körperliche Erscheinung aus dem Blickpunkt zu nehmen
5. Dramatisierung bezüglich der eigenen Per-son, theatralisches Auftreten
a) Nur die Aussagen 1, 2 und 3 sind richtig.
b) Nur die Aussagen 1, 2 und 5 sind richtig.
c) Nur die Aussagen 1, 4 und 5 sind richtig.
d) Nur die Aussagen 2, 3 und 4 sind richtig.
e) Nur die Aussagen 2, 3 und 5 sind richtig.

7. Eine paranoide Persönlichkeitsstörung (nach ICD-10) äußert sich ...

1. in geringer Empfindlichkeit gegenüber Ab-lehnung.
2. in Selbstbezogenheit.
3. in ausgeprägtem Misstrauen.
4. in streitsüchtigem Verhalten.
5. in stetigem Drang zum Perfektionismus.
a) Nur die Aussage 3 ist richtig.
b) Nur die Aussagen 1, 2 und 4 sind richtig.
c) Nur die Aussagen 1, 4 und 5 sind richtig.
d) Nur die Aussagen 2, 3 und 4 sind richtig.
e) Alle Aussagen sind richtig.

8. Welche Merkmale sind charakteristisch für das Vorliegen einer emotional instabilen Per-sönlichkeitsstörung vom Borderline-Typ?

1. intensive, aber instabile Beziehungen
2. selbstverletzendes Verhalten
3. Suiziddrohungen
4. Unklarheit über die eigenen Ziele (beruflich, privat)
5. chronisches Gefühl von innerer Leere
a) Nur die Aussagen 1 und 3 sind richtig.
b) Nur die Aussagen 1 und 5 sind richtig.
c) Nur die Aussagen 2, 3 und 4 sind richtig.
d) Nur die Aussagen 1, 2, 3 und 5 sind richtig.
e) Alle Aussagen sind richtig.

9. Welche Aussage zur schizoiden Persönlich-keitsstörung trifft zu?

a) übertriebene Empfindlichkeit bei Rückschlä-gen und Zurücksetzung
b) übermäßige Vorliebe für einzelgängerische Beschäftigungen
c) sehr geringe Frustrationstoleranz und nied-rige Schwelle für aggressives, auch gewalt-tätiges Verhalten
d) streitsüchtiges und beharrliches, situations-unangemessenes Bestehen auf eigenen Rech-ten
e) übermäßige Pedanterie und Befolgung von Konventionen

10. Welche der folgenden Symptome sind ty-pisch für die schizoide Persönlichkeitsstörung? (2 Antworten)

a) Gedankenausbreitung
b) emotionale Kühle
c) paranoide Vorstellungen
d) andauernde Besorgtheit
e) mangelndes Gespür für gesellschaftliche Re-geln

11 Intelligenzstörung (F70–F79)

Früher wurden Intelligenzminderungen als geistige Behinderung bezeichnet. Sie sind selbst keine psychische Störung, begünstigen allerdings das Auftreten einiger psychischer Störungen.

11.1 Definition

Intelligenz ist die Fähigkeit, durch logisches und abstraktes Denken Aufgaben zu lösen und zweckbezogen zu handeln. Eine Minderung besteht folglich in einer unterdurchschnittlichen Entwicklung der geistigen Möglichkeiten (alte Bezeichnung: Oligophrenie; **Abb. 11.1**).

> ❇ **Merke**
>
> Eine Intelligenzminderung ist nicht mit einer psychischen Erkrankung zu verwechseln! Es besteht jedoch ein 3- bis 4-mal höheres Risiko, eine psychische Störung zu entwickeln.

11.2 Häufigkeit/Epidemiologie

Etwa 5 % der Gesamtbevölkerung weisen eine Minderbegabung auf.

Abb. 11.1 Die Trisomie 21 ist eine der häufigsten Ursachen für eine Intelligenzminderung. Die blau-gelbe Schleife der Down-Syndrom-Awareness-Bewegung steht unter anderem für das Ringen der Betroffenen um gesellschaftliche Akzeptanz ihrer speziellen Schwächen und Fähigkeiten. (© Chinnapong - stock.adobe.com)

11.3 Ätiologie/Pathogenese

In den meisten Fällen besteht eine unklare Genese. Eine der häufigsten Ursachen ist die Trisomie 21 (Down-Syndrom), ein dreifaches Vorkommen des Chromosoms 21. Weitere Ursachen sind:
- Infektionen des ZNS vor und nach der Geburt:
  - HAI (engl. Healthcare Associated Infection = therapieassoziierte Infektionen)
  - Zytomegalie, Röteln (Virusinfektionen)
  - Syphilis (Bakterium)
  - Toxoplasmose (Parasit; Katzen stellen den Hauptwirt dar)
  - weitere virale und bakterielle Infektionen

- toxische Schädigung während der Schwangerschaft (Alkohol-, Drogen- und/oder Medikamentenmissbrauch der Mutter)
- traumatische Geburtsschädigung (z. B. durch Zangengeburt oder andere Quetschungen, die zu Hirnblutungen führen können), hypoxischer Geburtsschaden
- Frühgeburten mit sehr niedrigem Geburtsgewicht
- stark ausgeprägte Neugeborenengelbsucht (Icterus neonatorum) durch Bilirubinerhöhung mit Gefahr der Bilirubinenzephalopathie (Kernikterus: schwere Schädigung des ZNS)
- Schädel-Hirn-Trauma (SHT)
- Epilepsie
- Hirntumor
- psychische Erkrankungen
- kindliche Demenz (z. B. Heller-Demenz: tief greifende Entwicklungsstörung, bei der das Kind nach einer zunächst normalen Entwicklung von mindestens 2 Jahren seine bislang erworbenen Fähigkeiten innerhalb weniger Monate wieder verliert)
- Stoffwechselstörungen wie Phenylketonurie, Ahornsirupkrankheit
- Umwelteinflüsse

11.4 Symptome

Die Minderung der Intelligenz kann sich in verschiedenen Lebens- und Leistungsbereichen zeigen. Je nach Schweregrad kann eine Bewältigung des täglichen Lebens mit mehr oder weniger Hilfe stattfinden.

Zu den typischen Symptomen gehören ein geringes Selbstwertgefühl, eingeschränkte Kommunikationsmöglichkeiten, Verminderung von abstraktem Denken, geringe Toleranzgrenze und reduzierte soziale Kompetenzen.

Je nach Ursache bestehen häufig zusätzlich oft neurologische, visuelle, auditive und/oder kardiovaskuläre Probleme.

11.5 Diagnostik

Im F7-Bereich beschreibt die ICD-10 die Intelligenzminderungen, die sich auschließlich in der Entwicklung des Menschen und somit im Kindesalter manifestieren. Daher werden – neben dem klinischen Bild – zur Diagnose spezielle Intelligenztests, z. B. der Hamburger-Wechsler-Intelligenz-Test für Kinder (HAWIK), eingesetzt.

Intelligenzminderungen, die infolge anderer Krankheitsbilder entstehen, werden entsprechend der Grunderkrankung klassifiziert.

11.6 Formen – Grad der Intelligenzminderung

11.6.1 Leichte Intelligenzminderung – IQ 50–69 (F70)

Es zeigt sich eine Reduzierung im Verständnis und Gebrauch der Sprache. Eine Grundversorgung im täglichen Leben ist oft möglich. Fähigkeiten des Lesens oder Rechnens sind nur schwer erlernbar, das Erlernen von praktischen Fähigkeiten ist jedoch mit einem reduzierten Tempo möglich.

> **Diagnostische Leitlinien nach ICD-10 F70**
> 1. Wenn alle ausreichend standardisierten Intelligenztests angewendet werden, ist der IQ-Bereich von 50–69 ein Hinweis auf eine leichte Intelligenzminderung.
> 2. Sprachverständnis und Sprachgebrauch sind oft in unterschiedlichem Ausmaß verzögert. Probleme beim Sprechen, welche die Entwicklung zur Selbstständigkeit behindern, können bis ins Erwachsenenleben andauern.

Eine organische Ursache ist bei einer Minderheit der Betroffenen festzustellen. Begleiterkrankungen wie Autismus, andere Entwicklungsverzögerungen, Epilepsie, Störungen des Sozialverhaltens oder körperliche Behinderungen stellt man in unterschiedlicher Anzahl fest. Wenn solche Störungen vorhanden sind, sind sie gesondert zu kodieren.

11.6.2 Mittelgradige Intelligenzminderung – IQ 35–49 (F71)

Die betroffenen Menschen benötigen oft lebenslange Betreuung. Eine eigene Versorgung ist kaum möglich, jedoch können einfache praktische Tätigkeiten verrichtet werden.

> **Diagnostische Leitlinien nach ICD-10 F71**
> 1. Der IQ liegt gewöhnlich im Bereich zwischen 35 und 49. Unterschiedliche Leistungsprofile sind in dieser Gruppe üblich, wobei einige Individuen größere Fertigkeiten bei visuell-räumlichen als bei sprachabhängigen Aufgaben aufweisen, andere sind auffällig ungeschickt, haben aber Freude an sozialer Interaktion und einfacher Unterhaltung.
> 2. Das Ausmaß der Sprachentwicklung ist unterschiedlich und reicht von der Fähigkeit, an einfachen Unterhaltungen teilzunehmen, bis hin zu einem Sprachgebrauch, der lediglich zur Mitteilung der Basisbedürfnisse ausreicht. Einige lernen niemals das Sprechen, wenn sie auch einfache Anweisungen verstehen; andere lernen Handzeichen und können in einem gewissen Ausmaß das Sprachproblem kompensieren.
> 3. Eine organische Ursache kann bei der Mehrzahl der Personen in dieser Gruppe ausgemacht werden.

Frühkindlicher Autismus oder andere tief greifende Entwicklungsstörungen sind bei einer nicht zu vernachlässigenden Minderheit vorhanden und haben großen Einfluss auf das klinische Bild und die notwendige Behandlung. Epilepsie sowie neurologische und körperliche Behinderungen sind ebenso häufig, die meisten Betroffenen sind aber in der Lage, selbstständig zu gehen. Manchmal ist es möglich, andere psychiatrische Störungen festzustellen. Das niedrige Sprachniveau erschwert allerdings die Diagnosestellung, die daher von den fremdanamnestischen Informationen aus der direkten Umgebung der Betroffenen abhängt. Jede begleitende Krankheit ist getrennt zu kodieren.

11.6.3 Schwere Intelligenzminderung – IQ 20–34 (F72)

Die Sprache ist unterschiedlich stark beeinträchtigt: von der Fähigkeit einer einfachen Unterhaltung bis hin zur ausschließlich nonverbalen Kommunikation durch Gesten. Häufig liegen begleitend tief greifende Entwicklungsstörungen, Epilepsie oder körperliche und neurologische Behinderungen vor.

> **Diagnostische Leitlinien nach ICD-10 F72**
> Der Intelligenzquotient liegt gewöhnlich im Bereich zwischen 20 und 34.

11.6.4 Schwerste Intelligenzminderung – IQ unter 20 (F73)

Die Betroffenen sind nicht dazu in der Lage, Aufforderungen zu verstehen oder sie umzusetzen. Bewegungsmöglichkeiten sind eingeschränkt, meist besteht Inkontinenz. Die Seh- und Hörfunktion kann beeinträchtigt sein.

> **Diagnostische Leitlinien nach ICD-10 F73**
> 1. Der Intelligenzquotient liegt unter 20. Das Sprachverständnis und der Sprachgebrauch bestehen im günstigsten Fall im Verständnis grundlegender Anweisungen und in der Formulierung einfacher Forderungen.
> 2. Die grundlegendsten und einfachsten visuell-räumlichen Fertigkeiten wie Sortieren und Zuordnen können erworben werden, und die Betroffenen können in der Lage sein, sich mit entsprechender Beaufsichtigung und Anleitung zu beteiligen.
> 3. Eine organische Ätiologie kann in den meisten Fällen festgestellt werden. Häufig sind schwere neurologische oder die Bewegungsfähigkeit betreffende körperliche Defizite, z. B. Epilepsie, und Beeinträchtigungen der Seh- und Hörfunktionen.

11.7 Verlauf

Veränderungen der Chromosomen, bestimmte genetische Veränderungen und schwere Organveränderungen sind bereits während der Schwangerschaft erkennbar. Immer wieder finden eingehende Diskussionen darüber statt, zu welchem Zeitpunkt welche Untersuchungen stattfinden sollten sowie über die daraus folgenden Entscheidungen der Eltern, die möglicherweise eine Abtreibung des ungeborenen Kindes (auch in der späten Schwangerschaft) vornehmen lassen.

Förderung. Die therapeutischen Maßnahmen bauen auf den individuellen Möglichkeiten der betroffenen Menschen und deren Entwicklung auf. Ein weiteres Ziel besteht darin, die passenden Lebensbedingungen zu schaffen.

> **⚡ Pause**
>
> So, jetzt gönnen Sie sich erst einmal ein wenig Bewegung. Führen Sie 3-mal je 10 Liegestütze im Stand an einer Wand durch. Atmen nicht vergessen! Jetzt gibt es ein großes Glas Wasser und eine Tasse Tee oder Kaffee.

11.8 Therapieansätze

Bei einigen Formen lassen sich bei frühzeitiger Erkennung in den ersten Lebenstagen durch spezielle Maßnahmen (z.B. Diät) weitreichende Schädigungen verhindern. Eine kausale Behandlung gibt es nicht, entscheidend ist die frühkindliche

11.9 Mindmap – Intelligenzstörung (F70–F79)

Eine Übersicht zur Intelligenzstörung zeigt die Mindmap in **Abb. 11.2**.

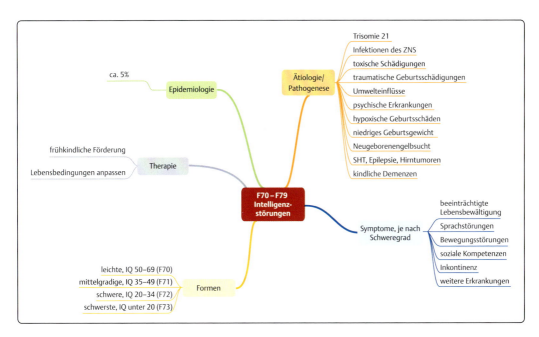

Abb. 11.2 Mindmap – Intelligenzstörung (F70–F79).

Prüfungsfragen

1. Ursache einer Intelligenzminderung in der Kindheit können sein:

1. Stoffwechselkrankheiten
2. Chromosomenanomalien oder Erbkrankheiten
3. Infektionskrankheiten
4. Verletzungen, Unfälle
5. Vergiftungsfolgen
a) Nur die Aussagen 1 und 2 sind richtig.
b) Nur die Ausagen 2 und 4 sind richtig.
c) Nur die Aussagen 1, 3 und 5 sind richtig.
d) Nur die Aussagen 3, 4 und 5 sind richtig.
e) Alle Aussagen sind richtig.

2. Welche der folgenden Befunde ist am ehesten mit einer leichten Intelligenzminderung vereinbar?

a) Der Intelligenzquotient liegt im Bereich um 30.
b) Eine sprachliche Verständigung ist nicht möglich.
c) Einfache praktische Arbeitstätigkeiten können ausgeübt werden.
d) Die erste Manifestation der Symptome liegt im jungen Erwachsenenalter.
e) Durch Einnahme von Ritalin werden normale schulische Leistungen erreicht.

3. Welche Aussage zur leichten Intelligenzminderung nach ICD-10 trifft zu?

a) Intelligenzquotient 80–99
b) Intelligenzquotient 50–69
c) Intelligenzquotient 25–39
d) beim Erwachsenen mentales Alter von etwas 3 Jahren
e) fehlender Spracherwerb

12 Entwicklungsstörungen (F80–F89)

Die Kinder- und Jugendpsychiatrie ist ein sehr spezieller Bereich, und es gibt weit mehr Therapeuten, die im Erwachsenbereich tätig sind. Möchten Sie diesen Weg gehen, ist eine Spezialisierung erforderlich. Dazu gehören präzise Kenntnisse zu den Entwicklungsstufen und Besonderheiten im Kindesalter. Auch muss sich jeder Kinder- und Jugendtherapeut darüber im Klaren sein, dass er immer die Eltern bzw. die direkten Bezugspersonen mit einzubeziehen hat. Allen Entwicklungsstörungen gemeinsam ist, dass ihr Beginn ausnahmslos im Kleinkindalter oder in der Kindheit liegt und ihre Entstehung eng an die biologische Entwicklung des ZNS gekoppelt ist. In den meisten Fällen bestehen sprachliche, visuell-räumliche und motorische Defizite, die mit dem Älterwerden der Kinder zurückgehen. Zu dieser Gruppe gehören u. a. die Lese-Rechtschreib- und Rechenstörung, die als umschriebene Entwicklungsstörungen schulischer Fertigkeiten erfasst sind.

12.1 Definition

Eine Entwicklungsstörung ist eine umschriebene oder tief greifende Beeinträchtigung der Entwicklung von Sprache, Motorik, Sozialkompetenz und/ oder schulischen Fertigkeiten, die nicht durch eine intellektuelle Behinderung, eine Seh- und Hörbehinderung oder mangelnde Förderung erklärt werden kann.

Alle in diesem Kapitel beschriebenen Störungen haben Folgendes gemeinsam:
- Beginn in der frühen Kindheit
- Die Entwicklungsstörung ist nicht Folge einer Intelligenzminderung (Kap. 11).
- Der Verlauf der Störung ist kontinuierlich und nicht durch Phasen einer altersgemäßen Entwicklung gekennzeichnet.
- Für alle Störungen finden sich neurobiologische Korrelate in der Gehirnentwicklung.
- Im längsschnittlichen Verlauf kommt es häufig zu einer Abnahme oder Veränderung der Hauptsymptomatik.
- Häufig treten komorbide psychische Störungen auf, die die gesamte Entwicklung nachhaltig beeinflussen.
- Die Entwicklungsstörungen beeinträchtigen erheblich die psychosoziale und emotionale Entwicklung des Kindes bzw. Jugendlichen.

12.2 Häufigkeit/Epidemiologie

Bis zu 7 % aller Kinder zeigen Entwicklungsstörungen im verbalen, bis zu 5 % im non-verbalen Bereich, Jungen generell häufiger als Mädchen. Die Häufigkeitsangaben in der Literatur sind widersprüchlich.

12.3 Ätiologie/Pathogenese

Genetische Disposition, neurobiologische Korrelate, Umweltfaktoren (Förderung) werden diskutiert.

12.4 Symptome

Es treten verschiedene Beeinträchtigungen in der Entwicklung und im Erwerb von Sprache, Motorik und/oder schulischen Fertigkeiten auf, die bei den einzelnen Formen detailliert ausgeführt sind.

12.5 Diagnostik

Für die Diagnose ist der Abgleich zwischen den zu erwartenden und den gezeigten Leistungen bezogen auf das jeweilige Entwicklungsalter entscheidend.

> ❇ **Merke**
> Wenn Sie in diesem Bereich tätig werden möchten, sollten Sie sich die „normalen" Entwicklungsstufen aneignen.

12.6 Formen

12.6.1 Umschriebene Entwicklungsstörungen des Sprechens und der Sprache (F80)

Die Sprachentwicklung eines Menschen findet vorwiegend in den ersten 4 Lebensjahren statt. Sprache sollte verstehbar sein, grammatikalisch korrekt mit einem zum Alter passenden Wortschatz. Grundsätzlich hängt eine korrekte Sprachentwicklung von einem intakten Hörvermögen sowie der motorischen Fähigkeit des Sprechens ab.

12.6.1.1 Artikulationsstörung (F80.0)
Die Artikulationsstörung ist gekennzeichnet durch die Schwierigkeit der Lautbildung, Auffälligkeiten zeigen sich auch in der Sprechatmung und im Redefluss.

Das bereits erwähnte Detailwissen sollte beinhalten, in welchem Alter welche Fähigkeit vorhanden sein sollte. Im Alter von bis zu 4 Jahren dürfen Fehler in der Lautbildung auftreten, bis zum 7. Lebensjahr sollten die meisten Laute beherrscht werden.

Liegt eine nicht altersgerechte Entwicklung vor, spricht man von einer Artikulationsstörung.

> **Diagnostische Leitlinien nach ICD-10 F80.0**
> 1. Der Lauterwerb ist verzögert oder abweichend, mit Artikulationsfehlern in der Sprache des Kindes, sodass andere Schwierigkeiten haben, das Gesprochene zu verstehen.
> 2. Es kommt zu Auslassungen, Verzerrungen oder dem Ersetzen von Lauten und inkonsistenten Lautfolgen (z. B. kann das Kind Phoneme in bestimmten Wortzusammenhängen korrekt produzieren, in anderen jedoch nicht); es gibt allerdings auch die konsistente Dyslalie für bestimmte Laute.
> 3. Die Diagnose darf nur gestellt werden, wenn das Ausmaß der Artikulationsstörung bezogen auf das Intelligenzalter außerhalb der Grenzen der Normvarianz liegt und die nonverbale Intelligenz sowie die expressiven und rezeptiven Sprachfertigkeiten innerhalb des Normalbereichs liegen; ferner wenn die Artikulationsstörungen nicht direkt einer sensorischen, organischen oder neurologischen Störung zugeordnet werden können und sich die Aussprachestörungen eindeutig vom Sprachgebrauch innerhalb der Subkultur des Kindes unterscheiden.

Die Diagnose wird zwischen dem 3. und 6. Lebensjahr gestellt. 3-Jährige haben oft Probleme mit den Lauten „p", „b" und „t", 6-Jährige mit den Lauten „r", „s", „f", „z", „i".

Sigmatismus (Lispeln) ist die häufigste Form der Dyslalie und stellt Lautbildungsstörungen mit dem S-Laut dar. Bezogen auf den R-Laut spricht man von **Rhotazismus**.

12.6.1.2 Expressive Sprachstörung (F80.1)

Die Sprachstörung zeigt sich als Einschränkung im Ausdruck (expressiv = ausdrucksvoll, aussagekräftig). Das bedeutet, dass der Wortschatz und die Aussprache unter dem altersentsprechenden Niveau und der Intelligenz liegen. Im Alter von 2 Jahren sollte ein Kind z. B. in der Lage sein, einen 2-Wort-Satz zu bilden.

Diagnostische Leitlinien nach ICD-10 F80.1

1. Die Diagnose darf nur gestellt werden, wenn die Schwere der Entwicklungsverzögerung bezüglich der expressiven Sprache außerhalb der Grenzen der Varianz der Norm für das Alter des Kindes, die rezeptiven Sprachfertigkeiten jedoch innerhalb der normalen Grenzen liegen (manchmal liegen sie auch etwas unter dem Durchschnitt).
2. Der Gebrauch nichtsprachlicher Zeichen (wie Lächeln und Gestik) und einer inneren Sprache, wie sie sich in imaginativen oder „So-tun-als-ob"-Spielen niederschlägt, muss relativ ungestört sein.
3. Die Fähigkeit zu sozialer Kommunikation ohne Worte muss relativ unbeeinträchtigt sein.

Das Kind sucht trotz der Sprachbeeinträchtigung die Kommunikation und bemüht sich, den Mangel an Sprache durch den Einsatz von Gestik, Mimik oder nonverbalen Lautäußerungen zu kompensieren. Begleitende Schwierigkeiten in den Beziehungen zu Gleichaltrigen, emotionale Beeinträchtigungen sowie sprunghaftes Verhalten, Überaktivität und Unaufmerksamkeit sind jedoch nicht selten, besonders bei Schulkindern. In der Minderzahl der Fälle kann ein begleitender partieller Hörverlust (oft selektiv) vorliegen. Dieser darf jedoch nicht so schwer sein, dass er die Sprachstörung erklärt. Eine ungenügende Einbeziehung in den sprachlichen Austausch oder mangelnde äußere Anregung können eine wesentliche oder eine zusätzliche Rolle bei der Genese dieser Entwicklungsstörung spielen.

Ist dies der Fall, soll der zugrunde liegende Umgebungsfaktor mit der entsprechenden Z-Kodierung aus dem Kapitel XXI der ICD-10 festgehalten werden. Die Beeinträchtigung im Bereich der gesprochenen Sprache soll vom Kleinkindalter an vorhanden gewesen sein, ohne eine deutliche längere Phase normalen Sprachgebrauchs (eine Vorgeschichte mit einem scheinbar normalen Erstgebrauch weniger einzelner Worte, gefolgt von einem Rückschritt oder fehlenden Fortschritt ist nicht selten).

12.6.1.3 Rezeptive Sprachstörung (F80.2)

Hierbei handelt es sich um eine Störung des Sprachverständnisses (rezeptiv = aufnehmend, empfangend), das im Vergleich zur nonverbalen Intelligenz beeinträchtigt ist.

Diagnostische Leitlinien nach ICD-10 F80.2

1. Fehlende Reaktion auf vertraute Namen (bei Abwesenheit nonverbaler Zeichen) zum ersten Geburtstag, eine Unfähigkeit, wenigstens ein paar häufig vorkommende Gegenstände im Alter von 18 Monaten zu bezeichnen, oder Unvermögen, im Alter von 2 Jahren einfachen Routineinstruktionen zu folgen, sind als deutliche Hinweise auf eine Entwicklungsverzögerung zu werten.
2. Spätere Schwierigkeiten sind die Unfähigkeit, grammatikalische Strukturen zu verstehen (Verneinungen, Fragen, Vergleiche etc.) und mangelndes Verständnis von subtilen Aspekten der Sprache (Stimmlage, Gestik etc.).
3. Die Diagnose ist nur zu stellen, wenn der Schweregrad der Entwicklungsverzögerung der rezeptiven Sprache außerhalb der Grenzen der Normvarianz für das Alter des Kindes liegt und wenn die Kriterien für eine tief greifende Entwicklungsstörung nicht erfüllt sind.
4. Ein geringgradiger Hörverlust im Hochfrequenzbereich ist nicht selten, doch reicht der Grad der Hörschwäche nicht aus, um die Sprachbeeinträchtigung zu erklären.

Kinder mit den schwersten Formen rezeptiver Sprachbeeinträchtigung können in ihrer sozialen Entwicklung verzögert sein, und sie können Sprache, die sie nicht verstehen, echoartig wiederholen und ein eingeschränktes Interessenmuster zeigen. Dennoch unterscheiden sie sich von autistischen Kindern durch einen meist normalen sozialen Austausch, normales „So-tun-als-ob"-Spiel, übliche Inanspruchnahme elterlichen Zuspruchs, einen beinahe normalen Gebrauch der Gestik und lediglich leichte Beeinträchtigungen der nichtsprachlichen Kommunikation.

12.6.1.4 Erworbene Aphasie mit Epilepsie (Landau-Kleffner-Syndrom) (F80.3)

Es liegt eine Kombination von Aphasie und temporal betonter hypersynchroner EEG-Aktivität vor. Hierbei handelt es sich um eine seltene Form der Sprachstörung. Vor der Erkrankung ist die Sprachentwicklung in der Regel normal. Im Alter von 4–7 Jahren erfolgt dann ein meist rascher Verlust rezeptiver, manchmal aus expressiver Fertigkeiten der Sprache. Begleitend treten temporal betonte Spike-Wave-Komplexe (Spitze-Wellen-Komplexe) im EEG auf, gelegentlich nur im Schlaf. Bei 70 % der betroffenen Kinder treten epileptische Krampfanfälle auf.

12.6.1.5 Stottern

Bei dieser Sprechstörung ist der Redefluss durch Verspannungen der Sprechmuskulatur und/oder klonische Wiederholungen unterbrochen. Diese treten häufig verbunden mit Koordinationsstörungen wie Mitbewegen des Gesichts und anderer Körperteile, Atemverschiebungen und vegetativen Symptomen auf. Stottern wird in der ICD-10 kodiert unter F98.5 (Kap. 13.6.7).

> **Lerntipp**
>
> Sie werden schon davon gehört haben, dass Menschen, die stottern, flüssig singen können. Beim Singen sind im Gehirn zusätzlich andere Areale aktiv.

12.6.1.6 Poltern

Poltern ist charakterisiert durch eine Störung des Redeflusses aufgrund hoher Sprechgeschwindigkeit, eines gestörten Sprechrhythmus und der Verstümmelung von Lauten. Die Verständlichkeit ist eingeschränkt, häufig fehlt eine richtige Satzgliederung. Poltern wird in der ICD-10 kodiert unter F98.6 (Kap. 13.6.7).

12.6.2 Umschriebene Entwicklungsstörungen schulischer Fertigkeiten (F81)

Das Konzept der umschriebenen Entwicklungsstörungen schulischer Fertigkeiten ist direkt vergleichbar mit dem der umschriebenen Entwicklungsstörungen von Sprechen und Sprache.

> **Diagnostische Leitlinien nach ICD-10 F81**
>
> Es gibt einige Grundbedingungen für die Diagnose einer umschriebenen Entwicklungsstörung schulischer Fertigkeiten:
>
> 1. Es muss eine klinisch eindeutige Beeinträchtigung spezieller schulischer Fähigkeiten vorliegen.
> 2. Die Beeinträchtigung muss in dem Sinne spezifisch sein, dass sie nicht allein durch eine Intelligenzminderung oder geringe Beeinträchtigungen der allgemeinen Intelligenz erklärbar ist.
> 3. Die Beeinträchtigung muss entwicklungsbezogen sein.
> 4. Es dürfen keine äußeren Faktoren vorhanden sein, die einen ausreichenden Grund für die schulischen Schwierigkeiten darstellen.
> 5. Die umschriebene Entwicklungsstörung schulischer Fertigkeiten darf nicht direkt auf unkorrigierbare optische oder akustische Beeinträchtigungen zurückzuführen sein.

12.6.2.1 Lese-Rechtschreib-Störung (LRS/Legasthenie) (F81.0)

In dieser Kategorie wird eine Störung beschrieben, die sich durch schlechte Leseleistungen und viele Rechtschreibfehler zeigt. Die Betroffenen verfügen über normale kognitive Fähigkeiten.

> **Diagnostische Leitlinien nach ICD-10 81.0**
>
> 1. Die Leseleistungen des Kindes müssen unter dem Niveau liegen, das aufgrund des Alters, der allgemeinen Intelligenz und der Beschulung zu erwarten ist.
> 2. In den frühen Stadien des Erlernens einer alphabetischen Schrift kann es Schwierigkeiten geben, das Alphabet aufzusagen, die Buchstaben korrekt zu benennen, einfache Wortreime zu bilden und bei der Analyse oder der Kategorisierung von Lauten (trotz normaler Hörschärfe).
> 3. Später können dann Fehler beim Vorlesen auftreten, die sich zeigen als
>   - Auslassen, Ersetzen, Verdrehungen oder Hinzufügen von Worten oder Wortteilen,
>   - niedrige Lesegeschwindigkeit,
>   - Startschwierigkeiten beim Vorlesen, langes Zögern oder Verlieren der Zeile im Text und ungenaues Phrasieren,
>   - Vertauschung von Wörtern im Satz oder von Buchstaben in den Wörtern.
> 4. Ebenso zeigen sich Defizite im Leseverständnis, z. B.
>   - in einer Unfähigkeit, Gelesenes wiederzugeben,
>   - in einer Unfähigkeit, aus Gelesenem Schlüsse zu ziehen oder Zusammenhänge zu sehen,
>   - im Gebrauch allgemeinen Wissens als Hintergrundinformation anstelle von Informationen aus einer Geschichte beim Beantworten von Fragen über die gelesene Geschichte.

Die betroffenen Kinder zeigen oft körperliche Symptome wie Übelkeit oder Kopfschmerzen. In der Schule erfahren sie von anderen Mitschülern ein Bloßstellen: Sie werden ausgelacht. Kinder können sehr grausam sein. Häufig treten die körperlichen Symptome in den Ferien in den Hintergrund, da die Kinder den „psychischen Terror" der Mitschüler dann nicht erleben.

Es stehen verschiedene Testverfahren zur Verfügung. Die Schulen haben in der Regel entsprechende Grundlagen im Umgang mit einer Lese-Rechtschreib-Schwäche. So werden bestimme Fächer nicht zensiert. Eine Legasthenie bedeutet heute nicht mehr, keine Karriere machen zu können. Es gibt genügend Beispiele von erfolgreichen Menschen mit dieser Störung.

12.6.2.2 Isolierte Rechtschreibstörung (F81.1)

Eine isolierte Rechtschreibstörung liegt vor, wenn die Lesefertigkeiten normal ausgeprägt sind, aber die Rechtschreibleistung deutlich unterhalb des altersentsprechenden Niveaus bleibt.

> **Diagnostische Leitlinien nach ICD-10 F81.1**
>
> 1. Die Rechtschreibleistung des Kindes muss eindeutig unterhalb des Niveaus liegen, welches aufgrund des Alters, der allgemeinen Intelligenz und der Schulklasse zu erwarten ist. Dies wird am besten auf der Grundlage eines individuell angewendeten, standardisierten Rechtschreibtests beurteilt.
> 2. Die Lesefertigkeiten des Kindes (Lesegenauigkeit und -verständnis) müssen im Normalbereich liegen und es darf anamnestisch keine deutliche Lesestörung vorliegen.
> 3. Die Schreibstörung darf nicht hauptsächlich auf einen offenkundig unangemessenen Unterricht oder direkt auf Defizite im Sehen, Hören oder auf neurologische Störungen zurückzuführen sein. Ebenso darf sie nicht Folge einer neurologischen, psychiatrischen oder anderen Krankheit sein.

12.6.2.3 Rechenstörung (Dyskalkulie) (F81.2)

Bei dieser Störung sind ausschließlich die Rechenfertigkeiten beeinträchtigt. Die Ursache liegt weder in fehlender Unterrichtung noch ist eine Intelligenzminderung vorhanden.

Diagnostische Leitlinien nach ICD-10 F81.2

1. Die Rechenleistung des Kindes muss eindeutig unterhalb des Niveaus liegen, welches aufgrund des Alters, der allgemeinen Intelligenz und der Schulklasse zu erwarten ist. Dies wird am besten auf der Grundlage eines standardisierten Einzeltests für Rechenfähigkeit beurteilt.

2. Die Lese- und Rechtschreibfähigkeit des Kindes müssen im Normbereich liegen, nach Möglichkeit beurteilt auf der Grundlage einzeln angewendeter, angemessener und standardisierter Testverfahren.

3. Die Rechenschwierigkeiten dürfen nicht wesentlich auf unangemessenen Unterricht oder direkt auf Defizite im Sehen, Hören oder auf neurologische Störungen zurückzuführen sein. Ebenso dürfen sie nicht als Folge irgendeiner neurologischen, psychiatrischen oder anderen Krankheit erworben sein.

12.6.3 Umschriebene Entwicklungsstörung der motorischen Funktionen (F82)

So wie kognitive Störungen auftreten können, gibt es ebenfalls Störungen auf der motorischen Ebene.

Diagnostische Leitlinien nach ICD-10 F82

1. Die motorische Koordination des Kindes bei fein- oder grobmotorischen Aufgaben muss deutlich unterhalb des Niveaus liegen, welches aufgrund des Alters und der allgemeinen Intelligenz zu erwarten ist. (Diese Standardformulierung können Sie jetzt bestimmt schon auswendig, oder?) Dies wird am besten beurteilt anhand eines individuell durchgeführten, standardisierten Testverfahrens für fein- und grobmotorische Koordination.

2. Die Koordinationsschwierigkeiten sollten frühzeitig in der Entwicklung vorhanden gewesen sein (d. h., sie dürfen kein erworbenes Defizit darstellen) und sie dürfen nicht direkte Auswirkungen von Seh- und Hörfehlern oder von diagnostizierbaren neurologischen Störungen sein.

Das Ausmaß, in dem die Störung hauptsächlich die fein- oder grobmotorische Koordination betrifft, variiert. Das jeweilige Muster der motorischen Entwicklungsschritte kann verzögert sein, und die Störung kann von Sprechschwierigkeiten (besonders Artikulationsstörungen) begleitet sein. Das Kind kann in der allgemeinen Haltung unbeholfen wirken, nur langsam Laufen, Hüpfen und Treppensteigen lernen. Weiterhin können Schwierigkeiten im Erlernen von Schuhebinden, Auf- und Zuknöpfen oder im Werfen und Fangen von Bällen bestehen.

Das Kind kann allgemein ungeschickt bei feinen und groben Bewegungen sein – mit einer Tendenz, Sachen fallen zu lassen, zu stolpern, über Hindernisse zu fallen, eine dürftige Handschrift zu haben oder schlecht zu malen.

Bei einigen Kindern treten gelegentlich schwerwiegende Schulschwierigkeiten auf. Soziale, emotionale und Verhaltensprobleme kommen in einigen Fällen dazu. Es liegt keine diagnostizierbare neurologische Störung (z. B. zerebrale Bewegungsstörung oder Muskeldystrophie) vor, jedoch erfährt man anamnestisch in einigen Fällen über eine Vorgeschichte von Komplikationen in der Schwangerschaft, ein sehr niedriges Geburtsgewicht oder eine deutlich zu frühe Geburt.

12.6.4 Tief greifende Entwicklungsstörungen (F84)

Tief greifende Entwicklungsstörungen bezeichnen schwere und tief greifende Beeinträchtigungen mehrerer Entwicklungsbereiche und können sowohl in qualitativer wie in quantitativer Hinsicht ein erhebliches Ausmaß erreichen. Gemeinsame Charakteristika der Störungen sind starke Beeinträchtigungen der sozialen Interaktion und Kommunikation sowie eine Vorliebe für stereotype Aktivitäten (**Abb. 12.1**).

Lerntipp

Und endlich wieder ein Filmtipp: „Rain Man" (1988) mit Dustin Hoffman und Tom Cruise. In dem Film wird das Leben eines Autisten beeindruckend dargestellt. Es handelt sich dabei um ein sog. Savant-Syndrom (Inselbegabung).

12.6.4.1 Frühkindlicher Autismus (Kanner-Syndrom) (F84.0)

Hierbei liegt eine tief greifende Störung von Sprache, Empathie, Kontakt, Interessen und Entwicklungsfähigkeit vor. Eine normale Entwicklung erfolgt selten, Intelligenzminderung, epileptische Anfälle und andere neurologische Auffälligkeiten sind häufig.

Die betroffenen Kinder können auf Gefühle anderer Menschen nicht angemessen reagieren. Die Empathiefähigkeit ist deutlich eingeschränkt.

Abb. 12.1 Durch ihre Kontaktstörungen wirken autistische Kinder oft abgekapselt von ihrer Umgebung, sie spielen lieber allein als mit anderen Kindern und können auf Bedürfnisse anderer kaum adäquat reagieren (Symbolbild). (© New Africa - stock.adobe.com)

Diagnostische Leitlinien nach ICD-10 F84.0

1. Die spezifische Manifestation der für den Autismus charakteristischen Defizite ändert sich mit zunehmendem Alter, die Defizite im Erwachsenenalter bleiben jedoch mit weitgehend ähnlichen Problemen in der Sozialisation, Kommunikation und der Interessen bestehen.
2. Um die Diagnose stellen zu können, müssen Entwicklungsauffälligkeiten in den ersten 3 Jahren vorhanden gewesen sein, das Syndrom kann aber in allen Altersgruppen diagnostiziert werden.
3. Bei einem Autismus kann jedes Intelligenzniveau vorkommen, jedoch besteht in etwa drei Viertel der Fälle eine deutliche Intelligenzminderung.

12.6.4.2 Rett-Syndrom (F84.2)

Bei dem Rett-Syndrom handelt es sich um eine Enzephalopathie, die aufgrund des X-chromosomal dominanten Erbgangs ausschließlich bei Mädchen auftritt. Bei männlichen Embryonen führt der genetische Defekt praktisch immer zum intrauterinen Fruchttod.

🔖 Lerntipp

Das Wissen, welches Geschlecht betroffen ist, wurde bei den schriftlichen Überprüfungen in der Vergangenheit immer wieder abgefragt. Eselsbrücke: Aus Rett wird Ritt – und Mädchen reiten bekanntlich am liebsten.

Diagnostische Leitlinien nach ICD-10 F84.2

1. In den meisten Fällen liegt der Krankheitsbeginn zwischen dem 7. und 24. Lebensmonat.
2. Das typische Merkmal ist der Verlust zielgerichteter Handbewegungen und erworbener feinmotorischer manueller Fertigkeiten. Dieser ist verbunden mit einem vollständigen oder teilweisen Verlust oder einer mangelhaften Entwicklung der Sprache mit charakteristischen stereotypen, windend wringenden oder „Handwasch"-Bewegungen mit vor der Brust oder dem Kinn gebeugten Armen und mit stereotypem Bespeicheln der Hände.
3. Ferner besteht ein mangelhaftes Kauen der Nahrung, häufige Episoden von Hyperventilation, nahezu immer Ausbleiben des Erwerbs der Blasen- und Darmkontrolle, häufig exzessives Sabbern und Herausstrecken der Zunge und ein Verlust des sozialen Interesses.

Typischerweise behalten die Kinder eine Art „soziales Lächeln" und ein „Leute-Ansehen" oder ein „Durch-Leute-Hindurchsehen" bei, interagieren mit ihnen jedoch im Kleinkindalter nicht (obwohl sich später häufig soziale Interaktionen entwickeln können).

Sie neigen zu breitbeiniger Stellung und Haltung, die Muskulatur ist hypoton. Häufig entwickelt sich eine Skoliose (seitliche Verkrümmung der Wirbelsäule) oder eine Kyphoskoliose.

Das Körperwachstum und die intellektuelle Entwicklung sind deutlich beeinträchtigt. Später kann eine starre Spastik auftreten, die in der Regel mehr an den unteren als an den oberen Extremitäten betont ist.

Epileptische Anfälle treten in der Mehrzahl der Fälle auf. Ein Teil der Patientinnen erlernt das freie Gehen nie. Im Gegensatz zum Autismus sind Selbstbeschädigungen und komplexe stereotype Bewegungen oder Gewohnheiten selten.

12.6.4.3 Asperger-Syndrom (84.5)

> **Lerntipp**
>
> „The Big Bang Theory" – dort fragt Sheldon seinen Freund und Wohnungsgenossen regelmäßig, ob das von ihm Gesagte Sarkasmus sei. Nach einer Bestätigung reagiert er mit einem „Hahahah". Seine Wahrnehmung für Emotionen ist sehr reduziert. Eine weitere sehr schöne Serie, in der dieses Krankheitsbild dargestellt wird, ist „Boston Legal": Dort spielt Christian Clemenson den Anwalt Jerry Espenson, der das Asperger-Syndrom hat.
>
> In Deutschland sehr bekannt ist Nicole Schuster. Sie ist u. a. Autorin des Buches *Ein guter Tag ist ein Tag mit Wirsing* [70]. In dem Buch beschreibt sie den aktuellen Forschungsstand und ihre eigenen Erfahrungen. Dieses Buch verbindet wissenschaftliche Erkenntnisse mit persönlichen Erfahrungen.

Beim Asperger-Syndrom handelt es sich um eine weniger stark ausgeprägte Form des Autismus, bei der die Intelligenz in den meisten Fällen normal ausgeprägt ist. Beeinträchtigt ist vor allem die Wahrnehmung für Emotionen, die durch nonverbale Signale vermittelt werden, aber ebenso der eigene Gefühlsausdruck (Blickkontakt, Gestik, Mimik). Sie können eigenständig am Leben teilnehmen und gelten zuweilen als wunderlich, sofern ihre Störung überhaupt ins Gewicht fällt.

> **Diagnostische Leitlinien nach ICD-10 F84.5**
> 1. Bei der Stellung der Diagnose kombinieren sich die qualitative Beeinträchtigung in den sozialen Interaktionen sowie die eingeschränkten, sich wiederholenden, stereotypen Verhaltensmuster, Interessen und Aktivitäten (wie beim Kanner-Syndrom), jedoch ohne eine eindeutige sprachliche oder kognitive Entwicklungsverzögerung.
> 2. Kommunikationsprobleme ähneln denen bei Kanner-Syndrom, eine eindeutige Sprachentwicklungsverzögerung schließt die Diagnose jedoch aus.

12.7 Verlauf

Der Verlauf ist abhängig von der entsprechenden Entwicklungsstörung und davon, ob weitere Erkrankungen vorhanden sind. Einen entscheidenden Einfluss hat die Förderung des Kindes.

12.8 Therapieansätze

Wichtige Therapieansätze finden sich in der entsprechenden Förderung des betroffenen Kindes und sollten individuell auf dieses abgestimmt werden. Eine stützende Begleitung der Eltern bzw. der jeweiligen Bezugspersonen ist ebenfalls erforderlich.

Beim Asperger-Syndrom gibt es bereits Forschungsansätze, wie die emotionale Intelligenz gefördert werden kann. In einem Quarks und Co.-Beitrag über bereits erwähnte Nicole Schuster wird gezeigt, wie Asperger-Autisten lernen, ihre Welt zu verlassen und die Welt der anderen Menschen zu erkennen. Das Erkennen der Mimik mit den dazugehörigen Emotionen spielt eine entscheidende Rolle.

⏸ Pause

Wie wäre es mit einer Übung zur progressiven Muskelentspannung? Setzen Sie sich bequem hin, richten Sie den Fokus auf Ihren Körper und folgen Sie dieser Anleitung:

„Ich schließe meine Augen und stelle mir vor, wie ich die Ruhe und Entspannung durch meinen ganzen Körper sende. Die Ruhe erreicht meinen ganzen Körper und breitet sich weiter aus.

Ich spanne meine Hände zu Fäusten und spüre die Spannung ganz bewusst, während mein restlicher Körper sich weiter entspannt. Ich löse die Spannung in den Händen und spüre jetzt meine entspannten Hände.

Jetzt konzentriere ich mich auf mein Gesicht und mache es ganz kraus – die Nase – die Stirn – den Mund – ich spüre die Spannung im Gesicht. Ich löse die Spannung und stelle mir vor, wie mein ganzer Körper sich mehr und mehr entspannt.

Nun ziehe ich meine Schultern nach oben zu den Ohren, ich spüre die Spannung in den Schultern und im Nackenbereich. Ich löse die Spannung wieder und verdopple meine Entspannung.

So gehe ich jetzt gedanklich zu meinem Bauch und spanne dort alle Muskeln an, der Bauch ist flach und angespannt. Auch hier löse ich die Spannung wieder und spüre der Entspannung nach. Dabei fließt mein Atem weiter, ganz ruhig und gleichmäßig.

Jetzt spanne ich mein Gesäß an, ganz stramm und spüre hinein und löse die Spannung wieder. Zum Schluss ziehe ich beide Füße nach oben zum Gesicht und spanne dabei beide Beine an. Ich löse die Spannung wieder und spüre die Entspannung.

Mein ganzer Körper ist jetzt entspannt. Ich atme tief durch und stelle mir vor, wie ich beim Einatmen neue Kraft und Energie aufnehme und beim Ausatmen alles loslasse, was ich jetzt noch loslassen möchte.

Ich spüre noch einmal intensiv in die Entspannung hinein und wandle diese angenehme Entspannung um in Wohlbefinden und einen klaren frischen Kopf. Ich bin wach und kann mich gut konzentrieren."

12.9 Mindmap – Entwicklungsstörungen (F80–F89)

Eine Übersicht zu Entwicklungsstörungen zeigt die Mindmap in **Abb. 12.2**.

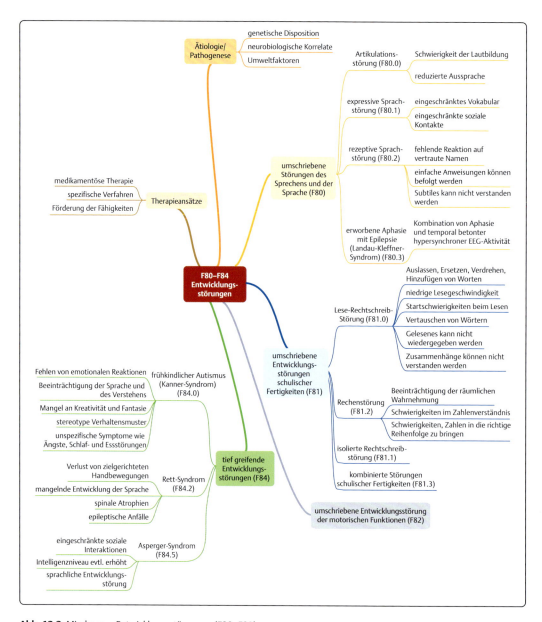

Abb. 12.2 Mindmap – Entwicklungsstörungen (F80–F89).

Prüfungsfragen

1. Welche Aussage zur Dyskalkulie (nach ICD-10) ist richtig?

a) Die Dyskalkulie ist ein einheitliches Störungsbild.
b) Dyskalkulie tritt bei jedem 4. Kind auf.
c) Bei der Dyskalkulie handelt es sich um eine Störung beim Umgang mit Zahlen bei reduzierter Gesamtintelligenz.
d) Die Problematik der Dyskalkulie macht sich erst in den höheren Schulklassen bemerkbar.
e) Die Dyskalkulie sagt nichts über die Intelligenz der Betroffenen aus.

2. Welche der folgenden Aussagen sind mit der Diagnose des elektiven Mutismus typischerweise vereinbar?

1. Das betroffene Kind spricht nicht mit den Lehrern.
2. Bei dem Kind besteht eine erhebliche Sprachentwicklungsstörung.
3. Das Sprachverständnis ist nicht beeinträchtigt.
4. Das Kind spricht mit der Mutter.
5. Es gibt keinen Beleg dafür, dass das betroffene Kind in einigen Situationen normal oder fast normal sprechen kann.
a) Nur die Aussagen 1, 2 und 3 sind richtig.
b) Nur die Aussagen 1, 2 und 5 sind richtig.
c) Nur die Aussagen 1, 3 und 4 sind richtig.
d) Nur die Aussagen 1, 3 und 5 sind richtig.
e) Nur die Aussagen 2, 3 und 5 sind richtig.

3. Welche der folgenden Aussagen zum Asperger-Syndrom treffen zu?

1. Es erkranken deutlich mehr Mädchen als Jungen.
2. Bei den Betroffenen besteht meist eine Intelligenzminderung.
3. Die Sprache ist gut entwickelt, aber in kommunikativer Form gestört.
4. Vorliegen von Spezialinteressen bei gestörter Beziehungsfähigkeit
5. Die Kinder zeichnen sich durch eine geschickte Motorik aus.
a) Nur die Aussage 1 und 3 sind richtig.
b) Nur die Aussage 2 und 3 sind richtig.
c) Nur die Aussage 3 und 4 sind richtig.
d) Nur die Aussage 3, 4 und 5 sind richtig.
e) Nur die Aussage 2, 3, 4 und 5 sind richtig.

4. Wodurch zeichnet sich eine Lese-Rechtschreib-Störung (nach ICD-10) aus? (2 Antworten)

a) Soziale und emotionale Anpassungsprobleme stehen mit einer Lese-Rechtschreib-Störung in keinem Zusammenhang.
b) Die Leseleistung muss unter dem Niveau liegen, das aufgrund des Alters, der allgemeinen Intelligenz und Beschulung zu erwarten wäre.
c) Eine umschriebene Entwicklungsstörung des Sprechens und der Sprache geht der Lese-Rechtschreib-Störung häufig voraus.
d) Ein Defizit des Leseverständnisses ist typischerweise nicht vorhanden.
e) Die Störung tritt im Rahmen einer allgemeinen Intelligenzminderung auf.

13 Verhaltens- und emotionale Störungen mit Beginn in der Kindheit und Jugend (F90–F99)

Die Verhaltens- und emotionalen Störungen, die diesem Bereich zugeordnet sind, haben ihren Beginn in der Kindheit und Jugend. Es handelt sich dabei um verschiedene Verhaltensauffälligkeiten, unter denen z. B. die hyperkinetische Störung (Aufmerksamkeitsstörung) immer wieder intensiv diskutiert wird.

13.1 Definition

> ### ❰❱ Lerntipp
> Die Super-Nanni! Kennen Sie die Coach-Serie für Eltern, die bei der Erziehung ihrer Kinder Probleme haben? Katharina Saalfrank unterstütze jahrelang Familien in ihrem gewohnten Umfeld. Dem nicht genug, Jugendliche werden in Camps verschickt, und zwar zu „gnadenlosen" Eltern. Handelt es sich dabei um eine Herausforderung unserer Zeit?

Die Verhaltens- und emotionale Störungen beginnen zumeist in der Kindheit und gehen einher mit Aufmerksamkeitsstörungen, sodass die Kinder und Jugendlichen an kognitive Aufgaben mit wenig Ausdauer herangehen oder/und Tätigkeiten beginnen, ohne sie zu Ende zu führen. Daneben sind diese Störungen charakterisiert durch eine mangelhafte Kontrolle des Verhaltens, die bis zu aggressiven Handlungen führen kann. Dies ist bei Störungen des Sozialverhaltens besonders ausgeprägt (Kap. 13.6.2).

13.2 Häufigkeit/Epidemiologie

In der Literatur finden Sie Angaben, die oft zwischen 10 und 20 % liegen. Betroffene Kinder und Jugendliche bzw. deren Eltern nehmen nur selten professionelle Hilfe in Anspruch. Hinzu kommt die Schwierigkeit, rechtzeitig professionelle Hilfe zu erhalten. Eine Wandel zeigt sich jedoch deutlich bei den hyperkinetischen Störungen: Zu beobachten ist hier der Trend, dass es sehr schnell zu einer Diagnose und „Behandlung" kommt.

13.3 Ätiologie/Pathogenese

Wie bei allen Störungen handelt es sich auch hier um ein multifaktorielles Geschehen. Allerdings ist es eine Überlegung wert, welche Faktoren einen Einfluss haben: Diskutiert werden besonders das soziale Umfeld und der soziokulturelle Einfluss. Wer bestimmt die Norm und prägt die Rahmenbedingungen? Es ist die Gesellschaft! Diese nimmt auf der einen Seite entscheidenden Einfluss, auf der anderen Seite prangert sie dessen „Ergebnisse" an.

13.4 Symptome

Die sich zeigenden Symptome sind als diagnostische Leitlinien bei den einzelnen Störungen aufgeführt (Kap. 13.6).

13.5 Diagnostik

Zur Diagnostik gehört über das Erfassen des psychopathologischen Befundes hinaus eine ausführliche Anamnese des Umfelds. Sie behandeln nie die Kinder und Jundendlichen allein, es besteht immer ein Wechselspiel mit den Bezugspersonen.

Gefordert ist ein fachlicher Hintergrund zu den spezifischen Bereichen der Entwicklung.

13.6 Formen

13.6.1 Hyperkinetische Störungen (F90)

Es folgt *Die Geschichte vom Zappel-Philipp* von Heinrich Hoffmann, die er bereits 1845 verfasst hat:

„Ob der P h i l i p p heute still, wohl bei Tische sitzen will?" Also sprach in ernstem Ton, der Papa zu seinem Sohn. Und die Mutter blickte stumm, auf dem ganzen Tisch herum. Doch der Philipp hörte nicht, was zu ihm der Vater spricht. Er gaukelt, und schaukelt, er trappelt und zappelt. Auf dem Stuhle hin und her. „Philipp, das missfällt mir sehr!"

Heinrich Hoffmann

Im Zusammenhang mit dieser Störung werden immer wieder Stimmen laut, die dieses Krankheitsbild als „Modekrankheit" bezeichnen. Aussagen, dass Kinder nur ruhig sein müssten und sich übermäßig bewegen bzw. toben würden, führen sehr schnell zu dieser Diagnose. Ähnlich kritisch wird die Medikamentengabe von Methylphenidat (z. B. Ritalin) diskutiert.

Diagnostische Leitlinien nach ICD-10 F90

1. Die Kardinalsymptome sind beeinträchtigte Aufmerksamkeit und Überaktivität. Für die Diagnose sind beide Symptome notwendig, die in mehr als einer Situation (z. B. zu Hause, im Klassenraum, in der Klinik) vorliegen müssen.
2. Lernstörungen und motorische Ungeschicklichkeit treten mit großer Häufigkeit auf und sollten, wenn vorhanden, getrennt verschlüsselt werden (F80–F89). Bestandteil der eigentlichen Diagnose der hyperkinetischen Störung sollten sie jedoch nicht sein.
3. Symptome einer Störung des Sozialverhaltens sind weder Ein- noch Ausschlusskriterien für die Hauptdiagnose. Diese Störung bildet jedoch die Basis für die Hauptunterteilung der hyperkinetischen Störungen.
4. Die charakteristischen Verhaltensprobleme sollten früh (vor dem 6. Lebensjahr) begonnen haben und von längerer Dauer sein. Aufgrund der breiten Variation der Norm ist Hyperaktivität vor dem Schulalter schwierig zu erkennen. Bei Vorschulkindern soll nur ein extremes Ausmaß zu dieser Diagnose führen.

Mit **Überaktivität** ist Ruhelosigkeit gemeint, die sich besonders in Bereichen zeigt, die Ruhe und Konzentration erfordern. Die Kinder laufen herum, sind rastlos und redselig. **Aufmerksamkeit** hat etwas mit der Fähigkeit, sich länger auf eine Aufgabe zu konzentrieren, zu tun. Liegt eine Aufmerksamkeitsstörung vor, beginnen Betroffene Aufgaben und brechen sie immer wieder ab. Sie lassen sich sehr schnell ablenken. Der Maßstab wird oft im Vergleich mit anderen Kindern gesetzt.

Weiter zu beobachten ist eine Distanzlosigkeit in sozialen Beziehungen, eine mangelnde Differenzierung zwischen gefährlichen und ungefährlichen Situationen sowie ein Missachten von Regeln.

Eine Mutter berichtet: „Wenn mein Sohn abends zu Bett gehen sollte, hatten wir regelmäßig massive Auseinandersetzungen. Er stand immer wieder auf, schrie, schimpfte. Es spitzte sich so weit zu, dass er anfing, auf mich einzuschlagen."

Auch im **Erwachsenenalter** kann die Diagnose einer hyperkinetischen Störung gestellt werden. Die Kriterien sind dieselben, jedoch müssen Aufmerksamkeit und Aktivität anhand entwicklungsmäßig angemessener Normen beurteilt werden. Wenn eine hyperkinetische Störung in der Kindheit bestand, aber nicht mehr nachweisbar ist, ihr jedoch eine andere Störung wie etwa eine dissoziale Persönlichkeitsstörung oder ein Substanzmissbrauch folgte, dann ist die augenblickliche Störung und nicht die anamnestisch bekannte zu verschlüsseln.

Die verschiedenen Formen sind wie folgt in der ICD-10 kodiert:

- F90.0 Einfache Aktivitäts- und Aufmerksamkeitsstörung
- F90.1 Hyperkinetische Störung des Sozialverhaltens
- F90.8 Sonstige hyperkinetische Störungen
- F90.9 Hyperkinetische Störung, nicht näher bezeichnet

Zur Aufmerksamkeitsdefizit-/Hyperaktivitätsstörung (ADHS) gibt es u. a. folgendes Testverfahren, das zur Diagnose herangezogen wird.

Testverfahren

ADHS-Selbstbeurteilungsskala

Der folgende Textauszug ist dem Arbeitsmaterial der AMDP entnommen (Rösler et al. 2004, aus Schneider [65]). Dieser Test beinhaltet Fragen zum Konzentrationsvermögen, Bewegungsbedürfnis und zur Nervosität.
Es werden Punkte von 0–3 vergeben:

- 0 = trifft zu
- 1 = leicht ausgeprägt (kommt gelegentlich vor)
- 2 = mittel ausgeprägt (kommt oft vor)
- 3 = schwer ausgeprägt (kommt nahezu immer vor)

Fragen

1. Ich bin unaufmerksam gegenüber Details oder mache Sorgfaltsfehler bei der Arbeit.
2. Bei der Arbeit oder sonstigen Aktivitäten (z. B. Lesen, Fernsehen, Spiel) fällt es mir schwer, konzentriert durchzuhalten.
3. Ich höre nicht richtig zu, wenn jemand etwas zu mir sagt.
4. Es fällt mir schwer, Aufgaben am Arbeitsplatz, wie sie mir erklärt wurden, zu erfüllen.
5. Es fällt mir schwer, Projekte, Vorhaben oder Aktivitäten zu organisieren.
6. Ich gehe Aufgaben, die geistige Anstrengung erforderlich machen, am liebsten aus dem Weg. Ich mag solche Arbeiten nicht oder sträube mich innerlich dagegen.
7. Ich verlege wichtige Gegenstände (z. B. Schlüssel, Portemonnaie, Werkzeuge).
8. Ich lasse mich bei Tätigkeiten leicht ablenken.
9. Ich vergesse Verabredungen, Termine oder telefonische Rückrufe.
10. Ich bin zappelig.
11. Es fällt mir schwer, längere Zeit sitzen zu bleiben (z. B. im Kino, Theater).
12. Ich fühle mich unruhig.
13. Ich kann mich schlecht leise beschäftigen. Wenn ich etwas mache, geht es laut zu.
14. Ich bin ständig auf Achse und fühle mich wie von einem Motor angetrieben.
15. Mir fällt es schwer abzuwarten, bis andere ausgesprochen haben. Ich falle anderen ins Wort.
16. Ich bin ungeduldig und kann nicht warten, bis ich an der Reihe bin (z. B. beim Einkaufen).
17. Ich unterbreche und störe andere, wenn sie etwas tun.
18. Ich rede viel, auch wenn mir keiner zuhören will.
19. Diese Schwierigkeiten hatte ich schon im Schulalter.
20. Diese Schwierigkeiten habe ich immer wieder, nicht nur bei der Arbeit, sondern auch in anderen Lebenssituationen, z. B. Familie, Freunde und Freizeit.
21. Ich leide unter diesen Schwierigkeiten.
22. Ich habe wegen dieser Schwierigkeiten schon Probleme im Beruf und auch im Kontakt mit anderen Menschen gehabt.

13.6.2 Störungen des Sozialverhaltens (F91)

Was sind Sozialkompetenzen? Auch dazu gibt es viele Meinungen, die mit dem Erziehungsstil einhergehen. Zum Thema „Sozialkompetenzen können erlernt werden" gibt es Aus- und Weiterbildungen an Akademien und/oder Hochschulen.

Diagnostische Leitlinien nach ICD-10 F91

1. Beurteilungen über das Bestehen einer Störung des Sozialverhaltens müssen das Entwicklungsniveau des Kindes berücksichtigen. Wutausbrüche beispielsweise sind bei einem 3-Jährigen eine normale Erscheinung und ihr alleiniges Vorhandensein begründet die Diagnose nicht. Gleichermaßen liegt das Abschätzen von Verletzungen der persönlichen Rechte anderer Menschen (wie bei Gewaltverbrechen) nicht im Möglichkeitsbereich der meisten 7-Jährigen und ist somit kein notwendiges diagnostisches Kriterium für diese Altersgruppe.
2. Es wird empfohlen, diese Diagnose nur dann zu stellen, wenn die Dauer des unten beschriebenen Verhaltens 6 Monate oder länger beträgt.

Beispiele für Verhaltensweisen, welche die Diagnose begründen, sind folgende:

- ein extremes Maß an Streiten oder Tyrannisieren
- Grausamkeit gegenüber anderen Menschen oder gegenüber Tieren
- erhebliche Destruktivität gegen Eigentum, Feuerlegen, Stehlen
- häufiges Lügen
- Schulschwänzen und Weglaufen von zu Hause
- ungewöhnlich häufige oder schwere Wutausbrüche und Ungehorsam

⚕ Merke

Jedes dieser Beispiele ist bei erheblicher Ausprägung ausreichend für die Diagnose: Isolierte dissoziale Handlungen genügen dagegen nicht!

Je nach Ausprägung der Störung lassen sich laut ICD-10 folgende Formen kodieren:

- F91.0 Auf den familiären Rahmen beschränkte Störung des Sozialverhaltens
- F91.1 Störung des Sozialverhaltens bei fehlenden sozialen Bindungen
- F91.2 Störung des Sozialverhaltens bei vorhandenen sozialen Bindungen
- F91.3 Störung des Sozialverhaltens mit oppositionellem, aufsässigem Verhalten
- F91.8 Sonstige Störungen des Sozialverhaltens
- F91.9 Störung des Sozialverhaltens, nicht näher bezeichnet

13.6.3 Kombinierte Störung des Sozialverhaltens und der Emotionen (F92)

Diagnostische Leitlinien nach ICD-10 F92

Der Schweregrad soll die Kriterien für Störungen des Sozialverhaltens im Kindesalter (F91) und für altersspezifische emotionale Störungen (F93) oder für eine erwachsenentypische neurotische Störung (F40–F49) oder eine affektive Störung (F30–F39) erfüllen.

Folgende weitere Unterteilung laut ICD-10 gibt es:

- F92.0 Störung des Sozialverhaltens mit depressiver Störung
- F92.8 Sonstige kombinierte Störung des Sozialverhaltens und der Emotionen
- F92.9 Kombinierte Störung des Sozialverhaltens und der Emotionen, nicht näher bezeichnet

Es wurden keine ausreichenden Forschungsanstrengungen unternommen, die sicherstellen, dass diese Kategorien tatsächlich von den Störungen des Sozialverhaltens im Kindesalter zu trennen sind.

13.6.4 Emotionale Störungen des Kindesalters (F93)

13.6.4.1 Emotionale Störungen mit Trennungsangst des Kindesalters (F93.0)

Hatten Sie als Kind schon einmal Angst davor, dass Ihre Bezugspersonen Sie verlassen oder Ihnen etwas Schreckliches geschehen könnte oder weitere Fantasien vom Verlust der Eltern? Von diesen Ängsten können sehr viele Menschen berichten.

> **Diagnostische Leitlinien nach ICD-10 F93.0**
> 1. Das diagnostische Hauptmerkmal ist eine fokussierte, übermäßig ausgeprägte Angst vor der Trennung von solchen Personen, an die das Kind gebunden ist (üblicherweise Eltern oder andere Familienmitglieder).
> 2. Diese Angst ist nicht lediglich Teil einer generalisierten Angst in vielen Situationen.

Die Ängste können ein solches Ausmaß erreichen, dass der Kindergarten oder die Schule nicht mehr besucht werden oder die Kinder nicht mehr zu Bett gehen wollen, ohne die Bezugsperson in unmittelbarer Nähe zu wissen. Immer wieder treten Albträume auf, meist verbunden mit der Trennung von den Bezugspersonen.

Verlässt die Bezugsperson das unmittelbare Umfeld, reagiert das Kind mit massiven Ängsten und körperlichen Symptomen, dazu gehören Übelkeit, Magen-Darm-Probleme und/oder Kopfschmerzen.

13.6.4.2 Phobische Störung des Kindesalters (F93.1)

Diese Kategorie sollte nur für entwicklungsphasenspezifische Befürchtungen verwendet werden, die die zusätzlichen Kriterien für alle Störungen im Abschnitt F93 erfüllen.

> **Diagnostische Leitlinien nach ICD-10 F93.1**
> Folgende Kriterien müssen für eine Diagnose erfüllt sein:
> 1. Der Beginn liegt in der entwicklungsangemessenen Altersstufe.
> 2. Das Ausmaß der Angst ist auffällig abnorm.
> 3. Die Angst ist nicht Teil einer generalisierten Störung.

13.6.4.3 Störungen mit sozialer Ängstlichkeit des Kindesalters (F93.2)

Kinder mit dieser Störung zeigen eine durchgängige oder wiederkehrende Furcht vor Fremden oder meiden diese. Diese Furcht kann sich hauptsächlich auf Erwachsene, auf Gleichaltrige oder auf beide beziehen.

> **Diagnostische Leitlinien nach ICD-10 F93.2**
> 1. Es liegt eine durchgängige oder wiederkehrende Furcht vor Fremden vor, die mit einer normalen selektiven Bindung an Eltern oder an andere vertraute Personen verbunden ist.
> 2. Die Vermeidung oder Furcht vor sozialen Begegnungen erreicht ein Ausmaß, das außerhalb der altersspezifischen üblichen Grenzen liegt und von einer bedeutsamen sozialen Beeinträchtigung begleitet ist.

13.6.4.4 Emotionale Störung mit Geschwisterrivalität (F93.3)

Das erste Kind – der kleine Prinz oder die kleine Prinzessin – erhält die komplette Aufmerksamkeit seiner Eltern, und dann folgt ein zweites Kind. Dies kann zur Eifersucht führen, da die elterlichen Ressourcen geteilt werden müssen. Das ist normal. Allerdings kann Geschwisterrivalität zu starken emotionalen Störungen führen, die deutlich über ein normales Maß hinausgehen und das betroffene Kind nachhaltig beeinträchtigen.

Diagnostische Leitlinien nach ICD-10 F93.3

Die Störung ist charakterisiert durch die Kombination folgender Merkmale:

1. Geschwisterrivalität und/oder -eifersucht
2. Beginn während der Monate nach der Geburt eines meist unmittelbar folgenden, jüngeren Geschwisters
3. emotionale Störung, die bezüglich Ausmaß und Dauer abnorm und mit psychosozialer Beeinträchtigung verbunden ist

Weitere, nicht in die aufgeführten Kategorien passende emotionale Störungen des Kindesalters werden mit F94.8 bzw. F94.9 kodiert.

13.6.5 Störungen sozialer Funktionen mit Beginn in der Kindheit und Jugend (F94)

Hierunter sind mehrere heterogene Störungen zusammengefasst.

13.6.5.1 Elektiver Mutismus (F94.0)

> **Lerntipp**
> Wenn ich nach einem Seminartag aus dem Institut zurückkomme, leide ich zeitweise unter Mustismus. Was bedeutet das?
> Ich mag nicht mehr sprechen.

Beim elektiven Mutismus können die betroffenen Kinder zwar sprechen, tun es jedoch nur in einigen Situationen, in anderen nicht.

Diagnostische Leitlinien nach ICD-10 F98.0

Die Diagnose setzt Folgendes voraus:

1. normales oder nahezu normales Niveau des Sprachverständnisses
2. Kompetenz im sprachlichen Ausdruck, die für eine soziale Kommunikation ausreicht
3. Beleg dafür, dass das betroffene Kind in einigen Situationen normal oder fast normal sprechen kann und spricht

13.6.5.2 Reaktive Bindungsstörung des Kindesalters (F94.1)

Jüngere Kinder mit diesem Syndrom zeigen stark widersprüchliche oder ambivalente soziale Reaktionen, die bei Verabschiedungen oder Wiederbegegnungen am besten sichtbar werden. So können sich die Kinder mit abgewandtem Gesicht nähern oder den Blick deutlich in eine andere Richtung wenden, während sie gehalten werden. Sie können mit einer Mischung aus Annäherung, Vermeidung und Widerstand gegen Zuspruch auf Betreuungspersonen reagieren.

Die emotionale Störung kann in Unglücklichsein, einem Mangel an emotionaler Ansprechbarkeit, Rückzugsreaktionen (sich am Boden zusammenkauern) oder aggressiven Reaktionen zum eigenen oder Nachteil anderer sichtbar werden. Furchtsamkeit und Übervorsichtigkeit (manchmal beschrieben als „gefrorene Wachsamkeit"), die nicht auf Zuspruch ansprechen, treten in einigen Fällen auf. Meistens zeigen die Kinder Interesse an Interaktionen mit Gleichaltrigen, aber soziales Spielen ist durch negative emotionale Reaktionen behindert.

Die Bindungsstörung kann auch von einer Gedeihstörung und einer Wachstumsverzögerung begleitet sein (diese sollten dann mit einer geeigneten somatischen Kodierung versehen werden).

Diagnostische Leitlinien nach ICD-10 F94.1

1. Das Hauptmerkmal ist ein abnormes Beziehungsmuster zu Betreuungspersonen, das sich vor dem Alter von 5 Jahren entwickelt, mit mangelnder Anpassung, die bei unauffälligen Kindern meist nicht gesehen wird. Es dauert an, ändert sich jedoch bei ausreichend deutlichem Wechsel im Betreuungsmuster.
2. Die abnormen Reaktionen erstrecken sich auf unterschiedliche soziale Reaktionen und sind nicht auf eine dyadische Beziehung mit einer bestimmten Betreuungsperson beschränkt. Es herrscht ein Mangel an Reagibilität gegenüber Zuspruch; begleitend besteht eine emotionale Störung in Form von Apathie, Unglücklichsein oder Furchtsamkeit.

3. Viele normale Kinder zeigen Unsicherheit in ihrer selektiven Bindung an den einen oder anderen Elternteil. Dies sollte nicht mit der reaktiven Bindungsstörung verwechselt werden, die sich in einigen wesentlichen Gesichtspunkten unterscheidet. Die Störung ist durch eine abnorme Unsicherheit mit eindeutig widersprüchlichen sozialen Reaktionen, die bei normalen Kindern in der Regel nicht angetroffen werden, charakterisiert.

Anhand der folgenden 5 Hauptmerkmale wird die reaktive Bindungsstörung laut ICD-10 von den tief greifenden Entwicklungsstörungen abgegrenzt:

1. Kinder mit einer reaktiven Bindungsstörung besitzen eine normale Fähigkeit zu sozialer Gegenseitigkeit und Reagibilität, die Kindern mit einer tief greifenden Entwicklungsstörung fehlt.
2. Das abnorme soziale Reaktionsmuster, auch wenn es anfänglich durchgängig in einer Vielzahl von Situationen auftrat, bildet sich bei der reaktiven Bindungsstörung zum größten Teil zurück, wenn das Kind in eine normal fördernde Umgebung mit einer kontinuierlichen, einfühlenden Betreuung gebracht wird. Dies geschieht bei tief greifenden Entwicklungsstörungen nicht.
3. Kinder mit einer reaktiven Bindungsstörung zeigen trotz einer beeinträchtigten Sprachentwicklung (F80.1) nicht die für den Autismus charakteristischen Merkmale der Kommunikation (Kap. 12.6.1).
4. Die reaktive Bindungsstörung wird, anders als der Autismus, nicht von anhaltenden und ausgeprägten kognitiven Defiziten, die auf Milieuveränderungen nicht merklich ansprechen, begleitet.
5. Eingeschränkte, repetitive und stereotype Muster von Verhalten, Interessen und Aktivitäten sind kein Merkmal der reaktiven Bindungsstörung.

13.6.5.3 Bindungsstörung des Kindesalters mit Enthemmung (F94.2)

Diagnostische Leitlinien nach ICD-10 F94.0

1. Die Diagnose soll darauf basieren, dass das Kind eine unübliche Diffusität im selektiven Bindungsverhalten während der ersten 5 Lebensjahre gezeigt hat. Dies war verbunden mit einem allgemeinen Anklammerungsverhalten im Kleinkindalter oder wahllos freundlichem, aufmerksamkeitsuchendem Verhalten in der frühen und mittleren Kindheit.
2. Gewöhnlich bestehen Schwierigkeiten beim Aufbau enger, vertrauensvoller Beziehungen zu Gleichaltrigen.
3. Begleitende emotionale oder Verhaltensstörungen (teilweise abhängig von den augenblicklichen Lebensumständen des Kindes) können vorhanden sein.

In den meisten Fällen gibt es in der Vorgeschichte bzw. in den ersten 5 Lebensjahren eine Betreuungsform, die durch deutlich mangelnde Kontinuität der Betreuungspersonen oder mehrfachen Wechsel in der Familienplatzierung (etwa durch mehrfache Unterbringung in Pflegefamilien) gekennzeichnet ist.

Auch hierzu gibt es die ICD-10-Kodierungen F94.8 bzw. F94.9 für sonstige Störungen sozialer Funktionen.

13.6.6 Ticstörungen (F95)

Lerntipp

In dem deutschen Spielfilm „Vincent will Meer" von Ralf Huettner (2010) sagt Vincent zur Erklärung seiner Tics: „Ich habe einen Clown im Kopf, der mir zwischen die Synapsen scheißt. Der mich immer zwingt, genau das zu machen, was ich gerade am wenigsten gebrauchen kann."

Hierbei handelt es sich um unwillkürlich wiederholt ausgeführte Bewegungen meist umschriebener Muskelgruppen wie Schulterzucken, Blinzeln, Grimassieren, Kopfwerfen oder eine Lautproduktion wie Räuspern. Daneben können komplexere und ausgeprägtere Tics (Sich-selbst-schlagen) oder Lautäußerungen (obszöne Worte = Koprolalie; Wort-/Lautwiederholungen = Palilalie) vorkommen.

Diagnostische Leitlinien nach ICD-10 F95

Die Hauptmerkmale, die Tics von anderen motorischen Störungen unterscheiden, sind

1. die plötzliche, rasche, vorübergehende und umschriebene Art der Bewegungen, zusammen mit dem Fehlen von Hinweisen auf eine zugrunde liegende neurologische Störung,
2. ihre Wiederholungstendenz,
3. (üblicherweise) das Nichtauftreten während des Schlafes und
4. die Leichtigkeit, mit der sie willkürlich unterdrückt oder produziert werden können.

Das Fehlen von Rhythmizität unterscheidet Tics von stereotypen repetitiven Bewegungen, wie sie manchmal bei Autismus oder Intelligenzminderung gesehen werden.

Manierierte motorische Aktivitäten, die bei Autismus oder Intelligenzminderung beobachtet werden, zeigen meist komplexere und variablere Bewegungen, als sie üblicherweise bei Tics gesehen werden. Zwangshandlungen gleichen manchmal komplexen Tics, unterscheiden sich jedoch dadurch, dass ihre Ausgestaltung eher durch den Zweck (etwa ein Objekt in einer bestimmten Häufigkeit zu berühren oder umzudrehen) als durch die betroffene Muskelgruppe definiert wird; dennoch ist die Unterscheidung manchmal schwierig.

⚡ Lerntipp

In der Fernsehserie „Monk" spielt Tony Shalhoub einen privaten Ermittler, der an einer Zwangs- und Angststörung leidet. Zudem zeigt er immer wieder Tics. Im Vorspann kann einer der Tics bereits gut beobachtet werden, nämlich das Berühren von Parkuhren beim Vorbeigehen. Weiterhin führt er wiederkehrende Verhaltensweisen aus wie das Sortieren und Ausrichten von Gegenständen, die eher als Zwang angesehen werden können. Wo ist also der Unterschied? Beiden gemeinsam ist das Ausführen der Handlung, beim Zwang kommt das innere Erleben hinzu. Wird der Zwang nicht ausgeführt, entsteht Angst; der Betroffene weiß von der Sinnlosigkeit seiner Handlung, kann ihr jedoch nicht entgegensteuern. Tics finden hingegen unwillkürlich statt.

Laut ICD-10 wird folgende Unterteilung getroffen:

- F95.0 Vorübergehende Ticstörung
- F95.1 Chronische motorische oder vokale Ticstörung
- F95.2 Kombinierte vokale und multiple motorische Tics (Tourette-Syndrom)
- F95.8 Sonstige Ticstörungen
- F95.9 Ticstörung, nicht näher bezeichnet

Tics treten oft als isoliertes Phänomen auf, sind jedoch nicht selten von verschiedensten emotionalen Störungen begleitet, insbesondere von Zwangsphänomenen und hypochondrischen Symptomen. Spezifische Entwicklungsstörungen können ebenfalls mit Tics einhergehen. Es gibt keine klare Trennungslinie zwischen Ticerkrankungen mit emotionalen Störungen und emotionalen Störungen mit Tics. Die Diagnose soll nach dem vorherrschenden Teil der Störung gestellt werden.

13.6.7 Andere Verhaltens- und emotionale Störungen mit Beginn in der Kindheit und Jugend (F98)

Die im Folgenden aufgeführten Störungen werden bei den mündlichen Überprüfungen gerne als kurze Begriffserklärungsfragen benutzt.

13.6.7.1 Nichtorganische Enuresis (F98.0)

Diese Form des unwillkürlichen Urinabgangs ist nicht auf eine körperliche bzw. organische Störung zurückzuführen.

Diagnostische Leitlinien nach ICD-10 F98.0

1. Es gibt keine scharfe Grenzlinie zwischen einer Enuresis und Normvarianten im Alter des Erwerbs der Blasenkontrolle. Eine Enuresis wird in der Regel bei einem Kind von weniger als 5 Jahren oder mit einem geistigen Intelligenzalter von weniger als 4 Jahren nicht diagnostiziert.
2. Ist die Enuresis mit einer (anderen) emotionalen oder Verhaltensstörung verbunden, sollte eine Enuresis nur dann die Hauptdiagnose sein, wenn der unwillkürliche Urinabgang wenigstens mehrmals wöchentlich auftritt und wenn die anderen Symptome eine gewisse zeitliche Kovarianz mit der Enuresis zeigen.
3. Enuresis tritt manchmal in Verbindung mit Enkopresis auf.

Gelegentlich entwickeln Kinder eine vorübergehende Enuresis infolge einer Zystitis oder einer Polyurie (wie beim Diabetes mellitus). Dies ist keine ausreichende Erklärung für eine Enuresis, die nach der Heilung der Infektion oder nach Abklingen der Polyurie durch Behandlung des Diabetes weiterhin besteht. Nicht selten kann die Zystitis auch sekundär durch eine aufsteigende Infektion in den ableitenden Harnwegen (besonders bei Mädchen) als ein Resultat der anhaltenden Nässe entstanden sein.

13.6.7.2 Nichtorganische Enkopresis (F98.1)

Hierunter wird das wiederholte, willkürliche oder unwillkürliche Einkoten verstanden, das untypisch für das Entwicklungsalter ist. Auch dies ist nicht Resultat einer körperlichen Störung.

Diagnostische Leitlinien nach ICD-10 F98.1

1. Das wesentliche diagnostische Merkmal ist die unangemessene Platzierung von Fäzes.
2. Die Enkopresis kann eine abnorme Verlängerung der normalen infantilen Inkontinenz darstellen oder einen Kontinenzverlust nach bereits vorhandener Darmkontrolle, oder es kann sich um ein absichtliches Absetzen von Stuhl an dafür nicht vorgesehenen Stellen trotz normaler physiologischer Darmkontrolle handeln.

Die Störung kann auf verschiedene Weise auftreten:

1. Sie kann infolge eines unzureichenden Toilettentrainings oder unzureichenden Ansprechens auf Toilettentraining mit der Vorgeschichte eines fortgesetzten Versagens beim Erlernen der Darmkontrolle auftreten.
2. Sie kann eine psychologisch begründete Störung widerspiegeln, bei der eine normale physiologische Kontrolle über die Defäkation vorhanden ist, bei der jedoch aus irgendeinem Grund Ablehnung, Widerstand oder Unvermögen besteht, den sozialen Normen bezüglich des Absetzens von Stuhl an annehmbaren Stellen Folge zu leisten.
3. Sie kann von einer physiologischen Retention herrühren, die mit Zurückhalten und sekundärem Überlaufen und Absetzen des Stuhls an unangemessenen Stellen einhergeht. Eine solche Stuhlverhaltung kann das Resultat von Auseinandersetzungen zwischen Eltern und Kind beim Darmtraining sein, durch Zurückhalten von Stuhl wegen schmerzhafter Defäkation (z. B. als Folge einer Analfissur) oder aus anderen Gründen entstehen.

13.6.7.3 Fütterstörung im frühen Kindesalter (F98.2)

Geringe Schwierigkeiten beim Essen sind im früheren Kindesalter sehr verbreitet (in Form von „Mäkeligkeit", vermutetem zu wenig oder zu viel Essen). Für sich allein genommen sollten diese nicht als Indikatoren einer Störung betrachtet werden.

> **Diagnostische Leitlinien nach ICD-10 F98.2**
>
> Eine Störung sollte nur diagnostiziert werden, wenn eines der folgenden Merkmale zutrifft:
> 1. Das Ausmaß liegt deutlich außerhalb des Normbereichs.
> 2. Die Art des Essproblems ist qualitativ abnorm.
> 3. Das Kind nimmt nicht zu bzw. verliert über einen Zeitraum von wenigstens 1 Monat an Gewicht.

13.6.7.4 Pica im Kindesalter (F98.3)

Unter einer Pica-Störung versteht man den Verzehr von nicht essbaren Substanzen, z.B. Gegenständen, Papier. Diese Störung kann als eigenständiges Krankheitsbild diagnostiziert werden, aber auch Symptom einer anderen Störung sein.

13.6.7.5 Stereotype Bewegungsstörungen (F98.4)

Darunter fallen willkürliche, stereotype, nicht funktionale und in der Regel rhythmische Bewegungen. Diese sollten kein Symptom einer anderen Störung sein.

13.6.7.6 Stottern (Stammeln) (F98.5)

Stottern ist ein Sprechen, dass durch häufige Wiederholung oder Dehnung von Lauten, Silben oder Wörtern oder durch häufiges Zögern und Innehalten, das den rhythmischen Sprechfluss unterbricht, gekennzeichnet ist. Menschen, die stottern, können sehr flüssig singen. Dies verdeutlicht nochmals, dass dann andere Hirnareale aktiviert sind.

13.6.7.7 Poltern (F98.6)

Diese Störung beinhaltet eine hohe Sprechgeschwindigkeit mit falscher Sprechflüssigkeit, jedoch ohne Wiederholungen oder Zögern, von einem Schweregrad, der zu einer beeinträchtigten Sprechverständlichkeit führt.

13.6.7.8 Sonstige Verhaltens- und emotionale Störungen mit Beginn in der Kindheit und Jugend

Sonstige näher bezeichnete (F98.8) bzw. nicht näher bezeichnete Verhaltens- und emotionale Störungen (F98.9) sind gesondert in der ICD-10 aufgeführt. Zu den näher bezeichneten Formen gehören z.B. Daumenlutschen, Nägelkauen und Nasebohren. Auch hier geht das Verhalten deutlich über das „normale" Maß hinaus.

13.7 Verlauf

Der Verlauf ist sehr heterogen und richtet sich nach vielen verschiedenen Faktoren. Dazu gehören die Störung selbst, das Alter des Kindes und der Umgang damit. Zum Umgang gehören die Diagnostik, die mögliche Therapieform und vor allem das soziale Umfeld mit seinen Förderungsmöglichkeiten.

13.8 Therapieansätze

Die Therapie richtet sich nach der Intensität des Erscheinungsbildes. Die betroffenen Kinder sollten zu den psychotherapeutischen Angeboten gleichzeitig Logopädie, Ergotherapie und/oder weitere Therapieangebote erhalten.

> **Pause**
>
> So nun haben Sie viel über den Kinder- und Jugendbereich gelernt und sich wieder eine längere Pause verdient. Haben Sie Lust, spazieren zu gehen? Trainieren Sie dabei Ihre Wahrnehmung nach dem VAKOG-Prinzip. Konzentrieren Sie sich jeweils 1 min auf das, was Sie
> * sehen (V),
> * hören (A),
> * fühlen (K),
> * riechen (O),
> * schmecken (G).

13.9 Mindmap – Verhaltens- und emotionale Störungen bei Kindern und Jugendlichen (F90–F99)

Eine Übersicht zu Verhaltens- und emotionalen Störungen bei Kindern und Jugendlichen zeigt die Mindmap in **Abb. 13.1**.

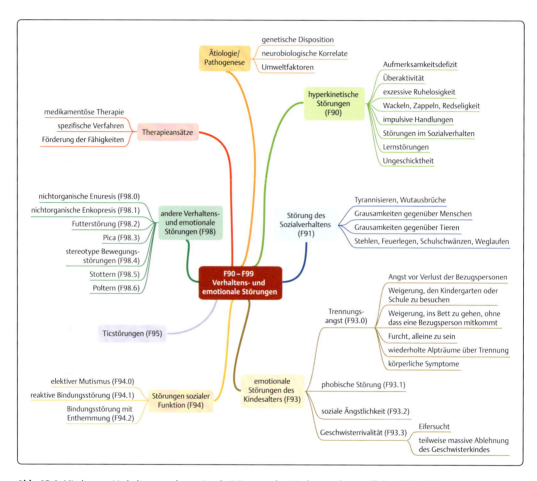

Abb. 13.1 Mindmap – Verhaltens- und emotionale Störungen bei Kindern und Jugendlichen (F90–F99).

Prüfungsfragen

1. Welche Aussage zur Aufmerksamkeitsdefi-zit-/Hyperaktivitätsstörung (ADHS) trifft zu?

a) Bei ADHS-Patienten führt nur eine streng phosphatarme Diät zu einer deutlichen Besserung der Symptome.
b) Therapieverfahren der Wahl ist die Spieltherapie.
c) ADHS endet mit der Pubertät.
d) Mädchen sind häufiger betroffen als Jungen.
e) Durch medikamentöse Stimulanzien lässt sich das Sozialverhalten der Betroffenen in vielen Fällen bessern.

2. Welche der nachfolgenden Beschreibungen charakterisiert am ehesten ein Tourette-Syndrom?

a) partielle oder vollständige Amnesie für kürzlich traumatisierende oder belastende Ereignisse
b) die Unfähigkeit, einem ständigen Impuls zum Haareausreißen zu widerstehen
c) das offensichtliche oder scheinbare Vorhandensein von 2 oder mehreren Persönlichkeiten bei einem Individuum
d) Auftreten von motorischen Tics kombiniert mit vokalen Tics mit explosivem und wiederholtem Räuspern, Grunzen und Gebrauch von obszönen Wörtern
e) qualitative Beeinträchtigung bei der sozialen Interaktion sowie eingeschränkte, sich wiederholende, stereotype Verhaltensmuster, Interessen und Aktivitäten

3. Welche der folgenden Aussagen zur Aufmerksamkeitsdefizit-/Hyperaktivitätsstörung (ADHS) treffen zu? (2 Antworten)

a) Eine Behandlung mit kognitiver Verhaltenstherapie ist eine Therapieoption.
b) Die Krankheit kommt bei Erwachsenen so gut wie nie vor.
c) Bei der medikamentösen Therapie werden Psychostimulanzien eingesetzt.
d) Die Krankheit ist bei Mädchen deutlich häufiger als bei Jungen.
e) In Deutschland sind mehr als 30 % aller Kinder und Jugendlichen davon betroffen.

4. Welche der folgenden Aussagen zur primären Enuresis sind richtig?

a) Nach bereits erworbener Blasenkontrolle über 6 Monate tritt wieder Einnässen auf.
b) Familiäre Häufung wird nur selten beobachtet.
c) Primäre Enuresis ist definiert als unwillkürliches Einnässen ohne somatischen Befund über das 5. Lebensjahr hinaus.
d) Der Verlauf zeigt eine hohe Spontanheilungsrate.
e) Am häufigsten tritt sie tagsüber auf (Enuresis diurna).

5. Welche Merkmale sprechen für das Vorliegen einer Aufmerksamkeitsdefizit-/Hyperaktivitätsstörung (ADHS)? (2 Antworten)

a) Die Störung beginnt vor dem 7. Lebensjahr.
b) Bei nahezu allen Betroffenen heilt die Störung im Kindesalter aus.
c) Die Symptome bestehen meist nur im Schulunterricht.
d) In sozialen Beziehungen zeigen Betroffene oft ein distanzloses Verhalten.
e) Im Erwachsenenalter sind vorwiegend Frauen betroffen.

14 Psychosomatische Krankheitsbilder

Grundsätzlich sind Körper und Psyche untrennbar miteinander verbunden. Extreme, die auschließlich von körperlichen oder psychischen Symptomen/Ursachen ausgehen, sind als Gedankengut nicht mehr haltbar.

14.1 Definition

Der Begriff Psychosomatik bezeichnet die Lehre der Wechselwirkungen zwischen Körper und Psyche, die bei der Entstehung, dem Verlauf und der Behandlung von Krankheiten von Bedeutung sind.

Erinnern Sie sich an die Definition zu dem Begriff „psychogen" (Kap. 3.4)? Er soll zum Ausdruck bringen, dass die Symptome aus der Psyche heraus entstanden sind. Ebenso wie der Begriff „psychosomatisch" soll auch der Begriff „psychogen" nicht mehr verwendet werden, da er in verschiedenen Sprachen und psychiatrischen Schulen eine unterschiedliche Bedeutung hat. Außerdem würde die Verwendung des Begriffs für bestimmte Störungen implizieren, dass bei Störungen, bei denen er nicht verwendet wird, psychologische und Verhaltensfaktoren keine Rolle spielen.

Trotzdem ist es schwierig, den Begriff aus der sprachlichen Landschaft zu eliminieren.

14.2 Häufigkeit/Epidemiologie

Die Häufigkeit richtet sich nach dem Krankheitsbild.

14.3 Ätiologie/Pathogenese

Die diagnostizierbaren Organschäden sind aufgrund psychischer Ursache entstanden. Zur Diskussion steht an erster Stelle Stress. Stress führt zur Aktivierung des Sympathikus.

> **Lerntipp**
> Wann wird der Sympathikus aktiviert, und wie zeigt sich diese Aktivierung? Der Sympathikus jagt das Mammut, der Parasympathikus verdaut das Mammut (Kap. 1.5.1).

Jagen bedeutet Flucht oder Angriff. Bei der Aktivierung des Sympathikus stellen sich folgende Reaktionen ein:
- Weitstellen der Pupillen
- Zunahme der Muskelspannung
- Erweiterung der Bronchien
- Einstellen der Blasenfunktion
- verminderte Peristaltik im Gastrointestinaltrakt
- Beschleunigung des Herzschlags
- und vieles mehr

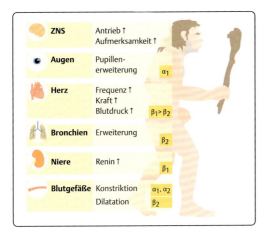

ZNS	Antrieb ↑ Aufmerksamkeit ↑	
Augen	Pupillen- erweiterung	α_1
Herz	Frequenz ↑ Kraft ↑ Blutdruck ↑	$\beta_1 > \beta_2$
Bronchien	Erweiterung	β_2
Niere	Renin ↑	β_1
Blutgefäße	Konstriktion Dilatation	α_1, α_2 β_2

Abb. 14.1 Auswahl wichtiger Organeffekte des Sympathikus (Abb. aus: Rettungssanitäter, Thieme; 2017).

Wird wirklich „gejagt", werden alle ausgeschütteten Katecholamine direkt wieder abgebaut. In der heutigen Zeit ist dies nicht mehr möglich. Die „Stoffe" sammeln sich an und wirken weiter. Die Organe sind belastet. Stress führt also auf Dauer zur Überaktivität des Sympathikus (**Abb. 14.1**).

Folgende Punkte werden nach dem multifaktoriellen Gedanken ebenfalls diskutiert:

- biopsychosoziale Vorgänge
- genetische Disposition
- Nahrungsmittelunverträglichkeiten
- Bakterien/Viren

14.4 Symptome

Nach Franz Alexander gibt es die „Holy Seven" (= heiligen Sieben), die im Folgenden aufgeführt sind. Dies entspricht der klassischen Einteilung psychosomatischer Erkrankungen. Das einzelne Erscheinungsbild bezieht sich jeweils auf ein Organsystem, z. B. die Neurodermitis auf das System Haut. Mit dem heutigen Kenntnisstand lässt sich diese Zuordnung nicht mehr in der reinen Form aufrechterhalten: Beim Magengeschwür ist z. B. bekannt, dass das Bakterium Helicobacter pylori ebenfalls ursächlich für die Erkrankung sein kann.

Jedoch noch einmal zur Erinnerung: Körper und Geist sind untrennbar miteinander verbunden, sodass Störungen im psychischen Bereich Auswirkungen auf körperliche Erkrankungen haben oder umgekehrt. Beide sind entsprechend in die Betrachtung mit einzubeziehen.

Die Symptome sind zu den einzelnen Erkrankungen im Detail beschrieben (Kap. 14.6).

14.5 Diagnostik

Alle folgenden Krankheitsbilder gehören in ärztliche Behandlung. Ein Arzt stellt entsprechend die Diagnose.

Da alle Erkrankungen eine große Beeinflussung durch Stress oder Stresserleben zeigen, sind supportive Therapien wichtige Elemente der Behandlung. Das bedeutet, dass Sie als Heilpraktiker für Psychotherapie Ihre Klienten dabei unterstützen sollten, mit den Belastungen anders umzugehen. Dadurch kann die Wechselwirkung zwischen Symptomen und psychischen Einflussfaktoren positiv beeinflusst und verändert werden.

14.6 Formen

14.6.1 Neurodermitis

Die Neurodermitis ist eine chronische Entzündung der Haut mit Ekzembildung, Juckreiz und Schorfbildung. Die Symptome nehmen bei psychischen Belastungen zu.

Betroffene Menschen haben sichtbare Hautveränderungen (**Abb. 14.2**), was dazu führen kann, dass sie sich schämen, zurückziehen und immer mehr sozial isolieren. Dies kann wiederum Stress bedeuten und die Symptome der Neurodermitis verstärken.

Der therapeutische Ansatz besteht in der Stärkung der betroffenen Person. Sie lernen, mit der Krankheit zu leben, und erarbeiten Strategien zur Stressbewältigung.

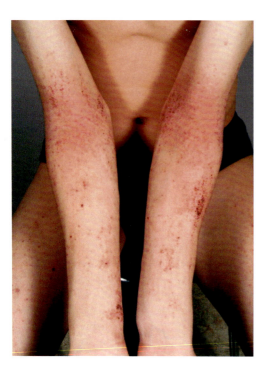

Abb. 14.2 Hautbefund eines Kindes mit atopischer Dermatitis: Vor allem im Bereich der großen Beugen entwickeln sich stark juckende Ekzeme (Abb. aus: Baumann T, Atlas der Entwicklungsdiagnostik. Thieme; 2015).

14.6.2 Ulcus ventriculi und Ulcus duodeni

Ein Magengeschwür (**Ulcus ventriculi**) zeigt sich mit Schmerzen bei der Nahrungsaufnahme, die begleitet sein können von Übelkeit, Erbrechen, Appetitlosigkeit. Es besteht ein Druckschmerz oberhalb und links vom Nabel. Mittlerweile steht ein Befall durch das Bakterium Helicobacter pylori im Mittelpunkt der ursächlichen Erklärung des Magengeschwürs, daneben kann die Einnahme von Medikamenten Ursache für ein Magengeschwür sein, die den Aufbau der schützenden Magenschleimhaut beeinträchtigen, z. B. Analgetika (Schmerzmittel).

Das Zwölffingerdarmgeschwür (**Ulcus duodeni**) verursacht im Gegensatz zum Magengeschwür vor allem nachts und nüchtern krampfartige Schmerzen, da sich dann Nahrungsbrei im Zwölffingerdarm befindet.

14.6.3 Asthma bronchiale

Bronchialasthma (Asthma bronchiale) resultiert aus einer akuten Verengung der Atemwege in der Ausatmungsphase und macht sich durch starke Atemnot bemerkbar, die durch eine gesteigerte und nichtphysiologische Reaktion der tiefen Atemwege auf Reize verursacht wird. Unterschieden werden folgende Formen:
- allergisches Asthma
- berufsbedingtes Asthma
- Infektasthma
- Arzneimittelasthma
- Belastungsasthma

> ✳ **Merke**
> Asthma cardiale wird nicht als eigenständige Erkrankung angesehen, sondern als Symptom bei Linksherzinsuffizienz.

Folgende Beschwerden können auftreten:
- anfallsweise Atemnot und Kurzatmigkeit
- pfeifendes und zischendes Geräusch beim Ausatmen
- Hustenanfälle, besonders während der Nacht mit Auswurf

Im akuten Asthmaanfall zeigen sich folgende Symptome:
- bläulich gefärbte Haut und schnappende Atmung
- aufgeblähter Brustkorb mit hochgezogenen Schultern
- Erschöpfung bis hin zur Unfähigkeit, sprechen zu können
- panische Erstickungsangst, teilweise auch Verwirrtheit

14.6.4 Rheumatoide Arthritis

Die rheumatoide Arthritis (chronische Polyarthritis) wird auch als „primär-chronische Polyarthritis" bezeichnet. Es liegt eine Entzündung des Bindegewebes mit Beteiligung von Sehnen und Gelenken vor, deren Ursache unbekannt ist; vermutet wird eine erbliche Veranlagung und Virusinfektion. Es kommt in der Folge zur zunehmenden Deformierung der Gelenke. Folgende Symptome sind kennzeichnend für einen akuten Schub:

- Entzündungen von Gelenken/Sehnen
- Fieber
- Müdigkeit
- Schwächegefühl

Bislang gibt es keine Heilungsmethoden. Standardtherapie ist eine Linderung durch schmerzstillende und entzündungshemmende Medikamente sowie Gymnastik, Ruhephasen, Wärmebehandlung, Verbesserung der Bewegungsfähigkeit.

14.6.5 Essenzielle Hypertonie

Diese Form des Bluthochdrucks ist nicht auf organische Ursachen zurückzuführen. Essenziell bezeichnet das Vorliegen eines eigenen Krankheitsbildes, dass nicht symptomatisch für eine bestimmte Krankheit ist. Folgende Symptome treten auf:

- Kopfschmerzen
- Leistungsminderung
- Dyspnoe
- ggf. Nasenbluten
- ggf. Angina pectoris

Behandelt wird die essenzielle Hypertonie mit blutdrucksenkenden Medikamenten. Daneben stehen auch hier die Stressreduktion sowie Entspannungsverfahren im Vordergrund. Als Verfahren bieten sich das autogene Training bzw. die progressive Muskelrelaxation an (Kap. 17.5).

 Cave
Die Medikamentendosis muss regelmäßig überprüft werden, wenn ein Entspannungstraining durchgeführt wird.

14.6.6 Hyperthyreose

Unter einer Hyperthyreose (Schilddrüsenüberfunktion) versteht man die Überversorgung des Körpers mit dem Schilddrüsenhormon Thyroxin (Tetrajodthyronin = T 4), dem Prohormon von Trijodthyronin (T 3). Die Schilddrüse produziert somit mehr Hormone, als vom Körper benötigt werden. Die häufigsten Ursachen sind eine Überfunktion der Schilddrüse im Rahmen eines Morbus Basedow sowie eines autonomen Schilddrüsenadenoms. Folgende körperliche Symptome treten auf:

- Exophthalmus (Hervortreten der Augäpfel)
- große, feuchte glänzende Augen („Glanzaugen")
- Struma (Kropf), Haarausfall
- Tachykardie, Herzklopfen, Herzrhythmusstörungen
- Hypertonie, Wärmeempfindlichkeit
- einschlägiger Tremor
- Hyperhidrosis (vermehrtes Schwitzen)
- Gewichtsabnahme mit Heißhunger
- Neigung zu Diarrhö

Psychische Symptome sind:
- Übererregung und Nervosität
- motorische Unruhe
- Schlaflosigkeit
- Affektlabilität
- Konzentrationsschwierigkeiten
- Neigung zu depressiven und ängstlichen Verstimmungen

14.6.7 Colitis ulcerosa, Morbus Crohn

Symptome der **Colitis ulcerosa** sind schleimig-blutiger Stuhl sowie starke, krampfartige Bauchschmerzen im akuten Schub.

Beim **Morbus Crohn** können die Entzündungen das gesamte Magen-Darm-System betreffen, liegen aber zumeist wie bei der Colitis ulcerosa im Darmbereich. Symptome sind chronisch-rezidivierende, krampfartige Schmerzen im Bauchbereich, blutiger Stuhl ist seltener.

14.7 Therapieansätze

Die somatische Therapie erfolgt durch einen Arzt. Daneben ist eine unterstützende Psychotherapie hilfreich, um einen besseren Umgang mit Stress und das Wahrnehmen eigener Bedürfnisse zu erlernen. Entspannungsverfahren (progressive Muskelentspannung oder autogenes Training) dienen zur Reduktion von Anspannung.

🕐 Lerntipp

In den schriftlichen Prüfungen gibt es selten Prüfungsfragen zu den psychosomatischen Krakheitsbildern. Hin und wieder werden in diesem Zusammenhang allerdings Fragen zum Einsatz von Entspannungsverfahren gestellt (Kap. 17.5). Dieses Kapitel ist für Sie als Ergänzung zum Thema Psychosomatik und Stress zu sehen.

🕐 Pause

Und wieder Pause. Können Sie singen? Falls nicht – auch egal. Tun Sie es einfach. Legen Sie Ihre „Gute-Laune-Musik" auf, tanzen Sie dazu und singen Sie so laut wie Sie können mit. Bevor es weitergeht: Atmen Sie tief ein und aus und stellen Sie sich vor, wie Sie Ihre eigene Bibliothek des Wissens wieder öffnen und füllen.

14.8 Mindmap – psychosomatische Krankheitsbilder

Eine Übersicht zu den psychosomatischen Krankheitsbildern zeigt die Mindmap in **Abb. 14.3**.

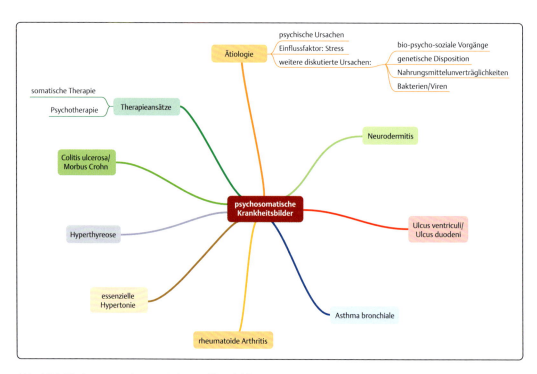

Abb. 14.3 Mindmap – psychosomatische Krankheitsbilder.

15 Neurologische Krankheitsbilder

Die Neurologie ist ein medizinischer Fachbereich, der sich mit der Lehre und Therapie von organischen Störungen des zentralen, peripheren und vegetativen Nervensystems beschäftigt, bei denen die psychische Symptomatik nicht im Vordergrund steht. Sie finden in diesem Kapitel einen kleinen Ausschnitt neurologischer Krankheitsbilder, die immer wieder eine Rolle bei den Überprüfungen spielen. Gleichfalls sind diese differenzialdiagnostisch relevant. Die Kranheitsbilder sind von A–Z aufgeführt.

15.1 Amyotrophe Lateralsklerose

Die amyotrophe Lateralsklerose (ALS) ist eine Erkrankung, die sich ausschließlich auf das motorische Nervensystem beschränkt.

> **⟨⟩ Lerntipp**
> Im Jahr 2014 wurde durch die Eiswasser-Challenge auf diese Erkrankung aufmerksam gemacht und gleichzeitig sehr viel Geld für die Organisation, die sich mit der Erforschung der tödlichen Krankheit beschäftigt, gespendet.

15.1.1 Häufigkeit/Epidemiologie

Es erkranken 5–7 pro 100 000 Menschen, wobei Männer häufiger betroffen sind als Frauen (Verhältnis 3:2).

15.1.2 Ätiologie/Pathogenese

Die Ursache ist bisher unbekannt.

15.1.3 Symptome

Es zeigt sich eine zunehmende Muskelschwäche. Zu Beginn der Erkrankung kommt es häufig zu Schluckstörungen oder verwaschener Sprache. Diese Symptome nehmen im weiteren Verlauf der Erkrankung zu, bis die Bewegungsmöglichkeiten vollständig eingeschränkt sind. Letztlich tritt der Tod durch eine Lähmung der Atemmuskulatur ein, also durch Ersticken.

15.1.4 Therapieansätze

Die Therapie erfolgt symptomatisch und ist ggf. begleitet von einer supportiven Psychotherapie.

Tab. 15.1 Stadien zerebraler Durchblutungsstörungen.

Stadium	Klinik
I. asymptomatische Stenose	ohne Symptome
II. transitorische ischämische Attacke (TIA)	vollständige Rückbildung der neurologischen Symptome innerhalb von 24 h
III. progredienter Infarkt	diskontinuierliche, langsame Zunahme neurologischer Ausfälle über Stunden hinweg; nur teilweise reversibel
IV. vollständiger ischämischer Infarkt	schlagartiges Eintreten der neurologischen Symptome; bildet sich nicht zurück und verläuft nicht progredient

15.2 Apoplex

Der Schlaganfall (engl. stroke; Apoplex, Hirninfarkt, zerebraler Insult) trifft den Menschen oft, im wahrsten Sinne des Wortes, wie ein Schlag. Auch wenn es in vielen Fällen Vorboten gibt, werden diese entweder nicht erkannt oder ignoriert.

Ein Betroffener berichtet: „Ich hatte vor meinem Schlaganfall immer wieder Sehstörungen und dachte, das hätte etwas mit den Kopfschmerzen und dem Schwindel zu tun. Schließlich habe ich seit Jahren einen hohen Blutdruck. Ab und zu verspürte ich weniger Kraft im rechten Arm, aber gut – man wird nicht jünger. Doch dann kam der Schlag!"

Ein Schlaganfall ist eine akute, begrenzte Durchblutungsstörung (= ischämischer Infarkt) aufgrund eines Verschlusses von gehirnversorgenden Gefäßen oder seltener einer Hirnblutung. Durch das Überkreuzen der Nervenfasern in der Pyramidenkreuzung ist bei einem Infarkt der rechten Hirnhälfte die linke Körperseite betroffen und umgekehrt. Treten halbseitige, unterschiedlich stark ausgeprägte Lähmungen auf einer Seite auf, handelt es sich um eine **Hemiparese** (griech. hemi = halb; paresis = Erschlaffung). Eine **Hemiplegie** (griech. plege = Schlag) bezeichnet eine vollständige halbseitige Lähmung. Eine **Fazialparese** ist eine Lähmung der Gesichtsmuskulatur (N. facialis = Gesichtsnerv; Kap. 1.5.1).

Zerebrale Durchblutungsstörungen werden in 4 Stadien eingeteilt (**Tab. 15.1**). Die „transitorische ischämische Attacke" (TIA) bezeichnet ein plötzliches Einsetzen von neurologischen Defiziten auf dem Boden einer passageren Minderdurchblutung, die sich nach einigen Minuten bis maximal 24 h vollständig zurückbildet. Eine TIA ist in vielen Fällen der Vorbote bleibender neurologischer Ausfälle, also eines tatsächlichen Schlag-

Abb. 15.1 Typisches Bild einer einseitigen Fazialisparese nach einem Schlaganfall (Abb. aus: Schewior-Popp S, Sitzmann F, Ullrich L, Thiemes Pflege. Thieme; 2017)

anfalls. Der oben geschilderte Patient durchlebte mehrere solcher Episoden und hätte sich unbedingt in ärztliche Behandlung begeben müssen!

> ✱ **Merke**
> Wichtig ist es, die Betroffenen von der beeinträchtigten Körperseite aus anzusprechen. Da die betroffene Seite nicht wahrgenommen wird, ist der Patienten so gezwungen, die Einschränkung zu bemerken.

15.2.1 Häufigkeit/Epidemiologie

Mehr als 300 000 Menschen sind im Jahr von einem Schlaganfall betroffen (**Abb. 15.1**).

> ⏱ **Lerntipp**
> Eine der Betroffenen ist die Schauspielerin Gaby Köster, die hierzu das Buch *Mein Leben nach dem Schlaganfall* [40] geschrieben hat.

Tab. 15.2 Symptome bei Hirninfarkt und Hirnblutung im Vergleich.

	Hirninfarkt	Hirnblutung
häufig in der Anamnese	Arteriosklerose, Herzinfarkt, transitorische ischämische Attacke (TIA)	Hypertonie, Antikoagulationstherapie, Drogenkonsum, Hirntumor
Beginn	langsam progredient; Unwohlsein	abrupt; Übelkeit
Entwicklung	Stunden, eventuell Tage	akut, innerhalb von Minuten
Bewusstsein	normal bis leicht getrübt	getrübt, rasche Verschlechterung
Kopfschmerzen	selten, eventuell leichter Kopfdruck	eventuell sehr stark
neurologische Ausfälle	nur unvollständige Teillähmungen	hochgradige Paresen, meist Hemiplegie
Hirndruck	selten	rasch einsetzend
Prognose	Erholung möglich	bleibende Lähmungen; Letalität hoch

15.2.2 Ätiologie/Pathogenese

Ursachen für einen **ischämischen Infarkt** (Verschluss) sind folgende:
- arteriosklerotische Gefäßveränderungen (Verengung/Verhärtung der Hirnarterien)
- arterioarterielle Thromboembolien (Blutgerinnsel)
- arterielle Hypertonie (Hauptrisikofaktor, im Vergleich zu Menschen mit normalem Blutdruck 6-faches Risiko!)
- Alter (allerdings sind immer mehr jüngere Menschen betroffen)
- Herzerkrankungen: Herzinfarkt, Herzrhythmusstörungen, Herzklappenerkrankungen, Linksherzinsuffizienz
- Hypercholesterinämie (erhöhte Cholesterinwerte), Hyperlipidämie (erhöhte Blutfettwerte)
- Diabetes mellitus
- Nikotinabusus, Adipositas, Alkohol- und Drogenmissbrauch
- Bewegungsmangel
- Kontrazeptiva, vor allem in Kombination mit Migräne und/oder Nikotin
- genetische Disposition

Beim **hämorrhagischen Infarkt** liegt eine Blutung im Gehirn vor:
- hypertensive Massenblutung (Riss von kleinen Arterien aufgrund einer Wandschwäche)
- Subarachnoidalblutung (meist durch Aneurysmaruptur = „Platzen" einer Aussackung/eines Blutbeutels)

15.2.3 Symptome

Eine Gegenüberstellung der Symptome eines Hirninfarkts und einer Hirnblutung zeigt die **Tab. 15.2**. Symptome im akuten Anfall sind:
- halbseitige Lähmungserscheinung und/oder Taubheitsgefühl auf einer Körperseite
- herabhängender Mundwinkel
- Sprach- und Sprechstörungen:
  - sensorische Aphasie
  - motorische Aphasie
- Sehstörungen:
  - einäugige Blindheit
  - Gesichtsfeldausfälle
  - Doppelbilder

15.2.4 Therapieansätze

Es gibt eine Reihe von Therapieansätzen, entscheidend ist eine konkrete Diagnose und ein sofortiges Einsetzen der Therapie.

Psychotherapeutisch ist nach der akuten Phase eine supportive Therapie angezeigt. Je nach Wunsch der Betroffenen erfolgt diese unter Beteiligung der Angehörigen.

15.3 Chorea Huntington

Chorea Huntington ist eine autosomal-dominant und progressiv verlaufende Bewegungsstörung (Hyperkinesen). Es handelt sich um ein Krankheitsbild mit unwillkürlichen, unregelmäßigen, blitzartig einschießenden Bewegungen (Ataxien).

Ein Vater berichtet: „Mein Sohn ist jetzt 30 Jahre alt, vor ein paar Jahren bekam er die Diagnose ‚Chorea Huntington'. Er baute sehr schnell ab, konnte kaum noch selbstständig gehen oder für sich sorgen. Seine Schluckstörungen nahmen rasant zu, ständig verschluckte er sich massiv. Er verlor immer mehr an Gewicht, an Lebensenergie. Zur Diskussion stand nun die Frage, ob er eine Ernährungssonde (PEG) bekommen sollte. Ich wollte es nicht. Ich wusste, ich werde ihn verlieren, und wollte den Weg nicht unnötig verlängern. Ich bin diesen Weg schon mit meiner Frau/seiner Mutter gegangen."

15.3.1 Häufigkeit/Epidemiologie

Es liegt ein Gendefekt auf dem Chromosom 4 vor. Die Erkrankung manifestiert sich zwischen dem 30. und 40. Lebensjahr.

15.3.2 Ätiologie/Pathogenese

Fast alle Fälle von Chorea Huntington entstehen durch Vererbung: Eltern mit entsprechendem Erbmerkmal geben dieses an ihre Nachkommen weiter. Dabei reicht es aus, dass nur ein Elternteil die Genveränderung in sich trägt. Chorea Huntington wird über einen sog. autosomal-dominanten Erbgang an die Kinder vererbt, d. h., die Kinder erben das veränderte Gen und somit die Erbkrankheit mit einer Wahrscheinlichkeit von 50 %.

15.3.3 Symptome

Besonders imponieren die bereits beschriebenen überschießenden Bewegungen der willkürlichen Muskulatur, die im Schlaf ausbleiben. Es treten Schmatz- und Kaubewegungen auf. Bei einem Großteil der Betroffenen entwickelt sich demen-zielle Symptome, psychotische Elemente sowie ein depressives Erleben.

15.3.4 Therapieansätze

Auch bei diesem Krankheitsbild findet eine symptomatische Therapie und ggf. supportive Psychotherapie statt.

15.4 Epilepsie

Kaum eine Erkrankung hat im Laufe der Geschichte so viele extreme Sichtweisen erfahren: Dazu gehörte z. B. die Ansicht, dass die Betroffenen vom Teufel besessen oder – im Gegenteil – von Gott geführt seien. Ihnen gemein war die Vorstellung, dass der epileptische Anfall von außen eingegeben/gesteuert sei.

Ähnlich wie bei den Angst- oder Zwangsstörungen kann die Epilepsie auch als Symptom bei anderen Krankheitsbildern auftreten. Daneben kann sie als Nebenwirkung einiger Medikamente in Erscheinung treten.

> ✱ **Merke**
> Epilepsie bedeutet Fallsucht.

Es handelt sich um eine Funktionsstörung des Gehirns, bei der elektrische Entladungen zu motorischen, sensiblen, psychischen oder vegetativen Symptomen führen.

15.4.1 Häufigkeit/Epidemiologie

Bei ca. 5 % der Menschen kann ein epileptischer Anfall auftreten, aber nur 1 % entwickeln eine Epilepsie.

15.4.2 Ätiologie/Pathogenese

Zu den Ursachen zählen folgende:
- idiopathisch (unbekannt)
- Sauerstoffmangel unter der Geburt

- Fehlbildung in der Gehirnentwicklung
- Hirnentzündung, Tumor
- Hirnverletzung durch Unfall
- Stoffwechselstörung des Gehirns

15.4.3 Symptome

Beim Grand-Mal-Anfall kommt es zu klonischen Anfällen, d. h. rhythmischen Zuckungen. Myoklonische Anfälle sind unrhythmisch und ruckartig, häufig sind einzelne Muskelgruppen betroffen. Die epileptischen Anfälle werden je nach betroffener Hirnregion unterteilt in:
- fokal: abgegrenzter Bereich des Großhirns
- generalisiert: beide Hemisphären

Beschrieben werden ebenfalls Absencen, d. h. Bewusstseinsstörungen von kurzer Dauer, die meist mit einer Amnesie einhergehen. Diese Absencen sind nicht zu verwechseln mit den Aufmerksamkeitsstörungen beim ADS: Wenn Kinder in der Schule scheinbar verträumt aus dem Fenster schauen, kann dies auch eine Absence sein.

> **! Cave**
> Eine gefürchtete Komplikation ist der Status epilepticus! Dabei finden die Anfälle in dichter Abfolge statt, ohne dass sich der Betroffene zwischen den Anfällen erholen kann.

15.4.4 Therapieansätze

Die medikamentöse Therapie ist eine entscheidende Säule der Behandlung. Zusätzlich werden zunehmend „Epilepsie-Hunde", d. h. medizinische Signalhunde, eingesetzt. Die Hunde lernen das Drücken eines Notfallknopfes, versuchen den Betroffenen aus einem Gefahrenbereich zu entfernen, bringen ein Notfallset und unterstützen durch das Anschmiegen und Ablecken des Gesichts die raschere Orientierung der Betroffenen nach einem Anfall.

> **✱ Merke**
> Was ist bei einem Anfall zu tun? **Nicht** festhalten! Nach Möglichkeit weich lagern, ggf. ein Kissen oder Ähnliches unter den Kopf schieben. Es geht um Schadensbegrenzung, also ein Vermeiden von Verletzungen. Nach dem Anfall wird der Patient in die stabile Seitenlage gebracht (**Abb. 15.3**).

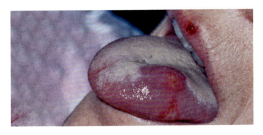

Abb. 15.2 Zungenbiss nach einem Grand-Mal-Anfall (Abb. aus: Mattle H, Mumenthaler M. Kurzlehrbuch Neurologie. Thieme; 2015)

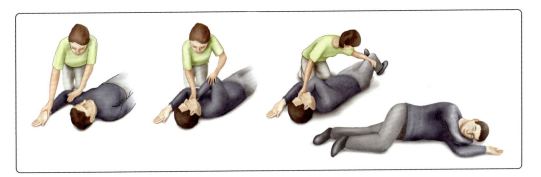

Abb. 15.3 Stabile Seitenlage (Abb. aus: I care Pflege. Thieme; 2020).

Tab. 15.3 Hirntumoren – Stadien nach WHO.

Gradeinteilung nach WHO	Tumoren
I benigne	pilozytisches Astrozytom I, Meningeom, Neurinom, Hypophysenadenom, Kraniopharyngeom, Plexuspapillom, Hämangioblastom, Teratom
II semibenigne	Astrozytom II, Oligodendrogliom, Pineozytom, Ependymom
III semimaligne	anaplastisches Astrozytom III, anaplastisches Oligodendrogliom, anaplastisches Ependymom, anaplastisches Meningeom, Germinom, Fibrosarkom
IV maligne	Glioblastom (Astrozytom IV), Pineoblastom, Medulloblastom, primäres malignes Lymphom

Immer wieder kommt es zu Diskussionen, ob ein Beißkeil in den Mund geführt werden sollte, um den gefürchteten Zungenbiss (**Abb. 15.2**) zu verhindern. Der derzeitige Stand ist, keinen Beißkeil zu benutzen, da durch diesen die Gefahr einer Verletzung erhöht wird.

15.5 Hirntumoren

Hirntumoren sind Neoplasien (Neubildungen von Körpergewebe) der Gehirnzellen selbst oder der stützenden Gliazellen. Entscheidend für die Symptome und den Verlauf sind vor allem der Sitz des Tumors und dessen Wachstumsverhalten. Von diesen primären Tumoren werden Gefäßtumoren und Metastasen unterschieden. In **Tab. 15.3** sind die bekannten Tumorarten aufgelistet.

> ❰ **Lerntipp**
> Bleiben Sie entspannt – bisher hat noch niemand bei den Überprüfungen nach den Namen der einzelnen Tumoren gefragt.

15.5.1 Häufigkeiten/Epidemiologie

Hirntumoren haben einen Anteil von 10 % an allen malignen (bösartigen) Neubildungen. Insgesamt sind 5 von 100 000 Menschen betroffen.

15.5.2 Ätiologie/Pathogenese

Die Ursachen sind weitgehend unbekannt. Genetische Dispositionen, Vorerkrankungen des Gehirns, psychische Faktoren, Ernährung sowie weitere Einflussfaktoren werden immer wieder diskutiert.

15.5.3 Symptome

Die Symptome sind abhängig vom Sitz und der Größe des Tumors und reichen von psychischen Veränderungen, körperlichen Symptomen bis zu Krampfanfällen (**Tab. 15.4**).

> ❰ **Lerntipp**
> Wiederholen Sie in diesem Zusammenhang bitte die Anatomie des Gehirns, besonders die Funktion der verschiedenen Hirnlappen (Kap. 1.5.1).

15.5.4 Therapieansätze

Es findet eine medizinische, operative und/oder Chemo- oder Strahlentherapie statt. Darüber hinaus empfiehlt sich ggf. eine supportive Psychotherapie.

Tab. 15.4 Symptome durch Hirntumoren in Abhängigkeit von ihrer Lokalisation.

Sitz des Tumors	Symptome
Frontallappen	Affektstörungen, Antriebsstörung, Enthemmung, epileptische Anfälle, motorische Aphasie, Riechstörungen
Temporallappen	kognitive Störungen, Aphasie (amnestisch oder Typ Wernicke), generalisierte oder komplexfokale Anfälle, Ängstlichkeit, Depression, psychische Labilität
Parietallappen	sensibles oder motorisches Mono- und Hemisyndrom, neuropsychologische Störungen, untere Quadrantenanopsie (Sehstörung mit Gesichtsfeldausfall im unteren Quadranten); psychische Veränderungen treten nicht auf
Okzipitallappen	homonyme Hemianopsie (Sehstörung mit Gesichtsfeldausfall), zerebrale Anfälle
Stammganglien	extrapyramidal-motorische Störungen, depressive Verstimmung
Hirnstamm	Bewusstseinsstörungen, Verschlusshydrozephalus, Hirnnervenausfälle, Hemi- oder Tetraparese, Ataxie
Kleinhirn	Ataxie, Hirndruckzeichen

15.6 Multiple Sklerose

Die Multiple Sklerose (multipel = vielfältig, vielfach; Sklerose = krankhafte Verhärtung) ist eine entzündliche Erkrankung des ZNS, bei der sich durch die Entzündungsprozesse Narbengewebe bildet. Dieses kann nicht mehr am normalen Geschehen teilnehmen und führt zu entsprechenden neurologischen Ausfällen. Die multiple Sklerose ist ein voranschreitende chronische Erkrankung.

15.6.1 Häufigkeit/Epidemiologie

Das Haupterkrankungsalter liegt zwischen dem 18. und 45. Lebensjahr. Betroffen sind ca. 80 von 100 000 Menschen, davon fast doppelt so viele Frauen wie Männer.

15.6.2 Ätiologie/Pathogenese

Die Ursachen sind nicht geklärt. Zur Diskussion stehen eine genetische Disposition bzw. eine Autoimmunstörung.

15.6.3 Symptome

Mögliche Symptome sind:
- psychische Beeinträchtigungen
- Sehnervenentzündung
- Brechreiz, Schwindel
- Koordinationsstörungen
- Sprachstörungen
- Gesichtslähmung
- Ataxien, Tremor
- Spastiken, Paresen
- Blasen- und Mastdarmstörung
- sexuelle Störung

Hat der Betroffene einen akuten Schub, treten ein oder mehrere Entzündungsherde auf. Ein Schub entwickelt sich innerhalb von Tagen und klingt nach einiger Zeit wieder ab. Die Entzündung geht wieder zurück, die Vernarbung des entzündeten Nervengewebes (Sklerotisierung) schreitet mit jedem Schub allerdings weiter voran und somit die Funktionsstörungen.

15.6.4 Therapieansätze

Erforderlich ist eine medikamentöse Therapie, die von verschiedenen Maßnahmen begleitet werden kann:

- Schubtherapie: Kortikosteroide (Kortison) gegen die Entzündung, ggf. in Kombination mit weiteren Substanzen bzw. Maßnahmen
- Langzeittherapie: Interferon-beta (IFN-β) oder andere Substanzen, um die Häufigkeit der Schübe einzudämmen
- ergänzende somatische Therapie: Krankengymnastik
- psychosoziale Therapie: Selbsthilfegruppen, Familientherapie
- ggf. Therapie gegen Depressionen

15.7 Parkinson-Syndrom (Morbus Parkinson)

Im Jahre 1817 schrieb der Landarzt James Parkinson (1755–1824) sein *Essay on the Shaking Palsy*. Der Begriff Parkinson wurde erstmals von Jean-Martin Charcot (1825–1893) als „Maladie de Parkinson" benutzt.

Beim Parkinson-Syndrom handelt es sich um eine degenerative und funktionelle Störung des dopaminergen Systems im Bereich der Basalganglien und der Substantia nigra. Das heißt, der für viele Funktionen zuständige Botenstoff Dopamin wird nicht mehr ausreichend synthetisiert. Erste Krankheitszeichen entstehen erst, wenn 60 % der dopaminergen Zellen abgestorben sind.

Hintergrundwissen

Dopamin
Die Wirkung des Neurotransmitters Dopamin ist vielseitig: Unter anderem bewirkt Dopamin in Magen, Darm, Leber und Niere eine Erweiterung der Blutgefäße, erhöht den Blutdruck und die Herzfrequenz. Es ist essenziell an der Koordinierung der Körperbewegung beteiligt und regt den Stoffwechsel an. Daneben nimmt es Einfluss auf weitere Stoffwechseltätigkeiten. Dopamin wird auch als „Glückshormon" bezeichnet. Es wird beim Essen, bei sexueller Aktivität oder auch bei Drogenkonsum (Kap. 5.1.3) ausgeschüttet, wodurch sich ein vorübergehendes Glücksgefühl einstellt.

15.7.1 Häufigkeit/Epidemiologie

Bei 75 % der Betroffenen tritt das Parkinson-Syndrom idiopathisch (= von selbst, Ursache unbekannt) auf. Pro 100 000 Einwohnern sind ca. 200 Menschen betroffen, bei den über 60-Jährigen etwa 1 %, bei den über 80-Jährigen etwa 3 %. Das Haupterkrankungsalter liegt zwischen dem 40. und 60. Lebensjahr. Das Verhältnis von Frauen zu Männern liegt bei 1,2:1,0.

15.7.2 Symptome

Morbus Parkinson zeigt sich anhand folgender sog. 4 Kardinalsymptome (**Abb. 15.4**):
1. **Bradykinese/Akinese:** Bei der Bradykinese ist die Bewegung verlangsamt, das Gehen erfolgt kleinschrittig. Sturzgefahr! Bei einer Akinese sind keine Bewegungen mehr möglich.
2. **Rigor:** Dieser wird auch als Zahnradphänomen bezeichnet. Die Arme weisen eine Winkelstellung auf. Bewegen Sie den Arm eines Betroffenen, spüren Sie abgestufte Bewegungen wie bei einem Zahnrad.
3. **Tremor der Hände**
4. **Haltungsinstabilität:** Drehungen und/oder abrupte Bewegungen sind kaum möglich.

Zu den Kardinalsymptomen zeigen sich je nach Stadium folgende Symptome:
- Frühsymptome:
  - **allgemein**: Schwäche, Müdigkeit, Schweißausbrüche, Nervosität, Sprachveränderungen
  - **Schmerzen**: uncharakteristisch oder in den Schultern, im Nacken, im Rücken, in den Knie- oder Hüftgelenken
  - **gestörte Bewegungsmotorik**: verringertes Armmitschwingen beim Gehen (dies wird oft zuerst von Dritten bemerkt), Haltungsveränderung, eventuell Tremor
  - **psychisch**: phasenhaft niedergedrückte Stimmung, Angst und Unlust, Verwirrung, Schlafstörung
- Störungen der vegetativen Funktionen:
  - Kreislaufregulationsstörungen, orthostatische Hypotonie, vermehrtes Schwitzen (Hyperhidrosis), daraus entsteht das sog. „Salbengesicht"

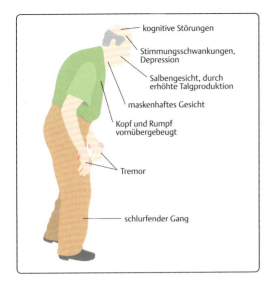

kognitive Störungen

Stimmungsschwankungen, Depression

Salbengesicht, durch erhöhte Talgproduktion

maskenhaftes Gesicht

Kopf und Rumpf vornübergebeugt

Tremor

schlurfender Gang

Abb. 15.4 Typische Symptome des Parkinson-Syndroms. (Abb. aus: I care Pflege. Thieme; 2020)

– Probleme im Verdauungstrakt wie Obstipation, verzögerte Magenentleerung, Blasenfunktionsstörungen (z. B. die Dranginkontinenz), sexuelle Funktionsstörungen
- kognitive und neuropsychiatrische Symptome:
  – Nachlassen vorhandener geistiger Fähigkeiten: Etwa ein Drittel der Betroffenen entwickelt demenzielle Symptome wie Aufmerksamkeitsstörungen, Bradyphrenie (verlangsamter Geist), Albträume und depressive Symptome.
- weitere Symptome:
  – Maskengesicht: Die Mimik ist verarmt.
  – Mikrografie: Die Schrift wird beim Schreiben immer kleiner und kleiner.
  – soziale Ängste
  – Riechstörungen
  – kurz dauernde Blockaden

Diese kurz dauernden Blockaden werden auch als **Freezing-Phänomene** bezeichnet. Der Begriff Freezing bedeutet soviel wie „eingefroren". Das Freezing zeigt sich, indem der betroffene Mensch bewegungslos verharrt. Er steht z. B. an einer Ampel, möchte die Straße überqueren und beim Umschalten auf Grün kann er nicht losgehen – er muss quasi Schwung holen, um zu starten. Unter Druck und Stress nimmt das Freezing zu. Ein Freezing betrifft oft die Tätigkeit der Beine, kann jedoch auch in den Armen oder beim Sprechen

auftreten. Diese Blockade kann durch Überwinden eines Hindernisses gelöst werden.

15.7.3 Formen

Beschrieben werden folgende Formen:
- idiopathisches Parkinson-Syndrom (IPS)
- symptomatisches (sekundäres) Parkinson-Syndrom
- atypisches Parkinson-Syndrom

15.7.3.1 Idiopathisches Parkinson-Syndrom
Idiopathisch bedeutet, dass die Ursache nicht bekannt ist. Diese Form ist am weitaus häufigsten.

15.7.3.2 Symptomatisches (sekundäres) Parkinson-Syndrom
Es tritt im Rahmen anderer Erkrankungen oder Schädigungen des Gehirns auf, dazu gehören:
- Durchblutungsstörungen
- Hirnverletzungen
- Stoffwechselstörungen
- Infektionen des ZNS
- Nebenwirkungen von Medikamenten (Neuroleptika!)
- Umweltgifte

15.7.3.3 Atypisches Parkinson-Syndrom
So bezeichnet man neurodegenerative Erkrankungen, die zusätzlich zu den Kardinalsymptomen noch andere Symptome aufweisen:
- Multisystematrophie mit Störungen des vegetativen Nervensystems und/oder der Kleinhirnfunktionen
- progressive supranukleäre Lähmung mit zunehmenden Störungen der Augenbeweglichkeit
- Lewy-Körperchen-Demenz mit frühzeitiger Entwicklung einer Demenz
- kortikobasale Degeneration mit Apraxie und Fremdempfinden der eigenen Hände

15.7.4 Verlauf

Der Verlauf ist langsam progredient, d. h., der Abbau schreitet langsam voran. Durch Medikamente oder Operation („Hirnschrittmacher") kann die progrediente Entwicklung eines Parkinson-Syndroms verzögert werden.

15.7.5 Therapieansätze

Medikamentöse Therapie Verabreicht werden Anticholinergika gegen den Tremor, L-Dopa (Vorstufe von Dopamin), Dopaminagonisten, welche die Dopaminwirkung unterstützen, sowie MAO-B-Hemmer, die den Dopaminabbau verhindern.

Nebenwirkungen der Medikamente sind Agitiertheit, Verwirrung, Übelkeit, Appetitminderung, Hypotonie und Hyper-/Dyskinesien, Schlafstörungen, depressive Verstimmungen sowie eine Steigerung der Libido, durch die es zu einer sexuellen Enthemmung kommen kann. Bei einer Überdosierung sind Halluzinationen und Delir möglich.

Operative Therapie Operativ wird in manchen Fällen eine Elektrode in den Nucleus subthalamicus eingeführt, um diesen zu stimulieren.

15.8 Schädel-Hirn-Trauma (SHT)

Zu dieser Rubrik gehören Verletzungen des Schädels mit Beteiligung des Gehirns. Ein offenes SHT bedeutet, dass die Dura mater ebenfalls betroffen ist, bei einem geschlossenen SHT ist dies nicht der Fall.

> **Lerntipp**
>
> Zur Einnerung: Was ist die Dura mater? Die Dura mater ist die harte Hirnhaut, die den Subduralraum umhüllt (Kap. 1.5.1).

15.8.1 Häufigkeit/Epidemiologie

In Deutschland gibt es ca. 800 Betroffene pro 100 000 Einwohner.

15.8.2 Ätiologie/Pathogenese

Die häufigsten Ursachen für ein Schädel-Hirn-Trauma sind schwere Verkehrsunfälle (ca. 50 % der Fälle), Stürze und Schlägereien. Nicht selten sind die Stürze die Folge von Grunderkrankungen wie Epilepsie, Herz-Kreislauf-Erkrankungen oder Substanzabhängigkeit.

15.8.3 Symptome

Die Symptome richten sich nach dem Ausmaß der Verletzung. Diese reichen von leichten Kopfschmerzen bis zum kompletten Ausfall der Hirnfunktionen.

15.8.4 Formen

Verletzt sein können der Schädel, die Hirnsubstanz und/oder Gefäße im Bereich des Gehirns.

15.8.4.1 Schädelfrakturen
- Kalottenfraktur:
  - Linearfraktur: Fissur der Kalotte
  - Impressionsfraktur: Verlagerung von Knochenfragmenten ins Schädelinnere
- Schädelbasisfraktur:
  - Einteilung in vordere (frontobasale), mittlere (laterobasale) und hintere Schädelgrube

15.8.4.2 Hirnsubstanzverletzungen
- Commotio cerebri (Gehirnerschütterung) = SHT Grad 1
- Contusio cerebri (Hirnquetschung) = SHT Grad 2 bzw. 3

15.8.4.3 Intrakranielle Hämatome
- epidurales Hämatom (Einblutung direkt unter dem Schädelknochen)
- subdurales Hämatom (Einblutung unter der harten Hirnhaut)
- intrazerebrales Hämatom (Blutung direkt im Gehirn)

15.8.5 Therapieansätze

Wie bei allen neurologischen Erkrankungen findet eine medizinische Therapie statt und ggf. eine supportive Psychotherapie.

Pause

In diesem Kapitel haben Sie eine Reihe von neurologischen Krankheitsbildern kennengelernt, d. h. Störungen, die direkt mit dem neuronalen System gekoppelt sind. Gehen Sie jetzt gedanklich in Ihr eigenes neuronales System.

Schließen Sie wieder die Augen, atmen Sie tief ein und aus. Beim Einatmen zählen Sie bis 5, beim Ausatmen ebenfalls, beim Einatmen bis 6, beim Ausatmen bis 6 ... – so weiter, bis Sie bei 10 angekommen sind.

Jetzt erstellen Sie im Inneren Ihre Glückshierarchie. Denken Sie mit all Ihren Sinnen an Menschen, Tiere, Erlebnisse, Dinge, die Sie lieben. Ganz intensiv spüren Sie jetzt diese Zuneigung und die Dankbarkeit, dass Sie sie erleben dürfen. Mit diesem Gefühl atmen Sie jetzt „in" Ihr Gehirn und dann in Ihr Herz. Schicken Sie dieses Gefühl an jede Zelle Ihres Körpers. Gehen Sie noch tiefer in die Ruhe und in die Dankbarkeit. Genießen Sie diesen Moment, der nur Ihnen gehört. Dann kommen Sie mit klarem wachem Geist und Ihrer kompletten Aufmerksamkeit wieder zurück zu diesem Buch. Und jetzt – lächeln Sie! Schenken Sie sich das schönste Lächeln dieser Welt.

15.9 Mindmap – neurologische Krankheitsbilder

Eine Übersicht zu den neurologischen Krankheitsbildern zeigt die Mindmap in **Abb. 15.5**.

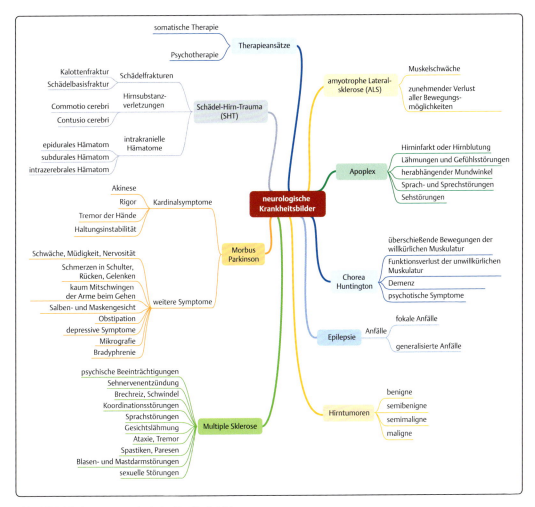

Abb. 15.5 Mindmap – neurologische Krankheitsbilder.

Prüfungsfragen

1. Welche der folgenden Aussagen zur Chorea Huntington treffen zu?

1. Erste Symptome der Krankheit zeigen sich meist zwischen dem 20. und 50. Lebensjahr.
2. Bei frühzeitiger Therapie kann die Erkrankung geheilt werden.
3. Psychische Beschwerden gehen den Bewegungsstörungen oft mehrere Jahre voraus.
4. Die Bewegungsstörungen beginnen meist mit Hyperkinesen bei verringertem Muskeltonus.
5. Die geistige Leistungsfähigkeit ist nicht beeinträchtigt.
a) Nur die Aussagen 1 und 2 sind richtig.
b) Nur die Aussagen 3 und 5 sind richtig.
c) Nur die Aussagen 1, 3 und 4 sind richtig.
d) Nur die Aussagen 1, 3, 4 und 5 sind richtig.
e) Alle Aussagen sind richtig.

2. Die Parkinson-Krankheit ist häufig verbunden mit psychischen Störungen, die den motorischen Symptomen vorausgehen können. Hierbei handelt es sich am häufigsten um …

a) schwere kognitive Beeinträchtigungen.
b) Wahn.
c) Depressionen.
d) Angststörungen.
e) Halluzinationen.

3. Welche der folgenden psychischen Störungen erwarten Sie am ehesten bei der multiplen Sklerose?

1. Angststörungen
2. affektive Störungen
3. paranoide Syndrome
4. Demenz
5. Borderline-Störung
a) Nur die Aussagen 1, 2, 3 und 4 sind richtig.
b) Nur die Aussagen 1, 2, 3 und 5 sind richtig.
c) Nur die Aussagen 1, 2 4 und 5 sind richtig.
d) Nur die Aussagen 1, 3, 4 und 5 sind richtig.
e) Nur die Aussagen 2, 3, 4 und 5 sind richtig.

4. Welche der folgenden Aussagen zum organischen Psychosydrom nach Schädelhirntrauma (SHT) treffen zu?

1. Das Syndrom folgt einem Schädeltrauma, das gewöhnlich schwer genug ist, um zur Bewusstlosigkeit zu führen.
2. Es kann zu Erschöpftheit und Störungen des geistigen Leistungsvermögens kommen.
3. Es können Depressivität und Angst auftreten.
4. Eine verminderte Belastungsfähigkeit bei emotionalen Reizen oder nach Alkoholgenuss kann nach einem SHT auftreten.
5. Manche Patienten mit organischem Psychosyndrom nach einem SHT entwickeln hypochondrische Züge.
a) Nur die Aussagen 1 und 2 sind richtig.
b) Nur die Aussagen 2 und 4 sind richtig.
c) Nur die Aussagen 1, 3 und 5 sind richtig.
d) Nur die Aussagen 2, 3, 4 und 5 sind richtig.
e) Alle Aussagen sind richtig.

16 Suizidalität

Sie können davon ausgehen, dass dieses Thema auf jeden Fall Bestandteil Ihrer Prüfung sein wird. In den schriftlichen Überprüfungen wird mindestens eine Frage zur Suizidalität gestellt, ebenso folgen bei der mündlichen Überprüfung Fragen im Zusammenhang mit dem Fallbeispiel oder auch separat dazu.

16.1 Definition

Definiert ist der Suizid (Selbsttötung) als absichtliche Selbstschädigung mit tödlichem Ausgang. Unter einem Suizidversuch versteht man die absichtliche Selbstschädigung mit der Möglichkeit des tödlichen Ausgangs.

Cave
Suizidalität ist immer ein psychiatrischer Notfall.

Unterschieden werden in Bezug auf die Methode der „harte" und „weiche" Suizid:
- Zum **harten Suizid** zählen die Methoden des Erschießens, Erhängens, Stürze aus großer Höhe, sich vor ein Auto oder einen Zug stürzen.
- **Weicher Suizid** bezeichnet Intoxikationen mit Medikamenten oder anderen Substanzen.
- Extreme Methoden wie Verbrennen, Amputation von Körperteilen oder Bohren in den Schädel kommen v. a. im Rahmen psychotischer Erkrankungen vor.

In Bezug auf die Person gibt es darüber hinaus den „erweiterten" oder „gemeinsamen" Suizid:
- Der **erweiterte Suizid** beschränkt sich nicht auf eine Selbsttötung, sondern wird z. B. ausgeweitet auf die Familie.
- Beim **gemeinsamen Suizid** erfolgt die Selbsttötung gemeinsam mit anderen Menschen.

16.2 Häufigkeit/Epidemiologie

2018 fanden in Deutschland 9396 Suizide statt. Der Anteil der männlichen Suizidopfer liegt bei rund 76 %. Laut WHO begehen ca. eine halbe Mio. Menschen pro Jahr weltweit Suizid.

16.3 Ätiologie/Pathogenese

Der Suizid ist kein Krankheitsbild im eigentlichem Sinne, sondern resultiert oft aus einer psychischen Erkrankung oder einer Lebenskrise, in der der Tod für den Betroffenen die einzige Bewältigungsmöglichkeit darstellt. Das heißt, es gibt zumeist einen konkreten Auslöser.

Die vorhandenen Verhaltensmöglichkeiten basieren auf organischen Bedingungen, Persönlichkeitsmerkmalen sowie dem zur Verfügung stehenden sozialen Netzwerk. Fehlen Bewältigungsstrategien, ist suizidales Verhalten eine Reaktion auf die Krise. Die Umweltbedingungen können dieses Verhalten entsprechend verstärken.

Im Rahmen von psychiatrischen Krankheitsbildern kann der Suizid auch durch imperative Stimmen „befohlen" werden.

Immer wieder entflammen Diskussionen über den sog. „freien Willen", dem eigenen Leben ein Ende zu setzen.

Zu den Risikofaktoren gehören:

- psychische Erkrankungen
- chronische körperliche Erkrankungen
- frühere Suizidversuche
- männliches Geschlecht
- höheres Alter
- geringe soziale Kontakte
- Suizid in der Familie
- Suizid von Vorbildern (sog. „Werther-Effekt")
- belastende Lebensereignisse, z. B. Verlust eines nahestehenden Menschen, Arbeitsplatzverlust
- Verlusterlebnisse und/oder schwere Kränkungen

16.4 Symptome

Die betroffenen Menschen erleben eine zunehmende Einengung. Sie erkennen keinen Ausweg, ziehen sich immer mehr zurück. Der innere Druck nimmt weiter und weiter zu, und es kommt zu einer Aggressionsstauung, die sich gegen die eigene Person richtet.

Bei den meisten Menschen kommt es im Vorfeld zu Suizidfantasien. Sie stellen sich vor, wie sie den Suizid durchführen und/oder wie die Umwelt darauf reagieren wird.

Nach Ringel gehen bestimmte Symptome regelmäßig einer Suizidhandlung voraus.

Präsuizidales Syndrom nach Ringel

- zunehmende Einengung:
  - Ausweglosigkeit, Rückzug
  - situativer Druck
- Aggressionsstauung/-umkehr gegen die eigene Person
- Suizidfantasien:
  - aktiv
  - **passiv**

Eine weitere Unterteilung, die zur Abschätzung des Suizidrisikos herangezogen werden kann, ist der Ablauf suizidaler Krisen nach Pöldinger.

Ablauf der suizidalen Krise nach Pöldinger

1. Phase der Erwägung: psychodynamische Faktoren, suggestive Momente/Gedanken
2. Phase der Ambivalenz: direkte oder indirekte Suizidankündigungen
3. Entschlussphase: „Ruhe vor dem Sturm"

In der Entschlussphase fühlen die Betroffenen oft eine innere Ruhe, sie wirken teilweise gelassen und entspannt. Sie erleben im Inneren das Gefühl, dass der Leidensweg vorbei ist. Teilweise werden im Vorfeld „private Angelegenheiten" geregelt, z. B. geliehenes Geld oder Gegenstände zurückgegeben, Abschiedsbriefe geschrieben und hinterlegt.

 Cave

Wichtig! Jede Suizidabsicht ist ernst zu nehmen und der Verdacht einer Suizidalität unbedingt anzusprechen. Die immer noch verbreitete Sorge, dass Betroffene durch die Frage erst auf die Idee gebracht werden, ist unangebracht. Im Gegenteil – teilweise ist zu erleben, dass Betroffene erleichtert sind, durch die Frage endlich über ihre Suizidabsicht reden zu können.

Zeigen Sie für das Verhalten Verständnis und erkennen Sie die für den Betroffenen ausweglos erscheinende Situation an. Dies bietet den Ansatzpunkt, um mit dem Klienten Alternativen und Möglichkeiten zu erarbeiten, mit denen er der Krise begegnen kann.

Als erfolgreich hat sich der sog. **Notfallplan** erwiesen. Das bedeutet, dass mit dem Klienten ein Plan erstellt wird, aus dem eine genaue Handlungsfolge hervorgeht, bevor er suizidale Handlungen umsetzt. Dazu gehört eine Liste von Telefonnummern, die entsprechend angerufen werden sollen.

Auf dieser Liste kann auch Ihre Telefonnummer stehen. Wichtig ist die Absprache zwischen dem Betroffenen und Ihnen, dass er Sie persönlich anrufen soll und auch persönlich erreichen muss! Es genügt also nicht, eine Nachricht auf dem Anrufbeantworter zu hinterlassen. Sonst besteht die Gefahr, dass er nur seine „Pflicht" erfüllt und sich dann nicht mehr an die weiteren Absprachen hält. Bitte klären Sie mit dem Klienten ebenfalls, dass die Nummer außerhalb der normalen Praxiszeit explizit nur für den Notfall gilt.

Unter welchen Bedingungen Sie das Ordnungsamt oder die Polizei einschalten, lesen Sie bitte zu den psychiatrischen Notfällen in Kap. 18.

75 % der Suizidhandlungen werden angekündigt, bis zu 50 % der Suizidanten suchen im letzten Monat einen Arzt oder Therapeuten auf und 25 % suchen in der letzten Woche nach Hilfe.

Die Suizidcheckliste in **Tab. 16.1** hilft dabei, das Risiko für einen Selbstmordversuch abzuschätzen. Unabhängig davon ist eine Suizidandrohung – wie bereits betont – immer ernst zu nehmen!

16.5 Verlauf

Menschen, die bereits einen Suizidversuch unternommen haben, sind sehr stark gefährdet, einen weiteren zu versuchen.

16.6 Therapieansätze

Die akute Krise ist stationär oder ambulant zu begleiten. Der Auslöser der Krise ist mithilfe der Therapie zu beseitigen oder zu bearbeiten. Unterstützend findet ggf. eine medikamentöse Therapie statt. Hierbei ist besondere Vorsicht geboten,

da gerade Benzodiazepine oder andere Medikamente mit einer entsprechenden Toxizität gesammelt und zum Suizid benutzt werden können.

Hintergrundwissen

Eins-zu-eins-Betreuung in der Psychiatrie

Wird vom behandelnden Arzt eine Eins-zu-eins-Betreuung angeordnet, bedeutet dies, dass die beauftragte Person (in der Regel wird es im Team besprochen, wer die Betreuung durchführt, bzw. es wird sich abgewechselt) den Patienten nicht aus den Augen lässt. Er begleitet den Betroffenen überall hin und bleibt in ständigem Kontakt.

Pause

Es ist wieder Zeit, sich zu bewegen! Führen Sie bitte jeweils 3-mal 10 Liegestütze an der Wand oder auf dem Boden durch.

Zum Abschluss atmen Sie wieder tief ein und aus. Visualisieren Sie dabei, wie Ihnen all Ihre Konzentration zur Verfügung steht.

Bevor es weitergeht, stärken Sie sich mit einem kleinen Snack – den haben Sie sich nach der Bewegung verdient!

Tab. 16.1 Suizidcheckliste (Arbeitsmaterial AMDP; Schneider [65]).

Suizidalität	hohes Risiko	geringeres Risiko
psychische Grunderkrankung	ja	nein
akute suizidale Gedanken	ja	nein
konkrete Vorbereitungen	ja	nein
Rettungsmöglichkeiten ausgeschlossen	ja	nein
„Sicherheit" der Methode	„hart"	„weich"
Abschied genommen	ja	nein
Suizidversuche in der Vorgeschichte	• Wie viele? • Wann? • Welche Methode? • Wie kam es zur Rettung?	keine
Kontaktqualität	verleugnend, verschlossen, manipulativ, wechselnde Angaben, bagatellisierend	offen, zugewandt, absprachefähig, konstante Angaben
psychotisches Erleben	ja	nein

Prüfungsfragen

1. Sie haben den Verdacht auf Suizidalität bei einem Ihrer Klienten. Welche weiteren Symptome oder Kenntnisse zu dem Klienten stützen diesen?

1. Suchtmittelkonsum
2. tiefe Religiosität
3. Autoaggressivität
4. erheblicher Gewichtsverlust
5. sozialer Rückzug
a) Nur die Aussagen 1, 2 und 5 sind richtig.
b) Nur die Aussagen 1, 3 und 5 sind richtig.
c) Nur die Aussagen 1, 2, 3und 5 sind richtig.
d) Nur die Aussagen 1, 3, 4 und 5 sind richtig.
e) Nur die Aussagen 2, 3, 4 und 5 sind richtig.

2. Welche Aussagen zur Suizidalität sind richtig? (2 Antworten)

a) Die meisten Menschen, die einen Suizid begehen, sind weder psychisch noch körperlich krank.
b) Die Suizidrate hat in Deutschland in den letzten 30 Jahren kontinuierlich zugenommen.
c) Suizide werden in den seltensten Fällen angekündigt.
d) Frühere Suizidversuche erhöhen das Risiko.
e) Die Suizidrate ist bei Männern höher als bei Frauen.

3. Welche der folgenden Aussagen zur Suizidalität treffen zu?

1. Der Suizid zählt in Deutschland zu den 10 häufigsten Todesursachen.
2. Bei Männern ist die Suizidrate deutlich höher als bei Frauen.
3. Es ist bekannt, dass viele Betroffene innerhalb des letzten Monats vor dem vollzogenen Suizid einen Therapeuten aufgesucht hatten.
4. Bei Verdacht auf Suizidalität sollte man nicht nach sozialen Kontakten fragen.

5. Das präsuizidale Syndrom nach Ringel wird mit folgender Trias beschrieben: Einengung, Suizidfantasien und Aggressionsumkehr.

a) Nur die Aussagen 2 und 3 sind richtig.
b) Nur die Aussagen 1, 3 und 5 sind richtig.
c) Nur die Aussagen 1, 2, 3 und 5 sind richtig.
d) Nur die Aussagen 1, 2, 4 und 5 sind richtig.
e) Alle Aussagen sind richtig.

4. Welche der genannten Personengruppen haben ein höheres Risiko für einen Tod durch Suizid? (2 Antworten)

a) Personen mit Polytoxikomanie
b) Frauen, die in ländlichen Gebieten wohnen
c) Menschen mit bipolarer affektiver Störung
d) Mädchen in einem Alter zwischen 8 und 10 Jahren
e) Verheiratete

5. Was trifft zum Suizid zu? (2 Antworten)

a) Ein Suizidversuch ist nach deutschem Recht als Straftat einzustufen.
b) Zur Verhinderung einer suizidalen Handlung können Zwangsmaßnahmen erforderlich werden.
c) Die Suizidalität sollte bei dem entsprechenden Verdacht offen angesprochen werden.
d) Psychische Erkrankungen stellen ein gering erhöhtes Risiko für eine suizidale Handlung dar.
e) Suizide werden in den seltensten Fällen angekündigt.

6. Welche der folgenden Aussagen zur Suizidalität trifft (treffen) zu?

1. Schizophrene junge Männer haben ein erhöhtes Suizidrisiko.
2. Durch den gesteigerten Antrieb zu Beginn einer antidepressiven Therapie wird das Suizidrisiko stark vermindert.
3. Durch das Fragen nach Suizidgedanken bringt man jemanden geradezu darauf und

löst eine Suizidhandlung aus, zu der es ansonsten nicht gekommen wäre.

4. In Deutschland steigt die Suizidrate im höheren Lebensalter an.

5. Frauen unternehmen häufiger Suizidversuche als Männer.

a) Nur die Aussagen 2 ist richtig.
b) Nur die Aussage 1 und 5 sind richtig.
c) Nur die Aussage 1, 4 und 5 sind richtig.
d) Nur die Aussage 1, 2, 4 und 5 sind richtig.
e) Alle Aussagen sind richtig.

7. Welche Aussagen zu Suizidalität und Suizid sind korrekt?

1. Nach einem Suizidversuch besteht jahrelang keine Suizidgefahr mehr.

2. Ein Suizidversuch löst in der Regel eine psychische Selbstheilung aus.

3. Bei alleinstehenden alten Männern besteht ein deutlich erhöhtes Suizidrisiko.

4. Eines der Stadien der suizidalen Entwicklung ist das Stadium der Ambivalenz.

5. Die Wahl der Suizidmethode bei psychisch Kranken ist völlig unabhängig von der psychiatrischen Diagnose.

a) Nur die Aussagen 2 und 3 sind richtig.
b) Nur die Aussagen 3 und 4 sind richtig.
c) Nur die Aussagen 1, 4 und 5 sind richtig.
d) Nur die Aussagen 3, 4 und 5 sind richtig.
e) Alle Aussagen sind richtig.

8. Welche Aussage(n) zur Suizidalität trifft (treffen) zu?

1. Nur selten geben Suizidanten vor der Suizidhandlung Signale.

2. Bei angekündigter Selbsttötung oder bei Verdacht auf Suizidneigung muss der Therapeut dieses Thema mit dem Betreffenden ansprechen.

3. Der Versuch abzuschätzen, ob bei einem Patienten Suizidgefahr vorliegt, ist grundsätzlich ein vergebliches Unterfangen.

a) Nur die Aussage 1 ist richtig.
b) Nur die Aussage 2 ist richtig.
c) Nur die Aussage 3 ist richtig.
d) Nur die Aussagen 1 und 2 sind richtig.
e) Nur die Aussagen 1 und 3 sind richtig.

9. Welche der folgenden Aussagen zum Suizid/ Suizidversuch sind richtig?

1. Patienten mit akuter paranoid-halluzinatorischer schizophrener Psychose haben ein erhöhtes Suizidrisiko.

2. Suizide treten jahreszeitlich gehäuft auf.

3. Bei Personen, die früher bereits einen Suizidversuch durchgeführt haben, besteht ein erhöhtes Suizidrisiko.

4. Patienten mit schwerer rezidivierender depressiver Störung haben ein erhöhtes Suizidrisiko.

5. Frauen sind bei den Suiziden um ein Mehrfaches häufiger vertreten als Männer.

a) Nur die Aussagen 1, 2 und 3 sind richtig.
b) Nur die Aussagen 1, 2 und 4 sind richtig.
c) Nur die Aussagen 3, 4 und 5 sind richtig.
d) Nur die Aussagen 1, 2, 3 und 4 sind richtig.
e) Alle Aussagen sind richtig.

10. Unter den Begriff des erweiterten Suizids fällt nach üblicher Definition Folgendes:

a) den vorzeitigen Tod bewusst in Kauf nehmendes, lebensverkürzendes Verhalten

b) Suizid einer Person, um einer nahestehenden Person, die einige Zeit vorher Suizid begangen hat, „in den Tod zu folgen" und ihr auf diese Weise wieder nah zu sein

c) die Tötung einer anderen Person, ohne deren Einverständnis, verbunden mit dem eigenen Suizid

d) Tötung auf Verlangen durch eine andere Person; entweder direkt oder durch Beschaffung eines geeigneten Mittels zum Töten

e) Tod in Aufopferung für nahe Mitmenschen, angesichts tödlicher Gefahr

Teil 3
Behandlungen,
Notfälle und
Gesetzeskunde

17 Behandlungs- und Unterstützungsmöglichkeiten

Zu den Behandlungs- und Unterstützungsmöglichkeiten gehören die medikamentöse Behandlung, klassische Verfahren der Psychotherapie wie die Psychoanalyse und Verhaltenstherapie, die Hypnosetherapie sowie Entspannungsverfahren, die Ihnen neben weiteren unterstützenden Maßnahmen (z. B. Biofeedback) in diesem Kapitel vorgestellt werden.

17.1 Medikamentöse Maßnahmen – Psychopharmaka

Dieses Kapitel über Psychopharmaka gibt Ihnen einen kurzen Überblick. Sehr gute Informationsquellen sind Apotheken, ebenso die Internetseiten der Pharmaindustrie. Von vielen Herstellern können Sie sich auch Broschüren oder weiteres Informationsmaterial schicken lassen.

> ### ⚙ Merke
> Bitte nie vergessen – Sie dürfen weder Medikamente verschreiben noch empfehlen! Sie sollten aber gängige Medikamente kennen. Klienten kommen oft mit Fragen oder Ängsten, z. B. ob Antidepressiva abhängig machen, oder berichten von Nebenwirkungen bzw. Symptomen, die ggf. Nebenwirkungen sind. Bitte verweisen Sie die Klienten zur Abklärung immer an einen Arzt.

Abb. 17.1 Verschiedene Arzneiformen. (Foto: Kirsten Oborny)

17.1.1 Applikationswege und Wirkzeiten

Es gibt mehrere Wege für einen Wirkstoff, um in den menschlichen Körper zu gelangen. Je nach Applikationsweg ist die Dauer, bis ein Medikament wirkt, verschieden (**Tab. 17.1**, **Abb. 17.1**).

17.1.2 Präparate

Wissen Sie, an welchen Stellen Psychopharmaka wirken? Bei den Psychopharmaka handelt es sich um psychoaktive Substanzen. Sie nehmen Einfluss auf Stoffwechselvorgänge im Gehirn, indem sie z. B. die Signalübertragung (Neurotransmitterausschüttung) an den Synapsen, d. h. den Kontaktstellen zwischen 2 Neuronen, hemmen oder steigern.

Tab. 17.1 Applikationswege und Wirkzeiten von Psychopharmaka.

Applikationsart	Dauer bis zum Wirkeintritt
sublingual = unter der Zunge	nach wenigen Minuten
oral/per os = über den Mund	bis zu 60 min
transdermal = über die Haut mittels Pflaster	bei der Erstgabe bis zu 12–16 h
intravenös (i. v.) = über die Vene	sofort
intramuskulär (i. m.) = in den Muskel	bis zu 30 min
subkutan (s. c.) = unter die Haut	bis zu 20 min
rektal = Gabe von Zäpfchen in den Enddarm	bis zu 30 min

17.1.2.1 Antipsychotika (Neuroleptika)

Durch Antipsychotika werden psychomotorische Erregungszustände gedämpft sowie affektive Spannungen, Wahn, Angst und Sinnestäuschungen verringert. Sie werden gezielt zur Behandlung von Psychosen eingesetzt. Dies ermöglicht dem Klienten eine Distanzierung von der Erkrankung. Daneben wird diese Medikamentengruppe u. a. bei akuten psychotischen Reaktionen, akuten manischen Episoden und bei psychomotorischen Erregungszuständen eingesetzt.

Für Betroffene ist es oft schwer, die Medikamente verlässlich einzunehmen. Die möglichen Nebenwirkungen sind teilweise so gravierend, dass sie dazu neigen, die Medikamente nach Besserung der Symptome wieder abzusetzen. Grundsätzlich ist eine Compliance (kooperatives Verhalten) des Klienten erforderlich. Dabei gilt: Verhandeln statt behandeln! Wird die medikamentöse Therapie zu früh abgebrochen, steigt die Rückfallquote auf 90 %.

Antipsychotika (auch als Neuroleptika bezeichnet) werden in klassische und atypische Neuroleptika unterteilt: Klassische Neuroleptika haben stärkere motorische Nebenwirkungen und wirken in erster Linie auf die Positivsymptomatik einer Schizophrenie; Atypika sind oft besser verträglich und wirken außerdem auf die Negativsymptomatik (**Tab. 17.2**).

Gefürchtet ist das sog. maligne neuroleptische Syndrom. Es ist eine seltene, jedoch schwerwiegende Nebenwirkung der Neuroleptikatherapie. Leitsymptome sind hohes Fieber, Bewusstseinsstörungen, Rigor und vegetative Funktionsstörungen. Unerkannt kann es zum Tode führen.

> **Lerntipp**
> Zur Wiederholung: Was gehört zu den Positiv-, was zu den Negativsymptomen der Schizophrenie? Wiederholen Sie bei Bedarf das Kap. 6.1.4.

In **Tab. 17.2** und den folgenden Medikamentenübersichten handelt es sich um einen Ausschnitt der Medikamentengruppen mit einem Teil der möglichen Nebenwirkungen.

17.1.2.2 Antidepressiva

„Klassische" **trizyklische Antidepressiva** wie Amitriptylin, Doxepin oder Nortriptylin haben sich bei der Behandlung von Depressionen viele Jahre bewährt. Sie werden heute vor allem bei schweren Depressionen und zur Therapie chronischer Schmerzsyndrome eingesetzt. Die Dosierung erfolgt meistens einschleichend.

> **Cave**
> Die Nebenwirkungen treten oft nach kurzer Zeit ein, die Hauptwirkung aber erst nach Wochen. Achtung, es besteht Suizidgefahr! Der Betroffene hat unter Umständen schon wieder einen gesteigerten Antrieb, doch das Gefühl der tiefsten Depression.

Tab. 17.2 Atypische und klassische Neuroleptika (Auswahl).

	Wirkstoff (Handelsname)	Mögliche Nebenwirkungen
atypische Neuroleptika	Amisulprid (z. B. Solian)	• ZNS/Psyche: initial stark sedierend, erhöhtes Krampfrisiko, orthostatische Symptome • Verdauungstrakt: initial verstärkter Speichelfluss, Mundtrockenheit, Gewichtszunahme • Haut und Haare: Hauterscheinungen • Weiteres: Abfall der Leukozytenzahl, erhöhtes Infektionsrisiko
	Clozapin (z. B. Leponex)	
	Olanzapin (z. B. Zyprexa)	
	Quetiapin (z. B. Seroquel)	
	Risperidon (z. B. Risperdal)	
	Ziprasidon (z. B. Zeldox)	
hochpotente klassische Neuroleptika	Benperidol (z. B. Glianimon)	• kardiovaskulär: Hypertonie, EKG-Veränderungen, Arrhythmien, Tachykardie • Haut und Haare: erhöhte Fotosensibilität • Verdauungstrakt: Gewichtszunahme, Mundtrockenheit • Augen: Glaukomanfall • ZNS/Psyche: Dyskinesien, Gangunsicherheit, Gedächtnisstörungen, Müdigkeit, Parkinson-ähnliche Symptomatik, Kopfschmerzen, Sitzunruhe (Akathisie): – Frühdyskinesien: Krämpfe im Gesichtsbereich, Bewegungsstörungen – Parkinsonoid: Hypokinesie, Rigor, Tremor, Salben- und Maskengesicht – Spätdyskinesien: irreversibel, Tics der Gesichts- und Mundmuskulatur, unwillkürliche Bewegungen von Fingern und Händen
	Flupentixol (z. B. Fluanxol)	
	Haloperidol (z. B. Haldol)	
	Perphenazin (z. B. Decentan)	
mittelpotente klassische Neuroleptika	Perazin (z. B. Taxilan)	
	Zuclopenthixol (z. B. Ciatyl)	
niederpotente klassische Neuroleptika	Levomepromazin (z. B. Neurocil)	
	Melperon (z. B. Melperon AbZ)	
	Pipamperon (z. B. Dipiperon)	
	Prothipendyl (z. B. Dominal)	

Besonders hervorzuheben sind ihre anticholinergen Nebenwirkungen wie Mundtrockenheit, Obstipation, Akkommodations- und Miktionsstörungen sowie eine Blutdrucksenkung (orthostatische Hypotonie) und ihre Toxizität (Suizidversuch!).

Am häufigsten verordnet man heute die Substanzklasse der **selektiven Serotonin-Wiederaufnahme-Hemmer (SSRI)**, zu denen z. B. Citalopram, Paroxetin, Sertralin gehören. Sie weisen keine anticholinergen Effekte auf und sind bei Überdosierung wesentlich ungefährlicher als die trizyklischen Antidepressiva. Häufige Nebenwirkungen sind Übelkeit, Unruhe und sexuelle Dysfunktion.

Seit einigen Jahren sind auch selektiv serotonerg und noradrenerg wirkende Antidepressiva, z. B. Venlafaxin, Duloxetin, verfügbar. Zu den Nebenwirkungen gehören Schlafstörungen, Appetitsteigerung, Ödeme, Übelkeit, Agitiertheit sowie Gerinnungsstörungen.

Eine weitere häufig eingesetzte Substanz ist der Alpha-2-Rezeptor-Blocker Mirtazapin. Als pflanzliches Heilmittel wird Johanniskraut eingesetzt. In schweren Fällen können zusätzlich Antipsychotika und/oder Lithium gegeben werden.

Eine Übersicht einiger Antidepressiva zeigt die **Tab. 17.3**.

 Cave

Bei der Behandlung eines depressiven Patienten mit bipolarer affektiver Störung mit Antidepressiva besteht ein sog. „Switch-Risiko" = Umschlagen in die Manie.

17.1.2.3 Tranquilizer (Sedativa)

Die Substanzen aus dieser Gruppe werden als akut angstauslösende Mittel (Anxiolytika), Beruhigungsmittel (Sedativa), Schlafmittel (Hypnotika) und zum Teil auch als Narkosemittel (Narkotika) eingesetzt. **Tab. 17.4** zeigt eine Auswahl häufig eingesetzter Substanzen, die Gruppe der Benzodiazepine hat heute die größte Bedeutung. Zu beachten ist ein starkes Abhängigkeitspotenzial.

Tab. 17.3 Antidepressiva (Auswahl).

	Wirkstoff (Handelsname)	Mögliche Nebenwirkungen
trizyklische und tetrazyklische Antidepressiva	Amitriptylin (z. B. Saroten)	• kardiovaskulär: orthostatische Hypotonie, Hypertonie, Herzrhythmusstörungen, Verstärkung pektanginöser Beschwerden, Tachykardie • Haut und Haare: allergisches Exanthem, Haarausfall, trockene Haut • Verdauungstrakt: Gewichtszunahme/-verlust, reaktive, vermehrte Flüssigkeitsaufnahme, trockener Mund, Obstipation/paralytischer Ileus, Verschlechterung einer diabetischen Stoffwechsellage • Augen: Glaukomanfall, reduzierte Tränenflüssigkeit, verschwommenes Sehen • Urogenitaltrakt: Harnverhalt • ZNS/Psyche: Gedächtnisstörungen, Konzentrationsstörungen, generalisierte Krampfanfälle, Switch in manische Episode, Myoklonien, Schwindel, Sedierung, sexuelle Dysfunktion, Tremor, Unruhe, Verwirrtheit bis zum Delir
	Clomipramin (z. B. Anafranil)	
	Doxepin (z. B. Aponal)	
	Imipramin (z. B. Imipramin-neuraxpharm)	
	Nortriptylin (z. B. Nortriptylin Glenmark)	
	Trimipramin (z. B. Stangyl)	
	Maprotilin (z. B. Ludiomoil)	
Alpha-2-Rezeptor-Hemmer	Mirtazapin (z. B. Remergil)	• Verdauungstrakt: Gewichtszunahme, Mundtrockenheit, Obstipation • ZNS/Psyche: Müdigkeit, Schwindel
Monoaminooxidase-Hemmer (MAO-Hemmer)	Moclobemid (z. B. Aurorix)	• Verdauungstrakt: Mundtrockenheit, Übelkeit • ZNS/Psyche: Angstgefühl, Verstärkung psychotischer oder manischer Symptome, Schlafstörungen, Kopfschmerzen, Unruhe
selektive Serotonin-Wiederaufnahme-Hemmer (SSRI)	Citalopram (z. B. Cipramil)	• kardiovaskulär: Bradykardie • Verdauungstrakt: gastrointestinale Blutungen, Erbrechen, Übelkeit, Gewichtsverlust/-zunahme, abdominelle Beschwerden, Durchfall, selten Obstipation • ZNS/Psyche: Angstgefühl, Schlafstörungen, Kopfschmerzen, sexuelle Dysfunktion, Tremor, Unruhe
	Fluoxetin (z. B. Fluctin)	
	Fluvoxamin (z. B. Fevarin)	
	Paroxetin (z. B. Seroxat)	
	Sertralin (z. B. Zoloft)	
selektive Serotonin- und Noradrenalin-Wiederaufnahme-Hemmer (SSNRI)	Venlafaxin (z. B. Trevilor)	• ZNS/Psyche: Schlafstörungen, Appetitsteigerung, Ödeme, Übelkeit, Agitiertheit
pflanzliche Präparate	Johanniskraut	• Haut und Haare: erhöhte Fotosensibilität

17.1.2.4 Antidementiva

Gebräuchliche Antidementiva sind in **Tab. 17.5** aufgelistet. Sie werden primär zur Behandlung der Alzheimer-Demenz eingesetzt.

17.1.2.5 Phasenpräparate

Die Akutbehandlung manischer Episoden erfolgt primär mit dämpfenden Substanzen wie Benzodiazepinen oder Neuroleptika. Zusätzlich werden als Rückfallprophylaxe stimmungsstabilisierende Substanzen eingesetzt, die sog. Phasenprophylaktika (**Tab. 17.6**). Lithium gilt als Standardpräparat, Alternativen sind verschiedene Substanzen, die eigentlich für die Behandlung von Epilepsien entwickelt wurden (Antiepileptika oder Antikonvulsiva), sowie einige atypische Neuroleptika (**Tab. 17.2**).

Tab. 17.4 Tranquilizer (Auswahl).

	Wirkstoff (Handelsname)	Mögliche Nebenwirkungen
Benzodiazepine	Bromazepan (z. B. Normoc)	• ZNS/Psyche: Abhängigkeitsentwicklung, Ataxie, Atemdepression, Gedächtnisstörungen, Konzentrationsstörungen, Kopfschmerzen, Müdigkeit, Sedierung, Tremor, Unruhe, Erregung, Verwirrtheit
	Brotizolam (z. B. Lendormin)	
	Diazepam (z. B. Valium)	
	Dikaliumclorazepat (z. B. Tranxilium)	
	Flunitrazepam (z. B. Rohypnol)	
	Flurazepam (z. B. Dalmadorm)	
	Lorazepam (z. B. Tavor)	
	Oxazepam (z. B. Durazepam)	
Z-Substanzen	Zolpidem (z. B. Stilnox)	• kardiovaskulär: Hypotonie • Verdauungstrakt: trockener Mund, Erbrechen, Übelkeit • ZNS/Psyche: Abhängigkeitsentwicklung, Ataxie, Müdigkeit, Sedierung, Schwindel
	Zopiclon (z. B. Ximovan)	
sedierend wirkende Neuroleptika	Promethazin (z. B. Atosil)	• Verdauungstrakt: Erbrechen/Übelkeit • ZNS/Psyche: Ataxie, Müdigkeit, Kopfschmerzen, Sedierung, Verwirrtheit
sedierende Antihistaminika	Doxylamin (z. B. Valocordin)	• kardiovaskulär: Hypotonie • Verdauungstrakt: trockener Mund • ZNS/Psyche: Schwindel, Kopfschmerzen
	Diphenhydramin (z. B. Vivinox)	

Tab. 17.5 Antidementiva.

	Wirkstoff (Handelsname)	Mögliche Nebenwirkungen
Acetylcholinesterase-Hemmer	Donepezil (z. B. Aricept)	• kardiovaskulär: Hypotonie, Bradykardie • Verdauungstrakt: Erbrechen/Übelkeit, Gewichtsverlust, abdominelle Schmerzen, vermehrter Speichelfluss, Durchfall • ZNS/Psyche: Angstgefühl, generalisierte Krampfanfälle, Müdigkeit, Schlafstörungen, Kopfschmerzen, depressive Stimmungslage, Unruhe
	Galantamin (z. B. Reminyl)	
	Rivastigmin (z. B. Exelon)	
NMDA-Rezeptorantagonist	Memantin (z. B. Axura)	• ZNS/Psyche: Müdigkeit, Kopfschmerzen, Schwindel, Verwirrtheit
pflanzliche Präparate	Ginkgo biloba (z. B. Ginkobil)	• ZNS/Psyche: Kopfschmerzen

Tab. 17.6 Phasenprophylaktika.

	Wirkstoff (Handelsname)	**Mögliche Nebenwirkungen**
Lithiumsalze	Lithiumcarbonat (z. B. Hyp-norex)	• kardiovaskulär: EKG-Veränderungen • Verdauungstrakt: Gewichtszunahme, Durchfall, Übelkeit • Urogenitaltrakt: Polyurie • ZNS/Psyche: Müdigkeit, Tremor
Antiepileptika	Valproinsäure (z. B. Ergenyl)	• Haut und Haare: Haarausfall • Verdauungstrakt: Gewichtsabnahme/-zunahme, Erbrechen, Übelkeit, Durchfall • ZNS/Psyche: Halluzinationen, Sedierung, Tremor
	Carbamazepin (z. B. Tegretal)	• kardiovaskulär: EKG-Veränderungen, Bradykardie • Haut und Haare: Exantheme • Sehstörungen: verschwommenes Sehen, Doppelbilder • ZNS/Psyche: Ataxie, Müdigkeit, Schwindel

17.1.3 Mindmap – medikamentöse Maßnahmen

Eine Übersicht zu den medikamentösen Maßnahmen zeigt die Mindmap in **Abb. 17.2**.

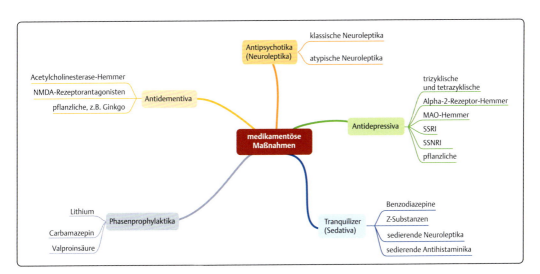

Abb. 17.2 Mindmap – medikamentöse Maßnahmen.

17.2 Klassische Verfahren der Psychotherapie

Es existieren eine Menge verschiedener Verfahren, nur wenige sind wissenschaftlich belegt. Die wissenschaftliche Anerkennung wird in Deutschland durch den Wissenschaftlichen Beirat Psychotherapie der Bundesärztekammer (http://www.wbpsychotherapie.de/) geprüft und erteilt.

Es lassen sich folgende psychotherapeutische Interventionen unterscheiden:

- Krisenintervention
- Entspannungsverfahren
- psychodynamisch-tiefenpsychologisch orientierte Verfahren
- verhaltensorientierte Verfahren
- humanistische Ansätze
- systemische Ansätze

Inhaltlich lassen sich folgende Grundsätze unterscheiden:

- „zudeckende" Verfahren = stützend-supportive Verfahren
- „aufdeckende" Verfahren = psychoanalytische und tiefenpsychologische Ansätze
- lernpsychologische Verfahren = Verhaltenstherapie

Etabliert ist die folgende Einteilung:

- psychoanalytische und tiefenpsychologische Verfahren
- kognitiv-behaviorale Therapien = Verhaltenstherapie
- humanistische Psychotherapie = Gesprächspsychotherapie
- systemische Therapien

17.2.1 Grundsätzliches zum Gespräch mit dem Klienten

Eine vertrauensvolle Beziehung bzw. der Beziehungsaufbau sind entscheidend für den Verlauf und Erfolg der Therapie.

Zu empfehlen ist ein Vorgespräch. Hier haben sowohl der Klient wie auch Sie als Therapeut die Gelegenheit, sich kennenzulernen, und können die Entscheidung treffen, ob Sie beide miteinander arbeiten können. Zum ersten Gespräch gehört auch, sich als Therapeut vorzustellen und die Therapieverfahren sowie das therapeutische Setting zu erklären.

Entscheiden sich beide Akteure für eine weitere Zusammenarbeit, erfolgen die Anamnese (Kap. 3.2), der psychopathologische Befund (Kap. 3.3) mit dem Ergebnis einer Diagnose sowie die Zielbestimmung.

> ✱ **Merke**
>
> Entscheidend ist die Auftragsklärung, d. h., Sie informieren Ihren Klienten über Ihr therapeutisches Verfahren.

17.2.2 Psychoanalyse: Der Klient liegt auf der Couch

> ⬦ **Lerntipp**
>
> Sprechen wir von Psychoanalyse, drängt sich vielen Menschen das klassische Bild des auf der Couch liegenden Klienten auf. In vielen Cartoons findet sich dahinter noch der entweder schlafende oder mit anderen Dingen beschäftigte Therapeut. Weit gefehlt! Woher jedoch kommt diese Assoziation?
> In der Tat lag der Klient früher auf einer Couch. Somit konnte er, ohne dass er den Therapeuten sah, frei assoziieren und seinen Gedanken freien Lauf lassen.

Der Begriff „Psychoanalyse" bezeichnet einerseits eine Theorie zur Erklärung psychologischer und psychopathologischer Phänomene, andererseits ein psychotherapeutisches Behandlungsverfahren. Es wurde in seinen Grundzügen von dem Wiener Nervenarzt Dr. Sigmund Freud zwischen 1890 und 1939, ausgehend von der Erkrankung der Hysterie, entwickelt. Nach Breuer und Freud handelt es sich bei der Hysterie um die Folge verdrängter sexueller Wünsche bzw. um das Wirksamwerden kindlicher Sexualfantasien.

Die Psychoanalyse beruht auf der Annahme, dass entscheidende Einflussfaktoren menschlichen Verhaltens unbewusst sind. Freud ging von einem inneren Instanzenmodell aus.

17.2.2.1 Instanzenmodell

Es werden 3 Instanzen der Persönlichkeit unterschieden:

- **„Es":** primitive unbewusste Triebregungen, „Lustprinzip"
- **„Ich":** Das „Realitätsprinzip" bringt die Ansprüche des „Es" mit der äußeren Realität und den Wertemaßstäben des „Über-Ich" in Einklang. Im Konflikt zwischen den Trieben und der Umwelt bzw. dem Über-Ich stehen ihm als Kontrollinstanz sog. Abwehrmechanismen zur Verfügung (**Tab. 17.7**).
- **„Über-Ich":** Die „Gewissensinstanz" (moralische Zensur) bildet sich während der Erziehung durch Übernahme (= Internalisierung) elterlicher Gebote und Verbote und Identifikation mit dem gegengeschlechtlichen Elternteil („Ödipus-Situation").

Der für die psychische Energie entscheidende Primärantrieb ist nach Freud der Sexualtrieb („Libido"). Besonders in späteren Schriften wird auch dem Aggressions- und Todestrieb Bedeutung beigemessen.

17.2.2.2 Psychosexuelle Entwicklungsphasen

Nach psychoanalytischer Auffassung lässt sich die psychosexuelle Entwicklung des Menschen in Lebensphasen unterteilen:

- **orale Phase:** 1. Lebensjahr – Entwicklung des Urvertrauens
- **anale Phase:** 2. Lebensjahr – Autonomie/Abhängigkeit
- **phallisch-ödipale Phase:** 4.–5. Lebensjahr – Entdeckung der Geschlechtsorgane/geschlechtliche Identität
- **genitale Phase:** ab der Pubertät

Eine Störung des Ablaufs der frühkindlichen Entwicklung wird als entscheidende Ursache von Neurosen angesehen. Diese beruhen nach psychoanalytischer Auffassung auf ungelösten, unbewussten, verdrängten Konflikten als Folge traumatisierender Kindheitserlebnisse, die zu einer Entwicklungshemmung geführt haben und durch eine auslösende Situation reaktiviert werden (Kap. 8.1.1). Die Therapie deckt dies auf und möchte eine Nachreifung der Persönlichkeit erreichen.

17.2.2.3 Abwehrmechanismen

Jeder Mensch befindet sich ständig in der Situation, Triebe und Wünsche mit den Geboten und Verboten der Realität in Einklang bringen zu müssen. Abwehrmechanismen dienen dazu, die teilweise unbewussten Tendenzen so zu neutralisieren, dass keine Bewältigungsprobleme auftreten.

Zur Wiederholung sind die Abwehrmechanismen in **Tab. 17.7** zusammengestellt. Dabei liegt das Augenmerk auf den Mechanismen, die der Klient „mitbringt" – zum therapeutischen Setting gleich mehr.

17.2.2.4 Psychoanalytische Therapie – das Setting

- Früher fanden in der Regel 3–4 Sitzungen pro Woche statt, mittlerweile finden die Sitzungen ca. 1-mal pro Woche, mit einer Dauer von ca. 50 min statt. Eine mehrjährige Behandlungsdauer ist die Regel.
- Zur Grundregel gehört die freie Assoziation: Der Klient wird aufgefordert, alles zu sagen, was ihm einfällt.
- Besonderes Augenmerk richtet sich auf die Beziehungsdynamik = Übertragung, Gegenübertragung, Widerstand (**Tab. 17.8**).

17.2.3 Verhaltenstherapie

Die Verhaltenstherapie ist ziel- und handlungsorientiert, sie wurde in den 1950er-Jahren von den Forschergruppen um Frederic Skinner (1904–1990), Joseph Wolpe (1915–1997) und Hans Eysenck (1916–1997) eingeführt. Wurzeln sind das Paradigma der klassischen Konditionierung, operantes Konditionieren sowie das Modelllernen.

Klassisches Konditionieren Ein ursprünglich neutraler Reiz wird durch die zeitliche Kopplung mit einem ungelernten reflexauslösenden Reiz selbst zu einem erlernten reflexauslösenden Reiz. Das bekannteste Beispiel ist das „Pawlow-Experiment".

Tab. 17.7 Abwehrmechanismen.

Begriff	Definition	Beispiel
Identifikation	Aufkeimende aggressive Impulse gegen einen Stärkeren oder gegen eine Autoritätsperson können nicht ausgelebt werden.	Zur Angstvermeidung erfolgt die unbewusste Umwandlung der Aggressionstendenzen gegen den anderen in eine Identifikation mit demselben, z. B. durch Übernahme von dessen Meinungen.
Konversion (Somatisierung)	Angst wird in körperliche Symptome (ohne organischen Befund) umgewandelt.	Beispielsweise tritt eine „funktionelle, psychogene" Lähmung auf, als eine Klientin sich vom Elternhaus ablösen und „auf eigenen Beinen" stehen will.
Projektion	Hierbei werden eigene, für das „Ich" nicht akzeptable Impulse auf andere Personen projiziert. So werden z. B. eigene aggressive Impulse gegen andere in die Überzeugung verwandelt, diese empfänden Aggression gegen einen selbst.	Schreiend: „Ich bin nicht aggressiv, **Sie** sind aggressiv!"
Reaktionsbildung (Überkompensation)	Verkehrung der ursprünglichen Tendenz	Beispiel: Eine Ehefrau äußert sich begeistert über ihren Gatten, um ihre unbewusste Ablehnung seiner Person nicht ins Bewusstsein gelangen zu lassen.
Rationalisierung	Es wird eine vertretbare, scheinbar logische Erklärung für eine abzuwehrende emotionale Situation gegeben.	Beispiel: Ein ungenügend vorbereiteter Examenskandidat „erklärt" sein Scheitern bei der Prüfung mit der Feindseligkeit der Prüfer ihm gegenüber und vermeidet so Selbstvorwürfe und Scham. Anmerkung: So entstehen die angeblich hohen Durchfallquoten bei den Überprüfungen.
Regression	Es kommt zu einem Rückfall auf frühere, „primitivere" Entwicklungsstufen.	„Kummerspeck" aus Liebeskummer, Klient lässt sich wie ein „Kleinkind" bemuttern.
Sublimierung	Primitive oder „verbotene" Triebe/Impulse werden in eine gesellschaftlich akzeptierte, „höherwertige" Handlung umgewandelt.	Beispielsweise könnte ein Mann, der auf vollbusige Frauen fixiert ist, Künstler werden und entsprechende Figuren erstellen.
Verschiebung	„Verbotene" Aggressionsimpulse werden gegen ein anderes Objekt gerichtet.	Beispielsweise zerschlägt ein Mann im Ehestreit Geschirr oder lebt seine Aggression, die sich durch Konflikte mit Vorgesetzten gebildet haben, zu Hause aus.

Tab. 17.8 Wichtige Begriffe der Psychoanalyse.

Begriff	Definition	Beispiel
Fehlhandlungen – Freud'sche Versprecher	Es besteht die Annahme, dass sich, wenn ein Mensch sich verspricht, dahinter eine tiefere Meinung/Überzeugung verbirgt.	Statt zu sagen: „Mein liebes Schwesterlein", kommt: „Mein liebes Schwesterschwein."
Übertragung – Gegenübertragung	Der Begriff beschreibt das Phänomen, dass ein zumeist in der Kindheit erworbenes Interaktions- und Einstellungsmuster in einer aktuellen Beziehung wiederholt wird. Das heißt, der Klient überträgt die Gefühle und Impulse auf den Therapeuten. Reagiert der Therapeut auf diese Übertragung, sprechen wir von einer Gegenübertragung. Der Therapeut sollte dazu in der Lage sein, die Übertragung zu erkennen.	Der Klient reagiert mit seinen Gefühlen auf das Verhalten des Therapeuten, so wie er als Kind auf seinen Vater reagiert hat.
Widerstand	Widerstands- und Übertragungsanalyse bilden das spezifische Charakteristikum der psychoanalytischen Therapie.	Der Klient kommt immer zu spät zur Sitzung.

Hintergrundwissen

Pawlow-Experiment

Bei vielen Lebewesen löst der Anblick von Speisen einen Speichelreflex aus. Das ist ein konditionierter Reiz. Pawlow führte ein Experiment mit Hunden durch, bei deren Fütterung immer eine Glocke betätigt wurde. Er stellte dann fest, dass allein das Betätigen der Glocke ohne Futtergabe ausreichte, um bei den Hunden einen Speichelfluss auszulösen. Der Klang der Glocke, der vorher nicht mit dem Futter und dem Speichelfluss verbunden war (unkonditioniert), führte nun zu einem konditionierten Reflex.

Operantes Lernen Wird ein Verhalten nach seinem Auftreten belohnt oder bestraft, kann dadurch die Häufigkeit seines künftigen Auftretens beeinflusst werden – es kommt zur Verstärkung.

Modelllernen Wer hat kein Vorbild, dem er mehr oder minder intensiv nacheifert oder nachgeeifert hat, sei es ein Musiker oder Sportler? Dabei nehmen nicht nur VIPs eine Vorbildrolle ein, sondern ebenso andere Menschen in dem persönlichen Umfeld. Das Lernen am Modell spielt z. B. bei den Angststörungen eine Rolle. Das Kind, das sieht, wie die Mutter schreiend vor einer Spinne davonläuft, lernt dies als normale Reaktion auf den Anblick einer Spinne und übernimmt es.

17.2.3.1 Verhaltensanalyse

Grundlage einer Verhaltenstherapie ist die **Verhaltensgleichung nach Kanfer**. Mit dieser kann das Verhalten des Klienten erfasst werden:

- **S** = situative Reize, d. h. die das Symptom bedingenden Umweltfaktoren
- **O** = Organismusvariable (biologische Faktoren)
- **R** = Reaktionen, Symptome, Verhalten
- **K** = Verstärkungsplan (Kontingenz)
- **C** = Konsequenz (positiv/negativ)

Lerntipp

S-O-R-K-C – Ein Klient mit Epilepsie (**O**rganismus) verlässt das Haus nicht mehr aus Angst, bei einem Anfall keine Hilfe zu bekommen. Er leidet unter Herzjagen und Zittern (**R**eaktion), wenn er schon daran denkt (**S**timulus). Die Ehefrau teilt die Sorge und begleitet den Mann überall hin (**K**onsequenz und **K**ontingenz).

Es ist bekannt, dass nicht die äußere Situation, sondern die Bewertung derselben die Gefühle des Einzelnen bestimmt.

> **⚡ Lerntipp**
>
> Sie sitzen mit einigen Kollegen zusammen, spontan sagt der Chef zu Ihnen: „Stellen Sie doch bitte kurz Ihre neue Idee den Kollegen vor." Sie stellen sich hin – das Herz schlägt schneller, sie bemerken ein leichtes Feuchtwer-den der Hände und wie eine Röte Ihr Gesicht er-reicht und denken: „Oh je, das schaffe ich nicht, das geht schief." Dieselbe Situation mit identi-schen körperlichen Reaktionen könnten Sie aber ebenso wie folgt interpretieren: „Oh ja, endlich kann ich zeigen, was in mir steckt!" Der Gedan-ke macht die Wertung aus.

So versucht man in der Verhaltenstherapie, diese Bewertung zu verändern:

- **Situation:** Was löst meine unangenehmen Ge-fühle aus?
- **Gedanken:** Was denke ich dann?
- **Gefühle:** Wie fühle ich mich dann?
- **Körperreaktion:** Wie reagiert mein Organis-mus?
- **Verhalten:** Was tue ich (was nicht)?

Indem der Klient die Reiz-Reaktions-Zusammen-hänge erkennt, kann er Einfluss nehmen auf den Ablauf „Auslöser – Verhalten – Konsequenzen des Verhaltens".

17.2.3.2 Expositionsverfahren

Exposition bedeutet, sich einer (angstauslösen-den) Situation auszusetzen. Zu den Expositions-verfahren gehören die systematische Desensibili-sierung und das sog. Flooding.

Die **systematische Desensibilisierung** wird als Gegenkonditionierung bezeichnet. Sie beruht auf den Erkenntnissen der klassischen Konditionie-rung nach Pawlow.

Sie beinhaltet, dass ein konditionierter Stimulus an einen mit Angst unvereinbaren Zustand, näm-lich Entspannung, gekoppelt wird, wodurch sich die Angst abbaut. Grundannahme dieser Therapie ist, dass körperliche Entspannung und ängstliche Erregung nicht gleichzeitig bestehen können.

Die systematische Desensibilisierung läuft wie folgt ab:
- Erstellen einer Angsthierarchie
- Entspannungstraining
- Vorstellung des am wenigsten angstauslösen-den Objektes im entspannten Zustand
- unter körperlicher Entspannung Steigerung der Angsthierarchie und konkretere Konfrontation mit dem beängstigenden Objekt

Beim **Flooding** (Reizüberflutungstherapie) wird der Klient der gefürchteten Situation zunächst in der Vorstellung (in sensu) und dann real (in vivo) ausgesetzt und dazu angehalten, so lange in der Situation zu bleiben, bis die Angst nachlässt. Hier-durch kommt es zur Löschung der Kopplung von Angstreiz und Angstreaktion. Das Vermeidungs-verhalten des Klienten wird umgangen.

17.2.3.3 Rational-emotive Therapie nach Ellis

Bei der rational-emotiven Therapie geht man da-von aus, dass emotionale Probleme und Verhal-tensstörungen Ergebnisse irrationaler, subjektiv verzerrter Wahrnehmungen und falscher Inter-pretationen sind. Diese resultieren aus irrationa-len Überzeugungen und Normvorstellungen.

Therapeutisch wird somit versucht, die Wahr-nehmungen zu verändern und Verknüpfungen bzw. Kopplungen neu zu gestalten.

17.2.3.4 Kognitive Therapie nach Beck

Die kognitive Therapie nach Aaron T. Beck (1921) wurde speziell für die Depressionsbehandlung entwickelt. Nach Beck bestimmen kognitive Pro-zesse die emotionale Reaktion, sodass durch Ver-änderung depressionstypischer Denkmuster eine Behandlung depressiver Emotionen möglich ist. Der Klient wird durch folgende typische kognitive Triade charakterisiert: negative Sicht der eigenen Person – negative Sicht der Umwelt – negative Sicht der Zukunft.

Durch das regelmäßige Führen von sog. Tages-protokollen dieser (negativen) Gedanken lernt der Klient zunächst die Selbstbeobachtung von Affektäußerungen. Dann werden die auftretenden Gedanken zu den damit verbundenen Emotionen in Beziehung gesetzt und mögliche alternative Denk- und Empfindungsmuster erarbeitet.

17.2.4 Klientenzentrierte Gesprächspsychotherapie nach Carl Rogers

Die klientenzentrierte Gesprächspsychotherapie hat Carl Rogers (1902–1987) gegründet [62]. Sie zählt zu den Verfahren der „humanistischen Psychotherapie", welche als „dritte" Kraft zwischen Psychoanalyse und Verhaltenstherapie das spezifisch Menschliche wieder ins Zentrum von Theorie und Therapie rückt.

Ziel ist es, die Fähigkeiten des Menschen herauszuarbeiten. Nach diesem Ansatz wissen Menschen im Prinzip selbst, was gut für sie ist, und können persönliche Zufriedenheit entwickeln, wenn sie in Übereinstimmung mit sich selber leben können.

Mit dem Begriff „klientenzentriert" möchte Rogers zum Ausdruck bringen, dass kein richtungsweisendes Abhängigkeitsverhältnis zwischen Psychotherapeut und Klient besteht. Es wird versucht, mithilfe des Therapeuten neue Lösungsmöglichkeiten für sich selbst zu erarbeiten. Der Gesprächstherapeut muss hierzu 3 sog. Basisvariablen des Gesprächsverhaltens berücksichtigen:
- unbedingte Akzeptanz und emotionale Wertschätzung
- Echtheit
- Empathie

Die therapeutische Beziehung wirkt auf die Selbstverwirklichung des „Klienten" und hilft ihm bei der Aufarbeitung von Problemen und beim Finden von Lösungen.

17.2.5 Mindmap – Psychotherapie

Eine Übersicht zur Psychotherapie zeigt die Mindmap in **Abb. 17.3**.

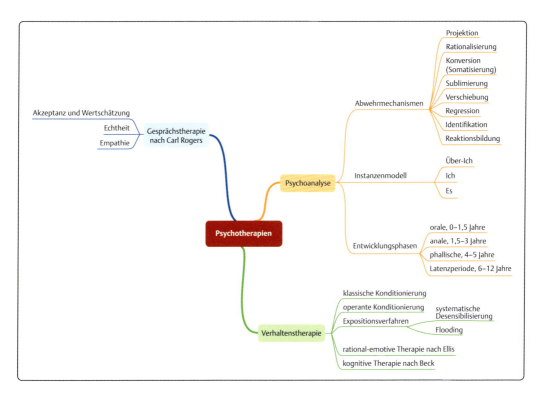

Abb. 17.3 Mindmap – Psychotherapie.

17.3 Hypnosetherapie

Kernstück der klassischen Hypnose sind zielorientierte Suggestionen, mit denen der Betroffene in einen Zustand der Trance versetzt wird, um dann mit weiteren Suggestionen bestimmte Veränderungen bzw. Symptombeseitigungen vorzunehmen.

Hypnose ist als eine Form der Trance so alt wie die Menschheit. Sie wurde bis 1950 als **direkte** Hypnose angewandt; durch Milton Erickson wurde die **indirekte** Hypnose entwickelt und bekannt. In der Zeit um 1890 gab es im Rahmen der Verhaltenstherapie und tiefenpsychologischen Psychotherapie eine weitere Richtungsweisung und Abspaltung der Hypnose. Diese wurde u. a. von den Schulen von Freud und Pawlow maßgeblich beeinflusst.

17.3.1 Was ist Hypnose?

> **⊘ Lerntipp**
>
> Bevor Sie weiterlesen, eine kurz eine Bitte:
> Könnten Sie einmal kurz das Bellen eines Hundes nachahmen oder das Miauen einer Katze?
> Vielen Dank! Falls Sie meiner Bitte gefolgt sind – brauchte ich dafür Hypnose? Macht Hypnose also willenlos oder bewusstlos? Nein.
> Viele Klienten äußern im Vorgespräch ihre Ängste und Bedenken zum Thema Hypnose.
> Viele davon sind geprägt von den Eindrücken der sog. Showhypnose.

Im eigentlichen Sinne wird unter dem Begriff Hypnose „Einfluss nehmen" verstanden. Oft wird das Wort für einen Bewusstseinszustand benutzt, der allerdings, sprachlich korrekt, ein Zustand der Trance ist. Hypnose ist eine Technik, um in die Trance zu führen.

Dieser Trancezustand befindet sich zwischen „wach sein" und „schlafen" und kann mittels EEG gemessen werden. Trance muss nicht zwingend in die Entspannung führen, sondern kann ebenso einen konzentrativen Zustand meinen. Im Schamanismus finden wir Menschen, die sich in einer

Trance befinden und sehr aktiv sind, z. B. im Tanz, beim Trommeln oder Ähnlichem. Haben Sie schon einmal einen Film gesehen und in dem Moment, als der Täter dem Opfer immer näher kommt, gerufen: „Vorsichtig!" Das ist Trance. Ebenso befindet man sich in einer Trance, wenn man der Handlung eines Buches quasi körperlich folgt.

Im „hypnotischen" Zustand konzentriert man sich auf eine oder einige wenige Wahrnehmungen und schließt andere Wahrnehmungen aus.

> **✱ Merke**
>
> Je tiefer die Trance ist, umso empfänglicher ist der Empfänger für Suggestionen. Trance kann durch Suggestion hervorgerufen und vertieft werden (Zwecksuggestionen). Hypnose als Technik wendet Suggestion zur Beeinflussung an – von außen oder als Selbsthypnose. (Eigentlich ist jede Hypnose eine Selbsthypnose.)

Es gibt eine Reihe von **Kontraindikationen**, die bei der Anwendung suggestiver Techniken zu beachten sind:

- sekundärer Krankheitsgewinn
- akute psychische Erkrankungen, z. B. Psychosen, schwere Depressionen, somatoforme Störungen, dissoziative Störungen – Achtung bei Persönlichkeitsstörungen!
- bei Ablehnung einer notwendigen Behandlung
- wenn auf bessere Heilverfahren zurückgegriffen werden kann
- bei nicht erreichbaren Zielen

Selten können Nebenwirkungen auftreten, und es besteht außerdem die Möglichkeit, dass Suggestionen selbst zum Auslöser für Symptome werden:

- Kreislaufentgleisungen wie Kopfschmerzen, Schläfrigkeit oder Schwindel
- „Wegnehmen" von Schmerzen ohne Abklärung
- Schäden durch falsche Suggestionen, z. B. Brandblasen, Stromschläge, Taubheit, Stummsein
- Suggestionen, die Todesangst auslösen
- Rückfall in Abhängigkeiten
- Retraumatisierungen

Die Liste ließe sich beliebig fortsetzen. Vorsicht ist daher immer geboten, wenn Körperfunktionen direkt oder indirekt beeinflusst werden.

17.3.2 Milton Erickson – der Meister der Hypnose

Milton Hyland Erickson (1901–1980) ist der Vater der modernen Hypnotherapie. Er war ein amerikanischer Psychiater und Psychotherapeut, der die moderne Hypnose maßgeblich prägte und deren Einsatz in der Psychotherapie erschloss.

Anhand seiner Biografie lässt sich nachvollziehen, wie er seine eigenen Beeinträchtigungen und Krankheiten so „reframen" (in einen anderen Rahmen setzen) konnte, dass er infolgedessen einer der besten Therapeuten wurde.

> ⬦ **Lerntipp**
>
> Wer in dieses Thema einsteigen möchte, dem empfehle ich dringend, die Biografie von Milton Erickson zu lesen.

„Ich bin der Meinung, dass mein Klient die Freiheit haben sollte, genau das zu tun, was ich ihm auftrage, auf die Art, die ihm am besten gefällt."

Milton Erickson

Erickson ist es zu verdanken, dass Hypnose in der Psychotherapie wieder mehr zum Einsatz kam, nachdem sie durch Sigmund Freuds Ablehnung lange Zeit in den Hintergrund gerückt war. Jedoch lag die Ablehnung von Freud weniger an der Technik, sondern vermutlich daran, dass er aufgrund eines Kieferleidens massive Artikulationsstörungen hatte und nicht richtig verstanden wurde.

Erickson entwickelte einen neuen Ansatz. Dieser betont die Individualität jedes einzelnen Klienten und daraus folgend die Notwendigkeit, für jeden den passenden Ansatz und Zugang zu finden. Dieser Ansatz stand im Kontrast zu den standardisierten und autoritären Methoden, die bis in die 1950er- und 1960er-Jahre vorherrschend waren.

Er betonte ferner die positive Rolle des Unbewussten. Anders als bei Freud ist für Erickson das Unbewusste eine unerschöpfliche Ressource zur kreativen Selbstheilung. Das Unbewusste ist die Quelle von kaum genutzten Erfahrungen des Menschen. Ericksons Ansatz hat zum Ziel, die durch starre Schemata und Denkmuster begrenzte Fähigkeit des Bewusstseins zu erweitern, indem der Hypnotiseur durch spezielle verbale und nonverbale Techniken dem Unbewussten eine Möglichkeit verschafft, die führende Rolle einzunehmen. Gleichzeitig wird es dem Bewusstsein ermöglicht, die unbewussten Selbstheilungskräfte und kreativen Ressourcen zu akzeptieren und zu integrieren.

Ericksons Methode der Hypnotherapie wirkte über Jay Haley bis zu den Begründern des neurolinguistischen Programmierens (NLP), Richard Bandler und John Grinder. Diese haben die Art und Weise, wie Erickson meisterhaft mit Sprache arbeitete, in einem eigenen Modell, dem Milton-Modell, beschrieben.

Schon zu seiner Lebzeit erwarb Erickson den Ruf eines einmaligen Meisters der Hypnose. Seine zahlreichen wissenschaftlichen Veröffentlichungen haben das Denken bezüglich der Hypnose grundlegend revolutioniert.

17.4 Therapeutische Verfahren von A–Z

Hier finden Sie weitere Zusammenfassungen gängiger Therapieverfahren.

17.4.1 Gestalttherapie nach Fritz Perls

Friedrich Salomon Perls (1893–1970), Psychiater und Psychotherapeut, war einer der Begründer der Gestalttherapie. Dazu zählten auch Laura Perls, Paul Goodman und Fritz Perls.

Fritz und Laura Perls, beide Psychoanalytiker, sind in Deutschland geboren und mussten, wie so viele andere Menschen, aus Deutschland fliehen. Sie gingen nach Südafrika und gründeten dort das erste Psychoanalyse-Institut. Nach dem Umzug nach Amerika begannen die Diskussionen und ein Infragestellen der Psychoanalyse.

„Der Grundgedanke der Gestalttherapie ist es, aus Papiermenschen wirkliche Menschen zu machen", berichtet Fritz Perls in überlieferten Tonaufnahmen. Ziel ist es, dass Menschen ihre eigenen Fähigkeiten und Potenziale erkennen und selber ihre Möglichkeiten bestimmen und beeinflussen können. So entwickelte er 1951 die Gestalttherapie. Sie war die erste Therapieform, die der klassischen Psychotherapie die Stirn bieten wollte.

Bei der Gestalttherapie kann der Klient in Rollenspielen Erlebtes, Konflikte oder Begegnungen ausdrücken. Ziel ist es (ähnlich dem Psychodrama), Einfluss auf das Problem zu nehmen, Emotionen zu spüren und freizusetzen, zu verarbeiten und Blockaden zu lösen.

Welche Ereignisse des Lebens wirken immer noch und können als „erledigt" losgelassen werden? Durch diese Freisetzungen werden Energien für den Klienten frei, die er im Hier und Jetzt für sich nutzen kann, um das eigene Lebensskript umzuschreiben.

„Gestalt" ist ein Begriff, der der Gestaltpsychologie entlehnt ist. Dabei geht es nicht um ein manuelles Gestalten, sondern darum, eine Vollständigkeit anzustreben. Die eigenen inneren Anteile (die Gestalten in uns) sollen erkannt werden, um sie dann in den Lebensalltag zu integrieren. Der Therapeut hilft den Klienten, diese Anteile zu finden und unnötige zu verabschieden.

17.4.2 Logotherapie nach Frankl

Laut Dr. Viktor E. Frankl (1905–1997), Psychiater und Philosoph, macht es den Menschen aus, dass er nach Sinn sucht. Der Mensch braucht eine Aufgabe, um über sich hinauszuwachsen.

In der Logotherapie wird der Versuch unternommen, den Rahmen des Geschehens so zu verändern, dass der Mensch einen Sinn erkennen kann. Auch besteht ihr Ziel darin, die eigenen Möglichkeiten, Ressourcen und Fähigkeiten aufzudecken und nicht Defizite oder Verluste. Zu den Methoden gehören der **sokratische Dialog** und die **paradoxe Intervention**.

Der Ansatz ähnelt sehr dem Gedankengut von Aaron Antonovsky, der auf die Salutogenese und Resilienz abstellt (Kap. 2.1).

17.4.3 Paartherapie

> ### 💡 Lerntipp
>
> Im Buch *Komm, ich erzähl dir eine Geschichte* von Jorge Bucay [9] gibt es die Geschichte von Sabrina. Der König heiratete Sabrina vom niedrigen Stand. Als er eines Tages nicht zugegen war, erhielt Sabrina die Nachricht, dass ihre Mutter schwer erkrankt war. Sie nahm, obwohl es bei Todesstrafe verboten war, des Königs Kutsche. Der König erfuhr nach seiner Rückkehr davon und war erfreut, dass Sabrina eine so fürsorgliche Tochter war und sogar ihr Leben riskierte, um ihre Mutter zu pflegen. Ein anderes Mal traf der König Sabrina im königlichen Garten, als sie gerade in den letzten Pfirsich biss. Sie reichte dem König die süße Frucht, seine Begeisterung war groß, dass Sabrina ihm ihre letzte Frucht reichte. – Jahre vergingen und vieles veränderte sich. So äußerte der König eines Tages vor seinen Gefährten, dass Sabrina sich nie wie eine Königin verhalten habe – einmal habe sie einfach die königliche Kutsche benutzt und ein anderes Mal habe sie ihm eine angebissene Frucht gereicht.

Diese Geschichte verdeutlicht sehr schön, wie sich die Paarbeziehung über die Zeit verändert und entsprechend die Sicht auf den Partner. Der Blues kommt heimlich. Jedes 3. Ehepaar lässt sich scheiden. Allerdings geben sich die Paare, die zu einer Therapie gehen, noch eine Chance, sonst wären sie beim Anwalt.

Mögliche Themen sind Geld, Sexualität bzw. keine Sexualität, finanzielle Probleme, verschiedene Entwicklungsrichtungen, fehlende Kommunikation, Alkohol, mangelnde Wertschätzung, kein Vertrauen usw.

Das Ziel der Therapie besteht darin, wieder einen gemeinsamen Nenner zu finden. Die Paare lernen, zu kommunizieren; der Therapeut geht in die Rollen der Anwesenden, wird zum Übersetzer. Wichtig ist das gemeinsame Wollen der Partner. Sie bekommen „Hausaufgaben" und müssen sich beide daran halten. Die Aufgaben dienen dazu, dass die Paare in den Kontakt gehen, im Kontakt bleiben, Neues ausprobieren, sich auch im sexuellen Bereich wieder neu entdecken oder erfinden. Denn eines brauchen Menschen: Liebe!

„Liebe ist für die meisten Menschen also eines der wichtigsten Dinge im Leben. Intuitiv scheinen viele zu erfassen, was mittlerweile wissenschaftlich nachgewiesen ist: Die Zufriedenheit in der Partnerschaft beeinflusst unser allgemein empfundenes Lebensglück. Und das sogar mehr als Gesundheit, Freunde oder unser beruflicher und finanzieller Erfolg. Die Liebe zu meistern, erweist sich allerdings als weitaus schwieriger."

Dirk W. Eilert

17.4.4 Psychodrama nach Jacob Moreno

Das Psychodrama wurde von Jacob Levy Moreno (1889–1974) entwickelt. Darüber hinaus war der Arzt, Psychiater und Soziologe an der Entwicklung der Soziometrie und der Gruppenpsychotherapie beteiligt. Moreno wird als sehr warmherzig und im Kontakt mit Menschen als offen beschrieben; auf der anderen Seite war er provokativ und herausfordernd, um so festgefahrene Lebensmuster bei Menschen zu unterbrechen.

Moreno schreibt in seiner Autobiografie, wie er als junger Medizinstudent zu Sigmund Freud sagte: „Ich beginne, wo Sie aufhören, Dr. Freud." Zum Ausdruck bringen wollte er damit, dass er im natürlichen Umfeld der Klienten tätig war, andere Therapeuten hingegen in der Praxis und somit im „Labor". Moreno sah den Menschen immer im Zusammenhang mit seinem Umfeld.

Seine eigene Leidenschaft für Theatervorstellungen führte dazu, dass er selber begann, mit Theaterstücken zu arbeiten – das „freie" Theater war geboren. Die Zuschauer wurden zu Akteuren der Aufführung. Daraus entwickelte sich eine neue Form der Therapie und der Selbsterfahrung. Die zentrale Grundauffassung war: „Die Wahrheit der Seele ist nur durch Handeln zu ergründen."

Das bedeutet, dass ein Menschen, indem er „nur" über eine erlebte Situation spricht, diese nicht so intensiv ver- und bearbeiten kann, als wenn er sie in einem gestellten Rahmen noch einmal erlebt. Dadurch kann Erlebtes verändert werden.

Um dies zu erreichen, geht der betroffene Mensch auch in die Rollen der anderen beteiligten Akteure und wird z. B. zu Mutter, Vater, Bruder oder Kollege. Der Klient tritt somit als Stellvertreter des Protagonisten (sog. „Alter Ego") auf und spielt reale Situationen (nach). Es kann probiert und getestet werden, was förderlich oder hinderlich ist. Der Therapeut begleitet und unterstützt die Auseinandersetzung in der Szene. Die Klienten schreiben ihre belastenden Situationen „um", können diese reflektieren und in das jetzige Leben integrieren wie bei einem Drehbuch.

Ein wichtiger Begriff des Psychodramas ist die Katharsis (Reinigung, Befreiung), die nach Moreno für Wachstum, Integration und Chancen der Gestaltung steht. Es geht darum, die Emotionen zu spüren, die da waren und die sich verändern dürfen.

17.4.5 Transaktionsanalyse nach Berne

Der Ausgangspunkt der Transaktionsanalyse ist, dass Menschen aus verschiedenen Zuständen heraus kommunizieren. Bei jeder Kommunikation wird jeweils mein Gegenüber in einem bestimmten Teil seines Ich angesprochen und reagiert daraus. Transaktion steht für ein Austauschgeschehen von Menschen, also für Kommunikation.

Die beschriebenen Zustände nach Eric Berne (1910–1970) sind das Eltern-Ich mit seinem schützenden oder kritischen Teil, das Erwachsenen-Ich und das Kind-Ich mit seinen angepassten Anteilen und seinen rebellischen Elementen.

Für ein Gelingen der Kommunikation ist es entscheidend, aus welchem Teil heraus gerade gesprochen wird und bei welchem Teil des Gegenübers die Information ankommt. Die Kommunikation kann z. B. gestört sein, wenn das kritische Eltern-Ich des einen auf den rebellischen Teil des Kind-Ich des anderen trifft.

Nimm deine Umgebung bewusst war: Wo liegt dein Körper auf? Wie fließt der Atem? Atme tief und ruhig weiter. Vielleicht magst du dir vorstellen, wie du beim Einatmen frische Energie aufnimmst und beim Ausatmen alles loslassen kannst, was du loslassen möchtest.

Konzentriere dich nun auf deinen rechten Unterarm und deine rechte Hand. Balle langsam die Hand zur Faust. Der restliche Körper bleibt entspannt. Fühle dabei die Spannung in den Muskeln. Spanne die Muskeln immer stärker an und halte die Spannung für einige Sekunden. Öffne jetzt die Hand und lass sie locker zurück auf den Boden sinken. Fühle, wie sich die Hand und der Arm entspannen.

Konzentriere dich nun auf deinen linken Unterarm und deine linke Hand. Balle langsam die Hand zur Faust und spanne den Unterarm mit an. Spanne die Muskeln immer stärker an und halte die Spannung für einige Sekunden. Dann lass wieder los, öffne die Hand und lass sie locker zurück auf den Boden sinken. Fühle, wie sich die Hand und der Arm entspannen.

Konzentriere dich auf den ganzen rechten Arm und die rechte Hand. Balle langsam die Hand zur Faust und spanne den ganzen Arm mit an. Spanne die Muskeln immer stärker an und halte die Spannung für einige Sekunden. Entspanne Hand und Arm wieder und genieße das Gefühl, das sich im ganzen rechten Arm ausbreitet.

Konzentriere dich nun auf den ganzen linken Arm und die linke Hand. Balle die Hand langsam zur Faust und spanne den ganzen Arm mit an. Spanne die Muskeln immer stärker an und halte die Spannung für einige Sekunden. Entspanne den Arm dann wieder und fühle die Spannung aus dem linken Arm entweichen.

Konzentriere dich nun auf dein Gesicht. Spanne alle Gesichtsmuskeln an: kneif die Augen zusammen, runzel die Stirn, spitz den Mund und beiß die Zähne fest aufeinander, presse die Lippen ebenfalls aufeinander. Halte die Spannung für einige Sekunden. Lass die Gesichtsmuskeln dann wieder locker und spüre, wie sich die Muskeln entspannen. Fühle, wie sich die Lippen entspannen. Wiederhole diesen Teil der Übung dann noch einmal.

Richte deine Aufmerksamkeit jetzt auf die Nacken- und Rückenmuskeln. Ziehe die Schulterblätter zusammen, beuge den Kopf nach vorn und presse den ganzen Körper zu Boden. Spanne die Muskeln noch etwas stärker an und halte die Spannung für einige Sekunden. Entspanne die Muskeln dann wieder und genieße das Gefühl der Entspannung, das sich über die Nacken- und Rückenmuskeln legt. Wiederhole auch diesen Teil der Übung.

Atme jetzt tief ein, noch tiefer und noch ein Stückchen tiefer. Atme dann wieder aus und versuche, alle Luft aus dir herausströmen zu lassen. Atme nochmals tief ein, noch tiefer und noch etwas tiefer. Dein Atem fließt nun ruhig und gleichmäßig.

Konzentriere dich jetzt auf dein rechtes Bein und deinen rechten Fuß. Strecke das Bein und spanne die Beinmuskeln an. Spanne die Muskeln noch etwas mehr an und halte die Spannung für einige Sekunden. Entspanne das Bein wieder und spüre, wie die Anspannung aus dem Bein verschwindet. Wiederhole diesen Teil der Übung.

Konzentriere dich jetzt auf dein linkes Bein und deinen linken Fuß. Strecke das Bein und spanne die Beinmuskeln an. Spanne die Muskeln noch etwas mehr an und halte die Spannung für einige Sekunden. Entspanne das Bein wieder und spüre, wie die Anspannung aus dem Bein verschwindet. Wiederhole auch diesen Teil der Übung.

Überprüfe, ob sich noch Restspannung in einzelnen Muskeln befindet. Entspanne die betreffenden Muskelgruppen bei Bedarf. Jetzt bist du völlig entspannt!

17.5.3 Mandala

Mandalas können zu einer tiefen Entspannung trotz gleichzeitiger Aktivität führen und steigern die Konzentrationsfähigkeit. Sie wurden bereits von C. G. Jung (Schüler von Sigmund Freud) therapeutisch eingesetzt. Das Ausmalen vorgefertigter Mandalas oder das Legen von Mandalas ist ein anderer Zugang zur Entspannung. Mandalas sind „keine Fensterbilder", sie sind rituelle Kreisbilder, die im tibetischen Buddhismus zur religiösen Versenkung dienen. Der Begriff kommt aus dem

Sanskrit und bedeute so viel wie „kein Anfang und kein Ende".

Die besondere Wirkung des Mandala-Malens/-Legens beruht auf der Technik des Malens **und** den Motiven der kreisförmigen Mandalas, in denen alles auf eine Mitte zustrebt oder aus einer Mitte hervorgeht.

Sie benötigen folgendes Material:

- zum Malen: eine Mandala-Vorlage, möglichst viele verschiedenfarbige Buntstifte, Ölkreide, bunte Filzstifte, Wachsmalkreide, Deck- oder Aquarellfarben
- zum Legen: eine Unterlage, möglichst viele verschiedene Gegenstände wie Steine, Blätter, Blütenblätter usw.

Beim Malen sollte die einmal gewählte **Malrichtung** beibehalten werden – sei es von außen nach innen (dies wirkt zentrierend) oder von innen nach außen (dies wirkt öffnend und weitend).

> **💡 Lerntipp**
> Wenn Sie beim Mandala-Malen oder -Legen das Gelesene in Gedanken Revue passieren lassen, können Sie es dadurch weiter festigen und abrufbereit halten.

17.5.4 Imagination

Sie haben die Imagination bereits – falls Sie die Pausenideen umgesetzt haben – selber kennengelernt. Imaginationen sind Bilder, Vorstellungen, Fantasien an unser Unbewusstes. Dabei wird das Ziel verfolgt, mit der Kraft dieser Vorstellungen die entsprechenden Bilder zu erreichen – egal, ob es das „Abspeichern" bzw. „Abrufen" von Gelerntem ist oder ganze Bewegungsabläufe in der Vorstellung „erprobt" werden.

> *„Die Vorstellungskraft ist der Anfang der Schöpfung. Man stellt sich vor, was man will; Man will, was man sich vorstellt; und am Ende erschafft man, was man will."*
>
> Georg Bernard Shaw

17.6 Weitere Behandlungsmöglichkeiten von A–Z

17.6.1 Biofeedback

Eine andere Methode, mit der die willentliche Kontrolle über vegetative Körperfunktionen erlernt werden kann, ist das Biofeedback. Hierbei erlernt der Betroffene, objektiv auf elektronischem Wege hörbar und/oder sichtbar gemachte Körperfunktionen zu beeinflussen. Parameter wie Muskelspannung, Atmung, Hauttemperatur oder Hautwiderstand werden gemessen und dem Klienten rückgemeldet. So erhält er Zugriff auf an sich unbewusst ablaufende Vorgänge und kann diese aktiv beeinflussen.

17.6.2 Cognitive Behavioral Analysis System of Psychotherapy (CBASP)

Die CBASP wurde speziell zur Behandlung chronischer Depressionen entwickelt. Dabei wird das Grunddrama in der Biografie des Klienten aufgearbeitet, um die psychodynamische Situation bei Auslösung der Depression zu rekonstruieren und damit die Wiederbelebung und „reife Bearbeitung" des frühkindlich oder jugendlich erlebten Grunddramas zu ermöglichen.

17.6.3 Elektrokonvulsionstherapie

> **💡 Lerntipp**
> Sie erinnern sich an den bereits erwähnten Film „Einer flog über das Kuckucksnest". In diesem Film sehen Sie sehr beeindruckend die Anwendung der Elektroschocktherapie, die im Film allerdings als Strafe eingesetzt wird. Der schwer zu führende „Patient" McMurphy (gespielt von Jack Nicholson), der eine psychische Erkrankung vortäuscht, um einer Gefängnisstrafe zu entgehen, „zerbricht" an den weiteren Behandlungen.

Die Elektrokonvulsionstherapie (EKT) wurde früher Elektroschocktherapie genannt (Kap. 2.2). Heute wird die Therapie unter kontrollierten, schonenden Bedingungen und Überwachung der Vitalfunktionen durchgeführt. Eine Hirnhälfte erhält Impulse mit ca. 600 mA (Milliampere) Wechselstrom, durch die für 20–30 s ein epileptischer Anfall ausgelöst wird. Der Patient ist dabei anästhesiert, die Muskeln sind relaxiert. Üblich sind 8–12 Behandlungen im Abstand von ca. 3 Tagen.

Diese nachgewiesen wirksame und unter heutigen Bedingungen nebenwirkungsarme Therapie findet Anwendung bei Patienten mit schweren depressiven Episoden und schweren Komplikationen im Rahmen einer Schizophrenie. In diesen Fällen kann die EKT lebensrettend sein.

17.6.4 Eye Movement Desensitization and Reprocessing (EMDR)

EMDR bedeutet übersetzt „Augenbewegungs-Desensibilisierung und Wiederaufbereitung". Diese Methode wurde von der Psychologin Francine Shapiro für traumatisierte Menschen entwickelt, die 1987 die entlastende Wirkung von Augenbewegungen entdeckte.

> **⚫ Lerntipp**
> Sie haben bereits gelesen, dass bei der Verarbeitung von Ereignissen Emotionen eine große Rolle spielen. Erinnern Sie sich bitte an den Aufbau des Gehirns: Über alle Sinne nehmen wir alle Informationen auf. Über die Amygdala gelangen die Informationen über das Emotionszentrum (limbische System) zum Großhirn. Dort werden sie vorwiegend nachts in den sog. REM-Phasen verarbeitet (Kap. 9.2). Der Volksmund sagt: „Lass uns mal eine Nacht darüber schlafen." Des Weiteren erinnern wir uns über Emotionen – je intensiver diese sind, umso stärker ist die Erinnerung daran. Die meisten von uns erinnern sich z. B. noch sehr gut daran, was sie am 11. September 2001 getan haben. Die Bilder des Grauens sind für viele abrufbar.

Es gibt Ereignisse, die ein emotionales Trauma hinterlassen. Eine Ver- und Bearbeitung konnte nicht stattfinden. Diese Erlebnisse zeigen sich durch wiederkehrende Bilder, Gefühle und auch körperliche Reaktionen (Kap. 8.4), d. h., die Erinnerungen drängen sich immer wieder auf. Entscheidend ist, wie der Ver- und Bearbeitungsprozess stattfindet. Werden Erlebnisse zur Erinnerung, wirken die Emotionen auch in anderen Situationen und/oder blockieren sie.

Das EMDR, die Augenbewegungen, entlasten das Gehirn, unterstützen bei der Ver- und Bearbeitung. Indem die in den REM-Phasen stattfindenden Augenbewegungen im Wachzustand bei der Erinnerung an ein belastendes Ereignis ausgeführt werden, kommt es zur deutlichen Entlastung bei den Klienten. Die Schwere der Erinnerung, der Emotionen tritt durch die bilaterale Stimulation beider Hirnhälften in den Hintergrund.

Während der Sitzung erinnert sich der Klient an das belastende Ereignis, dabei folgt er mit den Augen den Fingerbewegungen des Therapeuten (winkende, gerade regelmäßige Bewegungen vor den Augen im Abstand von ca. 30 cm). Die belastenden Bilder des Klienten geraten dadurch in den Hintergrund. Die Augenbewegungen während des Erinnerns sind der Schlüssel für die Veränderung.

17.6.5 Lichttherapie

> **⚫ Lerntipp**
> Bei welchen psychischen Krankheitsbildern wird Licht eine Therapieform sein?
> Richtig, bei Störungen, die durch einen Mangel an Helligkeit bedingt sind, wie saisonale Depressionen.

Die Lichttherapie wird bei Menschen angewendet, die depressive Symptome vorwiegend im Frühjahr/Winter, also an kurzen Tagen, erleben. Es dürfte jedem vertraut sein, dass lange trübe Herbst- und Wintertage auf die Stimmung drücken können. Werden im Frühling die Tage wieder länger, ist auch das Gemüt wieder leichter.

Die Schwere der Symptome ist allerdings bei Weitem nicht so ausgeprägt wie beim Vorliegen einer depressiven Störung.

Klienten sitzen mindestens 3-mal pro Woche für ca. 30–120 min vor einer speziellen Lichtquelle. Wichtig ist dabei, dass die betroffenen Menschen direkt in die Lichtquelle schauen. Das helle Licht muss über die Retina aufgenommen werden, um zu wirken.

17.6.6 Mimikresonanz

Für den Erfolg von Gesprächen und zum Aufbau einer therapeutischen Beziehung ist es entscheidend, zu erkennen, wie sich Ihr Klient fühlt. Wenn Sie als Therapeut oder Coach sog. Mikroexpressionen erkennen können, nehmen Sie besser wahr, dass und welche Gefühle Ihre Klienten bewegen und finden somit einen Ansatz für erfolgreiche Veränderungsprozesse. Als Gesprächspartner erhalte ich Hinweise auf eine Emotion, keine Beweise. Diesen Hinweisen muss der Therapeut weiter nachgehen, z. B. durch empathisches Nachfragen. Dieses Erkennen und der ressourcenvolle Umgang damit sind die Hauptpfeiler der von Dirk W. Eilert entwickelten Mimikresonanz ([18], [19]).

Studien haben gezeigt, dass die Mimik direkt mit dem limbischen System (Emotionszentrum) des Gehirns verbunden ist (Kap. 1.5.1). Das bedeutet, eine Emotion entsteht und wird über die Mimik in Bruchteilen von Sekunden sichtbar als Mikroexpression oder subtil in nur Teilbereichen des Gesichts oder als Makromimik. Letzteres sind Gesichtsausdrücke, die länger als 500 ms sichtbar sind. Sie treten auf, wenn jemand ein Gefühl weder verbergen noch unterdrücken möchte. Umgekehrt zeigt sich die Vernetzung der mimischen Bewegungen mit dem Emotionszentrum auch, indem eine Bewegung der Mimik eine Aktivität im Emotionszentrum zur Folge hat.

Die **Abb. 17.5** zeigt die „Basisemotionen", die kulturübergreifend gleich aussehen. Diese Beob-

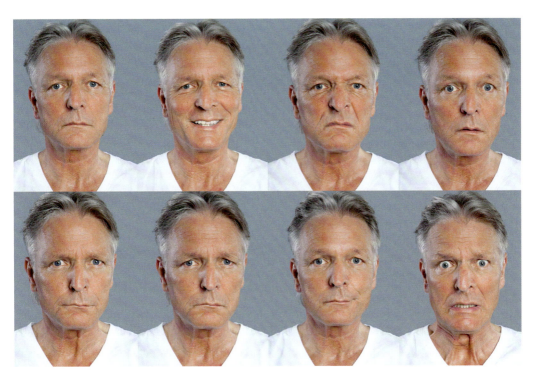

Abb. 17.5 Neutraler Gesichtsausdruck, Freude, Ekel, Überraschung, Ärger, Trauer, Verachtung und Angst (in der Reihenfolge der Darstellung).

achtung geht bereits auf Charles Darwin zurück und wurde u. a. eingehend von Paul Ekman untersucht.

Emotionen treten dann auf, wenn für den Betroffenen ein Thema wichtig ist. Folglich gilt: Je wichtiger ein Thema ist, desto stärker sind die damit verbundenen Gefühle. Dazu gehören besonders die Bereiche des persönlichen Erlebens wie Familie, Beruf und Hobbys. In einer Therapie geht es in der Regel für einen Klienten um wichtige Ziele oder Probleme. Er wird also gefühlsmäßig betroffen sein und sehr wahrscheinlich Mikroexpressionen zeigen – insbesondere bei inneren Konflikten.

> ✱ **Merke**
>
> Entscheidend ist das, was der Betroffene glaubt, nicht das, was er tatsächlich erwartet.

Zu beachten sind folgende Punkte:
- Trennen Sie die Beobachtung von Interpretationen.
- Die Mimik verrät uns **nie**, warum ein Gefühl auftritt!
- Auch die Abwesenheit von mimischen Signalen gibt Ihnen Informationen.

In emotional getragenen Themen kann eine Person trotz der „Ladung" neutral reagieren. Auch dies ist eine Beobachtung und liefert Informationen. Darüber hinaus gibt es verschiedene Gründe, die ggf. eine sichtbare Emotion/Muskelbewegung verhindern. Dazu gehören Krankheitsbilder wie das Parkinson-Syndrom oder Behandlungen im Stirnbereich mit Botox [29].

Weitere Bereiche der Mimikerkennung im Kontakt mit Klienten liegen auf der Hand: Wie reagiert der Klient emotional bei entwickelten Lösungsansätzen? Wie ist die emotionale Dynamik mehrerer Gesprächspartner, z. B. in der Paartherapie?

17.6.6.1 Sensorisches Feedback der Mimik

Nicht nur das Erkennen der Emotionen ist ausschlaggebend für den weiteren Verlauf einer Therapie, auch die Klienten werden von den mimischen Signalen des Therapeuten beeinflusst. Dieses Phänomen ist die Grundlage der Empathiefähigkeit und wird auch „sensorisches Feedback der Mimik" genannt. Denn wir ahmen in einer Unterhaltung ständig die Mimik unserer Gesprächspartner nach. Das passiert unbewusst. Und durch diese Nachahmung bekommen wir automatisch ein Gefühl dafür, was in der anderen Person vorgeht.

Daher ist es wichtig, für die eigenen mimischen Signale sensibel zu sein. Mit welchen Emotionen reagiere ich auf das Gesagte der Klienten? Bin ich als Therapeut kongruent, d. h. stimmig, in meinen Aussagen?

17.6.6.2 Mimikresonanz für Menschen mit Demenz (MRMD)

MRMD ist ein Konzept für alle Akteure, die in der Begegnung mit Menschen mit Demenz tätig sind. Dazu gehören Pflegende und Betreuende ebenso wie Angehörige oder Therapeuten. Ziel des Konzepts ist es, das Denken, Fühlen und Verhalten des Menschen erkennen, beschreiben und vor allem verstehen zu wollen. Es kann niemals die ganze Wirklichkeit erfasst werden. MRMD ist als Angebot zu verstehen, welches die Weichen in der Begegnung stellen kann, mit dem Ziel, für alle Beteiligten die Lebensqualität zu erhalten bzw. wiederherzustellen.

Wie Sie bei den demenziellen Erkrankungen gelesen haben, verändern sich die kognitiven Fähigkeiten (Kap. 4.2.1). Das Rekonstruieren und das Erfassen von Komplexität gehen verloren – **was bleibt, sind Gefühle!** Emotionen finden ihren Weg, sie werden ausgedrückt, sowohl körpersprachlich wie auch in der Stimme, selbst wenn Worte fehlen, und entscheidend im mimischen Ausdruck.

Diese Form der Kommunikation sollte verstanden und richtig übersetzt werden. Der betroffene Mensch drückt sich in jedem Stadium seiner Erkrankung aus, möchte wertgeschätzt werden. Gelingt dies in der Begegnung nicht, kommt es zur Beeinträchtigung der Lebensqualität. Mimikresonanz für Menschen mit Demenz bietet eine Möglichkeit des empathischen Kontakts.

17.6.7 Neurolinguistisches Programmieren (NLP)

Das NLP ist ein Modell von Sprache. N steht für Neuro, L für Linguistik und P für Programmieren.

Was bedeutet das? Menschen nehmen über ihre 5 Sinne die Welt wahr und speichern sie neuronal ab. Durch Sprache wird diese innere Erfahrung übersetzt und verliert bzw. verändert sich durch Verzerrungen, Generalisierungen und Tilgung von Informationen. Jede Erfahrung wird in einer bestimmten Reihenfolge abgespeichert: VAKOG (wie bereits eingangs in Kap. 1.2 beschrieben) oder AKVOG oder als andere Variante. Diese eigene Reihenfolge (Präferenz) ist bei jedem Menschen individuell ausgeprägt. Durch benutzte Begriffe sind diese Präferenzen z. B. hörbar. Beispiel: Der Visuelle sieht das Gras wachsen, der Kinästhet fühlt das Gras wachsen und der Auditive hört das Gras wachsen.

Erlernte Strategien wiederholen sich und werden zu festen Bestandteilen im Verhalten des Menschen – sie werden zu Programmen. Diese Programme können durch Veränderungen der inneren Abläufe, Übersetzungen der inneren Bilder modifiziert werden. Dabei werden beim NLP Veränderungen durch den gezielten Einsatz der Sprache bewirkt.

Die Begründer dieser Methode sind u. a. der Mathematiker Richard Bandler und der Linguist John Grinder. Ihr Ziel war es, schnelle Veränderungen bei Menschen zu erreichen und ihre Stärken und Fähigkeiten zu heben. Sie stellten sich die Frage, wer zur damaligen Zeit Sprache brilliant einsetzen konnte. Das waren der Hypnosetherapeut Milton Erickson, die Familientherapeutin Virginia Satir und der Gestalttherapeut Fritz Perls.

Folgende Grundannahmen liegen dem NLP zugrunde:

1. Der Mensch kann nicht nicht kommunizieren.
2. Sinn und Bedeutung der Kommunikation liegen in der tatsächlichen Reaktion, die man erhält.
3. Menschen reagieren auf ihre Landkarte der Realität, nicht auf die Realität selbst. Verhaltensänderung setzen daher eine Änderung der Landkarte voraus.
4. In jedem System wird das Element mit der größten Verhaltensflexibilität das bestimmende Element sein.
5. Menschen verhalten sich stets auf die beste ihnen mögliche Art und Weise.
6. Jedes Verhalten ist in irgendeinem Kontext nützlich.
7. Entscheidungsmöglichkeiten zu haben, ist besser, als keine zu haben.
8. Menschen verfügen stets über alle Fähigkeiten, die sie für Lernen und Veränderung benötigen. Was sie brauchen, ist ein Zugang zu diesen Fähigkeiten zur richtigen Zeit und an der richtigen Stelle.
9. Es gibt keine Fehler, sondern nur Feedback.
10. Kritik sollte sich stets nur auf das Verhalten des Menschen richten, nicht auf seine Identität.

17.6.8 Schlafentzugsbehandlung

Lerntipp

Haben Sie schon einmal nachts gearbeitet, ggf. mehr als eine Nacht? Was passiert? Irgendwann wird man müde und über einen gewissen Punkt hinausgehend wieder sehr wach. Der Körper „weiß", Sie müssen durchhalten und hält Sie wach.

Das Gehirn schüttet Hormone aus, die zu einer Verbesserung der Stimmung führen. Dies macht man sich bei der Schlafentzugstherapie zunutze. Diese Art gibt es in 2 Formen:

1. Beim teilweisen Schlafentzug stehen die Klienten bei einer festgelegten Zeit wieder auf, sind also in der 2. Nachthälfte wach.
2. Beim vollständigen Schlafentzug darf der Klient mindestens 24 h nicht schlafen.

Beides wird in der Regel in einer Klinik stattfinden und professionell begleitet. Einfach mal nicht zu schlafen, hat nichts mit der Therapieform zu tun.

17.6.9 Wingwave-Coaching

Wingwave ist ein Kurzzeit-Coaching-Verfahren, das 2001 von den beiden Psychologen Cora Besser-Siegmund und ihrem Mann Harry Siegmund entwickelt wurde. Wingwave setzt sich zusammen aus
- dem EMDR (Kap. 17.6.4),
- einem Muskeltest sowie
- dem NLP (Kap. 17.6.7).

Um die Emotionen, die zu einem bestimmten Ereignis gehören, zu identifizieren, wird der sog. O-Ring-Test genutzt. Der Klient hält dazu den Daumen und den Ringfinger wie ein O zusammen, während der Coach gezielte Fragen stellt und dabei versucht, diesen Ring zu öffnen. Gelingt dies, weist die in diesem Moment reduzierte Muskelkraft auf das Vorliegen eines Stressors hin.

Das NLP gehört dazu, um die Ressourcen und das Selbstmanagement des Klienten zu stärken und ihn mit allen seinen Sinnen in die Situation zu führen.

⏸ Pause

Haben Sie eine Schatzkiste, eine reale oder eine imaginative? Falls ja, schauen Sie sich in Ihrer Schatzkiste um. Was haben Sie alles schon erreicht, erlebt, gesehen? Gehen Sie ganz intensiv in diese positiven Erinnerungen und lassen Sie diese auf sich wirken.

Falls Sie keine Schatzkiste haben, legen Sie sich eine zu – entweder real oder in Ihrer Imagination. Wie sieht die Kiste aus? Welche Farben hat sie, aus welchem Material besteht sie (innen und außen)? Wie fühlt sie sich an? Ist sie schwer? Wie hört es sich an, wenn Sie den Deckel öffnen? Hat sie vielleicht einen typischen Geruch? Wenn Sie Ihre Schatzkiste erstellt haben, legen Sie dort alles hinein, was Sie unterstützt, Ihre Ziele zu erreichen.

17.6.10 Mindmap – weitere Behandlungsmöglichkeiten

Eine Übersicht zu den weiteren Behandlungsmöglichkeiten zeigt die Mindmap in **Abb. 17.6**.

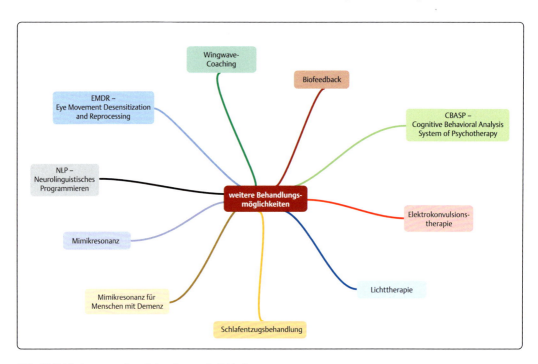

Abb. 17.6 Mindmap – weitere Behandlungsmöglichkeiten.

Prüfungsfragen

Medikamente

1. Welche Aussage zu Lithium trifft zu?

a) Lithium gehört zur Medikamentengruppe der Phasenprophylaktika.
b) Lithium besitzt eine hohe therapeutische Breite.
c) Grippale Infekte beeinflussen die Lithiumwirkung nicht.
d) Die therapeutische Wirkung von Lithium setzt innerhalb weniger Minuten ein.
e) Lithium hat in erster Linie eine antriebssteigernde Wirkung.

2. Welche der folgenden Aussagen zu Negativsymptomatik (Minus-Symptomatik) bei psychischen Störungen treffen zu?

1. Negativsymptome sind typisch für ein schizophrenes Residuum.
2. Negativsymptome lassen sich vor allem durch Psychoanalyse günstig beeinflussen.
3. Versündigungswahn ist ein typisches Negativsymptom.
4. Differenzialdiagnostisch muss an Nebenwirkungen von Neuroleptika gedacht werden.
5. Eine ausgeprägte Negativsymptomatik ist hinsichtlich der langfristigen Prognose einer Schizophrenie als eher günstig anzusehen.
a) Nur die Aussagen 1 und 2 sind richtig.
b) Nur die Aussagen 2 und 3 sind richtig.
c) Nur die Aussagen 1, 3 und 4 sind richtig.
d) Nur die Aussagen 1, 4 und 5 sind richtig.
e) Nur die Aussagen 2, 3, 4 und 5 sind richtig.

3. Welche der folgenden Nebenwirkungen können bei der Therapie mit Lithiumpräparaten auftreten?

1. Tremor
2. vermehrte Harnausscheidung (Polyurie)
3. Gewichtszunahme
4. Übelkeit
5. gesteigertes Durstempfinden
a) Nur die Aussagen 1 und 4 sind richtig.

b) Nur die Aussagen 3 und 5 sind richtig.
c) Nur die Aussagen 1, 3 und 4 sind richtig.
d) Nur die Aussagen 2, 4 und 5 sind richtig.
e) Alle Aussagen sind richtig.

4. Ein Klient wird von seinem Psychiater mit Lithium behandelt. An welche der folgenden Erkrankungen müssen Sie am ehesten denken? (2 Antworten)

a) hirnorganisches Psychosyndrom
b) Manie
c) Intelligenzminderung
d) Alkoholkrankheit
e) bipolare affektive Störung

5. Welche der folgenden Aussagen zu Benzodiazepinen treffen zu? (2 Antworten)

a) Kurz wirksame Benzodiazepine führen deutlich langsamer zu einer Toleranzentwicklung als länger wirksame Benzodiazepine.
b) Im Gegensatz zum Alkoholentzug treten beim Entzug von Benzodiazepinen keine vegetativen Symptome auf.
c) Nach Absetzen von Benzodiazepinen können Krampfanfälle auftreten.
d) Charakteristisch für den Entzug ist ein ausgeprägtes Müdigkeitsgefühl.
e) Ältere Patienten können paradox auf Tranquilizer mit Erregungszuständen, Schlaflosigkeit oder feindseligem Verhalten reagieren.

Therapieverfahren

1. Durch welchen Begriff ist das folgende gezeigte nonverbale Schmerzverhalten am ehesten zu erklären?

In Ihrer Praxis erscheint eine 25-jährige Frau mit Rückenschmerzen (eine organische Ursache ist ausgeschlossen). Beim Betreten des Sprechzimmers hinkt sie, reibt sich vermehrt die schmerzende Stelle und nimmt beim Sitzen eine Schonhaltung ein. Bei der Anamnese berichtet sie u. a., dass sie ihr Mann entlaste sowie den Haushalt erledige, wenn sie Schmerzen habe.

a) klassische Konditionierung
b) Modelllernen
c) primäre Verstärkung
d) Reizgeneralisierung
e) Reizabschwächung

2. Welche der folgenden Verfahren zählen zu den Psychotherapieverfahren?

1. Hypnose
2. Gestalttherapie
3. Elektrokrampftherapie
4. Psychodrama
5. Homöopathie
a) Nur die Aussagen 1 und 2 sind richtig.
b) Nur die Aussagen 1 und 4 sind richtig.
c) Nur die Aussagen 3 und 5 sind richtig.
d) Nur die Aussagen 1, 2 und 4 sind richtig.
e) Alle Aussagen sind richtig.

3. Welche Aussage zur progressiven Muskelrelaxation (PMR) trifft zu?

a) Ziel ist eine konzentrative Amnesie.
b) Vorrangiges Ziel ist die Reduktion der Atemfrequenz.
c) Das Verfahren ist durch willentliche und bewusste An- und Entspannung von Muskelgruppen charakterisiert.
d) Bei akuten psychotischen Patienten wirkt es sich günstig auf die Gespanntheit aus.
e) Die progressive Muskelrelaxation (PMR) ist die Methode der Wahl zum Abbau von Zwangshandlungen.

4. Welche der folgenden therapeutischen Techniken gehören zu den typischen verhaltenstherapeutischen Verfahren?

1. Reizkonfrontation
2. Training sozialer Kompetenz
3. Hypnose
4. kognitive Therapie
5. Genogramm (grafische Darstellung einer Familie)
a) Nur die Aussagen 1 und 4 sind richtig.
b) Nur die Aussagen 1, 2 und 4 sind richtig.
c) Nur die Aussagen 1, 2 und 5 sind richtig.

d) Nur die Aussagen 2, 3 und 4 sind richtig.
e) Alle Aussagen sind richtig.

5. Die Vermittlung des autogenen Trainings sollte unterbleiben bei …

a) epileptischen Anfällen in der Vorgeschichte.
b) metabolischem Syndrom mit Übergewicht, Bluthochdruck und Diabetes mellitus.
c) Intelligenzminderung 2. Grades.
d) schweren Konzentrationsstörungen.
e) enttäuschenden Erfahrungen mit anderen Selbstbehandlungsmethoden.

6. Welche der folgenden Aussagen zu verhaltenstherapeutischen Verfahren treffen zu?

1. Training sozialer Kompetenz
2. Habituationstraining
3. systematische Desensibilisierung
4. Exposition in sensu
5. sokratischer Dialog
a) Nur die Aussagen 2 und 3 sind richtig.
b) Nur die Aussagen 1, 3 und 4 sind richtig.
c) Nur die Aussagen 2, 4 und 5 sind richtig.
d) Nur die Aussagen 1, 2, 3 und 4 sind richtig.
e) Alle Aussagen sind richtig.

7. Die Behandlungsbefugnis von Inhabern einer auf das Gebiet der Psychotherapie beschränkten Heilerlaubnis beinhaltet grundsätzlich …

1. die Anwendung von Hypnose.
2. die Anwendung wissenschaftlich anerkannter Psychotherapieverfahren.
3. die Feststellung einer psychischen Erkrankung.
4. die Stellung einer Diagnose im Sinne der ICD-10.
5. die Verordnung von rezeptpflichtigen Psychopharmaka.
a) Nur die Aussage 1 ist richtig.
b) Nur die Aussagen 1 und 3 sind richtig.
c) Nur die Aussagen 2 und 3 sind richtig.
d) Nur die Aussagen 1, 2 und 5 sind richtig.
e) Nur die Aussagen 1, 2, 3 und 4 sind richtig.

8. Welche Aussage zur systematischen Desensibilisierung ist korrekt?

a) Sie ist die Methode der Wahl zum Abbau von Zwangshandlungen.
b) Sie ist bei Kindern und Jugendlichen kontraindiziert.
c) Sie findet bei Phobien Anwendung.
d) In der Regel wird sie mit der Gabe von Antidepressiva kombiniert.
e) Es handelt sich um ein tiefenpsychologisches Verfahren.

9. Was zählt zu den Abwehrmechanismen?

1. Symboldeuten
2. Rationalisierung
3. Verschiebung
4. Gedankensperrung
5. Isolierung
a) Nur die Aussagen 1 und 2 sind richtig.
b) Nur die Aussagen 2 und 3 sind richtig.
c) Nur die Aussagen 1, 3 und 5 sind richtig.
d) Nur die Aussagen 2, 3 und 5 sind richtig.
e) Nur die Aussagen 3, 4 und 5 sind richtig.

10. Welche der folgenden Strategien sind Abwehrmechanismen?

1. Regression
2. Autosuggestion
3. Projektion
4. Verschiebung
5. Imitation
a) Nur die Aussagen 1, 2 und 3 sind richtig.
b) Nur die Aussagen 1, 2 und 4 sind richtig.
c) Nur die Aussagen 1, 3 und 4 sind richtig.
d) Nur die Aussagen 2, 3, 4 und 5 sind richtig.
e) Alle Aussagen sind richtig.

Entspannungsverfahren

1. Welche Aussage zum autogenen Training trifft zu?

a) Verhaltenstherapie bei Angststörung
b) Eheberatung bei Beziehungskrise
c) Beratung über die Schullaufbahn bei Lernstörungen
d) Flooding bei Spinnenphobie
e) Vortragtätigkeit mit Erteilung allgemein gehaltener gesundheitlicher Ratschläge

2. Welche Maßnahme ist bei folgender Fallbeschreibung vordringlich erforderlich?

Eine 45-jährige Frau mit der Diagnose einer akuten Belastungsreaktion kommt zu Ihnen mit dem Wunsch, das autogene Training zu erlernen. Im Rahmen der Anamneseerhebung schildert Sie Ihnen, heute Morgen sei sie sogar dermaßen im Stress gewesen, dass ihr für einige Minuten schwarz auf dem rechten Auge geworden und ihr beim Abspülen ein Teller aus der Hand gefallen sei.

a) Erhebung der vollständigen soziobiografischen Anamnese
b) Psychoedukation zu den theoretischen Konzepten von Stress und Burn-out
c) Beginn der Einübung des autogenen Trainings mit der Vermittlung der Schwereübung
d) Herstellung einer tragfähigen therapeutischen Beziehung
e) fachärztliche Abklärung

3. Bei wem kommt eine progressive Muskelentspannung nach Jacobson in Betracht?

1. Patienten mit Schlafstörungen
2. Patienten mit akuter Schizophrenie
3. Patienten mit Angststörungen
4. Patienten mit chronischen Schmerzen
5. Patienten mit arterieller Hypertonie
a) Nur die Aussagen 1, 2 und 3 sind richtig.
b) Nur die Aussagen 1, 4 und 5 sind richtig.
c) Nur die Aussagen 2, 3 und 4 sind richtig.
d) Nur die Aussagen 1, 3, 4 und 5 sind richtig.
e) Alle Aussagen sind richtig.

18 Psychiatrische Notfälle

Ein Notfall ist ein Zustand des Klienten, der eine direkte, sofortige Handlung erfordert.

18.1 Akute Suizidalität

Die akute Suizidalität zählt zu den häufigsten Notfällen. Was ist zu tun, wenn ein Klient akut betroffen ist? Den Notfallplan finden Sie in Kap. 16. Im akuten Fall sollten Sie den Klienten direkt in ein psychiatrisches Krankenhaus einweisen lassen. Dabei gibt es 2 Möglichkeiten:

1. Der Patient erkennt selber, dass eine Behandlung erforderlich ist, und begibt sich in ein psychiatrisches Krankenhaus.
2. Der Patient erkennt die Notwendigkeit nicht und verweigert eine Behandlung. Er kündigt direkt an, sich etwas anzutun. In diesem Fall müssen Sie die Polizei verständigen, die eine Einweisung gegen den Willen des Klienten veranlassen kann (Kap. 19.4).

18.2 Angst- und Panikattacke

Sollte ein Klient in Ihrer Praxis eine Panikattacke bekommen, können Sie in der Regel nicht unterscheiden, ob es sich nicht vielleicht doch um einen Herzanfall handelt. Im Zweifel sollte immer ein Notarzt einbestellt werden.

Legen Sie eine Plastiktüte in erreichbare Nähe in die Praxis. Falls ein Klient hyperventiliert, können Sie ihn in diese Tüte atmen lassen.

18.3 Erregungszustände

Diese Zustände zeigen sich in einem gesteigerten, meist ziellosen Antrieb und affektiver Enthemmung und Kontrollverlust.

18.4 Intoxikation

Sollte ein Klient eine akute Vergiftung haben, dürfen Sie keine Therapie durchführen. Je nach Substanz sorgen Sie bitte dafür, dass der Klient sicher nach Hause oder ggf. in ein Krankenhaus kommt.

Immer wieder werden bei der mündlichen Überprüfung Fragen gestellt, was zu tun ist, wenn ein Klient Ihnen 5 g Marihuana auf den Tisch legt. Grundsätzlich ist der Erwerb und der Besitz von Betäubungsmitteln, zu denen die Cannabisprodukte gehören, nach § 29 Betäubungsmittelgesetz strafbar. Dabei spielt es keine Rolle, ob man die Droge zum Eigenverbrauch besitzt oder sie weiterverkaufen will. Die erlaubte Menge richtet sich nach Bundesland, in NRW sind es z. B. 10 g.

Grundsätzlich müssen Sie sich an Ihre Schweigepflicht halten.

> **⏸ Pause**
> Was halten Sie von einer Hand- und/oder Fußmassage? Holen Sie sich dazu eine angenehm anfühlende und wohlriechende Creme. Massieren Sie dann mit leichtem Druck Ihre Hände/Füße und genießen Sie jede Berührung.

19 Gesetze/Recht

Das Rechtssystem dient in erster Linie dem Schutz des Klienten. So wie das Heilpraktikergesetz die Voraussetzungen und die Inhalte für die Überprüfung regelt, wenden weitere Gesetze Schaden vom Klienten ab – teilweise, bei Eigen- oder Fremdgefährdung, auch gegen den Willen des Betroffenen. Dazu gehören das Betreuungs- und Unterbringungsgesetz.

19.1 Gesetz über die berufsmäßige Ausübung der Heilkunde ohne Bestallung (Heilpraktikergesetz)

Für die Ausübung der Heilkunde bestehen in Deutschland klare Gesetze. Das Heilpraktikergesetz vom 17.02.1939 regelt die Ausübung der Heilkunde.

 Merke
Das bedeutet, sollte keine Erlaubnis vorliegen, darf keine Behandlung/Therapie stattfinden.

Es folgt der Originaltext zu den §§ 1–8; zuletzt geändert durch Art. 15 G v. 23.10.2001 I 2702 (Bundesministerium der Justiz und für Verbraucherschutz in Zusammenarbeit mit der juris GmbH – http://www.gesetze-im-internet.de/heilprg/).

Gesetze und Verordnungen

Gesetz über die berufsmäßige Ausübung der Heilkunde ohne Bestallung (Heilpraktikergesetz)

§ 1

(1) Wer die Heilkunde, ohne als Arzt bestallt zu sein, ausüben will, bedarf dazu der Erlaubnis.

(2) Ausübung der Heilkunde im Sinne dieses Gesetzes ist jede berufs- oder gewerbsmäßig vorgenommene Tätigkeit zur Feststellung, Heilung oder Linderung von Krankheiten, Leiden oder Körperschäden bei Menschen, auch wenn sie im Dienste von anderen ausgeübt wird.

(3) Wer die Heilkunde bisher berufsmäßig ausgeübt hat und weiterhin ausüben will, erhält die Erlaubnis nach Maßgabe der Durchführungsbestimmungen; er führt die Berufsbezeichnung „Heilpraktiker".

§ 2

(1) Wer die Heilkunde, ohne als Arzt bestallt zu sein, bisher berufsmäßig nicht ausgeübt hat, kann eine Erlaubnis nach § 1 in Zukunft... erhalten.

(2) Wer durch besondere Leistungen seine Fähigkeit zur Ausübung der Heilkunde glaubhaft macht, wird auf Antrag des Reichsministers des Innern durch den Reichsminister für Wissenschaft, Erziehung und Volksbildung unter erleichterten Bedingungen zum Studium der Medizin zugelassen, sofern er seine Eignung für die Durchführung des Medizinstudiums nachweist.

§ 3 Die Erlaubnis nach § 1 berechtigt nicht zur Ausübung der Heilkunde im Umherziehen.

§ 4 –

§ 5 Wer, ohne zur Ausübung des ärztlichen Berufs berechtigt zu sein und ohne eine Erlaubnis nach § 1 zu besitzen, die Heilkunde ausübt, wird mit Freiheitsstrafe bis zu einem Jahr oder mit Geldstrafe bestraft.

§ 5a

(1) Ordnungswidrig handelt, wer als Inhaber einer Erlaubnis nach § 1 die Heilkunde im Umherziehen ausübt.

(2) Die Ordnungswidrigkeit kann mit einer Geldbuße bis zu zweitausendfünfhundert Euro geahndet werden.

§ 6

(1) Die Ausübung der Zahnheilkunde fällt nicht unter die Bestimmungen dieses Gesetzes.

(2)

§ 7 Der Reichsminister des Innern erläßt... die zur Durchführung... dieses Gesetzes erforderlichen Rechts- und Verwaltungsvorschriften.

§ 8

(1) Dieses Gesetz tritt am Tag nach der Verkündung in Kraft.

(2) Gleichzeitig treten § 56a Abs. 1 Nr. 1 und § 148 Abs. 1 Nr. 7a der Reichsgewerbeordnung, soweit sie sich auf die Ausübung der Heilkunde im Sinne dieses Gesetzes beziehen, außer Kraft.

19.2 Berufsordnung für Heilpraktiker (BOH)

Die Berufsverordnung für Heilpraktiker wird vom Bund Deutscher Heilpraktiker e. V. zur Verfügung gestellt unter der Adresse https://www.bdh-online. de/, Rubrik: Service, HP-Recht und Gesetze.

Es folgt die Originalfassung.

Artikel 1 – Berufsgrundsätze

1. Heilpraktiker dienen der Gesundheit des einzelnen Menschen sowie der gesamten Bevölkerung. Sie üben ihre berufliche Tätigkeit nach bestem Wissen und Gewissen sowie nach den Erfahrungen der heilkundlichen Überlieferungen und dem jeweiligen Erkenntnisstand der Heilkunde aus. Heilpraktiker haben den hohen ethischen Anforderungen ihres freien Heilberufs gerecht zu werden und alles zu vermeiden, was dem Ansehen des Berufsstandes schaden könnte.

2. Heilpraktiker üben einen freien Beruf aus und behandeln ihre Patienten eigenverantwortlich. Sie müssen in ihrer namentlichen Eigenverantwortlichkeit auf Schildern und Schriftstücken stets für den Patienten erkennbar sein.

Artikel 2 – Berufspflichten

1. Heilpraktiker verpflichten sich, ihren Beruf gewissenhaft auszuüben. Bei ihren Patienten wenden sie stets solche Heilmethoden an, die nach ihrer Überzeugung möglichst einfach und kostengünstig zu einem Heilerfolg oder zur Linderung der Krankheit führen können.

2. Heilpraktiker sind verpflichtet, sich über die für die Berufsausübung geltenden Vorschriften zu unterrichten und sie zu beachten (HPG, HWG, UWG, IFSG sowie die relevanten länderrechtlichen Vorschriften). Soweit ihnen gesetzlich die Untersuchung oder Behandlung einzelner Leiden und Krankheiten sowie andere Tätigkeiten untersagt sind, sind diese Beschränkungen unbedingt zu beachten.

3. Heilpraktiker sind in der Ausübung ihres Berufes frei. Sie können eine Behandlung ablehnen. Die Verpflichtung, in Notfällen zu helfen, bleibt davon unberührt (BGB).

4. Heilpraktiker dürfen laut HWG für Fernbehandlungen nicht werben. Bei einer Durchführung könnte sich ein Verstoß gegen die medizinische Sorgfaltspflicht ergeben. Eine Fernbehandlung liegt u. a. dann vor, wenn Heilpraktiker den Kranken nie gesehen noch untersucht haben. Es entspricht ebenso nicht der medizinischen Sorgfaltspflicht, Diagnosen zu stellen und Arzneimittel oder Heilverfahren zu empfehlen, wenn ausschließlich die Ergebnisse von eingesandtem Untersuchungsmaterial wie Blut, Urin oder andere Unterlagen zur Verfügung stehen.

5. In allen die Öffentlichkeit berührenden Standesfragen gelten die ethischen Grundsätze der Wahrung von Achtung, Sorgfalt, Takt und Zurückhaltung.

Artikel 3 – Schweigepflicht nach BGB

1. Heilpraktiker sind verpflichtet, über alles Schweigen zu bewahren, was ihnen bei der Ausübung ihres Berufes anvertraut oder zugänglich gemacht wird. Im Gegensatz zur ärztlichen Schweigepflicht haben Heilpraktiker kein Zeugnisverweigerungsrecht.

2. Heilpraktiker haben ihre Helfer, Praktikanten und Assistenten über die Pflicht zur Verschwiegenheit zu belehren und dies in schriftlicher Form festzuhalten.

3. Heilpraktiker haben die Verpflichtung zur Verschwiegenheit auch gegenüber ihren Familienangehörigen zu beachten.

4. Heilpraktiker dürfen vertrauliche Patientendaten nur dann weitergeben, wenn die Patienten sie von der Schweigepflicht entbunden haben. Dies gilt auch gegenüber den Angehörigen eines Patienten, wenn nicht die Art der Erkrankung oder die Behandlung eine Mitteilung notwendig macht.

5. Auskünfte über den Gesundheitszustand eines Arbeitnehmers an seinen Arbeitgeber dürfen nur mit Zustimmung des Arbeitnehmers erfolgen.

6. Notwendige Auskünfte an Krankenversicherungen müssen nach bestem Wissen und Gewissen gegeben werden.

Anmerkung: Eine Schweigepflicht besteht in diesem Fall nicht, da Versicherte bei Versicherungsbeginn grundsätzlich ihre Behandler von der Schweigepflicht entbunden haben.

Artikel 4 – Aufklärungs-, Dokumentations- und Sorgfaltspflicht

1. Heilpraktiker stellen ihr ganzes Wissen und Können in den Dienst ihres Berufes und wenden jede mögliche Sorgfalt bei der Betreuung ihrer Patienten an.

2. Patienten sind über die Art ihrer Erkrankung sowie über die voraussichtliche Dauer der Behandlung nach bestem Wissen aufzuklären.

Dabei entscheiden die behandelnden Heilpraktiker unter Berücksichtigung des körperlichen und seelischen Zustandes der Patienten nach ihrer Erfahrung, inwieweit die Patienten über ihren derzeitigen Zustand aufzuklären sind.

3. Patienten müssen bei einer vorgesehenen Behandlung auf mögliche Risiken aufmerksam gemacht werden.

4. Es wird dringend empfohlen, schon aus Rechtssituationsgründen alle Daten einer Behandlung zu dokumentieren. Dies gilt insbesondere unter den Prämissen einer möglichen Beweislastumkehr im Einzelfall. Danach könnte in Rechtsfällen dem Therapeuten eine mangelhafte Dokumentation seiner Behandlung bei umstrittenen Fakten stets zum Nachteil ausgelegt werden (Arzthaftungsrecht – §§ 833 ff. BGB; § 847 BGB).

5. Im Rahmen der wirtschaftlichen Aufklärungspflicht sind die Patienten nach bestem Wissen und Gewissen über die voraussichtlich entstehenden ungefähren Behandlungskosten zu unterrichten (siehe auch Artikel 2, Abs. 1).

6. Heilpraktiker haben sich stets ihrer erworbenen Fähigkeiten sowie den Grenzen ihres Wissens und Könnens bewusst zu sein. In diesem Zusammenhang wird auf das Urteil des Bundesgerichtshofes vom 29.01.1991 verwiesen (BGH VI ZR 206/90). Das diagnostische und therapeutische Handeln hat sich an diesen Grenzen zu orientieren.

Aus dem Urteil des BGH:

- **Sinngemäße Aussagen:** Heilpraktiker müssen die Voraussetzungen fachgemäßer Behandlungen kennen und beachten. Solange kein ausreichendes medizinisches Fachwissen und Können erworben wurde, dürfen keine Methoden angewendet werden, deren Indikationsstellungen oder Risiken sonst eine medizinisch-wissenschaftliche Ausbildung erfordern. Danach sind Heilpraktiker verpflichtet, sich eine ausreichende Sachkunde über die von ihnen angewendeten Behandlungsweisen, einschließlich ihrer Risiken, vor allem die richtigen Techniken für deren gefahrlose Anwendung anzueignen.

- **Wörtliches Zitat:** „Darüber hinaus ist er selbstverständlich auch verpflichtet, sich über die Fortschritte der Heilkunde und auch anderweitig gewonnene Erkenntnisse von Nutzen und Risiken der von ihm angewendeten Heilverfahren zu informieren" (Grundsatzurteil Bundesgerichtshof v. 29.01.1991).

7. In Fällen, in denen eine Spezialuntersuchung, eine Operation oder eine sonstige therapeutische Maßnahme erforderlich ist, die vom Heilpraktiker nicht selbst vorgenommen werden kann, sollte rechtzeitig mit allem Nachdruck auf die Notwendigkeit einer solchen Maßnahme hingewiesen werden.

8. Führt auch ein neuer und eindringlicher Hinweis an den Patienten und dessen Angehörige nicht zum Ziel, so kann die Ablehnung der Behandlung bzw. Weiterbehandlung geboten sein. Dieser Vorgang sollte im Rahmen der Dokumentationspflicht schriftlich festgehalten werden.

9. Heilungsversprechen sind gesetzlich untersagt (HWG/UWG).

10. Die Ausstellung von Attesten ohne vorgenommene Untersuchung ist nicht zulässig (StGB – Strafrecht).

11. In Bescheinigungen und Befundberichten haben Heilpraktiker ihrer fachlichen Überzeugung gewissenhaft Ausdruck zu verleihen.

12. Im Rahmen einer möglichen gutachterlichen Tätigkeit für Gerichte, private Krankenversicherungen, Beihilfestellen oder andere Institutionen haben sich Heilpraktiker in ihren gutachterlichen Aussagen ausschließlich auf die sachliche Beurteilung der jeweiligen Behandlung zu beschränken.

Artikel 5 – Weiterbildungspflicht

1. Heilpraktiker sind zur ständigen Weiterbildung in den von ihnen ausgeübten Disziplinen verpflichtet (BOH Art. 4 Abs. 6 – BGH VI ZR 206/90. Danach beruht die Weiterbildungspflicht auf einer höchstrichterlichen Rechtsprechung und verpflichtet Heilpraktiker, „sich über die Fortschritte der Heilkunde und auch über anderweitig gewonnene Erkenntnisse von Nutzen und Risiken der von

ihnen angewendeten Heilverfahren fortlaufend zu unterrichten").

2. Die Berufsorganisationen und ihre Beauftragten bieten nach ihren Satzungen fachlich qualifizierte Weiterbildungen an. Sie geben dazu Nachweise aus.

Artikel 6 – Praxisort

1. Heilpraktiker üben in der Regel ihre Tätigkeit am Ort ihrer Niederlassung aus. Hausbesuche sind jederzeit möglich. Es ist nicht zulässig, Patienten in Sammelbestellungen oder einzeln an einen anderen Ort als den der Niederlassung zur Behandlung zu bestellen (HPG).

2. Der Betrieb einer Zweigpraxis ist möglich.

3. Eine Änderung des Niederlassungsortes sollte unverzüglich unter Angabe der neuen Anschrift den zuständigen Behörden sowie dem zuständigen Berufsverband mitgeteilt werden.

Artikel 7 – Praxisräume

1. Die Praxisräume müssen stets den gesetzlichen und hygienischen Anforderungen entsprechen (Infektionsschutzgesetz).

2. Die Praxisräume sollten dabei so gestaltet sein, dass die Vertraulichkeit der Gespräche und Behandlungen gewährleistet ist.

Artikel 8 – Werbung

1. Heilpraktiker unterliegen keinem generellen oder gesetzlich normierten Werbeverbot. Sie sollten sich jedoch gemäß ihrem Berufsbild Selbstbeschränkungen auferlegen. Alle Veröffentlichungen sollten sich daher immer auf sachliche und berufsbezogene Informationen beschränken.

2. Jede anpreisende, irreführende oder vergleichende Werbung verstößt gegen die Bestimmungen des „Gesetzes über den unlauteren Wettbewerb – UWG" und des Gesetzes über die „Werbung auf dem Gebiete des Heilwesens – HWG" und ist darüber hinaus auch standesunwürdig.

3. Insgesamt sind immer das HWG und das UWG sowie die laufende einschlägige Rechtsprechung zu beobachten und zu berücksich-

tigen. In Zweifelsfällen stehen alle Berufsverbände für Auskünfte zur Verfügung.

4. Insbesondere sollte eine Mitwirkung von Heilpraktikern an aufklärenden Veröffentlichungen medizinischen Inhaltes in Medien oder Vorträgen stets so erfolgen, dass sich diese Mitwirkung auf die Vermittlung sachlicher Informationen erstreckt (UWG/HWG).

5. Bei jeder unzulässigen Werbung, die ohne Kenntnis oder Mitwirkung der Heilpraktiker erfolgt ist, besteht die Verpflichtung, auf eine Richtigstellung oder Unterlassung hinzuwirken.

Folgende Werbeaktionen sollten aus ethischen und berufsständischen Gründen nicht erfolgen:

- Verbreiten von Werbematerial wie Flyern in Postwurfsendungen und Mailingaktionen o. Ä.
- Eigene Zeitungsbeilagen
- Plakatierungen, z. B. in Supermärkten
- Trikotwerbung, Bandenwerbung
- Werbung auf Kraftfahrzeugen

Folgende Informationsmöglichkeiten sind u. a. nicht zu beanstanden:

- Flyer, Patientenbroschüren oder andere Hinweise und Informationen über den eigenen Tätigkeitsbereich zur Auslage im Wartezimmer.
- Tage der offenen Tür zu veranstalten (auf die nicht eindeutige rechtliche Auslegung des HWG muss ausdrücklich verwiesen werden).
- Hinweise auf Ortstafeln, kostenlos verteilten Stadtplänen, Infobroschüren in Bürgerinformationsstellen.

Artikel 9 – Praxisschilder

1. Die Art und Größe von Praxisschildern ist nicht gesetzlich geregelt. Sie sollten jedoch in Größe und Gestaltung unaufdringlich sein und den Hinweisen in Artikel 8 entsprechen. Die Angabe des Namens sowie der Berufsbezeichnung Heilpraktiker/in ist zwingend (HPG/UWG). Für zusätzliche Angaben sind außerdem die einschränkenden gesetzlichen Bestimmungen, insbesondere des HWG und des UWG zu beachten. Zusätzliche Angaben sollten sich auf Sprechzeiten, Telefonnummer

und Methoden, für welche die entsprechenden Qualifikationen vorhanden sind, beschränken.

2. Bei der Gestaltung des Praxisschildes ist darauf zu achten, dass keine irreführenden Bezeichnungen, wie beispielsweise „Zentrum", „Institut" oder „Tagesklinik" verwendet werden, wenn die Praxis in Ausstattung, Methodenangebot und Personalstärke einer solchen Einrichtung nicht entspricht.

Artikel 10 – Drucksachen und Stempel

- Für Drucksachen und Stempel gelten sinngemäß die Angaben in Artikel 8 und 9.

Artikel 11 – Eintragung in Verzeichnisse und Sonderverzeichnisse

- Für die Eintragung in Verzeichnisse gelten sinngemäß Artikel 8 und 9.

Artikel 12 – Inserate

1. Für den Anlass und die Größe von Insertionen bestehen keine gesetzlichen Vorschriften.
2. Jede anpreisende und reißerische Werbung ist als standesunwürdig anzusehen.
3. Insbesondere sind hier die Bestimmungen des HWG sowie des UWG zu beachten.
4. Auf die Artikel 8 und 9 wird sinngemäß verwiesen.

Artikel 13 – Besondere Bezeichnungen

1. Heilpraktiker benutzen keine anderen Zusatzbezeichnungen, die sie gegenüber ihren Standeskollegen wettbewerbswidrig hervorheben. Neben der Berufsbezeichnung „Heilpraktiker/in" dürfen keine Bezeichnungen wie beispielsweise „Akupunkteur", „Chiropraktiker", „Homöopath", „Psychologe", „Psychotherapeut", „Osteopath" u. a. geführt werden, da durch diese Koppelung der Eindruck einer ebenfalls gesetzlich und/oder behördlich genehmigten Berufsausübung bzw. Berufsbezeichnung wie der des Heilpraktikers entsteht (UWG/HWG).
2. Im beruflichen Umfeld dürfen akademische Grade und Titel nur in Verbindung mit der Fakultätsbezeichnung verwendet werden.
3. Die Führung von ausländischen akademischen Graden, Titeln und anderen Bezeich-

nungen unterliegt den jeweils geltenden gesetzlichen Vorschriften. Sie sind so zu führen, dass ihre ausländische Herkunft erkennbar ist.

Artikel 14 – Krankenbesuche

1. Bei Krankenbesuchen muss jeder Patient in seiner Wohnung oder dem vorübergehenden Aufenthaltsort behandelt werden (HPG).
2. Patienten in Kliniken, Kurheimen usw. können nur mit vorherigem Einverständnis des leitenden Arztes oder Heilpraktikers beraten, untersucht und behandelt werden (BGB Hausrecht – Sorgfaltspflicht).

Artikel 15 – Heilpraktiker und Arzneimittel

1. Die Herstellung sowie der Verkauf von Arzneimitteln oder sonstiger Präparate unterliegt den gesetzlichen Bestimmungen (AMG).

Artikel 16 – Verordnung von Arzneimitteln, Provisionen, Rabatte

1. Eine Verbandszugehörigkeit sollte auf Rezepten, Rechnungen u. a. durch Abdruck des Mitgliedsstempels kenntlich gemacht werden.
2. Heilpraktiker lassen sich für die Verordnung oder Empfehlung von Arzneimitteln, medizinischen Geräten usw. keine Vergütung oder sonstige Vergünstigungen gewähren (AMG).
3. Patienten dürfen nicht ohne hinreichenden Grund an bestimmte Apotheken verwiesen werden (Apothekengesetz).

Artikel 17 – Haftpflicht

1. Heilpraktiker verpflichten sich zum Abschluss einer ausreichenden Berufshaftpflichtversicherung. Der Abschluss einer zusätzlichen Strafrechtsschutzversicherung wird empfohlen.
2. Im eigenen Interesse sollten Heilpraktiker beim Eintritt von Personenschäden und vor der Einleitung von Strafverfahren und Schadenersatzansprüchen unverzüglich ihrem Berufsverband und ihrer Berufshaftpflichtversicherung (Verpflichtung!) Mitteilung machen. Alle erforderlichen Angaben sind dabei lückenlos und in aller Offenheit darzulegen.

Artikel 18 – Meldepflicht

1. Heilpraktiker haben ihre Praxisaufnahme nach den jeweils geltenden gesetzlichen Vorschriften anzuzeigen, wie: Gesundheits- bzw. Ordnungsamt, Berufsgenossenschaft für Gesundheitsdienst und Wohlfahrtspflege, Finanzamt.

Artikel 19 – Beschäftigung von Hilfskräften

1. Werden in der Praxis Angestellte, wie z. B. Assistenten, Sprechstundenhilfen oder Reinigungspersonal beschäftigt, so sind die für Beschäftigungsverhältnisse geltenden Vorschriften zu beachten (Berufsgenossenschaft – Finanzamt – Krankenversicherung).

Artikel 20 – Berufsinsignien

1. Heilpraktiker erhalten von ihrer Standesorganisation einen Berufsausweis sowie einen Mitgliedsstempel. Beide bleiben Eigentum des ausgebenden Verbandes und müssen bei Beendigung der Mitgliedschaft zurückgegeben werden. Unberechtigter Besitz und Gebrauch werden gerichtlich verfolgt. Die Berufsinsignien werden nur an Heilpraktiker ausgegeben.
2. Der Berufsausweis dient dazu, sich bei Behörden und in entsprechenden Situationen als Heilpraktiker/in ausweisen zu können.
3. Ausweis und Stempel müssen die Mitgliedsnummer und den Namen des Verbandes (Berufsorganisation) enthalten. Weitere Vorschriften über die Vergabe usw. sind den jeweiligen Verbandsstatuten zu entnehmen.

Artikel 21 – Berufsaufsicht

1. Heilpraktiker unterstellen sich im Interesse des Berufsstandes der Berufsaufsicht ihres Berufsverbandes.
2. Es liegt im eigenen Interesse der Heilpraktiker
   - von ihrem Berufsverband erbetene Auskünfte über ihre Praxistätigkeit wahrheitsgemäß zu erteilen.
   - den gewählten Vertretern ihrer Berufsorganisation bzw. deren autorisierten Beauftragten zu ermöglichen, sich ggf. über eine geordnete Berufstätigkeit an Ort und Stelle zu informieren.

– notwendigen Anordnungen ihres Verbandes nachzukommen, wobei gegen Anordnungen, die nach Ansicht des Mitgliedes nicht gerechtfertigt sind, entsprechend der Satzung des zuständigen Verbandes Einspruch erhoben werden kann.

– bei Ausübung spezieller Behandlungsmethoden wie Akupunktur, Chiropraktik, Neuraltherapie, Injektions- und Infusionstechniken, Osteopathie o. Ä., die besondere Kenntnisse und Fähigkeiten erfordern, im Bedarfsfall die entsprechende Befähigung nachzuweisen.

Artikel 22 – Standesdisziplin

1. Heilpraktiker verpflichten sich grundsätzlich zur Standesdisziplin. Kollegen begegnen sich stets mit Achtung und Kollegialität.
2. Herabsetzende Äußerungen über die Person, die Behandlungsweise oder das berufliche Können von Angehörigen der Heilberufe sind zu unterlassen.

Artikel 23 – Hinzuziehung eines zweiten Heilpraktikers

1. Falls vom Patienten oder dessen Angehörigen gewünscht oder wenn behandelnde Heilpraktiker unter Zustimmung des Kranken oder der Angehörigen dies für erforderlich halten, können weitere Heilpraktiker zur gemeinsamen Beratung und Behandlung zugezogen werden.
2. Von hinzugezogenen Heilpraktikern darf lediglich die Untersuchung durchgeführt werden. Weitere Behandlungen von hinzugezogenen Kollegen sollten nur erfolgen, wenn der Patient selbst, seine Angehörigen oder der bisher behandelnde Heilpraktiker im Einvernehmen mit dem Patienten diese Tätigkeit weiterhin wünscht.

Artikel 24 – Vertrauliche Beratung

1. Der Meinungsaustausch und die Beratung von mehreren zugezogenen Heilpraktikern müssen vertraulich bleiben und dürfen nicht in Gegenwart des Patienten stattfinden. Die Angehörigen sollten bei der Beratung nicht zugegen sein.

2. Das Ergebnis der gemeinsamen Beratung soll dem Patienten in der Regel vom behandelnden Heilpraktiker mitgeteilt werden.

Artikel 25 – Zuweisung gegen Entgelt

• Die Zuweisung von Patienten gegen Entgelt ist standeswidrig (Arztrecht – Vertragsrecht).

Artikel 26 – Vertretung

• Heilpraktiker sollten bei vorübergehender oder andauernder Verhinderung dafür sorgen, dass die notwendige Weiterbehandlung von Patienten in dringenden Krankheitsfällen sichergestellt ist.

Artikel 27 – Verstöße gegen die Berufsordnung

1. Verstöße gegen die Berufsordnung können im Wege eines satzungsgemäßen Verfahrens geahndet werden. Vorher sollte jedoch immer der Versuch einer kollegialen Bereinigung durch die zuständigen Berufsvertreter unternommen werden.
2. In einem solchen Verfahren kann auch darüber entschieden werden, ob ein Heilpraktiker im Interesse des Standes aus dem Verband auszuschließen ist.
3. Die Bestimmungen des Heilpraktikergesetzes vom 17.2.1939 sowie der Durchführungsverordnungen und anderer gesetzlicher Regularien werden durch die BOH nicht berührt.

Artikel 28 – Inkrafttreten der BOH

• Diese Berufsordnung wurde satzungsgemäß beschlossen. Sie tritt am 16. Januar 2008 in Kraft.

19.3 Betreuungsgesetz

Das Betreuungsgesetz wird im BGB in § 1896 geregelt. Nach dem Betreuungsgesetz kann ein Betreuer auf Antrag des Betroffenen oder von Amts wegen bestellt werden (**Abb. 19.1**). Jeder kann eine **Betreuung** beim zuständigen Familiengericht, Abteilung Betreuungsgericht, anregen. Zu den Voraussetzungen einer Betreuung gehören

Abb. 19.1 Ablauf eines Betreuungsverfahrens. (Abb. aus: Widder B, Gaidzik P, Neurowissenschaftliche Begutachtung. Thieme; 2018)

öffentlich-rechtliche Unterbringung			
psychischer Zustand	**Gefährdung**	**Unfreiwilligkeit**	**Verfahren**
psychische Störung	• erhebliche Gefährdung der öffentlichen Sicherheit oder Ordnung • erhebliche Eigengefährdung	fehlendes Einverständnis des Betroffenen	• Antrag • Anhörung des Betroffenen • Gutachten • Verfahrenspfleger • Äußerung anderer Stellen • Gerichtsbeschluss

Abb. 19.2 Voraussetzungen für eine öffentlich-rechtliche Unterbringung. (Abb. nach: Hell W, Alles Wissenswerte über Staat, Bürger, Recht. Thieme; 2018)

das Vorliegen einer psychischen Krankheit oder einer körperlichen, geistigen oder seelischen Behinderung, als deren Folge der Betroffene seine Angelegenheiten ganz oder teilweise nicht mehr regeln kann. Die Betreuung ist wieder aufzuheben, wenn die Voraussetzungen wegfallen. Mit der Anordnung einer Betreuung ist kein Verlust anderer bürgerlicher Rechte verbunden, z. B. Wahlrecht.

Die Betreuung wird nicht von der Geschäftsfähigkeit des Betroffenen abhängig gemacht. Diese wird nicht geprüft, auch nicht, wenn die Betreuung gegen den Willen des Betroffenen angeordnet wird. Allerdings kann das Gericht verfügen, dass der Betreute zu einer Willenserklärung, die den Aufgabenkreis des Betreuten betrifft, die Einwilligung des Betreuers benötigt. Das ist der sog. **Einwilligungsvorbehalt**. Aufgabenkreise sind Vermögensangelegenheiten, Aufenthaltsbestimmung, Gesundheitsfürsorge und weitere.

Vor der Einrichtung einer Betreuung ist die **persönliche Anhörung** des Betroffenen, möglichst in seiner gewohnten Umgebung, vorgeschrieben. Nur wenn der Betroffene nach dem unmittelbaren Eindruck des Gerichts nicht in der Lage ist, seinen Willen kundzutun, oder wenn nach ärztlichem Gutachten die Anhörung erhebliche Nachteile für die Gesundheit des Betroffenen mit sich bringen kann, darf die persönliche Anhörung unterbleiben. Eine **Vollmacht** kann eine Betreuung ersetzen, wenn ein geschäftsfähiger, einwilligungsfähiger Erwachsener eine Vertrauensperson schriftlich bevollmächtigt hat.

Die Unterbringung nach dem Betreuungsgesetz kann durch einen Betreuer mit dem Aufgabenkreis „Aufenthaltsbestimmung" erfolgen, wenn dies zum Wohle bzw. zum Schutz des Betroffenen erforderlich ist. Voraussetzung ist die sog. **Eigen- oder Fremdgefährdung**. Das beutetet, es muss nachgewiesen werden, „dass der Betreute wegen seiner psychischen Krankheit die Notwendigkeit der Unterbringung nicht erkennen oder nach dieser Einsicht handeln kann" (§ 1906 BGB).

Die Unterbringung ist nur mit Genehmigung des Gerichts zulässig. Ohne Genehmigung ist sie nur dann zulässig, wenn mit dem Aufschub Gefahr verbunden ist – in diesem Fall muss sie unverzüglich nachgeholt werden.

Gesetze und Verordnungen

Betreuungsgesetz
§ 1896 Voraussetzungen

(1) Kann ein Volljähriger auf Grund einer psychischen Krankheit oder einer körperlichen, geistigen oder seelischen Behinderung seine Angelegenheiten ganz oder teilweise nicht besorgen, so bestellt das Betreuungsgericht auf seinen Antrag oder von Amts wegen für ihn einen Betreuer. Den Antrag kann auch ein Geschäftsunfähiger stellen. Soweit der Volljährige auf Grund einer körperlichen Behinderung seine Angelegenheiten nicht besorgen kann, darf der Betreuer nur auf Antrag des Volljährigen bestellt werden, es sei denn, dass dieser seinen Willen nicht kundtun kann.

(1a) Gegen den freien Willen des Volljährigen darf ein Betreuer nicht bestellt werden.

(2) Ein Betreuer darf nur für Aufgabenkreise bestellt werden, in denen die Betreuung erforderlich ist. Die Betreuung ist nicht erforderlich, soweit die Angelegenheiten des Volljährigen durch einen Bevollmächtigten, der nicht zu den in § 1897 Abs. 3 bezeichneten Personen gehört, oder durch andere Hilfen, bei denen kein gesetzlicher Vertreter bestellt wird, ebenso gut wie durch einen Betreuer besorgt werden können.

(3) Als Aufgabenkreis kann auch die Geltendmachung von Rechten des Betreuten gegenüber seinem Bevollmächtigten bestimmt werden.

(4) Die Entscheidung über den Fernmeldeverkehr des Betreuten und über die Entgegennahme, das Öffnen und das Anhalten seiner Post werden vom Aufgabenkreis des Betreuers nur dann erfasst, wenn das Gericht dies ausdrücklich angeordnet hat.

19.4 Unterbringungsgesetz (UBG und PsychKG)

Wer an einer psychischen Krankheit oder einer krankheitswertigen psychischen Störung leidet und deswegen eine Gefahr für sich selbst oder die öffentliche Sicherheit und Ordnung darstellt, kann gegen seinen Willen auf einer geschlossenen psychiatrischen Station untergebracht werden (öffentlich-rechtliche Unterbringung). Die näheren Voraussetzungen dafür sind in den Unterbringungsgesetzen (PsychKG = Psychisch-Kranken-Gesetz) der einzelnen Bundesländer geregelt und unterscheiden sich erheblich. Einheitlichkeit besteht darin, dass unmittelbare **Selbst- oder Fremdgefährdung** durch eine psychische Erkrankung einen Unterbringungsgrund darstellt (**Abb. 19.2**).

> ⚙ **Merke**
>
> Bitte erkundigen Sie sich in Ihrem jeweiligen Bundesland nach den Vorgaben im Unterbringungsgesetz.

Das Unterbringungsverfahren läuft in 3 Stufen ab:
1. Die untere Verwaltungsbehörde (Polizei, Kreisverwaltungsbehörde, Amt für öffentliche Ordnung) leitet die Unterbringung ein.
2. Der Arzt nimmt Stellung zu ihren Voraussetzungen.
3. Der Richter beim zuständigen Betreuungsgericht entscheidet über die Unterbringung.

Die richterliche Entscheidung muss bis zum Ablauf des Tages vorliegen, der dem Beginn des Freiheitsentzugs folgt.

Allein aus der vollzogenen Unterbringung ergibt sich nicht automatisch ein Behandlungsrecht gegen den Willen des Klienten oder gar eine entsprechende Pflicht.

19.5 Schuldunfähigkeit

Bei schweren psychischen Erkrankungen kann die Schuldfähigkeit von Straftätern vermindert (§ 21 StGB – Dekulpierung) oder aufgehoben (§ 20 StGB – Exkulpierung) sein. Dies ist der Fall beim Vorliegen folgender Merkmale:
1. krankhafte seelische Störung
2. tief greifende Bewusstseinsstörung
3. Intelligenzminderung
4. andere schwere seelische Abartigkeiten

Weitere Voraussetzung für die Exkulpierung (lat. culpa = Schuld – Schuldbefreiung) ist, dass der Tä-

ter zur Tatzeit aufgrund eines der 4 genannten Merkmale unfähig war, das Unrecht der Tat einzusehen oder nach dieser Einsicht zu handeln (§ 20 StGB – Schuldunfähigkeit). Für die Dekulpierung muss ein Nachweis erfolgen, dass die Fähigkeit, entsprechend seiner Unrechtseinsicht zu handeln, erheblich eingeschränkt war (§ 21 StGB – verminderte Schuldfähigkeit). Der Nachweis der krankhaften Störung muss für die Tatzeit erfolgen.

> **Gesetze und Verordnungen**
>
> **Schuldunfähigkeit**
> **§ 63 StGB: Unterbringung in einem psychiatrischen Krankenhaus**
> Hat jemand eine rechtswidrige Tat im Zustand der Schuldunfähigkeit (§ 20) oder der verminderten Schuldfähigkeit (§ 21) begangen, so ordnet das Gericht die Unterbringung in einem psychiatrischen Krankenhaus an, wenn die Gesamtwürdigung des Täters und seiner Tat ergibt, daß von ihm infolge seines Zustandes erhebliche rechtswidrige Taten zu erwarten sind und er deshalb für die Allgemeinheit gefährlich ist.
> **§ 64 StGB: Unterbringung in einer Entziehungsanstalt**
> Hat eine Person den Hang, alkoholische Getränke oder andere berauschende Mittel im Übermaß zu sich zu nehmen, und wird sie wegen einer rechtswidrigen Tat, die sie im Rausch begangen hat oder die auf ihren Hang zurückgeht, verurteilt oder nur deshalb nicht verurteilt, weil ihre Schuldunfähigkeit erwiesen oder nicht auszuschließen ist, so soll das Gericht die Unterbringung in einer Entziehungsanstalt anordnen, wenn die Gefahr besteht, dass sie infolge ihres Hanges erhebliche rechtswidrige Taten begehen wird. Die Anordnung ergeht nur, wenn eine hinreichend konkrete Aussicht besteht, die Person durch die Behandlung in einer Entziehungsanstalt zu heilen oder über eine erhebliche Zeit vor dem Rückfall in den Hang zu bewahren und von der Begehung erheblicher rechtswidriger Taten abzuhalten, die auf ihren Hang zurückgehen.

19.6 Weitere gesetzliche Definitionen

19.6.1 Geschäftsunfähigkeit

Geschäftsunfähigkeit liegt vor, wenn infolge anhaltender krankhafter Störung der Geistestätigkeit ein die freie Willensbestimmung ausschließender Zustand gegeben ist (§ 104 BGB).

19.6.2 Testierunfähigkeit

Unter Testierfähigkeit versteht man die Fähigkeit zur Abfassung eines rechtswirksamen Testaments. Ist der Klient bei krankhafter Störung der Geistestätigkeit, Geistesschwäche oder Bewusstseinsstörung nicht in der Lage, die Bedeutung einer solchen Willenserklärung einzusehen oder einsichtsgemäß zu handeln, besteht Testierunfähigkeit.

19.6.3 Erwerbsminderung/Berufsunfähigkeit

Erwerbsminderung bezeichnet einen Versicherungsfall in der gesetzlichen Rentenversicherung. Versicherte erhalten wegen teilweiser oder voller Erwerbsminderung eine Rente. Maßstab für die Feststellung des Leistungsvermögens ist die Erwerbsfähigkeit des Versicherten auf dem allgemeinen Arbeitsmarkt. Auch aufgrund einer psychischen Erkrankung oder „wegen Schwäche der körperlichen oder geistigen Kräfte" kann es zur Erwerbsminderung bzw. zur Berufsunfähigkeit gekommen.

Pause

Gesetze – Gesetze – Gesetze… Wichtig sind sie, interessant sind sie, jedoch manchmal etwas trocken. Trinken Sie also bitte erst einmal einen Schluck Wasser.
Zur Pause etwas Lustiges? (Quelle unbekannt) –
Szenen im Gericht:

- **Szene 1:** Frage: Wann ist Ihr Geburtstag? Antwort: 15. Juli. Frage: Welches Jahr? Antwort: Jedes Jahr.
- **Szene 2:** Frage: Diese Amnesie, betrifft sie Ihr gesamtes Erinnerungsvermögen? Antwort: Ja. Frage: Auf welche Art greift sie in Ihr Erinnerungsvermögen? Antwort: Ich vergesse. Frage: Sie vergessen. Können Sie uns ein Beispiel geben von etwas, das Sie vergessen haben?
- **Szene 3:** Frage: Wie wurde Ihre erste Ehe beendet? Antwort: Durch den Tod. Frage: Und durch wessen Tod wurde sie beendet?
- **Szene 4:** Frage: Doktor, wie viele Autopsien haben Sie an Toten vorgenommen? Antwort: Alle meine Autopsien nehme ich an Toten vor. Frage: Erinnern Sie sich an den Zeitpunkt der Autopsie? Antwort: Die Autopsie begann gegen 8:30 Uhr. Frage: Der Mann war zu diesem Zeitpunkt tot? Antwort: Nein, er saß auf dem Tisch und wunderte sich, warum ich ihn autopsiere. Frage: Doktor, bevor Sie mit der Autopsie anfingen, haben Sie da den Puls gemessen? Antwort: Nein. Frage: Haben Sie den Blutdruck gemessen? Antwort: Nein. Frage: Haben Sie die Atmung geprüft? Antwort: Nein. Frage: Ist es also möglich, dass der Patient noch am Leben war, als Sie ihn autopsierten? Antwort: Nein. Frage: Wie können Sie so sicher sein, Doktor? Antwort: Weil sein Gehirn in einem Glas auf meinem Tisch stand. Frage: Hätte der Patient trotzdem noch am Leben sein können? Antwort: Ja, es ist möglich, dass er noch am Leben war und irgendwo als Anwalt praktizierte. (Diese Antwort hat den Arzt 3 000,– Euro Strafe wegen Ehrenbeleidigung gekostet. Er hat sie wortlos, aber mit Genugtuung bezahlt.)

19.7 Mindmap – Gesetze

Eine Übersicht zu den Gesetzen zeigt die Mindmap in **Abb. 19.3**.

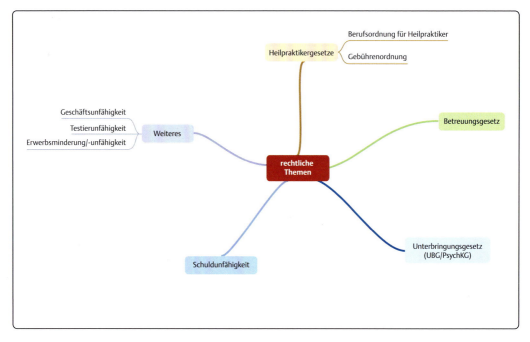

Abb. 19.3 Mindmap – Gesetze.

Prüfungsfragen

1. Welche der folgenden Aussagen zur Unterbringung psychisch Kranker treffen zu?

1. Zur Unterbringung psychisch Kranker anerkannte Einrichtungen sind Kliniken für Psychiatrie.
2. Die Unterbringung eines psychisch Kranken kann nur von nahen Angehörigen beantragt werden.
3. Eine Unterbringung ist bei akuter Selbstgefährdung möglich.
4. Eine Unterbringung im Sinne des Unterbringungsrechts kann auch bei medikamentenabhängigen Patienten erfolgen.
5. Eine mehrwöchige Unterbringung setzt einen Gerichtsbeschluss voraus.
a) Nur die Aussagen 1 und 3 sind richtig.
b) Nur die Aussagen 1, 4 und 5 sind richtig.
c) Nur die Aussagen 1, 2, 3 und 5 sind richtig.
d) Nur die Aussagen 1, 3, 4 und 5 sind richtig.
e) Nur die Aussagen 2, 3, 4 und 5 sind richtig.

2. Welche der folgenden Erkrankungen oder Zustände können bei bestehender Selbst- oder Fremdgefährdung zu Einweisungen psychisch kranker Personen führen?

Die Einweisungen erfolgt nach dem jeweiligen Landesgesetz für psychisch kranke Personen (z. B. Psychisch-Kranken-Gesetz, Unterbringungsgesetz).

1. akute paranoide Psychose
2. Alkoholismus
3. Manie
4. akuter Erregungszustand
5. Depression
a) Nur die Aussagen 2 und 3 sind richtig.
b) Nur die Aussagen 1, 2 und 5 sind richtig.
c) Nur die Aussagen 1, 3 und 5 sind richtig.
d) Nur die Aussagen 1, 3, 4 und 5 sind richtig.
e) Alle Aussagen sind richtig.

3. Welche der folgenden Aussagen zum Betreuungsrecht treffen zu? (2 Antworten)

a) Der zu Betreuende muss schwerbehindert sein.
b) Ein Betreuer kann auch auf Antrag des Betroffenen bestellt werden.
c) Voraussetzung für eine Betreuerbestellung ist Geschäftsunfähigkeit.
d) Die Anregung einer Betreuung kann durch jedermann erfolgen.
e) Unter Betreuung stehende Menschen verlieren grundsätzlich ihr Wahlrecht.

4. Welche der folgenden Aussagen sind richtig? (2 Antworten)

Um erlaubnispflichtige Ausübung der Heilkunde im Sinne des Heilpraktikergesetzes handelt es sich bei der selbstständigen Durchführung von …

a) Verhaltenstherapie bei Angststörung.
b) Eheberatung bei Beziehungskrise.
c) Beratung über die Schullaufbahn bei Lernstörungen.
d) Flooding bei Spinnenphobie.
e) Vortragstätigkeit mit Erteilung allgemein gehaltener gesundheitlicher Ratschläge.

5. Bei welcher Erkrankung ist im langfristigen Verlauf am ehesten die Einrichtung einer rechtlichen Betreuung erforderlich?

Zumeist können die Betroffenen ihre Angelegenheiten nicht mehr eigenständig regeln beim Vorliegen …

a) einer Aufmerksamkeitsdefizit-/Hyperaktivitätsstörung (ADHS).
b) einer senilen Demenz.
c) eines Asperger-Syndroms.
d) einer anankastischen (zwanghaften) Persönlichkeitsstörung.
e) einer Somatisierungsstörung.

6. Welche der folgenden Aussagen zur zwangsweisen Unterbringung eines psychisch Kranken sind korrekt? (2 Antworten)

a) Ein zur Ausübung der Heilkunde im Gebiet der Psychotherapie berechtigter Heilpraktiker kann eine Unterbringung seines psychisch kranken Patienten anordnen.
b) Eine mehrwöchige Unterbringung bedarf eines Gerichtsbeschlusses.
c) Die Unterbringung eines psychisch Kranken kann nur in Kliniken für Forensische Psychiatrie erfolgen.
d) Bei zwangsweiser Unterbringung werden die psychisch Kranken in der Regel für mehrere Tage am Bett fixiert.
e) Unterbringungsbedürftig sind psychisch Kranke, die krankheitsbedingt sich selbst oder andere erheblich gefährden, wenn die Gefahr nicht auf anderem Wege abgewendet werden kann.

7. Welche der folgenden Aussagen zum Betreuungsrecht treffen zu? (2 Antworten)

a) Die Einrichtung einer Betreuung ist identisch mit der früheren Praxis der Entmündigung.
b) Fremdgefährdung ist eine der Voraussetzungen für eine betreuungsrechtliche Unterbringung.
c) Gegen den freien Willen eines Volljährigen darf ein Betreuer nicht bestimmt werden.
d) Das Vorliegen einer psychischen Erkrankung stellt eine zwingende Voraussetzung für die Einrichtung einer Betreuung dar.
e) Eine Betreuung kann eingerichtet werden, wenn der Betroffene ganz oder teilweise nicht in der Lage ist, seine Angelegenheit zu besorgen.

8. Was trifft für die Gesetze zur Unterbringung psychisch Kranker zu?

a) Sie regeln die Vorgehensweise und die Rechte eines Menschen bei Einweisung in eine geschlossene psychiatrische Einrichtung gegen seinen Willen.
b) Sie sind in ganz Deutschland identisch.
c) Eine Unterbringung kann bei Fremdgefährdung nur durch einen Facharzt für Psychiatrie beim Gericht angeregt werden.
d) Eine Zwangseinweisung erfolgt nur auf richterlichen Beschluss.
e) Bei Selbstgefährdung ist eine Unterbringung nur mit Zustimmung des Betroffenen möglich.

20 Auf einen Blick – ICD-10

Sie finden hier eine Zusammenstellung der ICD-10-Klassifizierung zu den psychischen und Verhaltensstörungen. Berücksichtigt sind die wichtigsten Aspekte.

20.1 Tabellarische Übersicht

Psychische und Verhaltensstörungen werden nach ICD-10 in die diagnostischen Haupt- und Subgruppen in **Tab. 20.1** unterteilt.

Tab. 20.1 Diagnostische Haupt- und Subgruppen nach ICD-10 zu psychischen und Verhaltensstörungen (F00–F99).

ICD-10	Beschreibung
F00–F09	**Organische, einschließlich symptomatischer psychischer Störungen**
Definition	Unter einer Demenz versteht man im späteren Leben erworbene Beeinträchtigungen zerebraler Funktionen, die mit Intelligenzdefekten und Gedächtnisstörungen einhergehen und dabei ein Ausmaß erreichen, durch das eine selbstständige Lebensführung nicht mehr möglich ist.
Ätiologie/ Pathogenese	zerebrale Veränderungen, Hirnverletzungen, andere Schädigungen des Gehirns; primär oder sekundär bei systemischen Krankheiten
Symptome	Störungen kortikaler Funktionen: Gedächtnis, Denken, Orientierung, Auffassung, Lesen, Schreiben, Rechnen, Lernfähigkeit, Sprache und Urteilsvermögen; Verlust sozialer Fähigkeiten und der Alltagsbewältigung; im fortgeschrittenen Stadium körperlicher Verfall
F00	Demenz bei Alzheimer-Krankheit
F01	Vaskuläre Demenz
F02	Demenz bei anderenorts klassifizierten Krankheiten
F03	Nicht näher bezeichnete Demenz
F04	Organisches amnestisches Syndrom, nicht durch Alkohol oder andere psychotrope Substanzen bedingt
F05	Delir, nicht durch Alkohol oder andere psychotrope Substanzen bedingt
F06	Andere psychische Störungen aufgrund einer Schädigung oder Funktionsstörung des Gehirns oder einer körperlichen Krankheit

▶ **Tab. 20.1** Fortsetzung.

ICD-10	Beschreibung
F07	Persönlichkeits- und Verhaltensstörungen aufgrund einer Krankheit, Schädigung oder Funktionsstörung des Gehirns
F09	Nicht näher bezeichnete organische oder symptomatische psychische Störung
F10–F19	**Psychische und Verhaltensstörungen durch psychotrope Substanzen**
Definition	starker Wunsch, eine Substanz einzunehmen; Schwierigkeiten, den Konsum zu kontrollieren; der Gebrauch hat Vorrang vor allen anderen Aktivitäten (Abhängigkeitssyndrom)
Ätiologie/ Pathogenese	Lernen durch „Belohnung" (fühlt sich gut an), genetische Disposition, soziale (familiäre) Einflüsse, Verfügbarkeit und Wirkung der Substanz; tiefenpsychologische Ansätze: Fixierung auf die orale Phase, äußere Zuwendung fehlt, Ich-Schwäche
Symptome	Abhängigkeit von der Substanz: siehe F10–F18
Bemerkung	Subgruppen: siehe F1x.0–F1x.6
F10	Psychische und Verhaltensstörungen durch Alkohol (einfacher Rausch, komplizierter Rausch, pathologischer Rausch)
F11	Psychische und Verhaltensstörungen durch Opioide (Müdigkeit, kleine Pupillen, Impotenz, Bradykardie, Gewichtsverlust, Obstipation)
F12	Psychische und Verhaltensstörungen durch Cannabinoide (Euphorie, Entspannung, gerötete Augen)
F13	Psychische und Verhaltensstörungen durch Sedativa und Hypnotika (beruhigend)
F14	Psychische und Verhaltensstörungen durch Kokain (euphorisierend, Gefühl der Leistungssteigerung)
F15	Psychische und Verhaltensstörungen durch andere Stimulanzien, einschließlich Kokain
F16	Psychische und Verhaltensstörungen durch Halluzinogene (Gefühle werden intensiver, Pupillenerweiterung, Horrortrip)
F17	Psychische und Verhaltensstörungen durch Tabak
F18	Psychische und Verhaltensstörungen durch flüchtige Lösungsmittel (euphorisierend, Halluzinationen, Sehstörungen, Übelkeit)
F19	Psychische und Verhaltensstörungen durch multiplen Substanzgebrauch und Konsum anderer psychotroper Substanzen
F1x.0	Akute Intoxikation (nach Aufnahme einer Substanz mit Störungen der Bewusstseinslage, kognitiven Fähigkeiten, Wahrnehmung, Affekte und des Verhaltens oder anderer Funktionen und Reaktionen)
F1x.1	Schädlicher Gebrauch (Konsum psychotroper Substanzen, die zu einer Gesundheitsschädigung führen)
F1x.2	Abhängigkeitssyndrom
F1x.3	Entzugssyndrom (nach Entzug einer Substanz)
F1x.4	Entzugssyndrom mit Delir
F1x.5	Psychotische Störung
F1x.6	Amnestisches Syndrom

▶ **Tab. 20.1** Fortsetzung.

ICD-10	Beschreibung
F20–F29	**Schizophrenie, schizotype und wahnhafte Störungen**
Definition	Die schizophrenen Psychosen gehören zur Hauptgruppe der endogenen Psychosen. Es handelt sich um eine schwerwiegende psychische Erkrankung der Gesamtpersönlichkeit, mit Verlust von Einheit und Ordnung der Wahrnehmung des Denkens, der Affekte und der Identität.
Ätiologie/ Pathogenese	multifaktorielle Entstehung mit einer besonderen Vulnerabilität, diskutiert werden: genetische Disposition, biologische Bedingungen wie Beeinträchtigung der Gehirn-entwicklung, Abweichungen des Gehirnaufbaus, Besonderheiten des Gehirnstoffwechsels (Dopamin), psychosoziale Bedingungen
Symptome	Positivsymptomatik: Wahn, Halluzinationen, Ich-Störungen; Negativsymptomatik: Sprachverarmung, Affektverflachung, Antriebsarmut, sozialer Rückzug, Interessenverlust; formale Denkstörungen, psychomotorische Störungen
F20	Schizophrenie
F21	Schizotype Störung
F22	Anhaltende wahnhafte Störung
F23	Akute vorübergehende psychotische Störungen
F24	Induzierte wahnhafte Störung
F25	Schizoaffektive Störungen
F28	Sonstige nichtorganische psychotische Störungen
F29	Nicht näher bezeichnete nichtorganische Psychose
F30–F39	**Affektive Störungen**
Definition	Affektive Störungen sind hauptsächlich durch eine krankhafte Veränderung der Stimmung charakterisiert. Sie können sich als Depression oder Manie manifestieren. Der Verlauf kann monopolar oder bipolar sein.
Ätiologie/ Pathogenese	genetische Disposition; Störungen der Neurotransmitter: Mangel an Serotonin; kritische Lebensereignisse; chronobiologische Faktoren: saisonal, Schichtwechsel; körperliche Erkrankungen; psychoanalytische Theorien: Störungen der oralen Phasen, narzisstische Krisen; Lerntheorien: Verlust von Verstärkern, erlernte Hilflosigkeit; kognitive Theorien (Denkmuster)
Symptome	Antriebsverarmung, Gefühl der Gefühllosigkeit, ängstliche Grundstimmung, ggf. Wah-nerleben, Müdigkeit, Gewichtsverlust, Schlafstörungen, formale Denkstörungen; Suizi-dalität
Bemerkung	• Formen: psychogene Depression wie die reaktive, neurotische (Dysthymia) und Erschöpfungsdepression; endogene Depression; somatogene Depression: organische und somatische Depression • Sonderformen: larvierte Depression, Involutionsdepression, Altersdepression, Wo-chenbettdepression, Rapid-Cycling, anankastische Depression (Sisi-Syndrom)
F30	Manische Episode
F31	Bipolare affektive Störung
F32	Depressive Episode
F32.0	Leichte depressive Episode

▶ **Tab. 20.1** Fortsetzung.

ICD-10	Beschreibung
F50.1	Atypische Anorexia nervosa
F50.2	Bulimia nervosa (Essattacken, gefolgt von dem Versuch, durch Erbrechen, Abführen nicht an Gewicht zuzunehmen; wiederholte Anfälle von Heißhunger mit induziertem Erbrechen als Folge)
F50.3	Atypische Bulimia nervosa
F51	Nichtorganische Schlafstörungen
F52	Sexuelle Funktionsstörungen, nicht verursacht durch eine organische Störung oder Krankheit
F53	Psychische und Verhaltensstörungen im Wochenbett, anderenorts nicht klassifiziert
F54	Psychologische Faktoren und Verhaltensfaktoren bei anderenorts klassifizierten Krankheiten
F55	Schädlicher Gebrauch von nichtabhängigkeitserzeugenden Substanzen
F59	Nicht näher bezeichnete Verhaltensauffälligkeiten bei körperlichen Störungen und Faktoren
F60–F69	**Persönlichkeits- und Verhaltensstörungen**
Definition	Hierbei handelt es sich um tief verwurzelte und lang anhaltende Verhaltensmuster, die sich in starren und unangepassten Reaktionen in verschiedenen persönlichen und sozialen Lebenssituationen zeigen.
Ätiologie/Pathogenese	multifaktorielles Geschehen; tiefenpsychologisches und lerntheoretisches Konzept
Symptome	F60 mit Subgruppen: siehe dort
F60	Spezifische Persönlichkeitsstörungen
F60.0	Paranoide Persönlichkeitsstörung (misstrauisch, argwöhnisch, starres Beharren, leicht kränkbar)
F60.1	Schizoide Persönlichkeitsstörung (soziale Distanziertheit, Kontakthemmung, Mangel an vertrauensvollen Beziehungen)
F60.2	Dissoziale Persönlichkeitsstörung (Missachtung von sozialen Regeln, niedrige Schwelle für aggressives und gewalttätiges Verhalten)
F60.3	Emotional instabile Persönlichkeitsstörung
F60.30	Impulsiver Typ (mangelnde Impulskontrolle)
F60.31	Borderline-Typ (selbstverletzendes Verhalten, unbeständiges Selbstbild)
F60.4	Histrionische Persönlichkeitsstörung (theatralischer Auftritt, ausgeprägte Selbstbezogenheit, leichte Beeinflussbarkeit)
F60.5	Anankastische (zwanghafte) Persönlichkeitsstörung (Starrheit im Denken und Handeln, starke Zweifel, Unentschlossenheit, übertriebene Gewissenhaftigkeit)
F60.6	Ängstliche (vermeidende) Persönlichkeitsstörung (Minderwertigkeitsgefühl, andauernde Sehnsucht nach Zuneigung, leicht verletzbar)
F60.7	Abhängige (asthenische) Persönlichkeitsstörung (Unfähigkeit zu eigenen Entscheidungen, Ängste vor dem Alleinsein und Verlassenwerden)

▶ **Tab. 20.1** Fortsetzung.

ICD-10	Beschreibung
F60.8	Sonstige spezifische Persönlichkeitsstörungen
F60.80	Narzisstische Persönlichkeitsstörung (Bedürfnis nach Bewunderung, Ausnutzen anderer, Erwartung, bevorzugt zu werden)
F60.81	Passiv-aggressive (negativistische) Persönlichkeitsstörung
F61	Kombinierte und andere Persönlichkeitsstörungen
F62	Andauernde Persönlichkeitsänderungen, nicht Folge einer Schädigung oder Krankheit des Gehirns
F62.1	Andauernde Persönlichkeitsänderung nach Extrembelastung
F62.2	Andauernde Persönlichkeitsänderung nach psychischer Krankheit
F63	Abnorme Gewohnheiten und Störungen der Impulskontrolle
F64	Störungen der Geschlechtsidentität
F65	Störungen der Sexualpräferenz
F66	Psychische und Verhaltensprobleme in Verbindung mit der sexuellen Entwicklung und Orientierung
F68	Andere Persönlichkeits- und Verhaltensstörungen
F69	Nicht näher bezeichnete Persönlichkeits- und Verhaltensstörungen
F70–F79	**Intelligenzstörung**
Definition	Zustand verzögerter oder unvollständiger Entwicklung der geistigen Fähigkeiten
F70	Leichte Intelligenzminderung (IQ 50–69)
F71	Mittelgradige Intelligenzminderung (IQ 35–49)
F72	Schwere Intelligenzminderung (IQ 20–34)
F73	Schwerste Intelligenzminderung (IQ < 20)
F74	Dissoziative Intelligenz
F78	Andere Intelligenzminderung
F79	Nicht näher bezeichnete Intelligenzminderung
F80–F89	**Entwicklungsstörungen**
Definition	Beginn ausnahmslos im Kleinkindalter oder in der Kindheit
Ätiologie/ Pathogenese	angeborene Struktur- oder Funktionsstörungen des Gehirns, Chromosomenanomalien, Erbkrankheiten, Verletzungen, Unfälle, Infektionskrankheiten, Stoffwechselstörungen, Intoxikationsfolgen; teilweise unbekannt
Symptome	F84 mit Subgruppen: siehe dort
F80	Umschriebene Entwicklungsstörungen des Sprechens und der Sprache (Stottern, Poltern, Artikulationsstörung)
F81	Umschriebene Entwicklungsstörungen schulischer Fertigkeiten (Lese- und Rechtschreibschwäche, Rechenstörung)

▶ **Tab. 20.1** Fortsetzung.

ICD-10	Beschreibung
F82	Umschriebene Entwicklungsstörung der motorischen Funktionen
F83	Kombinierte umschriebene Entwicklungsstörungen
F84	Tief greifende Entwicklungsstörungen
F84.0	Frühkindlicher Autismus (soziale Beeinträchtigung, Kommunikationsprobleme, stereotype Aktivitäten)
F84.2	Rett-Syndrom (6.–18. Lebensmonat: Verlangsamung und Stillstand der Entwicklung; 1.–4. Lebensjahr: Verlust des Sprechvermögens, Minderwuchs, autistisches Verhalten, Gangstörungen, Anfälle; 2.–10. Lebensjahr: teilweise Wiedererlangen der Fähigkeiten; Spätstadium: orthopädische Probleme wie Skoliose)
F84.5	Asperger-Syndrom (soziale Beeinträchtigung, Kommunikationsprobleme, Interessenfokus, motorische Ungeschicklichkeit)
F88	Andere Entwicklungsstörungen
F89	Nicht näher bezeichnete Entwicklungsstörungen
F90–F98	**Verhaltens- und emotionale Störungen mit Beginn in der Kindheit und Jugend**
F90	Hyperkinetische Störungen (Mangel an Ausdauer, überschießende Aktivität, Konzentrationsdefizite)
F91	Störungen des Sozialverhaltens (Muster an dissozialem, aggressivem und aufsässigem Verhalten)
F92	Kombinierte Störung des Sozialverhaltens und der Emotionen
F93	Emotionale Störungen des Kindesalters
F94	Störungen sozialer Funktionen mit Beginn in der Kindheit und Jugend
F95	Ticstörungen (Tic: unwillkürliche, rasche, wiederholte, nichtrhythmische Bewegung)
F98	Andere Verhaltens- und emotionale Störungen mit Beginn in der Kindheit und Jugend (Enuresis, Enkopresis)
F99	**Nicht näher bezeichnete psychische Störungen**

21 Prüfung zum Heilpraktiker für Psychotherapie

Wie sieht das Ergebnis aus? Wie fühlt es sich an? Sie sind Heilpraktiker für Psychotherapie. Zwischen der Urkunde und dem Jetzt steht noch das Lernen. Nehmen wir einmal an, das Lernen haben Sie schon erfolgreich hinter sich gebracht. Und jetzt geht es zur Überprüfung. Die Anmeldung erfolgt direkt bei Ihrem Gesundheitsamt.

21.1 Schriftliche und mündliche Überprüfung

Nun haben Sie den Termin für die **schriftliche Überprüfung**. Fahren Sie vor dem Termin zu dem Gebäude, in dem die Überprüfung stattfinden wird. Erfassen Sie dort die Parksituation oder die Verbindungen mit Zug/Bahn und wie lange Sie dann zu Fuß benötigen. Gibt es dort eine Möglichkeit, noch einen Kaffee/Tee zu trinken, ein Brötchen zu essen? Betreten Sie das Gebäude und nehmen Sie es mit all Ihren Sinnen auf. Gehen Sie nach Möglichkeit durch die Gänge und stellen Sie sich schon einmal vor, es wäre der Tag der Überprüfung. Warum? Ihr limbisches System erfasst bereits die Situation und beim „echten" Gang zur Überprüfung kommt Ihnen der Weg vertraut vor. Und alles, was bereits bekannt ist, bereitet weniger Sorgen.

Denken Sie an Ihren Personalausweis und ggf. noch weitere Unterlagen (diese Informationen erhalten Sie beim Gesundheitsamt). Stellen Sie sich nun den Raum mit all Ihren Sinnen vor. Sie sollten Wasser zum Trinken mitnehmen, ggf. Traubenzucker sowie Ihren Lieblingskugelschreiber oder einen Talisman.

Bei der schriftlichen Überprüfung werden Ihnen ein Bogen mit 28 Fragen und ein separates Blatt, auf das die Lösungen abschließend übertragen werden, ausgehändigt. Lesen Sie die Fragen erst einmal alle durch und beantworten Sie diejenigen zuerst, die Sie direkt beantworten können.

> **Lerntipp**
> Atmen Sie jedoch, bevor Sie beginnen, tief ein und aus. Besuchen Sie im Geist Ihre Bibliothek des Wissens und fühlen Sie in die Gewissheit hinein, dass Ihnen alle Fähigkeiten und Ihr Wissen zur Verfügung stehen.

Wenn Sie alle Fragen beantwortet haben, schauen Sie diese nochmals gründlich durch. Jedoch Vorsicht, manchmal werden auch richtige Antworten als falsch gesehen, weil – und das stimmt – zu viel gedacht wird. Die nun – richtig – beantworteten Fragen müssen Sie dann auf das beigefügte Blatt übertragen. Auch hier lauert noch einmal eine Gefahr: Bitte schauen Sie genau hin und übertragen Sie sehr genau. Innerhalb der nächsten 2–3 Tage bekommen Sie das Ergebnis: „Herzlichen Glückwunsch!"

Und jetzt geht es weiter zur **mündlichen Überprüfung**. Bei vielen Gesundheitsämtern findet Folgendes statt: In der Reihenfolge des Alphabets der Nachnamen bekommen Sie den Termin bzw. die Einladung zur Überprüfung. Falls Sie bereits Termine (Urlaub oder Anderes, nicht Veränderbares) geplant haben, besprechen Sie dies am besten mit der zuständigen Bearbeitungsstelle beim Gesundheitsamt. Genau wie bei der schriftlichen Überprüfung sollten Sie sich auch bei der mündlichen vorher mit den Parkmöglichkeiten und den Räumlichkeiten beschäftigen.

Bei der mündlichen Überprüfung geht es zwar auch um Ihr Fachwissen, jedoch – und das ist entscheidend – erfolgt eine Überprüfung, dass Sie mit Ihrer Tätigkeit keine „Gefahr für die Volksgesundheit" darstellen. Das bedeutet, Sie sollten wissen, was Sie tun werden und wie Sie es tun werden.

In der Regel sitzen Sie einem Amtsarzt und 2 weiteren Prüfern (Heilpraktikern) gegenüber. Zu Beginn bekommen Sie etwas zu Trinken angeboten: Bitte nehmen Sie es an – der Mund wird trocken! Des Weiteren bekommen Sie etwas zum Schreiben zur Verfügung gestellt. Auch das sollten Sie für sich nutzen und Notizen machen. Sie bekommen dann Gelegenheit, sich kurz vorzustellen, manchmal werden Fragen zum Lebenslauf gestellt. Und dann kommt meistens die Frage aller Fragen: „Warum möchten Sie Heilpraktiker für Psychotherapie werden und wie werden Sie arbeiten?" Bitte beschäftigen Sie sich intensiv mit dieser Frage bzw. der Antwort. Die von Ihnen bereits gelernten Therapieverfahren oder die Verfahren, die Sie noch lernen und anwenden möchten, sollten sinnvoll erklärt werden können. Bitte beschäftigen Sie sich auch damit intensiv. Warum gerade diese Verfahren? Welche Vorteile haben diese, welche Kontraindikationen bestehen?

Dann geht es weiter – entweder bekommen Sie einen Praxisfall vorgestellt oder ein Fall wird als Rollenspiel erarbeitet, wobei Sie dann den Therapeuten darstellen und einer der Prüfer den Klienten. Sie sollten in der Lage sein, durch die Anamnese eine Verdachtsdiagnose stellen zu können. Bitte hören Sie genau zu und platzen Sie nicht sofort mit einer „Antwort" heraus, sondern denken Sie laut, stellen Sie Fragen, wägen Sie ab. Fassen

Sie dann einen psychopathologischen Befund zusammen. Beachten Sie immer Folgendes:
1. Abklärung: Muss der Klient zum Arzt?
2. Abklärung: Suizidalität

> ⚙ **Merke**
> Suizidalität ist fast immer Thema der Überprüfung. Bitte bereiten Sie sich intensiv darauf vor.

Nach dem geschilderten Fall folgen kurze Fragen zu anderen Themen. Bitte führen Sie sich nicht selber auf das „glatte Eis". Immer wieder geschieht es, dass Menschen genau das Thema selber herbeireden, was Sie im Grunde nicht haben wollten. Deshalb bleiben Sie gedanklich auch bei Ihren Themen.

Sie werden nachfolgend vor die Tür gebeten, das Prüfungsgremium berät sich. Dann werden Sie hören: „Herzlichen Glückwunsch!"

Bitte erkundigen Sie sich bei Ihrem Gesundheitsamt nach den Abläufen. Sie können natürlich variieren. Der oben geschilderte Ablauf steht stellvertretend dafür, dass Sie sich auf jeden Fall nicht nur fachlich vorbereiten sollten, sondern ist als dringende Empfehlung gedacht, sich im Vorfeld mit den Gegebenheiten vertraut zu machen.

21.2 Nach bestandener Prüfung – Praxisgründung

Nach erfolgreicher Prüfung beim Gesundheitsamt können Sie dann über sich sagen: „Ich bin jetzt Heilpraktiker für Psychotherapie, mein Terminkalender ist genau so gefüllt, wie ich es mir vorgestellt und gewünscht habe. Klienten kommen zu mir, ich wende erfolgreich meine erlernten Therapieverfahren an."

Bei einer bestehenden Praxis dürfen Sie jetzt Ihr Schild mit der Berufsbezeichnung ergänzen. Möchten Sie eine Praxis gründen, informieren Sie sich bitte genau über die einzelnen erforderlichen Schritte – dazu gehören:
- Anmeldung der Praxis beim Gesundheitsamt Ihrer Stadt bzw. dem Kreis
- Anmeldung beim Finanzamt – fragen Sie Ihren Steuerberater

- Versicherungen: Berufshaftpflicht- und Rechtsschutzversicherung (diese sind manchmal über einen Berufsverband günstiger abzuschließen)
- Mitgliedschaft in einem Berufsverband (nicht zwingend erforderlich, jedoch nützlich)
- Krankenversicherung
- Rentenversicherung

Sollten Sie Marketingstrategien planen wie Visitenkarten, Flyer, Homepage, Geschäftspapiere (Briefpapier, Stempel), Netzwerke und soziale Medien, können Sie viel Geld loswerden bzw. sparen. Vergleichen Sie daher die Preise genau, auch bei den Druckanbietern, holen Sie sich immer mehrere Angebote. Bei den Homepages schauen Sie sich verschiedene Seiten im Netz an – nicht nur von den Berufskollegen, sondern grundsätzlich. Bei den Seiten, die Ihnen gefallen, schauen Sie nach, wer Sie erstellt hat, und holen Sie sich Angebote. Bei allem, was Sie im Marketingbereich übernehmen, versetzen Sie sich bitte in die Lage Ihrer Klienten. Was sucht dieser? Was braucht er? Er will nicht wissen, wann Sie Ihr Abitur gemacht haben oder dass Sie gerade glücklich verheiratet sind (was immer wieder auf Homepages zu lesen ist), er will wissen, was Sie für ihn tun können!

> **Lerntipp**
>
> Empfehlenswert ist das Buch *Erfolg durch Positionierung* von Ruth Urban und Tanja Klein [80]. Es startet mit der Frage: „Für welches Thema stehe ich als Mensch?" Auch als Therapeut ist es wichtig, eine klare Vorstellung seiner Zielgruppe zu haben.

Zum Abschluss möchte ich mich herzlich dafür bedanken, dass Sie sich für dieses Buch entschieden haben, dass Sie durchgehalten haben und dass Sie sich der letzten Aufgabe, nämlich zur Überprüfung zu gehen, stellen werden. Und Danke, dass Sie ein exzellenter Heilpraktiker für Psychotherapie werden und somit viele Menschen begleiten und stärken können!

**Teil 4
Anhang**

22 Glossar

Absencen
Form des generalisierten epileptischen Anfalls mit kurzer Bewusstseinspause ohne motorische Symptome

Abstinenzsyndrom
Entzugssyndrom nach Alkohol/Drogenentzug oder auch raschem Absetzen von Pharmaka

Abusus
Missbrauch, übermäßiger Gebrauch einer Substanz

Abwehrmechanismus
Begriff aus der Psychoanalyse; psychologischer Mechanismus, durch den nicht akzeptierte Impulse und Wünsche dem Bewusstsein ferngehalten bzw. anerkannte Lösungen gefunden werden

Adipositas
Fettsucht

Ätiologie
Lehre von den Krankheitsursachen, Ursachen einer Störung und die sie beeinflussenden Faktoren

Affekt
kurz andauernde, stark ausgeprägte Emotion

Affektarmut
Verminderung von Affekten

Affektinkontinenz
mangelhafte Affektsteuerung; sehr rasche Auslösung von Affekten, die nicht beherrscht werden können und zum Teil eine übermäßige Intensität zeigen

affektive Störung
Störung des emotionalen Gleichgewichts mit den Polen Manie und Depression

Affektlabilität
rascher Wechsel der Gefühlslage mit überschießenden Gefühlsäußerungen, die nicht im Verhältnis zur Ursache stehen

Affektstarrheit
Verminderung der affektiven Modulationsfähigkeit; der Betroffene verharrt ohne Modulation in bestimmten Stimmungen oder Affekten, unabhängig von der äußeren Situation

Agitiertheit
innere Unruhe, Bewegungsdrang

Agnosie
Unfähigkeit, trotz intakter und gesunder Sinnesorgane Wahrgenommenes zu erkennen; je nach Sinnesgebiet: akustische, taktile und optische Agnosie

Agoraphobie
extreme Angst vor öffentlichen Plätzchen oder großen Räumen

Agrammatismus
fehlende grammatikalische Zusammenhänge

Akalkulie
Rechenschwäche; Unfähigkeit, trotz erhaltener Intelligenz auch einfachste Rechenaufgaben zu lösen

Akathisie
Bewegungsdrang, Unfähigkeit zu ruhigem Sitzenbleiben (= Sitzunruhe); Neuroleptikanebenwirkung, gekennzeichnet durch motorische Unruhezustände und ein inneres Unruhegefühl (Unruhezustände zählen auch zu den „Frühwarnsymptomen" eines schizophrenen Rezidivs!)

Akinese
Verarmung der Bewegungsabläufe bis hin zur Bewegungslosigkeit, Bewegungsstarre

Akoasmen
akustische Halluzinationen in Form von ungestalteten akustischen Wahrnehmungen, z. B. Rauschen, Summen, Pfeifen, Klopfen (nicht in Form von Stimmen); Vorkommen bei Schizophrenie, symptomatischen Psychosen, Alkoholabhängigkeit und begleitend zur epileptischen Aura

Akrophobie
Höhenangst

akustische Halluzinationen
Sinnestäuschung im Hören

Alexie
Unvermögen, den Bedeutungsinhalt von Geschriebenem bei intaktem Sehvermögen zu verstehen

Ambitendenz
gleichzeitig bestehende und sich widersprechende Willensimpulse, damit wird ein zielgerechtes Handeln unmöglich

Amenorrhö
Ausbleiben bzw. Fehlen der Menstruation

Amnesie
inhaltliche und/oder zeitlich begrenzte Gedächtnislücke, die total oder partiell sein kann; vorwiegend nach akuten Schädigungen des Gehirns (traumatisch/toxisch), kann aber auch psychogen bedingt sein

Amygdala
Teil des limbischen Systems, der Emotionen kontrolliert

anale Phase
2. psychosexuelle Entwicklungsphase laut Sigmund Freud; gekennzeichnet durch das Vergnügen am Entleeren oder Zurückhalten der Ausscheidung. Das Kind lernt, die Körperbeherrschung und den Stuhlgang als eigenes Erzeugnis zu sehen.

analytische Psychologie
Zweig der Psychologie, welcher die Person als Konstellation kompensatorischer innerer Kräfte in einer dynamischen Balance sieht

Anankasmus
Zwanghaftes im Denken und/oder im Handeln, zwanghaftes Durchführen von Handlungen

Angiopathie
Oberbegriff für Gefäßerkrankungen

Angst
ein Gefühl, welches bei Sicherheitsverlust entsteht, bei Bedrohung; ist als normale Angst ein Alarmsignal für den Organismus. Angst äußert sich in Form von seelischem Erleben, körperlichen Symptomen und Veränderungen des Verhaltens. Pathologische Angst ist ein unspezifisches Symptom vieler psychischer Störungen.

Angstneurose
nach Sigmund Freud ein neurotisches Bild mit Angst als Hauptsymptom

Angststörungen
psychische Störungen, die durch Erregungs- und Spannungszustände gekennzeichnet sind, verbunden mit dem Gefühl intensiver Angst ohne realen Auslöser

Anhedonie
Verlust an Lebensfreude; Lust- und Freudlosigkeit

Anorexia nervosa
Essstörung, bei der Betroffene ihr Essverhalten kontrollieren, da sie der Überzeugung sind, übergewichtig zu sein, selbst wenn sie stark untergewichtig sind (BMI < 17,5 kg/m^2)

Anpassungsstörung
gestörter oder verzögerter Anpassungsprozess nach einer einschneidenden Lebensveränderung oder einem -ereignis mit unterschiedlichen affektiven Symptomen

anterograde Amnesie
Gedächtnislücke für die Zeitspanne nach einem Ereignis

anticholinerg
Hemmung des Neurotransmitters Acetylcholin

antisoziale Persönlichkeitsstörung
Persönlichkeitsstörung mit einem gegen die Regeln der Gesellschaft gerichteten Verhalten

Antrieb
Grundaktivität eines Menschen, seine Energie, Initiative und Aktivität

Antriebsarmut
Mangel an Energie, Initiative und Aktivität

anxiolytisch
angstlösende Wirkung

Aphasie
Sprachstörungen bei erhaltener Funktion der Sprachmuskulatur

Apathie
spontane Aktivität fehlt, Teilnahmslosigkeit, mangelnde Gefühlsansprechbarkeit, Zustand der Gleichgültigkeit gegenüber Menschen und Umwelt; andauernder oder vorübergehender Zustand

Apoplex
Hirnschlag, Hirninfarkt

Apoplexie
plötzliches Aussetzen der Funktion des Gehirns, plötzliche Durchblutungsstörung

Appetenz
Verlangen, Begehren, Sexualtrieb

Apraxie
durch zentrale Störungen bedingte Unfähigkeit, sinnvolle und zweckmäßige Bewegungen auszuführen

Arousal
Zustand der physiologischen Reaktionsfähigkeit bzw. Erregung

artifizielle Störung
selbst zugefügte Krankheit

Assoziation
Verknüpfung seelischer Inhalte dadurch, dass eine Vorstellung eine andere ins Bewusstsein ruft oder diesen Vorgang begünstigt

Ataxien
Störungen im geordneten Ablauf und in der Koordination von Muskelbewegungen

Atrophie
Schwund (z. B. Hirnschwund, Muskelschwund), Gewebeschwund infolge Mangelernährung des Gewebes

Auffassungsstörung
Störung der Fähigkeit, Wahrnehmungserlebnisse in ihrer Bedeutung zu begreifen und sie miteinander zu verbinden

autistische Psychopathie (Asperger-Syndrom)
tief greifende Kontakt- und Kommunikationsstörung

Autismus
Hinwendung in eine subjektive Innenwelt und somit Abwendung von der Außenwelt

Bedeutungswahn
einem an sich zufälligen Ereignis wird eine besondere Bedeutung zugeschrieben

Beeinträchtigungswahn
wahnhafte Überzeugung, von der Umwelt bedroht, gekränkt, beleidigt, verspottet oder verhöhnt zu werden

Befehlsautomatismus/-automatie
abnorme Bereitschaft, automatisch Befehlen nachzukommen

Behaviorismus
wissenhaftlicher Ansatz der Psychologie, der messbares, beobachtbares Verhalten umfasst

benigne
gutartig

Bewusstsein
umfasst 3 große Funktionsbereiche: Wachsein (Vigilanz), Bewusstseinsklarheit, Selbstbewusstsein

Bewusstseinsstörung
qualitative und quantitative Bewusstseinsstörungen

Bindung
emotionale Beziehung zwischen einem Kind und der Person, die regelmäßig für das Kind sorgt

Chorea Huntington
erbliche Erkrankung mit zunehmenden Bewegungsstörungen und Demenz

Colitis ulcerosa
chronische Entzündung des Dickdarms (Kolon)

Commotio cerebri
Gehirnerschütterung

Contusio cerebri
Hirnquetschung (z. B. bei Schädelbasisbruch)

Demenz
erworbene, krankheitsbedingte Einschränkung der intellektuellen Fähigkeit, d. h. bereits entwickelter Funktionen

Denkstörungen
inhaltliche Denkstörung = der Wahn; formale Denkstörungen = Störungen der Form des Denkens

Denkzerfahrenheit = inkohärentes Denken
Das Denken hat für den Außenstehenden keinen nachvollziehbaren, logisch verständlichen Zusammenhang. Das Denken erscheint zerrissen, unzusammenhängend und aus zufällig verbundenen Gedankenbruchstücken zu bestehen.

Depersonalisation
Veränderung der Selbstwahrnehmung/Selbsterfahrung. Der eigene Körper oder Körperteile, aber auch Gefühle und Handlungen werden als fremd, unwirklich und unlebendig empfunden oder als automatenhaft, mechanisch funktionierend. Eigene psychische Funktionen werden als beeinflusst bzw. von anderen gemacht erlebt.

Derealisation
Gefühl, die Umwelt (Personen und Gegenstände) haben sich verändert und sind fremd, abgerückt, unwirklich oder anders.

Dissozialität
Konflikte mit der sozialen Umwelt durch Missachtung der sozialen Regeln

Dissoziation
Spaltung (des Bewusstseins), dissoziative Störungen: Störung der integrativen Funktion von Erinnerungen, Störung des Identitätsbewusstseins (Trance, Besessenheit), Störung bei der Kontrolle von Empfindungen und Motorik ohne organische Ursache

Down-Syndrom
Trisomie 21

Dysarthrie
Störung der Koordination des Sprachvollzugs, Störung der Aussprache insgesamt

Dysgrammatismus
syntaktische Störung der Wort- und Satzbildung

Dyslalie
Stammeln; Artikulationsstörungen wie Sigmatismus (Lispeln), Rhotazismus (R-Lautstörung), Zischlautstörungen, Silbenstammeln

Dysmorphophobie
Angst vor körperlichen Entstellungen = überwiegend hypochondrische Störung ohne akut auftretende Panikattacken. Klient leidet unter der zwanghaften Vorstellung, durch vermeintliche Körperfehler unangenehm aufzufallen.

Dysmorphopsie
Gestaltverzerrung; siehe auch Metamorphopsie, Mikro- und Makropsie

Dyspareunie
Schmerzen beim Geschlechtsverkehr

Dysphorie
bedrückte, gereizte, schnell reizbare und freudlose Stimmung, Pessimismus und Selbstanklagen

Echolalie
automatenhaftes, „willenloses" Nachsprechen vorgesagter oder zufällig gehörter Wortendungen, Wörter oder Sätze

Echopraxie
Nachahmung von Bewegungen und Handlungen

Ejaculatio praecox
vorzeitiger Samenerguss

elektiv
auswählend

endokrin
mit innerer Sekretion verbunden (von Drüsen)

Enkopresis
Einkoten ohne organische Ursache ab einem Alter von 4 Jahren bei zuvor erreichter Stuhlkontinenz (= sekundäre Enkopresis) bzw. bei noch nicht erreichter Stuhlkontinenz (= primäre Enkopresis)

Enuresis diurna
tagsüber wiederholtes, unwillkürliches Einnässen

Enuresis nocturna
nächtliches Einnässen (eventuell auch zusätzlich tagsüber)

Erythrophobie
Angst vor dem Erröten

extrapyramidal
außerhalb der Pyramidenbahnen

extrapyramidales Syndrom
Symptomkomplex mit Störungen des Bewegungsablaufs; sind entweder durch Einbußen oder ein Übermaß motorischer Aktivität geprägt

Flashbacks
spontanes Auftreten von sich aufdrängenden Erinnerungen an das Trauma bei posttraumatischer Belastungsstörung; oder erneute psychotische Symptome wie sie früher durch die Einnahme eines Halluzinogens bewirkt wurden, ohne erneute Einnahme der Substanz

Flexibilitas cerea
wächserne Biegsamkeit = katatone Störung; Halten einer Gliederstellung über längere Zeit

Frühdyskinesien
Nebenwirkungen einer Neuroleptikatherapie, die Verkrampfungen der Schlund- und Kaumuskulatur (Trismus) und Blickkrämpfe usw. umfassen; Auftreten in den ersten Behandlungstagen, gutes Ansprechen auf Antiparkinsonmittel

Ganser-Syndrom
vorgetäuschte Hirnleistungsschwäche (Pseudodemenz) im Sinne einer Zweckreaktion mit psychischen Symptomen, oft im Zusammenhang mit schweren Persönlichkeitsstörungen

Gastritis
Magenschleimhautentzündung

Gedankenabbrechen
plötzliches Abbrechen eines flüssigen Gedankengangs ohne ersichtlichen Grund (formale Denkstörung)

Gedankenausbreitung
Überzeugung, dass andere an den eigenen Gedanken Anteil haben und wissen, was der Klient denkt oder seine Gedanken hören oder lesen können (Ich-Störung)

Gedankeneingebung
Überzeugung, dass die eigenen Gedanken und Vorstellungen von außen gemacht, gelenkt oder eingegeben werden (Ich-Störung)

Gedankenentzug
Überzeugung, dass Gedanken weggenommen und entzogen werden (Ich-Störung)

Hemiparese
Halbseitenlähmung

Hyperhidrosis
übermäßige Schweißabsonderung

Hyperphagie
Gefräßigkeit, Kohlenhydrathunger (griech. phagein = essen)

Hypersomnie
übermäßiges Schlafbedürfnis

Hyperthermie
Überwärmung des Körpers über den vom Hypothalamus eingestellten Sollwert

Hypokinese
Mangel an Willkür- und Reaktivbewegungen, z. B. bei Parkinson (griech. kinesis = Bewegung)

Inkohärenz
dissoziiertes Denken, zerrissen bis in einzelne, scheinbar zufällig durcheinandergewürfelte Sätze ohne verständlichen oder nachvollziehbaren Sinnzusammenhang

Katalepsie
Haltungsverharren, Beibehalten unnatürlicher Körperhaltungen über eine längere Zeit, auch gegen Widerstand; maximal erhöhter Muskeltonus

Kataplexie
affektiver Tonusverlust, d. h., die Körpermuskulatur erschlafft kurzfristig unter der Einwirkung einer überraschenden, affektiven Erregung; zählt zu den „nicht epileptischen" Anfällen; siehe auch Narkolepsie

Konfabulation
Klienten erzählen von Erinnerungen und Vorgängen, die in keinem Zusammenhang mit der gegebenen Situation stehen bzw. nur in der Fantasie existieren, aber vom Patienten für eine echte Erinnerung gehalten werden (z. B. Korsakow-Syndrom).

Konversionssymptom
Konvertieren = Umsetzen; Umsetzung eines seelischen Konflikts in der Form, dass die Symptome den Konflikt in symbolischer Form zum Ausdruck bringen und die Psyche Entlastung erfährt; z. B. Versagung von erotischen Wünschen; Ausdrucksformen: Lähmungen, Sprechstörungen, Blindheit, Sensibilitätsstörungen usw.

Korsakow-Syndrom
organisches amnestisches Syndrom; charakterisiert durch Gedächtnisstörungen, Merkfähigkeitsschwäche, Desorientiertheit, eingeschränkte Kritikfähigkeit, Konfabulationen; häufig als Folge einer Alkoholabhängigkeit

Krankheitsgewinn
primärer Krankheitsgewinn: intrapersonale Entlastung; sekundärer Krankheitsgewinn: Vergünstigungen und äußere Vorteile, die eine Symptomatik aufrechterhalten (z. B. Entlastung von sozialen Verpflichtungen)

Letalität
Sterblichkeit durch eine Erkrankung

Logorrhö
Redeschwall (ungehemmter Redefluss) infolge verlorengegangener Selbstkontrolle, typisches Symptom bei Manie

Makropsie
Krankheitssymptom, bei dem Gegenstände größer erscheinen, als sie tatsächlich sind; Gegenteil: Mikropsie

maligne
bösartig

malignes neuroleptisches Syndrom
seltene, aber schwerwiegende Nebenwirkungen einer Neuroleptikatherapie; Leitsymptome: Fieber, Bewusstseinstrübungen bis hin zu Koma, Rigor und vegetative Dysfunktionen

Manierismus (Manieriertheit)
Störungen des Ausdruckverhaltens, z. B. Ausführung alltäglicher Bewegungen in bizarrer, gekünstelter oder verkrampfter Form

metabolisch
stoffwechselbedingt (griech. metabolos = veränderlich)

Metamorphopsie
veränderte Größen- und Gestaltwahrnehmung

Mikropsie
Krankheitssymptom, bei dem Gegenstände kleiner erscheinen, als sie sind; der Klient ist sich jedoch der Abnormität der Sinneseindrücke bewusst und erlebt sie als Ich-fremd (im Gegensatz zur Halluzinationen); Vorkommen u. a. bei der Aura epileptischer Anfälle; Gegenteil: Makropsie

Miktionsstörung
Störung bei der Blasenentleerung; z. B. bei der Einnahme von Antidepressiva

Miosis
Pupillenverengung; z. B. bei der Einnahme von Opiaten (z. B. Heroin)

mnestisch
das Gedächtnis betreffend (griech. mnestis = Erinnerung)

Morbidität
Anteil einer Bevölkerung, der in einem bestimmten Zeitraum an einer bestimmten Erkrankung leidet

Morbus Pick
progressive umschriebene Großhirnrindenatrophie, bei der hauptsächlich der Stirn- und Schläfenlappen betroffen sind; Symptome: Persönlichkeitsveränderungen, Triebenthemmung, persönlichkeitsfremde Handlungen, Sprachstörungen, Demenz

Morbus Wilson
Kupferspeicherkrankheit; angeborene Störung des Kupferstoffwechsels mit einer abnormen Kupferspeicherung in verschiedenen Organen sowie neurologischen und psychischen Störungen (Verhaltensauffälligkeiten, Demenz, Psychosen)

Mutismus
Nichtsprechen bei erhaltenem Sprechvermögen und bisher ungestörter Sprachentwicklung; elektiver (auch: selektiver) Mutismus: Nichtsprechen nur bei bestimmten Personen oder in bestimmten sozialen Situationen; totaler Mutismus: keine oder sehr eingeschränkte sprachliche Äußerungen, nonverbale Verständigung möglich

Mydriasis
Pupillenerweiterung nach Einnahme von z. B. Cannabis, Halluzinogenen, LSD, Atropin oder Kokain

Narkolepsie
Schlafzwang am Tag, anfallsweise auftretender unüberwindlicher 1–30 min andauernder Schlaf, affektiver Tonusverlust, Wachanfälle; siehe auch Kataplexie

Negativismus
passiver Negativismus: Verweigern; aktiver Negativismus: das Gegenteil des Geforderten tun

Neologismen
Wortneubildungen

Nystagmus
unwillkürliches Zittern des Augapfels (z. B. bei der Wernicke-Enzephalopathie)

Obstipation
Stuhlverstopfung

Oligophrenie
angeborene oder während der frühen Entwicklungsperiode entstandene Intelligenzschwäche

Panikstörung
episodische paroxysmale (in Anfällen auftretende) Angstattacken, die sich nicht auf spezifische Situationen oder besondere Umstände beschränken

Pankreatitis
Entzündung der Bauchspeicheldrüse

Parästhesien
Sensibilitätsstörungen (z. B. Kribbeln)

Pareidolie
Sinnestäuschung, bei der in tatsächlich vorhandene Gegenstände allerlei Nichtvorhandenes zusätzlich hineingesehen wird und unvollkommene Sinneseindrücke ergänzt werden

Perseveration
Haften an Worten und Gedanken, die vorher gebraucht wurden, jetzt aber nicht mehr sinnvoll sind (lat. persevero = verharren, bestehen auf)

Persistenz
langfristiges Fortbestehen (lat. persistere = verharren)

perzeptiv
sinnliches Erfassen als 1. Stufe des Erkennens

Phenylketonurie
seltene, rezessiv erbliche Stoffwechselanomalie infolge eines Enzymdefekts, die unbehandelt zu einer Intelligenzminderung führt

Phobophobie
Angst vor der Angst

Phoneme
akustische Halluzinationen in Form von differenzierten akustischen Wahrnehmungserlebnissen (Worte, Stimmen, Sätze); Befehlsstimmen = imperative Phoneme

Poltern
Sprachstörung, die durch einen überstürzten, hastigen und fahrigen Redefluss gekennzeichnet ist, der den gesamten Sprechvorgang durchzieht und zur Verwaschenheit der Artikulation und Veränderung ganzer Wörter führen kann

Polytoxikomanie
Mehrfachabhängigkeit (polyvalente Abhängigkeit), gleichzeitige Abhängigkeit von verschiedenen Substanzen

prämorbide Symptome
vor dem Auftreten der eigentlichen Krankheit erkennbare Zeichen

Prävention
Vorbeugung von Krankheiten; Unterteilung in primäre Prävention: Verhütung von Krankheiten; sekundäre Prävention: Krankheitsfrüherkennung; tertiäre Prävention: Verhindern des Fortschreitens und Verhüten von Rezidiven (= Rückfällen)

Progredienz
zunehmendes Voranschreiten einer Krankheit

progressive Paralyse
Spätform der Syphilis (Neurolues); tritt ca. 10–15 Jahre nach einer unbehandelten Infektion auf und führt unbehandelt meist über einen geistigen und körperlichen Verfall bis zum Tod (griech. paralysis = Auflösung).

Rentenneurose
Form der Begehrensneurose: hartnäckiges Streben nach einer Rente

respiratorisch
die Atmung betreffend

Rezidiv
Rückfall

Rigor
Steifheit, Starre (lat. rigor)

Somnolenz
abnorme Schläfrigkeit

Sopor
Klient ist nur mit Mühe weckbar, Reflexe sind erhalten (quantitative Bewusstseinsstörung).

Spätdyskinesien
Medikamentennebenwirkungen durch Neuroleptika in Form von Bewegungsstörungen (Tic-ähnliche Bewegungen von Lippen und Augenbrauen, Grimassen usw.); Auftreten: Monate bis Jahre nach Einnahme von Neuroleptika; oft irreversibel

Stammeln
Unfähigkeit, bestimmte Laute oder Lautverbindungen richtig auszuformen; sie werden fehlgebildet, ersetzt oder ausgelassen.

Stereotypien
motorische und sprachliche Wiederholungen, z. B. Echolalie, Echopraxie

Stupor
Zustand der Erstarrung und Reglosigkeit bei erhaltener Bewusstseinsklarheit

subdural
unter der harten Hirnhaut

Suggestibilität
Empfänglichkeit für Beeinflussung

Tachykardie
Steigerung der Herzfrequenz

Tetanie
neuromuskuläre Übererregbarkeit mit schmerzhaften Muskelkrämpfen

Thiamin
Vitamin B_1

Tranquilizer
Medikamente, die angstlösend und entspannend wirken

transitorische ischämische Attacke (TIA)
reversible Durchblutungsstörung des Gehirns

Ulcus ventriculi
Magengeschwür

Verbigeration
ständige Wiederholung derselben Wörter und Gedanken ohne Sinn (kein Zusammenhang)

Zönästhesie
Leibgefühlsstörung

Zytomegalie
Virusinfektion, die bei Gesunden i. d. R. nur wenige oder keine Symptome verursacht, bei einer Erstinfektion während der Schwangerschaft jedoch schwere Organschäden und eine Intelligenzminderung beim Ungeborenen verursachen kann.

Zwang
Zwangshandlungen: Aufdrängen von Handlungsimpulsen; Zwangsgedanken: Aufdrängen von Gedanken; begleitet von Angst bei Unterdrückung der Handlungen, mögliche Themen: Putzzwang, Waschzwang, Kontrollzwang

23 Lösungen der Prüfungsfragen

Kap. 3: Psychopathologie
- Aufgabe 1: Lösung a) und d)
- Aufgabe 2: Lösung d)
- Aufgabe 3: Lösung d)
- Aufgabe 4: Lösung b)
- Aufgabe 5: Lösung d)
- Aufgabe 6: Lösung a)
- Aufgabe 7: Lösung d)
- Aufgabe 8: Lösung b)
- Aufgabe 9: Lösung b) und d)
- Aufgabe 10: Lösung b)

Kap. 4: Organische Erkrankungen (F00-F09)
- Aufgabe 1: Lösung c)
- Aufgabe 2: Lösung c)
- Aufgabe 3: Lösung e)
- Aufgabe 4: Lösung c) und d)
- Aufgabe 5: Lösung e)
- Aufgabe 6: Lösung a) und d)
- Aufgabe 7: Lösung a) und e)
- Aufgabe 8: Lösung b)
- Aufgabe 9: Lösung c)
- Aufgabe 10: Lösung b) und c)

Kap. 5: Störungen durch psychotrope Substanzen (F10-F19)
- Aufgabe 1: Lösung e)
- Aufgabe 2: Lösung c) und d)
- Aufgabe 3: Lösung a) und d)
- Aufgabe 4: Lösung a) und d)
- Aufgabe 5: Lösung d)

- Aufgabe 6: Lösung b)
- Aufgabe 7: Lösung a) und b)
- Aufgabe 8: Lösung d)
- Aufgabe 9: Lösung e)

Kap. 6: Schizophrenie (F20-F29)
- Aufgabe 1: Lösung e)
- Aufgabe 2: Lösung c)
- Aufgabe 3: Lösung b)
- Aufgabe 4: Lösung e)
- Aufgabe 5: Lösung d)
- Aufgabe 6: Lösung e)
- Aufgabe 7: Lösung a) und d)
- Aufgabe 8: Lösung d) und e)
- Aufgabe 9: Lösung c) und d)

Kap. 7: Affektive Störungen (F30-F39)
- Aufgabe 1: Lösung a)
- Aufgabe 2: Lösung d)
- Aufgabe 3: Lösung b)
- Aufgabe 4: Lösung e)
- Aufgabe 5: Lösung d)
- Aufgabe 6: Lösung d)
- Aufgabe 7: Lösung d)
- Aufgabe 8: Lösung b)
- Aufgabe 9: Lösung c)
- Aufgabe 10: Lösung c)

Kap. 8: Neurotische, Belastungs- und somatoforme Störungen (F40–F48)

Angst- und phobische Störungen (F40/F41)
- Aufgabe 1: Lösung d)
- Aufgabe 2: Lösung d)
- Aufgabe 3: Lösung b) und e)
- Aufgabe 4: Lösung a) und c)
- Aufgabe 5: Lösung b)
- Aufgabe 6: Lösung c)
- Aufgabe 7: Lösung e)
- Aufgabe 8: Lösung c)
- Aufgabe 9: Lösung c)
- Aufgabe 10: Lösung c)

Zwangsstörungen (F42)
- Aufgabe 1: Lösung d) und e)
- Aufgabe 2: Lösung b) und c)
- Aufgabe 3: Lösung b) und d)
- Aufgabe 4: Lösung a) und e)
- Aufgabe 5: Lösung c) und e)
- Aufgabe 6: Lösung d)
- Aufgabe 7: Lösung c)
- Aufgabe 8: Lösung d)
- Aufgabe 9: Lösung e)

Belastungs- und Anpassungsstörungen (F43)
- Aufgabe 1: Lösung c) und d)
- Aufgabe 2: Lösung b)
- Aufgabe 3: Lösung e)
- Aufgabe 4: Lösung b) und e)
- Aufgabe 5: Lösung e)

Dissoziative Störungen (F44)
- Aufgabe 1: Lösung d)
- Aufgabe 2: Lösung a)
- Aufgabe 3: Lösung d)
- Aufgabe 4: Lösung e)

Somatoforme Störungen (F45)
- Aufgabe 1: Lösung e)
- Aufgabe 2: Lösung c)
- Aufgabe 3: Lösung b)
- Aufgabe 4: Lösung d) und e)
- Aufgabe 5: Lösung d)
- Aufgabe 6: Lösung c) und e)
- Aufgabe 7: Lösung b)

- Aufgabe 8: Lösung c)
- Aufgabe 9: Lösung b)

Kap. 9: Verhaltensauffälligkeiten mit körperlichen Störungen und Faktoren (F50-F59)

Essstörungen (F50)
- Aufgabe 1: Lösung d)
- Aufgabe 2: Lösung b)
- Aufgabe 3: Lösung c)
- Aufgabe 4: Lösung c) und d)
- Aufgabe 5: Lösung b)
- Aufgabe 6: Lösung b) und e)
- Aufgabe 7: Lösung e)
- Aufgabe 8: Lösung d)
- Aufgabe 9: Lösung c)
- Aufgabe 10: Lösung c)

Nichtorganische Schlafstörungen (F51)
- Aufgabe 1: Lösung d) und e)
- Aufgabe 2: Lösung e)
- Aufgabe 3: Lösung a) und b)
- Aufgabe 4: Lösung d)
- Aufgabe 5: Lösung e)

Kap. 10: Persönlichkeits- und Verhaltensstörungen (F60-F69)
- Aufgabe 1: Lösung c)
- Aufgabe 2: Lösung a) und d)
- Aufgabe 3: Lösung e)
- Aufgabe 4: Lösung a)
- Aufgabe 5: Lösung c) und d)
- Aufgabe 6: Lösung e)
- Aufgabe 7: Lösung d)
- Aufgabe 8: Lösung e)
- Aufgabe 9: Lösung b)
- Aufgabe 10: Lösung b) und e)

Kap. 11: Intelligenzstörung (F70–F79)
- Aufgabe 1: Lösung e)
- Aufgabe 2: Lösung c)
- Aufgabe 3: Lösung b)

Kap. 12: Entwicklungsstörungen (F80-F89)
- Aufgabe 1: Lösung e)
- Aufgabe 2: Lösung c)
- Aufgabe 3: Lösung c)
- Aufgabe 4: Lösung b) und c)

Kap. 13: Verhaltens- und emotionale Störungen mit Beginn der Kindheit und Jugend (F90-F99)

- Aufgabe 1: Lösung e)
- Aufgabe 2: Lösung d)
- Aufgabe 3: Lösung a) und c)
- Aufgabe 4: Lösung c) und d)
- Aufgabe 5: Lösung a) und d)

Kap. 15: Neurologische Krankheitsbilder

- Aufgabe 1: Lösung c)
- Aufgabe 2: Lösung c)
- Aufgabe 3: Lösung b)
- Aufgabe 4: Lösung e)

Kap. 16: Suizidalität

- Aufgabe 1: Lösung d)
- Aufgabe 2: Lösung d) und e)
- Aufgabe 3: Lösung c)
- Aufgabe 4: Lösung a) und c)
- Aufgabe 5: Lösung b) und c)
- Aufgabe 6: Lösung c)
- Aufgabe 7: Lösung d)
- Aufgabe 8: Lösung b)
- Aufgabe 9: Lösung d)
- Aufgabe 10: Lösung c)

Kap. 17: Behandlungs- und Unterstützungsmöglichkeiten

Medikamente

- Aufgabe 1: Lösung a)
- Aufgabe 2: Lösung d)
- Aufgabe 3: Lösung e)
- Aufgabe 4: Lösung b) und e)
- Aufgabe 5: Lösung c) und e)

Therapieverfahren

- Aufgabe 1: Lösung c)
- Aufgabe 2: Lösung d)
- Aufgabe 3: Lösung c)
- Aufgabe 4: Lösung b)
- Aufgabe 5: Lösung a)
- Aufgabe 6: Lösung e)
- Aufgabe 7: Lösung e)
- Aufgabe 8: Lösung c)
- Aufgabe 9: Lösung d)
- Aufgabe 10: Lösung c)

Entspannungsverfahren

- Aufgabe 1: Lösung b)
- Aufgabe 2: Lösung e)
- Aufgabe 3: Lösung d)

Kap. 19: Gesetze/Recht

- Aufgabe 1: Lösung d)
- Aufgabe 2: Lösung e)
- Aufgabe 3: Lösung b) und d)
- Aufgabe 4: Lösung a) und d)
- Aufgabe 5: Lösung b)
- Aufgabe 6: Lösung b) und e)
- Aufgabe 7: Lösung b) und e)
- Aufgabe 8: Lösung a)

24 Literaturverzeichnis

[1] Antonovsky A. Salutogenese: Zur Entmystifizierung der Gesundheit. Tübingen: dgvt-Verlag; 1997

[2] AMDP – Arbeitsgemeinschaft für Methodik und Dokumentation in der Psychiatrie, Hrsg. Das AMDP-System: Manual zur Dokumentation psychiatrischer Befunde. 10. Aufl. Göttingen: Hogrefe; 2018

[3] Arolt V, Reimer C, Dilling H. Basiswissen Psychiatrie und Psychotherapie. 7. Aufl. Berlin, Heidelberg: Springer; 2007

[4] Banning F. Heilpraktiker 840 Original Multiple Choice Prüfungsfragen mit Lösungen. Berlin: XinXii; 2012

[5] Becker-Pfaff J, Engel S. Fallbuch Psychiatrie. 2. Aufl. Stuttgart: Thieme; 2010

[6] Birbaumer N. Dein Gehirn weiß mehr, als du denkst: Neueste Erkenntnisse aus der Hirnforschung. Berlin: Ullstein; 2015

[7] Bohus M, Wolf M. Interaktives Skillstraining für Borderline-Patienten: Das Therapeutenmanual. 2. Aufl. Stuttgart: Schattauer; 2016

[8] Braus DF. EinBlick ins Gehirn: Psychiatrie als angewandte klinische Neurowissenschaft. 3. Aufl. Stuttgart: Thieme; 2014

[9] Bucay J. Komm, ich erzähl dir eine Geschichte. 16. Aufl. Frankfurt a.M.: Fischer; 2007

[10] Bund Deutscher Heilpraktiker e. V. HP-Berufsordnung. Im Internet: https://www.bdh-online.de/ (Stand: 15.6.2020)

[11] Chase T. Aufschrei: Ein Kind wird jahrelang missbraucht und seine Seele zerbricht. 5. Aufl. Köln: Bastei Lübbe; 2009

[12] da Silva K, Rydl D-R. Energie durch Bewegung. München: Droemer Knaur; 1995

[13] DEGAM – Deutsche Gesellschaft für Allgemeinmedizin und Familienmedizin. Leitlinien der DEGAM. Im Internet: http://www.degam.de/leitlinien.html (Stand: 15.06.2020)

[14] De Hert M, Magiels G, Thys E. Das Geheimnis des Gehirnchips. Ein Selbsthilferatgeber für Menschen, die an Psychose leiden. Antwerpen: EPO; 2000

[15] DHS – Deutsche Hauptstelle für Suchtfragen e. V., Hrsg. Jahrbuch Sucht 2020. Lengerich: Pabst; 2020

[16] Dilling H. WHO-Fallbuch zur ICD-10: Kapitel V (F): Psychische und Verhaltensstörungen – Falldarstellungen von Erwachsenen. 2. Aufl. Bern: Hans Huber; 2012

[17] Dilling H, Mombour W, Schmidt MH, Hrsg. Internationale Klassifikation psychischer Störungen ICD-10 Kapitel V (F). 9. Aufl. Bern: Hans Huber; 2014

[18] Eilert DW. Mimikresonanz: Gefühle sehen. Menschen verstehen. 2. Aufl. Paderborn: Junfermann; 2013

[19] Eilert DW. Der Liebes-Code: Wie Sie Mimik entschlüsseln und Ihren Traumpartner finden. Berlin: Ullstein; 2014

[20] Ekman P. Gefühle lesen: Wie Sie Emotionen erkennen und richtig interpretieren. 2. Aufl. München: Elsevier/ Spektrum Akademischer Verlag; 2010

[21] Feil N, de Klerk-Rubin V. Validation: Ein Weg zum Verständnis verwirrter alter Menschen. 9. Aufl. München: Reinhardt; 2010

[22] Feil N. Validation in Anwendung und Beispielen: Der Umgang mit verwirrten alten Menschen. 7. Aufl. München: Reinhardt; 2013

[23] Fleischhacker W. Fluch und Segen des Cocain. ÖAZ 2006; 60(26): 1286–1288

[24] Fröhling U. Vater unser in der Hölle: Inzest und Missbrauch eines Mädchens in den Abgründen einer satanistischen Sekte. München: MVG; 2015

[25] Grübler B. Alzheimer-Demenz: Die Forschung steht unter Druck. Dtsch Arztebl 2012; 109: A-26/B-23/C-23

[26] Gunst S, Schramm A. Neurologie und Psychiatrie: Basislehrbuch Gesundheit und Krankheit. München: Elsevier/Urban & Fischer; 2004

[27] Hagehülsmann U. Transaktionsanalyse – wie geht denn das? Transaktionsanalyse in Aktion. 6. Aufl. Paderborn: Junfermann; 2012

[28] Hassenmüller H. Gute Nacht, Zuckerpüppchen. 25. Aufl. Reinbek bei Hamburg: Rowohlt; 1992

[29] Hennenlotter A, Dresel C, Ceballos Baumann AO et al. The link between facial feedback and neural activity within central circuitries of emotion – new insights from botulinum toxin-induced denervation of frown muscles. Cereb Cortex 2009; 19(3): 537–542

[30] von Hirschhausen E. Die Leber wächst mit ihren Aufgaben: Komisches aus der Medizin. Reinbek bei Hamburg: Rowohlt; 2008

[31] Hofmann S. Wortbildung in der medizinischen Terminologie. Haltern am See: LaFie, Eigenverlag; 2011

[32] Hüther G. Etwas mehr Hirn, bitte: Eine Einladung zur Wiederentdeckung der Freude am eigenen Denken und der Lust am gemeinsamen Gestalten. Göttingen: Vandenhoeck & Ruprecht; 2015

[33] Jellinek EM. The Disease Concept of Alcoholism. New Haven, Conn.: Hillhouse Press; 1960

[34] Kaiser Rekkas A. Klinische Hypnose und Hypnotherapie: Praxisbezogenes Lehrbuch für die Ausbildung. 6. Aufl. Heidelberg: Carl Auer; 2013

[35] Koeslin J. Prüfungsfragen Psychiatrie und Psychotherapie für Heilpraktiker. München: Elsevier/Urban & Fischer; 2009

[36] Koeslin J, Streiber S. Psychiatrie und Psychotherapie für Heilpraktiker. 4. Aufl. München: Elsevier/Urban & Fischer; 2015

[37] Komarek I. Ich lern einfach: Einfaches, effektives und erfolgreiches Lernen mit NLP! – Das Lerncoaching-Programm für Kinder, Jugendliche und Erwachsene. 3. Aufl. München: Südwest; 2010

[38] Konrad BN. Superhirn – Gedächtnistraining mit einem Weltmeister: Über faszinierende Leistungen des menschlichen Gehirns. Berlin: Goldegg; 2013

[39] Kossak H-C. Hypnose. Lehrbuch für Psychotherapeuten und Ärzte. 5. Aufl. Weinheim, Basel: Beltz; 2013

[40] Köster G. Ein Schnupfen hätte auch gereicht: Meine zweite Chance. Frankfurt a. M.: Fischer; 2012

[41] Krengel M. Bestnote: Lernerfolg verdoppeln, Prüfungsangst halbieren. Berlin: Eazybookz; 2012

[42] Krzovska M. Basics Neurologie. 3. Aufl. München: Elsevier/Urban & Fischer; 2012

[43] LeCron LM. Fremdhypnose, Selbsthypnose. Technik und Anwendung im täglichen Leben. München: Ariston; 1996

[44] Lieb K, Heßlinger B, Jacob G. 50 Fälle Psychiatrie und Psychotherapie. 3. Aufl. München: Elsevier/Urban & Fischer; 2009

[45] Lihoreau T. Angst haben leicht gemacht: Phobien für moderne Neurotiker. Hamburg: Hoffmann & Campe; 2007

[46] Lindemann H. Autogenes Training: Der bewährte Weg zur Entspannung. München: Goldmann; 2004

[47] Margraf J, Schneider S, Hrsg. Lehrbuch der Verhaltenstherapie. 2 Bde. 3. Aufl. Heidelberg: Springer; 2009

[48] Marx S. Herzintelligenz® kompakt: Gesund und gelassen, klar und kreativ. 3. Aufl. Kirchzarten bei Freiburg: VAK kompakt; 2012

[49] Mauritz S. Wenn schon Burn-out, dann richtig: 10 + Tipps für den totalen Burn-out. Göttingen: Mauritz & Grewe; 2013

[50] Maxeiner S, Rühle H. Dr. Psych's Prüfungsvorbereitung Heilpraktiker Psychotherapie. Zürich: Jerry Media; 2014a

[51] Maxeiner S, Rühle H. Dr. Psych's Psychopathologie, Klinische Psychologie und Psychotherapie, Bd. 1. Zürich: Jerry Media; 2014b

[52] Maxeiner S, Rühle H. Dr. Psych's Psychopathologie, Klinische Psychologie und Psychotherapie, Bd. 2. Zürich: Jerry Media; 2014c

[53] MDS – Medizinischer Dienst des Spitzenverbandes Bund der Krankenkassen. MDK Forum, Essen. Im Internet: https://www.mds-ev.de/presse/mdk-forum.html, Stand: 15.06.2020

[54] Menche N, Hrsg. Biologie, Anatomie, Physiologie. 7. Aufl. München: Elsevier/Urban & Fischer; 2012

[55] Möller H-J, Laux G, Deister A. Duale Reihe Psychiatrie, Psychosomatik und Psychotherapie. 6. Aufl. Stuttgart: Thieme; 2015

[56] Neef U, Henkel G, Kerkhoff S. Praxisbuch Systematisch-Integrative Psychosynthese. Bd. 1: Disidentifikation. Hamburg: Tredition; 2015

[57] Neef U, Henkel G. Psychosynthese – Systematisch-Integrativ! Hamburg: Tredition; 2014

[58] Ofenstein C. Lehrbuch Heilpraktiker für Psychotherapie. 2. Aufl. München: Elsevier/Urban & Fischer; 2012

[59] Ofenstein C. Mündliche Prüfung Heilpraktiker für Psychotherapie: Prüfungscoach mit Lernstrategien. 2. Aufl. Stuttgart: Haug; 2014

[60] Parker S. Der menschliche Körper. Neuer Bildatlas der Anatomie. München: Dorling Kindersley; 2008

[61] RKI – Robert Koch-Institut. DEGS – Studie zur Gesundheit Erwachsener in Deutschland. 09.04.2015. Im Internet: https://www.rki.de/DE/Content/Gesundheitsmonitoring/Studien/Degs/degs_node.html (Stand: 15.06.2020)

[62] Rogers CR. Die klientenzentrierte Gesprächspsychotherapie. Client-Centered Therapy. 19. Aufl. Frankfurt a.M.: Fischer; 2012

[63] Schleip R, Bayer J. Faszien-Fitness: Vital, elastisch, dynamisch in Alltag und Sport. München: Riva; 2014

[64] Schmidbauer W. Lebensgefühl Angst: Jeder hat sie. Keiner will sie. Was wir gegen Angst tun können. Freiburg: Herder; 2005

[65] Schneider F, Hrsg. Klinikmanual Psychiatrie, Psychosomatik und Psychotherapie. Berlin, Heidelberg: Springer; 2008

[66] Schneider R. Heilpraktiker für Psychotherapie – Mündliche Prüfung: 350 Fallgeschichten, 52 Prüfungsprotokolle. 2. Aufl. München: Elsevier/Urban & Fischer; 2015

[67] Schulze P, Donalies C. Anatomisches Wörterbuch. 8. Aufl. Stuttgart: Thieme; 2008

[68] Schultz JH. Das autogene Training: Konzentrative Selbstentspannung – Versuch einer klinisch-praktischen Darstellung. 20. Aufl. Stuttgart: Thieme; 2003

[69] Schultz JH. Autogenes Training. Das Original-Übungsheft: Die Anleitung vom Begründer der Selbstentspannung. 25. Aufl. Stuttgart: Trias; 2020

[70] Schuster N. Ein guter Tag ist ein Tag mit Wirsing. Das Asperger-Syndrom aus der Sicht einer Betroffenen. Berlin: Weidler; 2007

[71] Simon M. Bitte den Weg nicht verlassen. Norderstedt: Books on Demand; 2010a

[72] Simon M. Diagnosetraining. Norderstedt: Books on Demand; 2010b

[73] Speckmann E-J, Wittkowski W. Handbuch Anatomie: Bau und Funktion des menschlichen Körpers. Potsdam: H. F. Ullmann; 2015

[74] Statista. Großhandels- und Straßenpreis für Heroin in Deutschland in den Jahren 1990 bis 2012 (in US-Dollar). Im Internet: https://de.statista.com/statistik/daten/studie/984788/umfrage/strassenpreis-fuer-heroin-in-deutschland/ (Stand: 15.06.2020)

[75] Stöcker M. Mimikresonanz für Menschen mit Demenz: Ein Beben der Nasenflügel. pflegen: Demenz 2015; 34: 41–44

[76] Strelecky J. Das Café am Rande der Welt: Eine Erzählung über den Sinn des Lebens. München: dtv; 2007

[77] Strelecky J. The Big Five for Life: Was wirklich zählt im Leben. München: dtv; 2009

[78] Tepperwein K. Die hohe Schule der Hypnose: Fremdhypnose – Selbsthypnose. Praktische Hilfe für jedermann. München: Ariston; 2007

[79] Thomas D. Girl. München: Heyne; 1998

[80] Urban R, Klein T. Erfolg durch Positionierung: Im Traumberuf Coach auf dem Markt bestehen. Paderborn: Junfermann; 2016

[81] Voß B. Neurologie und Psychiatrie für Heilpraktiker. Stuttgart: Sonntag; 2004

[82] Weylandt K-H, von Klinggräff P. Diagnosen. Berlin: mediheld; 2012

[83] WHO – Weltgesundheitsorganisation. Europäische Region der WHO hat höchsten Alkoholkonsum weltweit. https://www.euro.who.int/en/health-topics/disease-prevention/alcohol-use/data-and-statistics/fact-sheet-on-alcohol-consumption,-alcohol-attributable-harm-and-alcohol-policy-responses-in-european-union-member-states,-norway-and-switzerland-2018 (Stand: 15.06.2020)

[84] Zimmer W. Heilpraktiker Psychotherapie. Norderstedt: Books on Demand; 2012

25   Recherche- und Lernmaterialien

25.1 Hörbücher

- Flaßpöhler, Svenja. Welches Ich spricht mit mir? Die Transaktionsanalyse (Therapien für die Seele). Stuttgart: SWR Edition; 2007
- von Hirschhausen, Eckart. Wunderheiler. München: der Hörverlag; 2014
- Krebs, Tobias. Der Sinnsucher – Viktor Frankl und die Logotherapie (Therapien für die Seele). Stuttgart: SWR Edition; 2007
- Krol, Beate. Innere Widerstandskraft: Neues aus der Resilienzforschung. Stuttgart: SWR Edition; 2013
- Krol, Beate. Paartherapien: Was hilft bei Beziehungskrisen? Stuttgart: SWR Edition; 2011
- Marcus, Dorothea. Besser handeln als reden – Jacob Moreno und das Psychodrama. Stuttgart: SWR Edition; 2007
- Paulus, Jochen. Der Meister der Geschichten - Milton Erickson und die Hypnotherapie (Therapien für die Seele). Stuttgart: SWR Edition; 2007
- Schmidt, Gunther. Einführung in die Erickson'sche Hypnotherapie. Auditorium Netzwerk. Augsburg: Jokers Hörsaal/Weltbild GmbH & Co. KG; 2003
- Zeller, Eva-Christina, Das Lebensskript verändern – Fritz Perls und die Gestalttherapie (Therapien für die Seele). Stuttgart: SWR Edition; 2007

25.2 Apps

- Anatomy 3D – Anatronica (kostenlos), Englisch, 3D-Bilder der menschlichen Anatomie. Anbieter: http://www.anatronica.com/
- Arznei aktuell (kostenpflichtig), Arzneimitteldatenbank. Anbieter: http://www.ifap.de/mobile-loesungen/
- Classic Anatomy (kostenlos), Englisch, Quiz zur Anatomie von Victor Saase. Anbieter: http://classicanatomy.appspot.com/
- Evernote Basic (kostenlos), Tool zur Organisation der Arbeit mit Sprachnotizen usw. Anbieter: https://evernote.com/intl/de/
- Heilpraktiker für Psychotherapie – Original Prüfungsfragen (kostenpflichtig), Original-Überprüfungsfragen der Gesundheitsämter. Anbieter: http://www.kreawi.de/apps/
- Heilpraktiker Kompaktwissen pocket (kostenpflichtig), Wissenswertes für die Heilpraktikerprüfung. Anbieter: http://www.media4u.com/de/category/apps/
- Heilpraktiker-Prüfungstrainer Psychotherapie (kostenpflichtig), originalgetreue Prüfungsfragen und reichlich hochwertiges Zusatzmaterial. Anbieter https://hp-trainer-psy.thieme.de
- PROMETHEUS – LernKarten der Anatomie (App kostenlos, Lernkarten je Fach kostenpflichtig), Lernkarten zum Prometheus LernAtlas der Anatomie. Anbieter: https://www.thieme.de/shop/Anatomie-Histologie-Embryologie/PROMETHEUS-LernKarten-der-Anatomie/p/000000000271890101

- Pschyrembel Mobile Apps (kostenpflichtig), Pschyrembel klinisches Wörterbuch. Anbieter: https://www.pschyrembel.de/
- Medikamente (kostenpflichtig, nur für Angehörige der medizinischen Fachkreise), Rote Liste der Medicus 42 GmbH. Anbieter: http://deutscheapps.de/iphone-ipad/firma/medicus-42-gmbh.html
- 3D 4Medical Essential Anatomy 5 (kostenpflichtig), Englisch, 3D-Bilder der menschlichen Anatomie. Anbieter: https://3d4medical.com/apps/essential-anatomy-5

25.3 Filme und Fernsehserien

- A Beautiful Mind – Genie und Wahnsinn. Regie: Ron Howard. Darsteller: Russel Crow, Jennifer Connelly u. a. USA; 2001
- Adaption – Der Orchideen-Dieb. Regie: Spike Jonze. Darsteller: Nicolas Cage, Meryl Streep, Chris Cooper u. a. USA; 2002
- Arachnophobia. Regie: Frank Marshall; Hauptdarsteller: Jeff Daniels, Harley Jane Kozak u. a. USA; 1990
- Besser geht's nicht. Regie: James L. Brooks; Hauptdarsteller: Jack Nicholson, Helen Hunt u. a. USA; 1997
- Birdy. Regie: Alan Parker; Hauptdarsteller: Matthew Modine, Nicolas Cage u. a. USA; 1984
- Boston Legal. Fernsehserie, Produktion: David E. Kelley; Hauptdarsteller: James Spader, William Shatner, Candice Bergen u. a. USA; 2004–2008
- Christiane F. – Wir Kinder vom Bahnhof Zoo. Regie: Uli Edel; Hauptdarsteller: Natja Brunckhorst, Thomas Haustein u. a. Deutschland; 1981
- Copykill. Regie: Jon Amiel; Hauptdarsteller: Sigourney Weaver, Holly Hunter, Dermot Mulroney u. a. USA; 1995
- Das Mercury Puzzle. Regie: Harold Becker; Hauptdarsteller: Miko Hughes, Bruce Willis, Alec Baldwin u. a. USA; 1998
- Das weiße Rauschen. Regie: Hans Weingartner; Hauptdarsteller: Daniel Brühl, Anabelle Lachatte u. a. Deutschland; 2002
- Der Tag, der in der Handtasche verschwand. Regie: Marion Kainz; Hauptdarsteller: Eva Mauerhoff u. a. Deutschland; 2000
- Der Totmacher. Regie: Romuald Karmakar; Hauptdarsteller: Götz George, Jürgen Hentsch, Pierre Franckh u. a. Deutschland; 1995
- Dr. House. Fernsehserie. Produktion: Paul Attanasio, Katie Jacobs, Bryan Singer; Hauptdarsteller: Hugh Laurie, Lisa Edelstein, Robert Sean Leonard u. a. USA; 2004–2012
- Durchgeknallt. Regie: James Mangold; Hauptdarsteller: Winona Ryder, Angelina Jolie, Clea DuVall u. a. USA; 1999
- Eine verhängnisvolle Affäre. Regie: Adrian Lyne; Hauptdarsteller: Michael Douglas, Glenn Close u. a. USA; 1987
- Einer flog übers Kuckucksnest. Regie: Miloš Forman; Hauptdarsteller: Jack Nicholson, Louise Fletcher, Brad Dourif, USA; 1975
- Fearless – Jenseits der Angst. Regie: Peter Weir; Hauptdarsteller: Jeff Bridges, Isabella Rossellini, Rosie Perez u. a. USA; 1993
- Fight Club. Regie: David Fincher; Hauptdarsteller: Brad Pitt, Edward Norton, Helena Bonham Carter u. a. USA; 1999
- Freitag der 13. Regie: Sean S. Cunningham; Hauptdarsteller: Peter Brouwer, Ronn Carroll, Ari Lehman u. a. USA; 1980
- Harry und Sally. Regie: Rob Reiner; Hauptdarsteller: Meg Ryan, Billy Crystal u. a. USA; 1989
- Honig im Kopf. Regie: Til Schweiger; Hauptdarsteller: Dieter Hallervorden, Emma Schweiger, Til Schweiger u. a. Deutschland; 2014
- Hunger – Sehnsucht nach Liebe. Regie: Dana Vávrová; Hauptdarsteller: Catherine Fleming, Kai Wiesinger u. a. Deutschland; 1996/1997
- Iris. Regie: Richard Eyre; Hauptdarsteller: Judi Dench, Jim Broadbent, Kate Winslet u. a. Großbritannien, USA; 2001
- Jackson Pollock. Regie: Ed Harris; Hauptdarsteller: Ed Harris, Marcia Gay Harden u. a. USA; 2000
- K-PAX – Alles ist möglich. Regie: Iain Softley; Hauptdarsteller: Kevin Spacey, Jeff Bridges u. a. Großbritannien, Deutschland, USA; 2001
- Leaving Las Vegas. Regie: Mike Figgis; Hauptdarsteller: Nicolas Cage, Elisabeth Shue, Julian Sands u. a. USA; 1995

- Mein Vater. Regie: Andreas Kleinert; Hauptdarsteller: Götz George, Klaus J. Behrendt u. a. Deutschland; 2002
- Monk. Fernsehserie, Produktion: Tony Shalhoub; Hauptdarsteller: Tony Shalhoub, Ted Levine, Jason Gray-Stanford u. a. USA; 2002–2009
- Mr. Jones. Regie: Mike Figgis; Hauptdarsteller: Richard Gere, Lena Olin, Anne Bancroft u. a. USA; 1993
- My First Mister. Regie: Christine Lahti; Hauptdarsteller: Leelee Sobieski, Albert Brooks, Carol Kane u. a. USA, Deutschland; 2001
- Natural Born Killers. Regie: Oliver Stone; Hauptdarsteller: Woody Harrelson, Juliette Lewis, Tom Sizemore u. a. USA; 1994
- Rain Man. Regie: Barry Levinson; Hauptdarsteller: Dustin Hoffmann, Tom Cruise, Valeria Golino u. a. USA; 1988
- Ray. Regie: Taylor Hackford; Hauptdarsteller: Jamie Foxx, Kerry Washington, Regina King u. a. USA; 2004
- Reine Nervensache. Regie: Harold Ramis; Hauptdarsteller: Robert De Niro, Billy Crystal, Lisa Kudrow u. a. USA; 1999
- Shining. Regie: Stanley Kubrick; Hauptdarsteller: Jack Nicholson, Shelley Duvall, Danny Lloyd u. a. Großbritannien, USA; 1980
- Still Alice – Mein Leben ohne gestern. Regie: Richard Glatzer; Hauptdarsteller: Julianne Moore, Kristen Stewart, Kate Bosworth, Alec Baldwin u. a. USA; 2014
- Stromberg. Fernsehserie. Produktion: Ralf Husmann; Hauptdarsteller: Christoph Maria Herbst, Oliver Wnuk, Bjarne Mädel u. a. Deutschland; 2004–2012
- The Big Bang Theory. Fernsehserie. Produktion: Warner Bros. Television, Chuck Lorre Productions; Hauptdarsteller: Johnny Galecki, Jim Parsons, Kaley Cuoco u. a. USA; seit 2007
- The Caveman's Valentine. Regie: Kasi Lemmons; Hauptdarsteller: Samuel L. Jackson, Colm Feore, Ann Magnuson u. a. USA; 2001
- The Hangover. Regie: Todd Phillips; Hauptdarsteller: Bradley Cooper, Ed Helms, Zach Galifianakis u. a. USA; 2009
- Trick. Regie: Ridley Scott; Hauptdarsteller: Nicolas Cage, Sam Rockwell, Alison Lohman u. a. USA; 2003

- Vincent will Meer. Regie: Ralf Huettner; Hauptdarsteller: Florian David Fitz. Deutschland; 2010
- Was ist mit Bob? Regie: Frank Oz; Hauptdarsteller: Bill Murray, Richard Dreyfuss, Julie Hagerty u. a. USA; 1991
- Wer hat Angst vor Virginia Wolf? Regie: Mike Nichols; Hauptdarsteller: Elizabeth Taylor, Richard Burton, George Segal u. a. USA; 1966
- When a Man Loves a Woman – Eine fast perfekte Liebe. Regie: Luis Mandoki; Hauptdarsteller: Meg Ryan, Andy García, Ellen Burstyn u. a. USA; 1994
- Zeit des Erwachens. Regie: Penny Marshall; Hauptdarsteller: Robert De Niro, Robin Williams, Julie Kavner u. a. USA; 1990
- Zwielicht. Regie: Gregory Hoblit; Hauptdarsteller: Richard Gere, Laura Linney, John Mahoney u. a. USA; 1996
- 28 Tage. Regie: Betty Thomas; Hauptdarsteller: Sandra Bullock, Viggo Mortensen, Dominic West u. a. USA; 2000

25.4 YouTube

- Klee, Ernst. Sichten und Vernichten – Psychiatrie im „Dritten Reich". Hessischer Rundfunk, 1995. https://youtu.be/xHjKFKsVmoo (hochgeladen am 03.12.2017)
- Medikurs. Neuroanatomie – Einführung Aufbau des Gehirns. Aufbau des Gehirns und kurze Embryonalentwicklung. Im Internet: https://youtu.be/cjBPnIXK60U (hochgeladen am 27.09.2011)
- Wieskerstrauch, Liz. Höllenleben – Der Kampf der Opfer – Eine multiple Persönlichkeit auf Spurensuche. Norddeutscher Rundfunk, 2002. Im Internet: https://www.youtube.com/watch?v=KlyOx0ojm2U (hochgeladen am 17.02.2014)

25.5 Internetadressen

- Angst-Hilfe e. V.: https://www.angstselbsthilfe.de/
- Arzneimittelkommission der deutschen Ärzteschaft (AkdÄ): https://akdae.de
- Bundespsychotherapeutenkammer (BPtK): https://www.bptk.de/
- DGN – Deutsche Gesellschaft für Neurologie, DGN Leitlinien: https://www.dgn.org/leitlinien
- Netzwerk Stimmenhören e. V.: https://stimmenhoeren.de/
- Eilert-Akademie für emotionale Intelligenz: https://www.eilert-akademie.de/
- FachInstitut Für Angewandte Psychotraumatologie (FIFAP): https://fifap.de/
- Psychoseseminare: https://www.trialog-psychoseseminar.de/

Sachverzeichnis

A

Abführmittel 192–193, 206
Abhängigkeit 156
– nichtstoffgebundene 74, 80
– physische 75
– psychische 75
– stoffgebundene 80
Abhängigkeitssyndrom 78, 93
Absence 271
Abstinenz 90
Abusus 75, 77
Abwehrmechanismus 149, 293
Acetylcholinesterase-Hemmer 290
Acetylsalicylsäure 206
ADHS 252
– Selbstbeurteilungsskala 252
Adipositas 191, 269
Affekt, läppischer 36, 112–113
Affektarmut 36
Affektinkontinenz 36
Affektivität 35
Affektlabilität 36, 68, 96, 265
Affektstarrheit 36
Affektstörung 107, 273
Affektverflachung 108
Aggressivität 37
Agnosie 67–68
Agoraphobie 156
Agrypnie 196
Akalkulie 67
Akinese 274
Akoasma 42, 88, 107–108, 111–112
Akrophobie 158
Albtraum 196, 200
Alexander, Franz 263
Alexie 67
Alkohol 82, 197
Alkoholabusus 82
Alkoholembryopathie 89
Alkoholikertypen nach Jellinek 84
Alkoholismus, Stufenmodell der Ent-
  wicklung 83
Alogie 108
ALS 267
Alter Ego 301
Altersdepression 141
Alzheimer, Alois 28, 65

Alzheimer-Krankheit 61–62, 65
– Stadien 66
Ambitendenz 37, 107
Ambivalenz 36, 107, 280
AMDP 34
Amnesie 44, 87, 172
– dissoziative 173–174
Amphetamin 97
Amygdala 20
Analgetikum 64, 93–94, 206
Anamnese 33
Anfall
– epileptischer 271
– klonischer 271
Angel Dust 98
Angst 45, 152, 155, 160
– episodisch paroxysmale 158
Angstattacke 316
Angsthierarchie 296
Ängstlichkeit, soziale 254
Angstneurose 50, 154
Angststörung 152–153, 156
– generalisierte 50, 153, 159
Angsttraum 200
Anhedonie 108
Anonyme Alkoholiker 90
Anorexia nervosa 190, 192
Anpassungsstörung 167, 169–170
Anticholinergikum 276
Antidementivum 289
Antidepressivum 64, 160, 206, 287
– nichtsedierendes 133
– sedierendes 133
– tetrazyklisches 289
– trizyklisches 133, 161, 287, 289
Antiepileptikum 291
Antikoagulationstherapie 269
Antipsychotikum 117, 133, 287
Antrieb 35
Antriebsarmut 37
Antriebshemmung 37, 107
Antriebssteigerung 37, 122
Antriebsstörung 107, 273
Apathie 108
Aphasie 269, 273
– erworbene 242
Apoplex 68, 128, 268

Appetenz 202
Appetitzügler 192–193
Applikationsweg 286
Apraxie 67–68, 275
Arachnoidea 19
Arbeitsgemeinschaft für Methodik
  und Dokumentation in der Psychia-
  trie 34
Arthritis, rheumatoide 264
Artikulationsstörung 240
Asozialität 109
Asperger, Hans 28
Asperger-Syndrom 246
Assoziationslockerung 107
Asthma
– bronchiale 264
– cardiale 264
Asthmaanfall 264
Ataxie 89, 96–97, 99, 273
Atemübung 303
Attacke, transitorische
  ischämische 68, 268–269
Auffassung 35
Aufmerksamkeit 35
Aufmerksamkeitsdefizit-/Hyperaktivi-
  tätsstörung 252
Aufmerksamkeitsstörung 36, 109,
  250–251
Autismus 107, 246
– frühkindlicher 245
Automatismus 37
Autosuggestion 303
Aversion, sexuelle 203
Aviophobie 158

B

Bäder, prolongierte 26
Barbiturat 96
Basisemotion 309
Bauchübung 303
Bedeutungswahn 41
Befehlsautomatismus 37, 109, 113
Befriedigung, mangelnde sexu-
  elle 203
Befund, psychopathologischer 34, 46
Befürchtung, hypochondrische 45
Belastungsreaktion, akute 168, 170

Belastungsstörung, posttrauma-
  tische 147, 167–168, 170
Benommenheit 38, 60, 159
Benzodiazepin 27, 90, 92, 96, 160,
  281, 290
Berne, Eric 301
Berufsbezeichnung 31, 317, 321, 340
Berufsordnung für Heilpraktiker 318
Berufsunfähigkeit 327
Besessenheitszustand 174
Betreuungsgesetz 323
Bewegungsstereotypie 109
Bewegungsstörung
– dissoziative 174
– stereotype 259
Bewusstsein 38
Bewusstseinseinengung 38, 60
Bewusstseinstrübung 38, 60, 68, 89
Bewusstseinsstörung 38, 60, 86, 89,
  95, 99
– qualitative 38
– quantitative 38
Bewusstseinsverschiebung 38, 60
Beziehungswahn 41, 111
Biegsamkeit, wachsartige 109
Big Five 210
Bindungsstörung
– mit Enthemmung 256
– reaktive 255
Binge-Eating-Störung 190
Bini, Lucino 28
Biofeedback 161, 307
Bleuler, Eugen 28, 105
Bleuler, Manfred 28
BMI 190
Body-Mass-Index 190
BOH 318
Borderline-Persönlichkeits-
  störung 215
Bradykinese 274
Brandstiftung, pathologische 223
Broken-Home 75
Bulimia nervosa 190, 193

C
Cannabinoid 95
Cannabis sativa 95
Cardiazol-Krampfbehandlung 25
CBASP 307
Cerletti, Hugo 28
Charakterneurose 50, 213
Charcot, Jean-Martin 28, 274
Charlie-Brown-Technik 130
Cholinesterasehemmer 64
Chorea Huntington 65, 69, 270
Citalopram 133, 289
Clomethiazol 60, 88, 90, 96
Clomipramin 133, 161, 289

Clozapin 27, 288
Co-Abhängigkeit 84
Cognitive Behavioral Analysis System
  of Psychotherapy 307
Colitis ulcerosa 265
Commotio cerebri 276
Compliance 287
Conolly, John 25, 28
Contusio cerebri 276
Coping 167
Crack 97
Crash 97
Craving 75, 82, 96–97
Creutzfeldt-Jakob-Krankheit 64–65,
  69
Crystal Meth 97

D
Dämmerschlafbehandlung 26
Dämmerzustand 60, 87, 173
DBT 217
DEGAM 62
Dekulpierung 326
Delir 60
Dementia praecox 105
Demenz 60, 65
– frontale 62
– kindliche 235
– kortikale 61
– präsenile 65
– primäre 62
– sekundäre 62
– senile 65
– subkortikale 62, 67–68
– vaskuläre 62, 65, 67
Denken 39
– eingeengtes 39
– umständliches 39, 119
– zerfahrenes 107
Denkstörung
– formale 39
– inhaltliche 40
Denkverlangsamung 39
Depersonalisation 43, 108, 119, 155–
  156, 173, 182, 215
Depersonalisationssyndrom 182
Depression 98, 126–127, 138, 156,
  273, 296, 307
– agitiert-ängstliche 133, 139
– anankastische 133, 139
– atypische 143
– gehemmte 133, 139
– larvierte 133, 139, 141
– postpartale 143
– postschizophrene 114, 116
– psychotische 133
– saisonale 143
Deprimiertheit 36

Derealisation 43, 98, 108, 119, 155,
  182
Derealisationssyndrom 182
Dermatozoenwahn 119
Desensibilisierung 160, 296
Desorientierung 44, 86
– örtliche 44
– situative 44
– zeitliche 44
– zur eigenen Person 44
Deutsche Gesellschaft für Allgemein-
  medizin 62
Deutsche Hauptstelle für Sucht-
  fragen 74
DHS 74
Diabetes mellitus 128, 130, 133, 197,
  258, 269
Diagnosestellung 32
Diazepam 290
Diphenhydramin 96
Dissoziation 172, 216
Disstress 128
Diuretikum 192–193
Dopamin 274
Doppelgängerwahn 41
Dosissteigerung 75
Down-Syndrom 234
Drehstuhlbehandlung 25
Drogenkonsum 92
Dura mater 19
Durchblutungsstörung, zerebrale 268
Dysarthrie 99
Dyskalkulie 243
Dysmorphophobie 119
Dysmorphopsie 42
Dyspareunie 204
Dysphorie 36, 96, 99
Dyssomnie 196
Dysthymie 126, 133, 144

E
Echolalie 37, 67, 109, 113
Echopraxie 37, 109, 113
Ecstasy 98
Effekt, paradoxer 200
Eifersuchtswahn 41, 108, 111
– alkoholischer 88
Eilert, Dirk W. 309
Eins-zu-eins-Betreuung 281
Ejaculatio praecox 204
FKT 308
Elektrokonvulsionstherapie 307
Elektroschockbehandlung 26
EMDR 171, 302, 308, 312
Empfindungsstörung, dissozia-
  tive 175
endogen 49
Enkopresis 258

Entgiftungsphase 80, 90, 100
Entspannungsverfahren 303
Entwicklungsphasen
– nach Freud 149, 293
– psychosexuelle 149, 293
Entwicklungsstörung 239
– der motorischen Funktionen 244
– des Sprechens und der Spra-
  che 240
– schulischer Fertigkeiten 242
– tief greifende 244
Entwöhnungsbehandlung 80
Entzugssyndrom 78
Enuresis 258
Enzephalopathie 235, 245
– hepatische 89
Epilepsie 25, 70, 96, 235, 242, 270
Epilepsie-Hund 271
Erbrechen 193
Ereignis, belastendes 167
Erektionsstörung 203
Erhebung
– anamnestische 33
– psychopathologische 35
Erickson, Milton 298–299
Erklärungswahn 40
Erregung, sexuelle 202
Erregungszustand 316
Erwartungsangst 155, 159
Erwerbsminderung 327
Esquirol, Jean Étienne 25, 28
Essattacke 193
Essensplan 194
Essstörung 190
Euphorie 36, 59, 69, 88–89, 97, 126
Eustress 128
Exanthem 96, 289, 291
Exhibitionismus 229
Existenzangst 152
Exkulpierung 326
exogen 49
Exophthalmus 265
Expositionsverfahren 296
Extrembelastung 169
Eye Movement Desensitization and
  Reprocessing 171, 302, 308, 312
Eysenck, Hans 293

F
Fazialparese 268
Fetischismus 228
Flashback 98, 168
Flexibilitas cerea 109
Flooding 161, 296
Fluvoxamin 161, 289
Frankl, Viktor E. 300
Freezing-Phänomen 275
Fremdbeeinflussungserlebnis 43, 111

Fremdgefährdung 326
Freud, Sigmund 27–28, 292
Freudlosigkeit 140
Frotteurismus 230
Fugue, dissoziative 174
Fünf-Faktoren-Modell 210
Funktionsstörung
– sexuelle 202
– somatoforme autonome 179
Fütterstörung 259

G
GABA-System 75, 154
Galvani, Luigi 25
Ganser-Syndrom 175
Gastritis 86
GDS 143
Gebrauch, schädlicher 75, 77, 206
Geburtsschaden 235
Gedächtnis 44
Gedankenabreißen 39, 109
Gedankenausbreitung 43, 107–109,
  122
Gedankendrängen 39
Gedankeneingebung 43, 107, 109
Gedankenentzug 43, 107–109
Gedankenlautwerden 107
Gedankensperrung 39
Gedankenstopp 200
Gefühl der Gefühllosigkeit 36, 138,
  140
Gegenkonditionierung 296
Gehirn 19
Gereiztheit 36
Geriatrische Depressionsskala 143
Geschäftsunfähigkeit 327
Geschwisterrivalität 254
Gesetz zur Verhütung erbkranken
  Nachwuchses 26
Gesichtsfeldausfall 273
Gesprächsführung 33
Gesprächspsychotherapie, klienten-
  zentrierte 28–29, 297
Gestaltpsychologie 300
Gestalttherapie 299
Gesundheitsamt 30, 46, 90, 339
Gewichtszunahme 194
Gewohnheit, abnorme 222
Ginkgo biloba 64, 290
Glossitis 86
Griesinger, Wilhelm 26
Größenwahn 41, 122, 135
Großhirn 20
Grübeln 39, 119, 140, 197
Grübelzwang 133
Guam-Parkinson-Demenz-
  Komplex 70
Gynäkomastie 86

H
HAI 234
Halluzination 41, 107–109
– akustische 42, 107–108
– gustatorische 42
– hypnagoge 42, 198
– imperative 42
– olfaktorische 42
– visuelle 42, 59
Halluzination, imperative 42
Halluzinogen 98
Haloperidol 27, 60, 90, 133, 288
Haltungsinstabilität 274
Hämatom, intrakranielles 276
Healthcare Associated
  Infection 234
Heilpraktiker für Psychotherapie 30–
  31, 339
Heilpraktikergesetz 30, 317
Heißhunger 193
Heller-Demenz 235
Hemianopsie 273
Hemiparese 268
Hemiplegie 268
Hepatitis 86
Heroin 94
Herzphobie 50
Herzübung 303
Hilflosigkeit, erlernte 128
Hippocampus 21
Hirnatrophie 65, 86
Hirnblutung 269
Hirninfarkt 269
Hirnnerven 21
Hirnstamm 21
Hirnsubstanzverletzung 276
Hirntumor 235, 269, 272
HIV-Krankheit 65, 69
Holy Seven 263
Horrortrip 98
Humanisierung der
  Betreuung 25
Hüther, Gerald 28
Hyperkalzämie 70
Hyperlipidämie 86, 269
Hyperreflexie 98
Hypersomnie 196, 198
Hyperthyreose 265
Hypertonie, arterielle 68, 265, 269
Hypervigilanz 38
Hypnose 298
Hypnosetherapie 298
Hypnotikum 96, 197, 200, 288
Hypochondrie 158, 179
Hypomanie 126, 136
Hypostress 128

I

ICD-10 16, 32, 49
Ich-Störung 43, 108
Idee mit den Bohnen 129
Ideenflucht 39, 97, 126, 133, 135
Identifikation 150, 173, 294
Illusion 41
Imagination 307
Imipramin 27, 161, 289
Infarkt
– hämorrhagischer 269
– ischämischer 268–269
– progredienter 268
Inkompetenz
– bewusste 17
– unbewusste 16
Insomnie 196–197
Instanzenmodell 149, 154, 293
Insuffizienzgefühl 36, 143
Insulinschockbehandlung 26
Intellektualisierung 150
Intelligenz 43
– emotionale 44, 246
– kognitive 43
Intelligenzminderung 43
– leichte 43, 235
– mittelgradige 43, 236
– schwere 43, 236
– schwerste 43, 236
Intelligenzquotient 43
Intelligenzstörung 43, 234
Intelligenztest 235
Interessenverlust 140
Internationale Klassifikation psy-
    chischer Störungen in der 10. Ver-
    sion 16, 32
Intoxikation 70, 74, 316
– akute 77
Introjektion 129, 150
Isolierung 150
IVA 64

J

Jacobson, Edmund 305
Johanniskraut 289

K

Kanner, Leo 28
Kanner-Syndrom 245
Kardiomyopathie 86
Karies 193
Katalepsie 109
KHK 128, 130, 133
Klaesi, Jacob 29
Klaustrophobie 158
Kleinhirn 21
Kleptomanie 223
Klientengespräch 292

Koffein 97
Kohärenzgefühl 23
Kohlenmonoxidvergiftung 70
Kokain 96
Koma 38, 60, 95
– diabetisches 26
– hepatisches 89
Kommunikation, wertschätzende 64
Kompetenz
– bewusste 17
– unbewusste 17
Konditionierung, klassische 293
Konfabulation 44, 86, 89
Konflikt 148
– frühkindlicher 49, 149
– innerer 148, 310
– psychosozialer 180
– unbewusster 177, 293
Konfliktlösung, unbewusste 148
Konkretismus 107, 109
Kontakt- und Motivationsphase 80
Kontrollzwang 164
Konversion 150, 172, 175, 294
Konzentration 35
Konzentrationsstörung 36, 68, 84,
    289–290
Koprolalie 257
Koronare Herzkrankheit 128, 130,
    133
Körperschemastörung 192
Korsakow, Sergei Sergejewitsch 29
Korsakow-Syndrom 29, 79, 86, 89
Kraepelin, Emil 29, 105
Krampfanfall, dissoziativer 174
Krankheitsbild
– neurologisches 267
– psychosomatisches 262
Krankheitsgewinn 177
– primärer 155, 173
– sekundärer 155, 167, 173
Kriegsneurose 169
Krise
– suizidale nach Pöldinger 280
– traumatische 302
Krisenintervention 302
Kußmaul-Maier-Krankheit 70

L

L-Dopa 276
Landau-Kleffner-Syndrom 242
Lateralsklerose, amyotrophe 267
Laxanzienabusus 206
Laxativum 192–193, 206
Lebenskrise 279
Leberzirrhose 86
Legasthenie 243
Leibhalluzination 107, 115

Leitlinien, diagnostische nach
    ICD-10 32
Lernen 14, 19
– im Schlaf 17
– operantes 295
Lernkarten 17
Lernmethode 17
Lerntyp 15
Lernvorgang 22
Lese-Rechtschreib-Störung 243
Lichttherapie 308
Liebeswahn 41, 108
Liquor 19
Lithium 27, 133, 291
Logorrhö 37, 135
Logotherapie 300
Lösungsmittel, flüchtiges 99
Lower, Richard 25
LRS 243
LSD 98
Lupus erythematodes, systemi-
    scher 70
Lysergsäurediethylamid 98

M

Magersucht 192
Makropsie 42
Malariakur 26
Mandala 306
Mangelernährung 190
Manie 126, 133, 135–137
Manierismus 37, 107
Maprotilin 133
Marihuana 95
Marketing 341
Maskengesicht 275
Masochismus 230
MDMA 97
Medikamentenabhängigkeit 92
Medikamentenmissbrauch 206, 235
Meduna, Joseph 29
Mehrfachabhängigkeit 75
Memantin 64, 290
Meprobamat 27, 96
Merkfähigkeit 44
Metamorphopsie 42
Metamphetamin 97
Methylendioxymethamphetamin 97
Methylphenidat 251
Mikrografie 275
Mikropsie 42
Milton-Modell 299
Mimikresonanz 309
– für Menschen mit Demenz 64, 310
Mindmap 18
Mini-Mental-Status-Test 62
Miosis 95
Mirtazapin 133, 289

Missbrauch 75, 77, 156
– sexueller von Kindern 230
Misstrauen 45, 111, 119, 137, 214
Moclobemid 161, 289
Modelllernen 295
Monoaminooxidase-Hemmer 289
Morbus
– Crohn 265
– Parkinson 65, 69, 128, 133, 274, 310
– Wilson 70
Moreno, Jacob Levy 301
MRMD 64, 310
Multiinfarkt-Demenz 65, 68
Multiple Sklerose 70, 273
Muskelrelaxation, progressive nach Jacobson 161, 266, 304
Mutismus 37, 109–110, 113
– elektiver 255
Mydriasis 98
Myelinolyse, zentrale pontine 86

N

Nachsorge- und Rehabilitationsphase 80
Negativ-/Minus-Symptom 107–108
Negativismus 109
Nekrophilie 230
Neologismus 39, 107, 109
Nervensystem 19
Neugeborenengelbsucht 235
Neurasthenie 182
Neurodermitis 263
Neuroleptikum 117, 133, 287
– atypisches 288
– klassisches 288
Neurolues 70
Neurose 27, 49, 147, 154, 215, 293
– depressive 144
Neurosenlehre 147
Neurosyphilis 70
Niacinmangel 67, 70
Nikotinabhängigkeit 99
Nikotinkonsum 92
NLP 299, 312
NMDA-Rezeptorantagonist 290
Normalgewicht 191
Nortriptylin 133, 289
Notfall 316
Notfallplan 280
Nystagmus 89, 99

O

Operation, geschlechtsangleichende 226
Opiat 94
Opioid 94
Orgasmusstörung 203

Orientierung 44
Ösophagitis 86, 193
Ösophagusvarizen 86

P

Paartherapie 204, 300
Packungen 26
Pädophilie 229
Palilalie 257
Palmarerythem 86
Panikattacke 316
Panikstörung 50, 98, 158
Pankreatitis 86
Paracetamol 206
Paralogik 107, 109
Paramimie 37, 109
Paramnesie 44
Paranoia 41, 119
Parasomnie 196
Parasympathikus 127, 262
Parathymie 36, 107, 109
Parkinson, James 29, 274
Parkinson-Syndrom 65, 69, 128, 133, 274, 310
– atypisches 275
– idiopathisches 275
– symptomatisches 275
Paroxetin 161, 289
Pavor nocturnus 196, 199
Pawlow, Iwan Petrowitsch 27, 29
Pawlow-Experiment 295
Perls, Friedrich Salomon 299
Perls, Fritz 299
Perls, Laura 299
Perseveration 39, 113
Persönlichkeit 210
Persönlichkeitsänderung 211
– andauernde 169–170
Persönlichkeitsspaltung 104
Persönlichkeitsstörung 50, 210–211
– abhängige 219
– anankastische 218
– ängstliche 218
– asthenische 219
– dissoziale 214
– emotional instabile 215
– histrionische 217
– multiple 104, 172, 175
– narzisstische 219
– negativistische 219
– paranoide 212
– passiv-aggressive 219
– schizoide 214
– spezifische 211
– vermeidende 218
– zwanghafte 218
Phasenpräparat 133, 289
Phencyclidin 98

Phobie 45
– soziale 153, 157
– spezifische 153, 157
Phonem 107
Pia mater 19
Pica 259
Pick-Krankheit 65, 68
Pinel, Philippe 25, 29
PMR 304
Poltern 242, 259
Polyarteriitis nodosa 70
Polyarthritis, chronische 264
Polytoxikomanie 75
Positiv-/Plus-Symptom 107–108
Präadipositas 191
Praxisgründung 340
Programmieren, neurolinguistisches 299, 312
Projektion 150, 173, 294
Prüfung 339
Psychiatrie 24
Psychiatrie-Enquete 26
Psychisch-Kranken-Gesetz 326
PsychKG 326
Psychoanalyse 27, 292
Psychodrama 161, 301
Psychoedukation 106, 110, 117, 138, 180
psychogen 49, 172, 262
Psychologie, lerntheoretische 28
Psychomotorik 35
Psychopharmaka 286
Psychose 98, 215
– endogene 29, 105
– exogene 29, 58
– schizophrene 104
Psychoseseminar 110
psychosomatisch 49, 262
Psychosyndrom
– akutes 58
– chronisches 60
– organisches 58
Psychotherapie
– Geschichte 27
– klassische Verfahren 292
PTBS 168
Pyromanie 223

Q

Querulantenwahn 119
Quetiapin 288

R

Rapid-Cycling 132
Rationalisierung 150, 294
Rausch 77
Reaktionsbildung 150, 294
Realangst 152

Rebound-Phänom 96
Rechenstörung 243
Rechtschreibstörung, isolierte 243
Regression 150, 167, 169, 294
Reizkonfrontationsbehandlung 296
Reizüberflutungstherapie 296
Rentenversicherung, gesetzliche 327
Residuum, schizophrenes 114, 116
Resilienz 24
Rett-Syndrom 245
Rhotazismus 240
Riechstörung 273
Rigor 274
Rogers, Carl 28–29, 297
Roth, Erwin 29
Rückenmark 19
Rückfall 80, 87, 90, 100
Rucksack-Übung 200
Rückzug, sozialer 37
Ruheübung 303
Rush 97

S
Sadismus 230
Sadomasochismus 230
Salutogenese 23, 167
Schädel-Hirn-Trauma 235, 276
Schädelfraktur 276
Schilddrüsenhormon 265
Schilddrüsenüberfunktion 265
Schizophrenia simplex 110, 115–116
Schizophrenie 104–105
– hebephrene 112, 116
– katatone 113, 116
– paranoide 111, 116
– Symptome nach Bleuler 107
– Symptome nach Schneider 107
– undifferenzierte 114, 116
– zönästhetische 115–116
Schlaf-Wach-Rhythmus
– gestörter 93, 198
– umgekehrter 59
Schlafapnoe 197
Schlafbuch 200
Schlafentzugsbehandlung 311
Schlaflosigkeit 196
Schlafphasen 196
Schlafstörung 45, 140, 197
– nichtorganische 196
Schlafwandeln 196, 199
Schlaganfall 68, 128, 133, 268
Schmerzmittel 93
Schmerzstörung, anhaltende 180
Schmidt, Gunther 29
Schneider, Kurt 107
Schnüffelstoff 99
Schuldunfähigkeit 326
Schuldwahn 41, 133

Schultz, Johannes Heinrich 303
Schuss, goldener 94
Schutzfaktor 130
Schwereübung 303
Sedativum 96
Sehstörung 273
Selbstfürsorge 23, 61
Selbstgefährdung 326
Selbsttötung 279
Selbstwertgefühl
– gesteigertes 36, 135, 214
– vermindertes 140, 157, 235
Sensibilitätsstörung, dissoziative 175
Serotonin-Wiederaufnahme-Hemmer,
  selektive 133, 161, 288–289
Sertralin 133, 289
Shapiro, Francine 302, 308
SHT 235, 276
Sigmatismus 240
Sinnesstörung 41
Sisi-Syndrom 139
Skinner, Frederic 29, 293
Sodomie 230
Somatisierungsstörung 178
Somnambulismus 199
Somnolenz 38, 60, 198
Sopor 38, 60
Soziotherapie 117
Spaltung 150, 172–173, 216
Speed 97
Speed-Reading 17
Spielen, pathologisches 222
Spitzer, Manfred 29
Sprachstörung 273
– expressive 241
– rezeptive 241
SSRI 133, 161, 288–289
Stammeln 259
Status epilepticus 271
Steatohepatitis 86
Stehlen, pathologisches 223
Stenose 268
Stereotypie 37, 109–110, 113
Stimmen
– dialogische 42, 109
– imperative 42, 108, 111, 280
– kommentierende 42, 108–109,
  111
Stimmungsstabilisator 289
Stimulans 97
Stirnübung 303
Störung
– affektive 126
– bipolare affektive 137
– demenzielle 64
– depressive 160
– der Geschlechtsidentität 225–226
– der Impulskontrolle 222

– der Sexualpräferenz 228
– der Vitalgefühle 36
– des Schlaf-Wach-Rhythmus 198
– des Sozialverhaltens 253
– dissoziative 172
– emotionale 250, 254
– hyperkinetische 251
– hypochondrische 179
– katatone 107
– neurotische 147, 182
– phobische 152–153, 254
– psychotische 79, 120
– schizoaffektive 122
– schizotype 119
– somatoforme 147, 177
– sozialer Funktionen 255
– wahnhafte 104, 119, 121
Stottern 242, 259
Stress 64, 106, 127, 154, 262–263
Stresshormon-Hypothese 127
Struma 265
Stupor 37, 110, 173
– depressiver 139–140
– dissoziativer 174
– katatoner 25, 113
Subarachnoidalraum 19
Sublimierung 150, 294
Substanz
– nichtabhängigkeitserzeugende 206
– psychotrope 100
Substanzgebrauch, multipler 100
Substanzkonsum 75
Substitution 100
Suchtgedächtnis 80
Suchtpersönlichkeit 83
Suggestion 298
Suizid 279
Suizidalität 45, 132, 138, 140, 279,
  316, 340
Suizidcheckliste 281
Switch-Risiko 288
Symbolismus 107
Sympathikus 127, 262
Syndrom
– amnestisches 79
– demenzielles 60
– malignes neuroleptisches 287
– präsuizidales nach Ringel 280
– somatisches 139, 141
System
– limbisches 154, 309
– triadisches 49, 127, 139

T
Tabak 99
Teleangiektasie 86
Testierunfähigkeit 327
Testverfahren 34

Tetrahydrocannabinol 95
THC 95
Therapie
– dialektisch-behaviorale 217
– kognitive 296
– rational-emotive nach Ellis 296
Therapiemethode, historische 25
TIA 68, 268–269
Tic 37, 257, 288
Ticstörung 256
Token-Programm 194
Toleranzentwicklung 75
Toxoplasmose 234
Training, autogenes 161, 266, 303
Trancezustand 174, 298
Tranquilizer 92, 133, 288
Transaktionsanalyse 301
Transsexualismus 225
Transsexuellengesetz 227
Transvestitismus 225
– fetischistischer 228
Trauma 167, 302
Traumatherapie 302
Traumatisierung 75, 128, 133, 167,
    175, 220
Tremor 86, 273–274
Trennungsangst 254
Triade, kognitive 129, 296
Trichotillomanie 223
Typ, impulsiver 215

U
Überaktivität 251
Übergewicht 191
Überprüfung
– durch das Gesundheitsamt 30
– mündliche 31, 340
– schriftliche 31, 339
UBG 325
Ulcus
– duodeni 264
– ventriculi 264
Ulkus 86
Umtriebigkeit, soziale 37
Unbewusstes 148, 299, 307

Unruhe
– ängstliche 133
– innere 36, 140
– motorische 37, 88, 265
Unterbewusstsein 20
Unterbringungsgesetz 325
Untergewicht 191

V
Vaginismus 204
Validation
– integrative 64
– nach Naomi Feil 64
van Leeuwenhoek, Antoni 25
Veränderungskrise 302
Verarmungswahn 41, 133
Verdrängung 150, 173
Verfolgungswahn 41, 97, 107–108,
    111, 122, 137
Vergiftung 77
Verhalten
– selbstverletzendes 216–217
– theatralisches 37, 213, 217
Verhaltensanalyse 295
Verhaltensauffälligkeit 190
Verhaltensgleichung nach Kanfer 295
Verhaltensstörung 210
– mit Beginn im Kindes- und Jugend-
    alter 250
Verhaltenstherapie 27
– kognitive 293
Verlangen, sexuelles
– gesteigertes 204
– vermindertes 203
Verleugnung 150, 173
Vermeidung 150, 156–157, 218, 254
Verschiebung 150, 173, 294
Verwirrtheitszustand 60, 65
Vier-Säfte-Lehre 25
Vorbeireden 39, 109
Voyeurismus 229
Vulnerabilität 106
Vulnerabilitäts-Stress-Modell 106,
    127

W
Wagner-Jauregg, Julius 30
Wahn 40, 107–108
– hypochondrischer 41, 108
– nihilistischer 41
– systematischer 40
Wahneinfall 40, 107
Wahnentstehung 40
Wahninhalt 41
Wahnstimmung 40
Wahnwahrnehmung 40, 107, 109
Wärmeübung 303
Waschzwang 164–165
Wernicke-Enzephalopathie 86, 89
Wernicke-Korsakow-Syndrom 29, 86
Werther-Effekt 280
Willis, Thomas 25
Wingwave-Coaching 133, 161, 312
Wirkzeit 286
Wissenschaftlicher Beirat Psycho-
    therapie der Bundesärzte-
    kammer 292
Wolpe, Joseph 293

Z
Zahnradphänomen 274
Zerfahrenheit 39, 109
Zieve-Syndrom 86
Zönästhesie 42, 107
Zoophobie 158
Zwang 45
Zwangsgedanke 133, 163–164
Zwangshandlung 45, 133, 163–164,
    218, 257
Zwangsidee 45
Zwangsimpuls 163–164
Zwangsneurose 50
Zwangsstörung 50, 163, 218
Zwischenhirn 20
Zyklothymia 126, 133, 143
Zytomegalie 234